Tiroler Heimat

Zeitschrift für
Regional- und Kulturgeschichte
Nord-, Ost- und Südtirols

Begründet von Hermann Wopfner

Herausgegeben von Christina Antenhofer
und Richard Schober

87. Band 2023

Universitätsverlag Wagner

Die Drucklegung wurde von der
Kulturabteilung der Tiroler Landesregierung,
vom Tiroler Landesarchiv und
vom Amt für Kultur der Südtiroler Landesregierung
gefördert.

Deutsche Kultur – Cultura tedesca

Die Aufsätze durchlaufen seit 2016 ein Peer-Review-Verfahren durch
redaktionsexterne Gutachter/Gutachterinnen.

Bibliographische Information der Deutschen Nationalbibliothek
Die Deutsche Nationalbibliothek verzeichnet diese Publikation in der Deutschen
Nationalbibliographie; detaillierte bibliographische Angaben sind im Internet
über http://dnb.dnb.de abrufbar.

ISBN 978-3-7030-6609-2

Umschlagbild: Skizze zum angeblichen Porträt der Anna Maria Annette von Menz (1796–1869),
gemalt 1806 von einem Künstler mit den Initialen G.S. (Georg Schneider?). TLMF, MA 1923,
Nr. 114 (vgl. den Beitrag von Hansjörg Rabanser im vorliegenden Band).

Satz und Umschlag: Karin Berner
Korrektorat: Barbara Denicolò, Ruth Isser
Lektorat: Mercedes Blaas

ISSN 1013-8919
© 2023 Universitätsverlag Wagner in der Studienverlag Ges.m.b.H.,
Erlerstraße 10, A-6020 Innsbruck

Das Werk ist urheberrechtlich geschützt. Die dadurch begründeten Rechte, insbesondere die der
Übersetzung, des Nachdruckes, der Entnahme von Abbildungen, der Funksendung, der Wiedergabe
auf photomechanischem oder ähnlichem Wege und der Speicherung in Datenverarbeitungsanlagen,
bleiben, auch bei nur auszugsweiser Verwertung, vorbehalten.

Inhaltsübersicht

Editorial 7–9

Aufsätze

Christina Antenhofer
Eine schöne und kühne Frau. Katharina von Garai,
Gräfin von Görz, zwischen familiären Netzwerken und Konflikten 11–55

Wolfgang Strobl
Zu Kontinuität und Bedeutung des Weilers Gratsch
als Brennpunkt der frühen Siedlungsgeschichte des Hochpustertals 57–80

Christina Antenhofer, Elisabeth Gruber-Tokić,
Gerald Hiebel, Ingrid Matschinegg, Claudia Posch,
Gerhard Rampl
Inventarisierung als Praxis. Die semantischen Welten der Burginventare
des historischen Tirols 81–100

Walter Brandstätter
Aûfzaichnûß des vorrats unnd annder sachen halben im sloß.
Die Festung Hohensalzburg im Spiegel einer schriftlichen Quelle
aus dem 16. Jahrhundert unter Erzbischof Matthäus Lang
von Wellenburg 101–140

Magdalena Rufin
Die Handschriften der Historischen Bibliothek
des Innsbrucker Servitenklosters – eine Überblicksdarstellung 141–196

Wilfried Schabus
166 Jahre tirolische Sprachgeschichte in Peru 197–236

Hansjörg Rabanser
Porträtminiaturen und Rosenduft. Oder: Wie das Tiroler
Landesmuseum Ferdinandeum 1923 sein 100-Jahr-Jubiläum feierte 237–278

Besprechungen

Walter Landi, D'azzurro, rosso e argento.
Il linguaggio dell'araldica e lo stipo dei Wolkenstein
(CHRISTINA ANTENHOFER) 279–280

Rudolf K. Höfer / Martin Feiner, Die Siegel der Erzbischöfe
und Bischöfe in der Salzburger Metropole. Beschreibung,
Abbildungen, Fotos und Zeichnungen (ALOIS NIEDERSTÄTTER) 281

Erika Kustatscher, Priesterliche Vervollkommnung
und Seelsorge im Raum der alten Diözese Brixen.
Das Foedus Sacerdotale zwischen Katholischer Reform
und Gegenwart (MICHAEL F. FELDKAMP) 282–283

Katrin Keller, Die Kaiserin.
Reich, Ritual und Dynastie (RUTH ISSER) 283–284

Aurelia Benedikt, Die Mirakelberichte des Gnadenortes
Mariahilf in der St.-Jakobs-Kirche in Innsbruck (1662–1724).
Analysen zu ihrer Bedeutung im Barockzeitalter
(JULIA ANNA SCHÖN) 284–286

Georg Neuhauser, Tobias Pamer, Andreas Maier,
Armin Torggler, Bergbau in Tirol. Von der Urgeschichte
bis in die Gegenwart (ROBERT REBITSCH) 286–287

krank – heil – gesund. Medizingeschichte(n) aus dem Montafon,
hg. von Marina Hilber / Michael Kasper (SABINE SCHLEGELMILCH) 287–290

Rainer Hochhold, Geschichte des Pinzgaus.
Eigenständig. Eigentümlich. Eigenwillig (KURT SCHARR) 290–292

Klubprotokolle der Christlichsozialen und Großdeutschen 1918/19,
hg. von Lothar Höbelt / Johannes Kalwoda / Johannes Schönner
(SEVERIN HOLZKNECHT) 292–293

Isabelle Brandauer, Die Tiroler Ehrenbücher 1914–1956.
Ein Monumentalwerk und seine wechselvolle Geschichte
(ROBERT OBERMAIR) 293–295

Erika Hubatschek / Irmtraud Hubatschek, Almzeit.
Up on the Alp (WOLFGANG MEIXNER) 296–301

Zeitgeschichte im Museum. Das 20. und 21. Jahrhundert
ausstellen und vermitteln, hg. von Rainer Wenrich / Josef Kirmeier /
Henrike Bäuerlein / Hannes Obermair (BARBARA DENICOLÒ) 302–305

Paul Videsott, Les Ladins des Dolomites (BEATRICE COLCUC) 306–308

Sinneslandschaften der Alpen: Fühlen, Schmecken, Riechen,
Hören, Sehen, hg. von Nelly Valsangiacomo / Jon Mathieu
(ELISABETH ANNA TANGERNER) 308–310

Abstracts 311–314

Autorinnen und Autoren dieses Bandes 315–316

Editorial

Der diesjährige Band der *Tiroler Heimat* präsentiert neueste Forschungen zu Themenbereichen, die sich vom Frühmittelalter bis zur Gegenwart spannen. Der thematische Schwerpunkt gilt dem Mittelalter, der Frühen Neuzeit und der Neueren Geschichte mit Beiträgen zu neuen Ansätzen der Erforschung von Burgen im Spätmittelalter und in der Frühen Neuzeit. Neues Licht wird zudem auf die Görzer Gräfin Katharina von Garai und ihre Ehekonflikte mit Heinrich IV. von Görz geworfen. Eine umfassende Studie arbeitet erstmals die historische Bibliothek des Innsbrucker Servitenklosters auf. Weitere Aufsätze behandeln die Geschichte des Verkehrs und der Straßennetze im Mittelalter sowie die tirolische Sprachgeschichte in Pozuzo. Aus Anlass des 200-jährigen Jubiläums des Tiroler Landesmuseums Ferdinandeum blickt ein Aufsatz auf die Feierlichkeiten, die 1923 zum hundertjährigen Bestehen veranstaltet wurden. Abschließend werden in Rezensionen neueste Publikationen vorgestellt.

Im ersten Beitrag[1] steht Katharina von Garai im Fokus. Die Mutter der letzten Görzer Grafen ist als schillernde Persönlichkeit in die Geschichte eingegangen. Insbesondere erlangte sie wegen ihrer Konflikte mit ihrem Gemahl Heinrich IV. von Görz Bekanntheit. Nur wenige Quellen erlauben es, ihrer Persönlichkeit näherzukommen. In diesem Aufsatz zeichnet CHRISTINA ANTENHOFER zum einen die historischen Fakten zu Katharina von Garai nach und beleuchtet sie vor dem Hintergrund der neuesten Forschungen zu Fürstinnen im Spätmittelalter neu. Zum anderen stehen die erhaltenen Briefe im Zentrum, die es erlauben, Schlaglichter auf die Gräfin und ihre Beziehungen zu ihrem Mann und ihren Söhnen zu werfen, sie vor allem aber auch in den familiären und politischen Netzwerken zu betrachten. Dadurch ergibt sich eine Neubewertung der Görzer Fürstin als Schlüsselfigur in den politischen Gemengelagen der Zeit, zwischen den Häusern Görz, Cilli und Garai in ihren Auseinandersetzungen mit den Habsburgern. Erstmals wird hier die im Tiroler Landesarchiv erhaltene Korrespondenz aus dieser Generation der Görzer Grafen vorgestellt und im Anhang vollständig ediert.

WOLFGANG STROBL wendet sich dem Pustertaler Weiler Gratsch bei Toblach zu und rekonstruiert dessen Bedeutung als Verkehrsknotenpunkt seit der Spätantike. Archäologische Funde, etwa drei römische Meilensteine, legen nahe, dass hier wohl eine kleine Straßenstation errichtet worden war. Gratsch blieb auch in den weiteren Jahrhunderten wichtig als strategisch zentraler Knotenpunkt. So verlief auch die *Strada d'Alemagna*, die Verbindungsstrecke zwischen Venedig und den süddeutschen Handelsstätten, im Wesentlichen auf den Trassen der römischen und vorrömischen

---

[1] Die folgenden Kurzzusammenfassungen beruhen auf den Abstracts der Autorinnen und Autoren.

Straße. Im Mittelalter bezeugt ferner die in Gratsch errichtete Burg Ligöde die weiterhin wichtige Lage des Weilers.

Zwei Aufsätze stellen neueste Ergebnisse von Forschungsprojekten zu Burginventaren des Spätmittelalters und der Frühen Neuzeit vor. CHRISTINA ANTENHOFER, ELISABETH GRUBER-TOKIĆ, GERALD HIEBEL, INGRID MATSCHINEGG, CLAUDIA POSCH und GERHARD RAMPL präsentieren das von 2022 bis 2025 laufende FWF Projekt *Inventaria*, das die Tiroler Burgen anhand überlieferter Inventare – Listen mobiler Güter – mit Hilfe digitaler Methoden erschließt. Dabei stehen die Inventare selbst als Quellen im Zentrum, um den Vorgang des Inventarisierens nachzuzeichnen und darüber Einblicke in die Einrichtung und Ausstattung von Burgen zu erhalten: Wie ging man bei der Inventarisierung vor? Welche Räume und Objekte wurden erfasst? Wie detailliert wurde die Einrichtung beschrieben? 130 Inventare von Burgen aus dem historischen Tirol (Nord-, Ost- und Südtirol, Trentino) aus der Zeit zwischen dem 14. und 16. Jahrhundert werden auf diese Weise erfasst, analysiert und im Zuge des Projekts ediert. Digitale Methoden erlauben es, die in den Inventaren erhaltenen Informationen im Detail aufzuschlüsseln und darüber Erkenntnisse zu Raum, materieller Kultur und sozialen Strukturen auf diesen Burgen zu erlangen.

Im folgenden Beitrag verwendet WALTER BRANDSTÄTTER einen ähnlichen Zugang, um sich der Festung Hohensalzburg im 16. Jahrhundert anzunähern. Hierzu zieht er ein Protokoll aus der Zeit der Bauernkriege heran, das unter Erzbischof Matthäus Lang zusammengestellt wurde. Das sogenannte *Bedarfsprotokoll* behandelt notwendige Baumaßnahmen ebenso wie aufzustockende Rüstung und Proviant auf der Burg. Zudem wird neben einer Hofordnung auch eine Liste aller Personen angeführt, die zu der Zeit auf Hohensalzburg wohnten und arbeiteten. Das Protokoll eröffnet wertvolle Einblicke in das alltägliche Leben auf der frühneuzeitlichen Burg, jenseits der üblichen Fokussierung auf die Person des Erzbischofs als Burgherr.

MAGDALENA RUFIN liefert anschließend die erste vollständige Übersicht über die rund 500 Handschriften der historischen Bibliothek des Innsbrucker Servitenklosters vom 15. bis zum frühen 20. Jahrhundert. Die Bibliothek wurde zu Beginn des 17. Jahrhunderts gegründet, der Bestand befindet sich seit 2008 in Dauerleihe bei der Universitäts- und Landesbibliothek Tirol. Die Codices wurden großteils in österreichischen Servitenklöstern produziert. Einige weisen künstlerisch wertvolle Einbände und Dekoration auf. Die Themen beziehen sich zu etwa zwei Dritteln auf theologische, liturgische und monastische Gebiete. Daneben finden sich aber auch Werke zu den Bereichen Geschichte, Literatur, Naturwissenschaften, Geographie und Ethnographie. Die Erschließung dieser Bibliothek bietet wertvolle Erkenntnisse zur spirituellen und monastischen Schriftkultur, der Buch- und Bibliotheksgeschichte ebenso wie zu den verschiedenen Themen der Handschriften.

WILFRIED SCHABUS erörtert in seinem linguistischen Beitrag die spezifische tirolische Sprache, die heute in Pozuzo in Peru nur noch von sehr wenigen Nachkommen gesprochen wird. 1857 wanderte eine Gruppe von 300 deutschsprachigen Personen dorthin aus, von denen etwa zwei Drittel aus verschiedenen Tiroler Dialektgebieten stammten. Das restliche Drittel kam aus mehreren rheinländischen Provinzen. Die extremen Bedingungen der Auswanderung wirkten sich auf die Sprachstruktur aus: Während etwa die Hälfte der Ankömmlinge vor Erreichen des Zielortes die Gruppe verließ, waren weniger mobile Familien mit vielen Kindern gezwungen, dem Tiroler Priester Josef Egg bis nach Pozuzo zu folgen. Unter diesen Umständen setzte sich das Tirolische gegenüber den rheinländischen Dialekten durch und prägte das so genannte *Tirolés*. Der Beitrag bietet insbesondere eine linguistische Vorstellung dieser besonderen Sprachvariante.

Mit dem abschließenden Beitrag widmet HANSJÖRG RABANSER dem Ferdinandeum zu seinem zweihundertjährigen Bestehen eine Miniatur über die Feierlichkeiten, die 1923 zum hundertjährigen Jubiläum stattfanden. Bemerkenswert sind die Ähnlichkeiten zur Krisenstimmung, die auch die gegenwärtigen Feiern überschatten. 1923 hatte das Museum aufgrund der geänderten politischen Situation nach dem Ersten Weltkrieg, der Wirtschaftskrise und einer notwendigen personellen wie inhaltlichen Neuorientierung damit zu kämpfen, sich in der Tiroler Gesellschaft und im Kulturleben zu positionieren. Im Detail rekonstruiert der Beitrag die Feierlichkeiten, die Festversammlung und die Ausstellung anlässlich des Jubiläums, die Miniaturportraits gewidmet war. Überzeugend ist die These, dass man sich gerade mit diesem eher persönlichen und wenig politischen Sujet stärker den Menschen annähern und diese an ihr Museum binden wollte.

CHRISTINA ANTENHOFER / RICHARD SCHOBER

Eine schöne und kühne Frau.
Katharina von Garai, Gräfin von Görz, zwischen familiären Netzwerken und Konflikten

Christina Antenhofer

1. Einleitung: Ein ungleiches Paar

Auch wenn eine lückenlose Rekonstruktion des Lebens der Katharina von Garai, Gräfin von Görz und Gattin Heinrichs IV.,[1] anhand der Quellen nicht möglich ist, so tritt sie doch phasenweise sehr eindrücklich vor Augen: in den literarischen Zeugnissen des Politikers und Humanisten Enea Silvio Piccolomini, Sekretär Kaiser Friedrichs III.[2] (1415–1493) und späterer Papst Pius II., den sie zumindest so beeindruckt hat, dass er sie als an Gestalt und Kühnheit herausragende noble und kluge Frau verewigte. Die mangelnde Versorgung durch ihren Gatten – und dies bedeutet auch die nicht erfolgte Übertragung ihrer ehelichen Güter – nahm sie nicht einfach hin, sondern sie trat diesem Missstand aktiv entgegen. Dabei nutzte sie alle Möglichkeiten, die ihr zur Verfügung standen: Sie inhaftierte ihren Mann zweimal, sie versöhnte sich aber auch wieder mit ihm und zeigte sich an seiner Seite. Sie suchte die Nähe des Königs und damit eines starken Vermittlers, und sie verbündete sich mit ihren eigenen Leuten, die wohl gute Gründe hatten, zu Katharina und nicht zu Heinrich zu stehen. Schließlich nahm sie das berechtigte Mittel der Fehde in Anspruch. Wenn man auch nicht soweit gehen muss, ihr zu unterstellen, dass sie eine eigene Grafschaft gründen wollte, so ist auf jeden Fall sicher, dass sie ihre eigene Herrschaft, ihren eigenen Hof führen wollte.

Katharina von Gara oder Garai (ca. 1418–ca. 1472) war die Gemahlin Heinrichs IV. von Görz (1376–1454) und die Mutter der letzten Görzer Grafen, Johann

---

[1] Die Zählungen zu Heinrich variieren, so dass er sowohl als Heinrich IV. wie als Heinrich der VI. aufscheint. In der Görz-Forschung ist er jedoch als Heinrich IV. eingeführt, sodass im Folgenden diese Zählung beibehalten wird, vgl. Meinrad Pizzinini, Das letzte Jahrhundert der Grafschaft Görz, in: Circa 1500 – Leonhard und Paola – „Ein ungleiches Paar". Leonardo e Paola, una coppia diseguale. De ludo globi, il gioco del mondo. Alle soglie dell'impero, Milano 2000, 3–12; Hermann Wiesflecker, Die Grafschaft Görz und die Herrschaft Lienz, ihre Entwicklung und ihr Erbfall an Österreich (1500), in: Veröffentlichungen des Tiroler Landesmuseum Ferdinandeum 78 (1998) 131–149. – Ich danke den anonymen Gutachtern/Gutachterinnen für die vielen wichtigen Vorschläge zur Überarbeitung. Besonderer Dank gilt Monika Reindl (Bildungshaus Osttirol) und Peter Leiter (Burg Heinfels) für ihre Anregung und Unterstützung zu diesem Beitrag, insbesondere auch für das Bildmaterial.

[2] Friedrich war als Habsburger Herzog Friedrich V., als römischer König ab 1440 Friedrich IV. und als Kaiser ab 1452 bis zu seinem Tod Friedrich III. Im Folgenden wird er in der Zeit, als er römischer König war, als Friedrich IV. (III.) geführt, um ihn von König Friedrich III. (1289–1330) dem Schönen abzugrenzen.

(nach 1438–1462), Ludwig (nach 1439–ca. 1457) und Leonhard (1444–1500). Nur wenige Quellen erlauben es, ihrer Persönlichkeit näherzukommen. Unter diesen sind es besonders die prägnanten Zitate aus der Feder des Enea Silvio Piccolomini (1405–1464), die Katharina weit über den Görzer Raum hinaus bekannt machten und verewigten.[3] Piccolomini schilderte Heinrich IV. von Görz in zwei seiner Schriften als „unordentlichen" Fürsten, einen Trunkenbold, der sich mit billiger, beschmierter Kleidung und „nackter Brust" zeige, der auch seine Kinder zum Trinken verleite, lieber in der Küche bei den Dienstboten esse und mit offenem Hemd und tränendem Auge auftrete.[4] Katharina dagegen sei eine Frau von herausragender Gestalt und Wagemut – „uxor … forma praestanti et audacia", kühner als ihr Gatte. Im *Commentarius* nennt er sie eine noble und kluge Frau, von der Heinrich zwei Söhne habe.[5] Katharina beeindruckte offensichtlich. Bemerkenswert ist an diesen Zitaten über das Paar, dass Piccolomini die beiden tatsächlich kennenlernte und sich nicht nur in diesen bekannten Stellen über sie äußerte, sondern als Zeitzeuge und zum Teil auch als Augenzeuge immer wieder auf das Paar und dessen Ehestreit zu sprechen kam, in zwei seiner Schriften wie auch in seinen Briefwechseln.

Piccolomini prägte für das Görzer Paar Katharina von Garai und den rund 40 Jahre älteren Graf Heinrich IV. von Görz den Begriff des „ungleichen Paares",[6] ein

---

[3] „In hac provincia Comes Goritiae Henricus vir muliere corruptior, impuberes filios media nocte ad potum surgere compulit, increpitans qvi sine siti somnum agerent, cum pastoribus ac rusticis saepius, qvam cum nobilibus diversatus est, senex super glacie cum pueris lusit. Inter vulgata scorta freqventissime latuit, raro in aula pransus est, solus coqvum adiens, offulas in ipsa popina voravit. Ves tes induit viles ac perunctas, pectus nudum & apertum ostendit. Oculi semper lachrymantes fuere, qvem cum aliqvando ad se venientem Fredericus imperator ex fenestra intuitus esset, me vocitans: *age* (inqvit) *Aenea, principem, qui ad nos properat, contemplare, si qvem mundiorem pulchrioremque videris aliqvando, effare*. Mihi, cum satis principem Comitesqve considerassem, foeda rusticitas visa est, qvae dominatum assecuta, egregiam nobilitatem servitio premeret. Huic uxor natione Hungara forma praestanti, & audacia plusqvam viri, cui vincula indidit, mox Ulrici comitis Ciliae auxilio liberatus, uxorem domo pepulit. Nec diu post vita functus, filios bonae indolis adolescentes & matri qvam sibi similes reliqvit haeredes." Enea Silvio Piccolomini, Aeneae Sylvii Pii II pontificis maximi in Europam sui temporis varias continentem historias, in: Aeneae Sylvii Piccolominei Postea Pii II. Papae Opera Geographica Et Historica, Helmstadii Sustermann 1699, 218–374, hier 262–263: vgl. https://archive.org/details/bub_gb_Cd4_AAAAcAAJ/page/263/mode/1up (Zugriff: 21.02.2023).

[4] Die folgenden Ausführungen stützen sich vor allem auf die Darstellung von Pizzinini im Ausstellungskatalog zur Tiroler Landesausstellung 2000, vgl. Pizzinini, Das letzte Jahrhundert (wie Anm. 1) 3–12. Genau dargelegt bei Christiane Thomas, Kampf um die Weidenburg. Habsburg, Cilli und Görz 1440–1445, in: Mitteilungen des Österreichischen Staatsarchivs 24 (1972) 1–86, hier 8–10.

[5] „Henricus Goriciae comes charus militibus & optimatibus fuit. Is duos ex uxore Hungarica nobili & prudenti foemina filios, qvos anteqvam pueritiam exuerent, in thalamo suo apud se habuit, eosque inter dormiendum media nocte saepius vocitare, & an sitirent interrogare solitus erat, qvibus tacentibus (nam altus somnus eos oppresserat) surgens ipse vinum ingerebat, illisqve recusantibus ac evomentibus vinum, conversus ad uxorem: Ex alio concepisti meretrix, neqve enim filii mei sunt, qvi noctem integram nil sitientes, dormiunt." Enea Silvio Piccolomini, Aeneae Sylvii Episcopi Senensis In Libros Antonii Panormitae, Poetae, De Dictis & Factis Alphonsi Regis Memorabilibus, Commentarius, Helmstadi 1700, 10. Dort auch die nächste oft zitierte Stelle: „Henricus Goriciae comes, absente qvi cellae vinariae claves haberet, sitibundus ostium calcibus invasit, arguenteqve eum Phoebo de Turri, qvi secum nutritus erat, utqve se sineret frangere repagulum, orante. *Tace*, inqvit, *me sitis, non te cruciat*." Ebd., 24.

[6] Enea Silvio Piccolomini, Der Briefwechsel des Eneas Silvius Piccolomini. Abt. 1: Briefe aus der Laienzeit. (1431–1445), Band 1: Privatbriefe (Fontes rerum Austriacarum. 2. Abt., Diplomataria et

Begriff, der zum einen auf den beachtlichen Altersunterschied hinwies, zum anderen auch auf die offensichtlichen charakterlichen Unterschiede zwischen den Eheleuten. Im Kontext des Briefwechsels bezog sich Piccolomini aber schlicht auf die auch für Zeitgenoss:innen widersprüchlichen Geschehnisse innerhalb der Ehe: Katharina hatte ihren Gatten, kurz bevor Enea das Paar traf, inhaftiert und schwerer Vergehen beschuldigt; nach der Aussöhnung zeigten sich beide gemeinsam und offensichtlich versöhnt bei ihrem Treffen mit König Friedrich IV. (später Kaiser Friedrich III.) in St. Veit im Jänner 1444. Piccolomini schüttelte darüber gleichsam den Kopf und drückte spöttisch seine Verwunderung über dieses „ungleiche" Paar aus.

Diese Kommentare Piccolominis sind in der Forschung zunächst wörtlich gelesen worden und stellten Graf Heinrich IV. ein schlechtes Zeugnis aus. Eine zweite und jüngere Lesart sieht darin vor allem die negative Propaganda des Sekretärs des späteren Kaisers Friedrich III., der mit dem Görzer Grafen Konflikte hatte. Liest man die drei zentralen Stellen in den Schriften *In Europam* und *Commentarius*, so fällt vor allem deren Übereinstimmung in manchen Aussagen auf. Sie decken sich zudem mit den Passagen in jenen Briefen, die Piccolomini im Jänner 1444 an den Kanzler Kaspar Schlick (1396–1449)[7] sandte und in denen er ebenfalls das Paar thematisierte. Offensichtlich hatte Katharina Konflikte mit ihrem Ehemann, von dem sie zweifellos eine große Altersdifferenz trennte. Heinrich war mit 68 Jahren für die damalige Zeit ein alter Mann, von Kämpfen geprägt, wie Piccolomini durchaus anerkennend festhält. Die anderen *Anekdoten* könnten zweifellos aus dem Gemenge an Gerüchten stammen, die rund um Katharinas *Verhaftung* ihres Mannes kursierten: sein Hang zum Trinken, dass er vermutlich die Kinder nachts einmal geweckt hatte und dass er mit Gewalt in den Weinkeller eingedrungen war. Dass er ferner seiner jungen Frau vorgeworfen haben soll, die Kinder seien gar nicht von ihm – all das klingt plausibel für die Vorwürfe, die im Rahmen ehelicher Zerwürfnisse geäußert worden sein mochten. Dagegen fällt eine Episode meist weg, von der Piccolomini berichtet, und die ein sympathisches Bild Heinrichs als Vater zeichnet: Noch in fortgeschrittenem Alter habe er sich mit den Kindern beim Eislaufen vergnügt.

Der Ausdruck „ungleiches Paar" zeigt somit, dass dies sogar für die Zeitgenoss:innen keine harmonische Verbindung war.[8] Vor allem aber ist der Begriff geprägt worden in der unmittelbaren Zeit des ersten großen Ehekonflikts und der auch für Piccolomini kaum nachvollziehbaren Versöhnung kurz danach, die wohl nur eine auf dem Pergament der Verträge war. Im Folgenden sollen diese Zuschreibungen, die in einer

---

acta 61), hg. von Rudolf Wolkan, Wien 1909, 244, 257, 266–267, 277: vgl. https://fedora.phaidra. univie.ac.at/fedora/objects/o:877356/methods/bdef:Book/view (Zugriff: 21.02.2023). Beleg zum „dispar conjugium" ebd., 266; vgl. Thomas, Weidenburg (wie Anm. 4) 30 Anm. 146; Pizzinini, Das letzte Jahrhundert (wie Anm. 1) 4.

[7] Vgl. zu ihm Petr Elbel / Andreas Hermengild Zajic, Die zwei Körper des Kanzlers? Die „reale" und die „virtuelle" Karriere Kaspar Schlicks unter König und Kaiser Sigismund – Epilegomena zu einem alten Forschungsthema II, in: Mediaevalia historica Bohemica 16.1 (2013) 55–212.

[8] Dem partnerschaftlichen Modell spätmittelalterlicher Eheschließungen entsprach der ideale Wunsch, dass die Ehepartner charakterlich und auch vom Alter her ähnlich waren, um besser harmonieren zu können. Siehe Cordula Nolte, Frauen und Männer in der Gesellschaft des Mittelalters (Geschichte kompakt), Darmstadt 2011, 56–65. Zur humanistischen Idee der Ehe, getragen von Freundschaft zwischen den Eheleuten, siehe Anthony F. D'Elia, The Renaissance of Marriage in Fifteenth-Century Italy, Cambridge/London 2004.

akuten Konfliktlage geprägt wurden, in die Umstände der Zeit eingeordnet werden und es soll rekapituliert werden, was wir anhand der Quellenlage über Katharina von Garai und über ihr Verhältnis zu ihrem Gatten in der Zusammenschau familiärer, ökonomischer und politischer Gegebenheiten vor dem Hintergrund der neuesten Forschungen zu Fürstinnen im Spätmittelalter sagen können. Zum anderen werden die aus ihrem Umfeld erhaltenen Briefe aus dem Tiroler Landesarchiv Innsbruck (im Folgenden TLA) in die Untersuchung einbezogen, die bislang in der Forschung wegen der fragmentarischen Überlieferung kaum Beachtung gefunden haben. Trotz des schmalen Korpus wird dieser Briefwechsel genutzt, um zumindest Schlaglichter auf die Gräfin und ihre familiären Beziehungen zu ihrem Mann und ihren Söhnen zu werfen. Dadurch lassen sich Aussagen zur kaum belegten Zeit nach ihrem Ehekonflikt 1443–1445 treffen. Katharina tritt in diesen pragmatischen Quellen plastischer und alltäglicher in Erscheinung, als es über die ikonisch zugespitzte und tendenziöse Historiographie bislang der Fall war. Insbesondere soll der Frage nachgegangen werden, wie das Handeln Katharinas im Gemenge familiär-dynastischer Netzwerke, ihrer ehelichen Beziehung und insbesondere ihrer ökonomischen Lage zu beurteilen ist. Im Anhang wird erstmals der gesamte im Tiroler Landesarchiv erhaltene Briefwechsel, bestehend aus jenen Schreiben, die Katharina verfasste, und jenen, die an sie adressiert waren, ediert.

2. Eckdaten zur Eheschließung

Die Eckdaten zu Katharinas Leben sind ebenso dünn wie die Literaturlage. Sie dürfte um 1418 geboren sein und starb vermutlich 1472.[9] Essenziell zur Beurteilung von Katharinas Situation ist der Blick auf ihren familiären Hintergrund, der wesentlich ihren Aktionsraum prägt, wie Menschen des Spätmittelalters generell durch familiäre und andere Netzwerke bestimmt waren.[10] Die Gara oder Garai waren eine bedeutende ungarische Adelsfamilie. Sie gehörten zu den ungarischen Magnaten, einer Gruppe vermögender Adeliger, die sich sowohl durch ihre soziale Herkunft als auch durch herausragende Ämter abhoben. Viele von ihnen spielen in der Zeit Kaiser Sigismunds (1368–1437) eine wichtige Rolle.[11] Die Garai waren eine der mächtigsten und reichsten Adelsfamilien Ungarns, deren Besitz große Teile des Königreichs umfasste. Ihre herausragende politische Position zeigt sich darin, dass sie im 14. und 15. Jahrhundert zahlreiche wichtige Ämter besetzten. Über 50 Jahre stellte die Familie den Palatin und hatte damit das höchste Amt inne.

---

[9] Vgl. Wilhelm BAUM, Die Grafen von Görz in der europäischen Politik des Mittelalters, Klagenfurt 2000, 257. Wilhelm Baum gibt in seiner Geschichte der Grafen von Görz den 4. September 1472 an. Allerdings ist dieses Buch leider sehr unzuverlässig, da es zahlreiche Fehler, auch falsche Datierungen, aufweist und insofern keine solide Referenz darstellt.

[10] Vgl. dazu Christina ANTENHOFER, Habsburgerinnen des 15. Jahrhunderts: Die Agency der weltlichen Fürstinnen im Schnittfeld von strukturellen und biographischen Parametern, In: Starke Frauen? Adelige Damen im Südwesten des spätmittelalterlichen Reiches (Sonderveröffentlichungen des Landesarchivs Baden-Württemberg), hg. von Klaus Oschema / Peter Rückert / Anja Thaller, Stuttgart 2022, 189–210.

[11] Vgl. zu diesen und den folgenden Ausführungen Julia BURCKHARDT / Christina LUTTER, Ich, Helene Kottanerin. Die Kammerfrau, die Ungarns Krone stahl, Darmstadt 2023, 82–83.

Über ihre Mutter war Katharina in einen zweiten bedeutenden Adelsverband eingebunden, der insbesondere für das görzische Gebiet eine herausragende Rolle spielte: Anna von Cilli (ca. 1384–nach 1438) entstammte dem Adelsgeschlecht der Cilli,[12] das in engen Beziehungen zu den Grafen von Görz und zu den Luxemburgern stand. Die Verbindung zu den Cilli stellt auch die unmittelbare Basis für die Eheschließung dar. Katharina selbst sah sich insbesondere in ihrer Witwenzeit als Vertreterin dieses Verbandes, wie ihre Titulatur verdeutlicht: Sie nennt sich in allen Briefen als Witwe Katharina Gräfin von Cilli, wie in der Folge noch ausgeführt wird. Katharinas Vater, Nikolaus (Miklós) von Garai (um 1367–1433),[13] heiratete Anna von Cilli um 1402. Sie war eine Schwester Friedrichs (II.) (1379–1454) und eine Tochter Hermanns II. (1365–1435) von Cilli. Ihre jüngere Schwester Barbara wurde die zweite Gattin des späteren Kaisers Sigismund von Luxemburg.[14] Beide Ehen sind in die politischen Ereignisse um Hermann II. und Miklós Garai in Diensten König Sigismunds einzuordnen und damit eindeutig politische Bündnisse.[15] Während die männlichen Mitglieder dieser interagierenden Familien im Umfeld der ungarischen Krone in der Forschung bereits Beachtung gefunden haben, ist dies für die Frauen kaum der Fall, bis auf Barbara von Cilli und mit Abstrichen Katharina. Insbesondere Barbara ist ähnlich wie Katharina als negative Person, als „schwarze Königin"[16] in die Geschichte eingegangen. Die Cilli wurden insgesamt Opfer einer negativen Propaganda, nicht unähnlich jener, die die Grafen von Görz in ihrer Spätzeit umgab.[17] Amalie Fössel beschreibt Barbara als gebildete und politisch wie ökonomisch erfolgreiche Frau und führt ihre Qualifikation im Bereich Politik und Diplomatie insbesondere auf ihre Sozialisation im Netzwerk um den politisch bedeutenden Miklós Garai, Katharinas Vater, zurück.[18] In diese Sozialisation lässt sich auch Katharina einordnen, und damit ergibt sich ein bemerkenswerter Hintergrund für ihre politischen Fähigkeiten wie für ihre Bildung.

---

[12] Vgl. zu den Cilli: Johannes GRABMAYER, Cilli, Gf.en von (Sannegg, Freie von), in: Höfe und Residenzen im spätmittelalterlichen Reich. Ein dynastisch-topographisches Handbuch (Residenzenforschung 15,1), hg. von Werner Paravicini, Ostfildern 2003, 51–56; Christian DOMENIG, Cilli, ebd. 791–793; Heinz DOPSCH, Art. Ulrich II., Graf von Cilli, Reichsfürst, Statthalter von Böhmen und Ungarn (um 1405–1456), in: Lexikon des Mittelalters, Band 8, Stuttgart 1999, 1193–1194: vgl. http://apps.brepolis.net/lexiema/test/Default2.aspx (Zugriff: 29.06.2023); Johann Christof MÜLLNER, Die Grafen von Cilli, Aufstieg, Höhepunkt, Ende (1341–1456), Dipl. Wien 2019.

[13] Vgl. Art. Gara, in: Universal-Lexikon der Gegenwart und Vergangenheit, Band 6, Altenburg, 4. Auflage 1858, 920: vgl. http://www.zeno.org/Pierer-1857/A/Gara+%5B%C3%B3%5D (Zugriff: 11.07.2023). Zu Miklós Garai und seiner politischen Bedeutung sowie den Verbindungen mit den Cilli vgl. ausführlich Amalie FÖSSEL, Barbara von Cilli. Ihre frühen Jahre als Gemahlin Sigismunds und ungarische Königin, in: Sigismund von Luxemburg. Ein Kaiser in Europa, hg. von Michel Pauly / François Reinert, Mainz 2006, 95–112.

[14] Vgl. zu Annas und Barbaras Vater Hermann II. von Cilli: Joachim LEUSCHNER, Hermann II., in: Neue Deutsche Biographie, Band 8, Berlin 1969, 631–632.

[15] Vgl. FÖSSEL, Barbara von Cilli (wie Anm. 13) 95–96.

[16] Vgl. Daniela DVORÁKOVÁ, Barbara von Cilli: Die schwarze Königin (1392–1451). Die Lebensgeschichte einer ungarischen, römisch-deutschen und böhmischen Königin, Bratislava [u.a.] 2017. Die Negativpropaganda wurde im Falle Barbaras vor allem durch Enea Silvio Piccolomini betrieben, der Barbara im Gegensatz zu ihrer Nichte Katharina kein gutes Zeugnis ausstellt, vgl. dazu FÖSSEL, Barbara von Cilli (wie Anm. 13) 98.

[17] Vgl. MÜLLNER, Die Grafen von Cilli (wie Anm. 12) 2.

[18] Vgl. FÖSSEL, Barbara von Cilli (wie Anm. 13) 103–104.

Katharina heiratete um 1438[19] Graf Heinrich IV. von Görz. Die Eheschließung war dynastisch von höchster Wichtigkeit, da Heinrich aus erster Ehe nur zwei Töchter hatte. Heinrichs erste Ehefrau war Elisabeth von Cilli († 1426),[20] eine Schwester Graf Friedrichs (II.) von Cilli – somit eine Schwester der Mutter von Katharina von Garai. Hier zeigen sich die typischen engen familiären Verflechtungen in adeligen und fürstlichen Kreisen der Zeit, und es ist ebenso typisch, dass sich eine zweite Eheschließung oft wieder im engeren Verwandtenkreis bewegt.[21] Die Gründe dafür, dass Heinrich beide Ehen mit Vertreterinnen des Verbands der Cilli einging, sind eindeutig in der politischen Lage der Grafschaft zu suchen. Insbesondere die Habsburger bedrängten das fragile Gebilde, um ihre eigene Hausmacht nach Westen und Süden auszudehnen, und schnitten den Görzern damit regelrecht die „Luft zum Atmen" ab.[22] In der Abwehr der Habsburger Expansionsinteressen wurden die Görzer von deren Konkurrenten unterstützt, insbesondere den Luxemburgern. Nach deren Ende waren es ihre vormaligen regionalen Verbündeten, die ähnliche Interessen wie die Görzer verfolgten, und die wir in den Verbänden der Cilli und Garai antreffen.

Katharina von Garai war gut 42 Jahre jünger als ihr Mann. Dieser Umstand war für eine zweite Eheschließung nicht ungewöhnlich. So kennzeichnete sich auch die zweite Eheschließung Erzherzog Sigmunds von Tirol mit Katharina von Sachsen 1484 durch einen großen Altersunterschied und die Vermittlung im Verwandtschaftsverband.[23] Es mag bei Sigmund wie bei Heinrich IV. vielleicht auch der fehlende männliche Nachwuchs mit ein Grund für die Wahl einer deutlich jüngeren Ehefrau gewesen sein, bei der man noch auf die Geburt eines Sohnes hoffen konnte. Geht man von den geschätzten Lebensdaten aus, dann war Katharina mit etwa 20 Jahren keineswegs eine junge Braut, sondern bereits eine erwachsene, ja fast schon ältere Heiratskandidatin. Sie erfüllte ihre dynastische Aufgabe und brachte (mindestens) drei Söhne zur Welt: Johann (zwischen 1438 und 1442), Ludwig (zwischen 1439 und 1443) und Leonhard (um 1444).

Für das Verständnis der weiteren Beziehung zwischen dem Görzer Ehepaar gilt es festzuhalten, dass sich Katharina über ihre eigene Herkunftsfamilie väter- wie mütterlicherseits rangmäßig ihrem Ehemann zumindest ebenbürtig, wenn nicht sogar überlegen fühlen durfte. Zweitens, dass sie bei ihrer Heirat wohl bereits reifer war und damit auch selbstbewusster agieren konnte, als dies etwa für sehr junge Frauen der Fall war.[24] Das Altersgefälle könnte für Katharina sogar vorteilhaft gewirkt haben, da Heinrich IV. bereits in seinen Sechzigern war. Cordula Nolte schildert einen Fall aus dem bürgerlichen Milieu, wo sich der deutlich ältere Ehemann seiner jungen Gattin

---

[19] Thomas datiert die Eheschließung nach dem 14. März 1437 und im Lauf des Jahres 1438, vgl. THOMAS, Weidenburg (wie Anm. 4) 19.
[20] Das Datum ist bei Thomas belegt, vgl. THOMAS, Weidenburg (wie Anm. 4) 5.
[21] Vgl. dazu beispielsweise die Befunde bei ANTENHOFER, Habsburgerinnen (wie Anm. 10).
[22] Wilfried BEIMROHR, Habsburg und Görz, in: Circa 1500 – Leonhard und Paola – „Ein ungleiches Paar". Leonardo e Paola, una coppia diseguale. De ludo globi, il gioco del mondo. Alle soglie dell'impero, Milano 2000, 29–31, dort auch Hinweise zu den folgenden Ausführungen.
[23] Vgl. ANTENHOFER, Habsburgerinnen (wie Anm. 10) 196–197.
[24] Vgl. dazu die vergleichenden Befunde für die Habsburgerinnen bei ANTENHOFER, Habsburgerinnen (wie Anm. 10); vgl. auch den Befund zu den Visconti-Schwestern bei Christina ANTENHOFER, Die Familienkiste. Mensch-Objekt-Beziehungen im Mittelalter und in der Renaissance (Mittelalter-Forschungen 67), Ostfildern 2022, 207–468.

gegenüber unterlegen fühlte.²⁵ Die problematische Alterskonstellation ist somit zu bedenken und zeichnet sich in den von Piccolomini geschilderten Anekdoten ab. Drittens hatte Katharina mit der Geburt von drei Söhnen nicht nur ihre dynastische Pflicht erfüllt, sondern sie hatte mit ihren Söhnen auch Unterstützer an ihrer Seite, auf die sie zählen konnte, wie sich zeigen wird.

Diese Konstellation eskalierte in den Ehekonflikten mit ihrem Gatten, als deren Grundlage Christiane Thomas überzeugend die mangelnde finanzielle Versorgung von Katharina aufgezeigt hat.²⁶ Dabei geht es nicht allein um die nötigen finanziellen Mittel, die Katharina für ihre Bedürfnisse zur Verfügung standen, sondern auch um die Übertragung ihrer ehelichen Güter, wie in der Folge ausgeführt wird. Fest steht, dass es hier wohl unterschiedliche Auffassungen seitens Katharinas und Heinrichs darüber gab, wie diese Übertragung auszusehen hatte. Hier können die neueren Forschungen zu fürstlichen Eheschließungen helfen, ein klareres Bild zu gewinnen. Dies gilt gleichermaßen für die politischen Konstellationen, die sich darüber abzeichneten, und die weitere Interessierte auf den Plan brachten – allen voran die Grafen von Cilli, vertreten durch Ulrich II. von Cilli (1406–1456), den Cousin von Katharina, und den Habsburger Friedrich, seit 1440 König Friedrich IV., ab 1452 Kaiser Friedrich III.

Zur Kontextualisierung sind die Beziehungen der Görzer zu den beiden Geschlechtern von Bedeutung. Die Görzer hatten mit den Habsburgern 1394 Erbabsprachen getroffen, die nochmals 1436²⁷ durch Heinrich IV. bestätigt wurden – hier wurde Habsburg als Vormund für seine Kinder eingesetzt. Die Görzer standen mit den Habsburgern in konfliktreicher Beziehung, insbesondere seit 1335 die männliche Tiroler Linie der Görzer ausgestorben war. In Kooperation mit den Wittelsbachern wurde über Kaiser Ludwig IV. das Herzogtum Kärnten als Reichslehen eingezogen und an die Habsburger verliehen. Weiter eingezwängt wurden die Görzer mit dem Übergang der Grafschaft Tirol an Habsburg 1363.²⁸ Als Friedrich IV. (III.) von Habsburg 1440 römisch-deutscher König wurde, standen die Görzer auch über Reichslehen als Lehensnehmer in Abhängigkeit zu den Habsburgern. Karl IV. hatte ihnen 1365 den Status als Reichsfürsten zuerkannt, den sie schon längere Zeit beanspruchten.²⁹ Schließlich waren die Habsburger (Albrecht III.) dem noch minderjährigen Heinrich IV. finanziell zur Hilfe gekommen – Schulden, auf deren Bezahlung Friedrich IV. (III.) noch in den vierziger Jahren des 15. Jahrhunderts bestehen sollte.³⁰

Die Grafen von Cilli erlangten ihrerseits im 15. Jahrhundert zunehmenden Einfluss. 1436 wurden sie zu Reichsfürsten erhoben, sicherlich aufgrund ihrer Beziehungen zu den Luxemburgern über die zweite Eheschließung Kaiser Sigismunds von Luxemburg mit Barbara von Cilli. Heinrich IV. stand über seine erste Gattin in engen

---

²⁵ Vgl. NOLTE, Frauen und Männer (wie Anm. 8) 65. Thomas schildert Heinrich IV. durchwegs als für die Zeit sehr alten Mann; THOMAS, Weidenburg (wie Anm. 4).
²⁶ Vgl. PIZZININI, Das letzte Jahrhundert (wie Anm. 1) 4.
²⁷ THOMAS, Weidenburg (wie Anm. 4) 3: allgemein zu Erbabsprachen siehe Mario MÜLLER / Karl-Heinz SPIESS / Uwe TRESP (Hg.), Erbeinungen und Erbverbrüderungen in Spätmittelalter und Früher Neuzeit. Generationsübergreifende Verträge und Strategien im europäischen Vergleich (Studien zur brandenburgischen und vergleichenden Landesgeschichte 17), Berlin 2014.
²⁸ BEIMROHR, Habsburg (wie Anm. 22) 29.
²⁹ Ebd. 31.
³⁰ Vgl. THOMAS, Weidenburg (wie Anm. 4) 3–4 und passim.

verwandtschaftlichen Beziehungen zu den Cilli und damit auch zu den Luxemburgern. Dies mag den Hintergrund für seine Erbabsprache mit den Grafen von Cilli dargestellt haben, die am 14. März 1437 erfolgte: Friedrich II. (Heinrichs IV. Schwager) und dessen Sohn Ulrich II. von Cilli schlossen mit Heinrich IV. einen Erbvertrag, in dem sie sich wechselseitig als Erben einsetzten und Vormundschaften festlegten. Diese Erbverträge waren Teil eines Netzwerks, das zwischen den Görzern und Cilli bestand.[31]

Die ältere Forschung hat über die Beweggründe für diesen augenscheinlichen Wechsel der Erbabsprachen von den Habsburgern zu den Cilli gerätselt und Heinrich Wankelmut vorgeworfen. Die neueren Forschungen gerade der letzten Jahre haben hingegen aufgezeigt, dass solches Verhalten relativ typisch war, gerade für das Spätmittelalter.[32] Bündnisse wurden flexibel oft auch nur für einen kurzen Zeitraum geschlossen, wobei sich konkurrierende Bündnisse keineswegs ausschlossen.[33] Der (erneute) Wechsel zu den Cilli ist also nicht als Wankelmut Heinrichs auszulegen, sondern als wohlüberlegte Strategie, um das Görzer Gebiet für den Erbfall vor den Habsburgern zu sichern, die durch die Erlangung der Königskrone bedrohlich mächtig geworden waren. Vor diesem Hintergrund erklären sich alle weiteren politischen Aktionen wesentlich einfacher, und auch die Eheschließung mit Katharina von Garai wohl im selben oder im folgenden Jahr versteht sich dann keineswegs als Affront gegen Friedrich und Ulrich von Cilli, sondern vielmehr als familienpolitisches Bündnis der Cilli mit den Görzern.[34] Hier zeigt sich eine ausgeklügelte Strategie, mit Erbverträgen und Heiraten das Görzer Gebiet vor dem drohenden Zugriff durch die Habsburger zu sichern und demgegenüber ein görzisch-cillisches Netzwerk als Gegengewicht im Südosten zu schaffen, das man auch als Hintergrund für die folgenden Ehekonflikte mitdenken sollte.

Die Heirat Heinrichs mit Katharina von Garai erfolgte wohl zwischen 1437 und 1438. Diese Ehe muss wie ausgeführt in das verwandtschaftliche Gefüge der Cilli eingeordnet werden. Dennoch schließt dies eine Konkurrenzsituation innerhalb des

---

[31] Ebd. 4; vgl. Christian DOMENIG, Das Haus Cilli. Erbverbrüderungen im Südosten des Reiches, in: Erbeinungen und Erbverbrüderungen (wie Anm. 27) 116–130. Vgl. dort insbesondere 128 zu den Ehen zwischen Cilli und Görz um 1434 in Form einer Netzwerkanalyse.

[32] Vgl. dazu Duncan HARDY, Associative Political Culture in the Holy Roman Empire. Upper Germany, 1346–1521 (Oxford Historical Monographs), Oxford/New York 2018. Dies hatte damit zu tun, dass man mit verschiedenen Gruppen verbunden war und auch konkurrierende Verbindungen einging.

[33] Der britische Historiker Duncan Hardy hat dafür den Begriff der „assoziativen Politik" geprägt, vgl. ebd. Robert GRAMSCH-STEHFEST spricht vom Netzwerk der Fürsten, vgl. Robert GRAMSCH, Das Reich als Netzwerk der Fürsten. Politische Strukturen unter dem Doppelkönigtum Friedrichs II. und Heinrichs (VII.) 1225–1235 (Mittelalter-Forschungen 40), Ostfildern 2013; vgl. auch Bernd SCHNEIDMÜLLER, Verantwortung aus Breite und Tiefe. Verschränkte Herrschaft im 13. Jahrhundert, in: König, Reich und Fürsten im Mittelalter. Abschlusstagung des Greifswalder „Principes-Projekts": Festschrift für Karl-Heinz Spieß (Beiträge zur Geschichte der Universität Greifswald 12), hg. von Oliver Auge, Stuttgart 2017, 115–148; Bernd SCHNEIDMÜLLER, Konsensuale Herrschaft. Ein Essay über Formen und Konzepte politischer Ordnung im Mittelalter, in: Reich, Regionen und Europa in Mittelalter und Neuzeit. Festschrift für Peter Moraw (Historische Forschungen 67), hg. von Paul-Joachim Heinig u. a., Berlin 2000, 53–87.

[34] Vgl. dazu auch die Darstellung bei DOMENIG, Haus Cilli (wie Anm. 31) bes. 128. Zum Antagonismus zwischen Cilli und Habsburg unter Friedrich IV. (III.) siehe auch Alois NIEDERSTÄTTER, Das Jahrhundert der Mitte. An der Wende vom Mittelalter zur Neuzeit (Österreichische Geschichte 1400–1522), Wien 1996, 199–201.

Familienverbandes nicht aus.³⁵ Katharina war die Tochter einer Schwester (Anna) Friedrichs II. von Cilli und die Nichte einer weiteren Schwester, der ersten Gattin (Elisabeth) Heinrichs von Görz. Auch wenn zu ihrem frühen Leben noch immer nichts Genaueres bekannt ist, so lässt sich aus den späteren Dokumenten aus der Zeit des Ehestreits rekonstruieren, dass sie mit dieser Ehe primär jenes Ziel verfolgte, das jede Fürstin des Mittelalters verfolgte: Sie wollte eine eigenständige Fürstin in ihrem eigenen Herrschaftsbereich sein. Dieses Ziel verwunderte, wie bereits Thomas herausstreicht, manche Zeitgenossen (Piccolomini) keineswegs – wohl aber ihren Gemahl Heinrich und zum Teil auch die spätere Forschung, die davon ausging, dass die Fürstin ihrem Mann untertan sein musste. Dieser Auslegung zufolge konnte sie zwar als Gräfin von Görz an Heinrichs Seite die (informelle) Macht einer Fürstin ausüben, aber nicht selbst Herrscherin sein. Christiane Thomas und noch mehr Wilhelm Baum mutmaßen, dass Katharina sogar eine eigene Grafschaft einrichten wollte. Man muss nicht soweit gehen: Katharina wollte in jedem Fall ihren eigenen Hof und ihre eigenen Güter, wie es die Grundlage des spätmittelalterlichen Ehegüterrechts vorsah. Um dies im Detail nachzuvollziehen, ist ein Resümee zu den historischen Fakten um die Fehde notwendig.

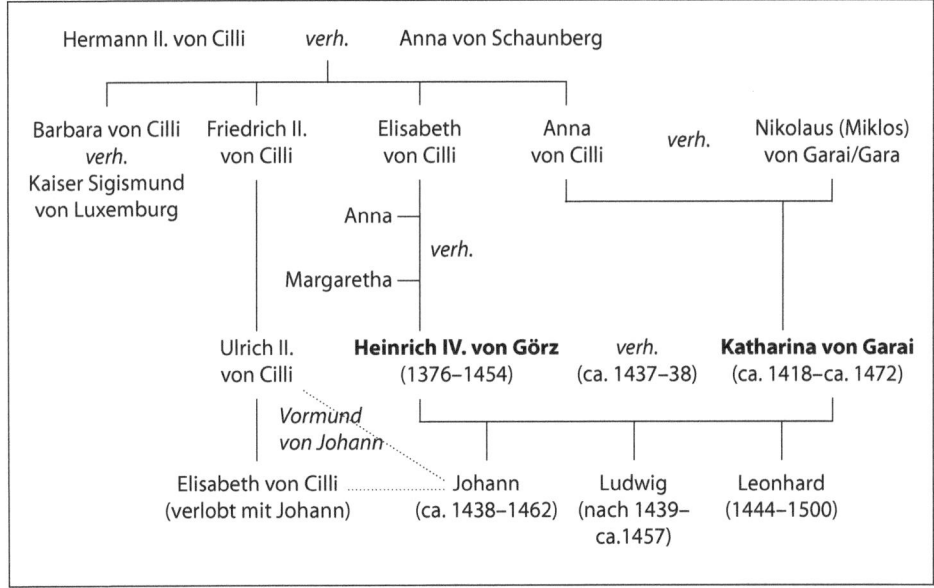

Abb. 1: Personen und familiäre Netzwerke um die Eheschließung von Katharina von Garai und Heinrich IV. von Görz (eigene Darstellung).

---

³⁵ Vgl. dazu beispielsweise Christina ANTENHOFER, From Local *Signori* to European High Nobility. The Gonzaga Family Networks in the Fifteenth Century, in: Transregional and Transnational Families in Europe and Beyond. Experiences Since the Middle Ages, hg. von Christopher H. Johnson / David Warren Sabean / Simon Teuscher / Francesca Trivellato, New York/Oxford 2011, 55–74, und die weiteren Beiträge dort.

3. Der Ehekonflikt

Christiane Thomas hat sich 1971/72 in einem Beitrag mit der Quellenlage zum Görzer Ehestreit befasst. Sie hat zum ersten Mal das umfangreiche Material, das im Haus-, Hof- und Staatsarchiv Wien (im Folgenden HHStA) zu diesem Ehestreit überliefert ist, zur Gänze eingesehen, eingeordnet und unter Einbezug sämtlicher älterer Literatur mit den bekannten Aussagen von Piccolomini ergänzt. Damit hat Thomas den Forschungsstand im Prinzip bis heute festgelegt und es ist seither kaum Neues zu Katharina geschrieben worden. Ziel ihres Beitrags war es, die Fehde, insbesondere den „Kampf um die Weidenburg", nachzuzeichnen. Auf sie geht auch die Prägung zurück, dass es sich hier um eine „Frauenfehde" handelte.[36] Die Dokumente selbst wurden bereits von Chmel 1842 ediert.[37] Weitere Dokumente publizierte Hermann Wießner 1972 im 11. Band der *Monumenta historica ducatus Carinthiae*.[38] Auf dem Beitrag von Thomas beruht auch der aktuellste Beitrag von Wilhelm Baum, der Katharina als Regentin im Gailtal und ihre „Frauenfehde" betrachtet.[39] Den Begriff der „Frauenfehde" übernimmt Baum dabei von Thomas und bietet im Wesentlichen eine kurze Zusammenfassung ihres grundlegenden Aufsatzes mit Ausblicken auf Katharinas späteres Leben entlang der von Wießner publizierten Dokumente.

Weder Thomas noch Baum haben allerdings den Briefwechsel zwischen Angehörigen der damaligen Generation der Grafen von Görz angesehen, der im TLA überliefert ist und der im vorliegenden Beitrag in die bereits bekannte Quellenlage integriert wird.[40] Besonders von Interesse sind dabei jene Briefe, die von Katharina selbst – in einem Fall sogar eigenhändig verfasst – vorliegen, und die damit ihre Stimme hörbar machen, die Thomas noch schmerzlich vermisst hatte. Ebenso zentral sind jene Schreiben, die unmittelbar an Katharina gerichtet waren und zumindest einen Bruchteil ihrer Netzwerke sichtbar machen. Schließlich gilt es, eine neue Bewertung der Ehekrise auf der Grundlage der seit den 2000er-Jahren angestiegenen Forschungen zu Ehen und dynastischen Krisen des Spätmittelalters vorzunehmen.[41] Nicht

---

[36] THOMAS, Weidenburg (wie Anm. 4).
[37] Joseph CHMEL (Hg.), Der österreichische Geschichtsforscher, Band 2.3, Wien 1842, 498–535.
[38] Hermann WIESSNER, Monumenta historica ducatus Carinthiae. Geschichtliche Denkmäler des Herzogthumes Kärnten, Band 11. Die Kärntner Geschichtsquellen 1414–1500, Klagenfurt 1972. Im Zuge der Tiroler Landesausstellung 2000 auf Schloss Bruck wurde zwar auch Katharina am Rande betrachtet, doch lag der Fokus damals auf dem nächsten „ungleichen Paar" in der Görzer Geschichte, ihrem jüngsten Sohn Leonhard und dessen Gattin Paula Gonzaga. Vgl. Circa 1500 – Leonhard und Paola – „Ein ungleiches Paar". Leonardo e Paola, una coppia diseguale. De ludo globi, il gioco del mondo. Alle soglie dell'impero, Milano 2000.
[39] Wilhelm BAUM, Katharina von Görz als Regentin im Gailtal (1444–1461) und ihre Frauenfehde, in: Literarische und historische Streifzüge durchs Gailtal, hg. von Engelbert Obernosterer / Wilhelm Baum, Klagenfurt 2010, 125–134.
[40] Vgl. dazu auch Christina ANTENHOFER, Il ,corpus' di lettere conservate nell'antico archivio dei conti di Gorizia al Tiroler Landesarchiv di Innsbruck (secoli XIV–XVI), in: Carteggi fra basso medioevo ed età moderna. Pratiche di redazione, trasmissione e conservazione (Annali dell'Istituto storico italo-germanico in Trento. Fonti 13), hg. von Andrea Giorgi / Katia Occhi, Bologna 2018, 259–298.
[41] Vgl. beispielsweise Cordula NOLTE, Familie, Hof und Herrschaft. Das verwandtschaftliche Beziehungs- und Kommunikationsnetz der Reichsfürsten am Beispiel der Markgrafen von Brandenburg-Ansbach (1440–1530) (Mittelalter-Forschungen 11), Ostfildern 2005; Karl-Heinz SPIESS, Fremdheit und Integration der ausländischen Ehefrau und ihres Gefolges bei internationalen Fürstenheiraten, in:

zuletzt hat hier die Tiroler Landesausstellung mit den Forschungen zu Leonhard von Görz und Paula Gonzaga (1464–1496) sehr viel Vergleichsmaterial gebracht.[42]

Die Dokumente zum Ehestreit setzen 1443 ein, als Katharina ihren Gatten auf Schloß Bruck inhaftieren ließ.[43] Der Urkundenbestand zur folgenden „Eheeinigung" datiert zwischen Oktober und Dezember 1443. Der Ausgleich zwischen den Gatten wurde am 21. Oktober 1443 erzielt, vermittelt über Bischof Georg von Brixen, Graf Ulrich II. von Cilli, Kammermeister Hans (Ungnad) und den Vizedom von Kärnten, Anton Himmelberger.[44] Katharina gab als Grund für ihre Handlung große „nodturfft" an, und dass sie zu ihren und ihrer Kinder Handen erfolgte.[45] Zu Recht führt Thomas vor allem die Verpflichtungen an, zu denen Heinrich sich in der Einigung bekennt: Er soll seine Gemahlin „liblich und fuerstlich halden mit irem hof und in ander weg als einer gräfin von Görz zugepurd".[46] Heinrich hatte ihr bisher offensichtlich nicht ihre Ehegüter („gemecht") übereignet, das sollte er nun bis zum 25. November 1443 tun. Bereits jetzt habe er ihr die Feste und Herrschaft Grünburg mit allem, was dazugehöre, insbesondere allen Einkünften, übergeben, ebenso einen Hofmeister, einen Kammerdiener und eine Dienerin zuerkannt.[47] Auch wenn er damit Katharina eine eigene Hofhaltung und einen eigenen Herrschaftsbereich zuerkennt, wird ihr künftiges Beisammensein festgehalten, „indem sy dennoch alzeit zu im und er zu ir sollen und mugen, als offt sich das gepurd und zwayen gemahlen in rechter lieb und frewndtschaft geneinander wol zimpt und zu tun pflegen".[48] Heinrich verspricht, sich zu kümmern, wenn es ihr dort an etwas fehlen sollte. Zudem verpflichtet er sich, seine beiden Kinder Johann und Ludwig gemäß ihrem Stand und Alter mit einem Hof zu versehen, bestehend aus Räumen einerseits und Personal, „speisleuten, zuchtmeistern"[49] und Schulmeistern andererseits. Weiters stimmt

---

Fürstenhöfe und ihre Außenwelt. Aspekte gesellschaftlicher und kultureller Identität im deutschen Spätmittelalter (Identitäten und Alteritäten 16), hg. von Thomas Zotz, Würzburg 2004, 267–290; Karl-Heinz SPIESS, Unterwegs zu einem fremden Ehemann. Brautfahrt und Ehe in europäischen Fürstenhäusern des Spätmittelalters, in: Fremdheit und Reisen im Mittelalter, hg. von Irene Erfen / Karl-Heinz Spieß, Stuttgart 1997, 17–36; Karl-Heinz SPIESS, Witwenversorgung im Hochadel. Rechtlicher Rahmen und praktische Gestaltung im Spätmittelalter und zu Beginn der Frühen Neuzeit, in: Witwenschaft in der Frühen Neuzeit. Fürstliche und adlige Witwen zwischen Fremd- und Selbstbestimmung (Schriften zur sächsischen Geschichte und Volkskunde 6), hg. von Martina Schattkowsky, Leipzig 2003, 87–114; Ellen WIDDER / Iris HOLZWART-SCHÄFER / Christian HEINEMEYER (Hg.), Geboren, um zu herrschen? Gefährdete Dynastien in historisch-interdisziplinärer Perspektive (Bedrohte Ordnungen 10), Tübingen 2018; ANTENHOFER, Habsburgerinnen (wie Anm. 10).

42 Vgl. Christina ANTENHOFER, Briefe zwischen Süd und Nord. Die Hochzeit und Ehe von Paula de Gonzaga und Leonhard von Görz im Spiegel der fürstlichen Kommunikation (1473–1500) (Schlern-Schriften 336), Innsbruck 2007.
43 Vgl. die ausführliche Darstellung bei THOMAS, Weidenburg (wie Anm. 4) 20–45.
44 Ebd. 21.
45 Zit. ebd.
46 Ebd. 21–22.
47 „[D]az sy ir wesen da habe und selb schaff und tue aber als ainer frawen und fürstin zugehöret nach irer nodturfft." Zit. ebd. 22.
48 Zit. ebd.
49 Mit Zuchtmeistern sind Erzieher gemeint, vgl. Art. Zuchtmeister, in: Deutsches Wörterbuch von Jacob GRIMM und Wilhelm GRIMM, Band 32, Sp. 276, digitalisierte Fassung im Wörterbuchnetz des Trier Center for Digital Humanities, Version 01/23: vgl. https://www.woerterbuchnetz.de/DWB (Zugriff: 22.06.2023).

Heinrich einer Reform seines eigenen Hofes zu, wenn er zusagt, sich mit „frummen erberen dienern" zu umgeben, die seine Räte sein sollen und zu deren Auswahl auch die Landleute ihre Zustimmung geben sollen.[50]

Diese Bestimmungen verdeutlichen, dass es in erster Linie um die rechtmäßige Ausstattung von Katharina und ihren Kindern ging, zudem aber auch offensichtlich um eine Regelung der Verhältnisse insgesamt am Görzer Hof, bei der sich auch die Stände einbrachten. Die Präsenz hochrangiger politischer Vermittler zeigt von Anfang an, dass dies keine *privaten* Familienzwistigkeiten sind, sondern dass ihnen politische Bedeutung zukommt. Thomas hält fest, dass der Höhepunkt von Katharinas Macht hier schon überschritten sei, weil sich mit Ulrich II. von Cilli ihr mächtiger Verwandter einmischte.[51] Dem ist nicht ganz zuzustimmen, denn ohne Vermittlung von Männern konnte Katharina als Frau nicht agieren. Zudem waren die ehelichen Güter essenziell auch Gegenstand familiär-dynastischer Verbindungen und betrafen stets die Familien insgesamt, da sie auch erbrechtliche Bedeutung hatten, wie folgend ausgeführt wird. Dass Katharina sich somit auf ihre männlichen Verwandten und weitere bedeutende politische Akteure stützte, kann durchaus als ihr Verdienst angesehen werden.[52] Zudem ist dieses Agieren in Netzwerken keineswegs eine rein weibliche Strategie, wie zuvor ausgeführt, sondern gängiges politisches Handeln der Zeit.

Thomas hält als Ergebnis dieser ersten Aussöhnung fest, dass Katharina eine eigene Residenz erhielt und damit ein vom Grafen unabhängiges Leben führen konnte, aber die Lebensgemeinschaft aufrecht blieb. Sie bezeichnet dies – anachronistisch – als „Gütertrennung, die nicht die eheliche Gemeinschaft aufhob".[53] Es ist allerdings falsch, hier eine Trennung oder einen ersten Schritt zu einer Scheidung zu sehen, vielmehr ging es bei dieser Einigung darum, Katharina die ihr zustehenden ehelichen Güter zu überschreiben. Es ist hierfür nötig, kurz auf das Eherecht zu blicken.

Frauen waren im Mittelalter gleichermaßen wie Männer erbberechtigt, wobei sie ihren Anteil am Erbe in der Regel als Mitgift ausbezahlt erhielten und dafür auf ihr väterliches und/oder mütterliches Erbe verzichten mussten.[54] Wie dies im Detail erfolgte, wurde über Eheverträge geregelt. Die Mitgift konnte in bar ausgezahlt werden oder sie wurde in Form von Renten und Einkünften auf Güter verschrieben, die als Sicherung für die Frauen insbesondere im Witwenfall dienten. Die Ehemänner ihrerseits stellten meistens eine sogenannte Gegenmitgift, in gleicher Höhe wie die Summe der Mitgift, und versicherten diese wiederum auf Güter, aus denen die Frauen Einkünfte bezogen. Die Regelungen wurden jeweils für jede Eheschließung individuell getroffen und unterlagen regional unterschiedlichen Gewohnheiten.[55] In

---

[50] Aus den Konflikten der ersten Ehezeit seines Sohnes Leonhard mit Paula Gonzaga resultieren fast die gleichen Forderungen, die dort Paulas Mutter Barbara von Brandenburg an ihren Schwiegersohn richtet, vgl. ANTENHOFER, Briefe (wie Anm. 42) 99, 291–298.
[51] THOMAS, Weidenburg (wie Anm. 4) 23.
[52] Noch einen weiteren, den wohl mächtigsten Akteur, hatte die Agenda auf den Plan gerufen, Friedrich IV. von Habsburg, den neuen römischen König.
[53] THOMAS, Weidenburg (wie Anm. 4) 24.
[54] Vgl. zum Folgenden insbesondere ANTENHOFER, Familienkiste (wie Anm. 24) bes. 199–202, 456–468.
[55] Die Details sind noch immer nicht ganz geklärt, siehe vor allem aber SPIESS, Witwenversorgung (wie Anm. 41); ANTENHOFER, Habsburgerinnen (wie Anm. 10).

der Praxis sah es meist so aus, dass die Summen von Mitgift und Gegenmitgift auf Güter geschlagen wurden, die den Frauen im Ehevertrag bereits zugewiesen wurden. Dies sind die Güter ihrer Mitgift und ihres Wittums. Darüber hinaus erhielten die Frauen eine Morgengabe, die ihnen nach der Hochzeitsnacht übergeben wurde und in der Regel aus Einkünften aus bestimmten Gütern bestand.[56]

Uneinigkeit besteht in der Forschung – wie offensichtlich auch bei Zeitgenossinnen und -genossen – darüber, inwieweit die Frauen bereits zu Lebzeiten ihres Gatten frei über die Einkünfte aus diesen Gütern verfügen und dort selbständig agieren durften. Hier scheint es eine Grauzone gegeben zu haben, die sich im Falle Heinrichs und Katharinas zu einem massiven Konflikt auswuchs. Meist zeigt die Praxis, dass die Frauen auf jeden Fall über die Güter der Morgengabe frei verfügen und darüber ihre Einkünfte beziehen konnten.[57] Die üblichen Urkunden rund um Eheschließungen beinhalten dann auch Dokumente, in denen Männer ihren Ehefrauen die Güter öffneten, sich mit ihnen auf Huldigungsreise dorthin begaben, sodass diese den Frauen übertragen wurden und sie von dort ihre Einkünfte beziehen konnten.[58] Die dazu gehörenden Personen waren ihnen untertan. Dehnbar ist dagegen die Frage, ob auch die Güter und Gelder des Wittums bereits zu Lebzeiten des Gatten genutzt werden konnten – hier gab es wohl Interpretationsspielraum.

Im Konfliktfall Katharina und Heinrich, wie er sich 1443 klar abzeichnet, scheint nun genau diese Übertragung der Güter an Katharina nicht erfolgt zu sein. Wie die Regelung im Detail ausgesehen hatte und ihre Mitgift ausbezahlt worden war, darüber sind leider soweit derzeit bekannt keine Quellen überliefert. Die Dokumente aus der Konfliktzeit lassen jedoch den Schluss zu, dass Heinrich die notwendigen Überschreibungen von Gütern aus Mitgift und Gegenmitgift nicht vorgenommen hatte. Offensichtlich hatte Katharina weder Einkünfte erhalten noch wurde ihr eine Burg geöffnet, ja mehr noch: Sie hatte nicht einmal eine eigene Hofhaltung.[59] Dass sie ihren eigenen Hof fordert, ist an sich weder ein Signal einer bevorstehenden Scheidung noch ihres Bestrebens, eine eigene Grafschaft zu gründen, vielmehr ging es darum – wie sie es selbst formuliert und wie es offensichtlich auch die Zeitgenossen (etwa Friedrich IV. [III.] und Piccolomini) sahen –, das zu erhalten, „als einer frawen und fürstin zugehöret".[60] Heinrich pochte dagegen auf eine gemeinsame Hof-

---

[56] Ferner konnten sie auch noch einen mobilen Brautschatz in Form von Schmuck, Kleidern, Möbel etc. erhalten.
[57] Vgl. dazu auch Klaus BRANDSTÄTTER, Die Tiroler Landesfürstinnen im 15. Jahrhundert, in: Margarete „Maultasch". Zur Lebenswelt einer Landesfürstin und anderer Tiroler Frauen des Mittelalters (Schlern-Schriften 339), hg. von Julia Hörmann-Thurn und Taxis, Innsbruck 2007, 175–217; Julia HÖRMANN-THURN UND TAXIS, *Pro dote sua et pro donacione dicta morgengab*. Burgen als Teil der Witwenversorgung Tiroler Landesfürstinnen, in: Burgen Perspektiven. 50 Jahre Südtiroler Burgeninstitut. 1963–2013 (Arx-Schriftenreihe 4), hg. vom Südtiroler Burgeninstitut, Innsbruck 2013, 137–163; ANTENHOFER, Habsburgerinnen (wie Anm. 10).
[58] Vgl. etwa ANTENHOFER, Familienkiste (wie Anm. 24) 406–408. Wie Klaus BRANDSTÄTTER für die Tiroler Landesfürstinnen des 15. Jahrhunderts aufzeigte, bemühten sich die Frauen genau um diese ihre eigenen Güter in besonderem Maße und wirtschafteten dort auch, um ihre Einkünfte zu steigern. Vgl. BRANDSTÄTTER, Tiroler Landesfürstinnen (wie Anm. 57).
[59] Zum Frauenhof siehe auch Julia HÖRMANN, Curia Domine – Der Hof der Margarethe Maultasch als Beispiel weiblicher Hofhaltung im Spätmittelalter, in: Römische Historische Mitteilungen 46 (2004) 77–124.
[60] Zit. nach THOMAS, Weidenburg (wie Anm. 4) 22.

haltung – was als Sparmaßnahme wie als Kontrolle über die Gattin gesehen werden muss – keineswegs aber mit modernen Vorstellungen zur Ehe vermischt werden darf.[61]

Warum wartete Katharina bis 1443, also wohl sechs Jahre, bis sie ihr Recht einforderte? – Auch hier zeigt sich durchaus ein Muster: Sie musste sich zunächst in die Ehegemeinschaft fügen und ihre ehelichen Pflichten erfüllen, was sie mit der Geburt von zu der Zeit bereits zwei Söhnen auch erfolgreich umgesetzt hatte. Leonhards Geburt stand wohl kurz bevor, da er in den Quellen 1443 nicht genannt wird; da Katharina danach nicht mehr bei ihrem Gatten war, wird er 1444 geboren worden sein. Zudem war es durchaus üblich, dass die Übertragung der Mitgift Jahre in Anspruch nahm und sich hinzog. Drittens musste Katharina aber vor allem angesichts des fortgeschrittenen Alters ihres Gemahls zunehmend befürchten, dass er jederzeit sterben könne und sie dann als Witwe völlig ungesichert war. Dies mag erklären, wieso sie sich mit solcher Vehemenz für ihre Anliegen einsetzte. Katharinas Mutter Anna war wohl um 1439 verstorben, ebenso dürfte ihr Vater bereits tot gewesen sein, sodass sie keine männlichen Verwandten ihrer Ursprungsfamilie als Unterstützer hatte. Katharina formulierte selbst, dass sie sich hinsichtlich ihrer Versorgung nur an ihren Mann wenden konnte. Es ist daher auch erklärbar, wieso ihr Cousin Ulrich II. und damit die Verwandtschaft mütterlicherseits auftrat, als Streitschlichter und schließlich Vormund des ältesten Sohnes Johann. Diese Rolle kam Ulrich aufgrund seiner verwandtschaftlichen Verbindung mit Katharina wie seiner Stellung im Verband der Cilli zu. Unklar ist, inwieweit dies Katharinas Interessen entsprach.

Heinrich überschrieb am 24. November 1443 Katharina als „Witwengut und Einkommen zu Lebzeiten" Grünburg mit allen dazugehörenden Nutzungen. Zudem erhielt sie weitere Renten, insgesamt 400 Pfund Wiener Pfennig jährlich. Von diesen Einkünften musste sie auch ihr Hofgesinde bezahlen. Hinzu kamen Einkünfte aus Maut und Gericht Cormons, die Mauten aus Spittal und unter dem Kreuzberg, des Amts Tilliach sowie „des ‚klain rosmortt (?)' Amtes Toblach".[62]

Ungewöhnlich wurde die Lage mit dem weiteren Vorgehen seitens der Cilli. Zwei Tage nach der Eheeinigung, die am 28. November 1443 erfolgte, sicherten sie und die Görzer einander erneut die gegenseitige Vormundschaft zu, wie dies bereits 1437 im Erbabkommen festgehalten worden war.[63] Am 11. Dezember wurden dann Hochzeitsverträge für Heinrichs IV. Sohn Johann und Ulrichs II. Tochter Elisabeth geschlossen, sobald diese volljährig seien. Diese Verträge waren wohl gemeinsam mit der erneuerten Vormundschaft für den Erbfall der Grund für Ulrich von Cilli, die Vormundschaft über den etwa fünfjährigen Johann sofort zu beanspruchen und umzusetzen. Darüber hinaus beanspruchte Ulrich II., selbst Regent zu sein, bis beide oder einer der Söhne volljährig seien. Heinrich musste Johann „in unser

---

[61] So hat bereits Cordula NOLTE darauf hingewiesen, dass die fürstlichen Familien des Mittelalters meist nicht unter einem Dach lebten, und auch die Königinnen und Kaiserinnen hatten ihre eigenen Hofhaltungen und eigene Itinerare, die sich nicht immer mit jenen ihrer Männer deckten. Vgl. NOLTE, Familie, Hof und Herrschaft (wie Anm. 41) bes. 149–200; zu den Königinnen des Mittelalters Amalie FÖSSEL, Die Königin im mittelalterlichen Reich. Herrschaftsausübung, Herrschaftsrechte, Handlungsspielräume (Mittelalter-Forschungen 4), Stuttgart 2000.
[62] THOMAS, Weidenburg (wie Anm. 4) 24–25.
[63] Ebd. 25.

(i. e. cillische) gewaltsam anttwurten", dieser werde, "als dann ainem sölhen jungen herren wol zugepüret", erzogen.[64] Einzig der Passus, Ulrich werde sich der Kinder, des Landes und der Bewohner annehmen, wenn er von den Ständen dazu aufgefordert werde, zeigt die Grenze, die seiner beanspruchten Regentschaft durch die Stände gesetzt war.[65] Die Verfügung erging im Namen Ulrichs II. und Friedrichs II. von Cilli. Christiane Thomas interpretierte dies als usurpatorische Handlung durch die Cilli. Andererseits bleiben sie die nächsten männlichen Verwandten Katharinas, denen in dieser Situation eine solche Vermittlung durchaus zustand. Mehr noch, angesichts des Umstands, dass Heinrich weiterhin an seinem Bündnis mit Ulrich von Cilli (gegen Habsburg) festhielt, lässt sich vielmehr annehmen, dass diese neuerlichen Hochzeitsabsprachen und die Vormundschaft über Johann Strategien des görzisch-cillischen Bündnisses in diesen unruhigen Zeiten darstellten: Die dynastische Krise der Görzer war noch immer nicht überwunden, solange die Kinder minderjährig waren, insbesondere angesichts des fortgeschrittenen Alters Heinrichs, dessen Ableben jederzeit zu befürchten war.

Termine für die Übergabe des Kindes wurden fixiert und festgelegt auf die Rückkehr Heinrichs von seiner Reise zu König Friedrich IV. (III.). Wenn Thomas Ulrich II. von Cilli als lachenden Dritten ansieht, der der Gewinner in der Angele-

Abb. 2: Grünburg bei Hermagor im Gitschtal; Zeichnung von Markus Pernhart, um 1860. Mit freundlicher Genehmigung des Geschichtsvereins für Kärnten.

---

[64] Ebd. 27.
[65] Ebd. 26.

genheit sei, und Katharina als Verliererin, die nichts gewonnen habe, so ist dem nicht ganz zu folgen. Immerhin hatte Katharina die Überschreibung ihrer ehelichen Güter erhalten, die Zuerkennung eines eigenen Hofes und damit, so könnte man annehmen, vielleicht alles, was sie überhaupt je wollte. – Dass man einen Sohn den Cilli übergab, ist nicht ungewöhnlich, wenngleich es häufiger eher die nachgeborenen Söhne sind, die an anderen Höfen erzogen werden, meist, wenn sie älter als sieben Jahre waren.[66] Johann war als Erstgeborener wie aufgrund seines jungen Alters hier sicher ein untypischer Fall für einen reinen Erziehungsaufenthalt. Thomas spricht mit Weingartner und Venuti von Johann als „Geisel" der Cilli.[67] Die Wahrheit lag wohl eher zwischen einem üblichen Erziehungsaufenthalt an einem verwandten Hof und einer regelrechten „Geiselhaft". Sicher spielen hier weiterhin die Fronten zwischen Habsburg und Cilli mit herein und damit wohl eher in gewisser Weise eine Sicherung des künftigen Görzer Erben Johann vor Zugriffen jedweder Art, insbesondere aber seitens der Habsburger. Vermutlich hatte man den Knaben schlicht in Sicherheit gebracht. Das Ehebündnis mit Elisabeth von Cilli bot hier noch einen weiteren Grund für die Erziehung Johanns am Hof der Cilli.

4. Das Treffen in St. Veit und die Ereignisse ab dem Jahr 1444

Um die Jahreswende 1443/44 sollten die Görzer Lehen bestätigt werden, weshalb Heinrich zum König reisen musste. Ende Dezember fand dieses Treffen in St. Veit an der Glan statt, wo neben Friedrich auch sein Bruder Albrecht VI., Ulrich von Cilli, Heinrich und Katharina (sowie Enea Silvio Piccolomini als Beobachter) versammelt waren.[68] Informiert sind wir hierüber vor allem durch Piccolomini, der jedoch als Sekretär Friedrichs kein neutraler Beobachter war. Bereits am 28. Dezember 1443 hatte er Kaspar Schlick über das Paar Heinrich und Katharina geschrieben: Man erwarte nun den Grafen von Görz mit seiner Frau.[69] Piccolomini mutmaßt, dass Katharina mit Heinrich mitreise, um die ungerechte Behandlung zu schildern, die ihr durch ihren Gatten widerfahren sei. Man sage, der Graf habe ihr übergroßes Unrecht zugefügt. Er sei ein Mann sehr fortgeschrittenen Alters und nicht sehr

---

[66] Vgl. Benjamin MÜSEGADES, Fürstliche Erziehung und Ausbildung im spätmittelalterlichen Reich (Mittelalter-Forschungen 47), Ostfildern 2014, 49–58.
[67] THOMAS, Weidenburg (wie Anm. 4) 29.
[68] Ebd. 30.
[69] „[…] similiter et comes Goricie cum ejus uxore. accepi, Goricie comitem feuda suscepturum, quod si sic erit, non nichil ad cancellariam veniet. cum his, ut conjecto utque percepi, tractabitur de modo intrandi Athesim. ajunt enim quidam, per terras Goricie accessum patere Athesinosque timere comitem Cilie. agetur quoque, ut subodoro, quod hic Ciliensis in curia perseveret. sed his in rebus nemo utilior esset vestra magnificentia. nemo hic est, qui sciat, quales sunt habiti tractatus cum comite ipso et ad registrum recurritur. uxor comitis, quare huc adveniat, nescio, nisi questura injurias viri, quem ajunt ultra quam dici possit injurium, quod sibi eo minus licet, quia vir etate confectus et est forma ineptus. consortem pene divinam sortitus fuerat, qua si bene usus fuisset, nemo esset beatior eo. inter humanas namque felicitates hec vel maxima est, ut conjugem quis pulcram sortiatur et bonam, tum quod est tertium fecundam, sicut hanc esse referunt. quidam rentur, eam omnino divorcium petituram, quia vite sue timeat, quamvis conjunx mirum in modum sibi blandiatur. dum hic ambo erunt, altius rem investigabo." PICCOLOMINI, Briefwechsel (wie Anm. 6) 257.

ansehnlich (oder auch insgesamt ein unschicklicher Mensch). Er habe vom Schicksal eine geradezu göttliche Gemahlin erhalten, niemand könne glücklicher sein als er. Denn unter den menschlichen Glückseligkeiten sei wohl die größte, eine hübsche und gute Gattin zu erlangen, was beides auf sie zutreffe, und zudem sei sie auch fruchtbar, wie man sage. Ferner heiße es, dass sie die Scheidung verlange, da sie um ihr Leben fürchte. Wundersamerweise habe Heinrich sich die Gemahlin wieder gewogen gemacht. Nach ihrer Ankunft werde er, Enea, weiter nachforschen.[70]

Piccolomini fällt insbesondere auf, dass Katharina an der Seite ihres Gatten war. Als Zeichen der Versöhnung vielleicht, oder weil sie die Gelegenheit nutzen wollte, um mit dem König zusammenzutreffen? Piccolomini spottet über die Eintracht, ja die Zuneigung, die das Paar offen zur Schau stellte.[71] Der eheliche Zwist hatte offenbar zu Spott und Hohn vor allem gegenüber dem gedemütigten Heinrich geführt.

> „Der Graf von Görz ist bereits seit drei Tagen hier mit seiner Frau. Ein ungleiches Paar. Gemeinsam sind sie angekommen, sie wohnen in einem Zimmer und gehen gemeinsam in der Stadt herum. So sehr lieben sie sich, wie sie es öffentlich zeigen, eine glückliche Gemeinschaft, ein wundersames Schauspiel. Erst kürzlich hat die Gattin den Mann gefangen gehalten und in Fesseln gelegt und horrender Verbrechen angeklagt, jetzt teilen sie ein Bett und den Tisch. Es ist wunderlich, wenn so großer Hass so schnell gelegt werden kann. Wenn das unter anderen geschieht, dann würde der Mann der Gemahlin nicht vertrauen, dass sie versöhnt ist, noch die Frau dem Mann, sondern Rache nehmen für das Unrecht."[72]

Piccolomini verkennt hier, dass Gefühle in diesen Ehen in erster Linie strategische Bedeutung hatten.[73] Mit seiner humanistischen Lesart lenkte er die Interpretation dieses Konflikts bis heute in falsche Bahnen und betonte statt der eherechtlichen Problematik zu sehr die charakterlichen Eigenschaften.[74] Bemerkenswert ist der Umstand, dass Katharina nicht abreiste, als die Verhandlungen zwischen Heinrich

---

[70] Unklar ist an dieser Briefstelle vor allem, ob sie darauf hindeutet, dass Katharina zum dritten Mal schwanger ist (mit Leonhard). Es könnte in der Aufzählung auch schlicht bedeuten, dass sie schön, gut und drittens auch fruchtbar ist. Da aber vorher immer nur von zwei Söhnen die Rede ist, dürfen wir doch 1444 als Geburtsjahr von Leonhard annehmen.
[71] Ebd.
[72] „comes Goricie jam triduo hic est ejusque consors. dispar conjugium. una ingressi sunt, unas edes incolunt, una per opidum pergunt. si sic se amant, ut foris significant, beata societas est mirandumque spectaculum. nuper virum uxor captivum habuit in vinculaque conjecit ac horrendi criminis reum dixit, nunc unus lectus utrumque recipit et una pascit mensa. mira res, si tantum odium tam cito poni potest. inter alios si hoc accidisset, nec vir uxori fidem reconciliate daret nec uxor viro, injuriarum ultionem verita. sed hic fortasse non ut volumus sed ut quimus agendum est. exitus qui sit utriusque mens patefaciet." PICCOLOMINI, Briefwechsel (wie Anm. 6) 266–267. 1. Jänner 1444. Eigene Übersetzung.
[73] Vgl. ANTENHOFER, Briefe (wie Anm. 42) 274–291.
[74] Auch Thomas bleibt dieser Interpretation verpflichtet, wenn sie bezweifelt, dass Katharina wegen der Lehensbestätigung an der Seite ihres Gatten sei. – Warum sollte man das bezweifeln, wo dies doch ihre politische Rolle als Gräfin erfordert? Man denke etwa an die Abbildungen der Habsburger Leopold III. und Albrecht III. anlässlich ihrer Huldigungsreise auf dem Altar von Schloss Tirol gemeinsam mit ihren Gemahlinnen.

und Friedrich scheiterten. Getrenntes politisches Vorgehen findet sich häufiger bei Ehepaaren und kann immer auch eine politische Strategie darstellen.[75] Darüber hinaus ist Piccolomini sicher zu glauben, dass Katharina die Gelegenheit nutzen wollte, um dem König ihre Angelegenheit vorzutragen, denn als Sekretär, der wohl bei allen Gesprächen anwesend war, kannte er die Details bis zu den Einkünften ihres Witwengutes.[76] Er selbst hatte dies auch als Grund ihrer Reise vermutet. In seinen Briefen nimmt er entsprechend Partei für sie, wenn er erklärt, dass Heinrich sie nicht angemessen ausstattete.[77] In diesen Passagen finden sich Hinweise, dass sogar die Trennung vereinbart worden sei – wovon in der Ehevereinbarung nicht die Rede ist. Piccolomini nennt allerdings nur die finanziell-ökonomischen Probleme: Katharina habe nur ein Schloss, Heinrich gebe ihr wenig Unterhalt, während er alles innehabe. Während Katharina offensichtlich die Nähe zu Friedrich IV. (III.) suchte, blieb Heinrich IV. weiterhin Parteigänger Ulrichs von Cilli. Damit stellt sich erneut die Frage, ob sein Sohn Johann nicht auch vor den Habsburgern in das Gebiet der Cilli in Sicherheit gebracht wurde.

Wie spielt nun König Friedrich IV. (III.) hier herein? Ihm kam zugute, dass er seit 1440 römischer König und damit neuer Lehensherr der Görzer ebenso wie der Grafen von Cilli war. Damit stand ihm per se nicht nur die Rolle des Streitschlichters zu, sondern ebenso die Rolle als Beschützer der Rechte der Frauen, wenn diese von ihren Gatten unrecht behandelt wurden. Diese Hilfestellung scheint Katharina für sich beansprucht zu haben, als sie die Nähe von Friedrich suchte. Zumindest ein ähnlich gelagerter Fall ist auch aus dem 14. Jahrhundert bekannt, als sich Katharina von Helfenstein, Witwe Ulrichs IV. von Württemberg, 1366 an Kaiser Karl IV. wandte, um zu erwirken, dass der Verzicht ihres Gemahls auf Teile der Herrschaft (gemeint ist hier der Unteilbarkeitsvertrag unter den Württemberger Grafen) keine Auswirkung auf ihre Habe, Heimsteuer und Morgengabe habe. Wie es in der entsprechenden Urkunde hieß, gab es Rechte der Frauen, die gewahrt werden mussten:

„das solt der obgenanten Kathrinen an allen / iren rehten, dw ein ieclich frawe in dem land zů Swaben haben solt, zu keinem schaden komen, weder an varnderhabe, an morgengab^e / oder heimsteůr, noch an keinen andern sachen."[78]

1444 kam es dann zu einer weiteren Verschärfung der Görzer Situation, die in einer Fehde gipfelte. Allein hierzu haben sich 33 Urkunden im HHStA Wien erhalten, die fast zur Gänze bei Chmel gedruckt wurden. Der Faszikel umfasst Briefe Heinrichs an

---

[75] Vgl. ANTENHOFER, Habsburgerinnen (wie Anm. 10) bes. 194–195; besonders deutlich war dies etwa auch im Handeln des Paares Isabella d'Este und Francesco II Gonzaga, vgl. dazu Sarah D. P. COCKRAM, Isabella d'Este and Francesco Gonzaga. Power Sharing at the Italian Renaissance Court (Women and Gender in the Early Modern World), Farnham et al. 2013.
[76] THOMAS, Weidenburg (wie Anm. 4) 31.
[77] Ebd. 32 Anm. 152. Enea Silvio Piccolomini an Kanzler Kaspar Schlick, St. Veit, 12. Januar 1444: „comes Goricie hinc abscessit, abnegatis sibi feudis. dicunt enim Austrie duces, id privilegii habere, ne quis in territoriis suis princeps degat vexillo investiendus. uxor ejus adhuc est hic. manent vetera pacta, que comes Cilie percussit. omnia vir tenet, uxor unum castrum habet et ibi libras centum e rursus tricentas annuas ex viri camera susceptura est, sed conjacere illi non tenetur. hoc virum male habet, uxorem parva provisio gravat." PICCOLOMINI, Briefwechsel (wie Anm. 6) 277.
[78] ANTENHOFER, Familienkiste (wie Anm. 24) 778–779.

Katharina und an Ulrich von Cilli sowie Berichte von Pflegern vom Kriegsschauplatz, jedoch keinen Brief von Katharina an ihren Gatten.[79]

Offensichtlich war Katharina seit dem Aufenthalt in St. Veit 1444 nicht mehr zu Heinrich zurückgekehrt, sondern hatte sich selbst einen Hof eingerichtet. Heinrich habe mehrfach nach ihr rufen lassen, sie sei aber nicht gekommen. Sogar Ulrich von Cilli habe angeboten, Katharina zu Heinrich zu führen – er blieb also weiterhin als männlicher Verwandter Vermittler in der Angelegenheit.[80] Katharina hatte das Treffen mit Verweis auf die schlechten Straßen abgelehnt und so war es wohl ein Jahr hin und her gegangen. Acht Briefe sind von Heinrich überliefert, in denen er sie immer wieder mahnt, gemeinsam mit ihm zu leben. Die Antworten dazu sind nicht erhalten, doch versichert Katharina am 21. Jänner 1445 in einem Schreiben an Balthasar von Welsberg und Jörg Künigl, sie habe sich mehrmals an ihren Gatten gewandt.[81] Heinrich begab sich nach Görz. Thomas sieht darin eine Flucht vor einem neuen Übergriff seiner Frau. Katharina nahm inzwischen den Mautner von Kreuzberg gefangen, weil er ihre Forderungen nicht erfüllt hatte – es ging ihr weiterhin um die ihr zugesicherten Einkünfte. Heinrich verwies darauf, dass dies seine Einkünfte seien, obwohl er sie an Katharina übergeben hatte. Ähnlich beanspruchte Heinrich die Maut von Spittal/Drau, die Katharina für sich forderte, da sie ihr überschrieben worden war.[82] Katharina hatte also zwar offensichtlich Grünburg inne, aber immer noch nicht jene Einkünfte erhalten, die ihr zugesichert worden waren.

Die Situation kulminierte darin, dass zwei Gruppen von Katharinas Dienern Heinrich am 23. Dezember 1444 die Fehde erklärten.[83] Christiane Thomas ging in ihrem Beitrag der Frage nach, ob es sich bei der Görzer Fehde um eine rechtmäßige Form der Fehde handelte und ob Katharina diese selbst führte, was Frauen an sich verboten war. Plakativ prägte sie dafür den Begriff der „Frauenfehde". Im Detail sind die Geschehnisse von Thomas dargelegt worden und erschließen sich aus den späteren Dokumenten dazu. Es waren Katharinas Bedienstete, die die Fehde führten, ausgelöst durch die fehlende Versorgung von Seiten Heinrichs. Eindeutig wird in ihrem Namen die Fehde geführt,[84] doch sind ihre Handlungen vor dem Hintergrund der Fehde als gerechtfertigt zu betrachten, da es sich um ihre ehelichen Güter, also ihren

---

[79] Thomas, Weidenburg (wie Anm. 4) 36.
[80] Thomas vermutet, dass Ulrich von Cilli wohl Katharina ihrem Mann übergeben wollte, als er seinerseits Johann abholte, wie es für die Zeit nach dem Treffen mit Friedrich vereinbart worden war, vgl. ebd. 38.
[81] Ebd. 39. Die Briefe von Heinrich finden sich abgedruckt in Chmel, Der österreichische Geschichtsforscher (wie Anm. 37) 498–510, datiert vom 10. Februar 1444 bis 6. Jänner 1445. Katharina antwortet am 21. Jänner 1445 Balthasar von Welsberg, Pfleger auf der Michelsburg, und Jörg Künigl, Pfleger auf Schöneck. Dort schreibt sie: „Darumben wir ym [Heinrich] zu menigerem mal geschriben vnd in allem vnserm schreyben Alzeytt besunder an in begertt haben und fleyssichlich gebeten solchen Taydingen nachzekomen vns halden vnd vnser bedurffen ze geben als vns geburett, der er noch bis her mitt kaynerlay ny getan hatt, mugtt yr selbs wol versten Das wir mitt vnserm gesinde des lufftts nitt geleben mugen vnd wissen vnser bedurffen von anders Nymand ze nemen Dann von den vnsern vnd vnsers Gemahles nach solchen als wir von einander nichtt getaylt noch geschaiden sein." Zit. ebd. 511 Nr. 19.
[82] Ebd. 40.
[83] Ebd. 45.
[84] Ebd. 49.

eigenen Bereich handelt, in dem sie Herrin war.[85] Die rechtlichen Grundlagen des Fehdewesens sahen bestimmte Regeln vor, so brauchte es einen allgemein anerkannten Anlass. Zudem durften nur rittermäßige Männer Fehde führen. Allerdings gab es hier verschiedene Auslegungen je nach Landschaft und zudem konnten die Anliegen anderer durch den Grundherren oder Stadtrat wahrgenommen werden.[86] Jedenfalls handelten Katharina und ihre Helfer aus zeitgenössischer Sicht rechtmäßig. Offensichtlich empörte sich auch niemand über den Umstand, dass eine Frau die Fehde führte bzw. diese in ihrem Namen geführt wurde. Thomas vermutet evtl. Einflüsse aus Ungarn. Katharina ihrerseits nennt die fehlende Einhaltung der ihr vertraglich zugesicherten Unterhaltszahlungen durch ihren Gatten als rechtmäßigen Anlass ihrer Handlungen.[87] Erstaunlich ist dabei eher, dass sie keine mächtigen Unterstützer, etwa den König oder Ulrich II. von Cilli an ihrer Seite hatte, zumindest soweit aus den Quellen erkennbar.[88] Möglicherweise weil die politische Gemengelage zu explosiv war? Katharina ließ die Burg Priessenegg plündern. Es folgte der misslungene Angriff auf Pittersberg. In diesen Wirrnissen entstand sogar das Gerücht, Heinrich sei verstorben.[89]

Am 21. Jänner 1445 hatte Katharina den Ständen, die sich wieder als Mittler eingeschaltet hatten, geantwortet, dass sie nur das verlange, was in der „tayding" vereinbart worden war, damit sie ihre eigene Hofhaltung haben könne. Heinrich verwehrte aber die Versorgung, trotz mehrerer Mahnungen. Zudem waren ihr die ihr zugesprochenen Einkünfte nicht zugekommen.[90] Heinrich beteuerte dagegen, dass er sie mit Leuten versorgt hätte, sie aber auf ihre eigene Hofhaltung bestanden habe. Die unterschiedliche Auslegung der Vereinbarungen war also immer noch nicht ausgeräumt. Heinrich hatte jedenfalls keine Anweisungen an die zuständigen Amtleute erteilt, die vereinbarten Einkünfte an Katharina auszuzahlen.

Die Lage spitzte sich in einer zweiten Kampfhandlung zu: Vom 21. auf den 22. Februar 1445 wurde die Weidenburg erobert. Ulrich II. von Cilli gewann sie nach einigem Hin und Her zurück. Es war schließlich Friedrich IV. (III.) von Habsburg, der sich erneut als Vermittler einschaltete und die Weidenburg wieder Heinrich zusprach.[91] Am 11. Mai 1445 sandten Katharinas Leute einen neuerlichen Fehdebrief an Heinrich, doch gibt es über den weiteren Verlauf keine Dokumente, zumindest nicht in den Beständen, die Thomas eingesehen hat. 1453 kam es zu einer zweiten Gefangennahme Heinrichs IV.[92] Wiesflecker zufolge hatte Heinrich IV. Katharina in seinem Testament von allen Rechten auszuschließen versucht.[93] Katharina inhaftierte ihn auf Schloss Karstberg und veranlasste, dass er zugunsten Johanns abdanken

---

[85] Thomas erkennt dies noch nicht wirklich, da sie fragt, ob Katharina dort Herrin sei, wenn ihr Mann noch lebt. Vgl. ebd. 49: „[…] werden nur dann zum erlaubten Mittel, wenn die Gräfin von Görz als Landesherr(in) betrachtet wird…".
[86] Vgl. dazu Andrea BOOCKMANN, Art. Fehde, in: Lexikon des Mittelalters, Band 4, Stuttgart/Weimar 1999, 332–334: vgl. http://apps.brepolis.net/lexiema/test/Default2.aspx (Zugriff: 29.06.2023).
[87] THOMAS, Weidenburg (wie Anm. 4) 51.
[88] Ebd.
[89] Ebd. 62.
[90] Ebd. 64.
[91] Ebd. 80–81.
[92] BAUM, Katharina von Görz (wie Anm. 39) 133, nennt 1452 aber ohne Beleg.
[93] WIESFLECKER, Grafschaft Görz (wie Anm. 1) 136.

musste.⁹⁴ Es zeigt sich hier eine neue Situation, da Johann selbst die Herrschaft übernehmen konnte. Katharina führte zunächst für ihren Sohn die Regierung, zog sich in der Folge aber wohl auf ihre Güter zurück.⁹⁵

Gefangennahme ist im Mittelalter abgesehen von Bestrafung für Vergehen im Sinne der Einkerkerung vor allem im Kontext von Kriegshandlungen oder Fehde, Geiselhaft oder Bürgschaft zu sehen, wenn man Schulden nicht bezahlen konnte.⁹⁶ Im Kontext der zweimaligen Gefangensetzung Heinrichs durch Katharina bietet sich als Vergleich zum einen die Situation der Fehde an, zum anderen aber Gefangenschaft von Familienmitgliedern in adeligen Kontexten. Besonders bekannt ist der Fall Markgraf Friedrichs V. des Älteren von Brandenburg (1460–1536), der sich nach dem Tod seiner ersten Gattin mit einer Frau aus dem Frauenzimmer vermählen wollte. Dies mag mit der Grund für seine Söhne gewesen sein, den Vater wegen angeblicher Geisteszerrüttung nach seiner Absetzung 1515 für zwölf Jahre auf der Plassenburg in Gefangenschaft zu halten.⁹⁷ Herzog Christoph von Bayern wiederum wurde von seinem Bruder Albrecht 1471 im Zuge der Auseinandersetzungen um seinen Anspruch auf Mitherrschaft inhaftiert.⁹⁸ Auch Frauen gerieten durch Familienmitglieder in Gefangenschaft. So hielten Ludwig und Ulrich von Württemberg ihre Mutter Henriette von Mömpelgard mehrere Monate lang im Nürtinger Schloss gefangen, als diese ihre Tochter Anna als Erbin in der Grafschaft Mömpelgard einsetzen wollte. Die Söhne erzwangen dadurch, dass sie die Nachfolge übertragen bekamen.⁹⁹ Anna von Habsburg, Gattin Wilhelms von Sachsen, wurde von ihrem Mann 1457 verstoßen und auf der Burg Eckartsberga in Gefangenschaft gesetzt, damit er mit seiner Geliebten Katharina von Brandenstein zusammenleben konnte.¹⁰⁰

Die Gefangenschaft Heinrichs gliedert sich also ein in eine Reihe von Gefangennahmen in adeligen Häusern in Zusammenhang mit internen familiären Auseinandersetzungen, die vor allem mit Fragen der Nachfolge und Herrschaft zu tun hatten. Singulär bleibt jedoch innerhalb der genannten Beispiele, dass eine Frau die Gefangenschaft veranlasste. Heinrich starb kurze Zeit später, vermutlich um Ostern 1454.¹⁰¹

---

[94] Folgen wir Baum, so wurde Johann 1453 aus der Vormundschaft entlassen. Er spricht davon, dass es in der Folge noch vor dem Tod Heinrichs zum Bruch zwischen Katharina und ihrem Sohn kam und sie sich mit Leonhard nach Görz zurückzog und „eine Art Gegenregierung in den Besitzungen in Friaul" errichtete; – allerdings nennt er dafür keine Quellen, vgl. BAUM, Katharina von Görz (wie Anm. 39) 133.
[95] PIZZININI, Das letzte Jahrhundert (wie Anm. 1) 4–5.
[96] Vgl. Wolfgang SCHILD, Art. Gefängnis, in: Lexikon des Mittelalters, Band 4, Stuttgart/Weimar 1999, 1168–1169: vgl. http://apps.brepolis.net/lexiema/test/Default2.aspx (Zugriff: 29.06.2023).
[97] Vgl. NOLTE, Familie, Hof und Herrschaft (wie Anm. 41) 256–257.
[98] Vgl. ANTENHOFER, Familienkiste (wie Anm. 24) 664 und bes. Karl-Friedrich KRIEGER / Franz FUCHS, Der Prozeß gegen Heinrich Erlbach in Regensburg (1472). Reichsstädtische Justiz im Dienst landesherrlicher Macht- und Interessenspolitik, in: Papstgeschichte und Landesgeschichte. Festschrift für Hermann Jakobs zum 65. Geburtstag (Archiv für Kulturgeschichte. Beihefte 39), hg. von Joachim Dahlhaus / Armin Kohnle / Jürgen Miethke / Folker E. Reichert / Eike Wolgast, Köln 1995, 519–553; Franz FUCHS, Das „Haus Bayern" im 15. Jahrhundert. Formen und Strategien einer dynastischen „Integration", in: Fragen der politischen Integration im mittelalterlichen Europa (Vorträge und Forschungen 63), hg. von Werner Maleczek, Ostfildern 2005, 303–324.
[99] ANTENHOFER, Familienkiste (wie Anm. 24) 553.
[100] Ebd. 592.
[101] PIZZININI, Das letzte Jahrhundert (wie Anm. 1) 4.

Als Katharina selbst 1455 in die vordere Grafschaft kam, wurde wiederum sie auf Heinfels gefangen gesetzt und erst durch Vermittlung Sigmunds von Tirol und Graf Ulrichs von Cilli wieder freigelassen, nachdem sie auf die Regierung verzichtet hatte und auf ihre Witwengüter verwiesen wurde.[102] Baum sieht dahinter ein Zerwürfnis mit Johann, Pizzinini hingegen betrachtet eher die Stände als Widersacher Katharinas. Am 28. April 1455 kam es in Sillian vor Vertretern Venedigs und des Kaisers zum Friedensschluss.[103] Selbst als im Zuge des Cillier Erbfolgekrieges die Görzer Besitzungen in Kärnten verloren gingen, bestätigte der Kaiser Katharina ihre Witwengüter, Grünburg mit der Herrschaft Moosburg.[104]

Die letzten Spuren, die Katharina hinterließ, führen nach Villach. Beigesetzt werden wollte sie schließlich in der Kapelle der Jakobskirche in Villach, die sie gestiftet hatte. Die Stiftung einer ewigen Messe in dieser Kapelle am 24. April 1471 ist ihre letzte datierbare Urkunde.[105]

Abb. 3: Wappen der Katharina von Garai, Schlussstein, St.-Jakobus-Kirche, Strassen, Osttirol. Foto Peter Leiter.

---

[102] Pizzinini, Das letzte Jahrhundert (wie Anm. 1) 5.
[103] Vgl. hierzu wieder die Quellen in Wiessner, Monumenta historica ducatus Carinthiae (wie Anm. 38); Baum, Katharina von Görz (wie Anm. 39) 133.
[104] Damit hatte sie auch das Recht zur Ernennung des Pfarrers von Hermagor, siehe dazu die Korrespondenz unten. Vgl. Baum, Katharina von Görz (wie Anm. 39) 133; Urkunde bei Wiessner, Monumenta historica ducatus Carinthiae (wie Anm. 38) 141 Nr. 344.
[105] Baum, Katharina von Görz (wie Anm. 39) 133–134; vgl. Wiessner, Monumenta historica ducatus Carinthiae (wie Anm. 38) 173 Nr. 433. Zu den Stiftungen von Katharina siehe auch ebd. 120 Nr. 301: Stiftung für das Kloster Arnoldstein vom 13. Dezember 1456.

5. Katharinas späte Jahre im Spiegel der Korrespondenz

Die in Wien erhaltene Überlieferung zur Fehde um Katharina und Heinrich IV. endet relativ abrupt mit November 1445.[106] Die weiteren Quellen gestalten sich, wie ausgeführt, spärlich und lassen kaum Aussagen zu ihrem späteren Leben zu. Umso interessanter ist die Überlieferung der Görzer Korrespondenz im TLA in Innsbruck.[107] Es versteht sich, dass wir es hier nicht mit einem kompletten Briefwechsel zu tun haben, sondern lediglich mit Restbeständen, die sich nach der Aufteilung des Görzer Archivs erhalten haben. Das schmale Korpus erlaubt aufgrund seiner bruchstückhaften Zusammensetzung keine tiefer gehende Analyse. Dennoch zeigen sich wertvolle Schlaglichter auf Katharinas spätere Jahre, nach den Turbulenzen 1443 bis 1445. Dass sich hier nicht die gesamte Korrespondenz erhalten hat, illustriert allein die zuvor genannte Aussage Katharinas, sie habe ihrem Gatten auf seine Schreiben geantwortet. Diese Briefe aus der unmittelbaren Zeit des ersten Konflikts sind zumindest im Tiroler Landesarchiv nicht erhalten. Da auch Thomas keine Schreiben Katharinas nennt, dürfte auch in Wien abgesehen von den bekannten von Chmel edierten Quellen keine weitere Korrespondenz überliefert sein. Dies mag mit den Turbulenzen in der Konfliktphase zusammenhängen oder auch mit der Zerstreuung des Görzer Archivs nach dem Aussterben des Geschlechts um 1500.[108]

Insgesamt sind im TLA elf Schreiben von Katharina erhalten. Diese setzen im Jahr 1448 ein und enden am 28. März 1470. Der erste Brief vom 4. Juli 1448 ist an Heinrich von Görz adressiert, ein weiterer vom 21. April 1459 geht an ihren ältesten Sohn Johann, alle anderen richten sich an Leonhard. Am 17. August 1454 schrieb sie gemeinsam mit Johann einen Brief an Hans Luntz, den Stadt- und Landrichter zu Lienz. Insgesamt fünf Schreiben sind an Katharina adressiert: zwei stammen von Johann, eines von Hieronymus Barbadicus, dem Statthalter von Friaul mit Sitz in Udine, ein Brief aus Venedig stammt von Franceschina Contarin[109], der Gattin des Nicolò Contarini, Statthalter von Friaul.[110] Ein weiterer ist undatiert und ohne Absender, wurde jedoch vermutlich von einem Arzt in Diensten Katharinas verfasst, da er sie als gnädige Frau anspricht und mit dem Brief Arzneien, vor allem gegen Kopfschmerzen, übermittelt.

Interessant sind zudem die Briefe, die aus dem Familienverband an Heinrich gerichtet sind: Zwei stammen von Johann und geben Einblicke in die Zeit, als die-

---

[106] THOMAS, Weidenburg (wie Anm. 4) 84 Anm. 371 nennt eine Anfang November 1445 verfasste Liste der „ingriffe" in diesem Zusammenhang.
[107] Die Briefe haben bislang nur am Rande Interesse gefunden, so etwa bei Josef WEINGARTNER, Die letzten Grafen von Görz, in: Lienzer Buch. Beiträge zur Heimatkunde von Lienz und Umgebung (Schlern-Schriften 98), hg. von Raimund von Klebelsberg, Innsbruck 1952, 111–135; vgl. auch ANTENHOFER, Il ‚corpus' (wie Anm. 40).
[108] Vgl. Christoph HAIDACHER, Auf den Spuren des Archivs der Grafen von Görz, in: Tirol in seinen alten Grenzen. Festschrift für Meinrad Pizzinini zum 65. Geburtstag (Schlern-Schriften 341), hg. von Claudia Sporer-Heis, Innsbruck 2008, 123–138; ANTENHOFER, Il ‚corpus' (wie Anm. 40).
[109] Francesca Loredan, Witwe von Vettor Pisani und zweite Gattin des Nicolò Contarini, vgl. Franco ROSSI, Contarini, Nicolò, in: Dizionario Biografico degli Italiani (im Folgenden DBI) 28 (1983); vgl. https://www.treccani.it/enciclopedia/nicolo-contarini_res-26186729-87eb-11dc-8e9d-0016357 eee51_%28Dizionario-Biografico%29/ (Zugriff: 23.03.2023).
[110] 1453–1455 war er Statthalter von Friaul mit Sitz in Udine, vgl. ebd.

ser als Mündel am Hof der Cilli war. Der erste datiert vom 14. Jänner 1446. Der höchstens Achtjährige bedankt sich für die Nachricht von Brüdern und Vater und die Fische, die der Vater ihm geschickt hat, und bittet um weitere Fische.[111] Am 24. September 1447 empfiehlt er den Silberkämmerer Graf Friedrichs von Cilli, der von Heinrich ein Gut zu Lehen haben möchte. Zugleich bittet er um ein gutes Pferd, da er in fremden Landen fern von Cilli sei und Pferde benötige.[112] Bemerkenswerte Einblicke bietet schließlich das Schreiben vom 19. Mai 1448, das der etwa zehnjährige Johann an seinen Vater richtet.[113] Johann teilt darin seinem Vater seine Freude darüber mit, dass dieser sich wieder mit seiner Mutter vertrage. Das Zerwürfnis der beiden habe ihn sehr bekümmert. Es betrübe ihn sehr, dass sich der Vater nicht bei ihm melde, er möge öfters Nachrichten schicken.

Der einzige erhaltene Brief Katharinas an Heinrich vom 4. Juli 1448 datiert drei Jahre nach den ersten Konflikten und der Fehde und zeigt klar, dass sich ihre Situation nicht wesentlich verbessert hatte.[114] Katharina schreibt von der Grünburg, zumindest also hatte sie sich ihren eigenen Hof erhalten können. Die Versorgung war aber nach wie vor nicht gewährleistet. Sie beklagt sich, dass Heinrich schon lange nicht mehr nach ihr senden ließ und dass sie weder Geld noch eine andere Versorgung habe. Sie bittet Heinrich, ihr zwei Fass Wein und über den Villacher Amtmann zwei Ochsen und sechs Mut Roggen sowie zwei- oder dreihundert Käse zu schicken, damit sie zu essen und zu trinken habe, bis er nach ihr schicken lasse. Das Schreiben macht deutlich, dass es Katharina nicht (mehr/primär) um große Geldsummen, sondern um ihre rudimentäre Versorgung ging – ähnlich wie sich dies auch in den Konflikten 1443 und 1444/45 gezeigt hatte.

Am 17. August 1454 tritt sie gemeinsam mit ihrem Sohn Johann in Erscheinung, nachdem ihr Mann verstorben war.[115] Es handelt sich um ein Mandat an den Stadt- und Landrichter zu Lienz, dass er ihre Diener, die nach Kals unterwegs waren, mit Zehrung ausstatten und darüber Rechnung legen sollte. Dieses Schreiben ist auf Heinfels ausgestellt, wo sie wohl gemeinsam mit ihrem etwa sechzehn Jahre alten Sohn nach dem Tod des Gatten die Regentschaft ausübte. Am 26. Oktober 1455 schreibt Johann aus Lienz an seine Mutter.[116] Er bedankt sich „hoch und vest und von herzen" für ihren Ratschlag und den Forderungsbrief an Kaiser Friedrich III., den sie Johann auf dessen Bitte hin übersandt hatte. Er hatte vom Kaiser eine Ladung erhalten, die ihm sowohl Treue und Ehre als auch Verderbnis bringen konnte. Mit seinem Bruder Ludwig werde er zum Kaiser reisen und in der Zwischenzeit seinem Bruder Leonhard das Land anvertrauen. Sollte dieser in seiner Abwesenheit Rat und Hilfe der Mutter benötigen, möge sie ihm diese gewähren. – Dieser Brief eröffnet Einblicke in die interne Familienorganisation. Der etwa siebzehnjährige Johann erscheint nun selbst als Regent, der gemeinsam mit dem jüngeren Bruder zum Kaiser aufbricht, mit der Mutter in kontinuierlichem Austausch steht und sich von ihr bera-

---

[111] TLA Sigmundiana (im Folgenden Sigm) 16.37.05.
[112] TLA Sigm 16.37.07.
[113] TLA Sigm 16.37.06.
[114] TLA Sigm 16.38.01.
[115] TLA Sigm 16.39.03. Heinrich IV. war vermutlich um Ostern 1454 verstorben, vgl. PIZZININI, Das letzte Jahrhundert (wie Anm. 1) 4.
[116] TLA Sigm 16.37.01.

ten lässt. Während seiner Abwesenheit ist aber nicht Katharina Regentin, sondern der elfjährige Leonhard, dem sie mit Rat zur Seite stehen soll. Am 10. Oktober 1456 richtet sich Hieronymus Barbadicus,[117] der Statthalter von Friaul mit Sitz in Udine, an Katharina. Er bedankt sich für den schönen Falken. Da er wisse, wie überaus christlich sie sei, schicke er ihr eine päpstliche Bulle, die er neulich erhalten habe, sodass sie diese, wenn es ihr gefalle, ausführen lassen könne. Katharina wird vom Statthalter als Görzer Regentin adressiert und zeigt sich auch in politische Netzwerke eingebunden.

Am 28. Februar 1458 schreibt Johann aus Lienz an seine Mutter.[118] Es geht um die Lehen der Kinder eines gewissen Pyro von Floyan. Pyro habe zu der Zeit, als Katharina die Hofhaltung innehatte, Lehenbriefe erhalten. Als Johann bei Katharina in Venedig war, habe diese sich aber nicht daran erinnert. Sie solle ihm mitteilen, was sie in dieser Angelegenheit wisse. Der Brief belegt, dass Katharina nach dem Tod des Gatten *den Hof hielt*, also kurzzeitig die Regierung übernahm. Zudem zeigen sich erneut Spuren ihres Itinerars, also ihrer Aufenthaltsorte, die sie bis nach Venedig führten. Aus Venedig schreibt auch Franceschina Contarin am 25. Februar 1459 an Katharina.[119] Auf Katharinas Nachricht der bevorstehenden Vakanz einer Pfarre, deren Inhaber im Sterben liege, bittet sie, diese für ihren Neffen zu reservieren. In einer durchaus politischen Rolle taucht Katharina somit also auch hier auf, anlässlich der Vermittlung einer Pfründe innerhalb der friulanischen und venezianischen Elite, insbesondere der Familie Contarin.

Am 21. April 1459 richtet Katharina sich an ihren ältesten Sohn, wieder von der Grünburg aus. Sie empfiehlt einen Cristan Peystock, einen ihrer Leute, der zu Johanns Hofstatt unterwegs war.[120] Die weiteren acht Schreiben sind alle an Leonhard gerichtet und an verschiedenen Orten ausgestellt: Neben der Grünburg ist Katharina auch in Friaul anzutreffen, in Marano und Belgrado. Am 1. Mai 1462 teilt sie Leonhard ihren Kummer über die Nachricht von der Krankheit und dem Tod ihres Sohnes Johann von Görz mit und bittet ihn ihr mitzuteilen, ob auch er krank sei, wie sie gerüchteweise gehört habe. Am meisten bekümmere sie, dass sie keinerlei Informationen darüber erhalten habe. Leonhard möge sie schriftlich über alles informieren.[121] Bereits am 2. Mai 1462[122] dankt sie Leonhard für die Nachricht des Todes von Graf Johann, die ihr von Herzen leid sei. Doch sei sie froh, dass er mit guter Andacht und allen christlichen Sakramenten versorgt aus dem Leben geschieden sei. Sie freue sich auch, dass Leonhard nicht krank sei, wie Gerüchte verlautet hatten. – Das kurze Intervall zwischen den beiden Briefen, die auch auf einen Antwortbrief Leonhards verweisen, macht deutlich, dass Katharina und Leonhard in engem Austausch stehen konnten, wenn sie dies wollten. Dass dies aber wohl nicht üblicherweise der Fall war, legt der Verweis auf Gerüchte als Nachrichtenquelle nahe.

---

[117] TLA Sigm 16.45.17. Es handelt sich um Girolamo Barbarico, vgl. Il Palazzo comunale di Udine da Nicolò Lionello a Raimondo D'Aronco, Udine 2019, 25.
[118] TLA Sigm 16.37.02.
[119] TLA Sigm 16.45.18.
[120] TLA Sigm 16.38.02.
[121] TLA Sigm 16.38.03.
[122] TLA Sigm 16.38.04.

Ein auf 1465 datierter Brief Katharinas aus Marano illustriert, dass sie und Leonhard ein Treffen in Friaul verabredeten.[123] Am 3. Oktober 1465 schreibt sie von Marano an Leonhard, dass sie seine Nachricht erhalten habe und er sich um eine gewisse Angelegenheit kümmern solle, die sie sehr verdrieße.[124] Vom 6. November 1467 datiert ein Schreiben aus Belgrado, in dem Katharina mitteilt, sie wolle sich in Sachen Cadraipp (Codroipo?) mit Leonhard besprechen, welche Vorgangsweise sie diesbezüglich wählen solle. Er habe ihr dazu geschrieben.[125]

Am 29. März 1469 schreibt Katharina aus Belgrado wieder – diesmal eigenhändig – an Leonhard: Er möge zu ihr kommen, da sie dringend Sachen mit ihm zu besprechen habe.[126] Der Brief belegt zudem, dass Katharina eigenhändig schreiben konnte und offensichtlich geübt darin war. Manche Formulierungen legen nahe, dass Deutsch wohl nicht ihre Muttersprache war, sie es aber auch schriftlich flüssig beherrschte.

Leonhard und Katharina standen somit im kontinuierlichen Austausch, wie dieser Rest eines Briefwechsels aufzeigt, und sie berieten sich in verschiedenen Angelegenheiten. Besonders deutlich wird dies in einem Schreiben vom 19. März 1470 von der Grünburg, in dem Katharina Leonhard mitteilt, sie habe Briefe erhalten, dass der Kaiser sich aufgemacht habe, um zum Landtag nach Friesach zu kommen. Auch habe er seinem Viztum geschrieben, er solle Fütterung für 300 Pferde dorthin schicken. Zudem habe sich die gemeine Landschaft auf den Weg dorthin gemacht.[127] Am 28. März schreibt sie dazu weiter, sie habe gehört, dass der Kaiser am vergangenen Montag nach Friesach hätte kommen sollen. Die Nachrichten seien ungewiss, sie könne ihm nichts Genaueres sagen. Es seien aber viele Landleute in Friesach eingelangt und es kämen täglich mehr. Wolle Leonhard hinreisen, so müsse er beizeiten für eine Unterkunft sorgen; er solle nur vertrauenswürdige Diener mitnehmen. Katharina führt vier Diener namentlich an. Es komme zudem Ruprecht Kreuz[128] am Sonntagabend nach Finkenstein, den möge Leonhard befragen, ob er Genaueres wisse.

In einem undatierten Schreiben ohne Absender, das an Katharina gerichtet ist, geht es schließlich um die Übersendung von Kräutern und Rezepten, wohl durch einen Arzt, der in ihren Diensten stand. Insbesondere sollen diese Kopfschmerzen lindern.[129]

Ins Auge stechen die unterschiedlichen Titulaturen, die Katharina in diesem Briefwechsel führt. Zu Lebzeiten ihres Mannes und als Regentin nennt sie sich mit den

---

[123] TLA Sigm 16.36.03. Katharina teilt mit, dass sie durch ihren Diener Leonhards Nachricht erhalten habe, er wolle zu ihr kommen, sobald sie nach Friaul reise. Sie informiert ihn, dass sie am Sonntag Mariä Geburt nach Marano gekommen sei, was sie Andre von Kreyg auch geschrieben habe. Er möge zu ihr kommen.
[124] TLA Sigm 16.36.01.
[125] TLA Sigm 16.36.04.
[126] TLA Sigm 16.36.02. Wenn er nicht dorthin kommen wolle, möge er nach Schönfelden oder Pewelsdorf kommen und ihr Bescheid geben, wofür er sich entscheide.
[127] TLA Sigm 16.38.05.
[128] Ruprecht Kreuzer, vgl. Paul-Joachim Heinig, Kaiser Friedrich III. (1440–1493). Hof, Regierung und Politik, Band 3 (Forschungen zur Kaiser- und Papstgeschichte des Mittelalters. Beihefte zu J. F. Böhmer, Regesta Imperii 17), Köln/Weimar/Wien 1997, 1707.
[129] TLA Sigm 16.38.06.

Görzer Titulaturen.[130] Als Witwe hingegen bezeichnet sie sich als Gräfin von Cilli, so beispielsweise in ihrem eigenhändigen Schreiben. Allein das undatierte Schreiben des nicht namentlich genannten Arztes nennt in der Adresse ihren Geburtsnamen, Katharina von Garai. Während ihrer Regentschaft führt sie ihren Namen als *Intitulatio*, also als Überschrift gleich zu Beginn und gleichsam als Titel in ihren Korrespondenzen, während sogar Johann sich ihr gegenüber in seinen Briefen durch die Verwendung seines Namens als *Subscriptio*, als Unterschrift am Ende des Briefes, deutlich unterordnet. Diese Titulaturen sprechen von der politischen Rolle, die Katharina einnahm. Vor allem die von ihr selbst gewählte Bezeichnung als Gräfin von Cilli bestätigt die These dieses Beitrags, dass sich Katharina primär als Vertreterin dieses Verbandes betrachtete und entsprechend handelte.

Die Zusammenschau der Briefe zeigt, dass die familiären Konflikte auch für die Kinder als belastend empfunden wurden. Hier ist vor allem die Perspektive Johanns erhalten in seinen Schreiben aus der Zeit am Hof der Cilli, die keine „Geiselhaft" erkennen lassen, sondern alltägliche Nachrichten eines Sohnes an einem fremden Hof widerspiegeln, der Geschenke von der Familie erhält und um weitere bittet. Zudem fungiert er als Mittler zwischen den Höfen. Über die Konflikte selbst geben keine weiteren Briefe Auskunft, abgesehen vom Schreiben Johanns im Mai 1448, dass er über die Beilegung der Spannungen zwischen den Eltern erfreut ist. Sicher war damit jedenfalls die Eintracht nicht wiederhergestellt. Nur knapp zwei Monate danach schrieb Katharina von der Grünburg an Heinrich. Es ist das einzige erhaltene Schreiben von ihr an ihren Gatten und es zeigt keine wesentliche Besserung ihrer Lage. Sie war zwar immer noch auf der Grünburg, allerdings sehr schlecht ausgestattet bis hin zum Mangel an Lebensmitteln. Heinrich hatte den Kontakt offensichtlich abgebrochen, ließ nicht nach ihr schicken und kümmerte sich nicht um ihre Versorgung. Erst nach Heinrichs Tod tritt Katharina mit Korrespondenz wieder hervor, nun zusammen und im Austausch mit ihren Söhnen, zuerst mit dem älteren Johann als Nachfolger Heinrichs und nach dessen Tod mit Leonhard. Dass sie sich als Witwe Gräfin von Cilli nennt, kann durchaus als Distanzierung von den Görzern angesehen werden, zumindest von ihrem Gatten. Insofern zeigt sie sich, wie bereits ausgeführt, stärker eingebunden in die Familie ihrer Mutter, die Cilli, die wir in der Konfliktzeit damit wohl stärker an ihrer Seite sehen müssen, als die ältere Forschung angenommen hat.

Abschließend sei noch versucht, die Briefe nach ihren Funktionen in eine Typologie einzuordnen, um sie in Vergleich zu anderen fürstlichen Korrespondenzen zu setzen.[131] Eine erste Gruppe von Briefen kann in die Reihe der *Bitten, Supliken, Anforderungen und Instruktionen* gestellt werden. Darunter fallen einerseits stark formalisierte Instruktionen, die in die Nähe von Urkunden (Mandate) zu stellen sind. Hier ist etwa das Schreiben Katharinas gemeinsam mit ihrem Sohn Johann an den

---

[130] Vgl. zu Anreden in spätmittelalterlichen Briefen Julian HOLZAPFL, Fürstenkorrespondenz, in: Höfe und Residenzen im spätmittelalterlichen Reich. Hof und Schrift (Residenzenforschung 15 III), hg. von Werner Paravicini, Ostfildern 2007, 299–328.

[131] Vgl. dazu ANTENHOFER, Il ‚corpus' (wie Anm. 40); Christina ANTENHOFER, Egodokument, Familienpflicht, politisches Instrument. Funktionen von Briefen in fürstlichen Korrespondenzen des 15. Jahrhunderts aus geschlechterhistorischer Perspektive, in: Die Medialität des Briefes – Diplomatische Korrespondenz im Kontext frühneuzeitlicher Briefkultur (16.–17. Jahrhundert), hg. von Arno Strohmeyer (im Druck).

Stadtrichter von Lienz zu nennen mit der Aufforderung, ihre beiden Diener mit Zehrung auszustatten. Hierher zählt aber auch das Schreiben Katharinas an ihren Gatten, das im Wesentlichen ein Bittschreiben mit der Bitte der Kontaktaufnahme und Versorgung darstellt. Die Haltung der Bitte im Brief, auch als Supplik bezeichnet, ist nicht ausschließlich, aber doch stark mit Frauen verbunden.[132] Katharina begibt sich angesichts ihrer Notlage in diese für sie als Gattin angemessene Position in der Hoffnung, darüber Unterstützung zu erhalten. An Johann richtet sie 1459 ebenso einen supplikativen Brief, in dem sie ihn um Unterstützung eines ihr Untergebenen ersucht. Der Brief zeigt sie auf der Grünburg, nicht mehr im Zentrum des politischen Geschehens der Grafschaft stehend und somit auf die Unterstützung des Sohnes angewiesen.

Die meisten Korrespondenzen Katharinas mit ihren Söhnen lassen sich in die Gruppe der *Interaktionen und Kommunikation* einordnen und zeigen damit komplexere und weniger formalisierte Arten des Briefverkehrs im Sinne eines regelrechten Gesprächsersatzes. Hier tritt Katharina klar in ihrer beratenden politischen Rolle in Erscheinung, wenn sie sowohl von dem noch jungen, etwa achtzehnjährigen Sohn Johann als auch noch vom bereits reifen, 26-jährigen Leonhard konsultiert wird und vor allem weiterhin bestens informiert ist, wie es ihre letzten Briefe von 1470 mit Blick auf ihre Informationen über Kaiser Friedrich III. verraten. Ein weiteres Schreiben Johanns dient der Klärung von Angelegenheiten, als Katharina noch selbst an der Regierung beteiligt war, und zeigt wiederum ihre politische Rolle, die sich auch, wie erwähnt, in den formalen Aspekten der Briefe niederschlägt, wenn sie selbst ihre Briefe mit einer *Intitulatio* zeichnet und Johann sich ihr gegenüber formal unterordnet. Einige spätere Briefe, die Katharina mit Leonhard in den 1460er-Jahren wechselt, dienen weniger dazu, Inhalte zu vermitteln, als vor allem Treffen zu organisieren, wo sie sich mit ihm in diversen Belangen, etwa Diener betreffend, austauscht.

In diesen familiären Schreiben stechen vor allem jene hervor, die Emotionen im Familienverband zum Ausdruck bringen. Das ist zum einen das erwähnte Schreiben des Kindes Johann über die Freude angesichts des Endes der familiären Zwistigkeiten. Dieses wie seine anderen Schreiben aus Cilli lassen sich zudem dem Typus der *Kinderbriefe* zuordnen.[133] Ferner ist der kurze Briefwechsel mit Leonhard von Görz 1462 hervorzuheben, als Katharina ihrer Trauer angesichts der Nachrichten über den Tod Johanns und der Gerüchte über eine Krankheit Leonhards Ausdruck verleiht. Emotionalität wie Sorge und Trauer sind hier erkennbar und erlauben Einblicke in die Beziehungen im Familienverband. Zugleich spricht der Umstand, dass Katharina zuerst Gerüchte zugetragen werden, ehe sie die Fakten erfährt, davon, dass der Kontakt mit den Söhnen in dieser Zeit nicht mehr regelmäßig bestand.

Drei weitere Schreiben werden nicht zwischen den Familienmitgliedern gewechselt, sondern zeigen Katharina im Kontakt mit anderen Personen. Zwei Briefe sind dabei dem Typ der *diplomatisch-politischen Korrespondenz* im engeren Sinn zuzuordnen. In beiden Fällen steht sie in Kontakt zu friulanisch-venezianischen Eliten:

---

[132] Vgl. dazu Nolte, Familie, Hof und Herrschaft (wie Anm. 41) 347–352.
[133] Vgl. dazu aus dem italienischen Kontext Monica Ferrari / Isabella Lazzarini / Federico Piseri, Autografie dell'età minore. Lettere di tre dinastie italiane tra Quattrocento e Cinquecento (I libri di viella 232), Roma 2016.

Zunächst ist der Statthalter von Friaul, Girolamo Barbarico, zu nennen, mit dem sie 1456 Geschenke und eine päpstliche Bulle austauscht. 1459 ist es Franceschina Contarin, Schwägerin des amtierenden Statthalters von Friaul, die über die Vergabe einer Pfründe mit Katharina korrespondiert. Hier ist sie zu Lebzeiten Johanns also noch Kontaktperson der diplomatischen Netzwerke, die die Görzer mit den Eliten in Friaul und Venedig verbinden, wird von diesen adressiert und als politische Repräsentantin des Familienverbandes angesehen. Solche Schreiben sind aus der späteren Zeit unter Leonhard nicht mehr erhalten. Dafür hebt sich schließlich noch das informelle, undatierte Schreiben eines Arztes an Katharina ab, in dem er ihr Medikamente und seinen ärztlichen Rat übermittelt. Hierbei handelt es sich um ein Schreiben, das sich in die Reihe der Expertendiskurse mit Fachleuten wie der Besorgungen eingliedern lässt und vor allem alltagsgeschichtlich wertvolle Einblicke in das Leben Katharinas und ihr körperliches Befinden erlaubt. Bemerkenswert daran ist zudem, dass der Arzt ein lateinisches Rezept verfasst, wir es hier also tatsächlich mit einem gelehrten Arzt und nicht einem Bader oder Kräuterheiler zu tun haben. Da der Brief auf Deutsch verfasst ist, ist er dem deutschen Kontext zuzuordnen.

In dieser schmalen Korrespondenz zeigt sich also eine Vielzahl an Brieftypen diverser Funktionen, wobei vor allem das Fehlen reiner formaler Schreiben, die häufig als Zeichen eines geringeren Kontakts in Familienverbänden zu lesen sind,[134] auffällt.

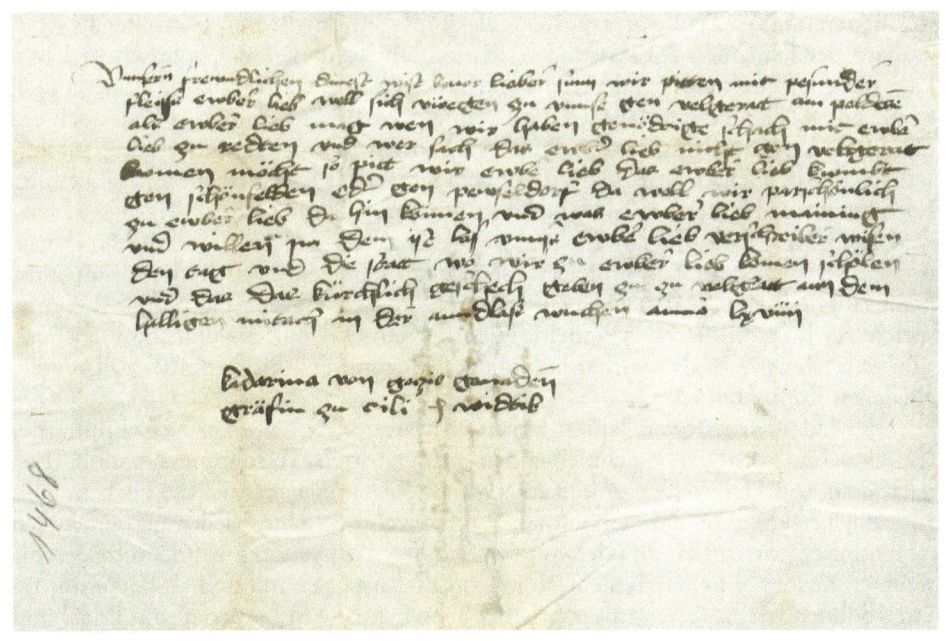

Abb. 4: Eigenhändiges Schreiben der Katharina von Garai. TLA Sigm 16.36.02, mit freundlicher Genehmigung des Tiroler Landesarchivs.

---

[134] Vgl. ANTENHOFER, Briefe (wie Anm. 42) 255.

Die ausgeprägte Nutzung der Briefe als Kommunikationsmittel mit ihren Söhnen, das Organisieren von Treffen, Katharinas beratende Tätigkeit wie auch ihre Trauer und Sorge um die Söhne zeigen sie eingebunden in den Familienverband, wertgeschätzt von ihren Söhnen und in ihrer Rolle als Mutter wie als politische Persönlichkeit respektiert und anerkannt. Es ist keine Rede von einer streitsüchtigen Persönlichkeit, die nach einem Umsturz in der Grafschaft für sich selbst gestrebt hätte. Wohl aber zeigt sie sich als ernstzunehmende politische Person bis in ihre späteren Jahre. Den Umsturz hatte sie erfolgreich herbeigeführt, indem sie ihren Söhnen die Nachfolge in Görz gesichert hatte, vielleicht diese auch vor dem Zugriff der Habsburger geschützt hatte. Die Ehe ihres jüngsten Sohnes Leonhard mit Paula Gonzaga hat sie wohl nicht mehr miterlebt und auch nicht das Ende der Grafschaft Görz. Als Leonhard 1500 ohne überlebende eheliche Kinder starb, waren es schließlich die Habsburger, die beinahe als tragische Ironie des Schicksals das Erbe der Görzer antraten.

6. Fazit

Gemessen an der ikonisch überspitzten Zeichnung durch die ältere Historiographie gewinnt Katharina von Garai in den wenigen erhaltenen Briefen deutlicher an Kontur und Plastizität. Sie zeigen sie in ihren familiären Netzwerken und dokumentieren ihr politisches Agieren. Die Neubetrachtung der bekannten Fakten zu den ehelichen Konflikten und der Fehde im Haus Görz lässt diese nunmehr weit plausibler als Konsequenz der fehlenden Ausstattung Katharinas einerseits wie der politisch prekären Lage der Grafschaft Görz andererseits erklären. Letztlich war Katharina eingebunden in die politische Gemengelage, in die Familie der Cilli und damit als Frau auch auf deren Unterstützung angewiesen. Inwieweit Ulrich II. mit oder gegen ihre Interessen agierte, ist nicht immer klar zu entscheiden. Doch lässt sich die Eheschließung Katharinas mit Heinrich IV. jedenfalls als görzisch-cillisches Projekt in dieses Netzwerk einordnen, als ein Bollwerk, um die gefährdete Grafschaft Görz in der dynastischen Krise vor dem Zugriff der Habsburger zu schützen. Dass Katharina auch die Nähe zu Friedrich IV. (III.) von Habsburg (und dessen Sekretär Piccolomini) suchte, spricht für ihr strategisches Handeln. Friedrich kam wie Ulrich aufgrund ihrer Position – als König resp. als nächster männlicher Verwandter – die Vermittlerrolle in den ehelichen Konflikten zu.

Noch aus den späteren Jahren zeigen sich zwar Zeichen einer Versöhnung der Gatten, aber auch der gleichbleibenden mangelhaften Versorgungssituation. Erst nach dem Tod Heinrichs wurde Katharina als Regentin wieder aktiv, doch nur bis zur Volljährigkeit ihres ältesten Sohnes.[135] Auch wenn sie dann wieder aus der aktiven Regentinnenrolle zurücktrat oder von den Ständen dazu genötigt wurde, so zeigen die weiteren Korrespondenzreste sie nach wie vor im Austausch mit und als Beraterin von ihren Söhnen wie als Adressatin politischer Schreiben, die insbesondere aus Friaul und

---

[135] Laut Wiesflecker war Johann 1458 volljährig geworden, vgl. WIESFLECKER, Grafschaft Görz (wie Anm. 1) 136. Im Spätmittelalter galt man meist mit 18. Jahren als volljährig, vgl. Bruno PRIMETSHOFER, Art. Alter, in: Lexikon des Mittelalters, Band 1, Stuttgart/Weimar 1999, 470–471: vgl. http://apps.brepolis.net/lexiema/test/Default2.aspx (Zugriff: 22.06.2023).

Venedig an sie gerichtet wurden. Ihr Itinerar belegt sie einerseits auf der Grünburg, die ihr als Witwensitz diente, andererseits in Stationen im Friaul. Ein besonderer Glücksfall ist der Erhalt eines Briefes, der von ihr eigenhändig verfasst wurde, sowie einiger Schreiben, die sie eindeutig in ihrer politischen Rolle dokumentieren. So etwa, wenn sie noch in ihren letzten Briefen von den Bewegungen Kaiser Friedrichs III. berichtet, die sie aufmerksam beobachtet und über die sie besser als ihr Sohn unterrichtet ist. In jedem Fall zeigt sich Katharina somit als eine bemerkenswerte, gebildete und kühne Frau, wie Enea Silvio Piccolomini sie bereits charakterisiert hatte.

7. Anhang
Edition der Korrespondenz um Katharina von Garai aus dem TLA Innsbruck

Editionsrichtlinien: Die Editionsrichtlinien orientieren sich an den Prinzipien, die für die Edition der Briefe um Barbara Gonzaga erarbeitet und angelegt wurden.[136] *Es gelten folgende Grundsätze: U und v werden entsprechend dem Lautwert normalisiert. – I und j werden unterschieden. – Rundes und langes s werden nicht unterschieden. – Diakritische Zeichen wurden nach Möglichkeit annähernd wiedergegeben. Zierschleifen werden in der Regel nicht ausgewiesen. – Zeilenwechsel wird durch / markiert. – Nur Satzanfänge, Eigennamen und Nomina Sacra beginnen mit Großbuchstaben. – Römischen Ziffern werden als Versalien wiedergegeben. – Sichere Abkürzungen wurden ohne Kennzeichnung aufgelöst, zum Teil auch gekürzt stehen gelassen und mit Punkt gekennzeichnet (um den Textfluss zu reduzieren). – Unsichere Auflösungen von Abkürzungen und unsichere Lesungen stehen in runden Klammern. – Ergänzungen durch die Bearbeiterin stehen in eckigen Klammern. – Ungewöhnliche und (nach heutigem Verständnis) fehlerhafte Wortformen und Wortverwendungen sind nur an besonders auffallenden Stellen durch nachfolgendes [!] markiert. – Die Interpunktion folgt einer verständnisfördernden Satzgliederung in mäßiger Anlehnung an die modernen Regeln. – Streichungen und interlineare Ergänzungen werden entsprechend graphisch wiedergegeben.*

[1] TLA Sigm 16.37.05   1446 I 14, Cilli
Johann von Görz an Heinrich von Görz

Johann dankt für die Nachricht von Brüdern und Vater und für die Fische, die der Vater ihm geschickt hat. Er bittet um weitere Fische.
Kanzleischreiben.

Hochgeborner fürst liebr herr und vater. Alls mir ewer lieb schreibet ewren mugen und gesunt auch / meiner bruder des han ich mich hoch erfrewt. Und bitt ewer lieb mir hinfür ewer und meiner bruder alsofft / ir des stat gehaben mugt wolmügen

---

[136] Christina ANTENHOFER / Axel BEHNE / Daniela FERRARI / Jürgen HEROLD / Peter RÜCKERT (Bearb.), Barbara Gonzaga. Die Briefe / Le Lettere (1455–1508). Edition und Kommentar deutsch/italienisch (Sonderveröffentlichungen des Landesarchivs Baden-Württemberg), Stuttgart 2013, 79–81.

und gesunthaitt zuverkunden. Wann ich allzeit ewer wolmůgen beger / zuhoren. Ich danckh ewer lieb der gutten vÿsch die mir ewer lieb gesandt hat und ob mir ewer lieb aber in chrŭcz / solh guet vÿsch schicckchett, darumb wolt ich nicht zurn(n)en wenn solh vÿsch hie selczam synd. Geben cze Cili / an freÿtag nach Erhardi anno Domini etc. XLVJ^to.
Johanns von Gotts gnaden phlanczgraff / in Kerenden, graff zu Görcz und ze Tyröl etc.

Adresse: Dem hochgebor(e)nen fůrsten meinem lieben herrn und vater̂ graf Heinreichen / phlanczgraven in Kerenden, grafen ze Görcz und zu Tiröl etc.
Kanzleivermerk: Danckt umb fisch / etc.

[2] TLA Sigm 16.37.07   1447 IX 24, Agram
Johann von Görz an Heinrich von Görz

Johann empfiehlt Andree Hasyber,[137] den Silberkämmerer Graf Friedrichs von Cilli, der von Heinrich ein Gut zu Lehen haben möchte. Zugleich bittet er um ein gutes Pferd, da er in fremden Landen, fern von Cilli, sei und Pferde benötige.
Kanzleischreiben.

Hochgeborner furst allerliebister herr und vater. Ich tuñ ewrėr lieb / zewissen das ich von den gnaden des Allmêchtrigen Gottes wollmugund / und gesuntt bin Dessgeleichen wunsch ich ewer lieb innÿklichen zesein / und wėr auch des firikh [?][138] und von ewer lieb zehoren. Ich tun ewer / vėtterlichen lieb zewissen, das mich durch allerffleÿssigister bett willen / anbracht worden ist wẏe Anndree Hâsẏbeȓ meines lieben oheïms / graff Fridreichs zu Cili[139] etc. sẏlberkamreȓ von Erhartten Höhenwart(en)[140] / ain gůt gelegen in Czyrknẏczer[141] pharr kaufft hab. Dasselb gut er dann / von ewer lieb bittund ist zelėhen. Also bitt ich auch ewer vėtterliche / lieb mit ganczem vleÿss und kindlichem gemůt ewer lieb welle den benan(ten) / Anndreen mit demselben güt genêdiklichen bedenkchen und mit solchem / lehen gnadsambklich versargen. Das hoff ich und stėt mir auch zu / allen zeytten umb ewer vetterlichew ^lieb zuverdienen. Sunderbarleichen tůn / ich ewer lieb zewissen das ich ẏcz verr von Cili in frombden lannden / bin und darczu mit güten pherdten die fuȓ mich wêrn nicht woll / versargt in. Also bitt ich aber herczeñkindleicheñ ewer vêtterlïche lib / welle mich bej dem gegenwurtigen botten mit einem gütem phert / versargen. Das

---
[137] Andre Hasyber, Silberkämmerer Friedrichs II. von Cilli. Die zahlreichen Zierschleifen in dem Dokument wurden nicht ausgewiesen.
[138] Vielleicht für *führig* im Sinne von *gut,* dialektal noch heute gebräuchlich. Vgl. auch Art. fuhrig, führig „nährend, nahrhaft, sättigend, ergibig", in: Deutsches Wörterbuch von Jacob Grimm und Wilhelm Grimm, digitalisierte Fassung im Wörterbuchnetz des Trier Center for Digital Humanities, Version 01/23, Band 4, 467: vgl. https://www.woerterbuchnetz.de/DWB (Zugriff: 29.06.2023).
[139] Friedrich II. von Cilli.
[140] Wohl Erhard Hohenwart, Burggraf von Ober-Cilli († 1460), vgl. Heinig, Kaiser Friedrich III. (wie Anm. 128) 1695.
[141] Zirknitz, wohl Gemeinde Großkirchheim, Bezirk Spittal an der Drau, Kärnten. Möglich wäre auch Cerknica, Gemeinde in der Region Notranjska, Slowenien.

hoff ich sunderlichen umb ewer lieb zuverdienen. / Geben zu Agram am suntag vor Sannd Michels tag / anno Domini etc. quadragesimoseptimo etc.
Hanns von Gots gnaden phalczgraff in Kerndeṅ, / graff zu Gorts und zu Tyrol etc.

Adresse: Dem hochgebornen fürstën graff Hainrėichen / meinem lieben hern und vatter, pfallczgraveṅ / in Kernden, graff zu Gorcz und ze Tyroll etc.
Kanzleivermerk: Graf Johanns per A Hesiber / und umb ross per se

[3] TLA Sigm 16.37.06   1448 V 19, Agram
Johann von Görz an Heinrich von Görz

Johann teilt seinem Vater seine Freude darüber mit, dass dieser sich wieder mit seiner Mutter vertrage. Das Zerwürfnis der beiden habe ihn sehr bekümmert. Es betrübe ihn sehr, dass sich der Vater nicht bei ihm melde, er möge öfters Botschaft schicken.
Kanzleischreiben.

Hochgeborner fúrst, lieber herr und vatter. Ich las ewer lieb wissen, das ich von Gots /gnaden wolmúgund bin. Des geleich hört ich von ewer lieb allzeyt gern. / Als dan ewer lieb mit meiner lieben frawen und muetter etwas zwayung habt / gehabt, darumb ich mich vast bekúmert hab und mir das vast / leyd gewesen ist. Nu hab ich vernomen mit grössen frewden wie sich ewer lieb / mit meiner lieben frawen und múetter geaynet hat des ich nu herczen fro bin. / Und dankg des ewer lieb zumall vast. Auch lieber her und vatter als / mich ewer lieb an all mein schuld als gancz vergessen habt seyt ich von / ewer lieb herab bin und nur dhaẏn botschaft nicht tuet wie sich ewer / lieb gehüeb das ich doch vil gern höret von ewer lieb. Das bringet / mir sicher gröss bekumernüss. Bitt ich ewer lieb als meinen lieben herrn / und vatter ir wellet mir hinfür oft schreiben und embietten ewer wol/mügen. Des werde ich mich vast erfr(e)wen. Und lass mich und mein lieb brüeder ewer vatterlich bevolhen sein. Geben zu Agrëm an der / Heiligen Dryvaltikayt tag anno Domini etc. XLVIII.
Hanns von Gots gnaden grave / ze Görcz und zu Tyroll etc.

Adresse: Dem hochgebornen fürsten, meinem lieben / herren und vatter, graf Haẏnreichen, / grave(n) zu Görcz und zu Týroll etc.
Kanzleivermerk: Graf Hanns frag [?] / seiner mütter

[4] TLA Sigm 16.38.01   1448 VII 04, Grünburg
Katharina von Garai an Heinrich von Görz

Katharina beklagt sich, dass ihr Gemahl schon lange nicht mehr nach ihr schicken ließ und dass sie weder Geld noch andere Versorgung habe. Sie bittet Heinrich, ihr zwei Fass Wein und über den Villacher Amtmann zwei Ochsen, sechs Mut Roggen und zwei- oder dreihundert Käse zu schicken, damit sie zu essen und zu trinken habe, bis er nach ihr schicken lasse.
Kanzleischreiben.

Hochgeborner fürst lieber herr und gmähel. Unser frewntlich willig dïnst mit ganczen trewn / und stêter lieb hincz uns versehent unverczweifelt wisset all czeit vor. Als sich nw güt czeit / verczogen und verlenngt hat das ewr lieb umb uns nicht gesannt hat, als ir uns zu menigen / mal(e)n czu enboten habt, des wir also ymmerdar wartend und willig sein, haben wir uns darauf / gar vast abgeczert, das wir weder gelt noch ander bedürffen nicht mer haben. Bitten wir ewr / lieb mit sund(er)m vleis, ir wellet uns doch die weill czwaÿ vas wein schaffen und bey dem / ambtman zu Velach[142] czwen ochsen und sex mutt rokken und czway oder drew hundert kas / damit wir doch[143] czu essen und cze trinkchen haben. Doch als lanng bis ewer lieb gar wolfüglich / wirt umb uns cze schikchen. Und lasset uns ewer lieb in den und allen andern sachen enpholhen / sein, als wir des anczweyfel sein. Geben czu Grünburg an Sand Ulrichs tag anno etc. XLVIII°.
Katherina von Gotes genaden phalczgrëfin / in Kernden, gräfin cze Görcz und cze Tyrol etc.

Adresse: Dem hochgeboŕn fürsten unserm lieben herrn und gmähel / graf Hainreichen phalczgrafm in Kernden, grafen zu Görcz / und ze Tyrol etc.
Kanzleivermerk: Gräfin bit um(b) / unnderhaltung

[5] TLA Sigm 16.39.03 1454 VIII 17, Heinfels
Katharina und Johann von Görz an Hans Lunz,
Stadt- und Landrichter zu Lienz

Der Stadt- und Landrichter Hans Lunz soll Katharinas und Johanns Diener, die nach Kals[144] gehen, mit Zehrung ausstatten und darüber Rechnung legen.
Kanzleischreiben.

Katherina und Johanns von Gots gnaden phallentzgräfin und / phallczgraff zu Kerínden, gräfin und grave ze Görtz und ze Tirol etc.
Getrewer Hanns,[145] wir schaffen mit dir das du Ambrosen, Pÿro und Diettreichen mit / zerung von unsern wegen fürsechst so sÿ zu Kalls gën werden und nÿm von in / ain quittung darumb das dir in deinner nachsten rayttung gelegt und abgezogen / werde. Das maÿnnen wir. Geben auff Hewnnfels am samptztag nach Unser / Lieben Frawen Tag der Schidung anno Domini millesimo etc. LIIII^(to).

Adresse: Unnserm lieben und getrewen Hannsen Lüntzen / unnserm stat und lanndrichter ze Luentz

---

[142] Villach, Kärnten.
[143] Verschrieben; „doczch", offensichtlich ausgebessert.
[144] Kals am Großglockner, Osttirol.
[145] Hans Lunz, Stadt- und Landrichter zu Lienz.

[6] TLA Sigm 16.37.01   1455 X 26, Lienz
Johann von Görz an Katharina von Garai

Johann bedankt sich für den Ratschlag der Mutter auf die Ladung von Kaiser Friedrich III., den sie Johann auf dessen Bitte hin übersandt hat. Er hatte vom Kaiser eine Ladung erhalten. Er werde mit seinem Bruder Ludwig zum Kaiser reisen und in der Zwischenzeit seinem Bruder Leonhard das Land anvertrauen. Sollte dieser in seiner Abwesenheit Rat und Hilfe der Mutter benötigen, möge sie ihm diese gewähren.
Kanzleischreiben.

Hochgebornne fürstin, liebe fraw und mueter. Willig dinst und was wir gucz vermügenn / wisset bevor. Als wir ewer lieb am nagsten verkundet haben solich ladung unns von / dem romischen kaiser etc. zugesannt, die unns als ir selber wol versteen müget trew / und eer auch verderbniss berürent, und darauf ewres rates und furdrung bege/ret und nü darauf zwen oder drey tag gewarttet uber die czeit wir unns notturftigklich / von stat solten erhebt habenn solich klag zuverantwurtten. Also ist unns auf heut datum / dicz brieves darauf ewer anntwurtt und fuderbrieff an den romischen kaiser etc. kommen / des wir ewer lieb hoch und vast und von herczen danngken. Und wellen das auch an / zweyfell diemütigklich umb ewer lieb verdiennen. Und wann wir nü nicht lenger / verczihen mügen sunder unns als heut namlich mitsambt unnserm lieben brueder / graf Ludwigen von stat erheben müessen wie geren wir des vertragen wären. Und die / weil unnsern lieben brueder graf Leonhartten an unnser stat anhaim lassen. Darumb / so bitten wir aber ewer müeterliche lieb mit allem vleiss und wolgetrawen, ob der / benannt unnser lieber brueder und unnser und sein lanndlewt die weil in unnserm / abbesenn umb hilf, rat und fu(r)drung indert an ew gelanngten, ir wellet in darinne / ratsam hilflich und beistenntig sein. Als unns des ewer lieb wol schuldig ist und / gepunden und als wir des ain unczweyfelheftige hofnung zu euch haben. Das / wellen wir auch widerumb mit sambt unnsern benannten bruedern mit allen unserm / vermugen umb ewer lieb willigklichen verdiennen. Gebenn zu Luencz an suntag / vor Sannd Syman und Judas tag anno Domini etc. LV^to.
Johanns von Gotes gnaden phallennczgraf / in Kernnden, grave zu Gorcz und ze Tyrol etc.[146]

Adresse: Der hochgebornnen furstin unnser lieben frawn und mueter / frauen Katherinen phallennczgräfin in Kernnden, graf[in] / zu Gorcz und zu Tyrol etc.
Kanzleivermerk: Bevelhnus / der lannd

---

[146] Johann unterzeichnet mit einer Subscriptio, Zeichen seiner Unterordnung unter Katharina.

[7] TLA Sigm 16.45.17 1456 X 10, Spilimbergo
Hieronymus Barbadicus,[147] **Statthalter von Friaul,**
an Katharina von Garai, Gräfin von Görz

Statthalter Hieronymus Barbadicus bedankt sich für den schönen Falken. Er habe keine Neuigkeiten. Da er wisse, wie überaus christlich Katharina sei, schicke er ihr eine päpstliche Bulle, die er neulich erhalten habe, sodass sie diese, wenn es ihr gefalle, ausführen lassen könne, wie es in diesem Land und in allen christlichen Landen geschehe.
Kanzleischreiben.

Illustris et excelletis [!] domina tanquam mater honoranda. Accepimus hesterna die litteras excellentię vestrę / plecias solite in nos humanitatis et cum illis per nuncium eius austurrem quam lęto animo suscepimus / et pro illa plurrimum regratiamur vestr(ę) dominationi. Et sicut ipsa scribit et nuncius rettulit speramus / ipsam austurrem sicut est aspectu ipso walde pulchra ita futuram esse talem ex qua iocunditatem / capiemus licentiam salis quam petiit vestra magnificencia nuncio vestro designari fecimus et siquid / est aliud quod a nobis fieri possit pro honore et commoditate vestrę dominationis semper lęto animo faciemus. / Novi ad p(ręsen)tis quod scribamus vestrę excellentię nihil habemus. Quia vero cognoscimus christianissimam / dispositionem vestram pro singulari re ad illam mittimus copiam bulle apostolice quam nuper accepimus / transmissam serenissimo dominio nostro ut si placet eam exequi facere possit sicut fit in hac patria et / in omnibus aliis terris christianorum. Bene valeat excellentia vestra et feliciter ut optamus. Spegni(m)bergi[148] / die X° octobr. MCCCCLVI Hieronmyus Barbadicus / patrię Forijulij[149] locumtenens

Adresse: Illustri et excellenti domine dominę Katharinę / Dei gratia palatinae Carinthię comitissę / Goricię et Tirolis etc. tanquam matri honor.
Kanzleivermerk: Providedor zū / Weid(en)[150]

[8] TLA Sigm 16.37.02 1458 II 28, Lienz
Johann von Görz an Katharina von Garai

Johann hat wegen der Lehen der Kinder des Pyro von Floyan[151] *mit dem Statthalter von Friaul gesprochen. Pyro sollen zu der Zeit, als Katharina für ihren Sohn die Regentschaft ausübte, Briefe darüber ausgestellt worden sein. Als Johann bei Katharina in Venedig war, habe sich diese aber nicht daran erinnern können. Sie solle ihm genau mitteilen, was sie in dieser Angelegenheit wisse.*
Kanzleischreiben.

---

[147] Girolamo Barbarico (wie Anm. 117).
[148] Spirembergium, -berga, Spilimbergo, ital. (Udine). Orbis Latinus: vgl. http://www.columbia.edu/acis/ets/Graesse/orblats.html (Zugriff: 21.02.2023).
[149] Udine; veraltet deutsch: Weiden (siehe Kanzleivermerk).
[150] Udine; veraltet deutsch: Weiden.
[151] Konnte bislang nicht nachgewiesen werden.

Hochgebornne fürstin herczen liebe fraw und mueter. Kchindliche lieb und trew wist alczeit bevor. / Als ewer lieb villeicht wol wissennlichen ist das wir yeczo mit des Pyro von Floyan saligen / kinder durch der herrschaft von Venedig bevelhnus vor dem locumtenent zu Weyden / in recht steen von der lehennschaft wegen zu Floyan. Darumb dem penannten Pyro in der zeit / als ewer lieb alhie hof bey unns gehabt hat brief geben sullen sein als wir vernemen. / Nu haben wir an ewer lieb vernommen am nagsten so wir bey euch zu Venedig gewesen / sein ewr lieb war nicht wissennlichen das dem penannten Pýro solich brief geben solden / sein worden. Davon so biten wir mit gannczem vleiss ewer lieb welle unns bei dem / gegennburtigen unserm boten anverczihen in schrift aygennlich wissen lassen, was ewer / lieb in disenn sachen gewissen sey. Das wellen wir umb dieselb ewer muterliche lieb in / kchindlicher undortanigkait alczeit verdiennen. Geben zu Luncz an eritag nach dem suntag / Remiscere in der Vastenn anno Domini etc. LVIII°.
Johanns von Gotes gnaden phallennczgraf / in Kernnden, grave zu Gorcz und zu Tirol etc.

Adresse: Der hochgebornn furstin unnser lieben fráwen und mueter / frawen Katherinen phalczgräfin in Kernnden, grafin zu Gorcz und zu Tirol etc.
Kanzleivermerk: Contra P. Floian(i)s kinder / lehenhalben

[9] TLA Sigm 16.45.18   1459 II 25, Venedig
Franceschina Contarin[152] an Katharina von Garai

Franceschina Contarin drückt ihre große Freude über Katharinas Brief an ihren Schwager Leonardo,[153] Locumtenens von Friaul, aus, und über das Wohlwollen ihr und ihrem Gatten gegenüber. Auch freue es sie, dass es Katharina gut gehe. Auf deren Mitteilung bezüglich der bevorstehenden Vakanz einer Pfarre, deren Inhaber im Sterben liege, bittet sie, diese für ihren Neffen zu reservieren. Wenn Katharina irgendetwas benötige, werde sie sich darum wie um ihre eigene Angelegenheit kümmern.
Kanzleischreiben.

Illustrissime ac excelse domine domine mee singularissime, recommendatione premissa. Hozi ho recevuta una vostra lettera la qual fo scrita / al magnifico mis(ser) Lonardo Contarinj mio cugnado e luogotenente de la patria de Friuol. La qual ho vista cum sommo gaudio / e le[ti]tia per intender de la salute e del stado vostro che Idio sia regratiado pregando quello che ve prospera / sempre in felicita como el cuor mio desidera. Ho visto per quella dita lettera gracioxissima el bon amore, affectione

---
[152] Francesca Loredan, zweite Gattin des Nicolò Contarini, vgl. die folgende Anmerkung.
[153] Bruder des Nicolò Contarini, vgl. Rossi, Contarini, Nicolò (wie Anm. 109); daher ist er nicht ident mit dem gleichnamigen Leonardo, der 1467 als Statthalter von Friaul angegeben wird, an dessen Zuordnung aber bereits Rossi Zweifel anmeldet, vgl. Franco Rossi, Contarini, Leonardo, in: DBI 28 (1983): vgl. https://www.treccani.it/enciclopedia/leonardo-contarini_res-2571798a-87eb-11dc-8e9d-0016357eee51_%28Dizionario-Biografico%29/ (Zugriff: 23.03.2023).

/ e bona voluntade portate al mio consorte mis(ser) Nicolo Contarj[154] et a nuj in sieme cum tuto el parentado. Per la qual cossa / veregratiamo tuti infinitamente e certo mai tuti nuj non saremo stanchi a fare ogni cossa che sia per la vostra / signoria et etiam per tuti i vostri considerando tanta benignita et humanita processa da la vostra signoria che / ve sete aricordata de li vostri amixj. Et a zio che li nostri amori et amicicie iterum et de novo sereconferma / et durano in perpetuo benignamente accio la vostra preferta zoe la pieve dise la signoria vosta [!] che vacha per esser / el dito persona [?] antigo et in estremis de morte prego quella vostra signoria che la reserva per mio nievo e darmj / noticia de la sua morte per che subito mandaro a tuor la possession de quella pieve per nome de mio nievo. E datine [?] / avixo a mio cugnado luogotenente de la patria che me dara presto avixo. Offerendome cum tuto el parentado aj / vostri piaxerj avisandove che el serenissimo principo de Venexia[155] e mio cugnado che se el ve acadesse cossa alguna / per lo vostro stado me ofero de far como de mj propria. Datum Venetijs die XXV febraro 1459.
Vostra Franceschina Contarinj consorte / del magnifico mis(ser) Nicolo Contarinj sere/comanda.

Rückseite: Illustri et excelse domine domine Katarine Dei gratia / comitisse Goricie domine sue hon.
Kanzleivermerk: Contarini / recommendatio

[10] TLA Sigm 16.38.02   **1459 IV 21, Grünburg**
Katharina von Garai an Johann von Görz

Empfehlung Katharinas für Cristan Peystokch,[156] einen ihrer Untergebenen, dem Johann seine Hofstatt zu St. Michor (?) verleihen und den er in seinen Sachen unterstützen solle.
Kanzleischreiben.

Katherina von Gotts gnaden phallennczgrafin / zu Kernnden, gräfin zu Gortz und ze Tyrol etc.[157]
Hochgebornner fürst herczen lieber sun. Mueterliche trew mit gütem willen zuvor. Es kumbt ze / deiner lieb unnser arm(en) man ayner Cristan Peystokch. Bitund diemütiklich dem lieb / zw ew hoffstat zu Sannd Michor[158] gelegen gerüchen ze verleihen welle. Darauff bitten / wir auch dein lieb den wenannten unnsern armen man zu den selben seinen sachen wevolhen ze / haben als unns nicht zweyfelt. Das stet

---

[154] Vgl. Rossi, Contarini, Nicolò (wie Anm. 109).
[155] Wohl Verweis auf den Dogen von Venedig, zu der Zeit Pasquale Malipiero (1457–1462). Vgl. Franco Rossi, Malipiero, Pasquale, in DBI 68 (2007): vgl. https://www.treccani.it/enciclopedia/pasquale-malipiero_(Dizionario-Biografico)/ (Zugriff: 23.03.2023).
[156] Konnte bislang nicht nachgewiesen werden.
[157] Katharina tituliert mit einer Intitulatio, was ihre Stellung als Regentin erlaubt und unterstreicht.
[158] Konnte bislang nicht lokalisiert werden.

uns umb die selb dem lieb ze verdienen. Geben / ze Grunburg an samtztag vor Sannd Jorgen tag anno Domini etc. LVIIIJ°.

Adresse: Dem hochgebornen fursten unnserm hertzen lieben / sun graff Johannsen phallentzgraff zu / Kernden, graf zu Gorcz und ze Tÿ(r)ol etc.[159]

[11] TLA Sigm 16.38.03   1462 V 01, Grünburg
Katharina von Garai an Leonhard von Görz

Katharina teilt ihren Kummer über die Nachricht von Krankheit und Tod ihres Sohnes Graf Johann von Görz mit. Zudem bittet sie um Mitteilung, ob Leonhard auch krank sei, wie sie gerüchteweise gehört habe. Am meisten bekümmere sie, dass sie keinerlei Informationen darüber erhalten habe. Leonhard möge sie schriftlich über alles informieren. Kanzleischreiben.

Katharina von Göts gnaden phalenczgräffin / in Kernden, gräffin zů Görcz und zu Tyrol [!] etc.[160]
Hochgebörner furst, herczenlieber sůn. Můetterleiche treü und lieb wisse allczeit bevor. Wir haben / vergebens und landtmër weis vernomen wie dein brüeder, unser herczen lieber sůn, gräf Johanns / lange czeit in grösser kranckhait gelegen und nü layder mit tod abgangen sey. Des geleichen du auch / gar in grösser kranckayt seyst. Das alles uns zemal grös(s) herczen laid ist und wir künnen noch mügen / dyer solichen unmüet, smërczen und trüebsal diczmals aigentleichen nicht verkünden das wir / nicht aigentleichen wissen, wie es darümb ein gelegenhait hab. Wan dein prüeder noch dein lieb noch / anders niemant der eüern uns nie nichtz solchs verkündet hat, des wir uns auch gar serr besbërt / bedüncken und uns von herczen wee tüet. Wie darumb so bitten wir dein lieb und mannen dych / deiner kindtleichen treün du wellest uns aigentleichen in geschrifft widerumb wissen lassen wie es / umb solchs alles ein gestalt habe und mit weü wir dan deiner lieb zu lieb und freundtschafft mächten / werden. Des sein wir deiner lieb von herczen willig. Des gleichen schreiben wir der lantschaft. Geben czu / Grüenburg an Sand Fylipp und Sand Jacobs[161] tag anno etc. LXIJ[mo].

Adresse: Dem hochgebornn fursten unsserm herczen lyeben sün / graf Lienhartten, phalczgraffen in Kernden, gräff zů / Görcz und zu Tyeroll etc.
Kanzleivermerk: Krankhaithalben

---

[159] Brief ohne Kanzleivermerk.
[160] Katharina tituliert mit einer Intitulatio, was ihre Stellung als Regentin erlaubt und unterstreicht.
[161] Könnte auch der 2. September sein; vgl. Hermann GROTEFEND, Zeitrechnung des Deutschen Mittelalters und der Neuzeit, HTML-Version von H. Ruth, „Jacobi et Philippi m. ord. fr. min. († 1387) September 2: [Bevagna] A.S.", üblicher allerdings Philippi et Jacobi ap., 1. Mai: vgl. ebd., Glossar, http://bilder.manuscripta-mediaevalia.de/gaeste/grotefend/grotefend.htm (Zugriff: 17.07.2023).

[12] TLA Sigm 16.38.04   **1462 V 02, Grünburg**
Katharina von Garai an Leonhard von Görz

Katharina dankt Leonhard für die Nachricht vom Tod ihres Sohnes Graf Johann, die sie sehr bekümmere. Doch sei sie froh, dass er mit guter Andacht und allen christlichen Sakramenten gestärkt aus dem Leben geschieden sei. Sie freut sich, dass Leonhard nicht krank sei, wie Gerüchte verlautet hatten. Er solle versichert sein, dass er und seine Leute ihr immer sehr empfohlen seien. Er möge seine Dinge immer Gott anvertrauen.
Kanzleischreiben.

Katharina von Gõts gnaden phalenczgräffin / in Kernden, gräffin czu Görcz und czu Tyeroll etc.
Hochgebörner furst, herczen lieber sün. Müetterleiche lieb und treŵ wisse alczeit bevor. Dein schreyben von / wegen des abgangs unsers herczen lieben süns deins prüeders graf Johannsen gräffen zu Görcz etc. / lobleicher gedächtnüs haben wir mit herczen laydt vernomen. Doch dancken wir den Almächttigen / Got, das er mit güeter andacht, vernünft und allen kristenlichen sacramenten berücht sein lestes ende / disser welt beslossen hat. Wir sein auch deinthalben von herczen fro, das des nicht ist als man uns vil / laydiger mär lantmärbeis kranckhaithalben von dier gesagt hat. Dan als du uns pittest dich und die / deinen uns müetterleichen und freündtleichen bevolhen czehaben soldtŵ unverczbeiffelt wissen das dü / und die deinen uns alczeit nach unserm pesten vermügen treuleich bevolhen pist und davon pitten / und mannen wir dich auf kyndtliche treŵ und lieb das du den Almächtigen Got vor augen und / sunderlieb habest vor allen dingen und in solichen deinen jungen tagen wellest deinen lantleüten / und treŵen rätten volgen und nach irem rat handelen. Daran bebeist uns dein lieb sünder gräs / wolgefallen. Geben czu Gruenburg am suntag vor des Heylligen Creŵcz tag[162] anno etc. LXIJ[mo].

Adresse: Dem hochgeborenn fursten unserm herczen lieben sün graff / Lienhartten phallenczgraffen in Kernden, graffen czu Görcz und czu / Tyerol etc.
Kanzleivermerk: Die grävin clagt irn / sun graf Johannsen

[13] TLA Sigm 16.36.03   **1465, Marano**
Katharina von Garai an Leonhard von Görz

Katharina teilt mit, dass ihr Diener die Nachricht Leonhards ausgerichtet habe, er wolle zu ihr kommen, sobald sie nach Friaul gelange. Sie informiert ihn, dass sie am Sonntag nach Marano gekommen sei, worüber sie auch Andre von Kreyg[163] informiert habe. Leonhard möge zu ihr kommen.
Kanzleischreiben.

---

[162] Könnte auch der 14. September sein, dann wäre das Datum 12. September: vgl. GROTEFEND, Zeitrechnung, Glossar http://bilder.manuscripta-mediaevalia.de/gaeste/grotefend/grotefend.htm (Zugriff: 17.07.2023).

[163] Andre Freiherr zu Kreyg, Andreas von Kraig, vgl. HEINIG, Kaiser Friedrich III. (wie Anm. 128) 1706.

Hochgebarneſ fürst unsser lieber freŵndt.[164] Uns hat unsser diener / der Pacraycz gesagt von ewrem wegen wie sych ewer lieb zu uns / füegen werdt als pald wir in dy Fryäuell kemmen. Dar umb wis / ewer lieb und frĕwntschafft das wir kemen sein gen Märăn an / sůntag Unssers Liebem Frawn Gepürd tag, dar umb wir herrn Andren / von Kreyg auch zu geschribem habem. Pegern an ew mit sůndern fleys / das ir ew her zu uns füegt am peldisten so ir mügt. Geben zu / Märăn anno LXV etc.
Katherina von Gots gnaden / weïlent grĕffin zu Cili etc. witib[165]

Adresse: Dem hochgeborn fürsten unsserm liebem / frĕwndt graff Lienhartten graven[166] / zu Gürcz und zu Tirall[167] etc.
Kanzleivermerk: Cili / (instrumen kommen)

[14] TLA Sigm 16.36.01   1465 X 03, Marano
Katharina von Garai an Leonhard von Görz

Katharina hat die Nachricht über Leonhards Rat Simon von Neunhaus[168] erhalten und dankt ihm dafür. Sie bittet ihn, er möge sich um diese gewisse Angelegenheit kümmern, denn sie sei schon sehr verdrossen darüber.
Kanzleischreiben

Hochgeborner fürst unsser lieber sůn. Ewers lieb schreyben und pottschafft pey dem Symon / von Newnhaws ewrem ratte habem wir woll[169] vernammen und dannken ewrem lieb solichs / ewer potschafft und gutten willen des wir hin für zu ewrem lieb alczeit gebartent sein. / Auch lieber sůn wir pitten ewer lieb ewer lieb well in der sahen[170] ain fleyss habem / da mitt dy sach pald zu endt pracht werdt. Wann uns ain gar verdrassen zeytt / also in der mass sey und lat ew dy sach peffalhen sein. Und enphelhen uns ewrem lieb / und frewndt schafft. Gebem zu Maran am pfficztag nach Sandt Michelstag LXV^(mo).
Katherina von Gots gnaden / grĕffin zu Cili etc. witib[171]

Rückseite: Dem hochgeboren fürsten unsserm liebem sůn / graven Leonhardten phal(en)czgraffen in / Kärnndten, graffen ze Görcz und / ze Tyroll etc.
Kanzleivermerk: Cili / Newenhaus

---

[164] Die Anrede „Freund" ist sehr ungewöhnlich: Ansonsten schreibt sie immer „Sohn". Es ist aber wieder ein Kanzleischreiben.
[165] Sie unterschreibt als Gräfin von Cilli; es ist jedoch kein eigenhändig von ihr verfasstes Schreiben.
[166] Hyperkorrekte Kürzungs- oder Zierschleife.
[167] Hyperkorrekte Kürzungs- oder Zierschleife.
[168] Simon von Neuhaus oder Neunhaus, Görzer Rat. Wiesflecker nennt einen Thomas Neunhauser als Kanzleischreiber 1447–1450; Hermann WIESFLECKER, Die Verwaltung der „vorderen Grafschaft Görz" im Pustertal im 15. Jahrhundert, Diss. Wien 1936, 86.
[169] Hyperkorrekte Kürzungs- oder Zierschleife.
[170] Hyperkorrekte Kürzungs- oder Zierschleife.
[171] Sie unterschreibt als Gräfin von Cilli; es ist jedoch kein eigenhändig von ihr verfasstes Schreiben.

[15] TLA Sigm 16.36.04 1467 XI 06, Belgrado
Katharina von Garai an Leonhard von Görz

Katharina schreibt in Sachen Codroipo. Leonhard habe ihr dazu geschrieben, sie wolle sich mit ihm besprechen, wie sie damit umgehen solle.
Kanzleischreiben? Schreiben einer geübten Hand.[172]

Hochgebaren furst lieber sůn. Als ir dann uns pey dem Scrafaŵr[173] / empotten habt von des Cadraipp[174] wegen dar auff lieber sůn hiett / ir uns ze wissen tan ee des das wir uns auch hietten mügen / in den sachen mytt ew unter reden wie ader in welechem mas / das wir auch wessettten uns dar in verichiten. Auch im wew wir / ew zefalen und dinst werden mügen das tů wir all zeit gern. / Gebem zu Velgradt am frĕytag far Sandt Mertten tag 1467.
Katherina grĕffin / zu Cili etc. witib.[175]

Adresse: Dem hochgebornn fůrstem unserm liebem / sůn, graff Lienhartten, graven zu / Gürz und ze Tyroll etc.
Kanzleivermerk: Codraip

[16] TLA Sigm 16.36.02 1469 III 29, Belgrado?
Katharina von Garai an Leonhard von Görz

Katharina bittet Leonhard, er möge zu ihr nach Belgrado (?) reisen, da sie dringend Sachen mit ihm zu besprechen habe. Wenn er nicht dorthin kommen möchte, möge er nach Schönfelden oder Pewseldorf kommen und ihr Bescheid geben, wofür er sich entscheide.
Eigenhändiges Schreiben der Katharina von Garai.

Unnserñ frewndlichen dinest wist bevor. Liebeŕ sunn, wir pitten mit pesundeŕ / fleiss ewbeŕ lieb well sich v̈wegten czu unnse gen Velgteract[176] am peldecze(n) / als ewbeŕ lieb mag. Wen wir haben gtenödeigte schach mit ewbŕ / lieb czu redten. Und wer sach das ewb(er) lieb nicht gen Velgerat / komen möcht, so pitt wir ewbê lieb das ewbeŕ lieb kwmbt / gen Schönfelden[177] od(er) gen Pewseldorf.[178] Da well wir parschönlich / czu ewbeŕ lieb da hin kömen und was ewbeŕ lieb maining / und willen jm dem ist

---

[172] Dieses Schreiben weist eine Reihe von offensichtlich reinen Zierschleifen auf, die im Folgenden nicht angemerkt werden. Es stamnt von einer geübten Hand, ist aber nicht kanzleimäßig und ist auch nicht von Katharina eigenhändig verfasst worden.
[173] Schraffauer?, unklar. Vgl. den Eintrag zu Schrutauer (Schrottauer) bei HEINIG, Kaiser Friedrich III. (wie Anm. 128) 618, 625, 647 etc. (Register 1758).
[174] Codroipo, Friaul-Julisch-Venezien.
[175] Katharina unterschreibt als Gräfin zu Cilli; wohl aber kein eigenhändiges Schreiben.
[176] Belgrado. Die g-Formen sind markant ausgeprägt mit Tendenz zu *gt*.
[177] Schönfeld, Tolmezzo, Stadt in Friaul.
[178] Peuscheldorf/Venzone, italienische Gemeinde in Friaul, Kanaltal.

lass unnss ewḃ lieb verschreibeŝ wisen / den tagt und die statt wo wir czu ewḃeŝ lieb komen schölen. / Und dacz das kürchlich geschech. Geben czu czu [!] Velgerat ann dem / halligen mitach in der Anndlaß wuchen[179] anno LXVIIIJ.
Kadarina von Goczis ganaden(n) / gräfin czu Cili etc. widtib.

Adresse: Dem hachgepornen fürsten / unnd her her Lienhartt / phalliczgraf im Kernten / graf czu Gorcz und zu Deroll / etc. unnŝeŝ liebeŝ sunn.[180]
Kanzleivermerk: Von der alten / Frawen von / Gorcz und Zyllj[181]

[17] TLA Sigm 16.38.05   **1470 III 19, Grünburg**
Katharina von Garai an Leonhard von Görz

Katharina hat Briefe erhalten, dass der Kaiser sich aufgemacht habe, um zum Landtag nach Friesach zu kommen. Auch habe er seinem Viztum geschrieben, er solle Fütterung für 300 Pferde dorthin schicken. Die gemeine Landschaft habe sich ebenso dahin auf den Weg gemacht. Auch von Wien habe man geschrieben, dass der Kaiser komme. Sie schreibe Leonhard das, damit er sich danach richten und nach seinem Gutdünken handeln könne. Kanzleischreiben.

Katherina von Gots gnaden phalenczgraffin / in Kernden, graffin zu Gorcz und zu Tiral etc.
Hochgeparner fürst herczn lieber sun. Muterliche lieb und trew wisse wevor. Wir verkünden deiner / lieb das uns heint spat wrieff warden sein wie sich unser her der kayser[182] erhebt sol haben zu den / lanttag gen Friesach zu kommen. Und er schreibt seinem vicztumb[183], er sol auff dreuhundert pherd fǔe/trung dahin schicken darczu sich dẏ gemain lantschafft auch dahin erhebt hat. Wer in deiner / lieb in wiln zu im zu schicken, das mag dein lieb wol thůn oder was dein lieb dar inn gut bedunckcht. / Auch hat man von Wẏen her ein geschriben, wie er namleich her in sol. Da mit wisse sich dein / lieb dar inn zu richten. Geben zu Gruenburg an mantag nach dem suntag Reminiscere in der Vasten / anno etc. LXX jar.

Adresse: Dem hochgebarnen fursten unsern / herczen lieben sun graff Leonharten / phalczgraffen in Kernden, graffen / zu Görcz und zu Tiral etc.
Kanzleivermerk: Ad cesarem zůschicken

---

[179] Wahrscheinlicher auf die Karwoche zu beziehen als auf die Fronleichnamswoche: vgl. GROTEFEND, Zeitrechnung, Glossar http://bilder.manuscripta-mediaevalia.de/gaeste/grotefend/grotefend.htm (Zugriff: 23.03.2023).
[180] Der Nachsatz der Adresse weist dieses Schreiben zusätzlich als das einzige eigenhändige des Korpus aus.
[181] Der Vermerk der Görzer Kanzlei weist Katharina deutlich auch die beiden Titel Görz und Cilli zu.
[182] Friedrich III.
[183] Vizedom von Friesach.

[18] TLA Sigm 16.38.06   **1470 III 28, Grünburg**
Katharina von Garai an Leonhard von Görz

Katharina hat gehört, dass der Kaiser am vergangenen Montag nach Friesach hätte kommen sollen, offenbar sei seine Ankunft ungewiss, sie könne nichts Genaues sagen. Es seien aber viele Landleute nach Friesach gekommen und es kämen täglich mehr. Wolle Leonhard hinreisen, so müsse er beizeiten eine Unterkunft bestellen. Er solle nur vertrauenswürdige Diener mitnehmen. Katharina nennt Leonhard die Namen von vier Dienern. Es komme zudem Ruprecht Kreuz[184] am Sonntagabend nach Finkenstein, den möge Leonhard befragen, ob er Genaueres wisse.
Kanzleischreiben.

Katharina von Gots gnaden phalenczgräffin etc. / in Kernden, gräffin zu Görcz und zu Tyerol etc.
Hochgebörner furst, herczen lieber sün. Müeterleichë lieb und treu wis alczeit bevor. Wir / verkunden deiner lieb, das uns züegeschryben und gesagt ist wie unser her der kaiser etc. als jecz / an den nachst vergangen mantag gen Friesach hat schüllen chämen, aber es sein die mär nu / als ungebis das wir nu wärlichs deiner lieb nu nichtz züeschreyben tüern[185]. Wol haben wir / warleich vernammen, das vil landtleut gen Friesach kamen s(ein) und kamen noch tägleich / mer dahin. Nü wäir deiner lieb natdürft beizeytten umb herberg zübestellen lassen ob / anders dein lieb noch willen hat dahin zu kamen. Uns bedeücht auch dein lieb fündt / jecz güet dyenner da pey unsern herrn dem kaiser etc. zu den wir vertrauen hieten oder die / würden deiner lieb dyen und beistandt tüen in dein geschäfften. Des geleichs mächt dein / lieb die jecz auch versüechen, wer dier mit treuen oder nicht wär und das sein die / mit nam da wir von deiner lieb wegen traüen züe hieten, her Walthäser Weispriacher,[186] / der Sebriacher,[187] der Verbeser[188] und Kandolf von Kyenbürg[189]. Auch haben wir vernammen wie der / Rüeprecht Kreuczer[190] am süntag abent gen Vinckenstän[191] sey kamen. Der hat willen jecz von stündan / auf an deczsten [?] vÿlleicht zu sein prüeder oder in anders geschäffts. Und so der gen Lüencz kümbt / mag sich dein lieb van im wol lassen erfaren ob der icht gebisse hofmär west. Dadurch / sich dein lieb dest aigentlicher west zu richtten. Geben zu Grüenbürg an mittich / nach Sand Rüeprechtz tag in der Vasten im LXX jar.

---

[184] Ruprecht Kreuzer, aus einer Kärntner Familie, vgl. HEINIG, Kaiser Friedrich III. (wie Anm. 128) 1707.
[185] Hyperkorrekte Kürzungs- oder Zierschleife.
[186] Balthasar von Weißpriach, vgl. HEINIG, Kaiser Friedrich III. (wie Anm. 128) 1782.
[187] Sebriach (Söbriach), Sigmund, Krainer Landeshauptmann, vgl. ebd. 1759. 1462 als Rat Kaiser Friedrichs belegt, vgl. WIESSNER, Monumenta historica ducatus Carinthiae (wie Anm. 38) 147 Nr. 364, am 2. Juli 1462 in Cilli ausgestellt.
[188] Unklar.
[189] Wohl Gandolf von Kienberg, dessen Gattin die Tochter von Ruprecht Kreuzer war: vgl. https://regiowiki.at/wiki/Ruprecht_Kreuzer (Zugriff: 23.03.2023); vgl. HEINIG, Kaiser Friedrich III. (wie Anm. 128) 1702.
[190] Aus dem Villacher Stadtadel. Die Familie zählte zu den Lehensleuten der Ortenburg. Vgl. den Eintrag zu ihm ebd. 1707: vgl. https://regiowiki.at/wiki/Ruprecht_Kreuzer (Zugriff: 23.03.2023).
[191] Finkenstein, Kärnten.

Adresse: Dem hochgeborenn fürsten unserm[192] herczen / lieben sün graf Leonharten phalencz/graf in Kernden, graf zu Görcz und zü Tyerol etc.
Kanzleivermerk: Ad cesa(re)m / gen Friesach

[19] TLA Sigm 16.39.11   **Ohne Datum und Ort**
Arzt (?) an Katharina von Garai

Undatiertes Schreiben wohl eines Arztes, womöglich im Dienst Katharinas von Garai, die er seine gnädige Frau nennt. Er schickt Katharina diverse Kräuter und Mittel, insbesondere gegen Kopfschmerzen.
Eigenhändiges Schreiben einer geübten Hand.

It(em) gnedige fraŵ ich sende ewern gnaden hiemit czwaÿ püntl mit / krewtern dar inn findet ewer genad in yedem ein zedel welheß / in dy lawg gehör, auch welhes ewer gnad alczeit peÿ ewern / gnaden tragen soll. Und hab dy reczept in latein geschriben / damit man si inn den apoteken dester paß erkenne. Und fur war / würdt ewer gnad sich der ding vleyssen ewer gnad würd sicher / grosß ringerung an dem haubt enphinden. Item daz puschel / in der lawg(en) mag ewer gnad alczeit geprauchen so ewer gnad / daz haubt wascht. Und so es sein gesmachen verlewsht [?] so nempt / ein frisch. Daz andr mogt ir langer behalden und dar an [?] smecken / und in ewer kamer auff hengen, das ist dem haubt vast gesunt. /
Item gnedige fraŵ ich sende ewern gnaden auch hy mit daz säckl daz ich / mir auff daz haubt hab lassen machen daz es ewer gnad versuch / und sind dj krewter dj ewer gnad findet in schrifft jnn dem / püschel daz ewer gnad pej euch tragen soll. Und ob daz pälsterlt etwas / swarcz ist da gebt der weschin dj schuld umb. Ich hoff ewer / gnad werd mir danck sagen, doch hab ich nicht meiner / jopen phaÿt.
Item ich sende ewern gnaden auch hy inne ein reczept eins triges[193] / des ewer gnad alltag nüssen sol und mag des morgens und des abent / mit prot oder an prot alß vil und ewer gnad czwischen dreyn oder vier / vingern mogt begreÿffen. Da würd ewer gnad klerlichen inne grosß / pesserung des haubts und ist an sbeg sundr nur gut trige und ewer / gnad würd mir dancken. Datum etc.
L. u. v.

Adresse: Der hochgeboren furstin und / frawen frawen Katharina / geporen von Gara[194] grafin / zu Gorcz etc. meiner / genedigen frawen.
Kanzleivermerk: Furstin / schickt allerlaÿ ercznaÿ

---

[192] Hyperkorrekte Korrektur- oder Zierschleife.
[193] Schleck- oder Arzneipulver, vgl. Art. triet in: Deutsches Wörterbuch von Jacob und Wilhelm GRIMM Bd. 22, Sp. 492; Deutsches Wörterbuch von Jacob GRIMM und Wilhelm GRIMM, digitalisierte Fassung im Wörterbuchnetz des Trier Center for Digital Humanities, Version 01/23: vgl. https://www.woerterbuchnetz.de/DWB (Zugriff: 24.03.2023).
[194] Das ist das einzige Schreiben, dass Katharinas Geburtsnamen von Gara nennt.

Zu Kontinuität und Bedeutung des Weilers Gratsch als Brennpunkt der frühen Siedlungsgeschichte des Hochpustertals

Wolfgang Strobl

Im Südwesten des Gemeindegebiets von Toblach liegt direkt an der Pustertaler Staatsstraße SS49 der Weiler Gratsch, mundartlich *die Grātsch* genannt. Hier mündet der aus Nordosten quellende Silvesterbach in die noch junge, aus dem Höhlensteintal tretende Rienz, hier befindet sich heute noch ein Straßenkreuz, zumal eine Gemeindestraße in das Ortszentrum von Toblach, ein Feldweg (Mühlweg genannt) in die am nördlichen Sonnenhang gelegene Fraktion Aufkirchen, eine weitere Gemeindestraße zu den Gehöften von (Alt-)Schluderbach und ein Gehweg der Rienz entlang in die gleichnamige Flur und in die Säge führen. Heute stehen an diesem historisch erinnerungswürdigen Verkehrsknotenpunkt ein Höfe-Ensemble, eine Kapelle sowie ein Gasthof mit Hotel (*Gratschwirt*).

Dieser Beitrag will aufzeigen, dass die Gratsch bereits in ältester Zeit ein wichtiges Straßenkreuz war, da an diesem Ort der aus dem Süden, das heißt aus Ampezzo, aus

Abb. 1: Vorne links der Weiler Gratsch, hinten rechts Alttoblach (um 1915). © Privatbesitz, Toblach.

dem Cadore und aus dem venezianischen Raum kommende Verkehr in das Pustertal einmündete. Eine siedlungsgeschichtliche Kontinuität lässt sich bereits von der Vor- und Frühgeschichte bis in römische Zeit, von der Spätantike bis in das Früh- und Hochmittelalter nachweisen. Die Frage nach der Gratsch als altem Verkehrskreuz und frühem Siedlungskern kann nur dann angemessen behandelt werden, wenn auch die Erkenntnisse der archäologischen und historischen Forschung des Veneto und Cadore Berücksichtigung finden und damit neben der geografischen und kulturellen Ost-West-Achse auch die Nord-Süd-Verbindung in den Blick genommen wird. Außerdem sind die jüngeren und älteren Einsichten und Ergebnisse der archäologischen, historischen und ortsnamenkundlichen Fachwissenschaft zusammenzuführen und in einer diachronen Betrachtung in einen größeren Zusammenhang zu stellen.*

1. Eine Römerstraße durch das Pustertal und die *Via Claudia Augusta Altinate*

In römischer Zeit führte bekannterweise auch durch das zu der Provinz Norikum gehörende Pustertal eine Straße, von der uns aber weder der Name noch allerorts der genaue Verlauf bekannt sind.[1] Das Tal durchquerten einerseits jene römischen Reisenden, die von Aquileia und Iulium Carnicum (Zuglio) kommend den Plöckenpass überschritten und dann über Aguntum und das Toblacher Feld dem Eisacktal und Veldidena (Wilten) zustrebten, andererseits aber auch all jene, die in Altinum aufbrechend Bellunum und Pieve di Cadore erreichten und von dort über Auronzo, das Comelico und den Kreuzbergpass nach Littamum (Innichen) gelangten. Die in Aquileia ihren Ausgang nehmende Straße war eine *via per conpendium*, das heißt eine abkürzende Verbindungsstraße, und wurde von der italienischen Forschung behelfsmäßig (mit einem quellenmäßig nicht bezeugten Namen) als *via Iulia Augusta* bezeichnet. Inzwischen kann als gesichert gelten, dass römische Straßen auf dem Boden des späteren Tirol sehr häufig einem älteren Wegenetz folgten, wie die archäo-

---

* Für die kritische Durchsicht des Beitrags und zahlreiche Verbesserungen danke ich Dr. Norbert Seeber, den Herausgebern der *Tiroler Heimat* Prof. Christina Antenhofer und Prof. Richard Schober sowie dem anonymen Gutachter.

[1] Aus der reichen Literatur: Paul Hugo Scheffel, Verkehrsgeschichte der Alpen, Band I: Bis zum Ende des Ostgotenreiches Theoderichs des Großen, Berlin 1908, 110–113; Walter Cartellieri, Die römischen Alpenstraßen über den Brenner, Reschen-Scheideck und Plöckenpass mit ihren Nebenlinien (Philologus, Suppl. 18/1), Leipzig 1926, 5–41; Josef Anton Rohracher, Die Römerstraße im Pustertale, in: Der Schlern 9 (1928) Heft 9, 370–380; Karl Staudacher, Die Römerstraßen im Pustertale, in: Der Schlern 15 (1934) Heft 3, 114–129 (mit der Theorie einer älteren und einer jüngeren Römerstraße durch das Pustertal); Alessio De Bon, La strada romana del Comelico, in: Atesia Augusta 2 (1940) Heft 2, 37–39; ders., La Via Claudia Augusta nel Cadore, in: Cadore 2 (1942) Heft 5, 9–12; Gian Maria Tabarelli, Strade romane nel Trentino e nell'Alto Adige, Trento 1994, 139–155; Elvira Migliario, Mobilità sui valichi alpini centrorientali in età imperiale romana, in: Preistoria alpina 39 (2003) 265–276, bes. 271–273; Lorenzo Dal Ri / Gianni Rizzi, Evidenze di viabilità antica in Alto Adige, in: Studi Trentini di Scienze Storiche 84 (2005) Heft 4, suppl.: Atti del Convegno *Itinerari e itineranti attraverso le Alpi dall'Antichità all'Alto Medioevo*, Trento 15–16 ottobre 2005, 35–52 [801–818], bes. 42–46 [808–812].

logische Forschung beispielsweise in Sebatum und Elvas, aber auch andernorts überzeugend nachweisen konnte.[2] Die Bedeutung der Straße durch das Pustertal bis weit hinein in die Spätantike bezeugt der Umstand, dass seit dem 19. Jahrhundert an zahlreichen Orten und in auffallender Dichte römische Meilensteine gefunden wurden, die ausnahmslos aus dem 3. Jahrhundert stammen.[3]

In welcher Zeit nun die Römer eine Straße durch das Pustertal angelegt bzw. viel eher eine bereits bestehende Trasse ausgebaut haben, steht nicht zweifelsfrei fest. Man dachte an das ausgehende 1. Jahrhundert v. Chr.,[4] an die Zeit des Augustus bzw. des Feldherrn Drusus[5] oder des Kaisers Claudius[6] und etwas vage auch an das 1. Jahrhundert n. Chr.,[7] wobei man in der älteren Forschung auch spätere Datierungen in

---

[2] DAL RI/RIZZI, Evidenze di viabilità (wie Anm. 1) 36 [802] und 38 [804].

[3] Gerhard WINKLER, *Ab Ag(unto) m. p. …* Die römischen Entfernungsangaben im Drau- und Pustertal, in: Hochtor und Glocknerroute. Ein hochalpines Passheiligtum und 2000 Jahre Kulturtransfer zwischen Mittelmeer und Mitteleuropa (Österreichisches Archäologisches Institut. Sonderschriften 50), hg. von Ortolf Harl, Wien 2014, 271–279; zuletzt: Jack W. G. SCHROPP, Eine neue Meilensteingruppe aus Noricum mit *miliaria* des Severus Alexander und Probus, in: Chiron 52 (2022) 167–180.

[4] Luciano BOSIO, Zuglio in epoca romana, in: Darte e la Cjargne, hg. von Luigi Ciceri, Udine 1981, 40–65, bes. 57.

[5] Bruna FORLATI TAMARO, Conclusioni storico-topografiche, in: La Via Claudia Augusta Altinate (Reale Istituto Veneto di Scienze Lettere ed Arti s. n.), Venezia 1938. Ristampa anastatica dell'opera edita nel 1938 con una postfazione di Guido Rosada, Venezia 2001, 79–101, bes. 93–94; Cristina CORSI, Le strutture di servizio del *cursus publicus* in Italia. Ricerche topografiche ed evidenze archeologiche (BAR International Series 875), Oxford 2000, 163; Wolfgang CZYSZ, 350 Meilen vom Po zur Donau – Die römische Staatsstraße *Via Claudia Augusta*, in: „Alle Wege führen nach Rom …". Internationales Römerstraßenkolloquium Bonn (Materialien zur Bodendenkmalpflege im Rheinland 16), hg. von Harald Koschik, Pulheim 2004, 101–116, bes. 101–102; Lorenzo DAL RI / Stefano DI STEFANO, *Littamum*: genesi, vita e trasformazione di un insediamento stradale dell'area alpina noricense, in: Littamum. Una mansio nel Noricum. Eine Mansio im [!] Noricum (BAR International Series 1462), hg. von Lorenzo Dal Ri / Stefano di Stefano, Oxford 2005, 78–102, bes. 78; Cristina CORSI, Luoghi di strada e stazioni stradali in Italia tra età tardoantica e alto Medioevo, in: *Statio amoena*. Sostare e vivere lungo le strade romane, hg. von Patrizia Basso / Enrico Zanini, Oxford 2016, 53–67, bes. 55; Elena BANZI, La Val Pusteria fra unità e varietà: da elemento di aggregazione culturale, unione e scambio a frontiera strategica, in: Littamum (wie oben), 21–76, bes. 34.

[6] Richard HEUBERGER, Zur Geschichte der römischen Brennerstraße, in: Klio 27 N. F. 9 (1934) 311–336, bes. 328; FORLATI TAMARO, Conclusioni storico – topografiche (wie Anm. 5) 101; Piero STICOTTI, Da Sebatum a Julium Carnicum. Itinerari e scoperte nel Norico romano, in: Archivio Veneto V ser. 26 (1940) 181–185, bes. 184; Rolf NIERHAUS, Die Westgrenze von Noricum und die Routenführung der Via Claudia Augusta, in: Ur- und Frühgeschichte als historische Wissenschaft. Festschrift zum 60. Geburtstag von Ernst Wahle, hg. von Horst Kirchner, Heidelberg 1950, 177–188, bes. 185; Roberto CESSI, Da Roma a Bisanzio, in: Storia di Venezia, Band 1: Dalla preistoria alla storia, Venezia 1957, 179–401, bes. 247; Gioia CONTA, Romanizzazione e viabilità nella regione altoatesina, in: La *Venetia* nell'area padano-danubiana. Le vie di comunicazione. Convegno internazionale, Venezia 6–10 aprile 1988, hg. von Guido Rosada, Padova 1990, 223–251, bes. 227; MIGLIARIO, Mobilità sui valichi (wie Anm. 1) 272–273; Rupert BREITWIESER / Andreas LIPPERT, Paßwege der keltischen und römischen Zeit in den Ostalpen, in: Mitteilungen der Anthropologischen Gesellschaft in Wien 129 (1999) 125–131, bes. 128.

[7] Alessio DE BON, Itinerari romani nelle Alpi. Dall'Adriatico al Brennero per la Claudia Augusta Altinate, in: Atesia Augusta 1 (1939) Heft 2, 25–29, bes. 29; Maria AUSSERHOFER, Die römischen Meilensteine in Südtirol, in: Der Schlern 50 (1976) Heft 1, 3–34, bes. 7; Gioia CONTA, Il viaggio di Venanzio Fortunato attraverso le Alpi, in: Corona Alpium. Miscellanea di studi in onore di Carlo Alberto Mastrelli, Firenze 1984, 27–42, bes. 34; Gianni CIURLETTI, Il Trentino-Alto Adige in età

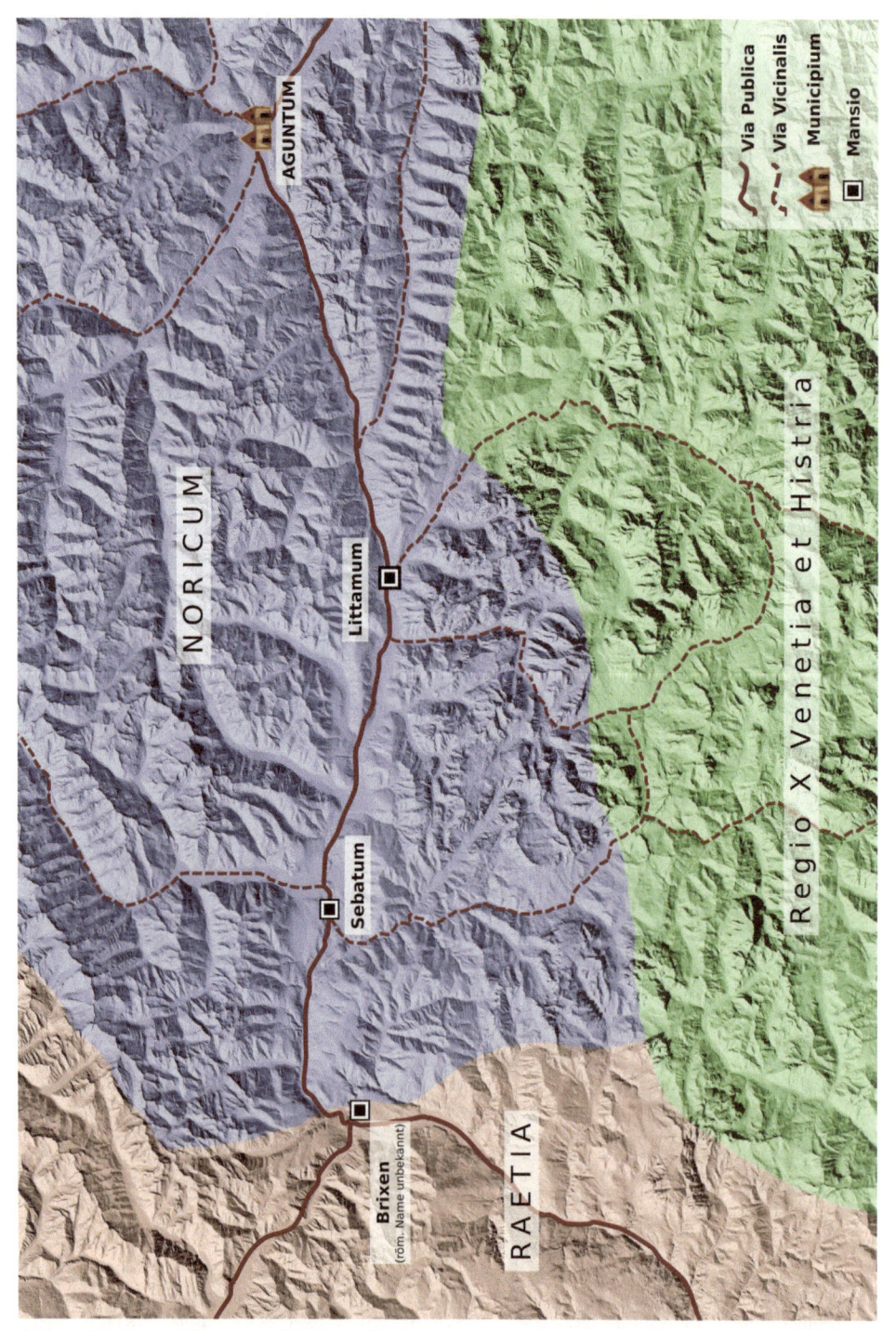

Abb. 2: Das Pustertal in römischer Zeit. © Mag. Rupert Gietl. Kartengrundlage: Geokatalog Südtirol, Lizenz CC0.

das ausgehende 2. Jahrhundert[8] und in die Zeit des Kaisers Septimius Severus[9] in Vorschlag brachte.

Vorerst hypothetischen Charakter hat die von der archäologischen Forschung in neuerer Zeit vorgetragene Ansicht, dass die Römer im Zuge der Eroberung der Ostalpen (15 v. Chr.) im Kampf gegen die Noriker „das Cadoretal und die Dolomitenpässe in das Pustertal" als Aufmarschrouten nutzten.[10] Im Zusammenhang mit dem Alpenfeldzug der Stiefsöhne des Augustus hat man in den 1950er-Jahren auch die Vermutung geäußert, dass Drusus im Zuge seiner Kämpfe gegen die vorromanische Bevölkerung im Vinschgau, Eisack- und Etschtal in einem taktischen Manöver einen Hauptmann vom Süden her ins Pustertal vorstoßen ließ, um die vorromanischen Alpenbewohner in die Zange zu nehmen.[11]

Im Allgemeinen geht man aber davon aus, dass das zum *regnum Noricum* gehörende Pustertal auf friedliche Weise dem römischen Reich eingegliedert wurde[12] und

---

romana. Aspetti e problemi alla luce delle ricerche e degli studi più recenti, in: Antichità altoadriatiche 27 (1986) 375–406, bes. 382; Reimo LUNZ, Archäologische Streifzüge durch Südtirol, Band 1: Pustertal und Eisacktal, Bozen 2005, 85; für die erste Hälfte des 1. Jahrhunderts n. Chr. plädieren TABARELLI, Strade romane (wie Anm. 1) 148–149; Laura ALLAVENA SILVERIO / Gianni RIZZI, La strada romana di Elvas nella viabilità antica della Valle Isarco, in: Archäologie der Römerzeit in Südtirol. Beiträge und Forschungen. Archeologia romana in Alto Adige. Studi e contributi (Forschungen zur Denkmalpflege in Südtirol 1), hg. von Lorenzo Dal Ri / Stefano di Stefano, Bozen/Wien 2002, 511–553, bes. 541; Roland STEINACHER, Von Rätien und Noricum zu Tirol. Geschichtsbilder und Meistererzählungen für das erste Jahrtausend unserer Zeit, in: Berg & Leute. Tirol als Landschaft und Identität (Schriften zur Politischen Ästhetik 1), hg. von Ulrich Leitner, Innsbruck 2014, 132–162, bes. 137.

[8] Benedetto VON GIOVANELLI, Ueber die in der k. k. Bibliothek zu Innsbruck befindliche Ara Dianae und die Richtung der Roemerstrasse Claudia Augusta von Tridento bis Vipiteno. Eine antiquarische Abhandlung, Botzen 1824, 166.

[9] Johannes BAUR, Beiträge zur Heimatkunde von Taisten. Ein Südtiroler Heimatbuch, Innsbruck/München 1969, 83.

[10] Peter GAMPER, Die Gurina nahe Dellach im Gailtal. 1500 Jahre geschichtliches und religiöses Zentrum, Lienz 2012, 46; DERS., Gurina. Die römische Stadt aus der Zeit der Eroberung Noricums Teil I–III (Kärntner Museumsschriften 83/1–III), Band 1, Klagenfurt 2015, 345.

[11] Claudio ANTI, La *Via Claudia Augusta ab Altino* dalla Priula a Belluno, in: Studi in onore di Aristide Calderini e Roberto Paribeni. III Studi di archeologia e di storia dell'arte antica, Milano/Varese 1956, 495–511, bes. 500.

[12] Zuletzt: Ekkehard WEBER, Die Anfänge der Provinz Noricum, in: Die römischen Provinzen. Begriff und Gründung (Colloquium Cluj-Napoca. 28. September–1. Oktober 2006), hg. von Ioan Piso, Cluj-Napoca 2008, 225–235, bes. 228. Dagegen aber: Karl STROBEL, L'età augustea nelle Alpi orientali. Il regno del Norico e Roma, in: Il bimillenario augusteo. Atti della XLV settimana di Studi aquileiesi. Aquileia, Sala del Consiglio Comunale (12–14 giugno 2014) (Antichità Altoadriatiche 81), hg. von Giuseppe Cuscito, Trieste 2015, 109–122, bes. 116: „Contrariamente all'opinione dominante non si può dunque presupporre in nessun modo un'annessione pacifica. Augusto colse chiaramente l'occasione della ribellione per annettere l'intero stato clientelare del *regnum Noricum*. In questa circostanza poté svolgersi senza impedimenti anche la marcia attraverso la valle della Drava contro il fianco orientale delle tribù retiche in previsione della guerra alpina dell'estate seguente." – Und dies gegen die in der altertumskundlichen Forschung allgemein geteilte Meinung, dass das Königreich Norikum nicht *manu militari*, sondern auf friedlichem Weg in das römische Reich eingegliedert wurde. Eine vermittelnde Position bei Gerhard DOBESCH, Die Okkupation des Regnum Noricum durch Rom, in: Studien zu den Militärgrenzen Roms III. 13. Internationaler Limeskongreß Aalen 1983, Vorträge (Forschungen und Berichte zur Vor- und Frühgeschichte in Baden-Württemberg 20), Stuttgart 1986, 308–315, bes. 308, der annimmt, dass die Unterwerfung

es daher den Eroberungskrieg des Drusus im Jahr 15 v. Chr. nur insofern zu spüren bekam, als römische Truppen über das obere Drau- gegen das Eisacktal vorrückten.[13] Wenn man jedoch in Betracht zieht, dass der Romanisierungsprozess im Pustertal mit Sicherheit bereits im 1. Jahrhundert n. Chr. einsetzte, dass Kaiser Claudius in den eroberten Provinzen ein umfangreiches Straßenbauprogramm startete[14] und Aguntum (neben Iulium Carnicum und anderen Städten Norikums) zum *municipium* erhob und dass auch die *civitas Sebatum* im 1. Jahrhundert n. Chr. eine Blütezeit erlebte,[15] wird man davon ausgehen dürfen, dass die Römer bereits zur Zeitenwende einen gut gangbaren und ihren Erfordernissen entsprechenden Verkehrsweg durch das Pustertal angelegt haben, dafür aber mit größter Wahrscheinlichkeit die bereits vorhandenen Trassen der keltischen Noriker nutzten. Größere Ausbesserungsarbeiten und eine abschnittsweise Neutrassierung könnten unter Kaiser Caracalla (211–217) aus militärischen und wirtschaftlichen Gründen erfolgt sein.[16]

2. Drei Meilensteine in der Gratsch und das römische Cadore

Im Jahr 1743 entdeckte der bayerische Gelehrte und Augustinerchorherr Dr. Franz Töpsl (1711–1796), der zwei Jahre später zum Propst des Klosters Polling gewählt wurde und unter dem die Wissenschaften hervorragende Pflege fanden, in dem Weiler Gratsch drei römische Meilensteine.[17] Er fertigte Skizzen der Steine an, beschrieb diese und deren Fundort, transkribierte die Inschriften und übermittelte bald darauf diesen *Fundbericht* seinem Innsbrucker Freund Anton Roschmann (1694–1760), dem damals besten Kenner der Tiroler Altertümer. Dieser wiederum nahm einige Jahre später die Meilensteine in der Gratsch selbst in Augenschein und machte sie schon bald durch seine Schriften der gesamten europäischen Gelehrtenwelt bekannt. Einer dieser Miliarien stammt aus der Zeit des Kaisers Gordian III. (238–244),[18] der zweite aus jener seines Nachfolgers Philippus Arabs (244–249),[19] der dritte – dessen Inschrift war schon von Töpsl nur mehr teilweise entziffert worden – scheint bereits bald nach der Auffindung verloren gegangen zu sein.

In der archäologischen und lokalhistorischen Forschung ging man bisher davon aus, dass die Gratscher Meilensteine verschleppt wurden, das heißt nicht an ihrem

---

„unter militärischem Druck", am Ende aber doch ohne Kämpfe vonstatten ging. Die einschlägigen Quellen über Kampfhandlungen in Norikum im Jahr 15 v. Chr. bespricht Géza ALFÖLDY, Noricum, London/Boston 1974, 54–56.

[13] Karl STROBEL, Das Werden der römischen Provinz *in Regno Norico* unter Augustus, in: Anodos. Studies of the Ancient World 8 (2008) 365–374, bes. 368, 373.

[14] Stefania PESAVENTO MATTIOLI, Il sistema stradale nel quadro della viabilità dell'Italia nord-orientale, in: Storia del Trentino. II L'età romana, hg. von Ezio Buchi, Bologna 2000, 11–46, bes. 35.

[15] Dazu zuletzt: Elena BANZI / Veronica BARBACOVI / Hubert STEINER / Hannsjörg UBL, Römischer Inschriftenfund in St. Lorenzen im Pustertal, in: Der Schlern 85 (2011) Heft 12, 16–37.

[16] Alberto GRILLI, Caracalla e la strada romana della Pusteria, in: Rendiconti dell'Istituto Lombardo. Classe di Lettere 111 (1977) 175–185, bes. 185.

[17] Dazu ausführlich: Wolfgang STROBL, Dr. Franz Töpsl als Archäologe und Antiquar. Zum Fund von drei römischen Meilensteinen in Toblach (1743), in: Tiroler Heimat 86 (2022) 289–300.

[18] Corpus Inscriptionum Latinarum (im Folgenden CIL) III/2, 5706.

[19] CIL III/2, 5705 und CIL 17/4/1, 89/90 Nr. 4.

eigentlichen Aufstellungsort aufgefunden wurden,[20] und daher ursprünglich in Niederdorf oder noch weiter im Westen (Olang) gestanden haben. Als scheinbar schlagendes Argument hierfür diente der Umstand, dass die Meilenangabe auf dem gordianischen Stein nicht mit der realen Entfernung nach Aguntum übereinstimmt (XXXXIII m. p. = ca. 63 km). Das strenge, erstmals 1977 formulierte Verdikt des Südtiroler Archäologen Reimo Lunz[21] fand viel Zustimmung,[22] zuletzt auch bei der italienischen Archäologin Elena Banzi (2005)[23] und dem österreichischen Althistoriker und Epigraphiker Gerhard Winkler (2014).[24]

Da sich auf römischen Meilensteinen aber nicht selten fehlerhafte oder ungenaue Meilenangaben finden,[25] lässt sich daraus kaum ein zwingendes Argument für eine Verschleppung gewinnen.[26] Darüber hinaus wird sich schwerlich ein überzeugender

---

[20] Bereits in der älteren Literatur finden sich diesbezüglich zahlreiche Irrtümer: Leonhard WIEDEMAYR, Der römische Meilenstein von Innichen, in: Der Sammler. Blätter für tirolische Heimatkunde und Heimatschutz 2 (1908) Heft 5/6, 127: „Bewusster Meilenstein wurde nicht zwischen Niederdorf und Toblach, sondern zwischen Innichen und Toblach, und zwar knapp ausser Innichen auf dem Hofmark-Gebiete exhumiert. Auch Resch und Roschmann […] geben den Fundort nicht als die Strecke Toblach–Niederdorf an. Wenn Resch den Stein als lapis Toblacensis bezeichnet, so ist diese Ausdrucksweise nicht der tatsächlichen Wirklichkeit entsprechend"; Egon KÜHEBACHER, Die Hofmark Innichen. Ein Heimatbuch für Einheimische und Gäste, Innichen 1969, 42: „Jedenfalls wurde beim Straßenbau immer der völlig versumpfte Talboden gemieden. Der bei der Gratscher Brücke gefundene Meilenstein stand ursprünglich sicher auch weiter nordöstlich und wurde vom Wahlerbach dann in die Niederung der Gratsch herabgeschwemmt."

[21] Reimo LUNZ, Urgeschichte des Oberpustertals (Archäologisch-historische Forschungen in Tirol 2), Bozen 1977, 41–42: „[…] stimmt hier die Fundstelle aber auch wirklich mit dem ursprünglichen Standort des Meilensteins überein? Daran beginnen wir ernsthaft zu zweifeln, wenn wir die Meilenangabe im unteren Teil des Steines betrachten […] Demnach kann die Angabe XXXXIII milia passuum auf keinen Fall auf die Strecke Aguntum–Gratscher Brücke zutreffen – dagegen spricht auch die reale Entfernung zwischen den beiden Punkten, die mit 41 km (Luftlinie) bzw. 47 km (moderne Straße) beträchtlich unter der angegebenen Zahl liegt. Sollte der Stein also in der frühen Neuzeit von seinem ursprünglichen Standort im Welsberger (?) Raum verschleppt worden sein? Wir können es nicht ausschließen. Jedenfalls verliert der Meilenstein durch die angeführten Bedenken viel von seinem Aussagewert für die Festlegung des römischen Straßenverlaufs"; ähnlich DERS., Archäologie Südtirols (Archäologisch-historische Forschungen in Tirol 7), Calliano 1981, 308; DERS., Archäologische Streifzüge (wie Anm. 7) 45.

[22] Andreas LIPPERT (Hg.), Reclams Archäologieführer Österreich und Südtirol. Denkmäler und Museen der Urgeschichte, der Römerzeit und des frühen Mittelalters (Universal-Bibliothek 10333), Stuttgart 1985, 558 (Art. Walter LEITNER); Alessio DE BON, La Via Claudia Augusta Altinate (Le strade di Roma nella Venezia 1), hg. von Renzo Fiori / Sergio De Bon, Pieve di Cadore 2010 (kommentierte und ergänzte Neuedition, die aber zahlreiche Fehler und Versehen aufweist), 217; Elmar RAINER, Toblach im Spätmittelalter. Zwischen Görz und Habsburg, Dipl. Innsbruck 2013, 16.

[23] BANZI, La Val Pusteria (wie Anm. 5) 40 „[…] tra Valdaora e Brunico", 51 Anm. 21 und 58–59.

[24] WINKLER, Ab Ag(unto) m. p. … (wie Anm. 3) 278: „Da der Stein kein caput viae angibt und da die Entfernung nach Aguntum, das in erster Linie in Frage kommt, um etwa 15 km unter den knapp 64 km bleibt, wird er ursprünglich im Raum von Welsberg aufgestellt gewesen sein."

[25] Heikki SOLIN, Zur Entstehung und Psychologie von Schreibfehlern in lateinischen Inschriften, in: Acta Colloquii Epigraphici Latini. Helsingiae 3.–6. sept. 1991 habiti (Commentationes Humanarum Litterarum 104), hg. von Heikki Solin / Olli Salomies / Uta-Maria Liertz, Helsinki 1995, 93–111. – Im Übrigen sind auch die Meilenangaben im Itinerarium Antonini für die Strecke Aquileia–Veldidena mehrmals zu korrigieren, vgl. WINKLER, Ab Ag(unto) m. p. … (wie Anm. 3) 271–272.

[26] Gegen mutmaßliche „Verschleppungen" von Meilensteinen auch AUSSERHOFER, Die römischen Meilensteine (wie Anm. 7) 4.

und plausibler Grund dafür vorbringen lassen, dass „im Mittelalter oder in der frühen Neuzeit" gleich drei römische Meilensteine in den Weiler Gratsch verbracht wurden. Man wird vielmehr mit Bestimmtheit behaupten dürfen, dass der Fundort dieser Meilensteine dem ursprünglichen Aufstellungsort entspricht. Die archäologische Forschung konnte inzwischen nachweisen, dass mitunter in sogenannten „Meilenstein-Versammlungen"[27] an derselben Stelle für mehrere Kaiser Miliarien nebeneinander aufgestellt wurden, die Althistorikerin Anne Kolb hat dafür den treffenden (und hübschen) Begriff „Meilenstein-Wäldchen" eingeführt.[28] Man kann daher davon ausgehen, dass die römische Straße durch das Pustertal über den Weiler Gratsch führte.[29] Die alte, weit verbreitete Überlieferung, dass der *Römerweg* über Frondeigen und den Eggerberg in Niederdorf nach Welsberg verlief, ist inzwischen längst aufgegeben worden.

Der Fund von drei römischen Meilensteinen lässt also die verkehrstechnische Bedeutung des Weilers Gratsch als Straßenkreuz in besonderer Weise hervortreten. Das Vorhandensein dieser Meilensteine legt den Schluss nahe, dass die Römer in der Gratsch eine kleine Straßenstation,[30] eine *mutatio*,[31] errichtet haben, deren

---

[27] Der Begriff bei Helmut BENDER, Verkehrs- und Transportwesen in der römischen Kaiserzeit, in: Untersuchungen zu Handel und Verkehr der vor- und frühgeschichtlichen Zeit in Mittel- und Nordeuropa, Teil V: Der Verkehr. Verkehrswege, Verkehrsmittel, Organisation. Bericht über die Kolloquien der Kommission für die Altertumskunde Mittel- und Nordeuropas in den Jahren 1980 bis 1983 (Abhandlungen der Akademie der Wissenschaften in Göttingen. Phil.-histor. Kl. 3/180), hg. von Herbert Jankuhn / Wolfgang Kimmig / Else Ebel, Göttingen 1989, 108–154, bes. 118–119; zum Phänomen auch: Thomas PEKÁRY, Untersuchungen zu den römischen Reichsstraßen (Antiquitas Reihe 1. Abhandlungen zur Alten Geschichte 17), Bonn 1968, 17.

[28] Anne KOLB, Römische Meilensteine. Stand der Forschung und Probleme, in: Siedlung und Verkehr im römischen Reich. Römerstraßen zwischen Herrschaftssicherung und Landschaftsprägung. Akten des Kolloquiums zu Ehren von Prof. H. E. Herzig vom 28. und 29. Juni 2001 in Bern, hg. von Regula Frei-Stolba, Bern/Berlin/Bruxelles u. a. 2004, 135–155, bes. 149.

[29] Der Versuch, die Römerstraße über den Toblacher Weiler Neunhäusern verlaufen zu lassen (BANZI, La Val Pusteria [wie Anm. 5] 51), ist im wahrsten Sinne des Wortes abwegig. Das Toponym „Neunhäusern" leitet sich etymologisch von den „neun Häusern" her, die sich dort einst befunden haben mögen. Die (ebd. Anm. 20) vorgeschlagene Deutung des Flurnamens als Übersetzung eines ursprünglich romanischen Toponyms („,Neunhäusern' come i corrispettivi in lingua italiana Casenuove/Canove/Ca'Nove potrebbe derivare da una traduzione impropria del latino tardo *canova, caneva, canava*, voce che indicava la presenza di magazzini per la vendita di sale, vino e altri merci sorti nel medioevo in corrispondenza di antiche infrastrutture pubbliche, quali *horrea* [...]") ist wenig plausibel.

[30] Dazu: Gerald GRABHERR / Barbara KAINRATH (Hg.), *conquiescamus! longum iter fecimus*. Römische Raststationen und Straßeninfrastrukturen im Ostalpenraum. Akten des Kolloquiums zur Forschungslage zu römischen Straßenstationen, Innsbruck 4. und 5. Juni 2009 (Ikarus. Innsbrucker Klassisch-Archäologische Universitätsschriften 6), Innsbruck 2010.

[31] Ursprünglich hatte man in Rom noch zwischen *mansio, statio* und *mutatio* unterschieden, in der ausgehenden Spätantike gerieten die Begriffe jedoch durcheinander. Unter *mutationes* verstand man einfachste Unterkünfte, die vor allem aus Stallungen für die Tiere (*stabula*) und einem angeschlossenen Gastlokal (*taberna*) bestanden; vgl. Eva Regina STAIN, Zu römischen Straßenstationen im Alpenraum. Mit ausführlicher Quellenanalyse zum römischen Postwesen, Diss. Wien 1982, 118–154; Massimo MALIPIERO, Mansiones et mutationes nella Venetia Romana, in: Archeologia Veneta 7 (1984) 261–283, bes. 265–266; für eine Typologie römischer Straßenstationen: Antonella MEZZOLANI, Appunti sulle mansiones in base ai dati archeologici, in: Tecnica stradale romana (Atlante tematico di topografia antica 1), hg. von Lorenzo Quilici / Stefania Quilici Gigli, Roma 1992, 105–113; Cristina CORSI, Stazioni stradali e *cursus publicus*. Note di tipolo-

Hauptfunktion darin bestanden haben muss, den aus dem Süden in das Pustertal fließenden Verkehr aufzunehmen. Dies umso mehr, als der Weg durch das Cadore lang und beschwerlich, das letzte Teilstück von Ampezzo durch das Höhlensteintal besonders schwierig und unwegsam war – „ubi homines et animalia / cum periculo / commeabant", heißt es auf einer unterhalb des Plöckenpasses gefundenen römischen Inschrift (CIL V, 1862).[32] Derartige *mutationes* wurden im Rahmen des von Kaiser Augustus eingerichteten Transportsystems (*cursus publicus*) von lokalen Behörden, dann aber auch von privaten Betreibern geführt.[33] Zuletzt hat man zu Recht darauf hingewiesen, dass im spätantiken *Itinerarium Antonini*, einem Verzeichnis der großen römischen Reichsstraßen und Straßenstationen, zwischen Vipitenum und Aguntum mit Sebatum und Littamum allein die größeren Orte, also vielleicht nur die *civitates*, verzeichnet waren, und dass demzufolge kleinere Stützpunkte (*mansiones*, *mutationes*) ausgeklammert blieben.[34] Der Abstand zwischen den einzelnen *mansiones* war recht unterschiedlich, im Durchschnitt betrug er aber 20 Meilen, was wiederum dem Pensum einer gewöhnlichen römischen Tagesreise entsprach.[35]

Für die Verwaltung der *mutatio* in der Gratsch wäre dann wohl das nahe Littamum zuständig gewesen – ein *vicus*, das heißt eine Landgemeinde als „eigenständige Gebietskörperschaft mit niederer Selbstverwaltung",[36] wird in der Gratsch jedoch kaum bestanden haben. Die *mutatio* in der Gratsch könnte aber auch in den Zuständigkeitsbereich von Aguntum gefallen sein, wobei freilich bis heute nicht zweifelsfrei geklärt ist, wie weit der Amtsbereich des städtischen Territoriums von Aguntum reichte.[37] Wenn also gute Gründe für eine bescheidene römische Straßenstation im Bereich des Weilers Gratsch sprechen, muss daraus nicht zwangsläufig auf das Vor-

---

gia dell'insediamento lungo la viabilità romana, in: Orizzonti. Rassegna di archeologia 1 (2000) 243–252.

[32] Zitiert nach Guido ROSADA, La viabilità tra decima regio, Raetia e Noricum come sistema territoriale, in: Archäologie der Römerzeit in Südtirol. Beiträge und Forschungen. Archeologia romana in Alto Adige. Studi e contributi (Forschungen zur Denkmalpflege in Südtirol 1), hg. von Lorenzo Dal Ri / Stefano di Stefano, Bozen/Wien 2002, 47–55, bes. 48; vgl. Gerhard WINKLER, Die römischen Straßen und Meilensteine in Noricum – Österreich (Schriften des Limesmuseums Aalen 35), Stuttgart 1985, 40–41.

[33] Stephan LEITNER, Römische Straßenstationen in Südtirol. Eine kritische Revision der archäologischen Zeugnisse, in: Südtirol in Wort und Bild 57 (2013) Heft 4, 17–25, bes. 17; Anne KOLB, *Mansiones* and *cursus publicus* in the Roman Empire, in: Statio amoena. Sostare e vivere lungo le strade romane, hg. von Patrizia Basso / Enrico Zanini, Oxford 2016, 3–8.

[34] Hannsjörg UBL, Historische Bewertung von Fundort und Inschrift, in: Elena BANZI / Veronica BARBACOVI / Hubert STEINER / Hannsjörg UBL, Römischer Inschriftenfund in St. Lorenzen im Pustertal, in: Der Schlern 85 (2011) Heft 12, 28–33, bes. 31–32.

[35] Mauro CALZOLARI, Introduzione allo studio della rete stradale dell'Italia romana: l'Itinerarium Antonini, in: Atti della Accademia Nazionale dei Lincei. Classe di Scienze Morali, Storiche e Filologiche IX ser. 7/4 (1996) 369–520, bes. 409.

[36] Karl STROBEL, „Römische Vici" – „Militärische Vici" – „Zivile Vici". Kunstbegriffe der Forschung, in: Römische Vici und Verkehrsinfrastruktur in Raetien und Noricum. Colloquium Bedaium Seebruck, 26.–28. März 2015 (Inhalte – Projekte – Dokumentationen. Schriftenreihe des Bayerischen Landesamtes für Denkmalpflege 15), hg. von Doris Ebner, München 2016, 31–51, bes. 41.

[37] Zur Problematik der Abgrenzung städtischer Territorien in der Provinz Norikum: Géza ALFÖLDY, Die regionale Gliederung in der römischen Provinz Noricum, in: Raumordnung im Römischen Reich. Zur regionalen Gliederung in den gallischen Provinzen, in Rätien, Noricum und Pannonien (Schriften der Philosophischen Fakultäten der Universität Augsburg. Historisch-sozialwissenschaftliche Reihe 38), hg. von Gunther Gottlieb, München 1989, 37–55, bes. 45–50.

handensein eines römischen Wachtturms,[38] eines Kastells oder gar einer römischen Siedlung[39] geschlossen werden.

Ein Blick auf das Cadore und seine römische Vergangenheit vermag unsere Beweisführung zu untermauern. Das in geografischer Hinsicht am Gemärk (Cimabanche) beginnende Cadore war im 1. Jahrtausend v. Chr. von den Paläovenetern, später von den Kelten besiedelt worden.[40] Diese frühen Völker betrieben Landwirtschaft und Handel, aber auch Bergbau, wie das Vorkommen verschiedener Erze in den Minen von Fursil und in anderen Stätten bezeugt. Die dort abgebauten Mineralien wurden nicht nur für den eigenen Bedarf verwendet, sondern auch in den Süden und Norden exportiert. Bereits in der Eisenzeit bestanden kulturelle und wirtschaftliche Kontakte zwischen dem Cadore und dem Gailtal (Gurina)[41] und wohl auch ins Pustertal,[42] wie in der Hallstattzeit überhaupt mit einer Intensivierung des transalpinen Handels im Ostalpenraum zu rechnen ist.[43] In den 1960er-Jahren waren oberhalb von Aufkirchen (Gemeinde Toblach) mehrere Brandgräber aus der Eisenzeit zum Vorschein gekommen; im Rahmen von Sondierungen konnten 2019 weitere Gräber freigelegt werden. Der archäologische Befund zeigt, dass diese Gräberfelder vom 7. bis ins 2./1. Jahrhundert v. Chr. belegt waren und dass die Bestatteten über einen gewissen Wohlstand verfügten. Von besonderem Interesse ist das Faktum, dass sich am Fundmaterial kulturelle Einflüsse aus dem venetischen Raum erkennen und damit rege Handelskontakte vom Pustertal in den Süden nachweisen lassen.[44]

---

[38] Zur Typologie des Wachtturms – der zuerst in größeren Siedlungen, am römischen *limes* (Germanien, Britannien), dann aber auch an militärstrategisch bedeutsamen Verkehrswegen auftritt – im nordostitalienischen Raum: Tommaso MANTOVANI, Alcune note sulle torri di guardia nel mondo romano, in: Castelraimondo. Scavi 1988–1990, Band I: Lo scavo (Cataloghi e Monografie Archeologiche dei Civici Musei di Udine 2), hg. von Sara Santoro Bianchi, Roma 1992, 245–254.

[39] Josef Anton ROHRACHER, Etwas über die Hochpustertaler Besiedlung und das Campo Gelau im Jahre 769, in: Der Schlern 16 (1935) Heft 8, 370–374, bes. 372; Adrian EGGER, Prähistorische und römische Siedlungen im Rienz- und Eisacktal, Brixen 1943, 15; Alois TRENKWALDER, Geschichte der Pfarrei Toblach, Diss. Salzburg 1968, 9.

[40] Giulia FOGOLARI (Hg.), I paleoveneti alpini. Protostoria del Bellunese e del Cadore (Atesa Antichità 2), Bologna 1976; ANON., I paleoveneti nel Bellunese (Studi sul territorio bellunese 2), Verona 1993; Giovan Battista PELLEGRINI, Gli insediamenti umani nell'area alpina orientale, in: Actes du XVIIIᵉ Congrès International de Linguistique et de Philologie Romanes, Band I, hg. von Dieter Kremer, Tübingen 1992, 120–130; Irene PARNIGOTTO, I siti di confine tra Bellunese e Alto Adige / Südtirol tra Neolitico ed Età del bronzo, in: Il popolamento delle Alpi nord-orientali tra Neolitico ed Età del bronzo. Bevölkerungs- und Besiedlungsgeschichte in den Nord-Ost-Alpen zwischen Neolithikum und Bronzezeit, hg. von Giovanni Leonardi, Belluno 2004, 61–70.

[41] Loredana CALZAVARA, La zona pedemontana tra Brenta e Piave e il Cadore, in: Il Veneto nell'antichità. Preistoria e protostoria II, hg. von Alessandra Aspes, Verona 1984, 847–873, bes. 862–863.

[42] Dazu allgemein: Anne-Marie ADAM, La haute vallée de l'Adige de la protohistoire à l'époque romaine: recherches sur les voies de communication et les échanges, in: Problemi storici ed archeologici dell'Italia nordorientale e delle regioni limitrofe dalla preistoria al medioevo. Incontro di Studio, Trieste, 28–29–30 ottobre 1982 (Atti dei Civici Musei di Storia ed Arte. Quaderno 13/1), hg. von Gino Bandelli u. a., Trieste 1983, 139–158.

[43] BREITWIESER/LIPPERT, Paßwege (wie Anm. 6) 126 und allgemeiner: Peter SCHAUER (Hg.), Archäologische Untersuchungen zu den Beziehungen zwischen Altitalien und der Zone nordwärts der Alpen während der frühen Eisenzeit Alteuropas. Ergebnisse eines Kolloquiums in Regensburg 3.–5. November 1994 (Regensburger Beiträge zur prähistorischen Archäologie 4), Regensburg 1998.

[44] Die Sondierungen führte das Amt für Archäologie der Autonomen Provinz Bozen-Südtirol unter der Leitung von Dr. Hubert Steiner durch. Eine Veröffentlichung dieser Funde ist in Vorberei-

In den vergangenen Jahrzehnten konnte die italienische archäologische Forschung aufzeigen, dass das Cadore bereits im 1. Jahrhundert v. Chr. verhältnismäßig dicht besiedelt war und ein reger Austausch von Gütern mit den benachbarten Gebieten stattfand.[45] Sowohl in Auronzo (Monte Calvario)[46] als auch in Valle di Cadore (Gebäude, Nekropole, Inschriften),[47] Vodo (Geflügelte Viktoriastatue), San Vito (spätantikes Haus), Resinego (spätantike Siedlung) und Chiapuzza (Bronzemünze aus claudischer Zeit und Keramikfragmente)[48] kamen bemerkenswerte Funde aus römischer Zeit zutage – und dies fast immer in unmittelbarer Nähe der späteren *via Regia*. Auch in Cima Gogna, unweit von Auronzo, könnte sich eine bescheidene römische Siedlung mit einer Thermalanlage befunden haben.[49] Was hingegen Cortina d'Ampezzo betrifft, dürfte eine große Vermurung im 5./6. Jahrhundert n. Chr.[50] einen Großteil der römischen Siedlungsspuren ausgelöscht haben. Zuletzt wurden auch im Bereich von Peutelstein/Podestagno, der imposanten mittelalterlichen und von Kaiser Maximilian I. im Oktober 1511 eingenommenen Festung, (sehr bescheidene) Keramiken aus spätrepublikanischer Zeit gefunden.[51] Sehr wenig Gewicht wird freilich einer alten ampezzanischen, nur vage überlieferten Sage zu geben sein, der zufolge das Kastell von Peutelstein eine Römerin erbaut hat.[52]

---

tung. – Dem stellvertretenden Amtsdirektor H. S. habe ich für freundlich erteilte Auskunft aufrichtig zu danken.

[45] Stefania Pesavento Mattioli, Il santuario di Lagole nel contesto topografico del Cadore, in: Materiali veneti preromani e romani del santuario di Lagole di Calalzo al Museo di Pieve di Cadore, hg. von Giulia Fogolari / Giovanna Gambacurta, Roma 2001, 43–47; Jacopo Turchetto, Viabilità antica tra Piave e Drava. Da Perarolo di Cadore al Comelico, per la Ruoiba e Treponti, in: Archeologia Veneta 38 (2015) 29–51.

[46] Giovanna Gangemi, Il santuario in località Monte Calvario di Auronzo di Cadore (BL), in: I Veneti dai bei cavalli, hg. von Luigi Malnati / Mariolina Gamba, Treviso 2003, 100–102; dies., A proposito delle lamine iscritte a specchio liscio dal santuario in località Monte Calvario di Auronzo di Cadore (Belluno): spunti di riflessione e di ipotesi, in: … ut… rosae… ponerentur. Scritti di archeologia in ricordo di Giovanna Luisa Ravagnan (Quaderni di Archeologia del Veneto. Serie speciale 2), hg. von Elodia Bianchin Citton / Margherita Tirelli, Dosson 2006, 57–66; dies., Le emergenze strutturali del santuario di Monte Calvario ad Auronzo di Cadore (BL) nel contesto della viabilità antica tra Italia e Norico, in: Altnoi. Il santuario altinate: strutture del sacro a confronto e i luoghi di culto lungo la via Annia. Atti del convegno, Venezia 4–6 dicembre 2006 (Altinum. Studi di archeologia, epigrafia e storia 5; Studi e ricerche sulla Gallia Cisalpina 23), hg. von Giovannella Cresci Marrone / Margherita Tirelli, Roma 2009, 247–262; Federico Zaghis / Gianmario Molin / Gabriella Salviulo / Irene Calliari u. a., A New Setting for the Northern Border of the Veneti. Metallic Finds from the Venetic Site of Monte Calvario, Auronzo di Cadore, in: Archaeometry 47 (2005) Heft 2, 341–349.

[47] Gian Galeazzi, La viabilità romana nella valle del Boite, Università degli Studi di Padova / Facoltà di Lettere e Filosofia / Corso di Laurea in Archeologia, Topografia dell'Italia Antica a. a. 2009/2010, 39–41.

[48] Galeazzi, La viabilità romana (wie Anm. 47) 41–42.

[49] Antonio Marchiori, Un centro termale romano a Cima Gogna (Auronzo)?, in: Archeologia Veneta 4 (1981) 133–142.

[50] Mario Panizza / Rinaldo Zardini, La grande frana su cui è sorta Cortina d'Ampezzo, Maniago/Pordenone 1986.

[51] Anon., Castello di Podestagno. Seconda campagna di scavo, in: Ciasa de ra Regoles – Notiziario delle Regole d'Ampezzo/Inserto Nr. 153, marzo 2015, 1–4, bes. 2.

[52] Anon., Vom[!] Ampezzo in's Pusterthal, in: Neues Wiener Abendblatt vom 6.11.1873, 3: „Von den[!] verfallenen, der Sage nach durch eine Römerin auf dem lothrechten Kalkstock in der Thal-

3. Eine römische Vorgängerin für die *Strada d'Alemagna*?

Verkehrs- und straßengeschichtlich muss die Römerstraße durch das Pustertal im größeren Kontext der *Via Claudia Augusta*, der zweifelsfrei bedeutendsten römischen Verkehrsverbindung im mittleren Alpenraum,[53] gesehen werden. Es ist bis heute nicht mit letzter Sicherheit geklärt, wo diese Straße ihren Ausgang genommen hat, ob es laut Inschrift auf der Meilensäule von Rabland die südlich von Verona gelegene Hafenstadt Ostiglia am Po („a flumine Pado at flumen Danuvium") oder gemäß jener des Meilensteins von Cesiomaggiore bei Feltre („ab Altino usque ad flumen Danuvium") die nordostitalienische Stadt Altinum war.

Nicht wenige Wissenschaftler neigen der Meinung zu, dass diese Straße zwei verschiedene Äste hatte – den einen nannte man (erst in neuerer Zeit) *Via Claudia Augusta Padana*, den anderen *Via Claudia Augusta Altinate* –, die sich in Trient/Trento vereinigten.[54] Manche Gelehrte und Altertumskundlerinnen vertraten aber auch die Ansicht, dass die *Via Claudia Augusta Altinate* nicht nach Trient, sondern von Treviso über Belluno weiter in Richtung Norden in das Cadore geführt habe, also über Longarone nach Pieve di Cadore und Auronzo, und von dort weiter in das Comelico und auf den Kreuzbergpass, von wo aus sie dann in Innichen (Littamum) in das Pustertal einmündete.[55] Dass über den Kreuzbergpass eine wichtige römische Straßenverbindung verlief,[56] bestätigte unlängst auf eindrucksvolle Weise die Ent-

---

kreuzung erbauten Kastelle sind neuerdings auch die Fundamente geschleift, aber der trotzige Felssockel hält die Erinnerungen an das Schicksal der Feste und ihrer Hüter wach …"

[53] Aus der überbordenden Literatur seien hier nur einige neuere Arbeiten angeführt: Vittorio GALLIAZZO (Hg.), Via Claudia Augusta. Un'arteria alle origini dell'Europa: ipotesi, problemi, prospettive. Eine Straße am Ursprung Europas: Hypothesen, Probleme, Perspektiven. Atti del Convegno Internazionale, Feltre 24–25 settembre/September 1999, Treviso 2002; Gerald GRABHERR, Methodische Ansätze der Römerstraßenforschung im Alpenraum am Beispiel der *Via Claudia Augusta*, in: „Alle Wege führen nach Rom …". Internationales Römerstraßenkolloquium Bonn (Materialien zur Bodendenkmalpflege im Rheinland 16), hg. von Harald Koschik, Pulheim 2004, 117–130; Elisabeth WALDE / Gerald GRABHERR (Hg.), Via Claudia Augusta und Römerstraßenforschung im östlichen Alpenraum (Ikarus. Innsbrucker klassisch-archäologische Universitätsschriften 1), Innsbruck 2006.

[54] So beispielsweise Gerold WALSER, Die Straßenbau-Tätigkeit von Kaiser Claudius, in: Historia 29 (1980) Heft 4, 438–462 (auch in italien. Sprache als: L'impegno dell'imperatore Claudio nella costruzione di strade, Bologna 1982), bes. 452 (30–31).

[55] Dieser Theorie folgten immerhin: Alessio DE BON, Rilievi di campagna, in: La Via Claudia Augusta Altinate (Reale Istituto Veneto di Scienze Lettere ed Arti s. n.), Venezia 1938. Ristampa anastatica dell'opera edita nel 1938 con una postfazione di Guido Rosada, Venezia 2001, 13–68; FORLATI TAMARO, Conclusioni storico-topografiche (wie Anm. 5) 79–101; DE BON, La Via Claudia Augusta (wie Anm. 1), 9–12; Richard HEUBERGER, Der Eintritt des mittleren Alpenraumes in Erdkunde und Geschichte, in: Beiträge zur Geschichte und Heimatkunde Tirols. Festschrift zu Ehren Hermann Wopfners, 1. Teil (Schlern-Schriften 52), hg. von Franz Huter, Innsbruck 1947, 69–118, bes. 81; ANTI, La *Via Claudia Augusta ab Altino* (wie Anm. 11) 495–511; Ludwig PAULI, Die Alpen in Frühzeit und Mittelalter. Die archäologische Entdeckung einer Kulturlandschaft, München 1980, 236; Enrico CAVADA, Dai *possessores* feltrini ai signori dei torri, in: Il castello di Pergine, hg. von Giuseppe Berlanda, Trento 1991, 59–78, bes. 66–67; Katharina WINCKLER, Die Alpen im Frühmittelalter. Die Geschichte eines Raumes in den Jahren 500 bis 800, Wien/Köln/Weimar 2012, 135.

[56] Für eine detaillierte Rekonstruktion der römischen Trassierung Perarolo, Pieve, Valle, Vallesella, Domegge, Tre Ponti, Gogna, Auronzo, Passo del Zovo (oder Passo di S. Antonio), S. Stefano di Cadore, Kreuzbergpass (Monte Croce Comelico): Jacopo TURCHETTO, Una strada romana per Monte Croce Comelico. Ricognizioni De Bon, tradizioni e verifiche sul terreno, Università degli

deckung von Resten eines römischen Militärlagers in der unmittelbaren Umgebung des Passes.⁵⁷

Viel umstrittener war aber bis zuletzt die Frage, ob in Pieve di Cadore eine weitere Straße abzweigte und die Boite entlang über Ampezzo und das Gemärk nach Toblach und damit ins Pustertal führte.⁵⁸ Maßgeblich blieben für lange Zeit die Urteile des Königlich Sächsischen Hauptmanns zur Disposition Paul H. Scheffel (1908)⁵⁹ und des cadorinischen Altstraßenforschers (und Hobbygelehrten) Alessio De Bon (1898–1957),⁶⁰ der in den späten 1930er-Jahren nach Geländebegehungen eine römische Route durch das Cadore und Höhlensteintal kategorisch ausschließen wollte:

„[…] ma ripeto, non credo alla sua origine romana non avendo riscontrato alcun resto nella conca Ampezzana e nella valle di Landro. Oggetto di una visita minuta fu il cosiddetto ponte di Grasse ove è memoria sia stata rinvenuta la pietra miliare datata da Gordiano, ma nessuna traccia romana ebbi a riconoscervi né di strade, né di altri resti."⁶¹

Zehn Jahre zuvor hatte der Tiroler Landeskundler Joseph Anton Rohracher (1857–1954), der in Toblach das Hotel Germania führte und seit den 1870er-Jahren zahlreiche Artikel und Reisehandbücher über Toblach und das *Ampezzotal* verfasste, aber eine gegenteilige Meinung geäußert. Rohracher berief sich auf eine zweite römische Zahl – XX – auf dem gordianischen Meilenstein, die im unteren Bereich des Denkmals zu finden und als Meileneingabe für den Weg in Richtung Ampezzo zu interpretieren sei.⁶² Der Stein ist laut Rohracher an einem wichtigen Straßenkreuz aufge-

---

Studi di Padova / Facoltà di Lettere e Filosofia / Corso di Laurea Specialistica in Archeologia Topografia dell'Italia Antica, tesi di laurea a. a. 2008/2009.

[57] Eugenio PADOVAN, Tracce di un forte romano a passo di Monte Croce Comelico, in: Von Aguntum zum Alkuser See. Zur römischen Geschichte der Siedlungskammer Osttirol (Ager Aguntinus. Historisch-archäologische Forschungen 1), hg. von Martin Auer / Harald Stadler, Wiesbaden 2018, 81–94.

[58] Eine (unvollständige) Zusammenstellung der widerstreitenden Meinungen bei GALEAZZI, La viabilità romana (wie Anm. 47) 30–32 und bei Wolfgang STROBL, Zu Gast in Schluderbach. Georg Ploner, die Fremdenstation und die Anfänge des Tiroler Alpintourismus (Schlern-Schriften 368), Innsbruck 2017, 30 Anm. 62 und Anm. 63.

[59] SCHEFFEL, Verkehrsgeschichte (wie Anm. 1) 110: „Wie sehr daher zur Römerzeit das Kulturbild hier im Grunde ein anderes war, als später zu den Zeiten, als Venetien zum zweiten Male wieder im Mittelalter die Zentrale des europäischen Handels wurde, erhellt sofort daraus, daß zur Römerzeit von der im Tal der Piave nach dem Pustertal ziehenden Ampezzaner Straße noch keine Ansätze zu spüren sind, während dies doch im Mittelalter, als Venedig mit dem Gesicht nach Norden wies, von allergrößter Wichtigkeit war."

[60] AAVV [Auctores varii], Il contributo di Alessio De Bon alla conoscenza del Veneto antico. Rovigo – Accademia dei Concordi 1–2 dicembre 1989. Atti del Convegno (Padusa 26/27), Este 1991, 227–375; Renzo FIORI / Sergio DE BON (Hg.), Alessio De Bon. Lettere, Pieve di Cadore 2015.

[61] DE BON, Rilievi di campagna (wie Anm. 55) 61–62; ähnlich DE BON, La Via Claudia Augusta (wie Anm. 1) 12; ebenso Carlo BATTISTI, La latinità della Rezia e le parlate ladine delle Dolomiti, in: Le valli ladine dell'Alto Adige e il pensiero dei linguisti italiani sulla unità dei dialetti ladini, hg. von Carlo Battisti, Firenze 1962, 109–122, bes. 116 (auch: Archivio per l'Alto Adige 57 [1963] 145–158, bes. 152).

[62] ROHRACHER, Die Römerstraße (wie Anm. 1) 371: „Unterhalb links sind zwei kleinere XX zu sehen und dies bringt auf die Vermutung, daß damit die Entfernung nach Ampezzo mit zwanzig römischen Meilen angegeben werden sollte, was genau stimmt!"; und 377–378.

stellt worden, wo der Weg einerseits für den aus dem Westen Kommenden auf der Hauptachse über das Toblacher Feld weiter nach Innichen, andererseits nach Süden in Richtung Ampezzo und nach Norden in eine vermutlich bescheidene Siedlung führte.[63] Der Theorie Rohrachers aus dem Jahr 1928 – der deutsche Philologe Walther Cartellieri hatte sich zwei Jahre zuvor zu einem römischen Verbindungsweg zwischen Piave- und Pustertal noch zurückhaltend geäußert[64] – schlossen sich immerhin eine Reihe von Autorinnen und Autoren an, unter ihnen Karl Staudacher (1934), Giuseppe De Marchi (1936), Bruna Forlati Tamaro (1938), Adrian Egger (1943), Alois Trenkwalder (1968), Felice Mariotti (1976) und Elmar Rainer (2013).[65] Die italienische Forschung aus der Nachbarregion vertrat mitunter aus anderen Gründen ebenso die Ansicht, dass ein Ast der *Via Claudia Augusta Altinate* durch das Boitetal in Richtung Pustertal geführt habe.[66]

Die archäologische Wissenschaft kennt nun in der Tat Meilensteine mit mehreren Entfernungsangaben – in der afrikanischen Provinz Numidien wurde ein Meilenstein mit fünf Zahlenangaben gefunden –, Meilensteine, die T. Pekáry „,kombinierte' Miliarien" nannte.[67] In der Regel beziehen sich Doppelzählungen – neben der obligaten Angabe der Entfernung zum *caput viarum* wird dabei noch eine kleinere Distanz zu einem weiteren Ort angegeben – aber immer auf dieselbe Wegstrecke.[68] Aus diesem Grund lässt sich aus der zweiten auf dem gordianischen Meilenstein eingemeißelten

---

[63] ROHRACHER, Die Römerstraße (wie Anm. 1) 371: „Der Stein in der Gratsch stand also, wie wir noch sehen werden, an der Abzweigung der Straße nach Ampezzo von der Talstraße"; und ebd. 377–378: „Der Fundort des Meilensteines in der Gratsch befand sich genau an einer Straßenabzweigung, denn während dort die Straße links neben dem Sylvesterbach nach Dobbiaco führte – auch heute noch – begann rechts der Weg, der längs der Rienz über die heutige Weiler Letten und Rienz nach dem Tauernhaus *in der Säge* und weiter nach dem uralten Landro-Höhlenstein und über das Gemärk nach Ospitale [...] weiter nach Cadore zog. Das Schrifttum meldet nichts über diesen Weg, an dessen Bestand schon zu Römerzeiten jedoch nicht zu zweifeln ist, da er die Verbindung zwischen dem Bellunesischen und dem Norikum herstellte."

[64] CARTELLIERI, Die römischen Alpenstraßen (wie Anm. 1) 62: „Vielleicht gelingt es, durch weitere Funde die noch fehlende Brücke zwischen dem obersten Piavetal und dem Pustertal herzustellen und damit den Nachweis zu erbringen, daß auch die Straße durch das Ampezzaner Tal ein uralter Verkehrsweg ist."

[65] STAUDACHER, Die Römerstraßen (wie Anm. 1) 114 und 117 spricht von einer „Nebenstraße" bzw. von einer „Zweigstraße"; FORLATI TAMARO, Conclusioni storico-topografiche (wie Anm. 5) 98; EGGER, Prähistorische und römische Siedlungen (wie Anm. 39) 15; TRENKWALDER, Geschichte der Pfarrei (wie Anm. 39) 10; Felice MARIOTTI, Cortina nei secoli. Guida storica (Itinerari e città 6), Milano 1976, 27: „[...] per caso incontrammo la prof.ssa Bruna Forlati Tamaro, sovraintendente alle Antichità di Venezia, e discutemmo a lungo sulle strade romane per Ampezzo. Mi fu detto che: accertato da lei l'itinerario della strada Claudia Augusta Altinate per Valle-Domegge-Monte Croce e Sesto [...], nessuno ci può contestare la conclusione sulla esistenza di un ramo di detta strada romana, staccantesi da Valle di Cadore per Ampezzo e Dobbiaco, dati i ritrovamenti di Venas (una statuetta di bronzo d'epoca romana) e gli altri seri indizi emersi nella trattazione del problema"; eher vorsichtig RAINER, Toblach im Spätmittelalter (wie Anm. 22) 16.

[66] Enrico DE LOTTO, La terra cadorina nasconde ancora importanti tesori archeologici. L'importanza delle scoperte di Valle di Cadore, in: Archivio storico di Belluno, Feltre e Cadore 31 (1960) Heft 150, 12–18, bes. 14–15.

[67] PEKÁRY, Untersuchungen (wie Anm. 27) 147.

[68] Gordon J. LAING, Roman Milestones and the Capita Viarum, in: Transactions and Proceedings of the American Philological Association 39 (1908) 15–34, bes. 16; KOLB, Römische Meilensteine (wie Anm. 26) 150–151.

Zahl kein völlig sicheres Argument für eine Vizinalstraße durch das Höhlensteintal gewinnen. Diese zeigt nämlich mit XX m. p. (= ca. 30 km) viel eher die Entfernung zur nächsten *mansio* auf der Hauptachse, wahrscheinlich zu *Sebatum*, an.[69]

Die neuere (italienische) archäologische Forschung kam aufgrund der gehäuften römischen Siedlungsspuren in mehreren Dörfern des Cadore (Valle, Auronzo und andere) zum Schluss, dass es auch durch das Boite- und Höhlensteintal eine römische Verkehrsverbindung gab.[70] Es wird dies schwerlich eine durchgehend trassierte *via strata* gewesen sein, wohl aber dürfte ein bescheidener Saumpfad oder Maultierweg von Pieve di Cadore bis nach Toblach geführt haben. Derartige Überlegungen wurden bereits in den 1980er-Jahren und auch später wieder mit je etwas unterschiedlicher Akzentuierung vorgebracht.[71] Bemerkenswert ist diesbezüglich die Positionierung von Giuseppe Ciani (1793–1867), dem Vater der cadorinischen Geschichtsschreibung, wenn er sich 1856 für eine römische Streckenführung Pieve–Auronzo–Misurina aussprach,[72] da der Weg über Cimabanche und Peutelstein „allzu steil, abschüssig und felsig" gewesen sei.[73] Es wäre dann nur folgerichtig, diesen römischen Verkehrsweg als Vorläufer der *Strada d'Alemagna* zu betrachten, auf der bekanntlich im hohen und späten Mittelalter eine große Zahl von Händlern, Pilgern und anderen Reisenden ihren Weg von (Süd-)Deutschland nach Venedig einschlug.[74]

---

[69] Anders aber wieder Winkler, *Ab Ag(unto) m. p.* (wie Anm. 3) 278: „Die in kleinerer Schrift eingemeißelte Entfernung von XX Meilen (= 30 km) scheint sich auf die Passhöhe des Sextener Kreuzbergs zu beziehen, für die sie ziemlich genau zutrifft."

[70] Turchetto, Una strada romana (wie Anm. 56) 9; Galeazzi, La viabilità romana (wie Anm. 47) 51.

[71] Giuseppe Richebuono, Cenni storici, in: La chiesa di Ospitale in Ampezzo – sec. XIII, hg. von Agostino Hirschstein, Cortina 1985, 11–33, bes. 11: „Io suppongo che il passaggio dalla Val Pusteria al Cadore centrale attraverso il valico di Sorabances/Cimabanche sia stato scoperto già nella preistoria. Ai tempi dei Romani non esisteva nessuna strada militare attraverso il Cadore; però ritengo che il sentiero di Sorabances fosse percorso frequentemente, dato che al posto dell'attuale S. Candido c'era la stazione militare di Littamum, sulla strada militare della Pusteria, e a Valle di Cadore c'era un notevole centro romano, collegato a sua volta alla pianura veneta"; Stefania Pesavento Mattioli, L'antica viabilità nel territorio bellunese, in: Archivio storico di Belluno, Feltre e Cadore 60 (1989) Heft 266, 58–68, wiederabgedruckt in: Romanità in Provincia di Belluno. Atti del Convegno organizzato dagli „Amici del Museo" sotto gli auspici del Comune di Belluno. Belluno 28–29 ottobre 1988, hg. von Giovanni Gorini, 2. Auflage Belluno 1995, 13–23, bes. 66 bzw. 20; Tabarelli, Strade romane (wie Anm. 1) 141; Rupert Gietl, Die Römer auf den Pässen der Ostalpen, online-Veröffentlichung 2004, https://www.academia.edu/6827120/Die_Roemer_auf_den_Paessen_der_Ostalpen (Zugriff: 29.08.2023), 108 (mit einer Karte, in welcher die Route als vermuteter Saumweg eingezeichnet ist) und 109 Anm. 1 „[…] doch könnte der Fund eines(!) Meilensteines […] bei der Gratscher Brücke bei Toblach, am Eingang des Höhlensteintales, als ein Hinweis auf eine Abzweigung nach Süden gesehen werden"; Gianluca Meluzzi, Il Castello di Botestagno del 1511, in: La presa del Castello di Botestagno 1511. Atti del Convegno Storico Internazionale. Cortina d'Ampezzo, 29–30 agosto 2011, hg. von Liana Bertoldi Lenoci, Belluno 2012, 161–193, bes. 162–163. Und auch früher bereits: Ottone Brentari, Guida storico-alpina del Cadore, Bassano 1886, 8.

[72] Giuseppe Ciani, Storia del popolo cadorino, Padova 1856, Nachdruck Bologna 1969, 120–121.

[73] Ciani, Storia (wie Anm. 72) 121: „[…] ripido troppo, elevato, rupinoso il ciglione di *Banche*, su cui Bottestagno; disagevole sopramodo la salita; deserto, inospito, selvaggio il sommo della rupe, e sì la valle che corre sinuosa a morire nel *Campo gelato*."

[74] Literatur: La Strada Regia di Alemagna. Convegno Nazionale 24 maggio 2008, Vittorio Veneto, hg. vom Circolo Vittoriese di Ricerche Storiche, Vittorio Veneto 2008; Massimo Spampani, Alemagna. Storie, luoghi, personaggi lungo la via del Nord da Venezia al Tirolo attraverso le Dolomiti (Itinerari e città s. n.), Milano 2009.

Die strategische Bedeutung der Gratsch könnte auch ein vielzitierter Passus aus einem Werk des spätantiken Dichters Venantius Fortunatus (* um 530/540, † bald nach 600)[75] untermauern. Dieser durchquerte auf seiner Reise von Ravenna in das französische Tours auch das Pustertal und sprach im Epilog zum 4. Buch seiner *Vita S. Martini* dann von einer Gegend „Norica rura petens, ubi Byrrus vertitur undis // per Dravum itur iter […]."[76] Dies ist eine Wendung, die in ihrer Nebeneinanderstellung von Rienz und Drau von Alessio De Bon vielleicht nicht zu Unrecht auf den Ort Toblach bezogen wurde („dort, wo die Rienz mit ihren Wassern die Richtung ändert")[77] – gewiss aber auch andere Übersetzungen und Deutungen zulässt. Es ist weiterhin bemerkenswert, dass der Ortsname Toblach – urkundlich als *Duplago* im Jahr 827 erstmals erwähnt – in jüngster Zeit etymologisch als venetische Bildung gedeutet und mit *Duplavilis* (heute Valdobbiadene), dem Geburtsort des Venantius Fortunatus, in Verbindung gebracht wird.[78]

4. Toblach und die Gratsch zur Zeit der sogenannten Völkerwanderung

Im ausgehenden 6. Jahrhundert war das Pustertal neuerlich in den Fokus der überregionalen Machtpolitik getreten und zum Schauplatz blutiger Kämpfe zwischen Slawen und Bajuwaren geworden.[79] Die Bajuwaren waren in den letzten Jahrzehnten des 6. Jahrhunderts über den Brenner vorgestoßen und sehr wahrscheinlich im Auftrag der Franken auch in das östliche Pustertal und obere Drautal vorgedrungen. Dort siedelten nicht nur alteingesessene Romanen, sondern auch seit kurzer Zeit aus dem Osten bzw. Südosten eingewanderte Slawen. Zunächst war das Kriegsglück noch den Bajuwaren und Herzog Tassilo I. hold, wenige Jahre später aber konnten die von den Awaren unterstützten Slawen den Bajuwaren eine schwere Niederlage beibringen. Im oder um das Jahr 610 n. Chr. besiegten die Slawen erneut den bajuwarischen Herzog Garibald II. bei Aguntum, wobei dieser aber bald darauf verlorene Gebiete wieder

---

[75] Dominique Tardi, Fortunat. Étude sur un dernier représentant de la poésie latine dans la Gaule mérovingienne, Paris 1927; Brian Brennan, The Career of Venantius Fortunatus, in: Traditio 41 (1985) 49–78.

[76] Ven. Fort., Vita S. Martini IV, 648, zit. nach: Venantius Fortunatus, Vita Sancti Martini – Das Leben des Heiligen Martin. Lateinisch/Deutsch. Übersetzt und kommentiert von Wolfgang Fels (Mittellateinische Bibliothek s. n.), Stuttgart 2020, 140, mit der eigenwilligen Übersetzung „[…] strebend nach norischem Land, wohin sich die Rienz-Flut wendet", und dem ebenso eigenwilligen Kommentar (141 Anm. 31): „Mit Noricum ist hier Ost-Österreich [!], besonders Kärnten [!] gemeint."

[77] De Bon, Rilievi di campagna (wie Anm. 55) 61: „Dobbiaco, posta allo sbocco della valle di S. Silvestro, di fronte alle val di Landro, ove la Rienza cambia il corso (*ubi Byrrus vertitur undis*, scrive Venanzio Fortunato) dimostra la sua origine romana attraverso i vari ritrovamenti."

[78] Diether Schürr, Vom *Piave* über *Toblach* nach *Axams* und *Tulfes*: vier italische Namendeutungen, in: Beiträge zur Namenforschung 52 (2017) 123–131, bes. 125–127.

[79] Zu den Hintergründen dieser Auseinandersetzungen in einem größeren (geo-)politischen Kontext: Irmtraut Heitmeier, Baiern im Inn-, Eisack- und Pustertal? Frühmittelalterliche Machtpolitik und die Frage der Siedlungsentwicklung im Tiroler Alpenraum, in: Romanen & Germanen im Herzen der Alpen zwischen 5. und 8. Jahrhundert. Beiträge, hg. vom Südtiroler Kulturinstitut, Bozen 2005, 45–67, außerdem: Michael Mitterauer, Das agilolfingische Herzogtum und sein Machtbereich in den Ostalpen, in: Der Schlern 45 (1971) Heft 11/12, 419–435.

zurückerobern konnte. All das berichtet uns der langobardische Geschichtsschreiber Paulus Diaconus (720/30–um 797/99)[80] in seiner *Historia Langobardorum*,[81] der dafür – wie die quellenkritische Forschung längst erkannt hat[82] – die kargen Angaben des Annalisten Secundus (oder Secundinus) von Trient (Mitte 6. Jahrhundert–612)[83] ausschreibt. Neuere historische Studien gehen nahezu übereinstimmend davon aus, dass sich diese (im Einzelnen nicht lokalisierbaren) Kämpfe im oberen Drautal abgespielt haben;[84] welche Rolle nun Toblach und das Gebiet um die Wasserscheide in diesen kriegerischen Auseinandersetzungen spielte, lässt sich kaum mehr feststellen, auch wenn eine sehr späte und gewiss legendenhafte Überlieferung in dem südlich von Toblach am Eingang des Höhlensteintals gelegenen *Viktori(a)-Bühel* eine Erinnerung an einen glorreichen bairischen Sieg festmachen will.[85]

Die von uns postulierte *mutatio* in der Gratsch[86] scheint mit dem Untergang des Weströmischen Reiches nicht aufgegeben worden zu sein. Die römischen Straßen und Wege dürften im 5. und 6. Jahrhundert teilweise verfallen, dennoch aber weiterhin genutzt worden sein.[87] Es ist daher denkbar, dass der Verkehrsknotenpunkt in der Gratsch seine Bedeutung über die Spätantike hinaus auch in der Zeit der sogenannten Völkerwanderung beibehielt und folglich auch von den seit dem ausgehenden 6. Jahrhundert aus dem Osten und Westen einwandernden Slawen und Bajuwaren in den Blick genommen wurde. Siedlungsgeschichtlich ist eine Kontinuität von der Spätantike in das frühe und das hohe Mittelalter im Alpenraum nicht von Vornherein auszuschließen.[88] Für Schweizer Pässe (Gotthard-Route) ist der zumindest partielle

---

[80] Paolo CHIESA (Hg.), Paolo Diacono. Uno scrittore fra tradizione longobarda e rinnovamento carolingio. Atti del Convegno Internazionale di Studi. Cividale del Friuli – Udine, 6–9 maggio 1999 (Libri e Biblioteche 9), Udine 2000; Paolo Diacono e il Friuli Altomedievale (secc. VI–X). Atti del XIV Congresso internazionale di studi sull'Alto Medioevo. Cividale del Friuli – Bottenicco di Moimacco 24–29 settembre 1999, Band I–II, Spoleto 2001.

[81] Diac. hist. lang. 4,7 und 4,10 und 4,39. – Eine kommentierte Ausgabe bei Fran BRADAČ / Bogo GRAFENAUER / Kajetan GANTAR (Hg.), Pavel Diakon (Paulus Diaconus), Zgodovina langobardov (Historia Langobardorum) (Iz antičnega sveta 25), Maribor 1988.

[82] Erstmals bei Reinhard JACOBI, Die Quellen der Langobardengeschichte des Paulus Diaconus. Ein Beitrag zur Geschichte deutscher Historiographie, Halle an der Saale 1877, 67–68.

[83] Walter POHL, Art. Secundus von Trient, in: Reallexikon der Germanischen Altertumskunde 27 (2004) 638–639; DERS., Heresy in Secundus and Paul the Deacon, in: The Crisis of the *Oikoumene*: The Three Chapters and the Failed Quest for Unity in the Sixth-Century Mediterranean (Studies in the Early Middle Ages 14), hg. von Celia Chazelle / Catherine Cubitt, Turnhout 2007, 243–264; Lieve VAN HOOF / Peter VAN NUFFELEN (Hg.), The Fragmentary Latin Histories of Late Antiquity (AD 300–620). Edition, Translation and Commentary, Cambridge 2020, 232–245 (mit teilweise problematischen Ansichten).

[84] Herwig WOLFRAM, Grenzen und Räume. Geschichte Österreichs vor seiner Entstehung (Österreichische Geschichte 378–907), Wien 1995, 78; Paul GLEIRSCHER, Karantanien. Das slawische Kärnten, Klagenfurt 2000, 23.

[85] Zu dieser Überlieferung: Wolfgang STROBL, *Victor-Buechl – Victoribühel – Viktoriabühel. Vom Werden und Wandel eines altbairisch-tirolischen Erinnerungsortes*, in: Zeitschrift für bayerische Landesgeschichte 76 (2013) Heft 1, 41–81.

[86] Archäologische Untersuchungen bzw. Prospektionen wurden bis heute in der Gratsch nicht durchgeführt; solche wären freilich ein dringliches Desiderat.

[87] WINCKLER, Die Alpen im Frühmittelalter (wie Anm. 55) 117.

[88] Dazu die grundsätzlichen Überlegungen bei CORSI, Luoghi di strada (wie Anm. 5) 55: „Inoltre, questo caso di studio ci illustra come per le fasi tardoantiche ed altomedievali dobbiamo ‚adattarci' a immaginare i luoghi di strada in termini diversi, e a valutare criticamente gli aspetti della conti-

Weiterbestand des römischen *cursus publicus* bis in die Karolingerzeit gut bezeugt.[89] Eine derartige Kontinuität wäre zweifelsfrei erwiesen, wenn die in neuerer Zeit für die Flur Gratsch vorgeschlagene etymologische Erklärung Gültigkeit beanspruchen könnte. Die Ortsnamenforschung hat nämlich die älteren Versuche, das Toponym Gratsch auf eine *Quadra*-Flur, das heißt auf eine alte romanische quadratische Feldflur[90] oder auf einen Grundherrn **Quadratus*(!)[91] zurückzuführen,[92] aufgegeben und die Wortherkunft im Slawischen gesucht. Die auch im Stadtnamen Graz nachweisbare Wurzel **gradisc* = „kleiner befestigter Platz, Burgberg"[93] könnte auch dem Toblacher Flurnamen zugrunde liegen, wie der österreichische Staatsrechtler Hermann Ignaz Bidermann (1831–1892) im ausgehenden 19. Jahrhundert erstmals vermutete[94] und

---

nuità topografica e funzionale. La questione della continuità è, infatti, spesso ambigua, dal momento che è molto difficile dimostrare l'assenza di soluzione, e non di rado la continuità è affermata senza riscontro archeologico"; auch früher bereits: Corsi, Le strutture di servizio (wie Anm. 5) 183–184, „Il fenomeno della continuità", und Steinacher, Von Rätien und Noricum (wie Anm. 7) 138: „Mit großer Wahrscheinlichkeit bestanden der *cursus publicus* und das System der Stationen zumindest teilweise auch im bairischen Dukat und dem merowingischen bzw. karolingischen Reich fort, wenn sich auch die Qualität der Straßen selbst geändert hatte […]."

[89] Wilhelm Störmer, Alpenübergänge von Bayern nach Italien. Transitprobleme zwischen Spätantike und Hochmittelalter, in: Bayern und Italien. Politik, Kultur und Kommunikation (8.–15. Jahrhundert). Festschrift für Kurt Reindel zum 75. Geburtstag (Zeitschrift für bayerische Landesgeschichte. Beiheft 18), hg. von Heinz Dopsch / Stephan Freund / Alois Schmid, München 2001, 37–54, bes. 43.

[90] Carlo Battisti / Maria Montecchini, Dizionario toponomastico atesino II/1. I nomi locali della Pusteria I. La giurisdizione di Monguelfo, Firenze 1938, 199 Nr. 1415; Roberto Biscardo, I nomi locali della Pusteria, in: Miscellanea di studi linguistici in onore di Ettore Tolomei (Archivio per l'Alto Adige 46), hg. von Carlo Battisti, Firenze 1953, 193–287, bes. 216 Nr. 111; Karl Finsterwalder, Quadra-Fluren und ihnen entgegengesetzte Flur- und Ortsnamen in Tirol. Mit Beiträgen zur Sach- und Wortkunde von „Pflug", in: Festschrift Leonhard C. Franz zum 70. Geburtstag (Innsbrucker Beiträge zur Kulturwissenschaft 11), hg. von Osmund Menghin / Hermann M. Ölberg, Innsbruck 1965, 63–76, bes. 64; wiederabgedruckt in: Hermann M. Ölberg / Nikolaus Grass (Hg.), Karl Finsterwalder, Tiroler Ortsnamenkunde. Gesammelte Aufsätze und Arbeiten, Band 1: Gesamttirol oder mehrere Landesteile betreffende Arbeiten (Forschungen zur Rechts- und Kulturgeschichte XV; Schlern-Schriften 285), Innsbruck 1990, 105–118, bes. 106; Kühebacher, Die Hofmark Innichen (wie Anm. 20) 44 spricht von einer „Verballhornung von lat. *Quadratus*, das einen häufig vorkommenden romanischen Hofnamen darstellt", und ergänzt ebd. 45: „Wir hörten schon vom Gutshof *Quadrat* (,Gratsch'), der wahrscheinlich der Sitz eines römischen Großgrundbesitzers war"; diese etymologische Erklärung wurde übernommen von Lunz, Urgeschichte des Oberpustertals (wie Anm. 21) 132–133 Anm. 105.

[91] Josef Lercher, Geschichtlicher Überblick, in: Niederdorf – Prags (Südtiroler Gebietsführer 37), Bozen 1982, 5–42, bes. 8: „Im Haupttal ist auf den Namen Gratsch hinzuweisen. Dieser an der Straße zwischen Niederdorf und Toblach gelegene Gasthof dürfte seinen Namen von einem romanisierten Gutsherrn Quadratus bekommen haben."

[92] Wieder eine andere Ableitung bei Joseph Thaler, Tirols Alterthümer in dessen geographischen Eigennamen, in: Neue Zeitschrift des Ferdinandeums fuer Tirol und Vorarlberg 11 (1845) 1–48 und 12 (1846) 1–130, bes. 80, der Gratsch noch von lat. *gradus*, mtl. *gratus* = Zugang, Auf- und Abstieg herleiten wollte.

[93] Das slaw. **gordъ* (*gorod, gród, hrad*) steht für „eine ständig bewohnte Siedlung mit künstlichen Befestigungen", also für Fluchtburgen, Fürstensitze, Handwerks- und Kaufmannssiedlungen, aber auch für Grenzbefestigungen; vgl. Franz Zagiba, Das Geistesleben der Slaven im frühen Mittelalter. Die Anfänge des slavischen Schrifttums auf dem Gebiete des östlichen Mitteleuropa vom 8. bis 10. Jahrhundert (Annales Instituti Slavici 7), Wien/Köln/Graz 1971, 49.

[94] Hermann Ignaz Bidermann, Hochpusterthal, in: Zeitschrift des Deutschen und Oesterreichischen Alpenvereins 18 (1887) 23–57, bes. 39 Anm.*: „Als solche betrachte ich: ,in der Watschen', ,in der

der Sprachwissenschaftler Egon Kühebacher wiederholt darlegte.[95] Wiewohl seit den 1970er-Jahren Assling als „westlichster Zeuge slawischer Ortsnamengebung"[96] angesehen wird, folgten dieser Herleitung aus dem Slawischen in jüngster Zeit zahlreiche namhafte Wissenschaftler und Wissenschaftlerinnen wie etwa Paul Gleirscher (2000),[97] Irmtraut Heitmeier (2019)[98] und Peter Štih (2019).[99] Eine bemerkenswerte

---

    Gratsch' (Beide in der Toblacher Gemarkung) […] Und als feststehend kann die Ableitung aus dem Slavischen nicht einmal bei den vorangeführten Bezeichnungen gelten. Am wahrscheinlichsten ist sie bei der Benennung ‚in der Gratsch', weil in der Nähe der Oertlichkeit, welcher sie zukommt, eine Schloss-Ruine (Ligöde) stand und derlei Burgenreste im Slavischen ‚gradiske' heissen." – Bidermann hatte ab dem Jahr 1851 das Pustertal durchwandert „und seither viele Sommermonate (wohl an die 30) darin verlebt", BIDERMANN, Hochpusterthal (wie oben) 26.

[95] Egon KÜHEBACHER, Das Benediktinerkloster Innichen, in: Der Schlern 64 (1990) Heft 3, 142–165, dort 143: „Da sie [die Slawen] aber immer wieder versuchten, ins Pustertal einzudringen, und wahrscheinlich wiederholt bis Toblach vordrangen – der Flurname *Graatsch* geht auf slawisch **gradisc* (‚kleiner befestigter Platz') zurück […]"; DERS., Die Ortsnamen Südtirols und ihre Geschichte, Band 1: Die geschichtlich gewachsenen Namen der Gemeinden, Fraktionen und Weiler, Bozen 1991, 135–136: „[…] ich denke aber eher an ein slawisches GRADISC-, ‚befestigter Platz, Burg'; an dieser Talstufe könnten die Slawen um 600 ihr westlichstes Bollwerk im Pustertal gehabt haben, bevor sie nach langwierigen Kämpfen von den Bajuwaren bis ins Lienzer Becken zurückgedrängt wurden(?)"; ähnlich bereits DERS., St. Silvester auf der Alm und St. Salvator im Wildbad. Zwei uralte Pustertaler Heiligtümer, in: Der Schlern 61 (1987) Heft 1, 5–21, bes. 9; zuletzt DERS., Orts- und Flurnamen als Denkmäler der Sprach- und Siedlungsgeschichte von Innichen, in: 1250 Jahre Innichen – Eine Festschrift zum Jubiläumsjahr 2019. Beiträge zur Geschichte Innichens von 769 n. Chr. bis ins späte 19. Jahrhundert, hg. von Egon Kühebacher, Innsbruck 2019, 61–85, bes. 64; DERS., Orts- und Flurnamen als Wegmarken der mittelalterlichen Siedlungsgeschichte des Wipp- und Pustertales, in: Innichen im Früh- und Hochmittelalter. Historische und kunsthistorische Aspekte. Akten der internationalen Tagung Innichen 31. Jänner–2. Februar 2019 (Veröffentlichungen des Südtiroler Landesarchivs 47), hg. von Gustav Pfeifer, Innsbruck 2019, 39–49, bes. 43 Anm. 18: „Da das lange -a- des Namens auch mundartlich nicht zu -o- verdumpft ist, muss es einem Sekundärumlaut entsprechen, der durch ein -i- der Folgesilbe entstand. Man kann wohl annehmen, dass sich der Name *Grâtsch* aus der Lautform *Gradisca* (romanisiertes slawisches **Gradísc*) entwickelt hat, also aus demselben Namen, der auch für den nordadriatischen Ort *Gradisca* gilt […]. Durch die Akzentverlegung auf die erste Silbe und den Umlaut kann über *Grätsch* das heutige *Gra(a)tsch* entstehen; man sagt in Toblach ‚in der Gra(a)tsch'. Wir haben hier eine Bildung aus slawisch *Grad(s)* ‚befestigter Platz, Burg, Stadt'. War *in der Grâtsch* etwa ein westlicher Spähposten der Slawen? Freilich musste die vorliegende Erklärung eine Vermutung bleiben, da von alten Schreibungen nur seit dem 16. Jahrhundert *Grätsch, Gräätsch* zu finden sind (Urbare des Stiftes Innichen)"; DERS., Innichen, eine 1250 Jahre alte Pflegestätte von christlicher Kultur und Kunst, in: Der Schlern 94 (2020) Heft 7/8, 4–23, bes. 5.

[96] Maria HORNUNG, Zur Problematik der Ortsnamenforschung in Osttirol, in: Osttiroler Heimatblätter 44 (1976) Heft 4, o. S.; ebenso: Hubert BERGMANN, Slawisches im Namengut der Osttiroler Gemeinden Ainet und Schlaiten. Anmerkungen zur *Slavia submersa* im vorderen Iseltal (Beihefte zur Österreichischen Namenforschung 5), Wien 2005, 18–19; früher bereits: Karl STAUDACHER, Die Ostgrenze der alten Grafschaft Pustertal, in: Der Schlern 18 (1937) Heft 11/12, 187–192, bes. 189.

[97] GLEIRSCHER, Karantanien (wie Anm. 84) 30.

[98] Irmtraut HEITMEIER, Das Pustertal im agilolfingischen Herzogtum, in: Innichen im Früh- und Hochmittelalter. Historische und kunsthistorische Aspekte. Akten der internationalen Tagung Innichen 31. Jänner–2. Februar 2019 (Veröffentlichungen des Südtiroler Landesarchivs 47), hg. von Gustav Pfeifer, Innsbruck 2019, 135–165, bes. 154: „Wenn Egon Kühebacher auf einen slawischen Namen Gratsch <*Gradísc-* verweist, den ein Weiler westlich von Toblach trägt, dann deutet das auf einen größeren Grenzraum hin, in dem sich Siedlung und Herrschaft über längere Zeit auch vermischen und überlagern konnten."

[99] Peter ŠTIH, Bilanz der Tagung, in: Innichen im Früh- und Hochmittelalter. Historische und kunsthistorische Aspekte. Akten der internationalen Tagung Innichen 31. Jänner–2. Februar 2019 (Ver-

Parallele findet sich in dem Kärntner Ortsnamen Gratschach, einem Dorf bei Obervellach, das sehr wahrscheinlich von dem slawischen *Gra(d)čah („Burgdorf", „bei der kleinen Burg") herzuleiten ist.[100]

Wenn sich im oberen Pustertal tatsächlich ein slawisches Toponym halten konnte und dieses vermutlich ein älteres römisches bzw. vielmehr vorrömisches verdrängt hat, wäre freilich erwiesen, dass die Slawen – in welcher Zeit zwischen dem ausgehenden 6. und 8. Jahrhundert auch immer – die römische Straßenstation als befestigte (Burg-)Anlage bzw. als „vorgeschobenen Beobachtungsposten" genutzt haben. Zahlreiche weitere Flurnamen in Osttirol und Oberkärnten, die ebenso auf eine Wurzel *grad zurückzuführen sind, würden diese Annahme stützen,[101] auch wenn im Übrigen im Hochpustertal slawische Orts- und Flurnamen so gut wie nicht anzutreffen sind[102] und ebenso der ältere Versuch, das Toponym Toblach auf eine slawische Wurzel zurückzuführen,[103] frühzeitig und zu Recht verworfen worden ist.[104] Eine ausgedehntere Siedlungstätigkeit der Slawen[105] im Hochpustertal und im Raum westlich

---

öffentlichungen des Südtiroler Landesarchivs 47), hg. von Gustav Pfeifer, Innsbruck 2019, 353–361, bes. 358: „Laut Kühebacher reichte der slawische Vorposten ursprünglich bis nach Toblach, wo der Namen Gratsch an ihren Burgwall (slowenisch: gradišče) erinnern soll. Daraus kann man schließen, dass die Slawen nach ihrer Ankunft in den Ostalpen einen größeren, weiter nach Westen reichenden Teil des Pustertals beherrschten als bisher angenommen und dass sich die slawisch-bairische Grenze erst danach an den Kristeinbach bei Anras zurückzog."

[100] Eberhard KRANZMAYER, Ortsnamenbuch von Kärnten, II. Teil: Alphabetisches Kärntner Siedlungsnamenbuch (Archiv für vaterländische Geschichte und Topographie 51), Klagenfurt 1958, 91.

[101] Zu vergleichen wäre etwa der Flußname Graulix am Oberlauf der Möll, vgl. Hermann Ignaz BIDERMANN, Slavische Localitätsnamen im tirolischen Draugebiete, in: Die Romanen und ihre Verbreitung in Österreich. Ein Beitrag zur Nationalitäten-Statistik, hg. von dems., Graz 1877, 202–205, bes. 202 Nr. 18; außerdem Grad (Hofname in Prägraten) und Gratz (Hofname in Kals) bei August UNTERFORCHER, Slavische Namenreste aus dem Osten des Pusterthales, in: Jahresbericht des k. k. Staatsobergymnasiums zu Leitmeritz in Böhmen für das Schuljahr 1888, Leitmeritz 1888, 3–20, bes. 7; und Jahresbericht des k. k. Staatsobergymnasiums zu Leitmeritz in Böhmen für das Schuljahr 1889, Leitmeritz 1889, 3–30, bes. 24, wo die Höfenamen von altslaw. gradŭ (Mauer), graditi (bauen), ograditi (befestigen, umgeben), prěgraditi (einschließen), neuslaw. grad (Schloss) u. Ä. hergeleitet werden. Etwas anders das Material bei Johann Chrysostomus MITTERRUTZNER, Slavisches aus dem östlichen Pusterthale (Drau- und Isel-Gebiet) in Tirol, in: 29. Programm des kaiserl. königl. Gymnasiums zu Brixen 1879, III–XXVIII, bes. XVIII; er nennt s. v. „Gradiz" einen „Acker in Virgen" und einen „Bach am linken Drauufer", weil „Gradiz=Bach, der bei einem grad vorbeifliesst", wobei „gradec, Demin. von grad=sepes, murus, Zaun, Mauer; daher Eingezäuntes, Schloss"; eine „Gradez Wand" in Kals wird erwähnt bei Monika VOGGENBERGER, Die slawischen Ortsnamen in Osttirol, Diss. Salzburg 1983, 47 Nr. 62; weitere Gradisc-Bildungen bei KRANZMAYER, Ortsnamenbuch (wie Anm. 100) 89–91 und ein „Gradötz" bei Wilhelm BRANDENSTEIN, Zur Ortsnamenforschung in Osttirol, in: Osttiroler Heimatblätter 9 (1932) Heft 11-12, 90–93, bes. 90.

[102] VOGGENBERGER, Die slawischen Ortsnamen (wie Anm. 101) 116.

[103] Franz MIKLOSICH, Die slavischen Ortsnamen aus Appellativen I–II (Denkschrift der Kaiserlichen Akademie der Wissenschaften in Wien. Phil.-Hist. Cl. 21 und 23), Wien 1872/1874; Nachdruck in: Die Bildung der slavischen Personen- und Ortsnamen. Drei Abhandlungen von Franz Miklosich (Sammlung slavischer Lehr- und Handbücher III. Reihe: Texte und Untersuchungen 5), Heidelberg 1927, 329 Nr. 684; BIDERMANN, Slavische Localitätsnamen (wie Anm. 101) 202 Nr. 12.

[104] August UNTERFORCHER, Beitrag zur Dialekt- und Namenforschung des Pusterthales; in: Jahresbericht des k. k. Staatsobergymnasiums zu Leitmeritz in Böhmen für das Schuljahr 1887, Leitmeritz 1887, 3–22, bes. 5 Anm. 5.

[105] Die Tiroler Heimatkunde der 1950er-Jahre meinte aufzeigen zu können, dass die Klamm, ein kleines grabenartiges Tal im Osten von Toblach, in alten Zeiten die Völkergrenze zwischen Slawen und Bajuwaren bildete, was sich an der unterschiedlichen Bauweise der Bauernhäuser, am Vor-

von Aguntum lässt sich jedoch weder durch Toponyme noch durch historische oder archäologische Quellen eindeutig nachweisen.[106] Trotz dieses sprachgeschichtlichen Befundes ist es denkbar, dass die Slawen im Zuge ihrer Expansion in das obere Drautal und Pustertal an der Wasserscheide und damit am höchsten Punkt des Tales einen (in der Folge wohl rasch wieder aufgegebenen) Stützpunkt bzw. Vorposten errichtet[107] oder eine ältere, bereits vorhandene römische Struktur für diesen Zweck genutzt haben.

5. Die Gratsch im hohen Mittelalter

Welchen Lauf die Geschichte der Gratsch in den folgenden Jahrhunderten nahm, ist weitgehend unbekannt. Im hohen Mittelalter tritt der Weiler jedoch erneut in das Rampenlicht der Geschichte. Nicht lange Zeit nach der Gründung des Klosters Innichen durch Herzog Tassilo III. im Jahr 769, die wohl ganz bewusst in unmittelbarer Grenznähe erfolgt war,[108] wird in der sogenannten Quartinus-Urkunde aus dem Jahr 827[109] auch der Ort Toblach als *in vico Duplago* erstmals erwähnt. In den späteren Jahrhunderten treten dort Adelsfamilien (Ligöde und andere) in Erscheinung, die vom Innichner Stift mit reichem Grundbesitz belehnt wurden.[110] Auch diese adeligen Familien konnten wohl an bestehende Strukturen in der Gratsch anknüpfen und dort sowohl ihren herrschaftlichen Ansitz als auch den ersten Maierhof errichten. In dieser Gegend befand sich nämlich die älteste, urkundlich erstmals 1243 erwähnte Burg auf dem Gemeindegebiet von Toblach. Nur wenig oberhalb der Gratscher Brücke

---

kommen der Getreideharfen und am Brauchtum deutlich ablesen lasse; vgl. Hubert STEMBERGER, Die „Klamm" bei Innichen, in: Der Schlern 29 (1955) Heft 7/8, 283–284, bes. 284: „Die Slawen scheinen nach einem längeren Zeitraum ihres Aufenthaltes zumindest aus dem oberen Pustertale restlos vertrieben oder ausgerottet worden zu sein. Daß in diesem Gebiete kaum slawische Orts- und Flurnamen nachzuweisen sind (Jos. Oberforcher), ist wohl der beste Beweis dafür. Und trotzdem glaube ich auf Toblach, Lerschach, Vierschach, Tilliach, Lesach usw. hinweisen zu müssen"; dann ebenso KÜHEBACHER, Die Hofmark Innichen (wie Anm. 20) 135–137; dieser Ansatz wird aber von BERGMANN, Slavisches im Namengut (wie Anm. 96) 19 als „zu spekulativ" abgelehnt.

[106] Karl FINSTERWALDER, Der Name Nemesalpe und die Slaweneinwanderung im Pustertal, in: Der Schlern 23 (1949) Heft 6, 257–258, bes. 257; ebenso Heinz Dieter POHL, Die Osttiroler Ortsnamen slawischer Herkunft (unter Einschluß der wichtigsten Gewässer- und Bergnamen), in: Österreichische Namenforschung 24 (1996) 39–64, bes. 58: „Die Streuung der ON slaw. Herkunft zeigt, daß nicht das ganze Osttiroler Gebiet von Slawen besiedelt worden war. Laut Gründungsurkunde des Stiftes Innichen bildete entlang der Drau der Anraser Bach die westliche Grenze slawischer Besiedlung. Der einzige jenseits dieser Grenze auftretende slaw. ON ist *Glinze* […]."

[107] Vgl. Claudia FRÄSS-EHRFELD, Geschichte Kärntens, Band 1: Das Mittelalter, Klagenfurt 1984, 49: „Die westlichen Vorposten der slawischen Landnahme sind sicher frühzeitig aufgegeben worden. Im Osttiroler Gebiet wurde die Lienzer Klause Grenze …"

[108] Wilhelm STÖRMER, Beobachtungen zur historisch-geographischen Lage der ältesten bayerischen Klöster und ihres Besitzes, in: Frühes Mönchtum in Salzburg (Schriftenreihe des Landespressebüros. Serie „Salzburg Diskussionen" 4), hg. von Eberhard Zwink, Salzburg 1983, 109–123, bes. 110.

[109] Theodor BITTERAUF (Hg.), Die Traditionen des Hochstifts Freising, Band 1: (744–926) (Quellen und Erörterungen zur bayerischen und deutschen Geschichte N. F. 4), München 1905, 471–474 Nr. 550; Anselm SPARBER, Die Quartinusurkunde von 827/28, in: Festschrift zu Ehren Konrad Fischnallers (Schlern-Schriften 12), Innsbruck 1927, 176–185.

[110] Die entsprechenden Urkunden bei RAINER, Toblach im Spätmittelalter (wie Anm. 22) 197–230.

erhob sich am westlichsten Ende des Toblacher Feldes das Schloss und Urbaramt Ligöde,[111] auch *Zum öden Turm* genannt.[112] Als erster urkundlich genannter Besitzer begegnet uns 1250 ein Konrad Welf, auch *Pfaff von Ligöde* († um 1284/85), aus dem Geschlecht der Herren von Welsberg, die selbst wiederum Lehensleute der Grafen von Görz waren. Dieser soll 1283/84 den Neubau der nach einem Brand baufällig gewordenen Stiftskirche von Innichen in die Wege geleitet haben.[113]

Eine größere Messstiftung erfolgte in Toblach 1344 durch Nikolaus Roßmort von Ligöde († um 1346), den Enkel von Konrad Pfaff,[114] der im selben Jahr auch seinen Stiefbruder Niklas aus der Leibeigenschaft der Edlen von Murgot freikaufte.[115] Zu Beginn des 15. Jahrhunderts fällt das Schloss in den Besitz der Herren von Arnold (um 1400/01 Peter Arnold, ab 1460 dessen Söhne Christoph, Leonhard und Konrad), nach 1550 sind die Herren von Winkelhofen (Joachim) die Besitzer der Burg.[116] Das Stammhaus der Herren von Ligöde, eines Geschlechts von Ministerialen des Stifts Innichen, scheint aber bereits im 16. Jahrhundert aufgegeben worden zu sein. Sehr wahrscheinlich hatte das Schloss seine Funktion und Bedeutung verloren, weil sich spätestens nach dem Bau (oder der Instandsetzung) der Görzer Burg (*Görzer Turm*, heute Herbstenburg) durch Heinrich IV. von Görz (1394–1454)[117] im heutigen Ortskern von Toblach auch der wirtschaftliche und weltliche Siedlungsmittelpunkt in Richtung Nordosten verschoben hatte. Josef Weingartner sah jedenfalls vor 1923 noch „gleich links im Felde die überwachsenen Grundmauern eines Turmes und möglicherweise die Reste eines Grabens".[118] Während somit nur sehr wenige historische Nachrichten näheren Aufschluss über diese alte, wohl bereits im 11. oder 12. Jahrhundert erbaute Burg im Weiler Gratsch geben, könnten sich in alten Osttiroler Sagen Erinnerungen an das Schloss auf dem Toblacher Feld erhalten haben.[119]

---

[111] *Ligöde* wollte man etymologisch über ein *Ligoda* und *Ligot* auf *Leihgut = deutsches Reichslehen* zurückführen; so jedenfalls Otto MURGOTH, Das Ministerialiengeschlecht der Edlen von Murgot zu Nußdorf bei Lienz (1269–1606), in: Der Schlern 62 (1988) Heft 4, 219–239, bes. 225; ebenso Christian SCHNELLER, Beiträge zur Ortsnamenkunde Tirols I, Innsbruck 1893, 45.

[112] Zum Geschlecht der Herren von Ligöde ausführlicher: Friederike KLOS-BUŽEK (Hg.), Das Urbar der Vorderen Grafschaft Görz aus dem Jahre 1299 (Österreichische Urbare I. Abteilung Landesfürstliche Urbare 3), Wien 1956, XXV und XXXIV; Martin BITSCHNAU, Burg und Adel in Tirol zwischen 1050 und 1300. Grundlagen zu ihrer Erforschung (Österreichische Akademie der Wissenschaften. Phil.-hist. Kl. Sitzungsberichte 403), Wien 1983, 163 Nr. 139 und 332 Nr. 377; Rudolf GRANICHSTAEDTEN-CZERVA, Brixen. Reichsfürstentum und Hofstaat, Wien 1948, 326–327; RAINER, Toblach im Spätmittelalter (wie Anm. 22) 197–199.

[113] Franz Anton SINNACHER, Beyträge zur Geschichte der bischöflichen Kirche Säben und Brixen in Tyrol, Band 3, Brixen 1823, Nachdruck Brixen 1992, 475.

[114] Theodor MAIRHOFER, Pusterthal unter den Gaugrafen bis zum Auftreten der ältesten Adelsgeschlechter (860–1150 n. Chr.), Brixen 1865, 76; GRANICHSTAEDTEN-CZERVA, Brixen (wie Anm. 112) 326–327.

[115] MURGOTH, Das Ministerialiengeschlecht (wie Anm. 111) 225.

[116] Theodor MAIRHOFER, Pusterthals alte Adelsgeschlechter. Ein historisch-genealogischer Versuch zur Erinnerungs-Feier der Vereinigung Tirols mit Oesterreich am 29. September 1363, Brixen/Lienz 1863, 74–75; TRENKWALDER, Geschichte der Pfarrei (wie Anm. 39) 76–77.

[117] RAINER, Toblach im Spätmittelalter (wie Anm. 22) 90 und 124.

[118] Josef WEINGARTNER, Die Kunstdenkmäler Südtirols, Band 1: Oberes Eisacktal, Pustertal, Ladinien, Wien 1923, 471.

[119] In der Sage *Schuld und Sühne* ist die Rede von zwei Rittern auf der Burg Falkenstein (bei Matrei), die ihr Stammschloss im oberen Pustertal hatten; vgl. Maria KOLLREIDER-HOFBAUER, Die schönsten Sagen Osttirols in Wort und Bild, Innsbruck 1968, 160–164.

Wenn Ligöde also das erste Urbaramt der Görzer (*officium Ligoede*) im Raum Toblach war, liegt die Vermutung nahe, dass sich in der Gratsch auch der für die Umgebung zuständige (und bis heute nicht identifizierte) Fron- und Maierhof befand.[120] Immerhin wissen wir aus einer Urkunde vom 14. Dezember 1296,[121] dass Graf Albert von Görz und Tirol (um 1240/41–1304) in einen zwischen dem Kapitel von Innichen und Friedrich (Fritzo) von Ligöde schwelenden Streit um den Besitz des Toblacher Maierhofs eingreifen musste. Obwohl die Herren von Ligöde den Standpunkt vertraten, dass der Maierhof gemäß altem Gewohnheitsrecht ihnen zustehe, entschied der Landesherr zugunsten des Innichner Kapitels, das dann aber erneut Friedrich von Ligöde mit dem Hof belehnte. In einer späteren Urkunde vom 1. Mai 1387 erhielt Oswald (Sohn Ulrichs des Schwaben), der Pfleger von Ligöde, vom Innichner Kapitel den Maierhof auf Lebenszeiten als Lehen zugesprochen – und dieser Maierhof lag „auf dem Felde zu Toblach".[122] Der Maierhof könnte sich demzufolge in unmittelbarer Nähe des Schlosses Ligöde, vielleicht in der Gratsch,[123] befunden haben und im Hoch- und Spätmittelalter den grundherrlichen Verwaltungsmittelpunkt der Siedlung Toblach gebildet haben.[124]

6. Fazit

Die heute *Gratsch* genannte Flur zwischen Toblach und Niederdorf war in alter Zeit ein wichtiges Wegkreuz, an dem sich auch zwei Flüsse vereinigten. Von der Gratsch führte ein Weg an den Sonnenhang im Norden (heute Aufkirchen), der bereits in vorrömischer Zeit besiedelt war und an dem sich auch die Römer niedergelassen hatten, wie vereinzelte Funde und das alte Bergheiligtum von St. Peter am Kofl bezeugen. Daneben führte von dort, wo der Silvesterbach in die Rienz münde(e), sehr wahrscheinlich eine *via vicinalis* oder zumindest ein Saumpfad der Rienz entlang über den Weiler Letten in das Höhlensteintal, nach Ampezzo und weiter in das Cadore. Während die römische *Hauptstraße* mit größter Wahrscheinlichkeit von der Gratsch über eine leichte Talstufe hinauf auf das Toblacher Feld und weiter in östliche Richtung nach Littamum verlief, führte wohl bereits in alter Zeit ein Nebenweg in eine wie auch immer geartete, jedenfalls sehr bescheidene Siedlung, die in der ersten urkundlichen Erwähnung, der Quartinus-Urkunde aus dem Jahr 827, den Namen *in vico Duplago* trägt.

---

[120] BITSCHNAU, Burg und Adel (wie Anm. 112) 163: „[…] seine Lage ist unbekannt."
[121] Emil von OTTENTHAL / Oswald REDLICH, Archiv-Berichte aus Tirol III (Mittheilungen der dritten [Archiv-] Section der k. k. Central-Commission zur Erforschung und Erhaltung der Kunst- und historischen Denkmale 5), Wien/Leipzig 1903, 508 Nr. 2554.
[122] OTTENTHAL/REDLICH, Archiv-Berichte (wie Anm. 121) 534–535 Nr. 2744.
[123] So auch RAINER, Toblach im Spätmittelalter (wie Anm. 22) 31.
[124] Es sei hier nur am Rande erwähnt, dass in den 1860er-Jahren die k. u. k. Südbahngesellschaft im Zuge der Planung der Pustertalerbahn in Erwägung zog, in der Gratsch einen Bahnhof zu errichten; so jedenfalls J. A. R. [Josef Anton ROHRACHER], Toblach, in: Pusterthaler Fremdenblatt. Beilage zur Lienzer Zeitung vom 17.9.1887, 420–421, bes. 420: „Bei der Erbauung der Eisenbahn soll man, so erzählen die Leute, lange unschlüssig gewesen sein, ob in Toblach und Niederdorf getrennte Stationen zu errichten seien. Es gieng die Rede, für beide Orte eine gemeinsame Station in der G r a t s c h anzulegen."

Für die in römischer Zeit von Aguntum aus in westliche Richtung Reisenden war demzufolge die Gratsch nach Littamum der nächste direkt an der Straße gelegene Stützpunkt. Besonders aber die aus dem Süden Ankommenden befanden sich nach einem gewiss beschwerlichen Weg durch das Gebirge wieder in einer sich weitenden Talebene. Nachdem die Feldherrn Drusus und Tiberius im Jahr 15 v. Chr. Rätien mit Waffengewalt und Norikum wohl auf friedlichem Weg dem römischen Reich einverleibt hatten, bauten die Römer auch den Verkehrsweg durch das Pustertal aus, um die aus wirtschaftlichen und militärischen Gründen wichtige Verbindung zwischen dem nordostitalienischen Raum und dem Alpenvorland zu sichern. Unweit der auch in römischen Straßenverzeichnissen aus der Spätantike (*Itinerarium Antonini*) verzeichneten Siedlung Littamum (Innichen) entstand in der Gratsch eine bescheidene *mutatio*, die den Durchreisenden an einem verkehrsstrategisch bedeutsamen Punkt die Möglichkeit zur Einkehr und zum Pferdewechsel bot. Das Verkehrsaufkommen aus dem und in den Süden dürfte nicht unerheblich gewesen sein, bezeugen die neueren archäologischen Funde im Cadore doch eine größere Siedlungstätigkeit der Römer in diesem Raum.

Als nach dem Untergang des Weströmischen Reiches ab dem ausgehenden 6. Jahrhundert im Pustertal die Slawen und Bajuwaren um das Land und die Vorherrschaft rangen, dürften slawische Krieger und Siedler die alte römische Straßenstation okkupiert und für ihre Zwecke, vielleicht als militärischen Vorposten, genutzt haben. Nach der Gründung des Klosters Innichen durch den letzten Agilolfingerherzog Tassilo III. (769) etablierte und festigte das Stift rasch seine grundherrschaftliche Macht über den gesamten Hochpustertaler Raum, sodass in den folgenden Jahrhunderten Ministerialen desselben auch in der Gratsch eine Burg errichteten.

Inventarisierung als Praxis.
Die semantischen Welten der Burginventare des historischen Tirols

Christina Antenhofer, Elisabeth Gruber-Tokić,
Gerald Hiebel, Ingrid Matschinegg, Claudia Posch, Gerhard Rampl

1. Einführung

Dinge haben Konjunktur. Karl Schlögel hatte die Rückkehr des Materiellen nach der langen Dominanz des Sprachlichen[1] in der erschütternden Erfahrung von 9/11 gesucht.[2] Doch nicht nur wissenschaftliche Publikationen im Handbuchformat,[3] sondern auch an ein breites Publikum adressierte Werke wie MacGregors *A History of the World in 100 Objects* aus dem Jahr 2010[4] belegen, dass Dingen als historischen Akteuren, Artefakten, Wissensspeichern und Quellen für Erkenntnis wie für sinnliche Erfahrungen[5] derzeit großes Interesse in den verschiedenen Wissenschaften entgegengebracht wird.[6]

Die Bezeichnungen für materielle Güter umfassen dabei ein weites Spektrum, wobei insbesondere die beiden zentralen Begriffe *Ding* und *Objekt* in der Forschung sehr verschieden definiert und diskutiert werden. Vor allem Bruno Latour folgend wird der Objekt-Begriff oft als dem Subjekt-Begriff gegenüberstehend abgelehnt, da er den Dingen Passivität zuschreibt.[7] Demgegenüber sieht etwa das Institut für

---

[1] Vgl. dazu auch Karen Barad, Agentieller Realismus. Über die Bedeutung materiell-diskursiver Praktiken. Berlin, 2. Auflage 2017; Rich Dolphijn / Iris van der Tuin, New Materialism: Interviews & Cartographies, Ann Arbor 2012. – Dieser Aufsatz ist entstanden im Zuge des FWF-Einzelprojekts P 35988 *INVENTARIA The Making of Inventories as Social Practice* (Laufzeit 2022–2025), gefördert vom österreichischen Fonds zur Förderung der wissenschaftlichen Forschung (im Folgenden FWF). Projektleitung: Christina Antenhofer (Universität Salzburg). Leitung der Teile der Kooperationspartner: Ingrid Matschinegg (IMAREAL/Krems/Universität Salzburg); Claudia Posch (Universität Innsbruck).
[2] Karl Schlögel, Im Raume lesen wir die Zeit. Über Zivilisationsgeschichte und Geopolitik, München/Wien, 3. Auflage 2009.
[3] Stefanie Samida / Manfred K. H. Eggert / Hans Peter Hahn (Hg.), Handbuch Materielle Kultur. Bedeutungen, Konzepte, Disziplinen, Stuttgart 2014.
[4] Neil MacGregor, A History of the World in 100 Objects, London 2010.
[5] Gernot Böhme, Atmosphäre. Essays zur neuen Ästhetik (Edition Suhrkamp 927), Frankfurt a. M. 1995.
[6] Symptomatisch hierfür ist auch das Ausschreibungsprogramm des deutschen Bundesministeriums für Bildung und Forschung *Die Sprache der Objekte – Materielle Kultur im Kontext gesellschaftlicher Entwicklungen*, begonnen 2012: https://portal.wissenschaftliche-sammlungen.de/Funding Program/642 (Zugriff: 29.03.2023).
[7] Zu einer breiten Auseinandersetzung mit den jeweiligen Begriffen siehe Christina Antenhofer, Die Familienkiste. Mensch-Objekt-Beziehungen im Mittelalter und in der Renaissance (Mittelalter-Forschungen 67), Ostfildern 2022, 100–104.

Realienkunde des Mittelalters und der Frühen Neuzeit (im Folgenden IMAREAL) den Differenzierungsschritt in der Verwendung der Begriffe *Ding* und *Objekt* in der etymologischen Herleitung des Dinges/Gegenstandes von der *Rechtssache*, im Unterschied zum Objektbegriff, der sich vom *objectum/obiectum* als etwas Entgegengesetztem oder Vorliegendem ableitet. Von materiellen Objekten ist laut dieser Definition die Rede, wenn die Dinge/Gegenstände in Verbindung mit Forschungsfragen zueinander in Beziehung gesetzt werden.[8] Da es in der Forschung keinen Konsens in der Definition der Begriffe gibt, werden im Folgenden im Sinne eines methodischen Pluralismus und der theoretischen Offenheit die Bezeichnungen definitionsoffen nebeneinander und gleichwertig verwendet.

Wendet man sich Dingen aus einer historischen Perspektive zu, so ist vor dem Beginn der großangelegten und systematischen Sammlungen,[9] also vor allem bis zum 16. Jahrhundert, mit dem Umstand zu rechnen, dass sich nur ein verschwindend geringer Teil an Artefakten erhalten hat. Der Kunsthistoriker Johann Michael Fritz schätzte etwa, dass weniger als ein Prozent der mittelalterlichen Goldschmiedearbeiten noch existieren,[10] und diese zählen zu den besser erhaltenen Realien, im Gegensatz etwa zu Textilien. Umso größer ist die Bedeutung, die schriftlichen und bildlichen Zeugnissen zukommt, wenn es um die Betrachtung historischer Dinge geht.

Mit den materiellen Objekten geraten zugleich die schriftlichen Quellen in den Fokus, in denen Dinge erfasst wurden. Paradigmatisch sind hier vor allem Inventare als jene Texte zu nennen, deren Sinn und Zweck in der Auflistung von Gegenständen liegt. Im Gegensatz zur Erforschung von Dingen steht die Betrachtung von Inventaren als Texten und historischen Quellen noch am Anfang. Dies hat zum einen damit zu tun, dass sie lange Zeit vor allem steinbruchartig als Quellen für die Erforschung einzelner herausragender Artefakte herangezogen, nicht jedoch selbst als Quellengattung behandelt wurden. Zum anderen sind Inventare mit den herkömmlichen Methoden der historischen Quellenkritik und Textanalyse nur schwer zu erfassen: Ihr mitunter enormer Umfang und die listenartige Struktur bergen eine Fülle an Detailinformationen, die sie zu regelrechten Vorläufern moderner Datenbanken machen. Damit und aufgrund ihres strukturierten Aufbaus bieten sie sich als ideale Quellen für die Erschließung mit innovativen digitalen Methoden an.

Diese Forschungslücke nahm ein interdisziplinäres Team an den Universitäten Salzburg und Innsbruck zum Anlass, um ausgehend von den aus dem Spätmittelalter überlieferten Tiroler Burginventaren die digitale Erschließung von Inventaren zum Gegenstand eines Forschungsprojekts zu machen, das von 2022 bis 2025 umgesetzt wird. Über die Erschließung der Inventare und der darin gespeicherten semantischen

---

[8] Vgl. dazu die Definition des Instituts für Realienkunde im Begriffsforum in: Institut für Realienkunde des Mittelalters und der frühen Neuzeit (Hg.), Object Links – Dinge in Beziehung (Formate – Forschungen zur Materiellen Kultur 1), Wien/Köln/Weimar 2019, 21 sowie den ebd. 9–16 enthaltenen Beitrag zur Forschungsgeschichte zur Materiellen Kultur von Heike Schlie, Object Links – Objects Link.

[9] Paula Findlen, Possessing Nature. Museums, Collecting, and Scientific Culture in Early Modern Italy (Studies on the History of Society and Culture 20), Berkeley et al. 1996; Dominik Collet, Die Welt in der Stube. Begegnungen mit Außereuropa in Kunstkammern der Frühen Neuzeit (Veröffentlichungen des Max-Planck-Instituts für Geschichte 232), Göttingen 2007; Renata Ago, Il gusto delle cose. Una storia degli oggetti nella Roma del Seicento, Roma 2006.

[10] Johann Michael Fritz, Goldschmiedekunst der Gotik in Mitteleuropa, München 1982, 35.

Informationen soll insbesondere die Praxis des Inventarisierens nachvollzogen werden. Gleichzeitig geraten darüber Burgen als soziale Räume in den Blick. Das Projekt beginnt mit der Ausgangshypothese, dass Inventare weder per se objektiv noch simple Listen von Dingen sind, sondern Produkte von Prozessen des Inventarisierens, wobei sich Spuren dieser Praxis in den Texten wie in der Materialität der Archivalien niedergeschlagen haben. Zugleich enthalten Inventare eine Fülle an Informationen zu Beziehungen zwischen Dingen, Menschen, Handlungen, Räumen und den dafür verwendeten Wörtern. Das Forschungsteam nutzt digitale Technologien, um eine Auswahl von 130 Inventaren aus einem Korpus von insgesamt 237 Inventaren des 14. bis 16. Jahrhunderts aus dem historischen Tirol inhaltlich zu erschließen, die enthaltenen Informationen auszuwerten und darüber Rückschlüsse auf Inventare als historische Quellen wie auf Burgen als soziale Orte zu gewinnen. Das Projekt kennzeichnet besonders sein interdisziplinäres Design und eine praxeologische Herangehensweise an Inventare, die als Produkte performativer Praxen des Verzeichnens von Objekten und Begehens von Räumlichkeiten begriffen werden. Um diese Praxen und die darüber gespeicherten Informationen sichtbar zu machen, kommen digitale Tools zum Einsatz, welche die Repräsentation der Relationen von Objekten, Räumen, Personen, Handlungen und sozialen Praktiken sowie dem Verzeichnis selbst ermöglichen.

In diesem Beitrag wird ein erster Einblick in das Forschungsprojekt mit Fokus auf Quellenbasis, Forschungsfragen und Methodik gegeben. Zunächst erfolgt ein Überblick zum aktuellen Forschungsstand, ehe anschließend die Tiroler Burginventare als Korpus vorgestellt werden. Im vierten Abschnitt gilt das Interesse dem Zugang der Inventarisierung als sozialer Praxis. Abschnitt fünf widmet sich der Erschließung der semantischen Welten der Inventare über die drei Teilprojekte: 1. die historisch-semantische Auswertung über Annotation und Informationsextraktion, 2. die Datenmodellierung und semantische Repräsentation sowie 3. die Rekonstruktion der historischen Raumstrukturen. Der Beitrag schließt mit einem Ausblick auf die Ziele des Projekts.

2. Inventare als historische Quellen – Forschungsstand

Mit dem erneuerten Interesse an der materiellen Kultur erfahren nicht nur Objekte, sondern wie erwähnt auch schriftliche Quellen, in denen Objekte dokumentiert sind, zunehmendes Interesse. Der Fokus liegt jedoch meistens nicht auf den Quellen selbst, sondern vielmehr auf den Informationen, die diese über Dinge der Vergangenheit vermitteln. Über eine solche Herangehensweise werden die Quellen jedoch zu simplen *Steinbrüchen* für Informationen degradiert, während die spezifischen Charakteristika der Dokumente vernachlässigt werden.

Die paradigmatische Quellengattung zur Erforschung von Objekten sind zweifelsohne Inventare. Während die Wurzeln der Inventarisierung zwar bis in den Alten Orient und durch das gesamte Mittelalter zurück verfolgt werden können, sind Inventare als eigenständige Dokumente erst ab dem 14. Jahrhundert in zunehmender Zahl überliefert, mit einer beachtlichen Steigerung ab der zweiten Hälfte des 15. Jahrhunderts und einem weiteren Höhepunkt ab dem 16. Jahrhundert. Es ist jedoch nach wie vor unklar, ob diese Überlieferungssituation die tatsächliche Erstellung von

Inventaren im Mittelalter widerspiegelt oder ob sie vielmehr dem Beginn einer systematischen Archivierung von Inventaren ab dem 14. Jahrhundert zu verdanken ist.[11] Wie andere Dokumente der sogenannten *Pragmatischen Schriftlichkeit,* also Verwaltungs- und Wirtschaftsschriftgut, hatten Inventare geringere Chancen überliefert zu werden, da sie meist zerstört wurden, wenn sie nicht länger von Bedeutung waren. Ähnlich wie Rechnungen zählen Inventare somit zu den ephemersten Quellengattungen mit schlechter Überlieferungschance.[12] Wenn man Inventare in Zusammenhang mit anderen Quellen wie Testamenten oder Eheverträgen untersucht, wird klar, dass weit mehr Inventare erstellt wurden, als sich bis heute erhalten haben.[13]

Wir wissen noch immer wenig über die Entstehung und Entwicklung der Inventare im Mittelalter. Ebenso gibt es keine umfassende Studie zu den spezifischen Charakteristiken von Inventaren als Quellengattung. Traditionelle Einführungen in die mittelalterliche Quellenkunde vernachlässigen Inventare oder subsumieren sie unter administrativem Schriftgut.[14] Obwohl das Interesse an Inventaren bereits ab dem späten 19. Jahrhundert mit den Ansätzen der älteren Kulturgeschichte sehr beachtlich war, gibt es nach wie vor kaum systematische Arbeiten zu Inventaren als Quellen. Ab dem 19. Jahrhundert wurden Inventare vor allem mit Blick auf bestimmte soziale Gruppen oder Regionen und mit Fokus auf die erwähnten Objekte gesucht, erforscht und ediert.[15] Aus dieser Zeit stammen entsprechend wichtige Editionen von Inventaren, die oft in regional- oder lokalhistorischen landeskundlichen Zeitschriften publiziert wurden. Mit dem wachsenden Interesse an sozial- und wirtschaftsgeschichtlichen Fragestellungen in der Zeit nach dem Zweiten Weltkrieg wurden Inventare zu wichtigen Quellen für diese neuen historischen Zugänge. Aufgrund ihrer wachsenden Zahl und des enormen Umfangs der Überlieferung ab dem Spätmittelalter wurden sie zu idealen Quellen für die neuen quantitativen Untersuchungen der Wirtschafts- und Sozialgeschichte ab den 1980er-Jahren.[16]

Die jüngeren Zugänge der neuen Kulturgeschichte und der Geschichte des Konsums haben in den letzten Jahren zu einer Zunahme an Arbeiten zu Inventaren geführt, die für die Zeit des Spätmittelalters schwerpunktmäßig im Kontext adeliger,

---

[11] Vgl. dazu Antenhofer, Familienkiste (wie Anm. 7) 887–913.

[12] Vgl. dazu Arnold Esch, Überlieferungs-Chance und Überlieferungs-Zufall als methodisches Problem des Historikers, in: Historische Zeitschrift 240 (1985) 529–570; Mark Mersiowsky, Die Anfänge territorialer Rechnungslegung im deutschen Nordwesten. Spätmittelalterliche Rechnungen, Verwaltungspraxis, Hof und Territorium (Residenzenforschung 9), Stuttgart 2000.

[13] Alphons Lhotsky hat diesen Umstand für die Habsburger Inventare dokumentiert, vgl. Alphons Lhotsky, Festschrift des Kunsthistorischen Museums zur Feier des fünfzigjährigen Bestandes, Band 2: Die Geschichte der Sammlungen, erste Hälfte: Von den Anfängen bis zum Tode Kaiser Karls VI. 1740, Wien 1941–1945.

[14] Lhotsky erwähnt diese kurz in seiner österreichischen Quellenkunde unter dem Schlagwort „Sachverzeichnisse": Alphons Lhotsky, Quellenkunde zur mittelalterlichen Geschichte Österreichs (Mitteilungen des Instituts für Österreichische Geschichtsforschung [im Folgenden MIÖG]. Ergänzungsband 19), Graz et al. 1963, 96–104.

[15] Oswald von Zingerle, (Hg.), Mittelalterliche Inventare aus Tirol und Vorarlberg, Innsbruck 1909; Julius von Ficker, Ausstattung einer apulischen Braut im zwölften Jahrhunderte, in: MIÖG 2 (1881) 455–458.

[16] Ad van der Woude / Anton Schuurman (Hg.), Probate Inventories. A New Source for the Historical Study of Wealth, Material Culture and Agricultural Developments (A.A.G. Bijdragen 23), Utrecht 1980.

städtischer und geistlicher Eliten stehen.[17] Einige frühere Publikationen resultierten aus dem ungebrochenen Interesse an Inventaren als Rechtsquellen[18] und als Quellen für die Burgenforschung.[19] Vitale Impulse kamen von den Forschungen im Rahmen der sogenannten *Pragmatischen Schriftlichkeit*,[20] der Arbeiten zu Schätzen und Höfen[21] wie zu Haushalt und Haushaltsgütern.[22] Die jüngsten Studien beachten vor allem die Tatsache, dass Inventare wie andere Texte keine objektive Sicht auf historische Fakten geben,[23] sondern dass sie als Narrative betrachtet werden müssen, die einen durchaus

---

[17] Carola FEY, Inventare, in: Höfe und Residenzen im spätmittelalterlichen Reich, Band 3: Hof und Schrift (Residenzenforschung 15.III), hg. von Werner Paravicini, Ostfildern 2007, 473–483; Jens FRIEDHOFF, Inventare des 14. bis 16. Jahrhunderts als Quelle zur Ausstattung und zum Alltag auf Burgen und Schlössern, in: Alltag auf Burgen im Mittelalter (Veröffentlichungen der Deutschen Burgenvereinigung. Reihe B. Schriften 10), hg. von Joachim Zeune / Hartmut Hofrichter, Braubach 2006, 26–34; Lorenz SEELIG, Historische Inventare. Geschichte, Formen, Funktionen, in: Sammlungsdokumentation. Geschichte, Wege, Beispiele (MuseumsBausteine 6), hg. von Monika Dreykorn, München/Berlin 2001, 21–35; Edoardo ROSSETTI (Hg.), Squarci d'interni. Inventari per il Rinascimento milanese, Milano 2012.

[18] Peter LÖFFLER, Inventare. Historische Entwicklung und rechtliche Grundlagen, in: Rheinisch-westfälische Zeitschrift für Volkskunde 23 (1977) 120–131.

[19] Kurt ANDERMANN, Die Inventare der bischöflich speyerischen Burgen und Schlösser von 1464/65, in: Mitteilungen des historischen Vereins der Pfalz 85 (1987) 133–176; Hermann EHMER, Schadensinventare fränkischer Burgen aus der 1. Hälfte des 15. Jahrhunderts (Schweinberg 1437, Bartenstein 1443), in: Burgen im Spiegel der historischen Überlieferung (Oberrheinische Studien 13), hg. von Hermann Ehmer, Sigmaringen1998, 105–122; Christofer HERRMANN, Burginventare in Süddeutschland und Tirol vom 14. bis zum 17. Jahrhundert, in: Burgen im Spiegel der historischen Überlieferung (Oberrheinische Studien 13), hg. von Hermann Ehmer, Sigmaringen 1998, 77–104; Jens FRIEDHOFF, Spätmittelalterliche und frühneuzeitliche Burginventare, in: Die Burg. Wissenschaftlicher Begleitband zu den Ausstellungen „Burg und Herrschaft" und „Mythos Burg", hg. von G. Ulrich Großmann und Hans Ottomeyer, Dresden 2010, 188–195.

[20] Hagen KELLER / Klaus GRUBMÜLLER / Nikolaus STAUBACH (Hg.), Pragmatische Schriftlichkeit im Mittelalter. Erscheinungsformen und Entwicklungsstufen (Münstersche Mittelalter-Schriften 65), München 1992; Christel MEIER / Volker HONEMANN / Hagen KELLER / Rudolf SUNTRUP (Hg.), Pragmatische Dimensionen mittelalterlicher Schriftkultur (Münstersche Mittelalter-Schriften 79), München 2002; Christoph DARTMANN / Thomas SCHARFF / Christoph Friedrich WEBER (Hg.), Zwischen Pragmatik und Performanz. Dimensionen mittelalterlicher Schriftkultur (Utrecht Studies in Medieval Literacy 18), Turnhout 2011.

[21] Elisabeth VAVRA / Kornelia HOLZNER-TOBISCH / Thomas KÜHTREIBER (Hg.), Vom Umgang mit Schätzen (Österreichische Akademie der Wissenschaften. Philosophisch-Historische Klasse. Sitzungsberichte 771 / Veröffentlichungen des Instituts für Realienkunde des Mittelalters und der frühen Neuzeit 20), Wien 2007; Jenny STRATFORD, Richard II and the English Royal Treasure, Woodbridge 2012; Carola FEY, Fürstliche Kultinnovationen im Spiegel sakraler Schätze. Beispiele von wittelsbachischen Höfen des späten Mittelalters, in: Kulturtransfer am Fürstenhof. Höfische Austauschprozesse und ihre Medien im Zeitalter Kaiser Maximilians I. (Schriften zur Residenzkultur 9), hg. von Matthias Müller / Karl-Heinz Spieß / Udo Friedrich, Berlin 2013, 122–138; Katherine Anne WILSON, The Power of Textiles. Tapestries of the Burgundian Dominions (1363–1477) (Burgundica 26), Turnhout 2018.

[22] Marta AJMAR-WOLLHEIM / Flora DENNIS / Elizabeth MILLER (Hg.), At Home in Renaissance Italy, London 2006; Maryanne KOWALESKI / Jeremy GOLDBERG (Hg.), Medieval Domesticity. Home, Housing and Household in Medieval England, Cambridge 2008; Christopher Michael WOOLGAR (Hg.), The Elite Household in England, 1100–1550. Proceedings of the 2016 Harlaxton Symposium (Harlaxton Medieval Studies 28), Donington 2018.

[23] Giorgio RIELLO, ‚Things Seen and Unseen': The Material Culture of Early Modern Inventories and Their Representation of Domestic Interiors, in: Early Modern Things: Objects and their Histories, 1500–1800, hg. von Paula Findlen, Abingdon u. a. 2013, 125–150.

eigenen fiktionalen Charakter und eine diskursive Funktion besitzen.[24] Neue Editionen[25] und spezifische Studien zu einzelnen Typen von Inventaren[26] tragen, wie neue Zugänge aus dem Bereich der Digital Humanities,[27] zu einer dynamischen aktuellen Forschungslage bei. Sie spiegeln das erneuerte Interesse, das diese Quellengattung im Zusammenhang mit dem sogenannten *material turn*,[28] dem Fokus auf Dinge und materielle Grundlagen im weiteren Sinn, erfährt. Darüber hinaus ist die gesteigerte Aufmerksamkeit für Inventare wohl auch in Verbindung mit dem andauernden aktuellen Interesse an der Wissensgeschichte und Wissensordnungen, wie der Geschichte von Sammlungen, zu sehen.[29]

Für die Untersuchung des Inventarisierungsprozesses als soziale Praxis ist weiters auch die Berücksichtigung der räumlichen Gegebenheiten an den zu untersuchenden Burgenstandorten aufschlussreich, um aus dem Gebäude Informationen zu gewinnen, welche Räume konkret erfasst wurden. Im Zuge des sogenannten *spatial turn* hat sich in den letzten Jahrzehnten der *Raum* als eine der maßgeblichen Analysekategorien in den Kulturwissenschaften etabliert.[30] Die Auseinandersetzung mit Raumkonzeptionen, -theorien, -wahrnehmung etc. hat das räumliche Denken disziplinenübergreifend gefördert und ein breites Bewusstsein dafür geschaffen, dass

---

[24] Lena Cowen ORLIN, Fictions of the Early Modern English Probate Inventory, in: The Culture of Capital. Property, Cities, and Knowledge in Early Modern England, hg. von Henry S. Turner, New York/London 2002, 51–83; Gerhard JARITZ, The Stories Inventories Tell, in: The Charm of a List. From the Sumerians to Computerised Data Processing, hg. von Lucie Doležalová, Newcastle upon Tyne 2009, 160–166; zur Diskrepanz zwischen dem sozialen Status laut den schriftlichen Dokumenten und der „ausgegrabenen" materiellen Kultur siehe zuletzt Rainer ATZBACH, The Garbage, the Castle, its Lord and the Queen. A New View of Boringholm as the Home of a Failed Parvenu, in: Danish Journal of Archaeology 12 (2023) 1–23. DOI: 10.7146/dja.v12i1.130856.

[25] Fernando CHECA CREMADES (Hg.), Los inventarios de Carlos V y la familia imperial. The Inventories of Charles V and the Imperial Family, 3 Bände, [Madrid] 2010; Richard STAPLEFORD (Hg.), Lorenzo De' Medici at Home: The Inventory of the Palazzo Medici in 1492, Pennsylvania 2013.

[26] Thomas ERTL / Barbara KARL (Hg.), Inventories of Textiles – Textiles in Inventories. Studies on Late Medieval and Early Modern Material Culture, Göttingen 2017; Xavier HERMAND / Jean-François NIEUS / Étienne RENARD (Hg.), Décrire, inventorier, enregistrer entre Seine et Rhin au Moyen Âge. Formes, fonctions et usages des écrits de gestion (Mémoires et documents de l'École des Chartes 92), Paris 2012.

[27] Hervorzuheben sind in diesem Zusammenhang die im Rahmen des interdisziplinären DOC-Team Projektes *RaumOrdnungen* geleisteten Arbeiten des Instituts für Realienkunde des Mittelalters und der frühen Neuzeit in Krems. Ziel dieses Projekts war es, ausgehend von den Dingen/Objekten und den damit in Verbindung stehenden Handlungen die historische Entwicklung von Raumfunktionen und Ausstattungsmustern auf Adelssitzen des Mittelalters und der Frühen Neuzeit darzustellen. Als Quellen wurden dafür hauptsächlich Burgeninventare und archäologische Kleinfunde aus dem Spätmittelalter herangezogen und in eine Forschungsdatenbank eingearbeitet: http://raumordnungen.imareal.sbg.ac.at (Zugriff: 25.03.2023).

[28] Vgl. Mona GARLOFF / Natalie KRENTZ, (Hg.), Objektordnungen zwischen Zeiten und Räumen. Verzeichnung, Transport und die Deutung von Objekten im Wandel. Medieval and Early Modern Material Culture Online (im Folgenden MEMO) Sonderband 2 (2022). DOI: 10.25536/2022sb02.

[29] Vgl. ebd; ANTENHOFER, Familienkiste (wie Anm. 7); Natascha ADAMOWSKY / Robert FELFE / Marco FORMISANO / Georg TOEPFER / Kirsten WAGNER (Hg.), Affektive Dinge. Objektberührungen in Wissenschaft und Kunst, Göttingen 2011.

[30] Georg GLASZE / Annika MATTISSEK (Hg.), Handbuch Diskurs und Raum. Theorien und Methoden für die Humangeographie sowie die sozial- und kulturwissenschaftliche Raumforschung, Bielefeld 2009; Stephan GÜNZEL, Raum: eine kulturwissenschaftliche Einführung (Edition Kulturwissenschaft 143), Bielefeld 2017.

Raum niemals als *leer* denkbar ist, sondern in Verbindung mit Repräsentations-, Macht- und Herrschaftsansprüchen steht.[31] Diese im weitesten Sinn sozialen Praktiken der Raumerschließung und -nutzung sind mit dem Objektgebrauch eng verknüpft. Inventare lassen sich somit auch als Ordnungs- und Herrschaftsinstrumente analysieren.

3. Tiroler Burginventare als Quellenkorpus

Als Quellenkorpus für die Bearbeitung und Erschließung der semantischen Welten, die sich in spätmittelalterlichen Inventaren abgebildet finden, dient in diesem Projekt die herausragende und deutlich früher als in anderen Gebieten einsetzende Überlieferung an spätmittelalterlichen Burginventaren, die sich in der Region des historischen Tirol (heutiges Nord-, Ost- und Südtirol sowie das Trentino) erhalten hat und die heute im Tiroler Landesarchiv (Innsbruck) aufbewahrt wird.[32] Burginventare zählen zu den sogenannten raumbezogenen Inventaren.[33] Dies bedeutet, dass die Verfasser in der Regel Raum für Raum vorgingen und die darin enthaltenen Objekte erfassten. Als zentrale Untersuchungsfrage ergibt sich somit die Suche nach den historischen Raumstrukturen auf den Burgen, die sich aus den Inventaren erschließen lassen, sowie deren Verbindung zur Raumausstattung. Auch wenn es sich bei Inventaren *nur* um Momentaufnahmen handelt, liefern diese wichtige Informationen über die Beziehungen der erfassten Gegenstände zueinander, die in Verbindung mit den Raumbezeichnungen Fragestellungen zur geschlechtsspezifischen Objekt- und Raumnutzung, zur Positionierung von Dingen im Raum und zum Lebenszyklus von Dingen ermöglichen (etwa, wenn Gegenstände temporär ausgelagert werden). Damit werden zugleich die Burgen als soziale Orte sichtbar. Idealerweise bilden die Raum-für-Raum-Inventare auch den Weg durch das Gebäude ab, der im Zuge der Inventarisierung bei der Begehung vor Ort genommen wurde, sodass daraus die Zugangswege zu den Räumen rekonstruiert werden können.[34] Da die Verzeichnisse in der Regel bei Wechseln der Verwaltung, bei Besitzwechsel oder nach dem Tod der Besitzer:innen erstellt wurden, sind manche Burgen mehrfach inventarisiert worden, sodass sich hier auch zeitliche Veränderungen beobachten lassen.

---

[31] Martina Löw, Raumsoziologie, Frankfurt a. M. 2001; Susanne Rau, Räume. Konzepte, Wahrnehmungen, Nutzungen (Historische Einführungen 14), Frankfurt a. M. et al. 2013.
[32] Tiroler Landesarchiv Innsbruck (im Folgenden TLA), Bestand Inventare.
[33] Vgl. Herrmann, Burginventare (wie Anm. 19); Ehmer, Schadensinventare (wie Anm. 19); Riello, Things (wie Anm. 23).
[34] Vgl. Josef Handzel / Thomas Kühtreiber, Herrenstube und Frauenzimmer – Sozial konnotierte Lebensräume auf Burgen im Kontext der schriftlichen und bauhistorischen Überlieferung am Beispiel von Burg Pürnstein, Oberösterreich, in: Raumstrukturen und Raumausstattung auf Burgen in Mittelalter und Früher Neuzeit (Interdisziplinäre Beiträge zu Mittelalter und Früher Neuzeit 2), hg. von Christina Schmid / Gabriele Schichta / Thomas Kühtreiber / Kornelia Holzner-Tobisch, Heidelberg 2015, 507–541; Ingrid Matschinegg, Inventarisierte Objekte verlinken: Schreibzeug, Schreibtisch, Schreibstube. Objekte und Orte des Schreibens auf Burgen (15. und 16. Jahrhundert), in: Object Links – Dinge in Beziehung (formate – Forschungen zur Materiellen Kultur 1), hg. vom Institut für Realienkunde des Mittelalters und der frühen Neuzeit, Wien 2019, 75–94; Christina Schmid, Ergrabene Kontexte. Interpretationen archäologischer Fundzusammenhänge auf Burgen (Formate – Forschungen zur Materiellen Kultur 2), Wien/Köln/Weimar 2020, 29–34.

Der Fokus des Projekts gilt der inhaltlichen Erschließung der für das Spätmittelalter einzigartigen Überlieferung der sogenannten Tiroler Burginventare.[35] Wie bereits festgehalten wurde, setzt der eigentliche Aufschwung der Inventare als Quellengattung erst mit dem 14. Jahrhundert ein.[36] Während für das 15. Jahrhundert die Überlieferung an Inventaren allgemein noch spärlich ist, hat sich für das historische Tirol ein umfangreiches Korpus von insgesamt 237 überlieferten Inventaren aus der Zeit zwischen 1320 und 1600 erhalten (Abb. 1).[37] Das Projekt fokussiert dabei auf jene Verzeichnisse, die Burginventarisierungen betreffen. In der internationalen Forschung sind diese Inventare bislang meist allein aufgrund der Edition bekannt, die Oswald von Zingerle 1909 zu den mittelalterlichen Inventaren aus Tirol und Vorarlberg vorlegte.[38] Zingerle konzentrierte sich jedoch nur auf das 15. Jahrhundert und bearbeitete lediglich 82 Verzeichnisse, darunter solche von Burgen, aber auch von Nachlässen, Ausstattungen und anderer Provenienz wie diverser Ämter, von Hospizen und Kirchen.[39] Zudem beschränkt sich seine Bearbeitung auf den reinen Abdruck der Texte, ohne Informationen zur Gestalt der jeweiligen Archivalien. Im vorliegenden Projekt dient Zingerles Edition als Ausgangs- und Vergleichsbasis. Dabei ist sowohl die Genauigkeit und Vollständigkeit seiner Transkriptionen zu überprüfen wie der Frage nachzugehen, welche Burginventare (nicht) erfasst wurden. Für die Erschließung der Wörter, die für die inventarisierten Objekte benutzt wurden, ist besonders das Wörter- und Sachenverzeichnis von Bedeutung.

Die Erweiterung des Untersuchungszeitraums auf die gesamte frühe Inventarisierungsphase vom 14. bis zum 16. Jahrhundert erlaubt weitere Aufschlüsse über die Entwicklung der Inventarisierung als Praxis, über die funktionale Ausdifferenzierung und Entfaltung der Raumausstattung von Burgen in dieser wichtigen Übergangsphase[40] und letztlich über Burgen als soziale Orte.

Um das umfangreiche historische Korpus von Inventaren vom 14. bis zum 16. Jahrhundert hinsichtlich der darin enthaltenen Informationen auszuwerten, werden digitale Texterschließungsmethoden genutzt. Über die Auswahl eines repräsen-

---

[35] Zur begrifflichen Unschärfe des Begriffs *Burg* in Wechselwirkung zu anderen Bezeichnungen für adelige Wohnsitze vgl. Gustav PFEIFER / Kurt ANDERMANN (Hg.), Ansitz – Freihaus – corte franca. Bauliche und rechtsgeschichtliche Aspekte adligen Wohnens in der Vormoderne (Veröffentlichungen des Südtiroler Landesarchivs / Pubblicazioni dell'Archivio Provinciale di Bolzano 36), Innsbruck 2013.
[36] Vgl. FEY, Inventare (wie Anm. 17); ANDERMANN, Inventare (wie Anm. 19); ANTENHOFER, Familienkiste (wie Anm. 7) 174–177.
[37] Wie Anm. 32.
[38] ZINGERLE, Mittelalterliche Inventare (wie Anm. 15).
[39] Vgl. ebd. VIII. Die Inventarverzeichnisse stammen großteils aus dem damaligen Schatzarchiv Innsbruck, also dem heutigen Tiroler Landesarchiv.
[40] Vgl. Gustav PFEIFER / Kurt ANDERMANN (Hg.), Burgkapellen. Formen – Funktionen – Fragen. Akten der Internationalen Tagung Brixen, Bischöfliche Hofburg und Cusanus-Akademie. 2. bis 5. September 2015 (Veröffentlichungen des Südtiroler Landesarchivs 42), Innsbruck 2018; PFEIFER/ANDERMANN, Ansitz (wie Anm. 35); Christina SCHMID / Gabriele SCHICHTA / Thomas KÜHTREIBER / Kornelia HOLZNER-TOBISCH (Hg.), Raumstrukturen und Raumausstattung auf Burgen in Mittelalter und Früher Neuzeit (Interdisziplinäre Beiträge zu Mittelalter und Früher Neuzeit 2), Heidelberg 2015; Josef HANDZEL, „Von erst in der grossen Stuben" – Adelige Sach- und Wohnkultur im ausgehenden Mittelalter und der frühen Neuzeit im Gebiet des heutigen Österreich, Diss. Wien 2011.

tativen Korpus von insgesamt rund 130 der im Bestand Inventare des TLA überlieferten Burginventaren werden nicht nur Erkenntnisse zu den Tiroler Burgen und deren Inventarisierung gewonnen. Die Analyse dieses Korpus ermöglicht zugleich Rückschlüsse auf die grundlegende Betrachtung von Inventaren als historische Quellen allgemein. Mit Hilfe semantischer Datenmodellierung wird dabei vor allem die historische Praxis des Inventarisierens, wie sie sich aus den Archivalien erschließen lässt, sichtbar gemacht. Für dieses Vorgehen ist die Ausgangshypothese zentral, dass Inventare 1.) Produkte der Praxis des Inventarisierungsvorgangs sind und sich 2.) die Spuren dieser Tätigkeit in den Quellentexten wie in der Materialität der Archivalien niedergeschlagen haben. Über den Einsatz verschiedener Softwaretools, unter anderem der Transkriptionssoftware *Transkribus*,[41] wird modellhaft ein idealer Erschließungsvorgang angewandt, bei dem in einer geschlossenen digitalen Forschungsumgebung die Transkription der Archivalien, deren semantische und linguistische Informationsanreicherung bis hin zur digitalen Edition erfolgt. Zur dynamischen Darstellung der Beziehungen zwischen Räumen, Objekten und Personen kommen zudem semantische Modellierungen zum Einsatz.

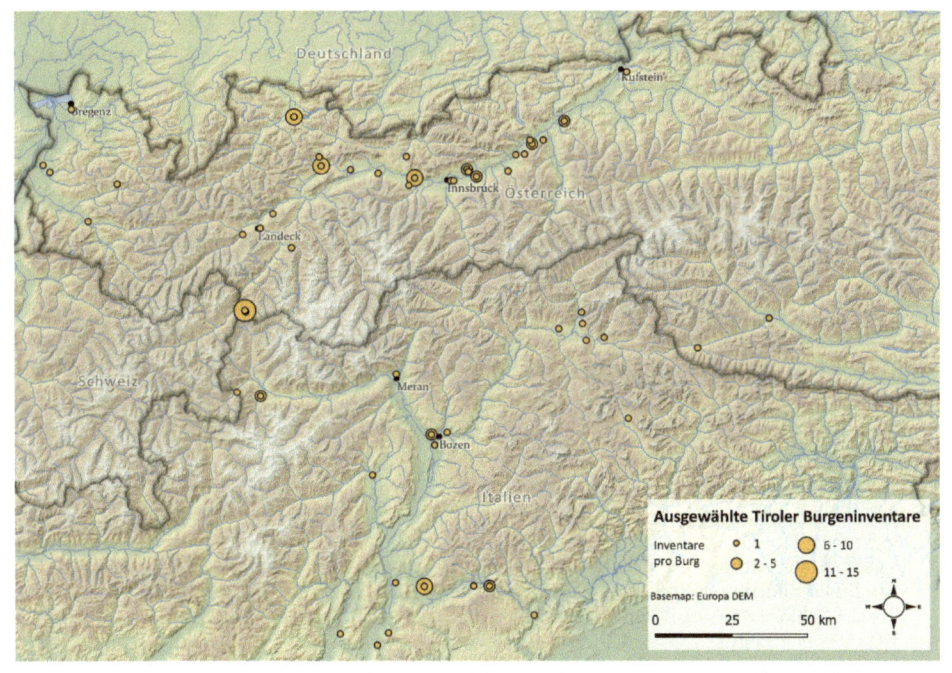

Abb. 1: Geographische Lokalisierung der ausgewählten Tiroler Burginventare nach Anzahl der Inventare pro Burg. Bearbeitung Milena Peralta Friedburg; Basemap: Europa DEM; © 2017 European Environmental Agency.

---

[41] Vgl. Philip KAHLE / Sebastian COLUTTO / Georg HACKL / Günter MÜHLBERGER, Transkribus – A Service Platform for Transcription, Recognition and Retrieval of Historical Documents, in: 14th IAPR International Conference on Document Analysis and Recognition (ICDAR) (2017) 19–24. IEEE. https://doi.org/10.1109/ICDAR.2017.307.

4. Inventarisierung als soziale Praxis

Wurden die Tiroler Inventare, ausgenommen von einigen Südtiroler Burginventaren,[42] bislang vor allem selektiv für einzelne Fragestellungen ausgewertet – in erster Linie für die Identifizierung herausragender Kunstobjekte – so stellt dieses Projekt die Inventare selbst als Texte und Artefakte in den Fokus. Inventare, so lautet die Ausgangshypothese, sind Produkte komplexer sozialer Praktiken, die sich in der Sprache der Verzeichnisse wie in ihrer materiellen Präsenz niederschlagen. Um dies sichtbar zu machen, wurde das von Christina Antenhofer entwickelte Modell zur Beschreibung von Inventaren als Ausgangsbasis für einen umfangreichen Kriterienkatalog herangezogen, der über die übliche quellenkundliche Erfassung hinausgeht.[43] Der Kriterienkatalog ermöglicht die detaillierte Beschreibung der einzelnen Inventare zum einen nach äußeren bzw. materiellen Merkmalen und zum anderen nach inneren bzw. diskursiven Merkmalen. Erstere – äußere Aspekte – enthalten objektbezogene Informationen zum Dokument selbst, u. a. Archivsignatur, Dokumentformat, Seitenumfang, Paginierung, Anzahl der Schreiberhände, Schriftart, Zustand des Dokuments inklusive Gebrauchsspuren sowie vorhandene Siegel.

Zu den inneren bzw. diskursiven Aspekten zählen struktur- und inhaltsbezogene Informationen hinsichtlich Layout und Gliederung des Textes in Überschriften und Absätze. Des Weiteren wird erfasst, welche Version des Dokuments (Konzept, Ausfertigung, Kopie) vorliegt. Weitere Kriterien beschreiben den Inventartyp, die Datierung, geographische Angaben zu Orten sowie Angaben zu Personen (z. B. Verwalter, Pfleger, Schreiber oder Zeugen) und sekundäre Textbearbeitungsspuren.

Die Sammlung der Metadaten und Beschreibung der Inventare erfolgen bereits im Zuge des Digitalisierungsprozesses innerhalb einer vorgegebenen Dokumentstruktur. Zur späteren Modellierung der gesammelten Information nutzt das Projektteam die Klassen und Eigenschaften von CRMtex. Dabei handelt es sich um eine CIDOC CRM Erweiterung, die speziell zur ontologischen Beschreibung antiker Inschriften, historischer Handschriften sowie moderner handschriftlicher Dokumente aller Art entwickelt wurde.[44] Diese Schritte ermöglichen eine konsistente Aufbereitung und Modellierung der Informationen, um diese interdisziplinär nachhaltig nutzbar zu machen.

Herkömmliche Formen der Textverarbeitung scheitern an der Vielschichtigkeit der in den Inventaren gespeicherten Informationen. Mit Hilfe der Möglichkeiten der

---

[42] Vgl. z. B. die Auswertung der Inventare in den aktuellen Forschungen zur Burg Runkelstein im Band: Die Bilderburg Runkelstein. Erhaltenes, Verlorenes, Wiederentdecktes, hg. von der Stiftung Bozner Schlösser (Runkelsteiner Schriften zur Kulturgeschichte 12), Bozen 2018, insbesondere 171–196 den Beitrag von G. Ulrich Grossmann / Armin Torggler / Anja Grebe, Die Räume, Raumfunktionen und Raumbezeichnungen.

[43] Vgl. Christina Antenhofer, Inventories as Material and Textual Sources for Late Medieval and Early Modern Social, Gender and Cultural History (14th–16th Centuries), in: MEMO 7 Textual Thingness / Textuelle Dinghaftigkeit (2020) 22–46. DOI: 10.25536/20200702.

[44] Zur semantischen Modellierung vgl. Patrick Le Boeuf / Martin Doerr / Christian Emil Ore / Stephan Stead, Definition of the CIDOC Conceptual Reference Model 2019: http://www.cidoc-crm.org/Version/version-6.2.5 (Zugriff: 29.03.2023); vgl. dazu auch Francesca Murano / Achille Felicetti / Pavlos Fafalios, Definition of the CRMtex. An Extension of the CIDOC CRM to Model Textual Entities, Version 2.0, 2023: https://www.cidoc-crm.org/crmtex/sites/default/files/CRMtex_v2.0_June_2023.pdf (Zugriff: 17.07.2023).

ontologischen Datenmodellierung werden Repräsentationen der in Inventaren verarbeiteten semantischen und linguistischen Informationen realisiert und Beziehungen zwischen Menschen, Dingen und Räumen visualisiert.

Darüber hinaus lassen sich zum einen Erkenntnisse über die Art der Objekte und die mit ihnen in Verbindung stehenden Relationen und Verlinkungen/Verknüpfungen gewinnen. Zum anderen ergeben sich daraus Rückschlüsse auf die Orte der Inventarisierung, im konkreten Fall die Tiroler Burgen des Spätmittelalters. Forschungsleitend kommen die neueren praxeologischen Zugänge zu Objekten zum Einsatz, ausgehend von Bruno Latours Akteur-Netzwerk-Theorie[45] und Arjun Appadurais Arbeit zum sozialen Leben der Dinge.[46] Im Projekt wird dabei wie eingangs ausgeführt gleichwertig von Dingen, Objekten, Artefakten oder Gegenständen gesprochen und auf neue Begriffsbildungen wie Aktanten verzichtet.[47] Um der Bedeutung der oben genannten Beziehungen zwischen Menschen, Dingen und Räumen gerecht zu werden, sind insbesondere die praxistheoretischen Überlegungen von Theodore R. Schatzki für das Projekt von Bedeutung. Nach Schatzkis sozialer Ontologie spielen sich menschliches Miteinander und damit auch soziale Phänomene immer innerhalb von wechselseitigen Verknüpfungen von sozialen Praktiken und materiellen Arrangements ab.[48] Das Projekt analysiert diese Arrangements von Dingen und Menschen und die Praktiken, die diese Objektgesellschaften erzeugen, reproduzieren und verändern.[49] Die zweite Ausgangshypothese ist, dass sich die Inventarisierungsprozesse als Praxis in die Verzeichnisse einschreiben, weshalb den Quellen selbst in ihrer materiellen Gestalt größte

---

[45] Bruno Latour, Eine neue Soziologie für eine neue Gesellschaft. Einführung in die Akteur-Netzwerk-Theorie, Frankfurt a. M. [2005] 2007; ders., Das Parlament der Dinge. Für eine politische Ökologie. Politiques de la nature (Suhrkamp-Taschenbuch Wissenschaft 1954), Frankfurt a. M. [1999] 2010.

[46] Arjun Appadurai (Hg.), The Social Life of Things. Commodities in Cultural Perspective (Cambridge Studies in Social and Cultural Anthropology), 1. Taschenbuchauflage, Nachdruck, Cambridge [1986] 2003.

[47] Im Gegensatz zu Latour wird im Projekt der Unterschied zwischen Menschen und Dingen nicht aufgehoben und die Kategorie des Sozialen für menschliches Ein- und Zusammenwirken beibehalten, da diese Differenzierung für die Untersuchung historischer Gesellschaften aus heuristischen Gründen weiterhin notwendig ist, um operationalisierbare Untersuchungskategorien zu gewinnen. Zudem wird auch aus ethischen Gründen die Verabschiedung der Kategorie des Humanen nicht vertreten. Vgl. hierzu auch die Kritik bei Thomas Meier, Dingeleien. (Zu) kurze Anmerkungen zu phänomenologischen Ding-Theorien, in: Massendinghaltung in der Archäologie. Der material turn und die Ur- und Frühgeschichte, hg. von Kerstin Hofmann / Thomas Meier / Doreen Mölders / Stefan Schreiber, Leiden 2016, 241–282.

[48] Theodore R. Schatzki, The Site of the Social. A Philosophical Account of the Constitution of Social Life and Change, University Park 2002; ders., The Sites of Organizations, in: Organization Studies 26/3 (2005) 465–484; ders., On Organizations as they Happen, in: Organization Studies 27/12 (2006) 1863–1873; ders., Praxistheorie als flache Ontologie, in: Praxistheorie, hg. von Hilmar Schäfer, Bielefeld 2016, 29–44; ders., Sayings, Texts and Discursive Formations, in: Allison Hui / Theodore R. Schatzki / Elizabeth Shove, The Nexus of Practice. Connections, Constellations, Practitioners, New York 2016, 124–139; ders., Crises and Adjustments in Ongoing Life, in: Österreichische Zeitschrift für Soziologie 41/1 (2016) 17–33; dazu auch Anthony Giddens, Die Konstitution der Gesellschaft, Frankfurt a. M./New York 1997; Andreas Reckwitz, Affective Spaces: A Praxeological Outlook, in: Rethinking History 16/2 (2012) 241–258; ders., Toward a Theory of Social Practices, in: European Journal of Social Theory 5/2 (2012) 243–263; ders., Kreativität und soziale Praxis. Studien zur sozial- und Gesellschaftstheorie, Bielefeld 2016.

[49] Vgl. zu diesem Begriff Object Links – Dinge in Beziehung (wie Anm. 8) 23.

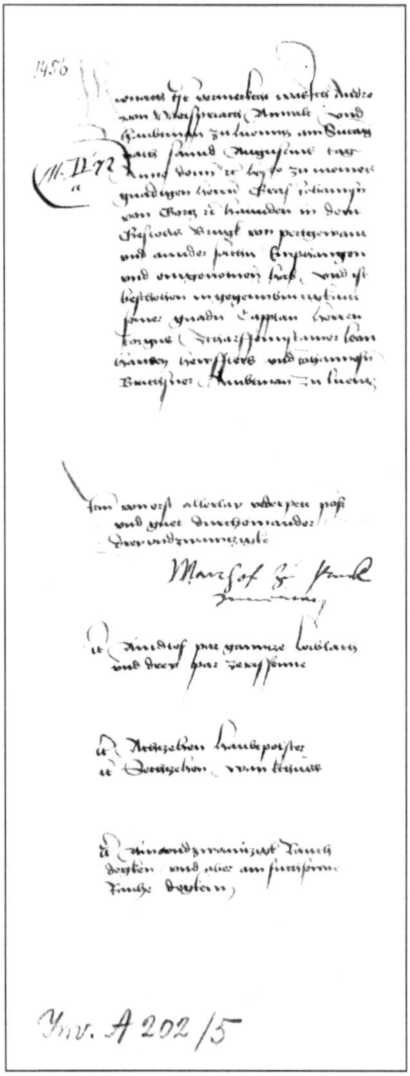

Aufmerksamkeit zukommt. Inventare dienten als Instrumente bei der systematischen Erfassung von Objekten und bilden damit die Praxis des Inventarisierens ab.

Bei raumbezogenen Inventarisierungsprozessen wurden die einzelnen Räume abgegangen, mitunter von unterschiedlichen Personen, die dabei gleichsam im Gehen die Listen der Inventare produzierten. Die in den Verzeichnissen sichtbare Gliederung ist somit als Resultat dieses Vor-Ort-Begehens anzusehen. Nur aus dieser *itineranten* Genese im Gehen erklärt sich die komplexe Gestalt mancher Verzeichnisse, etwa mehrere ineinandergeschobene Doppelblätter, die von verschiedenen Verfassern bei unterschiedlichen Begehungsvorgängen erstellt wurden.[50] Die genaue Untersuchung der materiellen Gestalt der Archivalien erlaubt somit Rückschlüsse auf diese Inventarisierungsvorgänge und ist methodisch für die quellenkritische Beschreibung der Inventare als Gattung unabdingbar: Mehr als andere Quellengattungen müssen Inventare als *itinerante* Texte begriffen werden, insofern als sie den performativen Akt des Inventarisierens abbilden. Ihren eigentlichen rechtlichen und sozialen Zweck entfalteten sie in weiteren Begehungs- und damit verbundenen Beschauungs- und Bewertungsvorgängen. Mit den in diesem Projekt eingesetzten Methoden der Digital Humanities werden somit neue Wege der Bearbeitung von Inventaren beschritten, die sie als Texte mit allen gespeicherten Informationen erschließen und zugleich in ihrer materiellen Gestalt abbilden.[51]

Mit dem Einsatz der in Innsbruck speziell für die automatisierte Erkennung von histo-

Abb. 2: Beispiel eines Burginventars. Inventar von Schloss Bruck 1456, TLA, Inventare 202.5. Mit freundlicher Genehmigung des Tiroler Landesarchivs.

---

[50] Stephan MOLITOR, Natternzungen im Silberschatz. Zu merkwürdigen Zimelien im Hinterlassenschaftsinventar Graf Eberhards III. von Württemberg († 1417) und ihrer Deutung (mit Edition), in: Die Visconti und der deutsche Südwesten. Kulturtransfer im Spätmittelalter. I Visconti e la Germania meridionale. Trasferimento culturale nel tardo medioevo (Tübinger Bausteine zur Landesgeschichte 11), hg. von Peter Rückert / Sönke Lorenz, Ostfildern 2008, 317–334.

[51] Vgl. dazu Christina ANTENHOFER (Hg.), Inventare als Texte und Artefakte: Methodische Herangehensweisen und Herausforderungen. Inventories as Texts and Artefacts. Methodological Approaches and Challenges. Themenband Österreichische Zeitschrift für Geschichtswissenschaften 32.3 (2021).

rischen Handschriften entwickelten Transkriptionssoftware *Transkribus* wird zugleich ein Modell für die digitale Erschließung spätmittelalterlicher Texte erprobt wie oben dargelegt.[52] *Transkribus* bietet die Möglichkeit, dass verschiedene Nutzer:innen an unterschiedlichen Standorten auf die Transkriptionen zugreifen und daran arbeiten können, was neue Wege der Zusammenarbeit eröffnet. Zudem wird über dieses Projekt der Prozess des maschinengestützten Lernens der Software für spätmittelalterliche Handschriften vorangetrieben, weil für den hier angesprochenen Zeitraum gegenwärtig kaum HTR-Modelle (Handwritten Text Recognition) öffentlich zur Verfügung stehen. Damit wird ein Service für die Scientific Community erbracht.

5. Die semantische Welt der Inventare – Auswertungen

Inventare erweisen sich damit als dynamische Produkte kultureller Praktiken.[53] Wesentlich ist dabei die Erkenntnis, dass ein grundlegender Unterschied zwischen personen- und raumbezogenen Inventaren besteht. Erstere erfassen meist die Habe einer Person in einer mitunter nach Sachgruppen untergliederten Liste (Silbergeschirr, Weinvorräte) und weisen kaum Bezüge zu Räumen auf.[54] Letztere fokussieren dagegen, wie ausgeführt, auf die Inventarisierung von Gebäuden und gehen dabei nach Räumen vor. Beide Typen von Inventaren verzeichnen in der Regel nur die sogenannte Fahrhabe, also die mobile Ausstattung, dagegen so gut wie nie die wand- oder bodenfesten Elemente wie Kochnischen, Kachelöfen und Wandverkleidungen oder innenarchitektonische Bauteile wie Sitznischen. Inventare bilden quellenmäßig sowohl eine Brücke zu archäologischen und bauhistorischen Befunden als auch zu bildlichen und literarischen Quellen.[55] Wie Anja Grebe bei der Analyse visueller Darstellungen von Rauminterieurs, insbesondere der Möbel und textilen Ausstattung des Spätmittelalters unter Einbeziehung von Inventaren zeigen konnte, greifen Konzepte der Repräsentation und (Multi-)Funktionalität von Räumen wie auch der mobiliaren Ausstattung eng ineinander und sind in ihrer Mehrdeutigkeit zu interpretieren.[56]

---

[52] Vgl. hierzu Read Coop, Transkribus Plattform: https://transkribus.eu/Transkribus/ (Zugriff: 24.03.2023).

[53] Arndt BRENDECKE (Hg.), Akteure – Handlungen – Artefakte (Frühneuzeit-Impulse 3), Köln/Weimar/Wien 2015.

[54] Christina ANTENHOFER, Das Brautschatzinventar der Paula Gonzaga, verh. Gräfin von Görz. Edition und Kommentar, in: Tiroler Heimat 83 (2019) 11–57. Fließende Übergänge ergeben sich bei Nachlassinventaren, die mitunter in Hofinventarisierungen übergehen können, vgl. etwa MOLITOR, Natternzungen (wie Anm. 50).

[55] Zur Diskussion, wie historischen Räumen anhand der materiellen Spuren Informationen über die Nutzung abgerungen werden können, vgl. Thomas KÜHTREIBER, Stube – Kammer – Flur. Vom kreativen Umgang mit Raumtypen im ländlichen Milieu (1500–1900) am Beispiel zweier ostalpiner Bauernhäuser, in: Hausforschung in Österreich – Neue Perspektiven (Jahrbuch für Hausforschung in Österreich 1), Großebersdorf 2021, 33–49; zu den baufesten Einbauten vgl. Hans-Heinrich HÄFFNER, Möbel und Wohnkultur im spätmittelalterlichen Burgen- und frühen Schloßbau, Teil II: Die wandfeste Ausstattung, in: ARX. Burgen und Schlösser in Bayern, Österreich und Südtirol 2 (2008) 7–13.

[56] Vgl. Anja GREBE, Wahr-Scheinliche Räume. Überlegungen zur Semiotik des Interieurs in der spätmittelalterlichen Buch- und Tafelmalerei, in: Christina SCHMID / Gabriele SCHICHTA / Thomas KÜHTREIBER / Kornelia HOLZNER-TOBISCH (Hg.), Raumstrukturen und Raumausstattung (wie Anm. 40) 143–173; Anja GREBE. Möbel und Wohnkultur im spätmittelalterlichen Burgen- und

Inventare werden zudem als Quellen für Raum-Objekt-Mensch-Beziehungen begriffen, indem aus den Momentaufnahmen der beweglichen Güter und den Rauminformationen auf die raumbezogenen Aktivitäten geschlossen werden kann. Mit der Perspektive auf die Beziehungen zwischen Menschen und Objekten legte Christina Antenhofer bereits eine erste systematische Untersuchung personenbezogener Inventare am Beispiel fürstlicher Ausstattungs- und Nachlassinventare des 14. und 15. Jahrhunderts vor.[57] Dieses Projekt stellt daher die raumbezogenen Inventare am Beispiel der Burginventare in den Fokus und widmet sich damit dem Forschungsdesiderat einer systematischen Bearbeitung dieses Inventartyps. Die Ergebnisse von Antenhofers Untersuchung fließen in die Erfassung der historisch-semantischen Aspekte der inventarisierten Objekte in den Burginventaren ein. In einem ersten Auswertungsschritt des historischen Teilprojekts werden alle semantisch relevanten Informationen annotiert, die zu den einzelnen Dingen angeführt sind, vor allem sind dies materielle Aspekte wie Anzahl, Farbe, Qualität, Material, Größe, Gewicht, Länge, Wert, Bearbeitungstechniken; Angaben zu Ikonographie und Repräsentation wie figurativer Schmuck, Heraldik, Namen, Inschriften; soziale Gesichtspunkte wie Handlungen, Personen, Objektbiographien sowie soziale Objektkategorien wie Erbe, Geschenk oder Pfand; schließlich raumbezogene Informationen zu Orten, Räumlichkeiten und Herkunftsbezeichnungen (vgl. Tabelle 1). Zu den Hauptforschungsfragen für die historische Auswertung zählen dabei folgende:

- Stehen Objekte mit bestimmten Räumlichkeiten in Verbindung?
  Gibt es geschlechtsspezifische Objekte, die auf primär von Frauen oder Männern genutzte Räume hinweisen?
- Gibt es Informationen zur Nutzung der Gegenstände, zu deren Beziehungen zu Personen oder zu anderen Objekten?
- Welche Erkenntnisse ermöglichen Inventare über Burgen als soziale Orte?

Für die historisch-semantische Annotation kommt das folgende Analyseraster (Tagset) zum Einsatz:

Tabelle 1:

Kategorien der historisch-semantischen Annotation[58]		
Bezeichnung	**Zeitgenössische Bezeichnung des Gegenstandes (Wortebene)**	**Annotationstag**
Ding	Erfassung des Gegenstandes als Realie (Dingebene)	\<object\>
Posten	Zeitgenössische Begrifflichkeit, mit der die Einträge in den Inventaren erfasst werden. Ein meist mit *Item* eingeleiteter Eintrag kann ein einzelnes Objekt, aber auch mehrere Objekte enthalten.	\<item\>

---

frühen Schloßbau, Teil I: Das bewegliche Mobiliar, in: ARX. Burgen und Schlösser in Bayern, Österreich und Südtirol 1 (2007) 30–38.
[57] ANTENHOFER, Familienkiste (wie Anm. 7).
[58] Diese Kategorien beruhen auf der Datenbank, die Antenhofer für die Erfassung der personenbezogenen fürstlichen Inventare entwickelt hat. Ebd. 225–228.

Kategorie	Nach Möglichkeit die vom Inventar selbst vorgegebene Kategorie. Wenn keine Kategorisierung in Untergruppen vorgenommen wird, wird in eckigen Klammern eine entsprechende sachorientierte Zuordnung nach Gruppen vorgenommen.	<category>
Beschreibung	Kompletter Eintrag des Inventars wird erfasst, um den Kontext der Informationen ebenso wie Auswertungsmöglichkeiten nach speziellen Aspekten zu gewährleisten.	<description>
Abschriften	Erfasst werden allenfalls abweichende Beschreibungen in Abschriften, sofern vorhanden.	<copy>
Materielle Aspekte		
Anzahl	Bevorzugt werden im Inventar selbst genannte Zahlen angegeben; handelt es sich um unterschiedliche Objekte in einem Eintrag, die nicht zusammengezählt werden können, wird die Zahlenangabe je Objekt einzeln erfasst.	<number>
Farbe	Erfasst werden die im Eintrag explizit erwähnten Farben mit Nennung der jeweiligen Quellenbegriffe. Weiters können zur Bestimmung des jeweiligen Farbspektrums Farben erschlossen werden, wie sie sich etwa über verwendete Edelsteine rekonstruieren lassen.	<color>
Qualität	Allgemeine Qualitätsangaben wie *schön, gut, klein, groß, minder* etc. Bei umfangreichen Beschreibungen werden auch längere Passagen aufgenommen, die Hinweise auf eine qualitative Erfassung geben.	<quality>
Wertangabe	Spezielle Angaben zum finanziellen Wert der Objekte; erfasst wird hier auch, ob dieser Wert durch Schätzen bestimmt wurde.	<value>
Größe und Gewicht, Zahl	Angaben zu Gewicht und Länge. Zusätzlich werden auch evtl. Zahlenangaben zu den einzelnen Materialien erfasst, insbesondere etwa bei Perlen, Edelsteinen, Stickereien oder Pelzbesätzen.	<size>
Material	Soweit möglich alle genannten Materialien.	<material>
Bearbeitungstechnik	Angaben zu Techniken der Bearbeitung wie *emailliert, vergoldet, gefüttert* bis hin zu speziellen Angaben von Techniken wie *a capitibus,* etc.	<processing>
Aspekte der Memoria und Repräsentation		
Heraldik	Explizite Nennungen von Wappen wie auch allgemeinere Angaben heraldischer Bilder, die eindeutig zuordenbar sind.	<heraldic>
Name	Namen der Dinge selbst, wie sie sich etwa bei Steinen finden.	<entity_name>
Inschriften	Alle Informationen zu Inschriften, auch wenn die Texte nicht angegeben werden, sondern lediglich Hinweise auf (einzelne) Buchstaben oder generelle Vermerke, dass sich Schriften auf den Objekten befinden.	<inscription>

	Ikonographie	
Ornamente	Allgemeine Hinweise auf unbestimmte oder rein graphische Ornamente.	\<ornament\>
Figuren und Bildprogramm	Alle Angaben zu figuralen Programmen.	\<image\>
	Das soziale Objekt	
Handlungen	Nennungen von Handlungen, die sich aus den Inventareinträgen erschließen lassen. Sowohl Handlungen am Objekt selbst, wie *schätzen, schenken,* als auch Handlungen, die mit dem Objekt ausgeführt und explizit erwähnt werden, z. B. *ein Tuch, mit dem man ein Kind zur Taufe trägt*. Aufgenommen werden auch die jeweiligen Quellenbegriffe.	\<action\>
Personen	Hier werden alle Personen angeführt, die im Eintrag genannt sind.	\<person\>
Orte	Alle Orte, sowohl geogr. Bezeichnungen als auch allgemeinere Orte im Sinne von Raumangaben, beispielsweise *Truhe, Bett, Altar.*	\<place\>
Herkunft	Angaben zur Herkunft von Materialien und Objekten, aber auch Bezeichnungen von Techniken, die auf Orte verweisen, beispielsweise *ad modum Teutonicum.*	\<origin\>
Zeitangaben	Alle Zeitangaben, die sich nicht auf die Ausstellung des Inventars (= Datum) beziehen.	\<time\>
Soziale Objektkategorie	Nach Möglichkeit wird eine Großkategorie gewählt, wie *Erbe, Geschenk, Hochzeitsgeschenk* oder *Pfand.*	\<social_category\>
Objektbiografie	Alle Angaben, die auf die Geschichte des Objekts außerhalb des unmittelbaren Horizonts des Inventars verweisen, insbesondere wenn es Informationen über die Herkunft des Objekts als Erbe oder Geschenk von Dritten gibt, über den Erwerb, aber ebenso über evtl. Schäden, Umarbeitungen etc.	\<object_bio\>
Behältnis	Angaben zu Hüllen oder Behältnissen, in denen besonders wertvolle Stücke verwahrt werden.	\<container\>
Schenker:in	Schenker:innen werden separat erfasst. Festgehalten wird zudem, ob es sich um eine Frau oder einen Mann handelt, um evtl. den Genderaspekt des Schenkens zu erfassen.	\<donor\>
Beschenkte	Ebenso werden die Beschenkten erfasst, wiederum nach Genderkategorien differenziert.	\<donee\>
Besitzer:in	Besitzer:innen der Objekte, soweit diese genannt sind.	\<owner\>
	Räumliche Aspekte	
Raumbezeichnung	Historischer Raumname, Eigenschaften.	\<room_name\>
Raumfunktion	Multifunktionaler Wohnraum, Lagerraum etc.	\<room_function\>

Raumzugang und -lage	Angaben zur Raumtrennung und Erreichbarkeit.	<room_details>
Raumtyp	Gemeinschaftsraum, Rückzugsraum.	<room_type>
Ortswechsel	Hinweise zu Ortsveränderungen.	<transposition>
Temporäre Abwesenheit	Hinweise zu vorübergehenden Ortsveränderungen.	<temp_absence>

Ein zweiter Fragenkomplex gilt der Sprache der Inventare selbst, da zur Erfassung der Objekte Wortschatzarbeit geleistet wird und Inventare zu wichtigen Dokumenten für historische Sprachbestände zählen. In diesem Bearbeitungskomplex werden dabei die Begrifflichkeiten für die Objekte und die damit verbundenen minimalen sprachlichen Kontexte erfasst und es wird darüber ein Glossar erstellt, welches der Erschließung der semantischen Inhalte der Inventare dient. Die Klärung historischer Begriffe für Objekte und damit der Ding-Wort-Relation stellt ein Forschungsdesiderat dar. Aufbauend auf der Grundlage der erfassten historischen Textkorpora der Inventare, die insbesondere frühneuhochdeutsch, zum Teil auch in Renaissanceitalienisch und Neulatein abgefasst wurden, wird ein Thesaurus erstellt und damit ein Beitrag zur Erschließung der semantischen Welten der Inventare geleistet.

Die Texte werden automatisch in ein linguistisch annotiertes Korpus mit Part of Speech-Tagging transformiert. Dies erfolgt in einem bestehenden Verarbeitungspfad (Annotationspipeline), der im Rahmen der Projekte Alpenwort und Sem4MountHist (Semantics for Mountaineering History) entwickelt und im verwandten Projekt T.M.M.M.T. (Text Mining Medieval Mining Texts) für die Verarbeitung mittel- und frühneuhochdeutscher Texte ausgebaut wurde (Tagging, semantische Annotation, Named Entity Recognition [NER]).[59] Die inhaltlichen semantischen Annotationen bleiben dabei erhalten, um sie später für die semantische Analyse heranzuziehen.

Für die semantische Darstellung wird die CIDOC-CRM-Ontologie verwendet, ein ISO-Standard für die Modellierung von Daten, der sich in den Digital Humanities abzeichnet.[60] Dieser ereigniszentrierte Modellierungsansatz ist in der Lage, die Aktivität der Erstellung eines Inventars und die Beziehungen zwischen den Inventareinträgen, den beschriebenen Objekten und Praktiken sowie den Räumen, in denen sich die Dinge befinden, darzustellen.

Die Liste der Wörter und Sachen aus der Zingerle-Ausgabe[61] dient als erste Grundlage für den Thesaurus. Der endgültige Thesaurus basiert jedoch auf den aus den Ver-

---

[59] Elisabeth GRUBER-TOKIĆ / Gerhard RAMPL / Gerald HIEBEL, Namen und Informationsmodellierung in frühneuhochdeutschen Bergbaudokumenten, in: Namenkundliche Informationen 113 (2021) 193–218; vgl. ebenfalls Claudia POSCH / Gerhard RAMPL (2017), Alpenwort – Korpus der Zeitschrift des Deutschen und Österreichischen Alpenvereins (1869–1998): http://alpenwort.at (Zugriff: 29.03.2023).

[60] Zur semantischen Modellierung vgl. Patrick LE BOEUF / Martin DOERR / Christian Emil ORE / Stephan STEAD, Definition of the CIDOC Conceptual Reference Model 2019: http://www.cidoc-crm.org/Version/version-6.2.5 (Zugriff: 29.03.2023); vgl. dazu auch Gerald HIEBEL / Martin DOERR / Øyvind EIDE, CRMgeo: A Spatiotemporal Extension of CIDOC-CRM, in: International Journal on Digital Libraries Special Issue 18 (2017) 271. DOI: 10.1007/s00799-016-0192-4.

[61] ZINGERLE, Mittelalterliche Inventare (wie Anm. 15) 241–392.

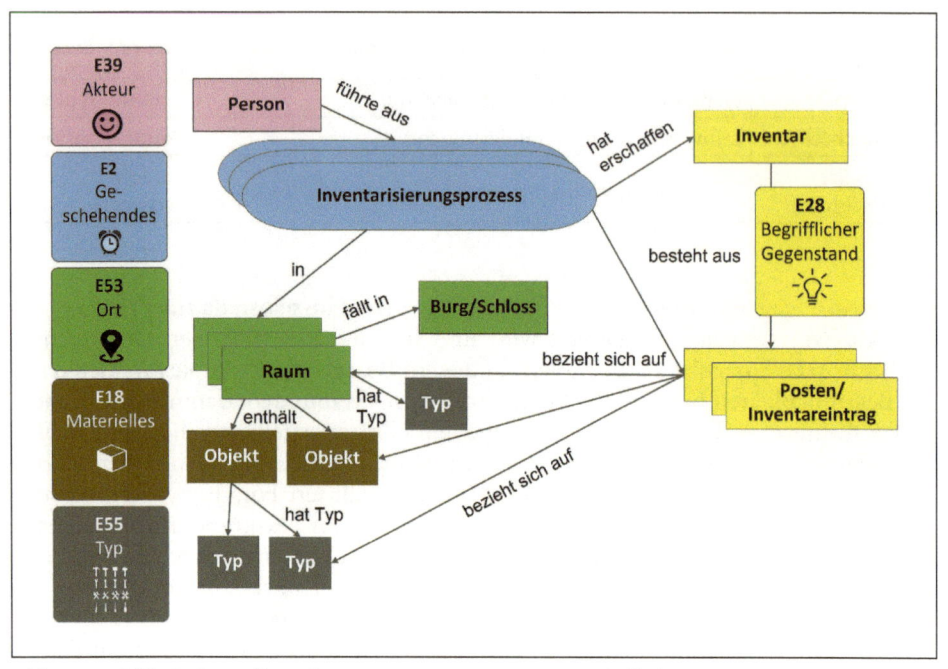

Abb. 3: Modellhafte Darstellung des Inventarisierungsprozesses mithilfe der Klassen von CIDOC CRM.

zeichnissen extrahierten Vokabularen. Wenn möglich, werden Konzepte aus bestehenden Thesauri, wie dem Getty AAT, verwendet und *breitere* Beziehungen werden mit der Methodik des Back Bone Thesaurus erstellt, der innerhalb der DARIAH-Infrastruktur entwickelt wurde.[62] Der Thesaurus wird in SKOS (Simple Knowledge Organization System) implementiert, einem Datenmodell der Semantic-Web-Gemeinschaft für den Austausch und die Verknüpfung von Wissensorganisationssystemen, wie Thesauri, Taxonomien, Klassifizierungsschemata und Schlagwortsystemen.[63]

Im dritten Projektteil werden die aus den Inventaren gewonnenen Informationen zur Relation Objekt-Mensch-Praxis-Raum sowie zu den Objektbeziehungen untereinander mit ausgewählten noch existierenden Burgen in Verbindung gebracht. Dies ist am Beispiel der Tiroler Burgen auch deshalb gut umsetzbar, da sie zum einen außergewöhnlich gut über schriftliche Quellen dokumentiert[64] und zum anderen vielfach noch intakt sind oder als Ruinen existieren, aus denen sich die historische Raumfolge ablesen lässt. Über das groß angelegte Projekt des Tiroler Burgenbuchs[65]

---

[62] Auf der Basis von Dariah Crete, Backbone Thesaurus (BBT) 2016: http://83.212.168.219/DariahCrete/en/bbt_intro_ (Zugriff: 29.03.2023).

[63] Vgl. W3C 2009, SKOS Simple Knowledge Organization System Reference 2009: https://www.w3.org/TR/2009/REC-skos-reference-20090818/ (Zugriff: 29.03.2023).

[64] Enno Bünz, Burg, Schloss, Adelssitz im Mittelalter. Verfassungs-, rechts- und sozialgeschichtliche Fragen aus Tiroler Perspektive, in: Ansitz – Freihaus – corte franca (wie Anm. 35) 27–50.

[65] Oswald Trapp / Magdalena Hörmann (Hg.), Tiroler Burgenbuch. 11 Bände, Bozen/Innsbruck 1972–2020.

Abb. 4: Schloss Bruck (Lienz) mit Raumstrukturen. Fotografische Außenaufnahme. © Schloss Bruck, Foto Wolfgang Retter, Bearbeitung Mag. Gábor Tarcsay.

liegen die Ergebnisse der Grundlagenforschung zu den einzelnen Burgen vor allem aus bau-, besitz- und kunstgeschichtlicher Perspektive vor. Darüber hinaus wurden zuletzt die Baugeschichte und das Raumbuch von Schloss Tirol vorgelegt.[66] Diese Informationen gilt es mit jenen aus den Inventaren zu verbinden, über eine Website sowohl der Scientific Community wie einer interessierten Öffentlichkeit zugänglich zu machen und damit das kulturelle Erbe der Tiroler Burgen weiter zu erschließen. Insbesondere wird das Projekt auch den vorherrschend *männlichen* Blick auf Burgen hinterfragen und so einen Schritt in Richtung der Erforschung der „lived experience" machen, „creating inclusive, gendered interpretations that account for differences in the past [...] in relation to gender".[67]

6. Fazit und Ausblick

Mit diesem Projekt werden somit mehrere Ziele erreicht: Zum einen wird damit die längst überfällige Edition des bedeutenden Korpus der Tiroler Burginventare nach neuesten Standards erarbeitet. Gleichzeitig ermöglicht die historisch-semantische

---

[66] Walter HAUSER / Martin MITTERMAIR (Hg.), Schloss Tirol – Baugeschichte, Band 2: Raumbuch (DVD), Schloss Tirol 2017.
[67] Karen DEMPSEY / Roberta GILCHRIST / Jeremy ASHBEE / Stefan SAGROTT / Samantha STONES, Beyond the Martial Façade: Gender, Heritage and Medieval Castles. International Journal of Heritage Studies (2019) 1–18: hier 10. DOI: 10.1080/13527258.2019.1636119.

Erschließung ihres Inhalts mit digitalen Technologien erstmals, sie umfassend als Quellen für Burgen als soziale Orte wie für die Geschichte des historischen Tirol systematisch auszuwerten. Darüber hinaus liefern die Ergebnisse dieses Projektes jedoch auch über den Untersuchungshorizont des Tiroler Raums hinausgehend Erkenntnisse:

1) für die quellenkundliche Erschließung von Inventaren,
2) für deren methodische Bearbeitung mittels digitaler Tools,
3) für die Untersuchung der materiellen Kultur und Raumdifferenzierung auf Burgen als sozialen Orten (Mensch-Objekt-Raum-Beziehungen) besonders unter geschlechtergeschichtlichen Vorzeichen,[68]
4) für die Frage der Entwicklung der materiellen Kultur an der Wende von Mittelalter und Früher Neuzeit vor dem Hintergrund der Thesen einer Konsumrevolution, die in dieser Zeit stattgefunden haben soll.[69]

Die Dissemination der Projektergebnisse erfolgt über ein Webportal, in dem die annotierten Transkriptionen und Digitalisate für die Scientific Community und die interessierte Öffentlichkeit verfügbar sind und komplexe Abfragemöglichkeiten geboten werden. Für ausgewählte Burgen wird darüber hinaus eine Visualisierung mittels Web-GIS realisiert, die es erlaubt, Realien in ihrem raum-zeitlichen Kontext zu erfassen. Die Resultate werden 2024 auf einer Konferenz in Innsbruck internationalen Expertinnen und Experten vorgestellt und kritisch diskutiert. Soweit urheberrechtlich möglich, werden die Daten zudem als Open Research Data, die nach den FAIR-Prinzipien[70] generiert werden, zugänglich gemacht. Die im Projekt digital erarbeiteten Transkriptionen sollen schließlich nach Projektabschluss auch in eine gedruckte Neuedition der Tiroler Burginventare mit Registern und Glossaren zur besseren Erschließung münden und damit die unvollständige Edition von Zingerle ablösen.

---

[68] Vgl. ebd.; Stephan Hoppe, Bauliche Gestalt und Lage von Frauenwohnräumen in deutschen Residenzschlössern des späten 15. und des 16. Jahrhunderts, in: Das Frauenzimmer. Die Frau bei Hofe in Spätmittelalter und früher Neuzeit (Residenzenforschung 11), hg. von Jan Hirschbiegel / Werner Paravicini, Stuttgart 2000, 151–174; Stephan Hoppe, Appartement, in: Höfe und Residenzen im spätmittelalterlichen Reich. Bilder und Begriffe, Teilbd. 1: Begriffe (Residenzenforschung 15 II. 1), hg. von Werner Paravicini, Ostfildern 2005, 413–417; Cordula Nolte, Familie, Hof und Herrschaft. Das verwandtschaftliche Beziehungs- und Kommunikationsnetz der Reichsfürsten am Beispiel der Markgrafen von Brandenburg-Ansbach (1440–1530) (Mittelalter-Forschungen 11), Ostfildern 2005; Jan Hirschbiegel / Werner Paravicini (Hg.), Das Frauenzimmer. Die Frau bei Hofe in Spätmittelalter und Früher Neuzeit (Residenzenforschung 11), Stuttgart 2000; Thomas Kühtreiber, The Investigation of Domesticated Space in Archaeology – Architecture and Human Beings, in: Dwellings, Identities and Homes. European Housing Culture from the Viking Age to the Renaissance (Jutland Archaeological Society Publications 84), hg. von Mette Svart Kristiansen / Kate Giles, Aarhus 2014, 39–51.

[69] Vgl. Richard A. Goldthwaite, Wealth and the Demand for Art in Italy. 1300–1600, Baltimore 1993; Evelyn S. Welch, Shopping in the Renaissance. Consumer Cultures in Italy 1400–1600, New Haven CT / London 2005; Bart Lambert / Katherine Anne Wilson (Hg.) Europe's Rich Fabric. The Consumption, Commercialisation, and Production of Luxury Textiles in Italy, the Low Countries and Neighbouring Territories (Fourteenth–Sixteenth Centuries), Farnham, Surrey, England/Burlington, VT 2016.

[70] Vgl. GO FAIR: https://www.go-fair.org/fair-principles/ (Zugriff: 24.04.2023).

Aûfzaichnûß des vorrats unnd annder sachen halben im sloß.
Die Festung Hohensalzburg im Spiegel einer schriftlichen Quelle aus dem 16. Jahrhundert unter Erzbischof Matthäus Lang von Wellenburg

Walter Brandstätter

1. Einleitung

Stefan Zweig beschrieb die *Festung* Hohensalzburg[1] einst als *steinerne[s] Schiff [...] über dem grünen Gewoge der Landschaft. Festgeankert [...] fährt dieses Schiff durch die Zeit und steht doch ewig an gleicher Stelle [...]*.[2] Gut ein Jahrtausend ist vergangen, seit Erzbischof Gebhard im auslaufenden 11. Jahrhundert einen ersten Wehrbau an der Stelle der heutigen *Festung* errichten ließ. Um den wohnlichen, repräsentativen und fortifikatorischen Ansprüchen der Fürsterzbischöfe gerecht zu werden, erfuhr die Anlage in den folgenden Jahrhunderten zahlreiche Umbauphasen. Die wichtigsten Bauimpulse kamen dabei aus der Übergangsphase zwischen Mittelalter und Früher Neuzeit unter Erzbischof Leonhard von Keutschach (1495–1519). Als sichtbares Zeichen seiner herrschaftlichen Macht nahm der Salzburger Metropolit umfassende Bautätigkeiten vor, nach deren Fertigstellung das *Antlitz* der *Festung* schon weitgehend jenem von heute glich.[3]

---

[1] Da Festungen vorwiegend gegen Feuerwaffen genutzte Verteidigungsanlagen mit reduzierter Wohnfunktion darstellen, erscheint es angesichts der prunkvoll ausgestalteten Fürstenzimmer und der erzbischöflichen Wohnräume auf Hohensalzburg angebracht, anstatt der lokal eingebürgerten *Festung* Hohensalzburg die definitionsgemäß korrektere Bezeichnung *Burg* zu verwenden, da diese als bewohnbarer Wehrbau definiert werden kann. Aufgrund der Tatsache, dass Hohensalzburg seit jeher auch in der Forschungsliteratur als Festung bezeichnet wird, soll diese Tradition jedoch auch im folgenden Beitrag fortgeführt werden. Um dennoch auf die oben genannten Unstimmigkeiten hinsichtlich der reduzierten Wohnfunktion von Festungen aufmerksam zu machen, soll die Bezeichnung *Festung* kursiv gesetzt bzw. Hohensalzburg tautologisch mit dem Begriff Burg oder Schloss verwendet werden. Vgl. zur Begriffsdefinition etwa Horst Wolfgang Böhme / Reinhard Friedrich / Barbara Schock-Werner, Wörterbuch der Burgen, Schlösser und Festungen, Heidelberg 2020, online unter https://doi.org/10.11588/arthistoricum.535 (Zugriff: 06.04.2023); G. Ulrich Grossmann, Die Welt der Burgen. Geschichte, Architektur, Kultur, München 2013, 19, 208; Thomas Biller, Die mittelalterliche Stadtbefestigung im deutschsprachigen Raum, Band 1, Darmstadt 2016, 17–18.

[2] Stefan Zweig, Begegnungen mit Menschen, Büchern, Städten, Grafrath 2018, 342.

[3] Vgl. hierzu Richard Schlegel, Veste Hohensalzburg, Salzburg 1952, 26–40; Wilfried K. Kovacsovics, Die Bautätigkeit Leonhards von Keutschach in der Stadt Salzburg, in: Zeit des Umbruchs. Salzburg unter Leonhard von Keutschach und Matthäus Lang (1495–1540). Ergebnisse der internationalen Fachtagung von 11. bis 12. Juni 2019, hg. von Peter F. Kramml / Thomas Mitterecker, Salzburg 2020, 213–221.

Bis heute hat die zu den größten vollständig erhaltenen Burganlagen Mitteleuropas gehörende Festung Hohensalzburg nichts an ihrer Faszination und Strahlkraft eingebüßt und gilt deshalb zu Recht als Sinnbild und Repräsentantin Salzburgs. Trotz der Prominenz dieses historisch herausragenden Schauplatzes präsentiert sich die Forschungssituation als überraschend heterogen. Wenngleich in den vergangenen Jahrzehnten mehrere Untersuchungen vorwiegend aus dem Bereich der Bauforschung durchgeführt wurden,[4] bleiben neuere kultur- und sozialgeschichtlich inspirierte Arbeiten ein Forschungsdesiderat.[5] Ziel dieses Beitrags ist es daher, die frühneuzeitliche Großanlage Hohensalzburg im Spiegel einer schriftlichen Quelle aus dem 16. Jahrhundert darzustellen, die als umfassendes Aufrüstungsprogramm zahlreiche sozial- und wirtschaftsgeschichtlich relevante Aspekte über die Burg vermittelt.[6] Diese bislang unveröffentlichte[7] Archivalie wurde unmittelbar nach den Erfahrungen des Bauernaufstandes von 1525[8] mit der Intention erstellt, die Burg für eine Belagerung von bis zu einem Jahr[9] mit Lebensmitteln einzudecken und die Fortifikation sowie den Geschützpark der Anlage zu verstärken.

Vor diesem Hintergrund erscheint es nicht verwunderlich, dass sich bereits auf der Titelseite des Dokuments die zentralen Überlegungen des *berühmtesten Artilleriegeneral*[s] *seiner Zeit*,[10] Michael Ott von Echterdingen, widerspiegeln. Dieser erklärte in seinem Werk *Kriegs-Ordnung new gemacht*, dass neben einer wehrhaften Lage und ausreichend Geschützen und Munition der Schlüssel zu einer erfolgreich

---

[4] Johann Carl Pillwax, Hohensalzburg. Seine Geschichte, Baulichkeiten und Ausrüstung, in: Mitteilungen der Gesellschaft für Salzburger Landeskunde 17 (1877) 1–88; Schlegel, Veste Hohensalzburg (wie Anm. 3); Hans Tietze, Die profanen Denkmale der Stadt Salzburg, Wien 1914; Patrick Schicht, Die Festung Hohensalzburg und der hochmittelalterliche Burgenbau der Erzbischöfe von Salzburg, Diss. Wien 2006; Nicole Riegel, Die Bautätigkeit des Kardinals Matthäus Lang von Wellenburg (1468–1540), Münster 2009, 167–218; Nicole Riegel, Hohensalzburg unter Leonhard von Keutschach und Kardinal Matthäus Lang von Wellenburg: Fortifikation und Repräsentation 1495–1540, in: Burgen im Alpenraum (Forschungen zu Burgen und Schlössern 14), hg. von der Wartburg-Gesellschaft zur Erforschung von Burgen und Schlössern e. V., Kranj 2012, 95–109; Wilfried K. Kovacsovics, Grabungen auf der Festung Hohensalzburg, in: Archäologie Österreichs 9 (1998) Heft 2, 4–14; Zechner Denkmal Consulting GmbH, Bauforschung Endbericht Etappe III/IV. Schmiedstöckl – Mesnerstöckl, 3. Sperrbogen, Bürgermeisterturm, Schlangengang, Graz 2008.

[5] An dieser Stelle sei auf das Digital Humanities Projekt *Hohensalzburg digital. Historische Daten zur materiellen Raumausstattung und -nutzung erschließen und verlinken* (2022–2024) verwiesen, das derzeit an der Paris Lodron Universität Salzburg (PLUS) unter der Projektleitung von Christina Antenhofer umgesetzt wird. Online unter https://hohensalzburg.digital/ (Zugriff: 30.03.2023).

[6] Der vorliegende Beitrag ist hervorgegangen aus der Masterarbeit des Verfassers, welche im Jahr 2021 an der Universität Salzburg eingereicht wurde. Walter Brandstätter, Die Festung Hohensalzburg im Spiegel frühneuzeitlicher Quellen aus der Regierungszeit des Erzbischofs Matthäus Lang von Wellenburg (1519–1540), ungedruckte Masterarbeit Salzburg 2021.

[7] Das Schriftstück wurde bereits auszugsweise bearbeitet in Pillwax, Hohensalzburg (wie Anm. 4) 58–65; Schlegel, Veste (wie Anm. 3) 88–94; Riegel, Bautätigkeit (wie Anm. 4) 167–218. Eine vollständige Bearbeitung und Edition wurde bislang nicht vorgenommen.

[8] Vgl. zum Bauernaufstand von 1525 Peter F. Kramml, Die Salzburger Bürgerschaft 1495–1525. Zwischen Emanzipation, Erniedrigung und Aufstand, in: Zeit des Umbruchs. Salzburg unter Leonhard von Keutschach und Matthäus Lang (1495–1540). Ergebnisse der internationalen Fachtagung von 11. bis 12. Juni 2019, hg. von Peter F. Kramml / Thomas Mitterecker, Salzburg 2020, 153–194.

[9] Vgl. hierzu Anm. 57.

[10] Heinz Dopsch, Hohensalzburg im Mittelalter, in: 900 Jahre Festung Hohensalzburg, hg. von Eberhard Zwink, Salzburg 1977, 110.

überstandenen Belagerung in ausreichend gefüllten Vorrats- und Speisekammern, der Aussicht auf Entsatz sowie einer gehorsamen und disziplinierten Besatzung liege.[11] Diese Punkte sind es auch, aus denen sich der Inhalt des knapp 50 Seiten umfassenden Faszikels zusammensetzt, der in der Literatur als Bedarfs- und Aufgabenprotokoll bezeichnet wird.[12] Neben einer exakten Auflistung des Personenstandes von 1526 und einem schriftlich fixierten Ordnungsrahmen für die Burgbesatzung erlaubt das Dokument überdies Einblicke in die Erweiterung des Zeughauses, die Aufstockung der Lebensmittelbestände und in niedergeschriebene Überlegungen zu umfassenden Baumaßnahmen. Mit Werner Paravicini lässt sich zusammenfassend sagen, dass es sich bei den komplexen Inhalten dieses Dokuments um vom Erzbischof erlassene Bestimmungen handelt, die feststellen, *(1) welche Ämter es in seiner Haushaltung gibt, (2) wer sie innehaben soll, (3) mit welchem Gefolge beziehungsweise mit welcher Entlohnung sie zu versehen sind, (4) was zu tun ist und (5) in welcher Form dies zu geschehen hat.*[13]

Ehe sich der Beitrag einer inhaltlichen Analyse des Bedarfs- und Aufgabenprotokolls widmet, soll das Dokument zunächst entlang der Kriterien der inneren und äußeren Quellenkritik beschrieben werden. Nach der Analyse folgen ein kurzes Fazit, worin die wesentlichen Erkenntnisse zusammengefasst werden, und die Edition des Protokolls.

2. Quellenkritik

Das Bedarfs- und Aufgabenprotokoll, welches zwischen 1526 und 1537 erstellt wurde, befindet sich im Salzburger Landesarchiv (SLA)[14] und hat das Format 22 x 32 cm. Das auf der Vorderseite beschriebene Deckblatt ist von den 29 ursprünglich gebundenen und doppelseitig beschriebenen Folien abnützungsbedingt getrennt. Folio 2r, 7v, 11r, 11v, 15r, 18v, 24r, 27r, 27v, 28r, 28v, 29r sind unbeschrieben. Eine zeitgenössische Paginierung ist nicht zu finden. Zwischen Folio 13v und 14r ist

---

[11] *Was aber die fünff wesentlichen stück seien volgt hernach. Zu dem ersten, das dasselb hauß an im selb eyn / wherlichen gütten platz hab und vest sei. Zu dem andern, das solichs hauß mit geschütz und aller mundiccien / darzu gehörig nach seiner gelegenheyt versehen sei. Zu dem dritten, das gemelt hauß mit nottürfftiger proviandt, / nach seiner gelegenheyt gespeist und versehen sei. Zu dem vierdten, das daß hauß zu seiner zimlichen zeit und / zuvor ehe das proviandt zerrindt geredet werden müge. Zu dem fünfften, das solch gemelt hauß, mit frommen und / notvesten leuten besetzt sei: Daran ist nit wenig gelegen, dann wo das nit, so wer crisam und tauff aller verloren, / da hilfft keyn sterck, wens nit biderleut hat.* Zitiert nach Riegel, Bautätigkeit (wie Anm. 4) 184.

[12] Vgl. ebd. 167–218. Die Bezeichnung *Bedarfs- und Aufgabenprotokoll* oder kurz *Protokoll* soll auch im folgenden Beitrag übernommen werden.

[13] Werner Paravicini, Europäische Hofordnungen als Gattung und Quelle, in: Höfe und Hofordnungen 1200–1600 (Residenzenforschung 10), hg. von Holger Kruse / Werner Paravicini, Sigmaringen 1999, 13–20, hier 14. An dieser Stelle sei erwähnt, dass das Protokoll zwar Teilaspekte der von Paravicini angeführten Kriterien für Hofordnungen enthält, der ursprüngliche Entstehungskontext jedoch auf spezifische Zielsetzungen zurückgeht, die sich von jenen der klassischen Hofordnungen der Zeit deutlich unterscheiden. Insofern ist das Bedarfsprotokoll nicht als typische Hofordnung im Sinne einer Optimierung des Hoflebens zu verstehen, sondern als ein umfängliches Modernisierungs- und Verproviantierungskonzept.

[14] Salzburger Landesarchiv (im Folgenden SLA), Geheimes Archiv, XVI, 3.

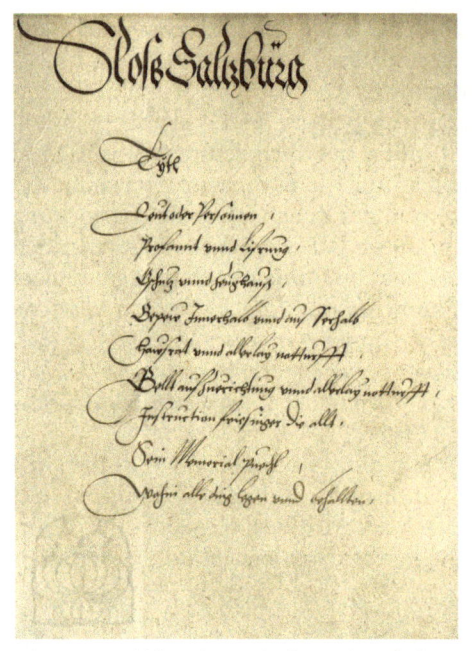

Abb. 1: Deckblatt des Bedarfs- und Aufgabenprotokolls. Salzburger Landesarchiv, Geheimes Archiv, XVI, 3.

ein Blatt mit der Überschrift *In graben* eingelegt. Das Deckblatt sowie 12 der 29 Folien tragen ein Salzfass als Wasserzeichen.[15] Der Beginn des Dokuments, der Abschnitt mit der Auflistung des Personenstandes, ist auf das Jahr 1526 datiert. Im Laufe der Jahre wurde das Protokoll allem Anschein nach schrittweise ergänzt, etwa durch eine Bestandsaufnahme des Proviants von 1537. Da sich am Dokument allerdings nur eine Schreiberhand identifizieren lässt, liegt der Schluss nahe, dass es sich um eine zeitgenössische Reinschrift handelt, die vermutlich um das Jahr 1537 entstand.

Am Deckblatt ist die Überschrift *Sloſß Salczbürg* und darunter *Tjtl* zu lesen. Anschließend folgt eine Art Inhaltsverzeichnis, dessen Anordnung jedoch nicht der tatsächlichen Abfolge des Inhalts entspricht und somit aus der Zeit vor der Abschrift stammen könnte.[16] Tatsächlich folgen auf den Abschnitt des Personenstandes von 1526[17] zwei Seiten, die als Schlossordnung zu interpretieren sind.[18] Anschließend wurden, aufgeteilt in drei Abschnitte, Überlegungen zu etwaigen Bau- und Sanierungsmaßnahmen niedergeschrieben.[19] Darauf folgt eine Bestandsaufnahme der Lebensmittelvorräte von 1537[20] mit einem eingelegten Blatt über die Vorrichtungen im Schlossgraben.[21] Die Fortsetzung bildet ein Abschnitt über die Instandsetzung verschiedener Wirtschafts-

---

[15] Gerhard Piccard beschrieb das Wasserzeichen folgendermaßen: Dreiberg – Im Wappenschild – Darüber Salzfass – Ein Reif unten – Zwischen zwei Bindedrähten, ohne Bindedrahtberührung. - Das am Protokoll ersichtliche Wasserzeichen unterscheidet sich allerdings geringfügig vom oben beschriebenen. Vgl. hierzu die Wasserzeichensammlung von Gerhard PICCARD auf der Internetseite des Hauptstaatsarchives Stuttgart https://www.piccard-online.de/ergebnis1.php (Zugriff: 30.04.2023).

[16] Die Abschnitte werden in folgender Reihenfolge aufgezählt: *Leût oder personen; Profannt unnd lifrûng; Gschücz unnd zeûghaûß; Gepeû innerhalb unnd aûsserhalb; Haûsrat unnd allerlaÿ nottürfft; Gellt aûf zûerichtüng unnd allerlaÿ nottürfft; Instrûction Friesinger die allt; Sein memorial pûechl; Wohin alle ding legen unnd behalten.* Bestands- und Aufgabenprotokoll, SLA, Geheimes Archiv, XVI, 3, fol. 0.

[17] *Leût oder personnen stat im sloſß Salczbürg 1526.* Ebd. fol. 1r–1v.

[18] *Phleger Friesinger oder annder sollen zû zeiten selbst in türnicz essen beÿ dem slosgsind aûch beÿ den knechten oder sonnst offt zûesechen.* Ebd. fol. 2v–3v.

[19] *Gepeû innerhalb des sloſß Salczburg unnd am perg aûch aûsserhalb.* Ebd. fol. 4r–5r; *Zimerleût.* Ebd. fol. 5v; *Reichart unnd maister Anndre sollen die dreÿ thürn im sloß uberslagenn.* Ebd. fol. 6r–7r.

[20] *Aûfzaichnûß des vorrats unnd annder sachen halben im sloß beschechen am 2. tag januari anno 1537.* Ebd. fol. 8r–10v; *Anslag der profannt.* Ebd. fol. 12r–13r.

[21] *In graben.* Ebd. fol 13v.

gebäude.²² Sodann folgt ein Kapitel mit Überlegungen zur Modernisierung des Geschützparkes und des Zeughauses.²³ Ein umfassendes Verproviantierungskonzept, aufgeteilt in mehrere Unterkapitel, bildet den Abschluss.²⁴

Der Einfachheit und besseren Übersicht halber werden die folgenden Abschnitte, ähnlich der von Michael Ott von Echterdingen vorgeschlagenen Unterteilung, in fünf zentralen Kapiteln zusammengefasst. Auf die ersten beiden Kapitel mit dem Personenstand und den niedergeschriebenen Verhaltens- und Optimierungsmaßnahmen auf der Burg folgen zwei weitere, die sich mit dem Bauprogramm und der Modernisierung der Geschütze beschäftigen. Ein abschließendes Kapitel beleuchtet die Verproviantierungsmaßnahmen aus dem Jahr 1537.

3. *Leût oder personnen stat im sloß Salczbürg 1526*

Wie aus dem Protokoll hervorgeht, lebten zum Zeitpunkt der Aufzeichnung im Jahr 1526 97 Personen auf Hohensalzburg, wobei anzunehmen ist, dass diese Zahl noch um einige wenige Handwerker erweitert werden muss.²⁵ Diese knapp 100 Personen lassen sich Heinz Dopsch zufolge in ein ordentliches Schlossgesinde, die dauerhafte Burgbesatzung, und ein aus Handwerkern und Bauarbeitern bestehendes außerordentliches Schlossgesinde unterteilen.²⁶ Die Liste beginnt mit dem Pfleger als oberstem Kommandanten der Burg; im Jahr 1526 hatte Veit Friesinger diese Position inne. Es folgen der Kaplan als höchste geistliche Instanz – freilich hinter dem Erzbischof, der sich nur zeitweilig auf der Burg aufhielt, und der Hauspfleger als rechte Hand des Pflegers sowie der Zeugmeister als Verwalter der Waffenkammer. Dies sind die hochrangigsten Personen der dauerhaften Burgbesatzung.²⁷ Darüber hinaus werden ein Büchsenmeister, ein Kellner, ein Anschaffer,²⁸ ein Bäcker, sechs Torschützen, zwei Übergeher,²⁹ 16 Wachen, ein Wagenknecht, ein Hausknecht, ein Hofnarr sowie eine Köchin und eine Viehmagd erwähnt.³⁰ Unter *Zûesacz* werden schließlich all jene Personen genannt, die gemäß der Unterteilung von Dopsch zum außerordentlichen Schlossgesinde gezählt werden können: zwei weitere Büchsenmeister, ein Maurer-

---

22 *Wohin allen vorrat von profannt gschücz unnd anndern gelegt unnd behallten auch wo jederman ligen unnd wonnen soll.* Ebd. fol. 14r.
23 *Gschücz. Was jecz ûnd von pûchsen gegossen sollt werden.* Ebd. fol. 15v–18r.
24 *Profanndt unnd lifrûng* [auch als Schlossordnung zu interpretieren]. Ebd. fol. 19r–21r; *Was von profannt aûf das slos bestellt unnd bracht sollt werden.* Ebd. fol. 21r–23v; *Gellt. Was man ungevärlich aûf die hernach geschriben ding von gellt nottürfftig wierdet.* Ebd. fol. 24v–26r; *Friesinger darf gellt sein aûsgab.* Ebd. fol. 26v.
25 Dies lässt sich aus den Passagen *zûefallend arbaiter unnd annder* und *annder handwercher die mit der hanndt arbaiten* erschließen. Ebd. fol. 1r bzw. 1v.
26 Vgl. Heinz Dopsch, Die Burggrafen, Pfleger und Hauptleute von Hohensalzburg, ihre Rechte und Pflichten, in: 900 Jahre Festung Hohensalzburg, hg. von Eberhard Zwink, Salzburg 1977, 156–158.
27 *Phleger, herr Liennhardt caplan I, Thoman haûßpfleger I, maister Gëorg zeûgmaister I.* Bedarfs- und Aufgabenprotokoll, SLA, Geheimes Archiv, XVI, 3, fol. 1r.
28 Eine Art Aufsichtsorgan.
29 Ein Aufseher oder Kontrollor.
30 *Kâmler pûchsenmaister I, khellner I, anschaffer I, pegkh oder phister I, thorschûczen VI, ubergeer II, wachter XVI, wagenknecht I, haûßknecht I, rûepl nar I, kôchin, vichdiern II.* Bedarfs- und Aufgabenprotokoll, SLA, Geheimes Archiv, XVI, 3, fol. 1r.

und Zimmermeister mit jeweils vier Gehilfen, vier Steinbrecher, ein bzw. zwei Tischler, zwei Wagner, ein Schlosser, ein Schmiedknecht sowie ein Barbier, dem neben der Körperpflege auch die Krankenpflege und Wundheilung oblag.[31] Unter *Extraordinari* werden außerdem ein alter Bäcker, eine Plattnerin[32] samt drei Kindern, ein gewisser *Lanng Larenz*[33] und *Zûefallend arbaiter unnd annder* genannt.[34]

Das ebenfalls zum ordentlichen Schlossgesinde gehörende *Hofgesindt* setzte sich aus einem Bierbrauer, einem gewissen *Dietnhaimer*,[35] sechs *Raŷsig trabannten*,[36] dem Feuerwerkmeister Wilhelm und seinem Bruder, zwei Trompetern, wobei nur Heinz Gregori namentlich genannt wird, einem Jäger, einem Offizierskellner, einem *Zergadner*,[37] einem Kastner, einem Speiser, einem Einkäufer, einem Koch, *Kûchlpûeben*,[38] einem Krautmeister, Heinz und Martin Singer,[39] Stefan Vogler,[40] Achatzi Turner[41] *mit knechten darûnder III oder IIII arcztknappen unnd annder handwercher die mit der hanndt arbaiten* sowie einem Seidennäher zusammen.[42]

4. *Man soll im sloß genaŵ haûshallten […] unnd sonnst alle ding ordenlich hallten*[43]

Um ein geregeltes Zusammenleben des oben dargelegten Personenstandes gewährleisten zu können, bediente man sich eines schriftlichen Ordnungsrahmens, worin verschiedene Ebenen des höfischen Alltags wie etwa die Rechte und Pflichten der Besatzung, die Zugangsbestimmungen zur Burg, Ökonomisierungsmaßnahmen oder das Verhalten im Notfall thematisiert wurden. In der Forschung gelten derartige Aufzeichnungen somit nicht umsonst *als Schlüssel zur Erforschung der Binnenstruktur der spätmittelalterlichen und frühneuzeitlichen Höfe.*[44]

---

[31] *Pûchsenmaister II, maister Anndre maûrer selb V, maister Wolfganng zimerman selb V, stainprecher IIII, tischler I od(er) II, wagner II, slosser I, schmidknecht I, balbier, pader, wûndarczt I.* Ebd. fol.1r.

[32] Vermutlich die Frau oder Witwe des Plattners mit ihren Kindern.

[33] Wer diese Person war, konnte nicht näher bestimmt werden.

[34] *Allt phister I, platnerin unnd kinder IIII, Lanng Larenncz I, zûefallend arbaiter unnd annder.* Bedarfs- und Aufgabenprotokoll, SLA, Geheimes Archiv, XVI, 3, fol. 1r.

[35] Ein Nachname. Wer diese Person war, konnte nicht näher bestimmt werden.

[36] Fußsoldaten.

[37] Vorsteher der Speisekammer.

[38] Küchengehilfen.

[39] Wer diese Personen waren, konnte nicht näher bestimmt werden.

[40] Dito.

[41] Dito.

[42] *Mellczer I, Dietnhaimer I, raŷsig trabannten VI, herr Wilhalbm feûrwerchmaister unnd sein brüederl II, trûmeter Haincz Gregori II, jâger, officir kellner, zergadner, casstner, speiser, einkaûffer, kôch, kûchlpûeben, kraûtmaister, Haincz unnd Martin Singer II, Steffan Vogler, Achaczi Türner mit knechten, darûnder III oder IIII arcztknappen, unnd annder handwercher die mit der hanndt arbaiten, seidennater II.* Bedarfs- und Aufgabenprotokoll, SLA, Geheimes Archiv, XVI, 3, fol. 1v.

[43] Ebd. fol. 19r.

[44] Ellen WIDDER, Hofordnungen im Niedersächsischen Reichskreis, in: Höfe und Hofordnungen 1200–1600 (Residenzenforschung 10), hg. von Holger Kruse / Werner Paravicini, Sigmaringen 1999, 457–495, hier 460.

Gleich zu Beginn kommen die verschiedenen Tätigkeitsbereiche des Pflegers Veit Friesinger zur Sprache.[45] Trotz seiner Stellung als höchster *Festungs*kommandant habe auch dieser gemeinsam mit dem Schlossgesinde in der Dürnitz[46] zu speisen.[47] Zudem habe sich Friesinger bei Ausstellung der Wochenrechnung beim Hofmeister[48] aufzuhalten[49] und mit demselben einen betont freundlichen Umgang zu pflegen.[50] Im weiteren Verlauf wird auf die Ernennung Friesingers zum Vizehofmeister im Schloss eingegangen, infolgedessen er in regelmäßigem Austausch mit der *hofmaisterey* in der Stadt stehen solle.[51] Daraus lässt sich schließen, dass die Burg in engem und regelmäßigem Austausch mit dem Bischofshof in der Stadt stand, speziell was die Hofwirtschaft und den Dienst rund um den Erzbischof anbelangte.

Es wird auch davon berichtet, dass es in der Zuständigkeit des Pflegers liege, die Lebensmittelvorräte für die gesamte Besatzung auf der Burg für einen Zeitraum von einer Woche zu kalkulieren.[52] Um einen genauen Überblick über die verzehrten Speisen zu haben, obliegt es dem Hofschreiber, *seinen gnaden offt ain wochen zedl schickh unnd das darinn stee wievil personnen im sloß gespeist wellichen wein oder pier gegeben unnd wellichen morgensûppen unnd schlaf tinckhen gegeben werdt*.[53] Um die gesamte Hofhaltung auf das Niveau des Vorgängers Leonhards von Keutschach zu bringen, wurde offenbar eine überaus strenge Haushaltspolitik auf der Burg geführt.[54] Die wichtigsten Grundsätze dazu wurden in einem *ordnûng bûech* und einem *kuchlpûech* niedergeschrieben.[55]

---

[45] Dass auch Anweisungen erteilt wurden, wie sich der Pfleger als höchster Verwaltungsbeamter auf der Burg zu verhalten habe, lässt den Schluss zu, dass das Protokoll von Matthäus Langs engsten Mitarbeitern, möglicherweise auch in dessen Beisein, angefertigt wurde. Vgl. RIEGEL, Bautätigkeit (wie Anm. 4) 183.

[46] Beheizbarer Speise- und Gemeinschaftsraum.

[47] *Phleger Friesinger oder annder sollen zû zeiten selbst in türnicz essen bey dem slosgsind aûch beyden knechten oder sonnst offt zûesechen.* Bedarfs- und Aufgabenprotokoll, SLA, Geheimes Archiv, XVI, 3, fol. 2v.

[48] Der Hofmeister war der leitende Beamte des Hofdienstes. Ihm oblag die Verwaltung des Dienstes um den Landesfürsten. Die dafür notwendigen finanziellen Mittel und auch die Naturalien erhielt er aus der Kammer und aus unterschiedlichen Urbarämtern. Vgl. Hans BAYR, Der Salzburger Bischofshof. Eine Rekonstruktion anhand des Inventars von 1540, in: Gesellschaft für Salzburger Landeskunde 146 (2006) 51–138, hier 71.

[49] *Der Friesinger soll bey allen wochenraitten sein in der hofmaistrey.* Bedarfs- und Aufgabenprotokoll, SLA, Geheimes Archiv, XVI, 3, fol. 3r.

[50] *Friesinger soll sich der hofhalltûng halben im sloß mit der hofmaisterey unnd sonnderlich mit dem hofschreiber ganncz woll versteen.* Ebd. fol. 19r.

[51] *Friesinger soll sein im sloß vicehofmaister unnd sich mit der hofmaisterey deshalben woll vergleichen, aber das sy dennoch selber offt hinaûf sechen unnd das all officier die hofhalten im sloß versechen unnd verantworten.* Ebd. fol. 19v.

[52] *Friesinger uberslag wievil ain wochen aûf die 100 personn die lifrung in gellt angeschlagen.* Ebd. fol. 3r.

[53] Ebd. fol. 19r.

[54] *Man soll alle profannt im schloß von stûndan unnd zûm aller pôldisten inventiern unnd nu(mer)o darzûe schreiben unnd sonnderlich aûf die vâsser unnd dieselben vâsser aûch visiern. Man soll im sloß genaû haûshallten unnd nichts übergis verzern unnd die hofhalltung im sloß aûf erczbischoven Lennhardten ordnûng bringen* […]. Ebd. fol. 19r.

[55] […] *unnd niemandt nichts aûstragen lassen unnd sonnst alle ding ordenlich hallten nachdem ordnûng bûech unnd in all weeg soll man die wochen raittûng in der hofmaisterey hallten unnd unnderhallten aller der maß wie beschehen ist da man zû hof gespeist hat. Unnd sonnderlich sol man aûch das kuchlpûech hallten unnd sonnst verner alle ding des Friesingers gûetbedüngkhen nach.* Ebd. fol. 19r.

Hinsichtlich der Inventarisierung der Lebensmittel wurde erkannt, dass diesem Punkt in der Vergangenheit zu wenig Aufmerksamkeit gewidmet wurde.[56] Es wird auch davon berichtet, dass im Falle einer kriegerischen Bedrohung eine Besatzung von 300 Personen auf der Burg vorgesehen war, die über einen Zeitraum von bis zu einem Jahr mit Lebensmitteln zu versorgen sei.[57] Zudem wurden etwaige personelle Überlegungen angestellt wie etwa die Frage, ob man einen eigenen Müller[58] sowie Köche[59] im Schloss benötige. Zudem wurde diskutiert, ob man die *fûeß knechten urlaûben soll* und den *Stafflperger abzûferttigen*.[60] Derartige Überlegungen zielen deutlich auf eine Ökonomisierung des Hofes im Sinne einer Kostenersparnis durch eine *Beurlaubung* des Personals ab. Die Aufzeichnungen setzen fort mit dem gewünschten Verhalten des Personals, das stets gehorsam und wehrhaft sein solle, andernfalls werde dieses *stragkhs aûsgewechslt*.[61] Außerdem steht geschrieben, dass *all hanndwercher schuldig sein wann nit arbait verhannden ist ires hanndtwerchs*. In diesem Fall sollen sie *annder arbei thûn war zûe sŷ ervôrdert werden*.[62] Was den Einlass in das Schloss betrifft, so sollen nur wenige ausgewählte Personen Zutritt erhalten, zu denen Frauen offenbar nicht zählen.[63]

5. *Gepeû innerhalb des sloß Salczburg unnd am perg aûch aûsserhalb*

Wie schon eingangs erwähnt, wurde das Bedarfsprotokoll unmittelbar nach den Erfahrungen des Bauernaufstandes von 1525 und der damit einhergehenden Belagerung der Burg durch die Insurgenten in Auftrag gegeben. Wenngleich Matthäus Lang mit seinem Gefolge von über 60 Personen[64] die über zwei Monate andauernde Belagerung unbeschadet überstand und auch die Burg keinen nennenswerten Schaden aus dieser Bedrohung davontrug,[65] konnten in dieser Zeit dennoch wertvolle

---

[56] *Die aûfzaichnûß von profannt unnd annder so in das sloß not ist laût der memorial offt übersehen.* Ebd. fol. 20r.

[57] *Ain richtigen unnd warhafftigen auch gewissen anschlag aûf III C man aûf ain jar von allerlaŷ profannt zûmachen.* Ebd. fol. 20r; [...] *in einer noth daraûf gedacht zûsein damit die wein von hof aûch in das sloß bracht werden.* Ebd. fol. 9v. *Ob urbering ein lêrma sich erzaiget mer leût unnd knecht aûch profannt unnd annder nottûrfft citissime in das sloß zû bringen.* Ebd. fol. 3r. *urbering* bedeutet urbarig im Sinne von plötzlich, unvorhergesehen; *lêrma* steht für Lärm, Unruhe.

[58] *Die allt mâynûng wider fûrnemen khain aigen mûllner zû haben sonnder allain ain hofpegkhen oder ain mûllner unnd was ordnûng daraûf mit ime zûmachen.* Ebd. fol. 2v.

[59] *Zûdispûtirn unnd zûberaten ob man villeicht gar kain koch im sloß kochen ließ. Wollt man aber dennoch etlich kôch behalltten so môchten die sellingen im sloß essen aber nit in die kûchen geen oder man gâb inen ain klains lifergellt in der stat unnd die übrigen kôch zû urlaûben, doch diser radschlag zûvor ad dominum.* Ebd. fol. 3r.

[60] Ebd. fol. 3r.

[61] *Alles slosgesind unnd all annder personen gûet knecht unnd wôrlich sein unnd ainig auch gehorsam unnd wellicher annderst erfûnden das der stragkhs aûsgewechslt werde.* Ebd. fol. 2v.

[62] Ebd. fol. 2v.

[63] *Wenig leûr[t] in das sloß zûlassen. Khainer im sloß bûrger seŷ sonnder all aûfsagen. Unnd wenig die weiber haben.* Ebd. fol. 2v.

[64] Vgl. KRAMML, Die Salzburger Bürgerschaft (wie Anm. 8) 178.

[65] Vgl. SCHLEGEL, Veste (wie Anm. 3) 41–42.

Erfahrungen gesammelt werden, wie man sich gegenüber zukünftigen Bedrohungen besser rüsten könnte. Ein Teil dieser Erfahrungen manifestiert sich in schriftlich festgehaltenen Überlegungen hinsichtlich der baulichen Fortifikation und Instandsetzung der Burg.[66]

Gleich zu Beginn wird eine Verstärkung der gesamten Ostseite ins Auge gefasst, die mit ihrer verhältnismäßig sanften Steigung die Achillesferse der Anlage bildete. Dabei sollen alle Schießluken in Richtung der Stadt ausgerichtet und ein Graben entlang des Bürgermeisterturms angelegt werden.[67] Außerdem seien eine Eckverstärkung der Außenmauern entlang der Viereckigen Wehr[68] sowie der Bau von Geschützplattformen[69] vorgesehen. Da aus dem Inventar von 1540 hervorgeht, dass die übereinanderliegenden Gewölberäume in der Viereckigen Wehr als Lagerräume für Ziegel und Brennholz gedient haben,[70] liegt der Schluss nahe, dass die Gewölbe weder aufgeschüttet noch Geschützplattformen darauf errichtet wurden.[71] Diese Annahme wird bestätigt durch Aufzeichnungen der Proviantvorräte von 1537, worin es heißt, dass in der Viereckigen Wehr auf dem Nonnberg jede Menge Brennholz gelagert wurde.[72]

Doch wurden auch Projekte umgesetzt, wie der noch unter Matthäus Lang in Auftrag gegebene Bau der oberen und unteren Nonnbergbastei bestätigt. Im Protokoll heißt es hierzu, man müsse *den Slosperg von dem Nûnbûrg gar ab zûschneiden mit streichennden wôren*[73] und den *Nûnberg gar einzûfachen mit gemeûr oder plannckhen unnd pasteÿen unnd beÿ den paÿsmeûr aûswenndig abstûeffen*.[74] Um künftigen Angreifern jegliche Deckung zu nehmen und zum Schutz brandgefährdeter Holzmassen müsse man zuvor jedoch das Gelände um die Burg terrassieren und etwaige alte Türme, Mauern und Dächer abtragen.[75] Neben dem Ausbau der Ostseite wurde auch der Sicherung der Nordseite durch eine Verstärkung der *groß pastein beÿ des Platners*

---

[66] *Gepeû innerhalb des sloß Salczburg unnd am perg aûch aûsserhalb. Zimerleût. Reichart unnd maister Anndre sollen die dreÿ thûrn im sloß uberslagen.* Bedarfs- und Aufgabenprotokoll, SLA, Geheimes Archiv, XVI, 3, fol. 4r–6r.
[67] *All schieslûgkhen unnd sonnderlich in den weren an die stat richten* [...]. Ebd. fol. 4r. *All streichennd wôrr unnd schieslûgkhen im Bûrgermaister unnd vieregkheten weer ganncz an die stat richten.* Ebd. fol. 4v. *Ain graben aûswenndig des Bûrgermaisters unnd der viereckheten weer zûmachen unnd den Slosperg von dem Nûnbûrg gar ab zûschneiden mit streichennden wôren* [...]. Ebd. fol. 4r.
[68] *Die II egkh in der vieregkhten pastein störckher machen.* Ebd. fol. 4v.
[69] *In der viereketten weer ain gwelb machen unnd aûsschütten unnd aûsmaûrn unnd dennoch noch ain poden zû prüstwern unnd ain dach darüber oder ein pûnÿ anstat des gwelbs.* Ebd. fol. 4r. Nicole Riegel zufolge ist *pûnÿ* im Sinne einer Bühne (Geschützstand, Geschützplattform) zu interpretieren. Vgl. RIEGEL, Bautätigkeit (wie Anm. 4) 184.
[70] *Im zwinger aûf der raiß ain hüttn mit zimblchn vorrat ziegln unnd prenn holczern.* Inventar 1540, Archiv der Erzdiözese Salzburg (im Folgenden AES), KAS I/5, fol. 40r.
[71] Vgl. hierzu RIEGEL, Bautätigkeit (wie Anm. 4) 187.
[72] *Vorrat von paŵholcz, stain, kallich, ziegl unnd sonnst ist etwas vorhannden aber noch daraûf gedacht zûsein was mer darzûe zûverordnen seÿ unnd aûf den Nûnberg beÿ der Raiß zûlegen.* Bedarfs- und Aufgabenprotokoll, SLA, Geheimes Archiv, XVI, 3, fol. 10r.
[73] Ebd. fol. 4r.
[74] Ebd. fol. 4v.
[75] *Den Slosperg gerings umbrâmen, maissen abstieffen damit sich niemands pergen müg. Am Minichperg unnd annders wo am Slosperg unnd nachennd dabeÿ all pâmb, zeün unnd meûren aûch etliche heüser weghk zûthûn.* Ebd. *Alle hoche dacher verkhern.* Ebd. fol. 5v. Unter *verkhern* ist das Abtragen der Grabendächer gemeint.

Thûrn[76] und des Ringmauerabschnitts zwischen Plattner- und Krautturm[77] große Aufmerksamkeit zuteil.

Neben den Überlegungen, wie man den fortifikatorischen Ausbau außerhalb der Kernanlage optimieren könne, wurden auch Überlegungen hinsichtlich zahlreicher Baumaßnahmen und Instandsetzungen innerhalb der Burg angestellt. Mit Blick auf die Erfahrungen bei der Belagerung in den Sommermonaten von 1525 wurde zunächst an den Bau eines Brunnens und einer zusätzlichen Zisterne gedacht.[78] Der heute noch im Burghof stehende und 1539 unter Matthäus Lang erbaute Trinkwasserspeicher zählt zu den ältesten Renaissancewerken Salzburgs.[79] Darüber hinaus sollten Umbaumaßnahmen wichtiger Lagerstätten vorangetrieben[80] und neue Wohnräume für die Besatzung[81] sowie Stallungen für das Vieh[82] gefunden werden. Darüber, wie mit dem Stollen umgegangen werden soll, der durch Bergknappen während des Aufstandes unter dem Bürgermeisterturm angelegt wurde, war man sich scheinbar noch nicht einig.[83]

Im dritten und letzten Abschnitt, an dessen Erstellung auch Langs langjähriger Baumeister Reichart von Randwick involviert gewesen zu sein scheint,[84] werden die Überlegungen zu anstehenden Sanierungsmaßnahmen einzelner Wirtschaftsgebäude innerhalb der Burg fortgesetzt.[85] Außerdem seien die Brauerei zu schließen,[86] die Stallungen,[87] der Rauchfang in der oberen Küche[88] sowie die Mühlen[89] instand zu setzen und ein Backofen anzufertigen.[90] Im weiteren Verlauf wird auf eine Bauord-

---

[76] Ebd. fol. 4r. Die *groß pastein* ist heute bekannt als Kleine Bastei. Dadurch, dass sie sozusagen in der großen Kuenburgbastei steckt, ist heute nur noch ein kleiner Teil der Bastei sichtbar. Vgl. SCHLEGEL, Veste (wie Anm. 3) 36.

[77] *Die maûr zwischen den Platner Thûrn unnd dem Kraût Thûrn hinaûß zûseczen oder den perg abgleten unnd ab zûstûeffen unnd streichend weer* [...]. Bedarfs- und Aufgabenprotokoll, SLA, Geheimes Archiv, XVI, 3, fol. 4v.

[78] *Prûnen graben. Zistern pessern.* Ebd. fol. 5r.

[79] Vgl. Patrick SCHICHT, Die Festung Hohensalzburg. Der Führer zu Geschichte und Architektur, Wien 2007, 51.

[80] *Bischof Johanns haûß schidmeûrn. Das zeûghaûß gar zûerichten. Im Thrûmeter Thûrn vil gemâcht machen. Ain newe kûchl für das sloßgsind. Allerlaỳ traỳdt cåssten.* Bedarfs- und Aufgabenprotokoll, SLA, Geheimes Archiv, XVI, 3, fol. 5r. *Die Raiß überall zûpessern. Alle thôr bessern.* Ebd. fol. 5v.

[81] *Den Kûchlthûrn für ain phleger zûerichten. Unnd den Kraût Thûrn für ain caplan unnd canncżleỳ.* Ebd. fol. 5r.

[82] *Rosstall unnd khûestall wo, wann unnd nit groß zûmachen. Hûennerstall.* Ebd. fol. 5r.

[83] *Was mit dem loch das der arczknapp unnder den Bûrgermaister gemacht hat.* Ebd. fol. 5r.

[84] Obwohl Randwick gemeinsam mit dem Maurermeister Andre erst im letzten Abschnitt namentlich genannt wird, dürfte dieser auch schon in die vorangegangenen Bauprogramme involviert gewesen sein. Vgl. RIEGEL, Bautätigkeit (wie Anm. 4) 184.

[85] *In erczbischof Johanns haûß den ôbersten traỳdcassten zûezûrichten. Daselbs ain stiegen gar unnder das dach zûfûern. Dasselbig haûß zûdegkhen.* Bedarfs- und Aufgabenprotokoll, SLA, Geheimes Archiv, XVI, 3, fol. 6r.

[86] *Prewhaûß im sloß dannen zûrichten.* Ebd. fol. 7r.

[87] [...] *rosstal, kûestal, ochsenstal, hennenstal wohin seczen unnd all zûerichten* [...]. Ebd. fol. 6r.

[88] *Den raûchfang in der obern kûchl im sloß annderst zûmachen.* Ebd. fol. 6r.

[89] *Roßmell, mûll unnd sonnst ain mûll unnd ain pûlfer mûll machen lassen et citissime zûerichten.* Ebd. fol. 6v. *Die dreỳerlaỳ mell mûll unnd ain pûlfer mûll cito zûerichten. Aûch ain mell mûll wie zû Bûrckhaûsen.* Ebd. fol. 7r.

[90] *V(idelicet) noch ain pachofen im sloß zûmachen.* Ebd. fol. 6v.

Die Festung Hohensalzburg im Spiegel einer schriftlichen Quelle aus dem 16. Jh.   111

nung aufmerksam gemacht, die Anweisungen enthält, wie man es mit dem *paŵ im sloß hallten soll*.[91] Um auch die letzten Erinnerungen an den Aufstand zu beseitigen, mussten die von den Bauern aufgestellten Schanzen und Stände abgebaut werden.[92] Auf dem weiter hinten beigelegten Blatt mit der Überschrift *In graben* werden ohne nähere Erläuterung diverse Einrichtungen wie Mühlen, Bestallungen, ein Bräuhaus, eine Speisekammer, Bade- und Wasserstuben sowie Holz, Heu, Schindeln und Krautfässer genannt, die offenbar für den Schlossgraben vorgesehen waren.[93] Dass diese Einrichtungen zum Teil auch tatsächlich dort untergebracht waren, lässt sich aus dem Inventar von 1540 erschließen.[94]

6. *Was ŷeczûnd von pûchsen gegossen sollt werden*

Neben einer baulichen Instandsetzung und einer Erweiterung des Zeughauses[95] war Matthäus Lang auch sehr um eine Modernisierung des bereits zum Zeitpunkt des Bauernaufstandes stark überalterten[96] Geschützbestandes bemüht. Nicht zuletzt war es auch der Konsultation des bereits erwähnten Michael Ott von Echterdingen geschuldet, dass der Geschützpark auf Hohensalzburg innerhalb weniger Jahre zu einem gegenüber den militärischen Bedrohungen jener Zeit bestens gerüsteten Waffenareal ausgebaut wurde. Im Folgenden soll nun näher auf die im Protokoll von 1526 angeführten Abschnitte zur Modernisierung des Zeughauses eingegangen werden. Ein Vergleich mit den im Inventar von 1540 genannten Geschützen soll überdies aufzeigen, welche Überlegungen auch praktisch umgesetzt wurden.

---

[91] Ebd. fol. 6r.
[92] *All schannczen aûf dem Minichperg unnd sonnst überal weg unnd die pâmb.* Ebd. fol. 7r.
[93] *In graben: heŷ stro, kolvässer, wasserstüben, melmûl, pûlferstampff, hennenstall, preŵhaûß, groß zergaden, traŷdt behaltter, kraûtvässer, prennholcz, zimer holcz, schintln, padstüben.* Ebd. fol. 13v.
[94] *Unnderm zimmer stadl in bemelltem graben* soll sich laut Inventar *Ain grosser vorrat von hülczen tachschintlen* sowie *Ettlich heŷ unnd streŷ* befunden haben. Außerdem befand sich auch *Die hannd unnd roßmül im graben mit iren züegehörungen*. Die Eintragungen setzen fort mit *Item in bemelltem graben ligen etlich vill stainen püchsen, küglen, waiß aûch zeügwart züveranntworten. Item doselbß beŷ dem hintern thor ain grosser vorrat mit kholln.* Inventar 1540, AES, KAS I/5, fol. 31v. Wenn auch nicht explizit verortet, ist anzunehmen, dass der Kuhstall samt *Vier khüe, Ain kälbl, [...] ettlich laittern, vässer, tachziegl unnd annder gerümplwerg, [...] ain grosser stainer grand* [ein Steintrog], *Ain vorrat von kapaûn und hennen* sowie *Doselb an der schloßmaûr ain grosser vorrat mit ziegln* und [...] *feŵhäckhen* [...] im Schlossgraben untergebracht waren. Ebd. fol. 29v. Davon zeugt nicht zuletzt die Beschreibung *an der schloßmaûr*, womit nur die Schlossbastei gemeint sein kann, welche vom anschließenden Schlossgraben umgeben war.
[95] *Das zeüghaûß züezûrichten mit dem vorpaŵ oder wie unnser gnädigster herr das züerweitern bevolchen wierdet damit die pûchsen recht unnd zierlich gestellt mügen werden, solliches sol woll beradschlagt werden.* Bedarfs- und Aufgabenprotokoll, SLA, Geheimes Archiv, XVI, 3, fol. 17r.
[96] 250 Zentner unbrauchbare und alte Steinbüchsen und Feldschlangen befanden sich zu jener Zeit im Zeughaus der *Festung*. Vgl. SCHLEGEL, Veste (wie Anm. 3) 44. Die gegossene Volkersdorferin, das Hauptstück aus der Zeit Erzbischofs Sigmund I. von Volkersdorf (1452–1461), verschoss Steinkugeln mit einem Gewicht bis zu 68 Kilogramm und vermochte dennoch keine größeren Schäden anzurichten, wie aus einem Bericht des späteren Bischofs von Chiemsee, Aegidus Rem, hervorgeht. Vgl. DOPSCH, Hohensalzburg im Mittelalter (wie Anm. 10) 115.

Gleich zu Beginn wird auf die Notwendigkeit der Anschaffung von zwei Notschlangen[97] und zwei Mörsern[98] unterschiedlicher Größe und Schusskraft verwiesen.[99] Diese lassen sich auch im 14 Jahre später erstellten Inventar nachweisen.[100] Inspiriert von den einfallsreichen Namen, die schon Kaiser Maximilian I. seinen Hauptgeschützen gab,[101] folgte auch Matthäus Lang dieser Tradition und taufte die beiden Notschlangen mit dem Namen *Scorpion*, während die Mörser *Grob Püfl*, *Narr* und *Närrin* sowie *Valkhentercz* genannt wurden.[102] Wie aus dem Protokoll hervorgeht, sollten die Geschütze in München gegossen werden.[103] Ferner wird dazu geraten, zwischen einer starken Kartaune[104] oder einer Scharfmetze[105] zu entscheiden.[106] Durch zwei inventarisierte *khartan oder nachtigall* aus dem Inventar von 1540 wissen

---

[97] Kaiser Maximilian I. unterteilte die Feldartillerie in vier Kategorien: Die *Notschlangen* wurden als schwerstes Kaliber geschaffen. Ihr Rohr wog 27 bis 32 Zentner, sie schossen Eisenkugeln von bis zu 11 bis 16 Pfund. Die *Mittel- oder Feldschlange* war von ähnlicher Gestalt, mit 8 Pfund Kugelgewicht allerdings von kleinerem Kaliber. Der dritte Typ, die *Halbschlange* oder *Falkone*, wog 15 Zentner und schoss Eisenkugeln von vier Pfund Gewicht. Da an der Mündung häufig ein Drache mit aufgerissenem Rachen angebracht war, wurde dieser Geschütztyp auch Drachenkopf genannt (siehe hierzu: *Unnd das allt lanng schlenngl mit dem drackhenkôpffl*. Bedarfs- und Aufgabenprotokoll, SLA, Geheimes Archiv, XVI, 3, fol. 17v). Das *Falkonet* war das leichteste und somit auch das mobilste Feldgeschütz. Es schoss Bleikugeln von maximal zwei Pfund. Vgl. Erich EGG, Der Tiroler Geschützguß 1400–1600 (Tiroler Wirtschaftsstudien 9), Innsbruck 1961, 67.

[98] Mörser waren gekennzeichnet durch ein kurzes Rohr, das die Geschosse, anders als Kanonen, in steiler Flugbahn verschoss. Als Belagerungsgeschütze verloren sie neben den schweren Mauerbrechern jedoch allmählich an Bedeutung. Vgl. ebd. 67.

[99] *Am ersten sollen zůnn füderlichisten zwo stargkh ganncz notschlanngen gegossen werden, der aine ungeverlich 42 centen swâr sey Minichner gwicht bringt ungeverlich 36 centen wienisch gwicht soll schiessen 20 lb eysen wienisch gwicht.* […] *Ain môrser der 40 centnen swâr ist Minichner gwicht oder 35 wienisch gwicht oder sovil die nottürfft ist zů den grossen stainküglen. Mer ain klainern môrser der ungeverlich 29 centnen oder soûil die noth ist, dar zůe die kügln zů dem haûbtstůgkh recht werden.* Bedarfs- und Aufgabenprotokoll, SLA, Geheimes Archiv, XVI, 3, fol. 15v.

[100] *Zwo not schlanngen genannt die Scorpion* […]. *Ain grosser gefasster mörser genannt der Grob Püfl* […]. *Ain mitter mörser genannt der Narr* […]. Inventar 1540, AES, KAS I/5, fol. 37r. *Mer ain solcher morser genannt die Närrin* […]. *Ain klainer mörser genannt der Valkhentercz* […]. Ebd. fol. 37v.

[101] Vgl. EGG, Tiroler Geschützguß (wie Anm. 97) 73–91.

[102] Siehe Anm. 100.

[103] *Dise stůckh sollen aûs newem unnd gebrochnen zeûg zů Minichen gegossen unnd daselbs gefasst werden*. Bedarfs- und Aufgabenprotokoll, SLA, Geheimes Archiv, XVI, 3, fol. 15v. Auch im Inventar wird München im Zusammenhang mit zwei Geschützen genannt: *Zw den zwäyen Synngerin von Münichen geschmid*. Inventar 1540, AES, KAS I/5, fol. 38v.

[104] Die Kartaune zählt gemeinsam mit den alten, riesigen Hauptbüchsen (Hauptstücke), den Scharfmetzen und den Basilisken zu den schweren Kalibern, den sogenannten Mauerbrechern. Obwohl ihr Aussehen den größeren Scharfmetzen glich, waren Kaliber und Gewicht geringer. Kartaunen lassen sich in drei Gattungen unterteilen: die *lange Kartaune* oder *Nachtigall*, die etwas kürzere *Singerin* und die eigentliche *Kartaune*. Je nach Größe wogen Kartaunen 22 bis 30 Zentner und schossen Eisenkugeln zwischen 24 und 40 Pfund Gewicht. Vgl. EGG, Tiroler Geschützguß (wie Anm. 97) 66.

[105] Scharfmetzen zählten mit einem Rohrgewicht von 57 bis 60 Zentnern zu den schwersten Belagerungsgeschützen. Um sie zu befördern, waren bis zu 16 Pferde notwendig. Sie schossen Eisenkugeln mit einem Gewicht von etwa 50 bis 70 Pfund. Vgl. ebd. 65.

[106] *Nochmalls etwo mit der zeyt mag sein gnaden darnach noch sterckher qûartaûn giessen lassen oder ein scharffe mâcz oder II nachtigalen*. Bedarfs- und Aufgabenprotokoll, SLA, Geheimes Archiv, XVI, 3, fol. 16r.

wir, dass die Wahl auf erstgenanntes Geschütz gefallen ist.[107] Neben diesen größeren Kanonen hielt man es auch für wichtig, Feldartillerie kleineren Kalibers[108] sowie etliche Hand- und Stichwaffen wie beispielsweise Doppel- und Hakenbüchsen,[109] Hellebarden[110] und Spieße[111] anzuschaffen. Im Zuge der geplanten Aufrüstung sollte auch der Bestand an Salpeter, Schwefel und Kohle, den drei Bestandteilen von Schießpulver, inspiziert und bei Bedarf aufgestockt werden.[112] Außerdem wurde Werkzeug in Auftrag gegeben, das auch für die Herstellung des Schießpulvers Verwendung fand. Je 100 Schaufeln und Krampen sowie 20 Hebestangen werden hier genannt.[113] Obwohl im Inventar von 1540 von einer *Zeüg hütten aüf dem Nünberg*[114] die Rede ist, wurde die Überlegung von 1526, *Ob man ain zeûghaûß über den zwinger aûf der unndern weer noch machen wollt darinn ettlich pûchsen stûenden*,[115] offenbar wieder verworfen und erst gut 30 Jahre später unter Erzbischof Michael von Kuenburg (1554–1560) verwirklicht.[116] Dass die große Anzahl moderner Geschütze nicht nur unter der Stadtbevölkerung für Aufsehen sorgte, sondern auch hochrangige Besucher in Staunen versetzte, zeigt der Bericht des Cornelius Ettenius, dem 1536 im Beisein von Langs Sekretär eine Besichtigung der *Festung* gestattet wurde:

Darauf zeigte man uns das Zeughaus, das mit Waffen aller Art angefüllt war. Da war eine neue Art Handgranaten, die blecherne Kapseln, mit kleinen Kugeln gefüllt, enthielten. Ein Saal war ganz voll von neuen, eben erst gegossenen Geschüt-

---

[107] *Ain 2 khartan oder nachtigall genannt der Enngl.* Die zweite Nachtigall kam vermutlich erst zu einem späteren Zeitpunkt hinzu. Inventar 1540, AES, KAS I/5, fol. 36v. Neben den bereits genannten zwei Notschlangen, vier Mörsern und einer Nachtigall sind folgende Geschütze im Inventar von 1540 verzeichnet: zwei Singerinnen (kürzere Kartaune), 13 Falkonette, sechs Falkone (davon zwei lange und zwei kurze) und ein Halbfalkonett. Ebd. fol. 36v–37v.

[108] *Falckhanetl unnd sôllich klain pûchsen soüer man der mer haben will mûgen zû Salczbûrg gegossen unnd gefasst werden.* Bedarfs- und Aufgabenprotokoll, SLA, Geheimes Archiv, XVI, 3, fol. 16r. *Es wâr güet das man güß 2 oder 4 slangen.* Ebd. fol. 16v.

[109] *Doppl unnd annder hagkhen pûchsen eÿsnen etlich mer zûmachen [...]. Desgleichen etlich lanng zilpûchsen.* Ebd. fol. 16r. Viele der Handwaffen sollten aus älteren und beschädigten Büchsen gewonnen werden: *Die gebrochen pûchsen unnd die so noch zû prechen sein wirdet ungeverlich III C cennten zû neüwen pûchsen zûgebraûchen.* Ebd. fol. 16v.

[110] *Voraüß noch C helmpraten zûbestellen.* Ebd. fol. 16v.

[111] *Die ungeschifften spieß zûschifften unnd die spieß all richten unnd recht legen unnd darûmb von neüwem widerûmb aûf pinden. Zûschifften* meint, die Spieße mit einem Schaft zu versehen. Ebd. fol. 16v. Die *Dreytaüsend ain hündert unngeschiffter spieß*, die im *Festungs*inventar von 1540 in der *zeüg türnicz* genannt werden, zeugen davon, dass scheinbar nicht alle Spieße mit Schäften versehen wurden. Inventar 1540, AES, KAS I/5, fol. 33r. Zudem werden *Im oberntaill vorbenennts klainen zeüghaûß* weitere *Taûsennd neünhundert ledige khnechtische spieß* erwähnt. Ebd. fol. 36r.

[112] *Zuüberschlahen wieüil salliter [Salpeter], schwebl [Schwefel] unnd koll [Kohle] vorhannden seÿ unnd der selbigen ding immer zûe mit der zeÿt mer zu khauffen unnd aûf den nâchst khonnifftigen mâgen holcz zû dem pûlfer kol zûbestellen.* Bedarfs- und Aufgabenprotokoll, SLA, Geheimes Archiv, XVI, 3, fol. 16r.

[113] *C schaûfln, C krampen, [...] XX hebstanngen.* Ebd. fol. 16v.

[114] Inventar 1540, AES, KAS I/5, fol. 40v. Diese *Zeüg hütten* enthielt allerdings nur Waffenzubehör und keine Geschütze oder Handwaffen.

[115] Bedarfs- und Aufgabenprotokoll, SLA, Geheimes Archiv, XVI, 3, fol. 16v.

[116] Das im 19. Jahrhundert abgetragene Handmühlengebäude wurde 1559 von Michael von Kuenburg errichtet. Auch in den Inventaren des 18. Jahrhunderts wird dieses Gebäude noch als *Altes Zeughaus* bezeichnet. Vgl. SCHLEGEL, Veste (wie Anm. 3) 49.

zen. Darunter waren sehr lange Stücke und andere, die man *Mortiers* nennt. Die waren gewaltig groß. Dann zeigten sie uns auch Geschütze aus Holz, mit sieben oder acht eisernen Ringen umgeben, die hatten die Bauern bei der Belagerung des Schlosses benützt.[117]

7. *Aûfzaichnûß des vorrats unnd annder sachen halben im sloß beschechen am 2 tag janûari anno 1537*

Wie schon erwähnt, wurde der Protokollierung der Lebensmittelvorräte auf der Burg in der Vergangenheit zu wenig Aufmerksamkeit geschenkt. Nach den Erfahrungen des Bauernaufstandes und dem damit einhergehenden Engpass an Lebensmitteln ist es wenig überraschend, dass die Auflistung aller vorhandenen Proviantvorräte und die Erstellung umfangreicher Besorgungslisten aus den Jahren 1526 und 1537 den Großteil des Bedarfsprotokolls ausmachen. Da es im Rahmen dieses Beitrags nicht möglich ist, alle Punkte der Verproviantierung gleichermaßen zu behandeln, sollen sich die folgenden Seiten lediglich mit der Bestandsliste des Jahres 1537 und den damit verbundenen Neuanschaffungen auseinandersetzen.

Den Aufzeichnungen nach befand sich im Jahr 1537 ein Vorrat von 886 Schaff[118] Roggen auf der Burg. Obwohl man sich dieser enormen Mengen bewusst war, sollten die neuen und noch leerstehenden Speicher im *bischof Johannes hauß* (Schüttkasten) mit weiteren 400 Schaff befüllt werden.[119] Der Vorrat an gemahlenem Roggen betrug 288 Schaff, doch sei man gut beraten, auf 300 Schaff Roggenmehl aufzustocken.[120] Um auf die gewünschte Menge von 100 Schaff Weizen zu kommen, sollten zu den vorhandenen 64 weitere 36 Schaff bestellt werden.[121] Hinsichtlich der Gerste wird dazu geraten, die *ungenaŵen* zwei bzw. *genaŵen* vier Schaff auf zehn *genaŵe* bzw. 50 *ungenaŵe* Schaff zu erhöhen.[122] In einer Randnotiz wird darauf aufmerksam

---

[117] Unter genanntem *Saal* ist wohl das Erdgeschoß des Schüttkastens zu verstehen; *Mortiers* sind Mörser. Die Passage über die Besichtigung des Zeughauses aus dem Bericht des Cornelius Ettenius zitiert nach Heinz DOPSCH / Reinhard Rudolf HEINISCH, Quellenbeilagen zur Geschichte Hohensalzburgs, in: 900 Jahre Festung Hohensalzburg, hg. von Eberhard Zwink, Salzburg 1977, 179.

[118] In heutige Maßstäbe umgerechnet ergibt sich für ein Schaff schweres Getreide wie Weizen oder Roggen ein Wert von ca. 290 Liter bzw. 580 Liter für ein Schaff leichtes Getreide wie Hafer oder Gerste. Dementsprechend betrug das Gewicht pro Schaff in etwa 224 kg für Weizen und 213 kg für Roggen. 886 Schaff Roggen würden demnach 256.940 Liter oder 188.718 kg ergeben. Vgl. hierzu Reinhold REITH / Andreas ZECHNER / Elias KNAPP, Die Entwicklung der Preise für Lebensmittel und Verbrauchsgüter anhand der Rechnungsbücher des Bruderhauses St. Sebastian in Salzburg (1670 bis 1800), in: Salzburg Archiv 37 (2019) 357.

[119] *Wiewol das ain zimlicher vorrat ist so sein doch die neŵen kâsten in bischof Johanns hauß lâr unnd ligt vil traÿdt zû hof das schon abgelegen ist voraûß bey 400 schaf die môcht man woll in das sloß fûern unnd dieselbigen kâsten legen diweil man an dem vorrat nit zû vil kan haben dagegen ließ man von Mûldorf anndern rogkhen hereiin geen hof fûern.* Bedarfs- und Aufgabenprotokoll, SLA, Geheimes Archiv, XVI, 3, fol. 8r.

[120] *Roggen mell ist verhannden 288 schaf. Ist geraten das man noch 12 schaf mallen laß damit die zall auf 300 schaf gar erfüllt werde.* Ebd. fol. 8r.

[121] *Waicz ist vorhannden 64 schaf unnd nachdem der waicz jecz wolfail ist beratschlagt das man noch 36 schaf khaûf damit das 100 schaf waicz im vorrat sein unnd bleiben.* Ebd. fol. 8r.

[122] *Gersten ist vorhannden genaŵen 4 schaf unnd ungenaŵen 2 schaf. Dieweil dann die gersten gar nûczlich ist so ist beratschlagt das man sô nit darzûe verordnen das nûn vorrat sein unnd bleiben nemblich genaŵen gersten 10 schaf unnd ungenaŵen 50 schaf aûf das wenigist.* Ebd. fol. 8r.

Die Festung Hohensalzburg im Spiegel einer schriftlichen Quelle aus dem 16. Jh. 115

gemacht, Hopfen und Malz für das Bierbrauen zu bestellen.[123] Der bestehende Vorrat von 200 Schaff Hafer soll um weitere 500 Schaff erhöht werden. Wie auch beim Roggen sollte dieser Vorrat dem bischöflichen Hof in der Stadt entnommen werden, der dafür eine neue Lieferung aus Mühldorf erhalten sollte.[124] Der Vorrat von einem Schaff Hafermehl solle um ein weiteres Schaff erhöht werden. Haferkörner habe man ebenso ein Schaff, was als angemessen erschien.[125] Der Bestand von einem Schaff Buchweizen solle noch im selben Jahr ausgewechselt werden,[126] ebenso die drei Zentner[127] Reis.[128] Zudem sollten die bestehenden *genaŵen* vier Schaff Hirse um weitere *ungenaŵe* vier Schaff erhöht werden.[129] Wie schon von den Geschützen, so zeigte sich der bereits erwähnte Cornelius Ettenius im Zuge seiner *Festungs*besichtigung auch von den üppigen Lebensmittelvorräten überaus beeindruckt:

Wir sahen die […] großen Vorratshäuser, die Weinkeller, sieben Getreidekammern voll Roggen und eine voll Weizen; die Vorratskammern sind alle aus den größten Quadersteinen erbaut, und das Getreide, das in ihnen aufgeschüttet ist, wird alle Monate einmal umgekehrt; so soll es sich hundert Jahre bewahren. Wir sahen Korn, das sich seit 60 Jahren dort befindet.[130]

Die Aufzeichnungen setzen mit Hülsenfrüchten fort, von denen ein Vorrat von drei Schaff Bohnen,[131] einem Schaff Linsen[132] sowie fünf Schaff Erbsen[133] vorrätig war. Letztere sollten um weitere fünf Schaff erhöht werden.[134] Aus einer Randnotiz lässt sich erschließen, dass die Bohnen und Erbsen aus Passau bezogen wurden.[135] An Weintrauben, Mandeln und Feigen war hingegen nichts vorhanden.[136] Die etlichen im Bischofshof in der Stadt lagernden Kraut- und Rübenfässer sollten auf die Burg

---

[123] *S(cilicet) aûf pier machen müeß mer bestellt werden similiter hopfen et malcz.* Ebd. fol. 8r.
[124] *Habern ist verhanden ungeverlich 200 schaf unnd dieweil man des in dem vorrat nit liederlich zûvil haben mag ist beratschlagt das man jecz von dem habern so zû hof ligt 500 schaf in das sloß fûer unnd dagegen von Mûldorf annndern habern heerein geen hof bringen lassen.* Ebd. fol. 8r.
[125] *Habermell ist vorhanden ain schaf soll noch ain schaf darzûe gemallen werden.* […] *Habern khern ist verhannden. 1 schaf ist genûeg.* Ebd. fol. 8v.
[126] *Haiden ain schaf soll heûr aûsgewechslt werden.* Ebd. fol. 8v.
[127] Ein Zentner entspricht 100 Salzburger Pfund. Ein Salzburger Pfund entspricht 560 Gramm. Vgl. Fritz KOLLER, Das Salzburger Landesarchiv, Salzburg 1987, 183–185.
[128] *Reiß ist verhannden 3 cennten der soll aûsgewechslt werden.* Bedarfs- und Aufgabenprotokoll, SLA, Geheimes Archiv, XVI, 3, fol. 8v.
[129] *Genaŵen prein ist verhannden 4 schaf darzûe sollen noch 4 schaf ungenaŵen bestellt werden.* Ebd. fol. 8v.
[130] Die Passage über die Besichtigung der Getreidespeicher aus dem Reisebericht des Cornelius Ettenius zitiert nach DOPSCH/HEINISCH, Quellenbeilagen (wie Anm. 117) 179.
[131] *Ponn sein vorhannden 3 schaf. Ist genûeg.* Ebd. fol. 8v.
[132] *Linsen ist ain schaf vorhannden die soll man versûechen soŵer die gûet ist soll man die behallten wo nit soll die verzert werden aber khaine mer bestellen.* Ebd. fol. 8v.
[133] *Arbaiß allt sein vorhannden 5 schaf.* Ebd. fol. 8v.
[134] *Unnd dieweil das ain gûete profannt ist sollen noch 5 schaf darzûe khaûfft werden damit 10 schaf im vorrat sein.* Ebd. fol. 8v.
[135] *Forte zû Passaŵ bestellen.* Ebd. fol. 8v. Folgende weitere Orte wurden genannt, aus denen Lebensmittel bezogen wurden: Getreide aus Mühldorf. Ebd. fol. 9r. Honig und/oder Zwiebel aus Oberberg. Ebd. fol. 10v. Ochsen aus dem Lungau. Ebd. fol. 9r.
[136] *Weinpör, mandl unnd feigen ist nichts vorhannden.* Ebd. fol. 8v.

gebracht werden.¹³⁷ Nachdem keine Zwiebeln mehr vorrätig waren, sollten auch davon 15 Metzen¹³⁸ bestellt werden¹³⁹, ebenso drei Tonnen Honig.¹⁴⁰ Zudem wird ein Salzvorrat von 15 Fässern genannt, der mit der Zeit erhöht werden sollte.¹⁴¹ Auch an Öl besaß man einen großen Vorrat. 72 Pfund Olivenöl sowie 141 Pfund Leinöl werden hier erwähnt, wobei auch dieser Bestand mit der Zeit erhöht werden soll.¹⁴² Interessant erscheint folgende Passage, wonach *All ander gewürcz nachlaût des inventari [...] alles aûsgewechslt werden*¹⁴³ sollen. Demzufolge dürfte schon ein Inventar vor jenem von 1540 existiert haben, das heute als ältestes überliefertes *Festungs*inventar gilt.

Neben gut gefüllten Getreidespeichern wollte man auch einen entsprechenden Vorrat an tierischen Produkten wie Fleisch, Fisch und Milcherzeugnissen vorrätig haben. Von den acht Ochsen und zehn Rindern, die auf die Burg gebracht wurden, sollten zunächst die acht Ochsen baldigst *aûsgewechslt unnd verzert* werden. Außerdem war das geselchte Fleisch von zehn weiteren Ochsen und sechs Kühen für die Vorratskammern vorgesehen.¹⁴⁴ An Schweinebachen besitze man einen Vorrat von 120 Stück.¹⁴⁵ Der 300 Schweine umfassende Bestand solle *all jar mit der zeit zû hof unnd im sloß aûsgewechslt unnd verzert werden.*¹⁴⁶ Hinsichtlich des *lebenndigen vich* sollen 50 Ochsen und 400 Hammeln aus dem Lungau bestellt werden.¹⁴⁷ Die 52 Zentner Schmalz, welche jährlich ausgewechselt werden sollen, wurden als ausreichend erachtet.¹⁴⁸

Was Milchprodukte anbelangt, so ist von elf Kisten Topfen die Rede.¹⁴⁹ An gutem Käse ist nichts vorhanden, *wil man aber etwas von gûeten kâsen haben die mûessen*

---

[137] *Khraût unnd rûeben mag man alweg von hof etliche vaß in das sloß bringen zû dem vorrat.* Ebd. fol. 8v.
[138] Ein Salzburger Stadtmetzen entspricht 36,37 Liter. Vgl. KOLLER, Salzburger Landesarchiv (wie Anm. 127) 183–185.
[139] *Zwifl ist nichts verhannden sollen bestellt werden 15 meczen ungeverlich.* Bedarfs- und Aufgabenprotokoll, SLA, Geheimes Archiv, XVI, 3, fol. 9v.
[140] *Hônig ist nichts vorhannden. Soll bestellt werden ain thûnen unnd all jar aûsgewechslt.* Ebd. fol. 9v.
[141] *Sallcz ist vorhannden 15 vaß [...] soll mit der zeŷt mer bestellt werden.* Ebd. fol. 9v. Aus früheren Aufzeichnungen geht hervor, dass neben Salz und Pfeffer, die zur damaligen Zeit zweifellos zu den besonders kostbaren Gewürzen zählten, auch weitere exklusive Gewürze und Süßungsmittel wie Ingwer, Zucker, Zimt, Nelken, Muskatnuss, Muskatblüten und Safran vorrätig waren. Ebd. fol. 23v.
[142] *Pâmôll ist vorhannden 72 lb soll gar erstat werden aûf ain cennten. Lŷnnsat ôll ist vorhannden 141 lb soll erstat werden das 3 cennten im vorrat sein.* Bedarfs- und Aufgabenprotokoll, SLA, Geheimes Archiv, XVI, 3, fol. 9v.
[143] Ebd. fol. 8v.
[144] *Ochsen 8 unnd rinder so neûlich hinaûf bracht sein worden 10. Davôn sollen aûf das peldest aûsgewechslt unnd verzert werden die 8 ochsen unnd sollen an derselben stat zûm wenigisten 10 ochsen wider geselcht unnd in den vorrat bracht werden. Aûch noch 5 oder 6 kûe aûch darzûe geselcht werden [...].* Ebd. fol. 8v.
[145] *Schweinen pachen sein ŷecz vorhannden 120.* Ebd. fol. 9r.
[146] *Unnd schweinen hamen 300 die mûgen all jar mit der zeit zû hof unnd im sloß aûsgewechslt unnd verzert werden.* Ebd. fol. 9r.
[147] *Von dem lebendigen vich ist vormalls geratschlagt worden das in dem Lonngeŵ ungeferlich 50 ochsen unnd 400 gastraûn bestellt sollen werden.* Ebd. fol. 9r.
[148] *Smalcz ist verhannden 52 cennten acht man es seŷ für ain vorrat im sloß zimlich genûeg das mag aûch järlich abgewechslt werden.* Ebd. fol. 9r.
[149] *Schotten sein verhannden 11 cisten [...].* Ebd. fol. 9r.

*bestellt unnd khaûfft werden.*¹⁵⁰ Ebenso besaß man einen guten Vorrat an Fischen, 90 Stockfische werden hier genannt.¹⁵¹ *Plateŷsen* (Schollen) seien keine vorhanden und sollten bei Bedarf auf das Schloss gebracht werden.¹⁵² An *Innslit* (Talg), das auch für die Herstellung von Kerzen Verwendung fand, wird ein Vorrat von 16 Zentnern genannt, der um weitere 20 Zentner erhöht werden solle.¹⁵³ In diesem Zusammenhang wird noch erwähnt, dass zu dem einen Zentner Wachs drei weitere Zentner hinzukommen sollen.¹⁵⁴ Eine Randnotiz führt rotes und grünes Wachs an.¹⁵⁵

Hinsichtlich des Weinvorrats befanden sich zum bevorzugten Wein des Erzbischofs, welcher nicht näher genannt wird, weitere 90 Dreiling¹⁵⁶ in den Kellern. Dieser Vorrat sollte noch um 30 Dreiling erhöht werden.¹⁵⁷ In dieser kurzen Passage wurde freilich nicht alles aufgezählt, was sich damals an unterschiedlichen Weinen auf der Burg befand. Aus dem Bericht des bereits genannten Cornelius Ettenius, welcher nur wenige Monate vor dieser Bestandsaufnahme von 1537 die Burg besichtigte, wissen wir, dass zu den acht Gerichten, die zu den Festmahlen serviert wurden, mehr als zehn Sorten Wein ausgeschenkt wurden:

> *In einem anderen Saale, mit schönem alten Bildwerke verziert, haben wir den Imbiß genommen; es waren drei Tafeln gedeckt, auf jeder acht Gerichte und mehr denn zehnerlei Wein. Darunter kretischer und Absinthwein, Rosinenwein und tunesischer Wein, athenischer Wein und österreichischer [...].*¹⁵⁸

Die Angaben früherer Weinbestände im Protokoll von 1526 bestätigen diese große Vielfalt an Weinen auf der Burg.¹⁵⁹

---

¹⁵⁰ Ebd. fol. 9r.
¹⁵¹ *Stockhvisch sein 90 vorhanden werden alle jar aûsgewechslt.* Ebd. fol. 9r.
¹⁵² *Plateŷsen ist nichts verhannden lassen sich aûch nit behalltten möchten in einem zûefaal in das sloß bracht werden soûil man wolt.* Ebd. fol. 9r.
¹⁵³ *Innslit ist vorhannden 16 cennten so aûsgewechslt und 20 cennten in den vorrat bestellt werden.* Ebd. fol. 9r.
¹⁵⁴ *Wax ist vorhanden 1 cennten soll noch 3 cennten bestellt werden.* Ebd. fol. 9v.
¹⁵⁵ *Rot unnd grüen wax.* Ebd. fol. 9v.
¹⁵⁶ Ein Dreiling entspricht 24 Salzburger (Normal-)Eimern; ein Salzburger (Normal-)Eimer entspricht 56,6 Litern. 90 Dreiling Wein entsprechen somit einer Menge von 122.256 Liter. Vgl. KOLLER, Salzburger Landesarchiv (wie Anm. 127) 183–185.
¹⁵⁷ *Wein ist im vorrat aûsserhalb unnsers genedigisten herrn mûndwein biß in 90 dreÿlling, darzûe sollen noch bestellt werden biß in 30 dreilling damit im vorrat sein unnd beleiben 120 dreilling aûf das wenigist daraûf gedacht zûsein damit der vorrat mit dem wein nach paß gemert werde.* Bedarfs- und Aufgabenprotokoll, SLA, Geheimes Archiv, XVI, 3, fol. 9v.
¹⁵⁸ Unter dem *mit schönem alten Bildwerke verziert*[en] Saal ist wohl die Goldene Stube im dritten Obergeschoß des Stockgebäudes zu verstehen. Zitiert nach DOPSCH/HEINISCH, Quellenbeilagen (wie Anm. 117) 179.
¹⁵⁹ Genannt werden beispielsweise diverse Rebsorten wie Malvasier und Wildbacher, Weine aus dem Elsass und dem Rhein sowie etliche Süßweine. *Sûeß wein sein V oder VI. Darûnnder etlich die sich im sûmer behaltten lassen unnd sonnderlich aûch II lagl Malmasier unnd VI oder mer Raifl unnd Widpacher. Annder wein so heûr gewachsen sein zû Osterreich unnd in der Steÿermarch werden ungeferlich so man heerfûert dreÿlling CXX. Sonnst etlich dreÿlling Elsässer unnd Rein wein Frangkhnerin khaûffen.* Bedarfs- und Aufgabenprotokoll, SLA, Geheimes Archiv, XVI, 3, fol. 22v; 23r.

8. Fazit

Wie aus den vorangehenden Kapiteln ersichtlich, ist das Bedarfsprotokoll als ein umfängliches Konzept mit zahlreichen Überlegungen zur Optimierung der *Festung* im Sinne einer verbesserten Hoforganisation, einer Aufrüstung des Zeughauses und baulicher Modernisierungsmaßnahmen zu verstehen. Bestandsaufnahmen der Proviantvorräte aus den Jahren von 1526 und 1537 geben darüber hinaus Einblicke in das Konsumverhalten auf der frühneuzeitlichen *Festung*. Im Folgenden sollen nun die zentralen Punkte des Protokolls erneut aufgegriffen und zusammenfassend dargestellt werden.

Was die personelle Zusammensetzung der frühneuzeitlichen *Festung* anbelangt, so präsentiert sich diese als überaus vielschichtig. Neben 24 Personen, denen eine gewisse Verteidigungs- bzw. Wachfunktion zukam,[160] waren es hauptsächlich Berufsgruppen wie der Schmied, der Schlosser, der Bäcker, der Barbier, Köche und Kellner oder der Hofnarr, die den Alltag auf der Burg mitgestalteten. Besonders interessant erscheint auch die Nennung von Frauen und Kindern,[161] die offenbar zur dauerhaften Besatzung auf Schloss Salzburg zählten, wie die *Festung* noch bis ins 18. Jahrhundert bezeichnet wurde.[162] Der anschließende Ordnungsrahmen, der für diese knapp 100 auf der Burg lebenden Personen erstellt wurde, vermittelt das Gefühl eines strengen und auf Prozessoptimierung getrimmten Arbeitsalltags. Arbeitstüchtigkeit, Gehorsam und ein hohes Maß an Disziplin waren dabei die Grundsätze, nach denen das Leben auf der Burg ausgerichtet war.

Hinsichtlich des umfassenden Bauprogramms lässt sich resümieren, dass, speziell mit Blick auf die Errichtung fortifikatorischer Elemente,[163] die Defizite der damaligen Anlage klar zu Tage traten. Wie auch Richard Schlegel erkannte, boten die Baumaßnahmen von Langs Vorgängern zwar ein hohes Maß an Sicherheit gegenüber dem Beschuss von Feuerwaffen, gleichzeitig fand der Verteidiger selbst aber kaum die Möglichkeit, sein Geschütz entsprechend zu platzieren.[164] Mit dem Bau der Nonnbergbasteien wurde jedoch eine neue Ära in der Baugeschichte Hohensalzburgs eingeläutet. Es begann der Umwandlungsprozess der mittelalterlichen gotischen Burg zur frühneuzeitlichen, gegen Feuerwaffen gerüsteten *Festungs*anlage, der mit den umfassenden Baumaßnahmen unter Paris Lodron im 17. Jahrhundert seinen Höhepunkt fand.[165] Was die zahlreichen Einbauten wie Wohn- und Speicherräume oder auch

---

[160] *Thorschüczen VI, ubergeer II, wachter XVI.* Ebd. fol. 1r.
[161] *Köchin, vichdiern II; platnerin unnd kinder IIII.* Ebd. fol. 1r. *Küchlpüeben.* Ebd. fol. 1v. Vgl. zum Thema Frauen auf Bugen etwa Christina ANTENHOFER / Ingrid MATSCHINEGG, Inventare als Korrektiv des „männlichen Blicks" auf Burgen. Eine Spurensuche entlang italienischer Brautschatzinventare und der Inventare von Schoss Bruck bei Lienz, in: OeZG. Österreichische Zeitschrift für Geschichtswissenschaften 32 (2021) Heft 3, 165–178.
[162] Im Inventar von 1727 wird Hohensalzburg erstmals als Festung bezeichnet: *Hochfürstliches Salzburg(isches) Hochen Vösstungs Haubt Inventarium.* Inventar 1727, SLA, Geheimes Archiv XXIII, 141, fol. 2r. Bis 1516 lautete die Bezeichnung Stiftsfeste und Schloss Salzburg, ab 1522 Hauptschloss Salzburg. Vgl. DOPSCH, Burggrafen, Pfleger und Hauptleute (wie Anm. 26) 156.
[163] Beispielsweise die Verstärkung der Basteien und die Ringmauer sowie der Errichtung von Geschützplattformen.
[164] Vgl. SCHLEGEL, Veste (wie Anm. 3) 42.
[165] Vgl. zu den Baumaßnahmen Paris Lodrons ebd. 59–64.

Stallungen für das Vieh anbelangt, so tritt dadurch die zunehmende Raumnot, die damals auf der Burg geherrscht haben muss, deutlich zu Tage. Dabei bediente man sich besonders am großzügigen Platzangebot des Schlossgrabens, dessen ursprünglich militärische Funktion somit zur Gänze verloren ging.

Ungeachtet dessen, dass die zahlreichen neu angeschafften Geschütze in den darauffolgenden Jahrhunderten nie zum Einsatz kamen und lediglich der Machtdemonstration dienten, müssen sie unter der Stadtbevölkerung einen bleibenden Eindruck hinterlassen haben. Die oben erwähnte Wandlung der mittelalterlichen Burg zur frühneuzeitlichen *Festungs*anlage manifestierte sich somit nicht nur in den baulichen Veränderungen, sondern auch in einem modernen und gegenüber den militärischen Bedrohungen des 16. Jahrhunderts bestens gerüsteten Geschützpark.

Für die Erforschung der Alltagskultur mittelalterlicher und frühneuzeitlicher Höfe wird in der Geschichtswissenschaft häufig ein Zugang gewählt, der über den Komplex der Versorgung geschieht.[166] Dabei ist man auf Quellenmaterial angewiesen, *das den Ist-Zustand dieser Lebenswelt greifbar macht*,[167] so Fouquet und Dirlmeier. Besonders gut manifestiert sich dieser Ist-Zustand in pragmatischem Schriftgut wie Rechnungsbüchern, Inventaren oder Hofordnungen.[168] Obwohl im vorliegenden Bedarfsprotokoll, das sowohl Charakteristika von Hofordnungen als auch von Rechnungsbüchern enthält,[169] nur ein Bruchteil der gesamten im Protokoll genannten Lebensmittelbestände aufgezeigt werden konnte, so werfen diese Aufzeichnungen dennoch ein Schlaglicht auf die Versorgungssituation der frühneuzeitlichen Großanlage Hohensalzburg. Durch die umfänglichen Verproviantierungsmaßnahmen, wie sie im Protokoll sorgfältig niedergeschrieben wurden, entsteht der Eindruck, dass die Proviantvorräte nach der zweimonatigen Belagerung weitgehend aufgebraucht waren.

Abschließend bleibt noch zu sagen, dass sich die *Festung* Hohensalzburg im Spiegel des Protokolls als komplexes soziales Gebilde präsentiert, dessen Funktion und Bestehen nur durch ein Zusammenspiel zahlreicher Akteur:innen innerhalb und außerhalb der Anlage gewährleistet werden konnte. Mit Blick auf die Salzburger

---

[166] Vgl. hierzu die Beiträge in Werner PARAVICINI, Alltag bei Hofe (Residenzenforschung 5), Sigmaringen 1995; Joachim ZEUNE, Alltag auf Burgen im Mittelalter (Veröffentlichungen der Deutschen Burgenvereinigung B. Schriften 10), Braubach 2006.

[167] Gerhard FOUQUET / Ulf DIRLMEIER, *weger wer, ich het sie behaltten*. Alltäglicher Konsum und persönliche Beziehungen in der Hofhaltung des Basler Bischofs Johannes von Venningen (1458–1478), in: Alltag bei Hofe (Residenzenforschung 5), hg. von Werner Paravicini, Sigmaringen 1995, 171–196, hier 171.

[168] Vgl. hierzu etwa Christofer HERRMANN, Burginventare in Süddeutschland und Tirol vom 14. bis zum 17. Jahrhundert, in: Burgen im Spiegel der historischen Überlieferung (Oberrheinische Studien 13), hg. von Hermann Ehmer, Sigmaringen 1998, 77–104; Mark MERSIOWSKY, Spätmittelalterliche Rechnungen als Quellen zur südwestdeutschen Burgengeschichte, in: Burgen im Spiegel der historischen Überlieferung, hg. von Hermann Ehmer, Sigmaringen 1998, 123–162; Holger KRUSE / Werner PARAVICINI, Höfe und Hofordnungen 1200–1600 (Residenzenforschung 10), Sigmaringen 1999.

[169] Dies lässt sich damit begründen, dass neben dem Ordnungsrahmen für die Besatzung auch eine Bestandsaufnahme der Lebensmittel, zum Teil mit einer exakten Kostenaufstellung ähnlich einem Rechnungsbuch, im Protokoll enthalten ist. Vgl. *Was man ungevêrlich aûf die hernach geschriben ding von gellt nottûrfftig wierdet*. Bedarfs- und Aufgabenprotokoll, SLA, Geheimes Archiv, XVI, 3, fol. 24v.

Metropoliten zu jener Zeit sei noch erwähnt, dass es nicht zuletzt der *progressiven Wirtschaftspolitik und identitätsorientierten Landesherrschaft*[170] Leonhards von Keutschach zu verdanken ist, dass das Erzstift aus der krisengeschüttelten Zeit des 15. Jahrhunderts fand. Was Matthäus Lang anbelangt, so blieb er Heinz Dopsch zufolge hinter den Erwartungen, die man nach seiner fabelhaften diplomatischen Laufbahn auf ihn setzte, zurück.[171] Dennoch legte die Regierungszeit der beiden Metropoliten von knapp einem halben Jahrhundert den Grundstein für den Aufschwung, den Salzburg im ausgehenden 16. Jahrhundert erlebte. Peter Kramml sieht in den beiden prominenten Salzburger Erzbischöfen gar die *Wegbereiter des Fürstlichen Absolutismus, der im ausgehenden 16. Jahrhundert mit Wolf Dietrich von Raitenau einen Höhepunkt erreichte.*[172]

9. Edition

9.1 Editionsrichtlinien[173]

U und v werden entsprechend dem Lautwert normalisiert. – I und j werden entsprechend dem Lautwert normalisiert, auch bei der Angabe römischer Ziffern. – Zeilenwechsel wird mit / markiert. – Überschriften und Randnotizen werden vom laufenden Text grafisch abgehoben und gesondert mit einer Zeile Abstand dargestellt. – Randnotizen werden mit einer Fußnote als solche ausgewiesen. – Die Folioangabe erfolgt zwischen eckigen Klammern am Beginn einer jeden Seite. – Rundes und langes s werden nicht unterschieden. – Diakritische Zeichen wurden nach Möglichkeit annähernd wiedergegeben. – Nur Satzanfänge, Eigennamen und Nomina Sacra beginnen mit Großbuchstaben. – Römische Ziffern werden als Versalien normalisiert. – Unsichere Auflösungen von Abkürzungen stehen in runden Klammern. – Sichere Abkürzungen wurden ohne Kennzeichnung aufgelöst. – Unsichere Auflösungen von Abkürzungen und unsichere Lesungen stehen in runden Klammern. – Ergänzungen durch den Bearbeiter stehen in eckigen Klammern. – Unleserliche und unklare Stellen werden mit einem Textkommentar versehen. – Satzzeichen werden in Maßen nach heutigen Gewohnheiten gesetzt. Zeitgenössische Interpunktionen werden nicht übernommen. – Die Schreibweise erfolgt immer buchstabengetreu, es werden keine Verbesserungen und Vereinheitlichungen vorgenommen. Etwaige Fehler werden nur in besonders auffallenden Fällen im Textkommentar kommentiert.

---

[170] Johannes Lang, Das Erzstift Salzburg an der Wende zur Frühen Neuzeit, in: Zeit des Umbruchs. Salzburg unter Leonhard von Keutschach und Matthäus Lang (1495–1540), Ergebnisse der internationalen Fachtagung von 11. bis 12. Juni 2019, hg. von Peter F. Kramml / Thomas Mitterecker, Salzburg, 2020, 139–152, hier 147.
[171] Vgl. Dopsch, Hohensalzburg im Mittelalter (wie Anm. 10) 124–125.
[172] Vgl. Kramml, Die Salzburger Bürgerschaft (wie Anm. 8) 183.
[173] Die hier vorliegenden Richtlinien orientieren sich an der Edition der Briefe von Barbara Gonzaga. Vgl. Christina Antenhofer, Das Brautschatzinventar der Paula Gonzaga, verh. Gräfin von Görz (1478). Edition und Kommentar, in: Tiroler Heimat 83 (2019) 11–57.

9.2 Text

[fol. 0]

Sloß Salczbürg / Tŷtl / Leût oder personnen / Profannt unnd lifrûng / Gschûcz unnd zeûghaûß / Gepeŵ innerhalb unnd aûsserhalb / Haŵsrat unnd allerlaŷ nottûrfft / Gellt aûf zûerichtûng unnd allerlaŷ nottûrfft / Instrûction Friesinger die allt / Sein memorial pûechl / Wohin alle ding legen unnd behallten

[fol. 1r]

Leût oder personnen stat im / sloß Salczbürg 1526
Phleger, / herr Liennhardt caplan I, / Thoman haŵßphleger I, / maister Geôrg zeûgmaister I, / kâmler pûchsenmaister I, / khellner I, / anschaffer I, / pegkh oder phister[174] I, / thorschûczen VI, / ubergeer[175] II, / wachter XVI, / wagennknecht I, / haŵsknecht I, / rûepl nar[176] I, / kôchin, vichdiern II.
48[177] Zûesacz
Pûchsenmaister II, / maister Anndre maûrer selb V, / maister Wolfganng zimerman selb V, / stainprecher IIII, / tischler I od(er) II, / wagner II, / slosser I, / schmidknecht I, / balbier,[178] pader, wûndarczt I.
Extraordinari
Allt phister I, / platnerin unnd kinder IIII, / Lanng Larenncz[179] I, / zûefallend arbaiter unnd annder.

[fol. 1v]

Hofgesindt
Mellczer[180] I, / Dietnhaimer[181] I, / raŷsig trabannten[182] VI, / herr Wilhalbm feûrwerchmaister / unnd sein brüederl II, / trûmeter[183] Haincz Gregori II, / jâger, / officir kellner, / zergadner,[184] / casstner, / speiser, / einkhaûffer, / kôch, / kûchlpûeben, / kraûtmaister, / Haincz unnd Martin Singer[185] II, / Steffan Vogler,[186] / Achaczi Tûrner[187] mit knechten / darûnder III oder IIII arcztknappen / unnd annder handwercher die mit / der hanndt arbaiten, / seidennater[188] II.
Dûby, / Wolf trûmeter, / Kiczmâgl, / Pegkhenstain, / Klobn, / Vogler.[189]

[fol. 2r]

---

[174] Bäcker/Pfister.
[175] Aufsichtsorgan.
[176] Hofnarr.
[177] Interlineare Ergänzung über *Zûesacz*: 48.
[178] Barbier.
[179] Ein Name. Wer diese Person war, konnte nicht näher bestimmt werden.
[180] Mälzer / Bierbrauer.
[181] Vermutlich ein Nachname. Wer diese Person war, konnte nicht näher bestimmt werden.
[182] Fußsoldaten.
[183] Trompeter.
[184] Aufseher der Speisekammer.
[185] Wer diese Personen waren, konnte nicht näher bestimmt werden.
[186] Dito.
[187] Dito.
[188] Seidennäher.
[189] Randnotiz rechts: *Dûby, Wolf trûmeter, Kiczmâgl, Pegkhenstain, Klobn, Vogler*. Rechts neben *Pegkhenstain* und *Klobn* eine geschweifte Klammer; daneben: *Vogler*. Unklare Bedeutung von *Dûby*; möglicherweise lat. *dubius* im Sinne von zweifelhaft, ungewiss. Unter *Wolf trûmeter* darf vermutlich ein weiterer Trompter verstanden werden; die vier nächstgenannten Personen konnten nicht näher bestimmt werden.

[fol. 2v]
Phleger Friesinger oder annder sollen zû / zeiten selbst in tûrnicz[190] essen beŷ dem / slosgsind aûch beŷ den knechten oder sonnst / offt zûesechen

V(idelicet) die allt maŷnûng wider fûrnemen khain aigen / mûllner zû haben sonnder allain ain hofpegkhen / oder ain mûllner unnd was ordnûng daraûf / mit ime zûmachen. / Arcztknappen per Prassler unnd Weissenegkher[191] / aûfnemen der man gwiß seŷ der frûmckhaithalben. / Das jeder hanndtwercher sein zeûg vôlligklich selbs / hab nichts destminder Friesinger selbs aûch vil / bestell beŷ dem sloß zûbehallten. / Alles slosgesind unnd all annder personen gûet / knecht unnd wôrlich sein unnd ainig auch ge/horsam unnd wellicher annderst erfûnden das / der stragkhs aûsgewechslt werde unnd sonnder/lich welich sû(s)pect ŵeren quoc(u)mq(ue) n(omine). / Wie der weiber halben in das sloß zûlassen. / Alweg der merertail man in sûspicône / jeder man. / Wenig leûr[192] in das sloß zûlassen. / Khainer im sloß bûrger seŷ sonnder all / aûfsagen. / Unnd wenig die weiber haben. / Das all hanndwercher schuldig sein wann nit / arbait verhannden ist ires hanndtwerchs, / das sŷ als dann annder arbei thûn war zûe / sŷ erŵordert werden. / Maister Anndre anschaffer seŷ. / Wein soll man schlaftringkh geben ut fiat / am stat mit der hofmaistreŷ et mitta(tur) d(omi)ne. / Forte Singer et seŷdennader in der kriegs / knecht anzall.

Zeûgmaister, / pûxenmaister, / caplan, / pegkh, / mûllner, / schneider, / schûester, / zimerleût, / maûrer, / stainprecher, / arcztknappen, / schmidt, / pader balbierer, / wûndarczt, / leibarczt, / slosser, / wager, / tischler, / ledrer, / vaspinder, / kûrsner, / sailler, / riemer, / weber, / sporer,[193] / giesser,[194] / dräxler, / minczer, / meczger, / goldschmid, / peitler,[195] / messerschmid.[196]

[fol. 3r]
Der Friesinger soll beŷ allen wochenraitten / sein in der hofmaistreŷ. / Q(ue) die trûmetter so man behellt als tûrner plasen lernnen. / Der wûndarcz aûf das sloß soll sein ain palbier / unnd ain pader unnd allen zeûg als ein pader / palbier unnd wûndarczt aûch bey sich unnd / II pâdly im sloß s(cilicet) s(ed) haberet ain weib. / Ob urbering[197] ein lêrma[198] sich erzaiget mer leût / unnd knecht aûch profannt unnd annder not/tûrfft citissime in das sloß zû bringen. / Maister Anndre silenc(iu)m imponiern. / Friesinger uberslag wieŵil ain wochen aûf die / 100 personn die lifrung in gellt angeschlagen / laûffen werd mit sambt dem hofschreiber et / ad d(o)mi(num). / Zûdispûtirn unnd zûberaten ob man villeicht / gar kain koch im sloß kochen ließ. Wollt man / aber dennoch etlich kôch behallten so môchten / die sellingen im sloß essen aber nit in die / kûchen geen oder man gâb inen ain klains / lifergellt in der stat unnd die ûbrigen kôch / zû urlaûben doch diser radschlag zûvor ad d(omi)n(u)m.[199] / I(tem) mit allen anndern officirn als cassten / zergaden etc. / Q(ui)d mit Voglern.

---

[190] Dürnitz; beheizbarer Speise- und Gemeinschaftsraum.
[191] Nachnamen. Wer diese Personen waren, konnte nicht näher bestimmt werden.
[192] Vermutlich *leut*.
[193] Handwerker, der Sporen herstellt.
[194] Metallgießer.
[195] Beutler: Handwerker, der Beutel aus Leder oder anderen Stoffen herstellte.
[196] Listenartige Randnotiz links: Von *Zeûgmaister* bis *messerschmid*.
[197] Urbarig, in der Bedeutung von plötzlich, unvorhergesehen.
[198] Lärm, Unruhe.
[199] Erzbischof Matthäus Lang.

/ Desgleichen soll man aûch radschlagen was / man von fûeß knechten urlaûben soll et / pir(us) ad d(o)min(um). / Stafflperger²⁰⁰ abzûferttigen. / Wann der fûegenspan weg zeûcht zuvor all kisûen²⁰¹ / unnd form von im zûnemen aûch in sein werch / zeûg abkhaûffen unnd im sloß behallten.
Per Reichart.²⁰²

[fol. 3v]
Unnd maister tischler an sein stat zûbehallten. / Etlich hanndwercher dûplicirn ob ainer kranckh / wûrd unnd sonnderlich pader palbier unnd / wûndarczt unnd etlich annder aûch.

[fol. 4r]
Gepeû innerhalb des sloß Salczburg / unnd am perg aûch aûsserhalb
All schieslûgkhen unnd sonnderlich in den²⁰³ / weren an die stat richten unnd sonnderlich die ge/nôtigisten alweg am ersten unnd vast all solich / schieslûgkhen aûswenndig der maŵr gleich mit / I ganntzen oder zwâyen stain, zimer maŵrn / unnd inwenndig tûrlen daran mit slossen / verschlagen. / Wann die maûrer zû zeŷten kellten halben / nit maŵrn mûgen als dann derselben zeŷt / stain haûn die diennstlich sein zû den nâgsten / genôttigen gepewen. / Ain graben aûswenndig des / Bûrgermaisters / unnd der vieregkheten weer zûmachen unnd / den Slosperg von dem Nûnbûrg²⁰⁴ gar ab zûschneiden / mit streichennden wôren.²⁰⁵ / Villeicht die scharten gar dûrch das meûrlin zû/machen unnd denselben perg an demselbigen / ort aûch abzûschneiden. / Den hochen weingarten zû einer pastein / richten unnd daselbs an ainem oder zwâyen / enden weg hinab. / Die groß pastein beŷ des Platners Thûrn. / Im Bûrgermaister all pôden von neûem / legen etlich zimer darein richten unnd etlich / pôden an der seŷten verschlagen. / Das popâr²⁰⁶ oben annders zûmachen oder denselben / thûrn abzûtragen unnd das unnderrist gaden / aûszûmaûrn unnd weiter hinaûß zûseczen. / In der viereketten weer ain gwelb machen unnd / aûsschûtten unnd aûsmaûrn unnd dennoch noch / ain poden zû prüstwern unnd ain dach darûber / oder ein pûnŷ²⁰⁷ anstat des gwelbs.

[fol. 4v]
All streichennd wôrr²⁰⁸ unnd schieslûgkhen im / Bûrgermaister unnd vieregkheten weer ganncz / an die stat richten. / Die II egkh in der vieregkhten pastein stôrckher / machen. / Die nahennden schanczen unnd stânnd der / veind aûch all überhenng palfen abzûstûeffen / unnd einziechen oder ein ebnen. / Den Slosperg gerings umb- râmen, maissen / abstieffen damit sich niemands pergen mûg. / Am Minichperg unnd

---
²⁰⁰ Ein Nachname. Wer diese Person war, konnte nicht näher bestimmt werden.
²⁰¹ Unsichere Lesung.
²⁰² Randnotiz links: *Per Reichart*. Darunter ist Matthäus Langs langjähriger Baumeister Reichart von Randwick gemeint. Bezieht sich auf Eintrag von *Wann der* bis *sloß behallten*.
²⁰³ Sonderzeichen nach *in den*: —.
²⁰⁴ Nonnberg.
²⁰⁵ Streichwehr; zur flankierenden Bestreichung des Grabens mit Distanzwaffen gedacht.
²⁰⁶ Unklare Bedeutung. Möglicherweise im Sinne von klein und rundlich. Vgl. Deutsches Wörterbuch von Jacob GRIMM und Wilhelm GRIMM, *Poper* (Bd. 13, Sp. 2000–2001), online unter https://woerterbuchnetz.de/?sigle=DWB#1 (Zugriff: 30.03.2023).
²⁰⁷ Nicole Riegel zufolge ist *pûnŷ* im Sinne einer Bühne (Geschützstand, Geschützplattform) zu interpretieren. Vgl. RIEGEL, Bautätigkeit (wie Anm. 4) 184.
²⁰⁸ Zur flankierenden Bestreichung des Grabens mit Distanzwaffen gedacht. Vgl. *Streichwehr* in BÖHME, Wörterbuch der Burgen (wie Anm. 1).

annders wo am Slosperg / unnd nachennd dabeŷ all pâmb,²⁰⁹ zeûn unnd / meûren aûch etliche heûser weghk zûthûn. / Den Nûnberg gar einzûfachen mit gemeûr oder / plannckhen unnd pasteŷen unnd beŷ den / paŷsmeûr aûswenndig abstûeffen. / Die maûr zwischen den Platner Thûrn unnd / dem Kraût Thûrn hinaûß zûseczen oder den perg / abgleten unnd ab zûstûeffen unnd streichend / weer gegeneinannder. Neûe plockheûser / darfûr oder sonnst. / Den Khraût Thûrn unnden aûsmawrn unnd / aûsschûtten. / All dâcher zûrichten wie man sie haben will. / Mit dem obristen repâr²¹⁰ in des Platner / Thûrn zûsinckhen oder dasselb orth unnder / dem repâr aûsmaûrn. / Zwischen des stalls unnd des Platner stiegen / unnden ain zimerhûtten unnd oben daraûf / ain pûnŷ zû grossem zeûg abschiessen s(cilicet) qû(oniam) / das dach. / Dasselb repâr wegkh thûn unnd dieselb weer / annderst zûmachen mit starckhen zŷnnen / unnd schiesluckhen darein. / Wie mit herr Anndres thûrn.

[fol. 5r]

Rosstall unnd khûestall wo, wann unnd nit / groß zûmachen. / Ein pûnŷ zûrichten ob dem thor darinn doctor / Volannd²¹¹ sein wonûng gehabt hat zûm abschiessen / unnd über den tieffen weg aûch unnd vil cammern etc. / Prûnen graben. / Zistern pessern. / Allerlaŷ grûtschen²¹² machen. / bischof Johanns haûß²¹³ schidmeûrn. / Das zeûghaûß gar zûerichten. / Den Kûchlthûrn für ain phleger zûerichten / Unnd den Kraût Thûrn für ain caplan / unnd canncleŷ. / Den unndern viereckheten thûrn gar aûf/zûmachen. / Im Thrûmeter Thûrn vil gemâcht machen. / Allerlaŷ traŷdt câsten. / Hûennerstall. / Ain newe kûchl für das sloßgsind. / Was mit dem loch das der arczknapp unnder / den Bûrgermaister gemacht hat.²¹⁴ / Allen paw vorrat unnd pawzeûg stâts in das / sloß unnd unnden zû der Raiß²¹⁵ zûfûern als / zimer holcz unnd des gar vil allerlaŷ laden, latten / ziegl, raûchstain, kallich, sannd. / Allerlaŷ werchzeûg so zûm paw unnd zûm / zeûghaûß not ist zûbestellen unnd zûkhauffen / unnd im sloß zûbehallten.
S(e)q(ûen)s.²¹⁶
Q(uo)d mit der glockhen unnd glockhen thûrn. / Pleŷen tûrndlin dâchlin.
In sûmma allen handwerchn / ir genottigist arbeit anzaigen / unnd ob inen hallten / s(e)qûe(n)s.²¹⁷

[fol. 5v]

Zimerleût
Dreŷerlaŷ mell mûll unnd ein pûllver mûll. / Prewhawß unnd malcz leg / unnd deer.²¹⁸ / Heŷ unnd strostadl. / Wasserstûben. / Wonûng im Bûrgermaister / und vierekheten

---

²⁰⁹ Bäume.
²¹⁰ Nicole Riegel zufolge ist unter einem *repâr* vermutlich ein Art Brustwehr zu verstehen, analog zum italienischen *riparo* (Schutz). Vgl. RIEGEL, Bautätigkeit (wie Anm. 4) 185.
²¹¹ Wer diese Person war, konnte nicht näher bestimmt werden.
²¹² Gutsche; Wagen.
²¹³ Der heutige Schüttkasten.
²¹⁴ Während des Bauernaufstandes von 1525 versuchten Bergknappen den Bürgermeisterturm zu unterminieren. Vgl. DOPSCH/HEINISCH, Quellenbeilagen (wie Anm. 117) 179.
²¹⁵ Der als Reiszug bezeichnete Lastenzug.
²¹⁶ Randnotiz links: *S(e)q(ûen)s*. Bezieht sich auf Eintrag von *Allerlaŷ werchzeûg* bis *sloß zûbehallten*.
²¹⁷ Randnotiz links: *In sûmma allen handwerchn ir genottigist arbeit anzaigen unnd ob inen hallten s(e)qûe(n)s*.
²¹⁸ Teer (Pech), beispielsweise zum Abdichten der Bierfässer.

werr. / Alle hoche dacher ver/khern. / Hûtten zû lâren vâssern. / Die Raiß ûberall zûpessern. / Alle thôr bessern. / Des kâmerl vor zimer. / Pûxen gefâß. / Ain par zeûg zû dem / pûchßen pôrn.
Mell câssten. / All rŷnnen an den / dâchern. / Ain heb zûg machen / wie zû Bûrchaûßen.[219] / Traŷdschûtten. / Alle dâcher.[220]
Vill zimerleût unnd / maûr zû hallten. / V(idelicet) mer schintln be/stellen.[221] / Wagner unnd / ein Bûxenmeister.[222]

[fol. 6r]
Reichart unnd maister Anndre sollen die / dreŷ thûrn im sloß uberslagenn
Den raûchfang in der obern kûchl im sloß / annderst zûmachen. / Zimer in den Kraût Thûrn. / Sonnderlich den drâm in dem traŷdt cassten / aûszûwechslen. / Dem phleger ain annder zimer zûmachen. / Etlich allt thûrn abzûtragen. / In erczbischof Johanns haûß den ôbersten / traŷdcassten zûezûrichten. / Daselbs ain stiegen gar unnder das dach zû/fûern. / Dasselbig haŵß zûdegkhen. / In der paŵ ordnûng steen vil artickhl ad marginem / wie man es mit dem paŵ im sloß hallten soll. / Lerchin[223] holcz zûbestellen zû neûen wasser / stûben aûch ŷlbin,[224] aichin[225] unnd annder holcz / zûgefassen. / Desgleichen albrin[226] holcz zû toren unnd lerchin / rŷnnen zû ainem vorrat. / Padstûben 2 preŵhaûß, heŷhaûß, pûlfer / mell, mal, mûl, keller verwarn, saliter,[227] / wasserstûben, rosstal, kûestal, ochsen / stal, hennenstal wohin seczen unnd all / zûerichten. / Lâden, zimerholcz, ŷlbin holcz / ziegelstain, kalich,[228] sannt, vâsser, prennholcz, kolen, lindin, / kolen, annder ding mer beŷ der Raiß nider / legen. / Zeûg zû ainem zûgsail gwislich zûbestellen.

[fol. 6v]
Roßmell, mûll unnd sonnst ain mûll unnd / ain pûlfer mûll machen lassen et citiss(ime) / zûerichten. / Vil annder ding laût der zedl die der Trenbeckh[229] hofmaister unnd Friesinger miteinannder / gemacht haben. / Forte vischmaister thûrn poci(us) starckh machen / q(uonia)m Rietnbûrg[230] über die zwerchmaŵer zûwegen / bringen. / Die stainprecher an was arbeit zûstellen mit / maister Anndre ratslagen. / Der paŵschreiber soll allennthalben sûechen die / holcz unnd lâden so vertragen sein worden / die withûmb[231] an ain ort zûfûern was gûet / ist. / Zistern unnd wasserstûben im sloß zû / machen s(cilicet) qûo(modo) im winter. / Das holcz zû der wasserstûben aûf dem / Imberg in das sloß zûnehmen. / V(idelicet) noch ain pachofen im sloß zûmachen. / Fûnfferlaŷ weg wasser zûbehallten im sloß / nemlich prûn von im selbs

---
[219] Burghausen; Stadt in Bayern.
[220] Randnotiz rechts: *Mell câssten. All rŷnnen an den dâchern. Ain heb zûg machen wie zû Bûrchaûßen. Traŷdschûtten. Alle dâcher.*
[221] Unklare Abkürzungen nach *bestellen*.
[222] Randnotiz links: *Vill zimerleût unnd maûr zû hallten. V(idelicet) mer schintln bestellen […]. Wagner unnd ein Bûxenmeister.*
[223] Lärche.
[224] Eibe.
[225] Eiche.
[226] Möglicherweise Ahorn.
[227] Salpeter.
[228] Kalk.
[229] Vermutlich ein Nachname. Wer diese Person war, konnte nicht näher bestimmt werden.
[230] Riedenburg; Stadtteil von Salzburg.
[231] Unklare Bedeutung.

unnd wasser / hinein lassen zwo zistern vil vâsser / an allen ennden unnd aûch in den kellern / unnd wasserstûben unnd etlich grûtschen. / Zistern zûverkhütten et ainem maister / s(cilicet) herr Adam Törringer[232] dûxit von tegler / letten gestossen unnden unnd aûf allen / seŷten unnd woll ûberainannder tretten / ungeprennt ungeferlich minder dann / ains khnies hoch sonnder zû Lengfeld[233] / et mit stain verlegen pachen oder annder / stain mit ainer feldmaûr oder sonnst.

[fol. 7r]

All schannczen aûf dem Minichperg unnd / sonnst überal weg unnd die pâmb. / Prewhaûß im sloß dannen zûrichten. / Die dreŷerlaŷ mell mûll unnd ain pûlfer / mûll cito zûerichten. / Aûch ain mell mûll wie zû Bûrckhaûsen / gesteet nit mer dann VII gûlden. / Man soll letten, laimb unnd mieß / et wôvil in das sloß bringen. Glanegkh[234] zûpawen, / Laûffen,[235] / Werfen[236] / unnd anndere sloß.[237]

[fol. 7v]
[fol. 8r]

Aûfzaichnûß des vorrats unnd annder sachen halben / im sloß beschechen am 2 tag janûari anno 1537

Rogkhen ist ŷecz vorhanden 886 schaf.[238] / Wiewol das ain zimlicher vorrat ist so sein doch die newen / kâsten in bischof Johanns hawß lâr unnd ligt vil traŷdt / zû hof das schon abgelegen ist voraûß beŷ 400 schaf. Die / môcht man woll in das sloß fûern unnd dieselbigen / kâsten legen dieweil man an dem vorrat nit zû vil / kan haben dagegen ließ man von Mûldorf[239] anndern / rogkhen heerein geen hof fûern.

Eûstachi von der / âlbm,[240] / Hannß Minich,[241] hofmaister, / phleger, / casstner, / Friesinger.[242]

Roggen mell ist verhannden 288 schaf. / Ist geraten das man noch 12 schaf mallen laß damit die / zall aûf 300 schaf gar erfüllt werde. / Waicz ist vorhannden 64 schaf[243] unnd nachdem der waicz jecz / wolfail ist beratschlagt das man noch 36 schaf khaûf damit / das 100 schaf waicz im vorrat sein unnd bleiben. / Gersten ist vorhannden genawen 4 schaf unnd ungenawen 2 schaf. / Dieweil dann die gersten gar nûczlich ist so ist beratschlagt / das man sô nit darzûe verordnen das nûn vorrat sein / unnd bleiben nemblich genawen gersten 10 schaf unnd / ungenawen 50 schaf aûf das wenigist. S(cilicet) aûf pier machen mûeß mer / bestellt werden si(mi)l(iter) hopfen / et malcz.[244] Habern[245] ist verhanden ungeverlich 200 schaf unnd dieweil / man des in dem vorrat nit liederlich zûvil haben mag / ist beratschlagt das man jecz von dem habern so zû

---

[232] Wer diese Person war, konnte nicht näher bestimmt werden.
[233] Lengfelden; Ort in Salzburg (Bergheim).
[234] Schloss Glanegg in Salzburg (Grödig).
[235] Laufen; Stadt in Bayern.
[236] Werfen; Markgemeinde in Salzburg (St. Johann im Pongau).
[237] Randnotiz links: *Glanegkh zûpawen, Laûffen, Werfen unnd anndere sloß.*
[238] Ein Schaff Roggen betrug etwa 213 kg. Vgl. Anm. 118.
[239] Mühldorf; Stadt in Bayern.
[240] Ein Name. Wer diese Person war, konnte nicht näher bestimmt werden.
[241] Dito.
[242] Randnotiz links: *Eûstachi von der âlbm, Hannß Minich, hofmaister, phleger, casstner, Friesinger.*
[243] Ein Schaff Weizen betrug etwa 224 kg. Vgl. Anm. 118.
[244] Randnotiz links: *S(cilicet) aûf pier machen mûeß mer bestellt werden similiter hopfen et malcz.* Bezieht sich auf Eintrag von *Dieweil dann* bis *das wenigist.*
[245] Hafer.

hof ligt / 500 schaf in das sloß fûer unnd dagegen von Mûldorf / anndern habern heerein geen hof bringen lassen. Also kômben / 100 schaf in den vorrat môcht man aber M schaf habern / umblegen wâr sovil desst pesser.
Dûrch den Stadler[246] jecz zû / Mûldorf zûerfaren wie / vil allerlaŷ traŷdt aûf / dem casten zû Mûldorf seŷ.[247]

[fol. 8v]
Habermell ist vorhannden ain schaf soll noch ain schaf darzûe / gemallen werden. Ist aûch beschehen. / Habern khern ist verhannden. I schaf ist genûeg. / Haiden[248] ain schaf soll heûr aûsgewechslt werden. / Ponn[249] sein vorhannden 3 schaf. Ist genûeg / Arbaiß[250] allt sein vorhannden 5 schaf.
Forte zû Passaŵ[251] / bestellen.[252]
Unnd dieweil das ain gûete profannt ist sollen noch 5 schaf / darzûe khaûfft werden damit 10 schaf im vorrat sein. / Reiß ist verhannden 3 cennten[253] der soll aûsgewechslt / werden. / All ander gewûrcz nachlaût des inventari soll alles / aûsgewechslt werden. / Weinpör,[254] mandl unnd feigen ist nichts verhannden.
Genaŵen prein[255] ist verhannden / 4 schaf darzûe sollen noch 4 / schaf ungenaŵen bestellt / werden.[256]
Linsen ist ain schaf vorhannden die soll man versûechen / sover die gûet ist soll man die behalten, wo nit soll / die verzert werden aber khaine mer bestellen. / Geselcht vleisch ist jecz vorhannden. Ochsen 8 unnd / rinder so neûlich hinaûf bracht sein worden 10. Davôn / sollen aûf das peldest aûsgewechslt unnd verzert / werden die 8 ochsen unnd sollen an derselben stat / zûm wenigisten 10 ochsen wider geselcht unnd in / den vorrat bracht werden. Aûch noch 5 oder 6 kûe / aûch darzûe geselcht werden damit alweg im vorrat / als vil geselcht fleisch als 24 ochsen sein unnd / bleiben. Die mûgen alle jar zû der hofhaltûng / unnd im sloß aûch zû der veldarbait aûsgewechslt / werden. Ist ain klainer vorrat aber 40 / oder 50 last sich alle jar nit / anschaden aûswechsln.[257]
Khraût unnd rûeben mag man alweg von hof etliche / vaß in das sloß bringen zû dem vorrat.

[fol. 9r]
Schweinen pachen[258] sein yecz vorhannden 120 unnd schweinen / hamen 300 die mûgen all jar mit der zeit zû hof unnd im / sloß aûsgewechslt unnd verzert werden.

---

[246] Ein Name. Wer diese Person war, konnte nicht näher bestimmt werden.
[247] Randnotiz links: *Dûrch den Stadler jecz zû Mûldorf zûerfaren wie vil allerlaŷ traŷdt aûf dem casten zû Mûldorf seŷ.* Bezieht sich auf Eintrag von *Habern ist* bis *desst pesser*.
[248] Buchweizen.
[249] Bohnen.
[250] Erbsen.
[251] Passau; Stadt in Bayern.
[252] Randnotiz links: *Forte zû Passaŵ bestellen.* Steht neben den Einträgen von *Ponn sein* bis *5 schaf*. Ob sich diese Randnotiz auf einen oder mehrere Einträge bezieht, lässt sich schwer nachvollziehen.
[253] Zum Zentner (100 Salzburger Pfund zu je 560 Gramm) vgl. Anm. 127.
[254] Weintrauben.
[255] Hirse.
[256] Randnotiz links: *Genaŵen prein ist verhannden 4 schaf darzûe sollen noch 4 schaf ungenaŵen bestellt werden.*
[257] Randnotiz links: *Ist ain klainer vorrat aber 40 oder 50 last sich alle jar nit anschaden aûswechsln.* Bezieht sich auf Eintrag von *Geselcht vleisch* bis *aûsgewechslt werden*.
[258] Bache; Stück vom Schwein.

/ Dieweil aber darûnter vill klainer pachen sein daraûf nit vill / zûraitten ist fûr gûet angesechen das man ungeṽerlich 10 gemester / schwein khaûff unnd in ain sûr saûber einschlag die mûgen aûch / alle jar aûsgewechslt werden unnd ist khain verlûst daran. / Von dem lebendigen vich ist vormalls geratschlagt worden das / in dem Lonngeŵ²⁵⁹ ungeferlich 50 ochsen unnd 400 gastraûn / bestellt sollen werden. Beỹ der bestallûng unnd ratschlag soll / es noch bleiben. / Smalcz ist verhannden 52 cennten acht man es seỹ fûr ain / vorrat im sloß zimlich genûeg das mag aûch jârlich abgewechslt / werden. / Schotten²⁶⁰ sein verhannden 11 cisten angeschlagen ungeṽerlich / aûf 8 cennten ist genûeg im vorrat zûbehallten unnd / all jar aûswechslen. / Khâß mag man alweg die phrûendt²⁶¹ khâß von hof pald in / das sloß bringen. Wil man aber etwas von gûeten kâsen / haben die mûessen bestellt unnd khaûfft werden. Jecz / ist khainer verhannden. / Stockhvisch sein 90 vorhanden werden alle jar aûsgewechslt / Plateỹsen²⁶² ist nichts verhannden lassen sich aûch nit behallten / môchten in einem zûefaal in das sloß bracht werden / sovil man wolt. / Innslit²⁶³ ist vorhannden 16 cennten so aûsgewechslt und / 20 cennten in den vorrat bestellt werden.
Dochtgarn ain cennten / zûbestellen.²⁶⁴

[fol. 9v]

Pâmôll²⁶⁵ ist vorhannden 72 lb²⁶⁶ soll gar erstat werden / aûf ain cennten. / Lỹnnsat ôll²⁶⁷ ist vorhannden 141 lb soll erstat werden / das 3 cennten im vorrat sein. / Wax ist vorhanden 1 cennten soll noch 3 cennten bestellt / werden.
Rot unnd grûen / wax.²⁶⁸
Hônig ist nichts vorhannden. Soll bestellt werden ain / thûnen unnd all jar aûsgewechslt. / Zwifl ist nichts verhannden sollen bestellt werden / 15 meczen²⁶⁹ ungeṽerlich
Zû Oberperg.²⁷⁰
Wein ist im vorrat aûsserhalb unnsers genedigisten / herrn mûndwein biß in 90 dreỹlling²⁷¹ darzûe sollen / noch bestellt werden biß in 30 dreilling damit im / vorrat sein unnd beleiben 120 dreilling aûf das / wenigist daraûf gedacht zûsein damit der vorrat / mit dem wein nach paß gemert werde.
Aber in einer noth daraûf / gedacht zûsein damit die wein / von hof aûch in das sloß / bracht werden.²⁷²

---

[259] Lungau; Bezirk im Südosten des Bundeslandes Salzburg.
[260] Topfen.
[261] Unklare Bedeutung.
[262] Scholle.
[263] Unschlitt; Talg.
[264] Randnotiz links: *Dochtgarn ain cennten zûbestellen.*
[265] Olivenöl.
[266] Lat. *libra*; Pfund.
[267] Leinsamenöl.
[268] Randnotiz links: *Rot unnd grûen wax.* Bezieht sich auf Eintrag von *Wax ist* bis *bestellt werden*.
[269] Eine Büchse entspricht vier Metzen; ein Metzen entspricht 16 Mäßl. Vgl. KOLLER, Salzburger Landesarchiv (wie Anm. 127) 183–185.
[270] Randnotiz links: *Zû Oberperg.* Oberberg; vermutlich Ort in Bayern (Ampfing). Steht neben den Einträgen von *Hônig ist* bis *meczen ungeṽerlich*. Ob sich diese Randnotiz auf den *Hônig*, den *Zwifl* oder beide Einträge bezieht, lässt sich schwer nachvollziehen.
[271] 90 Dreiling Wein entsprechen einer Menge von 122.256 Liter. Vgl. Anm. 156.
[272] Randnotiz links: *Aber in einer noth daraûf gedacht zû sein damit die wein von hof ûch in das sloß bracht werden.* Bezieht sich auf Eintrag von *Wein ist* bis *gemert werde*.

Sallcz ist vorhanden 15 vaß angeslagen aûf 7 ½ dreilling / soll mit der zeŷt mer bestellt / werden. / Smelcz ist verhannden ungeṽerlich II vaß. Heŷstreŷ unnd graimat ungeṽerlich 30 fûeder[273] zûbestellen. / Prennholcz ist in der vieregkheten pastein unnd aûf dem / Nûnberg beŷ der Raiß daraûf gedacht zûsein ob man / aûf den Nûnberg noch mer holcz verordnet.
Der cistern halben soll / weiser geradtschlagt werden.[274]

[fol. 10r]
Vorrat von paŵholcz, stain, kallich,[275] ziegl unnd sonnst ist / etwas vorhannden aber noch daraûf gedacht zûsein was / mer darzûe zûverordnen seŷ unnd aûf den Nûnberg / beŷ der Raiß zûlegen.
Haffenwerch. / Laimb letten. / Insonnderhait vil / laden.[276]
Kholl[277] ist ain zimblicher vorrat verhannden soll ain mall besicht / unnd weiter daṽon geredt werden. / Von allerlaŷ haûsrat ist ain zimerlicher vorrat verhannden / allein was von zûbern unnd schäffern ist das mag alles / pald bestellt werden. / Von allerlaŷ pilzeneŷ[278] soll bestellt werden nach rat / aines doctor unnd wûndarczt.
Eingemacht ding, / paûmboll, aûsprents / wasser,[279] karniwtpâr.[280]
Von allerlaŷ leder unnd sollicher nottûrfft zûbestellen. / Allerlaŷ hanndtwercher halben lâst man bleiben beŷ / dem anschlag so gemacht ist worden am 22 tag / Jûlii anno 25. / Was von vorrat zû allerlaŷ paŵ zeûg zûbestellen ist / in demselbigen ratschlag aûch verzaichennt und / was jeczund daran nit vorhanden ist das soll / erstat werden. / Desgleichen was zûm feûrwerch not ist. / Die mûllen zûerichten. / Ob man ain stampff machen wollt.

[fol. 10v]
Das geschûcz und zeûghaûß halben nach besechûng des / inṽentari ist beratschlagt das des geschûcz zimlich / vorhanden ist desgleichen schwebl unnd koll / aber salliter will zu wenig sein deshalben / soll man daraûf gedacht sein das mer salliter / bestellt werdt damit biß in I M zennten salliter / im vorrat sein. / So soll man aûch aûf den khûnfftigen lennczing[281] / noch I C cennten pûlfer machen. / Etlich[282] cennten pleŷ bestellen. / Verrer[283] daraûf gedacht sein mer eŷsnen kûglen zû / allerlaŷ pûchsen machen zûlassen. / Daraûf gedacht zûsein mer harnasch[284] in das sloß / zûbestellen. / Von langen spiessen ist ain zimlicher vorrat / verhannden.

[fol. 11r]
[fol. 11v]

---
[273] Ein Fuder entspricht 32 (Normal-)Eimer; 1 Salzburger (Normal-)Eimer entspricht 56,6 Liter; Vgl. KOLLER, Salzburger Landesarchiv (wie Anm. 127) 183–185.
[274] Randnotiz links: *Der cistern halben soll weiser geradtschlagt werden.*
[275] Kalk.
[276] Randnotiz links: *Haffenwerch. Laimb letten. Insonnderhait vil laden.*
[277] Kohle.
[278] Unsichere Lesung. Möglicherweise verschiedene Pilzsorten.
[279] Gekochtes Wasser.
[280] Randnotiz links: *Eingemacht ding, paûmboll, aûsprents wasser, karniwtpâr.* Unter *karniwtpâr* ist vermutlich die Kranewittbeere (Wacholder) gemeint.
[281] Lenz; Frühling.
[282] Unklares Abkürzungszeichen vor *Etlich*.
[283] Ferner.
[284] Harnisch.

[fol. 12r]

Anslag der profannt / in mitlem anschlag
Rogkhen I per dn[285] II.
1 hofmâsl dn 10.[286]
Semeln wie mans jecz pâcht dn II. / Habern schaf I per ß[287] 14. / Wein emer I per ß 12. / Ochsenvleisch I lb per 4 ½ dn. / Gastraûn[288] fleisch I lb per 4 dn. / Sweinen spegkh I lb per 8 dn. / Prein I meß per 80 dn. / Arbaiß I meß per 60 dn. / Semelmell I meczen per 4 ½ ß. / Schmacz I lb per 9 dn. / Kâß I per 5 dn. / Schotten I lb per 5 dn. / Diennst visch I lb miteinannder zûrechen per 10 dn. / Was aber am marckht erkhaûfft dermassen gerechennt. / Pfeffer I lb per 5 ß 10 dn. / Imber[289] I lb per 5 ß / Nâgel[290] I lb per 18 ß. / Mûscatnûs I lb per 2 fl. / Mûscaplie[291] I lb per 4 ½ fl.[292] / Zimerrôrn[293] I lb per 20 ß dn. / Saffran I lb per 5 ½ fl. / Zûgkher I lb per 52 dn. / Manndl I lb per 32 dn. / Weinpörl I lb per 20 dn. / Reiß I lb per 8 dn. / Stûckh wilt I per 2 fl. / Hierschen I per 3 fl. / Zûng unnd aûtter per 24 dn. / Wampen[294] I per 32 dn. / Copaûner[295] I per 40 dn. / Hennen I per 10 dn.
Nota I ß semln oder rockhen / thuet 45 dn.[296]
Pier I emer per 4 ß dn. / I kalb per 3 ß 10 dn. / I lamp per 40 dn. / I dienst schaf per 80 oder 3 ß 6.[297]

[fol. 12v]

Fliegenndt wiltprât I stûgkh per 32 dn. / Gannß I per 16 dn. / Groß vôgl I per 2 dn. / Klain strich vôgl I0 per 4 dn. / Krebs C per 32 dn. / Gesotten ridling C gemainklich per 72 dn. / Feigen I lb per 10 dn. / Hawsen[298] I lb per 20 dn. / Reinsalbm I lb per 16 dn. / Stockvisch I per 24 dn. / Plateiß I per 8, hering I per II dn. / Pfrillen ain essen trinckhgellt I6 dn. / Heŷ, streŷ ain tag 64 dn ain wochen I lb 6 ß 24 dn. / Holcz I tag 64 dn ain wochen I lb 6 ß 28 dn. / Essich I viertl per 12 dn. / Aŷr[299] nach der zeŷt khaûfft oder aûs dem zergaden I0 per 4 dn. / Aber diennst aŷr I2 per 4 dn. / Kerczen I per I dn. / Vogt reinanckhen I per 8 dn. / Mitler reinanckhen I per 4 dn. / Zeller oder sonnst klain reinanckhen I per I dn. / Prein I mâsl per 10 dn. / Gersten I maßl per 6 dn. / Semel mel I mâsl 8 ½ dn. / Hônig I viertl per 44 dn. / Hanif I mâsl per

---

[285] Lat. *denarius*; Pfennig. 1 Pfund entspricht 8 Schilling; 1 Schilling entspricht 30 Pfennig. Vgl. Vgl. Koller, Salzburger Landesarchiv (wie Anm. 127) 183–185.
[286] Randnotiz links: *1 hofmâsl dn 10.*
[287] Schilling.
[288] Hammel.
[289] Ingwer.
[290] Gewürznelken.
[291] Muskatblüten.
[292] lat. *florenus*; Gulden. Unter Matthäus Lang wurde das Pfund-Schilling-Pfennig-System zunehmend durch die Gulden-Kreuzer-Währung ersetzt. Vgl. Koller, Salzburger Landesarchiv (wie Anm. 127) 183–185.
[293] Stangenzimt in Röhrenform.
[294] Bauch.
[295] Kapaun.
[296] Randnotiz rechts: *Nota I ß semln oder rockhen thuet 45 dn.*
[297] Randnotiz rechts: *Pier I emer per 4 ß dn. / I kalb per 3 ß 10 dn. / I lamp per 40 dn. / I dienst schaf per 80 oder 3 ß 6.*
[298] Heute bekannt als Europäischer Hausen oder Beluga-Stör.
[299] Eier.

4 dn. / Nota 60 seml aûf I meczen³⁰⁰ unnd 4 meczen fûr I lb dn. / Ft I schaf 140 vemt I stuckh per II dn. / Nota 55 rogkhen aûf I meczen unnd auch 4 meczen fûr I lb dn. / Ft³⁰¹ I schaf I20. / Ôll I lb per 20 dn. / Lâchsl I lb per 32 dn.

[fol. 13r]
Fôrchen I lb per 40 dn. / Âsch I lb per 28 dn. / Hecht I lb per 24 dn. / Kârpfen I lb per 16 dn. / Pârbm³⁰² I lb per 24 dn. / Allten³⁰³ I lb per 8 dn. / Hûechen³⁰⁴ I lb per 20 dn. / Imber I lb per 5 ß ft I lot per 4 dn I h ⅜ und I quentchen per I dn 11/32 ains h. / Pfeffer I lb per 5 ß 10 dn ft I lot 5 dn und quentchen umb I dn ¼. / Nâgel I lb per 18 ß ft I lot 16 dn 1 h ¾ unnd I quentchen 4 dn 7/16 ains h. / Mûscanûß I lb per 2 fl ft I lot 15 dn unnd I quentchen 3 dn ¾. / Mûscaplie I lb per 4 ½ fl ft I lot 31 dn I h 21/31 unnd 1 quentchen 7 dn 1 h 117/128. / Zimerrôrn I lb per 20 ß ft I lot 18 dn I h 1 h ½ unnd I quentchen 9 dn ⅜. / Saffran I lb per 5 ½ lb dn ft I lot 41 dn ¼ unnd 1 quentchen 10 dn 5/16.

[fol. 13v]
In graben³⁰⁵
Heŷ stro, / kolvässer, / wasserstûben, / melmûl, / pûlferstampff, / hennenstall, / prewhaûß, / groß zergaden, / traŷdt behallter, / kraûtvâsser, / prennholcz, / zimer holcz, / schintln, / padstûben.
Profannt anschlag.

[fol. 14r]
Wohin allen vorrat von profannt gschûcz / unnd anndern gelegt unnd behallten auch / wo jederman ligen unnd wonnen soll
Traŷdt allerlaŷ allennthalben in bischof / Johanns haŵß. / Man soll aûch in dem selbigen haûß aûch in / baiden grossen heûsern traŷdt schütten / unnd pôden machen unnd villeicht in bischof / Johanns haûß etlich dôppl pôden unnd câssten / machen. Mitler zeŷt môcht man in dem / zeûghaûß da die spieß ligen aûf ein noth / aûch etwas legen. / Das mell in die mel câssten in bischof / Johans haûß unnd in vässer daselbs / unnd da die väßer vor gestannden sein. / Malcz zû dem praŵhaûß. / Das groß zergaden³⁰⁶ môcht in den graben ge/seczt unnd mit unnderschidlichen gemechen / gemacht unnd darein rauchfenng gericht werden. / Oder sonnst im sloß auszûtaillen als nemblich / das unnder zergaden unnd kellerl in dem / Inndern Stockh. Aûch ein zimer oder II in bischof / Johanns haŵß unnd unnder den dâchern. / Oder der Rôtterlin ains oder II beŷ dem / zeûghaŵß. / Das klain zergaden.
Kraût, / kâß, / schotten,³⁰⁹ / dûr visch,³⁰⁸ / dûr fleisch,³⁰⁹ / gesalzenfleisch, / ôll, / swein pachen, / schmalcz, / wildprât, / zwifl, / gewûrcz, / vastenspeiß.³¹⁰

---
³⁰⁰ Ein Pfund entspricht vier Viertungen; eine Viertung entspricht 32 Lot; ein Lot entspricht 4 Quintel; ein Quintel entspricht 4 Sechzehntel. Vgl. KOLLER, Salzburger Landesarchiv (wie Anm. 127) 183–185.
³⁰¹ Facit.
³⁰² Barbe; europäischer Süßwasserfisch.
³⁰³ Unklare Bedeutung.
³⁰⁴ Huchen; europäischer Süßwasserfisch.
³⁰⁵ Eingelegtes Blatt von *In graben* bis *padstûben*.
³⁰⁶ Speisekammer.
³⁰⁷ Topfen.
³⁰⁸ Dörrfisch.
³⁰⁹ Dörrfleisch.
³¹⁰ Randnotiz links: *Kraût, kâß, schotten, dûr visch, dûr fleisch, gesalzenfleisch, ôll, swein pachen, schmalcz, wildprât, zwifl, gewûrcz, vastenspeiß.*

[fol. 14v]
Das zimerholcz unnd aller annder paŵ vor/rat auch schintln. / Das prennholcz. / Die leût mit irer wonûng von stûben unnd / kâmern.

[fol. 15r]
[fol. 15v]
Gschûcz. Was jeczûnd von pûchsen gegossen / sollt werden
Am ersten sollen zûnn fûderlichisten zwo / stargkh ganncz notschlannngen[311] gegossen / werden der aine ungeŵerlich 42 centen / swâr seŷ Minichner gwicht bringt un/geŵerlich 36 cennten wienisch gwicht / soll schiessen 20 lb eŷsen wienisch / gwicht.
Minichen.[312]
Kûgln zû Minichen / Tûentn Pôgler.[313]
Ain môrser der 40 cennten swâr ist / Minichner gwicht oder 35 wienisch gwicht / oder sovil die nottûrfft ist zû den grossen / stainkûgln. / Mer ain klainern môrser der ungeŵerlich / 29 cennten oder soŵil die noth ist dar / zûe die kûgln zû dem haûbtstûgkh recht / werden. / Dise stûckh sollen aûs neŵem unnd / gebrochnen zeûg zû Minichen gegossen / unnd daselbs gefâsst werden.
Nota[314] zû der neŵen pûchsen von / Insprûckh aûch eŷsnen kûgln / machen lassen villeicht zûm / törl oder in der tienntn.[315]
Die kûgln zû den notschlanngen sollen aûch beŷ / dem maister der den herrn von Baŷrn / kûgln macht aûch bestellt werden zûmachen / nemblich 200. / Wodann die herrn von Bayrn meinem / genedigen herrn die VI stûckh oder pûchsen / gar lassen wollten das sein gnaden.

[fol. 16r]
die mit anndern zeûgen bezallet. So môcht / sein gnaden etwas daran mit alltem zeûg und / etlichs mit neŵem zeûg bezallen sambt dem / giesserlon unnd gefâssen wie man sich / dann des mit dem zeûgmaister vergleichen / wûrd.
Q(ui)d der wishaŷ[316] paß / lernschreiben per / Friesinger.[317]
Wollten aber die herrn von Baŷrn dise ir pûxen / widerhaben so soll beradslagt werden wo / unnser genedigister herr annders sollich pûxen / giessen woll lassen zû Minichen oder Salczbûrg / unnd als dann sŷ mit prochnem zeûg oder / pohem[318] kûpffer zûbezallen.
Mer ŷlbin unnd aichin holcz / zûgefassen.[319]
Nochmalls etwo mit der zeŷt mag sein gnaden / darnach noch sterckher qûartaûn giessen / lassen oder ein scharffe mâcz oder II nachti/galen.

---

[311] Zur Unterteilung der Feldartillerie durch Kaiser Maximilian I. in die vier Kategorien: Notschlange, Mittel- oder Feldschlange, Halbschlange oder Falkone und Falkonet vgl. Anm. 97.
[312] Randnotiz links: *Minichen*.
[313] Randnotiz links: *Kûgln zû Minichen. Tûentn Pôgler.*
[314] Kanzelliert mit zwei waagrechten Strichen. *Nota*.
[315] Randnotiz links: *Nota zû der neŵen pûchsen von Insprûckh aûch eŷsnen kûgln machen lassen villeicht zûm törl oder in der tienntn*. Bezieht sich auf Eintrag von *Dise stûckh* bis *gefasst werden*.
[316] Unklare Bedeutung. Möglicherweise Wiesenheu.
[317] Randnotiz links: *Q(ui)d der wishaŷ paß lernschreiben per Friesinger.*
[318] Unklare Bedeutung.
[319] Randnotiz links: *Mer ŷlbin unnd aichin holcz zûgefassen.*

Zû den hagkhen 20 pôrkh[320] zûze/richten in das feld unnd dar / zûe ir ladûng die gefâcht / unnd gericht sein.[321]
Falckhanetl unnd sôllich klain pûchsen sover / man der mer haben will mûgen zû Salczbûrg / gegossen unnd gefasst werden. / Doppl unnd annder hagkhen pûchsen eŷsnen / etlich mer zûmachen v(idelicet) per Pôgler.[322] / Desgleichen etlich lanng zilpûchsen. / Zuûberschlahen wievil salliter, schwebl unnd koll / vorhannden seŷ unnd der selbigen ding immer / zûe mit der zeŷt mer zu khaûffen unnd aûf / den nâchst khonnifftigen mâgen holcz zû dem / pûlfer kol zûbestellen. / Unnd was verlegen ist aûswechsslen.

[fol. 16v]

Es wâr gûet das man gûß 2 oder 4 slangen / der aine lanngkh seŷ XIII werchschûech[323] unnd / schûß 10 eŷsen die soll man laden in ainer / noth mit pûlfer kûgl schwar. / C schaûfln C krampen C kraczen XX / hebstanngen. / Voraûß noch C helmpraten zûbestellen. / Die ungeschifften spieß zûschifften unnd / die spieß all richten unnd recht legen / unnd darûmb von newem widerûmb / aûf pinden. / Die gebrochen pûchsen unnd die so noch zû / prechen sein wirdet ungeverlich III C / cennten zû newen pûchsen zûgebraûchen. / Zû den zwaŷen newen falckhenetlen unnd / zû denen so noch gegossen werden gefäß / zûmachen unnd zû beslagen aûch kûgln / darzûe zûbestellen.
Fiat allain kemerlin / zû der wonûng oder / behalltnûß.[324]
Ob man ain zeûghaûß über den zwinger / aûf der unndern weer noch machen wollt / darinn ettlich pûchsen stûenden. / Die annder hinder pûnŷ im zeûghaûß zû/machen den saliter unnd annders daraûf / zûthûn.
V(idelicet) nach ain / seŷtt pûnŷ.[325]
Was sonnst an grossen unnd klainem / gschûcz abganng unnd mangl ist dasselbig / zû beßechen unnd allennthalben das so / abgeet zûwennden unnd zûpessern / pald unnd mit der zeŷt.

[fol. 17r]

Das zeûghaûß zûezûrichten mit dem vorpaŵ / oder wie unnser gnädigster herr das zûerweitern / bevolchen wierdet damit die pûchsen recht / unnd zierlich gestellt mûgen werden solliches / sol woll beradschlagt werden. / Vleŷs zûhaben allerlaŷ pûchsen groß unnd / klain die ainerlaŷ sort sein aûf ain kûgl / zûrichten. / Maister Bernnhardt soll beŷ dem giessen / zû Minichen sein. / Das pûlfer mit vleŷs zûverwarn unnd dem / wol zûwarten als all qûottemer[326] über / stûrczen, zûhûeten vor dem herbst lûfft / unnd daran zûlassen den merczen lûfft. / Maister Bernnhardt etwas giessen lassen / doch wenig wie es den phleger unnd Friesinger / gûet ansiecht.
Qû(amvis) wischay in zeûgschreiber / ambt antretten.[327]

---

[320] Unklare Bedeutung.
[321] Randnotiz links: *Zû den hagkhen 20 pôrkh zûzerichten in das feld unnd darzûe ir ladûng die gefâcht unnd gericht sein.*
[322] Ein Nachname. Wer diese Person war, konnte nicht näher bestimmt werden.
[323] Werkschuh; Längenmaß.
[324] Randnotiz links: *Fiat allain kemerlin zû der wonûng oder behalltnûß.*
[325] Randnotiz links: *V(idelicet) nach ain seŷtt pûnŷ.*
[326] Quatember; viermal im Jahr stattfindende Bußtage in der römisch-katholischen Kirche.
[327] Randnotiz links: *Qû(amvis) wischay in zeûgschreiber ambt antretten.*

Etlich pûchsen giessen lassen fûr das slos / wie herr Christoff Graf gehabt hat nemblich / etlich in ainem gefâß. / Maister Bernnhardt soll die II falckhenetl gar / aûs beraiten die soll man darnach fassen. / Plâcz schmidten unnd mit pleŷ ûbergiessen / lassen zû den II paŷrischen slanngen. / Man soll sonnst das zeûghawß in allen dingen / fûrdern unnd zûerichten was noth ist unnd / sŷ gûet bedûnckht unnd sonnderlich mit / hagkhen unnd hanndt geschûcz.

[fol. 17v]

Man soll haben allerlaŷ klôben, sailler unnd / zûg damit man das geschûcz hellt unnd II / wagen winden unnd XIIII 14 stûrm laŷttern. / Gebrochner zeûg aûf dem sloß unnd was / zûprochen wâr. / Im krieg sein zûbrochen VIII pûchsen aûf / redern groß unnd klain wegen unge/v̂erlich cennten 72. / So sein allerlaŷ allt stainpûchsen vor/hannden die nit zûbehallten sein wegen / ungev̂erlich cennten C XXV. / Unnd sov̂er man die II slanngen so eŷsen / schiessen aûch prechen wollt alsdann ge/raden wierdt die wegen ungev̂erlich centen XXXVI. / Unnd das allt lanng schlenngl mit dem / drackhenkôpffl das krûmp ist centen X. / Vill schannczkôrb zûmachen wie zû Bûrckhausen. / Wo macht man helmparten[328] unnd spieß. / Wer soll zeûgmaister, zeûgwart unnd zeûg/schreiber sein et in ope(re) stellen. / Ain lista machen was geschûcz zûgebraûchen unnd / was zûprachen aûch von newem zûmachen / a. b. c.

[fol. 18r]

Die pûchsen von Innsprûgkh bringen lassen. / Ein zeûgschreiber fûrnemen. / Stûrm vâsl in die schieslûckhen im garten. / Salliter in das zeughawß aûf die new pûnŷ. / Raiff in den schmidthûrn. / Den gebrochen zeûg samlen unnd wegen. / Zeûghaûß per totum et feûrwerch allerlaŷ / zûerechten v(e)l ad im(us) allen zeûg darzûe. / P(er) platner et wischaŷ dreŷerlaŷ mûll/maister per zeûgmaister zû Minichen / et der zû Bûrckhaûsen q(uia) dieselb gesteet / nur VII fl. / V(idelicet)[329] in der tûenten eŷsen kûgl schmiden / oder giessen lassen v(e)l per herr Anndre / per Pôgl ob man in der tûenten sŷnter / find.

[fol. 18v]

[fol. 19r]

Profanndt unnd lifrûng

Friesinger soll sich der hofhalltûng halben im / sloß mit der hofmaistereŷ unnd sonnderlich / mit dem hofschreiber ganncz woll versteen / unnd mit im correspendirn unnd sonnderlich / mit dem hofschreiber offt radschlagen unnd / sŷ baid ainer mit des anndern wissen sein / gnadten offt schreiben. Es soll aûch der / Friesinger sollicitirn das der hofschreiber / seinen gnaden offt ain wochen zedl schickh unnd das / darinn stee wiev̂il personnen im sloß gespeist / wellichen wein oder pier gegeben unnd / wellichen morgensûppen unnd schlaf / trinckhen gegeben werdt. / Man soll alle profannt im schloß von stûndan / unnd zûm aller pôldisten inv̂entiern unnd / nu(mer)o darzûe / schreiben unnd sonnderlich aûf / die vâsser unnd dieselben vâsser aûch / visiern. / Man[330] soll im sloß genaw haûshallten unnd / nichts ûberigs verzern unnd die hofhalltûng / im sloß aûf erczbischov̂en Lennhardten ord/nûng bringen unnd niemandt nichts aûs/tragen lassen unnd sonnst alle ding ordenlich / hallten

---

[328] Hellebarden.
[329] Unklares Abkürzungszeichen nach V(idelicet).
[330] Unklares Abkürzungszeichen vor Man.

nachdem ordnûng bûech. Unnd in all / weeg soll man die wochen raittûng in der / hofmaistereŷ hallten unnd unnderhallten / aller der maß wie beschehen ist da / man zû hof gespeist hat. Unnd sonnderlich / sol man aûch das kuchlpûech hallten unnd / sonnst verner alle ding des Friesingers / gûetbedûngkhen nach.

[fol. 19v]

Friesinger soll sein im sloß vicehofmaister / unnd sich mit der hofmaistereŷ deshalben / woll vergleichen aber das sŷ dennoch selber / offt hinaûf sechen unnd das all officier / die hofhallten im sloß versechen unnd ver/antworrten wie Daviden unnd hofmaister / unnd Friesinger darob hallten. / Wievil hâfen in der kûchl. / Casstner hat biß aûf Georgi zûdiennen zûe/gesagt doch soll Friesinger mit im reden / unnd unv̂erdâchtlich an im erfarn. / Was von hof officirn not ist zû der hofhalltûng / im sloß, als kûchlmaister, zergadner, castner / oder speiser, kôch, kraûtmaister, einkaûffer, / kellner unnd annder sov̂il noth ist. / Friesinger soll beŷ allen wochen raittûng sein / Er soll das ordnûng bûech so in der hofmaisterei / ist dûrchaûs überlesen. / Nota[331] man gibt den raŷsigen trabannten wein unnd schlaftrinckhen. / Das mell von Hall zallen per hofmeisterei cito / Sûnst betreffend den vorrat fûr und / fûr aûf das sloß zûbringen unnd ~~deß~~ den/selben nit anzûgreiffen unnd vil anders / bleibt beŷ den vorigen bev̂elchen unnd schreiben / so von seinen gnaden vormalls an phleger / und Friesinger samentlich unnd sonnderlich / aûsganngen sein. / Mit dem hofmaister, der raîß unnd zûghalben / klârlich côcordirn unnd correspondirn. / Fûr unnd fûr speisen im sloß unnd vill / pier zûwegen bringen.

[fol. 20r]

Die aûfzaichnûß von profannt unnd annd(er)n / so in das sloß not ist laût der memorial / offt übersechen unnd fûr unnd fûr bestellen. / Ain richtigen unnd warhafftigen auch ge/wissen anschlag aûf III C man aûf ain jar / von allerlaŷ profannt zûmachen et sic(ut) p(rou)t / m(ult)iplicari ad plûras. / V(idelicet) vom trenbeckhen traŷdt unnd wievil. / Et mit im v(idelicet) geselcht fleisch unnd im salcz / ligen lassen. / Nota vor allen dingen qûo(niam) mit nottûrfftigen / wasser et qûo(niam) fiturn[332] et in hieme per totum. / V(idelicet) eiworgeeûnds[333] unnd ligûnds pier forte / von Behaim[334] wann man geich das preŵ/haŵß hat. / Forte etlich gûet wein khaûffen zû Salczburg / von den schoffen. / Displicet mihi III kûchl im sloß. / Unnd der groß rockhen qûo(modo) et qû(amvis) ab. / Qûo(modo) wigt man das fleisch unnd annders aûs / dem klain unnd grossen zergaden q(uia) was / man in den hof bringt in das groß oder klain / zergaden ist nur sûsspect unnd pari[335] / racân[336] mag man es in dem sloß tun sine / int(er) medio hof q(uia) es geet gwislich ob unnd / wierdet nit vil mer. / Et meo Judicia sollt das groß zergaden gar / nit her niden zû hof sein s(cilicet) im sloß q(uia) / als dûpl steln s(cilicet) qûo(modo) mit den vischen. So / soll kain kellner im hof sein wann es ist / kain wein darinn unnd môcht also der ain / kellner beŷ dem herrn sein unnd war / genûeg an dem anndern.

---

331 Kanzelliert mit zwei waagrechten Strichen: *Nota*.
332 Unmotiviertes Kürzungszeichen bzw. Schleife über dem End-*n*. Möglicherweise *future*.
333 Unklare Bedeutung.
334 Böhmen.
335 Unklare Bedeutung.
336 Unklare Bedeutung.

[fol. 20v]

Et mit dem schilte[337] ûberschlagen seo[338] all kûchl / diennst verkhaûffen oder gellt dafûr nemen per totum / unnd nichts vorbehielt vl forte ain / wenig per sloß unnderhalltûng so wer ich des / steln vertragen. / Etlich kûchl diennst geen Mûldorf zûordnen. / Mersallcz im sloß. / Mer prennholcz im sloß. / Jeczo vill swein in das sloß khaûffen unnd / bestellen. / Ob man im sloß oder in den zû hof pachen soll. / Woll gehipfft pier in dem sloß.

[fol. 21r]

Was von profannt aûf das slos / bestellt unnd bracht sollt werden
Proffandt unnd / annder nottûrfft[339]
Waicz zû dem der oben ist etwa mit der zeŷt / schaf L. / Allen diennst waicz unnd sonnst mer khaûffen / also das man 100 schaf waicz im schloß zû einem / vorrat hab noch darzû 20 oder 30 schaff / waiczen mell. / Rockhen zû dem der oben ist schaf II oder III C. / Allen diennst rogkhen unnd sonnst aûch zû / khaûffen also das aûfs wenigist I M oder / XII C schaf rockhen der gûet seŷ im schloß sein. / Rockhen mell sein jeczûndt ungeverlich oben / schaf II C.
Noch ûber allen rockhen aûf / II C schaf mell hinaûf mallen / unnd bringen.[340]
Sollich mell soll mit der zeŷt unnd sonnderlich / im merczen abgewechslet das jeczig mell / verpachen unnd das merczen mell an die / stat behallten werden. / Mann sollt dest offter zû dem mell sechen unnd / welliches nit lanng bleiben mag dest pôlder / abwechslen. / Gersten hat man ain genûegen an der so / gediennt wirdet zûm kochen. / Die soll man alle hinaûf bringen unnd noch / mer ain vorrat darzûe voraûs so man / oben pierprewen wollt.

[fol. 21v]

Habern soll man biß in I M schaf hinaûf bringen / von dem diennst habern unnd sonst oder / villeicht mer / Hierschprein[341] zûbestellen schaf IIII oder VI. / Gûet new pannen schaf III. / Gûet arbaiß etwas zû der vasten schaf VI oder 5. / Gaden fûr die hennen schaf II oder III. / Ochsen sein ungeverlich L vorhannden / die all soll man etlich im salcz oder sûr / ligen lassen unnd etlich aûf derren.
Von der sûr zuvor woll ratschlagen / doch das hofmaister Trenbeckh / unnd annder auch der meczkher / unnd koch beŷeinannder ver/samlter sein.[342]
Wâr woll nit ungelegen noch zûbestellen / unnd ein weŷl lebenndig zûbehallten / XX oder XXX oder / biß in L. / So khûe gediennt werden der soll man aûch / etlich aûf derren als vil man der diennt / unnd noch darzûe das der aller beŷ C / seŷen. / Unngerische schaf C oder mer. / Man soll aûch vil wûrst aûf drûckhnen / aûch in die sûr legen.

---

[337] Unmotivierte Schleife nach dem End-*e*.
[338] Unklare Bedeutung.
[339] Randnotiz links: *Proffandt unnd annder nottûrfft.*
[340] Randnotiz links: *Noch ûber allen rockhen aûf II C schaf mell hinaûf mallen unnd bringen.*
[341] Hirseart.
[342] Randnotiz links: *Von der sûr zuvor woll ratschlagen doch das hofmaister Trenbeckh unnd annder auch der meczkher unnd koch beŷeinannder versamlter sein.* Bezieht sich auf Eintrag von *Ochsen sein* bis *aûf derren.*

Wohin alles traŷdt legen unnd alles mell seczen und behallten.³⁴³
Etliche lannd schaf biß in L so man khaûfft / hat oder noch khaûffen soll in ain sûr / oder sallcz einzuschlahen mit kroinbet pôrn³⁴⁴ / unnd zu zeŷten fûr ain essen in ainem / pheffer fûr ain ~~wild~~ wilt prât geben.
Schwein soll man vast an den diennst / schwein zûsambt den pachen so jecz / verhannden sein ain genûegen haben.
Unnd noch mer dar / zûe biß L.³⁴⁵

[fol. 22r]

Wil man gern XX oder XXX kelber aûftrûckhen / das kan aûch nit vil schaden.
In alweg biß in L.³⁴⁶
Copaûn zû khaûffen L oder LX biß in I C. / Die hennen so man diennt mûeß man mit der / zeŷt verzern. / Doch davon zû legûnden hennen behallten L oder LX. / Die aŷr so man diennt aûch mit der zeŷt verzern / unnd daneben je frische aŷr zû khaûffen / unnd also fûr unnd fûr aûß zûwechslen. / Smalcz ist zûm vorrat khaûfft ungeverlich / L cennten. / In alweg noch L cennten gûets schmalcz zû / khâuffen das lanng ligen mag unnd in / ain stain zûgiessen oder sonnst. / Und von dem smalcz so gedienntwirdet / soll man zern unnd das so von dem / vorradt genomen wierdet widermal / erstatten. / Von den câssten so gediennt werden soll / man zern.
Nota osterreichisch parmesan kâß.³⁴⁷
Und daneben gûet kâß khâuffen cennten / I oder II oder biß in IIII.
Man soll haben ain sonnder groß / zergaden oder II.³⁴⁸
Schotten zûbestellen centen XX oder biß in XXXII. / Stockhvisch ûber die so man ûberhof verzern / mûeß zû vorrat zûbehallten stûgkh V / gar biß in X.
Und ain sonnders gmach im zeûg / haûß oder dabeŷ darinn ~~sy~~ aller / paŵ vorrat lig / unnd behallten.³⁴⁹

[fol. 22v]

Haûsen³⁵⁰ cennten X unnd den merer thail in / sûr zûlegen. / Reinsalbm³⁵¹ tûnen I oder II. / Plateiß schorkh X biß in XV. / Zwifl zû ainem vorrat meczen XXX gar bis in L. / Opfl unnd piern lassen sich nit lanng behallten / mûeß man sich behelffen mit denen so jecz / ûberhof khaûfft sein werden. / Oder bedarf man mer so khâufft man mer. / Habern khorn meczen V oder VI.
Man soll die mûll richten das man / habermell aûch daran mallen mûg.³⁵²

---

³⁴³ Randnotiz links: *Wohin alles traŷdt legen unnd alles mell seczen und behallten.*
³⁴⁴ Unklare Bedeutung.
³⁴⁵ Randnotiz links: *Unnd noch mer darzûe biß L.* Bezieht sich auf Eintrag von *Schwein soll* bis *genûegen haben.*
³⁴⁶ Randnotiz links: *In alweg biß in L.* Bezieht sich auf Eintrag von *Will man* bis *vil schaden.*
³⁴⁷ Randnotiz links: *Nota osterreichisch parmesan kâß.*
³⁴⁸ Randnotiz links: *Man soll haben ain sonnder groß zergaden oder II.*
³⁴⁹ Randnotiz links: *Und ain sonnders gmach im zeûghaûß oder dabeŷ darinn ~~sy~~ aller paŵ vorrat lig unnd behallten.*
³⁵⁰ Heute bekannt als Europäischer Hausen oder Beluga-Stör.
³⁵¹ Unklare Bedeutung. Möglicherweise Reinanke.
³⁵² Randnotiz links: *Man soll die mûll richten das man habermell aûch daran mallen mûg.*

Himlthaŵ[353] schaf I oder II oder IIII. / Habermell schaf II oder III oder V. / Grieß mell unnd annder kochmel soẇil / not ist aûf ain jar. / Hey fûeder XV biß in XXIIII. / Grûenmat[354] fûeder IIII oder V.

Principal stûgkh.[355]

Streŷfûeder XV aûch biß in XXIIII. / Sûeß wein sein V oder VI. / Darûnnder etlich die sich im sûmer behallten / lassen unnd sonnderlich aûch II lagl. / Malmasier unnd VI oder mer Raifl / unnd Widpacher.[356] / Annder wein so heûr gewachsen sein zû / Osterreich[357] unnd in der Steŷermarch[358] / werden ungeferlich so man heerfûert / dreŷlling CXX.

Fleisch allerlaŷ lebenndig, gestelcht / unnd in der sûr.[359]

Wein, pier, wasser, / korn, mell, zeiner, / smalcz, kaß, habern, / habermell, / sûr, visch, prenholcz, / heŷ, streŷ, paŵvorrat.[360]

[fol. 23r]

Sonnst eltich dreŷlling Elsâsser unnd Rein / wein Frangkhnerin[361] khaûffen. / Wollt man dann zû ainem vorrat noch mer / osterwein khaûffen nach dem sŷ heûr / gûet unnd recht fail sein wâr soṽil dest / pesser. / Etlich vaß pier zûmachen das sich ain weŷl / behallten lâst zû Behaim[362] oder im sloß. / Mallcz[363] zûbehallten im sloß schaf II oder biß in II C. / Hopfen sein verhannden meczen I C. / Nach darzûe zûbestellen das des alles / verhannden seŷ biß in III C melczen. / Innslit unnd schwer ist zû gûeter maß / verhannden doch noch mer ain gûete / nottûrfft zûbestellen. / Eŷsen soll man von Friesich[364] bringen doch / etlich centen leûbnisch eŷsen unnd I oder / II cennten stachl zûkhaûffen des/gleichen eŷsiene plech. / Annder ding mer was nit profant als / essen und trinckhen betrifft sonnder zû / der wôrr, paŵ, haŵsrat unnd sollichen dingen / gehôrt soll zûm taill pald und zûm tail mit / der zeŷt bestellt unnd khaûfft werden wiedann / solliches der merertaill in der lanngen zedl / begriffen unnd aûfgeschriben ist.

Gesoten wein, / seenif,[365] / khren. / Essich ain grosse nottûrfft / aûf das sloß unnd wohin / zûṽerordnen.[366]

---

[353] Himmeltau.
[354] Grummet; getrocknetes Gras.
[355] Randnotiz links: *Principal stûgkh*.
[356] Rebsorten.
[357] Österreich.
[358] Steiermark.
[359] Randnotiz links: *Fleisch allerlaŷ lebenndig, gestelcht unnd in der sûr*.
[360] Randnotiz links: *Wein, pier, wasser, korn, mell, zeiner, smalcz, kaß, habern, habermell, sûr, visch, prenholcz, heŷ, streŷ, paŵvorrat*.
[361] Rebsorten.
[362] Böhmen.
[363] Unklare Abkürzung vor *Mallcz*.
[364] Friesach; Stadtgemeinde in Kärnten.
[365] Senf.
[366] Randnotiz links: *Gesoten wein, seenif, khren, essich ain grosse nottûrfft aûf das sloß unnd wohin zûṽerordnen*.

[fol. 23v]

Gwûrcz
Saffran VIII lb. / Pheffer XXXII lb. / Imber XVI lb. / Zinnerrôrn II lb. / Nâgl II lb. / Muscaplie III lb. / Muscanûß II lb. / Reŷß V centen. / Zûgkher II centen. / Manndl I cennten. / Weinpôrl I centen. / Feigen I centen. / Hônig III tŭnen. / Wachß III centen. / Paŭmôll II lagl. / Leinôll III oder V centen. / Prennholcz / unnd kollen. / Sallcz. / Kraût vaß XX. / Rûeben vaß X. / Allerlaŷ zeŭg zŭ den gepeŵen unnd zŭ dem / zeŭghaûß laût der zedln.

[fol. 24r]
[fol. 24v]
Gellt. Was man ungev̂erlich aûf die hernach / geschriben ding von gellt nottûrfftig wierdet / Werden waicz so man diennt ungeferlich / noch zŭ khaûffen XXX schaf per II lb II ß / facit LLVIII lb dn. / Roggen soll genŭeg gediennt werden / zŭ sambt dem der vor aûf dem sloß / ist. Wo aber abgienng noch etwas / zŭ khaûffen. / Prein VI schaf ungev̂erlich per IIII lb dn / facit XXIIII lb dn. / Pon 2 schaf per 2 lb dn ft IIII lb dn. / Arbaiß VI schaf ungev̂erlich per VIII oder VIIII lb dn. / Gersten zŭ sambt der so man diennt / etlich schaf zŭ khaûffen ungev̂erlich / umb L lb dn / von wegen des ~~pier~~ pier. / Haŷden fŭr die hennen II schaf oder mer / per IIII C lb dn. / Noch L ochsen zŭkhaûffen ungev̂erlich / per IIII C lb dn. / Desgleichen zŭ den diennst khûen noch L khûe / khaûffen ungev̂erlich per II C lb dn.

[fol. 25r]
Noch etliche schaf oder gastraûn L per / XXV lb dn. / Umb L kelber ungv̂erlich XXV lb dn. / Umb 50 schwein ungeferlich C lb dn. / Umb C capaûn ungeferlich XV oder XVI lb dn. / Umb 50 cennten schmalcz per X dn / ft II C VIII lb dn. / Schotten XX cennten facit ungeferlich / XLII lb dn. / Gûet kaß IIII centen facit / ungev̂erlich XX lb dn. / Haŵsen 7 cennten ungeferlich / per LXXX lb dn. / V(idelicet) haring. / Reinsalbm. / Stockvisch X stŭgkh CLXXX lb dn. / Plateiß XV sthockh XV lb dn. / Zwifl 50 meczen XII oder XIII lb dn. / Himeltow IIII schaf X lb dn.

[fol. 25v]
Sûeswein II lagl Malmasier III sâmb / Raifl unnd I oder II săm Winpacher / facit ungev̂erlich XLV lb dn. / Umb etlich vaß Elsâsser, Neckher unnd / Reinwein ungev̂erlich II oder III C lb dn. / Umb II C schaf schmalcz ungev̂erlich / IIII C XXV lb dn. / Hopffen II C meczen vmb X lb dn. / Innslit noch V cennten / ungev̂erlich / XVIII lb dn. / Umb X cennten leŭbnisch eŷsen unnd / II cennten stachl[367] XXI oder XXII lb dn. / Pfeffer XXXII lb XXVIII lb dn. / Imber XVI lb XIIII lb dn. / Saffran VIII lb XL lb dn. / Zimerrôrn II lb V lb dn. / Nâgl II lb V lb dn. / Mûscanûß II lb VI lb dn. / Mûscaplie III lb VI lb dn. / Reiß V cennten XVI lb dn. / Zûgkher II centen XXXVI lb dn. / Mandl I centn, weinpôr I centen XVI lb dn.

---

[367] Stahl.

[fol. 26r]
Feigen ain cennten III lb. / Hônig III tûnen. / Wachs III centen XIIII lb dn. / Essich soll man selbs machen unnd in / ~~der~~ den stûben zûebringen etlich emer. / Aûf annder ding so nit profannt essen / unnd trinckhen antrifft zûbestellen / unnd khaûffen II oder III C lb dn. / Dann desselbingen dings ist vill. / Es soll aûch vorgeennds gellt im sloß / sein zûbezallûng der sôldner in t(em)po(re) / einer belegerûng.

[fol. 26v]
Friesinger darf gellt sein aûsgab
Aûf all abberv̂ert[368] lifrûng. / Mûsickh am tail abfertigen. / Ain thail aûfhallten. / Sein ansehen. / Aûf gschûcz genôtig. / Aûf gebeŷ. / Aûf annder nottûrfft / unnd haûsradt. Maister Hannß von / Wirczpûrg instrument / aûf sein statl 300 fl / darinn graf Sigmûndt / unnd herr Walthaser / unnd annder.[369]
Ennphang, / camer, / hafm,[370] / dûx.[371]

---

[368] Unklare Bedeutung. Möglicherweise im Sinne von obberührt.
[369] Randnotiz rechts: *Maister Hannß von Wirczpûrg instrmet aûf sein statl 300 fl darinn graf Sigmûndt unnd herr Walthaser unnd annder.*
[370] Unklare Abkürzung nach *Hafm*.
[371] Randnotiz rechts: *Ennphang, camer, hafm, dûx.* Unmotivierte Schleife nach dem End-*x* bei *dûx* und anschließend unklare Abkürzungen.

Die Handschriften der Historischen Bibliothek des Innsbrucker Servitenklosters – eine Überblicksdarstellung

Magdalena Rufin

Vom Mittelalter bis in die späte Neuzeit hinein fungierten Stifte und Klöster als bedeutende Zentren kultureller Entwicklungen und literarischer Produktion. Diesen Umstand bezeugt auch die Historische Bibliothek des Innsbrucker Servitenklosters, welche seit Mai 2008 in Form einer Dauerleihgabe an der Universitäts- und Landesbibliothek Tirol (im Folgenden ULB Tirol) aufbewahrt wird[1] und ca. 29.000 Bände aus verschiedensten Themenbereichen umfasst. Den allergrößten Teil des Bestandes bilden gedruckte Bücher, doch auch eine ansehnliche Sammlung von rund 500 Manuskripten aus sechs Jahrhunderten ist Teil dieser Bibliothek. Da sich die Forschung zu diesem Handschriftenbestand bisher auf wenige Detailuntersuchungen beschränkt hat und erste Ergebnisse einer Tiefenerschließung nur für die ältesten Teile dieser Sammlung vorliegen, soll im Folgenden erstmals ein Gesamtüberblick zum Handschriftenbestand der Servitenbibliothek geboten werden.

1. Bestandsgeschichte[2]

Auf die im Jahre 1611 erfolgte Stiftung des Innsbrucker Servitenkonvents durch Anna Caterina Gonzaga (1566–1621), die zweite Gemahlin des Tiroler Erzherzogs Ferdinand II., folgte zeitnah, um das Jahr 1620, die Gründung einer klostereigenen Bibliothek. Bereits in den ersten Jahren ihres Bestehens konnte ein ansehnlicher Kernbestand von rund 100 Büchern aufgebaut werden. Bei einigen der älteren Handschriften aus dem 15.–17. Jahrhundert lässt sich durch datierte Besitz- und Schenkungsvermerke zweifelsfrei nachweisen, dass sie bereits in der Frühzeit der Bib-

---

[1] Siehe dazu den Artikel: Universitäts- und Landesbibliothek Innsbruck erhält historische Bibliothek des Servitenkonvents, in: Mitteilungen der Vereinigung Österreichischer Bibliothekarinnen und Bibliothekare (VÖB) 61 (2008) Heft 3, 152–153. – Ich danke der Universitäts- und Landesbibliothek Tirol für die Erstellung und Zurverfügungstellung der Abbildungen der Handschriften.

[2] Die Grundlage dieser Darstellung der Bestandsgeschichte ist neben meinen eigenen Beobachtungen zum Handschriftenbestand vor allem Franz Weiss, Innsbruck. Bibliothek des Servitenklosters, in: Handbuch der historischen Buchbestände in Österreich, Band 4, hg. von Wilma Buchinger / Konstanze Mittendorfer, Hildesheim/Zürich/New York 1997, 153–157, hier 153–154. Die Geschichte der Tiroler Servitenklöster im Allgemeinen illustrieren Johanna Felmayer, Servitenkirche Innsbruck, Innsbruck 1990, insbesondere 7–20, Augustin Pötscher, Geschichte des Servitenordens, Salzburg 2001, insbesondere 111–156 sowie Gottfried Wolff / Chris Mooney, Serviten: 400 Jahre in Österreich, Innsbruck 2011.

liothek in Klosterbesitz gelangt sind, so etwa der Codex mit der Signatur I b 37, dessen Herkunft aus dem Privatbesitz der Konventsstifterin in Form einer Anmerkung dokumentiert ist, oder I b 46, welcher einen Besitzvermerk des Servitenklosters mit der Datierung 1646 trägt.

In den folgenden Jahrhunderten erfuhr die Sammlung beachtliche Bestandszuwächse sowohl durch die handschriftliche Eigenproduktion der Ordensgemeinschaft und den Ankauf von zeitgenössischen Werken als auch durch den Erwerb älterer Handschriften und Drucke sowie in Form von Schenkungen und Stiftungen vielfältiger Bücherbestände. Diese Umstände erklären die Tatsache, dass die Bibliothek der Serviten neben Erzeugnissen späterer Epochen auch zahlreiche Werke beinhaltet, die bereits in den zwei Jahrhunderten vor ihrer Gründung entstanden waren, so etwa 40 handgeschriebene Codices aus dem 15. und 16. Jahrhundert sowie rund 200 wertvolle Inkunabeln und Frühdrucke. Bei immerhin 14 Handschriften aus dem 15.–17. Jahrhundert belegt ihre Eintragung in einem Bibliothekskatalog von 1778 (siehe dazu im Abschnitt „Forschungsgeschichte"), dass sie sich spätestens zu diesem Zeitpunkt bereits in der Servitenbibliothek befunden haben. In bedeutendem Umfang wurde der Bestand im 17. und 18. Jahrhundert durch von Novizen eingebrachte Büchersammlungen erweitert, beispielsweise jene des späteren Ordenshistorikers Augustin M. Romer bei seinem Eintritt 1641, sowie durch Legate und Schenkungen prominenter Tiroler Persönlichkeiten, etwa durch den Hofkammerpräsidenten Franz von Carrara im Jahre 1639, den Dekan Johann Faschinger aus Hallein 1664 sowie die Grafen Sigmund und Ignaz von Wolkenstein in den Jahren 1670 bzw. 1719–24. Zahlreiche datierte Besitzvermerke bezeugen, dass vor allem im späten 18. und frühen 19. Jahrhundert intensive Anstrengungen zum Erwerb von Handschriften unternommen wurden, etwa von Pater Innozenz M. Sternbach (1750–1795), dessen Name in einigen Büchern auch als Vorbesitzer sowie als Autor vermerkt ist,[3] oder dem langjährigen Innsbrucker Prior und Provinzialen Jakob Philipp M. Klebelsberg (1749–1829), der sich als Klosterbibliothekar sowohl leidenschaftlich um wertvolle Neuanschaffungen bemühte als auch die Ordnung und Katalogisierung des Bücherbestandes voranbrachte.[4] Zahlreiche Bücher übernahm man dabei aus den Beständen verschiedener im Zuge der Säkularisierungs- und Aufklärungsbestrebungen dieser Zeit aufgehobener bayerischer und österreichischer Klöster, während das Innsbrucker Servitenkloster selbst von diesen Aufhebungen verschont geblieben war. Auch viele der älteren Bücher aus dem 15.–17. Jahrhundert gelangten erst in dieser Zeit ans Innsbrucker Servitenkloster. Ihren Niederschlag findet diese besonders erfolgreiche Phase der Bestandserweiterung auch in der Tatsache, dass die datierten Besitz- und Erwerbsvermerke des 18. und 19. Jahrhunderts jene aus dem 17. zahlenmäßig deutlich übersteigen. Auch anhand der verschiedenen *Accessions-Journale*, Aufstellungen von Bibliotheksausgaben sowie Kaufbelege und Buchbinder-Rechnungen aus dem 19. und frühen 20. Jahrhundert, die im Klosterarchiv der Serviten aufbewahrt werden, lassen sich die intensiven Erwerbstätigkeiten für die Büchersammlung in den vergangenen Jahrhunderten nachvollziehen, wenngleich die Einträge in aller Regel gedruckte Werke betreffen.

---

[3] Zu Sternbach vgl. Pötscher, Geschichte (wie Anm. 2) 146.
[4] Zu Klebelsberg vgl. Bernhard M. Spörr, Lebens-Bilder aus dem Serviten-Orden, Band 2, Innsbruck 1892, 519–527.

Ein beträchtlicher Anteil der handschriftlichen Codices der Serviten-Bibliothek weist Vermerke bezüglich Vorbesitz oder Schenkung auf. Diese Angaben sind zwar selten datiert, lassen dafür aber in der Zusammenschau durchaus ein geographisches Muster der Entstehungs- und Erwerbsumstände erkennen: Am häufigsten sind naturgemäß Besitzvermerke und -stempel des Innsbrucker Servitenklosters selbst zu verzeichnen, die in der Regel in einer späteren Phase der Bibliotheksgeschichte angebracht worden sein dürften,[5] sowie Hinweise auf Innsbrucker Servitengeistliche als Vorbesitzer:innen. Viele Bücher sind demnach aus den Nachlässen verstorbener Konventmitglieder in den Besitz der Klosterbibliothek gelangt. Bei den meisten der betreffenden Bücher dürfte es sich in der Tat auch um Eigenerzeugnisse von Mitgliedern des Innsbrucker Konvents handeln. Davon abgesehen dokumentieren Besitzvermerke aus anderen österreichischen Klosterbibliotheken, dass viele Bücher im Bestand der Innsbrucker Sammlung aus anderen Servitenklöstern, wie Rattenberg, Volders und Maria Waldrast, übernommen worden sind. Vereinzelt stammen Werke auch aus den Servitenniederlassungen in Wien[6] und Gutenstein sowie aus Tiroler Klöstern anderer Ordensgemeinschaften, wie jenen von Wilten und Schnals. Die meisten personenbezogenen Vermerke weisen nicht weiter bekannte Privatpersonen oder Ordensangehörige als Vorbesitzer:innen aus, hin und wieder begegnen wir jedoch auch bekannten Persönlichkeiten: So gehörte die Handschrift mit der Signatur I b 62 einst Anton von Annenberg (1420–ca. 1483/84) – bei der seit dem 15. Jahrhundert bestehenden umfangreichen Büchersammlung der Herren von Annenberg handelt es sich um eine der bedeutendsten Tiroler Adelsbibliotheken –, während der Codex I b 33 sich einst im Besitz des kaiserlichen Finanzberaters, Sekretärs und Rats Blasius Hölzl (1471–1526) befand, der sich auch als Förderer humanistischer Gelehrter und Literaten einen Namen machte. Einige Bücher tragen die Besitzvermerke der Stiftsgründerin Anna Caterina Gonzaga (ein Beispiel dafür wurde zu Beginn dieses Kapitels genannt).

Der Bestand an Manuskripten wuchs zudem über all die Jahrhunderte kontinuierlich durch die handschriftliche Produktion vonseiten der Ordensangehörigen weiter an: Zum Eigengebrauch, zur Verwendung in der Klosterschule und für praktisch-organisatorische Zwecke verfassten und kopierten die Geistlichen des Servitenkonvents theologische Abhandlungen sowie Interpretations- und Verständnishilfen zu theologischen Texten, brachten religiöse Betrachtungen zur Erbauung, Andacht oder geistig-moralischen Meditation in schriftliche Form, erstellten Unterrichtsmaterialien und Exzerptsammlungen, schrieben Ordensgeschichte, kirchenrechtliche Erlässe, Kloster- und Verhaltensregeln nieder, dokumentierten den Klosteralltag in Form von Tagebüchern, Kalendern und Ereignisberichten und arbeiteten Predigten, Messanleitungen, liturgische Text- und Gebetssammlungen sowie Leitfäden für den Umgang mit Gläubigen aus. Darüber hinaus herrschte unter den Ordensangehörigen auch ein reges Interesse und in Bezug auf die Klosterschule ein großer Bedarf an Werken aus einer Vielzahl von nichttheologischen Wissensgebieten, was sowohl

---

[5] Ihr Wortlaut besteht meistens aus der Angabe „conventus Sancti Josephi Oeniponti" oder Varianten davon.
[6] Die Bestände der Bibliothek des Wiener Servitenkonvents in der Rossau werden seit dessen Auflösung im Jahr 2009 im Servitenkloster Maria Waldrast aufbewahrt.

in der eigenständigen Abfassung als auch in der Abschrift historischer, literarischer, naturwissenschaftlicher, juristischer oder linguistischer Texte seinen Ausdruck fand.

Laut Angaben von Klosterbibliothekar Pater Gregor M. Zinkl (1880–1938) wies die Bibliothek 1935 einen beachtlichen Bestand von 40.000 Bänden auf.

Nachdem der Konvent 1938 durch die Nationalsozialisten aufgehoben worden war, wurden die Bücherbestände während des Zweiten Weltkriegs in das Prämonstratenser-Chorherrenstift Wilten ausgelagert, blieben über viele Jahre hinweg ungenutzt und unbearbeitet und konnten erst zwischen 1949 und 1951 wieder ins Servitenkloster zurückgeführt werden. Im Zuge dieser Vorgänge kam es zum Verlust und zur Beschädigung zahlreicher Bücher. Im Jahre 1970 erfuhr die Bibliothek noch einen letzten beträchtlichen Bestandszuwachs, als die gesamte Büchersammlung des aufgelösten Servitenklosters von Rattenberg in Tirol in den Bestand der Innsbrucker Bibliothek eingegliedert wurde. Seit 2012 befindet sich diese Rattenberger Büchersammlung jedoch als Dauerleihgabe in der Diözesanbibliothek Salzburg. 1986 wurde die Innsbrucker Servitenbibliothek einer grundlegenden Neuordnung unterzogen. Im Jahre 2008 wurden die Bestände schließlich in Form einer Dauerleihgabe an die Universitäts- und Landesbibliothek Tirol übergeben.

Zuletzt ist anzumerken, dass die heute an der ULB Tirol befindliche Sammlung erhebliche Lücken aufweist: Viele Werke aus den vier dokumentierten Manuskript-Signaturengruppen – es handelt sich insgesamt um etwa 320 Bücher – sind im Bestand nicht mehr vorhanden, obwohl wir aus den Fehlstellen in der fortlaufenden Nummerierung sowie aus alten Katalogen ersehen können, dass es sie einst gegeben haben muss. In welcher Phase der Bibliotheksgeschichte und auf welche Weise diese Bücher verloren gegangen sind, lässt sich heute zwar nicht mehr im Detail, aber doch zumindest in Grundzügen rekonstruieren. Laut Auskunft sowohl des Provinzarchivars der Serviten, Br. Fero M. Bachorík OSM, als auch der Mitarbeiter:innen der ULB Tirol wurden die in der Bibliothek der Serviten 2008 vorgefundenen Handschriftenbestände durch die ULB Tirol zur Gänze übernommen: Im Kloster sind die fraglichen Codices also nicht verblieben.[7] Durch einen Abgleich der Einträge zu den verschollenen Manuskripten in den alten Bibliothekskatalogen mit dem Verwaltungsschrifttum im hauseigenen Archiv des Servitenklosters sowie mit dem Katalog der Handschriften des servitanischen Musikarchivs[8] lässt sich auch ausschließen, dass die fehlenden Handschriften in diesen Beständen zu finden sind.

Vielmehr bietet sich bezüglich des Verbleibs der fraglichen Bücher eine andere These an, für die sich mehrere Belege anführen lassen: Während die in den 1930er-

---

[7] Zwar sind einige wenige Manuskripte, die für die Ordensgemeinschaft von besonderem Interesse sind, nicht Gegenstand des Leihvertrages geworden, sondern vor Ort im Klosterarchiv verblieben, aber Br. Fero konnte versichern, dass es sich dabei lediglich um vereinzelte Fälle gehandelt hat und dass sich mit Gewissheit kein nennenswerter Anteil der fehlenden 320 Codices heute noch im Kloster befindet. Nach stichprobenartiger Sichtung des dortigen Archiv verbliebenen Restbestandes an nicht-archivalischen Büchern konnte bestätigt werden, dass die fraglichen Handschriften dort nicht aufzufinden sind. Zudem gehören die verbliebenen Werke in aller Regel anderen Signaturensystemen an und können daher schon allein aus diesem Grund keine Erklärung für die großen Bestandslücken in der übernommenen Büchersammlung liefern.

[8] Rudolf Pascher, Das Musikarchiv des Servitenklosters in Innsbruck. Thematischer Katalog der Musikhandschriften, Diss. Innsbruck 2010.

Jahren angelegten Manuskript-Kataloge (siehe dazu im folgenden Kapitel) zweifelsfrei dokumentieren, dass die heute fehlenden Signaturen im ersten Drittel des 20. Jahrhunderts noch in der Servitenbibliothek vorhanden waren, häufen sich in den darauffolgenden Jahrzehnten die Schilderungen von Bestandsverlusten: So berichtet der Denkmalpfleger Oswald Trapp im Jahr 1959, der Handschriftenbestand habe durch Beschlagnahmungen und Zerstörungen im Zuge des Zweiten Weltkriegs, als das Servitenkloster zwangsweise aufgehoben und die gesammelten Kostbarkeiten zeitweise ausgelagert wurden, schwere Einbußen erlitten;[9] ein im Klosterarchiv aufbewahrter Bericht von 1971 betreffend die Neuaufstellung der Bibliothek bezeugt das Fehlen bedeutender Anteile der Büchersammlung; andere Unterlagen aus dem Archiv berichten explizit von Beschädigungen und Verlusten im Bücherbestand während der Kriegszeit; sogar Spuren von Beschuss an den Büchern werden beschrieben und sind heute noch an einigen Codices sichtbar. Es ist also davon auszugehen, dass das Gros der heute verschollenen Manuskripte in den Wirren der Zeit des Nationalsozialismus und des Zweiten Weltkrieges zerstört oder entwendet worden oder im Zuge der Umsiedlungen in Verlust geraten ist.

2. Forschungsgeschichte und Stand der Erschließung

Die meisten der erhaltenen Bibliothekskataloge beziehen sich auf die Sammlung der gedruckten Bücher.[10] In Bezug auf die Manuskripte sind vor allem verstreute Erwähnungen und Detailuntersuchungen zu einigen wenigen (meist älteren) Codices zu verzeichnen.[11]

---

[9] Vgl. Oswald Trapp, Die Kunstkammer des Servitenklosters in Innsbruck, Innsbruck 1959, 4–5.

[10] Es sind dies ein zweibändiger Bibliothekskatalog aus dem Jahr 1630 (heute Codices B 218 und B 219), ein dreibändiger Katalog von 1803 (M 193–195) mit einem dazugehörigen zweibändigen alphabetischen Verzeichnis (M 196–197) sowie zwei moderne, handschriftlich verfasste Kataloge aus dem 20. Jahrhundert: Ein aus 78 Mappen und zwei Registern bestehender systematischer Gesamtkatalog aus den 1930er-Jahren, von dem eine Kopie in der Abteilung für Sondersammlungen der ULB Tirol aufbewahrt wird, sowie ein alphabetisch geordneter Zettelkatalog von 1909, der in digitaler Form auf der Webseite der ULB Tirol abgerufen und durchsucht werden kann (https://webapp.uibk.ac.at/alo/cat/collection.jsp?id=1017) (Zugriff: 26.04.2023). Für eine Liste weiterer Sonder- und Teilkataloge siehe Weiss, Bibliothek des Servitenklosters (wie Anm. 2) 156.

[11] Beispiele für Einzelstudien und eingehendere Untersuchungen sind: Joseph Schatz, Eine neue Innsbrucker Freidankhandschrift. Mit einem Anhange: Liber de nugis Maximiani, in: Zeitschrift des Ferdinandeums 3. Folge (1897) Heft 41, 113–130 (zu Serv. Cod. I b 46); Willem De Vreese / Edward Gailliard, Dietsche Kalenders, in: Jaarboek der Koninklijke Vlaamsche Academie voor Taal- en Letterkunde 24 (1910) 5–86, hier besonders 7–8 und 32–43 (I b 13); daneben diverse kunsthistorische Darstellungen, siehe unten. Nur kurze Erwähnung im Rahmen von Verzeichnissen und Repertorien finden die entsprechenden Handschriften hingegen in: Herbert Kraume, Die Gerson-Übersetzungen Geilers von Kaysersberg. Studien zur deutschsprachigen Gerson-Rezeption (Münchner Texte und Untersuchungen zur deutschen Literatur des Mittelalters [MTU] 71), München 1980, 35 (I b 3); Georg Steer, Hugo Ripelin von Straßburg. Zur Rezeptions- und Wirkungsgeschichte des „Compendium theologicae veritatis" im deutschen Spätmittelalter (Texte und Textgeschichte 2), Tübingen 1981, 81 (I b 6); Werner Williams-Krapp, Die deutschen und niederländischen Legendare des Mittelalters. Studien zu ihrer Überlieferungs-, Text- und Wirkungsgeschichte (Texte und Textgeschichte 20), Tübingen 1986, 468 (I b 29); Emil J. Polak, Medieval and Renaissance Letter Treatises and Form Letters. A Census of Manuscripts Found in

Mehrmals wurde im Laufe der Geschichte jedoch auch der Handschriftenbestand als Ganzes oder größere Teile davon umfassender verzeichnet oder beschrieben: Pater Franz Xaver M. Gassmayr (1728–1786), Bibliothekar und Geschichtsschreiber des bei Matrei am Brenner gelegenen Servitenklosters Maria Waldrast, legte im Jahr 1778 einen ersten Bibliothekskatalog zum Bücherbestand des Innsbrucker Konvents an. Darin verzeichnete er neben zahlreichen Drucken auch 15 der älteren damals im Besitz des Klosters befindlichen Manuskripte mit Angaben zu Titel, Umfang und Inhalt sowie bisweilen auch mit Anmerkungen zu Autorschaft und Schrift; 14 von diesen können auch noch im heute erhaltenen Bestand identifiziert werden.[12] Ebenso haben wir Nachricht von einem zwischen den letzten Jahrzehnten des 18. und den ersten Jahrzehnten des 19. Jahrhunderts von Pater Jakob Philipp M. Klebelsberg angelegten Bücherverzeichnis, das allerdings im Laufe der Zeit verloren gegangen ist.[13]

Hermann Julius Hermann beschrieb 1905 in seinem Verzeichnis der illuminierten Handschriften Tirols neun der illustrierten Codices der Servitenbibliothek.[14] Um die Wende vom 19. zum 20. Jahrhundert entstand ein handschriftlicher Katalog zu den 328 Handschriften der Signaturengruppe M.[15] In den 1930er-Jahren erfasste Pater Gregor M. Zinkl handschriftlich in einer Inventarliste 191 Handschriften der heute bis zur Nummer 239 reichenden Signaturengruppe B sowie in einem Katalog die 130 Codices der Gruppen I a und I b.[16] Im Jahr 1959 katalogisierte der Denkmalpfleger Oswald Trapp neben den anderen Schätzen aus der Kunstkammer des Servitenklosters auch einige wertvolle Handschriften und Drucke in Form einer knappen Beschreibung.[17] 1973 wurden für die Hill Museum & Manuscript Library Mikrofilme von 25 (größtenteils älteren) Codices angefertigt. Die Kurzkatalogisate auf Basis einer von Pater Urban Steiner für diese Handschriftenauswahl erstellten Indexkartei lassen sich auf der Webseite des Museums abrufen (https://hmml.org. Zugriff: 26.04.2023). Aus dem Jahr 1994 stammt ein Beitrag von Andreas Finger-

---

Part of Europe. The Works on Letter Writing from the Eleventh through the Seventeenth Century Found in Albania, Austria, Bulgaria, France, Germany, and Italy, Leiden/Boston 2015, 59 (I b 4). Weitere Literaturhinweise werden in den folgenden Kapiteln für einzelne Handschriften gegeben.

[12] Dieser älteste überlieferte Katalog trägt den Titel *Bibliographie der Bibliothek in dem erzherzoglichen Kloster Ordens der Diener u. l. F. zu St. Joseph in Innsbruck* und ist heute noch unter der Signatur I a 65 im Handschriftenbestand der Servitenbibliothek zu finden.

[13] Vgl. WEISS, Bibliothek des Servitenklosters (wie Anm. 2) 154.

[14] Hermann Julius HERMANN, Die illuminierten Handschriften in Tirol (Beschreibendes Verzeichnis der illuminierten Handschriften in Österreich 1), Leipzig 1905, 110–117. Bei den beschriebenen Codices handelt es sich um die heutigen Signaturen I b 3, I b 4, I b 13, I b 35, I b 39, I b 47, I b 63 sowie um zwei weitere, heute verschollene Handschriften.

[15] Diese Mappe ohne Signatur trägt den Titel *Standkatalog zu M.: Manusskripta* und wird im Servitenbestand der ULB Tirol aufbewahrt.

[16] Auch diese beiden Verzeichnisse mit den Titeln *Brevis Descriptio Manuscriptorum. Mspt. II. B* und *Catalogus codicum manu scriptorum qui in bibliotheca conventus Ord. Serv. B. M. V. ad s. Joseph Oeniponte asservantur* tragen keine Signatur und werden als Kopien im Servitenbestand der ULB Tirol verwahrt.

[17] TRAPP, Kunstkammer (wie Anm. 9) 16–18. Es handelt sich um die Handschriften I b 3, I b 4, I b 20, I b 21, I b 23, I b 35, I b 36, I b 39, I b 42, I b 62, B 18, B 101, B 151, o. S. (= ohne Signatur) 111.

nagel über die Bibliotheksschätze des Servitenklosters im 52. Band der *Österreichischen Kunsttopographie*, in welchem der Autor sowohl den Einbänden als auch der Ausstattung einzelner Drucke und Handschriften eine kunsthistorische Würdigung zuteilwerden lässt.[18]

In einem zwischen 2007 und 2010 vom Fonds zur Förderung der Wissenschaften finanzierten Projekt arbeiteten Eleonore de Felip und Alexandra Ohlenschläger unter der Leitung von Lav Šubarić an der Katalogisierung der 40 aus dem 15. und 16. Jahrhundert stammenden Handschriften der Bibliothek. Diese Arbeiten sind zwar weit fortgeschritten, der geplante Katalog nach den Richtlinien der Kommission für Schrift- und Buchwesen des Mittelalters der Österreichischen Akademie der Wissenschaften (im Folgenden ÖAW) konnte jedoch bedauerlicherweise bisher nicht zur Publikation gebracht werden.[19] Im Jahr 2009 informierten Eleonore de Felip und Lav Šubarić in einem Zwischenbericht über den Fortschritt des Katalogisierungsprojektes und präsentierten dabei neben einem kurzen Überblick über den älteren Handschriftenbestand auch detailliertere Beschreibungen einiger ausgewählter Codices.[20] Kurzbeschreibungen der im Rahmen dieses Projektes untersuchten Handschriften wurden im österreichischen Handschriftenportal *Manuscripta.at* veröffentlicht.

In der Online-Datenbank *Handschriftencensus.de*, in der deutschsprachige Handschriften des Mittelalters gesammelt werden, finden sich derzeit Kurzkatalogisate und Literaturhinweise zu sechs Codices der Serviten-Sammlung.[21]

In den Jahren 2017 bis 2019 erhielt ich im Rahmen meiner Anstellung an der Abteilung für Sondersammlungen in der Universitäts- und Landesbibliothek Tirol die Gelegenheit, mich näher mit den handschriftlichen Codices der Historischen Bibliothek des Servitenklosters zu befassen. Dabei konnte ich eine Liste von Kurzkatalogisaten des gesamten Handschriftenbestands erstellen – es wurden die wichtigsten Eckdaten zu den einzelnen Werken wie Signatur, Beschreibstoff, Inhalt/Titel, Format, Umfang, Sprache, Buchschmuck, Vorbesitz sowie Zeit und Ort der Entstehung erfasst – und einen umfassenden Überblick über den Erhaltungszustand, die Entstehungsumstände, den Charakter und die Inhalte der Manuskriptsammlung gewinnen. Diese bisher nur intern verwendete, vorläufige Katalogisatsliste kann für weitere Recherchearbeiten auf Anfrage zur Verfügung gestellt werden. Die Inhalte des vorliegenden Artikels basieren auf diesen Vorarbeiten.

---

[18] Andreas FINGERNAGEL, Handschriften und Drucke, in: Die Sakralen Kunstdenkmäler der Stadt Innsbruck, Band 1, Innere Stadtteile (Österreichische Kunsttopographie 52), hg. von Johanna Felmayer u. a., Wien 1995, 264–272. Es handelt sich um die Einbände und Illuminationen der handschriftlichen Codices I b 1, 1 b 3, 1 b 4, I b 9, I b 13, I b 28, I b 29, I b 33, I b 35, I b 39, I b 42, I b 45, I b 63.

[19] Die Veröffentlichung ist für das Jahr 2023 geplant.

[20] Eleonore DE FELIP / Lav ŠUBARIĆ, Zwischenbericht zum Projekt Katalog der Handschriften des Innsbrucker Servitenklosters. Handschriften des 15. und 16. Jahrhunderts, in: Biblos 58 (2009) Heft 1, 117–126.

[21] Es handelt sich um die Signaturen I b 3, I b 13, I b 28, I b 29, I b 46, I b 63.

3. Gesamtüberblick über den Handschriftenbestand[22]

Einen ausführlicheren Überblick über den aus handschriftlichen und gedruckten Büchern bestehenden Gesamtbestand der Servitenbibliothek liefert Weiß im Handbuch der historischen Buchbestände (vgl. Anm. 2) auf den Seiten 154–156. An dieser Stelle sei die Sammlung nur in aller Kürze in Grundzügen vorgestellt: Während die klassischen Sammelgebiete eines geistlichen Ordens – Theologie, Liturgie, Ordensliteratur, Philosophie – erwartungsgemäß den Großteil des Bestandes bilden, sind auch zahlreiche Werke zu einer Vielzahl nicht-theologischer Themenbereiche zu verzeichnen. Besonders stark vertreten sind hierbei historische und geographische Schriften. Dass der Bestand so viele verschiedene Wissensgebiete umfasst, liegt unter anderem im Bedarf an Lehrmaterial für die klosterinterne Ausbildung sowie im vielfältigen Forschungsinteresse der Geistlichen begründet. Besonderen Wert legten die Angehörigen des Konvents stets auf die Förderung der sakralen Musik, weshalb im Laufe der Zeit eine große Menge an diesbezüglichem Schrifttum erworben und produziert wurde. Das Musikarchiv der Serviten, das sowohl Handschriften als auch Drucke enthält, wurde und wird auch heute noch gesondert vom Rest der Bibliothek in den Räumlichkeiten des Servitenklosters aufbewahrt.[23] Weitere Sammelschwerpunkte der Klosterbibliothek lagen auf Tirolensien und Schriftgut mit Servitenbezug.

Der heute von der ULB Tirol verwaltete Handschriftenbestand der Servitenbibliothek umfasst rund 500 Bücher (wobei es sich in vielen Fällen bei verschiedenen Codices um die Bände eines zusammengehörigen Werks handelt). Im Folgenden soll ein Überblick über diesen Teil des Bibliotheksbestandes gegeben werden. Dabei werden in der Darstellung und dem folgenden Anhang zwar nicht alle Codices der Sammlung, aber doch ein großer Teil davon explizit unter Angabe der Signaturen angeführt, damit Interessierten auch in Ermangelung einer publizierten Katalogisatsliste die Möglichkeit geboten wird, gezielt etwaige weitere Nachforschungen über einzelne Bücher oder über bestimmte Aspekte des Bestandes anzustellen.

Dabei werde ich mich im Wesentlichen auf die neuzeitlichen Handschriften beschränken (17.–20. Jahrhundert), da die älteren Codices (15.–16. Jahrhundert) bereits einer eingehenderen Untersuchung unterzogen worden sind. Für einen Überblick über die 40 Manuskripte mittelalterlichen Charakters sei auf den Artikel von De Felip und Šubarić[24] verwiesen, welcher auch nähere Beschreibungen von 16 exemplarisch ausgewählten Handschriften bietet. Der Hauptteil der Darstellung sowie die

---

[22] Über die Umstände und Charakteristiken der Handschriftenproduktion und Buchkultur im 17. und 18. Jahrhundert im Tiroler Raum im Allgemeinen vgl. Claudia SCHRETTER-PICKER / Lav ŠUBARIĆ / Ursula STAMPFER / Walter NEUHAUSER (Hg.), Barocke Buchkultur im Tiroler Raum, in: Geschichte der Buchkultur 7. Barock, hg. von Christian Gastgeber / Elisabeth Klecker, Graz 2015, 295–382. Für die lateinische Literatur Tirols vgl. Martin KORENJAK / Florian SCHAFFENRATH / Lav ŠUBARIĆ / Karlheinz TÖCHTERLE (Hg.), Tyrolis Latina. Geschichte der Lateinischen Literatur in Tirol, 2 Bände, Wien 2012.

[23] Das Musikarchiv der Innsbrucker Serviten wurde in einigen Publikationen aufgearbeitet, z. B. überblicksartig in Franz WEISS, Aus dem Musikarchiv des Servitenklosters Innsbruck, in: Tiroler Heimatblätter 62 (1987) 77–81 und sehr detailliert in der bereits erwähnten Dissertation von PASCHER, Musikarchiv (wie Anm. 8).

[24] DE FELIP/ŠUBARIĆ, Zwischenbericht (wie Anm. 20).

Auswahl der Beispiele werden sich daher auf den Bestand der jüngeren Bücher der Servitenbibliothek konzentrieren. Immer wieder sollen jedoch auch die charakteristischen Unterschiede zwischen den mittelalterlichen und den neuzeitlichen Codices in Bezug auf diverse kodikologische und inhaltliche Aspekte erörtert werden.[25]

3.1 Signaturen

Die Sammlung lässt sich in fünf Signaturengruppen einteilen, die hier ihrem Alter nach gereiht aufgelistet werden: Die älteste Signaturengruppe bilden die Bücher mit der Bezeichnung *I b*: In diese Gruppe fallen die meisten Handschriften aus dem 15. und 16. Jahrhundert, zu denen sich auch einige später zu datierende Werke gesellen. Die Gruppe mit der Aufschrift *I a* umfasst neben einigen älteren Codices besonders viele Schriften aus dem 17. sowie einige aus dem 18. Jahrhundert. Die Bücher mit der Signaturenkennzeichnung *B* stammen überwiegend aus dem 17. und 18. Jahrhundert; nur wenig Material aus späterer und nur vereinzelte Werke aus früherer Zeit sind hier zu verzeichnen. Mit dem Buchstaben *M* sind, abgesehen von einigen wenigen Ausnahmen, die jüngsten Codices gekennzeichnet: Viele Handschriften aus dem 18. sowie ein großer Teil der Bücher aus dem 19. Jahrhundert gehören zu dieser Gruppe. Eine fünfte Gruppe bilden jene Schriften, die ohne Signatur aus der Büchersammlung des Servitenklosters übernommen und anschließend an der ULB Tirol unter dem Kürzel *o. S.* (= ohne Signatur) durchnummeriert wurden. Bei diesen Werken lässt sich kein klares zeitliches Profil erkennen: Sie stammen zu ähnlich großen Anteilen aus dem 17., 18. und 19. Jahrhundert; auch die meisten der jüngsten Handschriften der Sammlung, jene aus dem 20. Jahrhundert, gehören zur Büchergruppe ohne Signatur. Vielmehr fällt auf, dass diese Schriften einen anderen Aspekt gemeinsam zu haben scheinen, von dem im folgenden Abschnitt noch zu sprechen sein wird.

Weiters sind bei einigen Werken Spuren diverser älterer Signaturensysteme zu erkennen – immerhin mehr als ein Zehntel des Bestandes weist ältere Signaturen auf; es handelt sich hier etwa um ein in die Buchstabengruppen *A* und *B* eingeteiltes System mit fortlaufenden Nummern sowie Nummerierungen ohne Buchstaben.

---

[25] Obgleich das Mittelalter nach allgemeiner Definition spätestens mit dem Jahr 1500 in die Neuzeit übergeht und damit das 16. Jahrhundert nicht mehr in die mittelalterliche Epoche fällt, ist es in Österreich bei der Handschriftenkatalogisierung Usus, die Trennlinie etwa ein Jahrhundert später anzusetzen: Manuskripte bis zum Jahr 1600 werden gemäß den Konventionen für mittelalterliche Buchbestände katalogisiert und gelten in diesem Kontext als *mittelalterlich*; erst für den Zeitraum danach folgt man den vereinfachten Richtlinien für jüngere Handschriften und fasst die Bücher ab 1600 als *neuzeitlich* zusammen, siehe dazu die Richtlinien der Kommission für Schrift- und Buchwesen des Mittelalters der ÖAW unter Otto MAZAL, Richtlinien und Terminologie für die Handschriftenbeschreibung, in: Handschriftenbeschreibung in Österreich. Referate, Beratungen und Ergebnisse der Arbeitstagungen in Kremsmünster (1973) und Zwettl (1974) (Österreichische Akademie der Wissenschaften, phil.-hist. Klasse, Denkschriften 122 = Veröffentlichungen der Kommission für Schrift- und Buchwesen des Mittelalters II,1), hg. von Otto Mazal, Wien 1975, 133–158, hier 140. Im Folgenden wird daher der Terminus *mittelalterlich* auf die Codices des 15./16. und die Bezeichnung *neuzeitlich* auf jene des 17.–20. Jahrhunderts bezogen. Auch inhaltlich scheint diese Einteilung nicht ungerechtfertigt, zumal im vorliegenden Bestand viele der Handschriften aus dem 16. Jahrhundert noch deutlich mittelalterlichen Charakter aufweisen.

3.2 Erhaltungszustand

Die wechselvolle Geschichte der Bibliothek hat auch ihre nachhaltigen Auswirkungen auf den heutigen konservatorischen Zustand ihrer Bestände gezeigt. Insbesondere in der jüngeren Geschichte verursachten kriegsbedingte Bergungsmaßnahmen, fehlende Betreuung, unsachgemäße Handhabung, aber auch ungünstige räumliche und klimatische Lagerungsbedingungen für die Bücher in der Klosterbibliothek ein nicht unbeträchtliches Schadensausmaß an vielen Objekten. Aus diesen Gründen weisen heute mehr als ein Fünftel der Handschriften gröbere Beschädigungen auf: Neben stärkerer Verschmutzung sind dies v. a. Wasserschäden, Schimmelbefall, Insekten- und Mäusefraß sowie buchmechanische Schäden.

Zudem wurde ein großer Teil der Handschriften nicht oder nur unvollständig gebunden: Etwa ein Fünftel der Werke liegt in Form loser oder nur teilweise zusammengehefteter Lagen vor; weitere fünf Prozent verfügen zwar über einen gehefteten Buchblock, haben jedoch keinen Einband. Neben den Textträgern ohne Bindung und Einband finden wir auch einige Buchblöcke vor, die lediglich in einfache, provisorische Einbände aus dünner Pappe eingebunden sind. Insgesamt also handelt es sich bei rund einem Viertel der Handschriften der Servitensammlung um ungebundene oder ohne Einband überlieferte Schriften. Die überwiegende Mehrheit dieser Fälle ist in der Gruppe ohne Signatur sowie dem hinteren Nummernbereich der jüngsten Signaturengruppe *M* zu finden. Häufig handelt es sich um Ansammlungen loser Blätter und Lagen, die meist als Schriften desselben Autors oder Schreibers oder aber – trotz Unterschieden hinsichtlich Format, Autor, Schreiber und sogar Entstehungszeit – aufgrund ihrer Zugehörigkeit zu demselben Themenkomplex zusammengefasst wurden. Immer wieder finden sich sogar Blätterstapel, die auch inhaltlich völlig durchmischt sind und eher zufällig zusammengestellt worden zu sein scheinen. Viele dieser losen Textsammlungen wurden zum besseren Halt mit einfachen Papier- oder Kartonumschlägen umwickelt oder mit Papierstreifen umschlungen, manchmal werden einzelne Lagen auch mit Heftfäden zusammengehalten. Diese in der Klosterbibliothek vorgefundenen Sammeleinheiten haben bei der Übernahme durch die ULB Tirol eine vorläufige Durchnummerierung erfahren und werden bis zu einer tiefergehenden Erschließung der Bestände in dieser Form beibehalten.

Es handelt sich hier also um eine Sammlung von Schriften aus verschiedenen Jahrhunderten, die aus diversen Gründen nicht zur (vollständigen) Bindung gelangt sind bzw. nicht einmal mehr ins Signaturensystem eingegliedert wurden. In einigen Fällen dürfte dieser Umstand dem jungen Alter der Schriften geschuldet sein. Andere Texte sind wohl deswegen nie zum fertigen Buch gebunden worden, weil sie noch unvollständig waren, ihre Niederschrift also unterbrochen wurde. Häufig finden wir in der Gruppe der ungebundenen Bücher auch spezielle Textsorten, von denen man annehmen kann, dass sie in aller Regel von vornherein nicht für die Bindung zu einem Codex gedacht waren, z. B. einzelne Predigten, Briefe, Terminpläne, Inventarlisten, Kostenaufstellungen sowie Kurztexte, Gedichte oder Theaterstücke. Auch scheinen mir in der Gruppe ohne Signatur solche Bücher überrepräsentiert zu sein, die zwar gebunden, aber besonders stark beschädigt sind und vermutlich aus diesem Grund außerhalb der regulären Signaturensysteme aufbewahrt wurden. In einigen Fällen der Unterlagen ohne Signatur, etwa bei Stapeln von administrativen Dokumenten und

Briefen, handelt es sich offenbar um archivalische Unterlagen, die irrtümlich unter die literarischen Handschriften geraten sind.

Auch die Aufstellung und Ordnung vor allem dieses Teils der Sammlung stellte sich bei der Übernahme durch die ULB Tirol als zum Teil durcheinandergeraten und fehlerhaft heraus: Bisweilen wurden zusammengehörige Lagen desselben Werkes getrennt voneinander aufbewahrt, Teile verschiedener Schriften wurden vermischt, Titelblätter den falschen Buchblöcken zugeordnet. Während meiner Katalogisierungsarbeit habe ich daher einige Umstellungen vorgenommen, um Textteile korrekt zusammenzustellen und Fragmente richtig zuzuordnen. Dennoch blieben viele Werke Bruchstücke, deren restliche Lagen oder Abschnitte sich als verschollen oder schlicht niemals vollendet herausstellten.

3.3 Entstehungszeiten

Nur ein verhältnismäßig kleiner Teil (etwa ein Viertel) der Servitenhandschriften ist datiert. Darüber hinaus lassen sich viele Bücher aber über andere Wege mehr oder weniger genau zeitlich einordnen: Bei den älteren Manuskripten ist die Entstehungszeit fast immer durch die Einbanddatierung oder Wasserzeichenbefunde chronologisch recht genau eingrenzbar. Bei den späteren Werken kann häufig durch einen *Terminus post* oder *ante quem* (Besitzvermerke, Datierung der Vorlagen, Erwähnung von Ereignissen oder Personen, Lebensdaten des Autors) oder aufgrund äußerlicher Ähnlichkeiten oder inhaltlicher Zusammengehörigkeit mit anderen Büchern eine ungefähre Datierung vorgenommen werden. In anderen Fällen gelingen Schätzungen anhand der Schrift oder sonstiger äußerlicher Merkmale. Bisweilen liefern alte Kataloge zusätzliche Informationen. Bei etwa einem Zehntel der Handschriften ist bisher mangels klarer Anhaltspunkte keinerlei Datierung gelungen; eine genauere Untersuchung wäre hier ein Desiderat für zukünftige Forschungsvorhaben. Für die Zählung wurden daher nur jene Bücher herangezogen, für die mit Gewissheit oder mit einer hohen Wahrscheinlichkeit eine chronologische Einordnung vorgenommen werden kann (Abb. 1). Da es sich bei den Handschriften, die bisher nicht zeitlich bestimmt werden konnten und die daher in der nebenstehenden Aufstellung fehlen, überproportional häufig um die Bücher aus den jüngeren Signaturengruppen handelt, dürften sich die Proportionen, wenn man die zeitliche Einordnung aller Werke nachholen würde, wohl noch um wenige Prozentpunkte in Richtung des 18. und 19. Jahrhunderts verschieben, doch im Großen und Ganzen dürfte das hier bestimmte Zeitprofil zutreffen: Etwa fünf Prozent der Serviten-Codices stammen aus dem 15., weitere vier Prozent aus dem 16. Jahrhundert. Ins 17. Jahrhundert fallen etwa

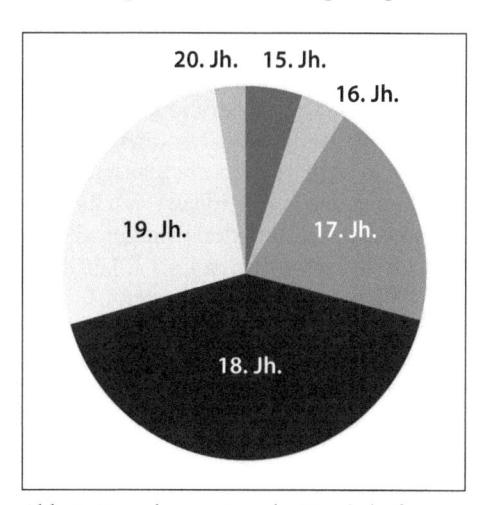

Abb. 1: Entstehungszeiten der Handschriften.

20 Prozent der Bücher, während das 18. Jahrhundert mit 41 Prozent den größten Anteil der Sammlung ausmacht. Ein beträchtlicher Teil von 27 Prozent der Handschriften kann dem 19. Jahrhundert zugeordnet werden, während das 20. Jahrhundert mit nur rund 3 Prozent kaum vertreten ist.

3.4 Entstehungsorte

Bei der großen Mehrheit der Handschriften wurde kein Entstehungsort vermerkt. Doch lassen sich aufgrund expliziter Angaben und klarer Hinweise immerhin rund ein Fünftel der Manuskripte lokalisieren: Fast die Hälfte davon weist nach Innsbruck. Der Rest verteilt sich auf geographisch nahegelegene Orte und/oder andere Klöster, überwiegend im Tiroler Raum. Besonders häufig tauchen als Herkunftsorte der Handschriften Volders, Wien, Salzburg, Maria Waldrast, Hall, Rattenberg, Dillingen und Brixen auf, vereinzelt auch andere Orte wie Stams, Frohnleiten, Luggau, Langegg, Gratzen, Trient, Wilten, Gutenstein oder Schnals. Aufgrund der Geschichte der Sammlung als Klosterbibliothek, angesichts der in vielen Fällen eng mit dem Klosterleben zusammenhängenden Inhalte, des regionalen Charakters vieler Schriften sowie der Zugehörigkeit vieler der Autoren zum Servitenorden lässt sich darüber hinaus davon ausgehen, dass auch die meisten der restlichen, nicht explizit lokalisierten Bücher im Raum Tirol/Österreich/Süddeutschland entstanden sein dürften, und dabei vor allem in verschiedenen Servitenklöstern, vorrangig in jenem von Innsbruck. Hin und wieder werden weit entfernte Orte wie Rom, Pont-a-Mousson, Venedig oder Lyon als Entstehungsorte genannt; doch hier ist Vorsicht geboten, da diese Angaben bisweilen nur von den Vorlagen abgeschrieben worden sind und somit z. B. den Verlagsort des gedruckten Originals und nicht den wirklichen Entstehungsort der abgeschriebenen Handschrift bezeichnen (einige Beispiele für solche Fälle werden im Abschnitt 3,11 noch genannt).

Angesichts der Tatsache, dass Klöster über Jahrhunderte blühende kulturelle Zentren waren und gute Voraussetzungen für die literarische Eigenproduktion von Geistlichen boten, welche sowohl im Rahmen ihrer Studien als auch der Seelsorge und der organisatorischen Anforderungen des Alltags vielerlei theoretisches und praktisches Schrifttum verfassten, dürften die aus Innsbruck stammenden Handschriften zum allergrößten Teil im Servitenkonvent selbst entstanden sein. Einige in der Hauptstadt zu lokalisierende Schriften dürften jedoch aus anderen Bildungseinrichtungen stammen, wie weiter unten noch ausgeführt wird.

Wenig überraschend lässt sich konstatieren, dass an auffallend vielen der genannten Entstehungsorte Niederlassungen des Servitenordens existier(t)en: Vom Innsbrucker Mutterkloster aus waren im 17. Jahrhundert die Gründungen in Maria Waldrast, Luggau, Wien, Langegg, Gutenstein, Gratzen, Frohnleiten und Volders und im 19. Jahrhundert in Rattenberg erfolgt.[26] Die Aufnahme der Handschriften in die Innsbrucker Sammlung lässt sich durch die mannigfaltigen personellen Verbindungen erklären, die zwischen dem Mutterkonvent und den Tochterklöstern über all die Jahrhunderte fortbestanden: Es ist bezeugt, dass viele der servitanischen Ordensgeistlichen im Laufe

---

[26] Vgl. PÖTSCHER, Geschichte (wie Anm. 2) 135.

ihres Lebens Positionen in verschiedenen Niederlassungen der Ordensgemeinschaft innehatten und häufig den Tätigkeitsort wechselten.²⁷ An den Hauslehranstalten wurden jeweils Studenten aus anderen Klöstern desselben Ordens aufgenommen, immer wieder wurden auch Lehrkräfte zwischen den Klöstern ausgetauscht. Zudem wurden schon in der Anfangszeit des Klosters einzelne Fakultäten der Innsbrucker Lehranstalt aufgrund der hohen Studentenzahlen in andere Servitenkonvente ausgelagert; die Philosophie (und die Novizenausbildung) wurde nach Maria Waldrast, die Moraltheologie nach Luggau verlegt. Die vier wichtigsten servitanischen Studienzentren der Deutschen Provinz, Innsbruck, Prag, Wien und Maria Waldrast, deren jeweils gut ausgestattete Bibliotheken die Grundlage für das hausinterne Studium darstellten, blieben stets in regem Austausch von Studenten, Lehrern und – wie man annehmen kann – auch Büchern, miteinander verbunden, ebenso die über größere Büchersammlungen verfügenden Klöster Luggau, Langegg und Forchtenstein.²⁸

Darüber hinaus ist davon auszugehen, dass ein Teil der Bucherwerbungen durch die Konventsangehörigen, wie über die gesamte Neuzeit üblich, auch im Rahmen von Wanderhandel, Messen und Märkten zustande kam. Ein besonders großes Angebot an Büchern kam Ende des 18. und Anfang des 19. Jahrhunderts im Kontext der unter Joseph II. und unter bayerischer Herrschaft veranlassten Klosteraufhebungen auf den Markt; so wurden etwa die Klöster Maria Waldrast zwischen 1785 und 1844, Luggau zwischen 1786 und 1804, Stams und Wilten zwischen 1807 und 1816 und Schnals im Jahr 1782 aufgelassen. Ebenso gelangten in dieser Phase vermehrt die Bibliotheken erloschener Adelsfamilien in den Verkauf.²⁹ Im Falle des Klosters Wilten ist es zudem möglicherweise im Zuge der Sicherungsmaßnahmen im Zweiten Weltkrieg zu Bestandsvermischungen gekommen.

Weitere Zentren der literarischen Produktion im geographischen Umfeld des Innsbrucker Servitenkonvents waren die Gymnasien in Innsbruck, Hall und Trient: Auch aus dem Umfeld dieser Bildungseinrichtungen stammen wahrscheinlich einige der Servitenhandschriften, wobei der Gymnasialbezug in drei Fällen, dem Notizbuch eines Schulleiters (I a 33), einer als Schulübung entstandenen Gedichtsammlung (B 141) sowie einem Lehrplan für den Religionsunterricht (B 213), explizit angegeben ist. Dass einige, in erster Linie kirchenhistorische, -rechtliche und -organisatorische Schriften, mit der Bischofsstadt Brixen in Verbindung stehen oder dort verfasst wurden, dürfte auf den Umstand zurückzuführen sein, dass der Raum Innsbruck für lange

---

²⁷ Beispiele finden sich z. B. passim ebd., v. a. auf den Seiten 137–148: Einer der ersten Innsbrucker Novizen, Cherubinus M. O'Dale (ca. 1600–1664), war zunächst Prior in Prag, dann im auf seine Initiative hin gegründeten Konvent in Wien-Roßau und später in Luggau; Michael M. Rauscher (1602–1691), von dem in der Innsbrucker Sammlung einige Schriftstücke erhalten sind, hatte das Amt des Priors in Wien inne; Theophilus M. Ederl (1661–1713) lehrte in Maria Waldrast, Innsbruck und Wien; Amideus M. Markel (1697–1760) war in Innsbruck und später in Wien in der Lehre tätig; der Servitenprovinzial Caspar M. Kinigl (1699–1778) war Prior der Niederlassungen von Luggau, Frohnleiten und Volders; Gabriel M. Schenck (1713–1789) arbeitete als Lektor in Maria Waldrast und in Innsbruck; Magnus M. Perzager (2. Hälfte 19. Jahrhundert) war Prior in Frohnleiten und Innsbruck.
²⁸ Zu den Beziehungen zwischen den servitanischen Lehreinrichtungen vgl. PÖTSCHER, Geschichte (wie Anm. 2) 138–143.
²⁹ Zum Buchhandel in Tirol vgl. SCHRETTER-PICKER u. a., Barocke Buchkultur (wie Anm. 22) 336–338.

Zeit Teil der Diözese Brixen war und zahlreiche Tiroler Geistliche ihre Ausbildung im Brixner Priesterseminar absolvierten. Ebenso brachten Tiroler Studenten, insbesondere Ordensleute, von Studienaufenthalten im süddeutschen Raum Bücher aus verschiedenen Orten mit. Es ist belegt, dass Geistliche nicht nur in den internen Hauslehranstalten der Klöster ihre Ausbildung erhielten, sondern häufig auch für einen Teil ihres philosophisch-theologischen Studiums an Universitäten geschickt wurden. Bis zum Ende des 17. Jahrhunderts studierten Tiroler meist in geographisch nahegelegenen Hochschulen wie Freiburg im Breisgau, Wien oder Salzburg. Als dann im Jahr 1669 die Innsbrucker Universität mit ihren vier Fakultäten Philosophie, Theologie, Jura und Medizin gegründet wurde, entwickelte sich diese zum bedeutendsten Bildungszentrum des Landes. Auch einige der Servitengeistlichen waren dort in der Lehre tätig oder gingen einem Studium nach. Von den Verbindungen zur Innsbrucker Universität zeugen im Handschriftenbestand der Klosterbibliothek etwa das Abschlussdiplom eines Studenten an der juristischen Fakultät von 1730 (I b 43), die Vorlesungsskripten des Religionsphilosophie-Professors Philipp Benitius Mayr (1760–1826) um die Wende vom 18. zum 19. Jahrhundert (B 147) sowie die Vorlesungsmitschriften aus der Studienzeit des späteren Priors Johannes Paulus M. Moser (1844–1924) aus den Kursen diverser Universitätsdozenten aus den 1860er-Jahren (M 207–209).[30]

Zählt man zu den reinen Handschriften noch Codices mit beigebundenen Drucken dazu, dann sticht die traditionsreiche Universitätsstadt Dillingen nach Innsbruck und Volders als am dritthäufigsten genannter Entstehungsort hervor. Dieser Umstand ist dadurch zu erklären, dass es besonders in den ersten Jahrzehnten des 17. Jahrhunderts wiederholt zu studentischem Austausch zwischen dem Innsbrucker Servitenkloster und dem akademischen Betrieb dieser schwäbischen Stadt gekommen war. Die zu dieser Zeit vom Jesuitenorden geleitete Universität Dillingen besaß ein angegliedertes Konvikt, in dem neben weltlichen Schülern und Anwärtern für geistliche Laufbahnen auch Ordensmitglieder aus verschiedenen Klöstern, vornehmlich aus dem süddeutschen und österreichischen Raum, aufgenommen wurden. So ist dokumentiert, dass auch der Innsbrucker Servitenorden einige seiner ersten Novizen zum Studium nach Dillingen schickte und im Konvikt unterbringen ließ. Es wurde sogar eine Reihe von speziellen Verhaltensvorschriften für die in Dillingen studierenden Serviten erlassen.[31] Daneben belegen auch die Matrikelverzeichnisse der Universität, dass einige Fratres des Innsbrucker Konvents in dieser Phase an der Universität Dillingen als Studenten eingeschrieben waren.[32] In einigen Fällen sind uns auch konkrete Zeugnisse dieser Studientätigkeit erhalten, welche die Konventsmitglieder nach Abschluss ihrer Ausbildung an die Innsbrucker Bibliothek mitgebracht haben dürften: Cherubinus M. O'Dale

---

[30] Vgl. zu den bildungsgeschichtlichen Hintergründen KORENJAK u. a., Tyrolis Latina (wie Anm. 22) 610–619.

[31] Zum Konvikt und den aufgenommenen Religiosen vgl. Thomas SPECHT, Geschichte der ehemaligen Universität Dillingen (1549–1804) und der mit ihr verbundenen Lehr- und Erziehungsanstalten, Freiburg im Breisgau 1902, 398–425, bezüglich der servitanischen Studenten insbesondere 419 und 425.

[32] Thomas SPECHT, Die Matrikel der Universität Dillingen, Band 1 (1551–1645), Dillingen 1909–1911, dokumentiert (ebd. 516) für das Jahr 1619, also die Phase unmittelbar nach der Gründung des Klosters, drei der ersten Innsbrucker Novizen, Cherubinus M. O'Dale (ca. 1600–1664), Archangelus M. Özl (* 1600) und Angelus M. Fieger (1602–1651), sowie (ebd. 658) für das Jahr 1630 die Anwärter Caelestinus M. Pappus (1609–1666) und Dorotheus M. Interist (1611–1639).

fertigte den 1620 entstandenen Codex B 18 wohl als Vorlesungsmitschrift nach den Vorträgen des Philosophieprofessors Andreas Capittel an, der von 1616 bis 1620 in Dillingen lehrte.[33] Dem Titel eines gleich zwei Handschriften (B 3 und B 209) beigebundenen Druckes von 1629 ist zu entnehmen, dass Angelus M. Fieger als Student dieser Hochschule eine theologische *Disputatio* bestritten hat, bei der Heinrich Lamparter, Theologieprofessor von 1628 bis 1634 und später Rektor, den Vorsitz führte.[34] Von demselben Fieger sind auf die Jahre 1628 und 1629 datierte Vorlesungsmitschriften nach den Ausführungen von Kaspar Lechner erhalten, der von 1626 bis 1630 als Theologieprofessor in Dillingen tätig war[35] (B 209 und M 136, in beiden Fällen sind jeweils zudem gedruckte Disputationsschriften aus Dillingen beigebunden). Auch die Handschrift mit der Signatur I b 35 besteht aus Vorlesungsmitschriften und einer Reihe gedruckter Dissertationen aus dem Fachbereich Philosophie, die jeweils dem akademischen Betrieb in Dillingen entstammen; da es sich hier allerdings um bereits in den neunziger Jahren des 16. Jahrhunderts, also einige Zeit vor der Gründung des Innsbrucker Konvents, entstandene Texte handelt, kann der Codex frühestens 20 Jahre später durch die Hand von Studenten ans Servitenkloster gelangt sein.[36]

3.5 Maße und Umfang

Wie in jeder Büchersammlung finden wir bezüglich der Maße der Codices auch hier eine große Bandbreite vor, die von Büchlein von 7,5 x 4,2 cm Größe bis hin zu großformatigen Exemplaren von 44 x 29 cm reicht. Die Mehrheit der Bücher weist Kantenlängen im Bereich zwischen 10 und 25 cm auf. Hinter der Wahl extremer Formate lassen sich meist praktische Gründe erkennen: So handelt es sich beim größten Werk um mehrere Blätter ungebundener Anleitungen zum geometrischen Zeichnen (M 206), während die beiden kleinsten Manuskripte als handliche Gebetsbüchlein für den täglichen Gebrauch gedacht waren (I b 19 und B 207a). Ein tendenzieller Unterschied bezüglich der Größe lässt sich in Hinblick auf das Alter der Codices erkennen: Während die älteren Codices aus der Zeit vor der Konventgründung zum überwiegenden Teil größere Maße aufweisen, kommen bei den Handschriften jüngeren Datums neben zahlreichen großformatigen Werken auch kleinere Formate häufiger vor. Darin spiegelt sich der Bedarf an leicht transportierbaren, handlichen Büchern für den alltäglichen Privatgebrauch in Kloster und Klosterschule und für seelsorgliche und gottesdienstliche Tätigkeiten an wechselnden Orten (Gebet- und Predigtsammlungen, organisatorische Unterlagen, Unterrichtsmaterialien, Meditationsübungen und Regelwerke für Novizen).

---

[33] Vgl. Christopher A. M. MOONEY, Donagh O'Daly, O.S.M., 1600c–1664. A Forgotten Irish Figure of the Counter-Reformation in Austria and Bohemia, in: Studia Hibernica 19 (1979) 7–25, hier besonders 13, und SPECHT, Geschichte der ehemaligen Universität Dillingen (wie Anm. 31) 287. Die Handschrift B 18 wird auch erwähnt in SCHRETTER-PICKER u. a., Barocke Buchkultur (wie Anm. 22) 298.
[34] Vgl. SPECHT, Geschichte der ehemaligen Universität Dillingen (wie Anm. 31) 269 und 284.
[35] Vgl. ebd. 284.
[36] Genauere Angaben zu den im vorangegangenen Abschnitt erwähnten Drucken werden in Kapitel 3.9 gegeben.

Ein ebenso breites Spektrum präsentiert sich uns beim Seitenumfang der Bücher: Es liegt zwischen einem bis zwei Blatt – hierbei handelt es sich meist um einzelne Briefe, Schreiben oder um Bruchstücke ursprünglich umfangreicherer Werke – und fast 700 Blatt bei gebundenen Büchern, während einige der ungebundenen Stapel an Predigten aus dem 18. und 19. Jahrhundert diese Zahl noch überschreiten und teils über 900 Blätter umfassen. Der Umfang der meisten Handschriften liegt im Bereich zwischen 20 und 200 Blatt. Bei weniger als der Hälfte der Bücher sind alte Foliierungen oder Paginierungen vorhanden, in vielen Fällen wurde die Seitenzählung im Rahmen meiner Katalogisierungsarbeit nachgeholt.

3.6 Beschreibstoff

Erwartungsgemäß in Anbetracht des weit überwiegenden Anteils an neuzeitlichen Handschriften bestehen 98 Prozent der Manuskripte aus Papier. Lediglich elf Bücher weisen einen Anteil an Pergament auf: Einige davon enthalten nur wenige Pergament-Blätter im hauptsächlich aus Papier bestehenden Buchblock (etwa Vor- und Nachsatzblatt), während die meisten davon komplett oder überwiegend in Pergament gehalten sind. Wenig überraschend angesichts der allgemeinen kodikologischen Entwicklung handelt es sich bei den Büchern mit Pergament-Anteil zu zwei Dritteln um Codices aus dem 15. und 16. Jahrhundert; zwei Pergamenthandschriften stammen hingegen aus dem frühen 17. und eine aus dem 18. Jahrhundert. Die Verwendung dieses in der Neuzeit als Luxus- und Auszeichnungsmerkmal empfundenen Schreibmaterials im letzteren Fall erklärt sich aus dem außergewöhnlich feierlichen Kontext der Handschrift und passt gut zur edlen Gesamtaufmachung des Buches (I b 43): Es handelt sich hier um ein Diplom über die Erlangung des juristischen Lizenziatengrades durch einen gewissen Johann Michael Vischer aus Hall, datiert 1730, mit gefälligen Verzierungen und aufwändigen goldgeschmückten Initialen im Schriftraum, mit ornamentverzierten goldfarbenen Spiegelblättern und einem mit glänzend-feinem purpurnem Stoff überzogenen Einband. Der Anteil an Pergamenthandschriften beträgt bei den mittelalterlichen Manuskripten insgesamt immerhin zehn Prozent, während ihr Prozentsatz unter den neuzeitlichen Büchern nahe null liegt. Einen Sonderfall bildet das Waldraster Mirakelbuch (o. S. 111), das später noch ausführlicher besprochen wird: Der erste Teil des Buches, welcher zu Beginn des 17. Jahrhunderts beschrieben wurde, besteht aus Pergament, während spätere Einträge auf im Laufe der Zeit hinzugefügten Lagen aus Papier vorgenommen wurden. Der Beschreibstoff-Wechsel mitten im Buchblock dieses speziellen Codex reflektiert die Entwicklungen in der Geschichte des Beschreibstoffs, namentlich den Siegeszug des Papiers gegenüber dem Pergament seit der frühen Neuzeit bis zu dessen weitgehender Verdrängung im Laufe der folgenden Jahrhunderte.

3.7 Einbände

Einbandschmuck wie Blindprägungen, Metallbeschläge, Schließen und Vergoldungen ist im Buchbestand der Servitenbibliothek insgesamt selten zu verzeichnen. Vor allem die meisten neuzeitlichen Bücher sind in einfache, schmucklose Gebrauchseinbände eingeschlagen (oder, wie bereits berichtet, komplett ungebunden): Während der Anteil der geschmückten Einbände bei den Codices des 15. und 16. Jahrhunderts fast die Hälfte ausmacht, beträgt er bei den jüngeren Büchern nur rund 7,5 Prozent, wobei auch hier die Häufigkeit unter den Handschriften des 17. Jahrhunderts besonders hoch ist und im Laufe der Zeit immer weiter abnimmt. Für einige exemplarische Beschreibungen mittelalterlicher geschmückter Einbände sei auf Fingernagel[37] verwiesen.

Diese Beobachtungen spiegeln die allgemeine Entwicklung der Buchbindekunst wider: Da mit der Ausbreitung des Buchdrucks das Buch im Laufe der Neuzeit mehr und mehr zur Massenware wurde, wurden aufwändige Einbände immer seltener hergestellt und die in Hinblick auf Material und Schmuck einfacheren Gebrauchseinbände begannen zu überwiegen. Die früher üblichen Holzdeckel wurden durch Pappe ersetzt, das Leder des Überzugs wich Pergament oder Papier, statt Blinddruck wurde häufig Golddruck benutzt. Beschläge und Schließen an den Büchern wurden aufgrund der Umstellung von liegender auf stehende Aufbewahrungsposition überflüssig. In Bezug auf die Ornamentik traten figürliche Rollen und Plattenbilder zugunsten rein ornamentaler Zierelemente und Supralibros in den Hintergrund.[38]

Die neuzeitlichen Codices des Servitenbestandes sind in aller Regel lediglich in einfache, mit einfarbigem oder gesprenkeltem Papier überzogene Pappeinbände gebunden oder in schmucklose Leder- oder Pergamentüberzüge gehüllt. Etwas aufwändiger kommen Einbände daher, die durch das Überziehen von Buntpapier aufgewertet wurden (beispielsweise die Handschriften I a 46, B 134, M 85, o. S. 44): In der einfacheren Variante handelt es sich häufig um Kleister-, Sprenkel- oder Marmorpapier, etwas aufwändiger sind bedruckte Papiersorten sowie Brokat- und Bronzefirnispapiere, deren meist vegetabile Dekorelemente eingedrückt oder reliefiert, koloriert oder mit Metallfarben überzogen sein konnten. Ebenso finden sich vereinzelt Einbände mit (meist dunkelfarbigen oder roten) Lederüberzügen, welche mit – oft vergoldeten – eingedrückten oder reliefierten Linien, Ornamenten und Schriftzügen geschmückt wurden (I b 48, M 88, M 133, o. S. 104). Besonders gefällig anzusehen ist der Einband von M 185: Auf einem Papierüberzug in kräftigem Rot prangen als goldgeprägte Verzierungen eine breite florale Rahmenleiste aus Palmetten mit Blütenstempeln in den Ecken sowie die Figur eines gekrönten doppelköpfigen Kaiseradlers mit einem viergeteilten Wappen aus dem Hause Habsburg (Abb. 2).[39] Auf dem braunen Ledereinband mit vergoldetem Blinddruck von Codex B 136 aus dem 18. Jahrhundert ist ein doppelter Rahmen aus elegantem Bandwerkfries und Flechtwerkrolle und in den Ecken angebrachten Blattstempeln um einen zentralen

---

[37] FINGERNAGEL, Handschriften und Drucke (wie Anm. 18) 264–265.
[38] Zur Einbandkunst in Tirol vom 16. bis ins 18. Jahrhundert vgl. SCHRETTER-PICKER u. a., Barocke Buchkultur (wie Anm. 22) 331–336.
[39] Dieses kaiserliche Wappen benutzten im letzten Drittel des 16. und dem ersten Drittel des 17. Jahrhunderts die Kaiser Rudolf II., Matthias und Ferdinand II. (vgl. Otto POSSE, Die Siegel der deutschen Kaiser und Könige von 751–1806, Band 3, Dresden 1912, Tafeln 37–38, 42, 45, 50–52). Das Buch, welches eine Auslegung der Augustinusregel für das Ordensleben in einem servitanischen Frauenkloster enthält, entstand also in den frühen Jahren des Klosters. Es ist denkbar, dass der Codex im Umfeld der Tochter von Stiftsgründerin Anna Caterina Gonzaga entstanden ist: Anna von Tirol (1585–1618) war Gemahlin von Kaiser Matthias; die für ihre außergewöhnliche Frömmigkeit bekannte Kaiserin könnte den Codex dem Innsbrucker Servitinnenkloster, wo ihre Mutter und Schwester lebten, zum Geschenk gemacht haben.

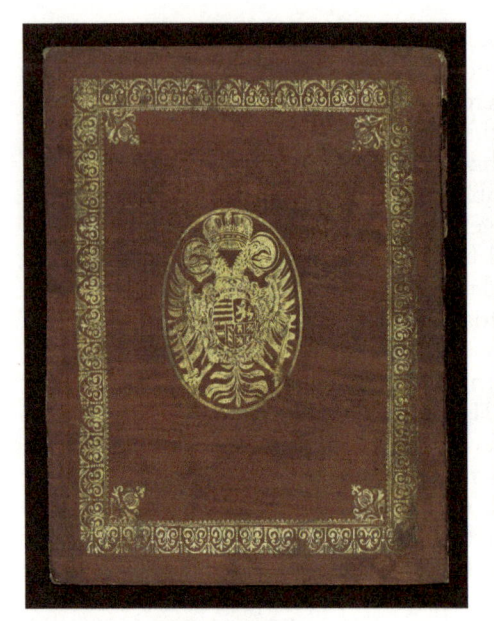

Abb. 2: Serv. Cod. M 185, HD.

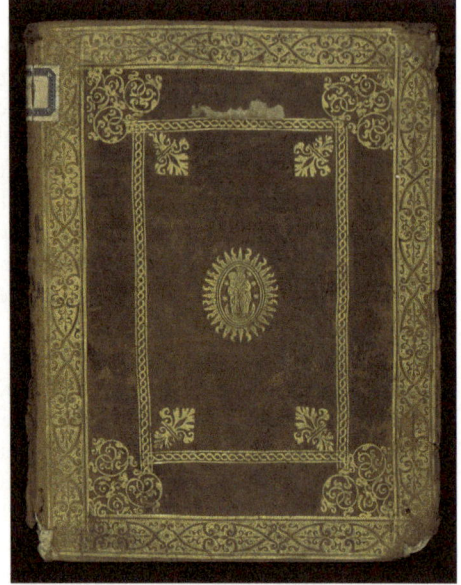

Abb. 3: Serv. Cod. B 136, VD.

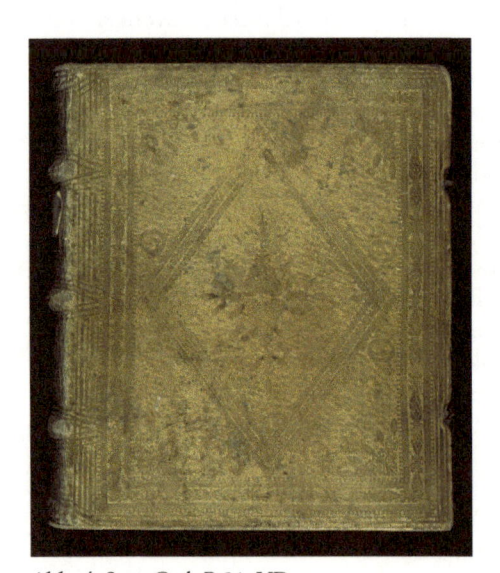

Abb. 4: Serv. Cod. B 21, VD.

Stempel angeordnet, welcher die Mondsichelmadonna mit Kind im ovalen Strahlenkranz zeigt (Abb. 3). Nur selten hingegen begegnen uns unter den Codices des 17. bis 20. Jahrhunderts wirklich bemerkenswerte, aufwändig mit Blinddruck dekorierte Ledereinbände in der Art des für Mittelalter und Renaissance typischen Einbandschmuckes: Die Codices B 16, B 21 (Abb. 4), B 159 und o. S. 111, jeweils aus dem 17. Jahrhundert stammend, sind beispielsweise in massive, von weißem Leder überzogene Einbände mit dekorativem Blinddruck und (meist noch intakten) Schließen gebunden.

Wie im Buchbinderhandwerk üblich, wurden bei einigen der Serviten-Codices ältere handschriftliche Fragmente oder nicht mehr benötigtes bedrucktes Papier als Teil der Bindung verwendet, etwa als Einbandüberzüge, als Vor- und Nachsatzblätter, in Spiegeln oder Fälzen. Ein Beispiel dafür ist der Codex M 136 aus dem 17. Jahrhundert, dessen Einband aus verschiedenem übereinandergeschichtetem Makulaturmaterial besteht: Als äußerste Einbandschicht wurde das Pergamentfragment eines liturgischen Gesangsbuches übergezogen – dieses ist in Textura beschrieben, mit Rubrizierungen geschmückt und mit

Notationen versehen –, darunter sind Fragmente eines gedruckten Buches erkennbar. Andere Codices, bei deren Bindung Makulaturmaterial verwendet wurde, sind z. B. I b 45, M 21 oder o. S. 90.

3.8 Ausstattung

Insgesamt sind nur relativ wenige Serviten-Handschriften mit einer künstlerischen Ausstattung versehen, wobei sich anteilsmäßig erwartungsgemäß deutliche Unterschiede zwischen den mittelalterlichen und den neuzeitlichen Büchern zeigen.

In der mittelalterlichen Buchkultur war die Anbringung zumindest einfacher Schmuckelemente in einem Codex üblich und aufwändigere Illuminationsformen waren weit verbreitet. Dementsprechend enthalten fast alle Handschriften des Bestandes aus dem 15. und 16. Jahrhundert irgendeine Form von Buchschmuck. Während etwa die Hälfte davon nur einfachere Rubrizierungen, schlicht hervorgehobene Initialen und Lombarden aufweist, finden sich in der anderen Hälfte die reichsten und beeindruckendsten Illuminationen der gesamten Manuskriptsammlung, von aufwändigen Fleuronée-Initialen mit Rahmenfeldern, Ausläufern und vegetabilen, geometrischen oder figürlichen Verzierungen über üppig geschmückte Randleisten, teilweise unter Goldverwendung, bis hin zu klein- und großformatigen Bildern und Zeichnungen von Menschen, Tieren, Landschaften, astronomischen Konzepten oder Stammbäumen. Für detailliertere Informationen über den Buchschmuck der mittelalterlichen Serviten-Codices sei hier erneut auf die bereits erwähnten Darstellungen von Hermann und Fingernagel verwiesen.[40]

Bei neuzeitlichen Handschriften hingegen war diese Art der Illumination nicht mehr üblich, weshalb sich ein gänzlich anderes Verhältnis ergibt: Bei der großen Mehrheit der neuzeitlichen Serviten-Bücher sind die Seiten lediglich mit einfachen Textfeldern ohne jegliche verzierende Elemente gefüllt; nur etwa 15 Prozent weisen irgendeine Art von Buchschmuck auf. Bei der Hälfte von diesen wiederum erschöpft sich die Ausstattung in sehr einfachen Zierformen, wie beispielsweise leicht hervorgehobenen Initialmajuskeln oder Cadellen, farbigen Überschriften und Unterstreichungen, minimalistischen Verzierungen wie Ausläufern oder vereinzelten unspektakulären, kleinformatigen Federzeichnungen. Der Rest weist eine reichere Illumination auf, ist etwa mit kunstvollen Initialen und Schriftzügen, aufwändigeren Zierornamenten, ornamentalen Bändern zwischen Textabschnitten, dekorativen Rahmenleisten oder größerformatigen Abbildungen ausgestattet. Im Folgenden werden einige der jüngeren Handschriften exemplarisch in Hinblick auf verschiedene Formen des Buchschmucks vorgestellt.

Besonders häufig wurden Titelseiten aufwändig gestaltet, beispielsweise mit kunstvollen Schriftzügen verziert (I b 45, B 98, M 88) oder mit architektonischen (I b 52), vegetabilen (I b 23, I b 63, B 144), abstrakten (B 236) oder geometrischen (o. S. 14) Rahmenzeichnungen umgeben. Einige Handschriften enthalten verzierte Randleisten mit geometrischen oder floralen Motiven (M 205), Fleuronée- und andere Zierinitialen (I b 23, B 144, B 156) sowie vegetabile (Ranken, Blätter, Blüten), abstrakte oder

---

[40] HERMANN, Die illuminierten Handschriften (wie Anm. 14); FINGERNAGEL, Handschriften und Drucke (wie Anm. 18).

figürliche Verzierungen in Titel oder Text (I a 38, B 136, M 88). Immer wieder sind einzelne Seiten mit kleineren Federzeichnungen verziert; besonders beliebt sind hier z. B. durchstochene Herzen (o. S. 89, o. S. 117), Kränze (o. S. 89), Kreuze (I b 45, M 71, o. S. 117), Gesichter (I a 19, o. S. 112), Tierchen (I a 19) oder das Servitenemblem mit der Buchstabenligatur *MS* und Krone (M 205, o. S. 80, o. S. 89, o. S. 117).

Besonders reichen Buchschmuck weist der Codex mit der Signatur I b 47 auf. Es handelt sich um ein 1701 verfasstes, in einen schönen goldgeschmückten Einband gebundenes Buch mit religiöser Dichtung, das dem Servitenprior vom Autor als Geschenk zum Geburtstag gewidmet wurde. Neben einfachen Rubrizierungen enthält die Handschrift mehrere ansprechende ganzseitige Aquarellzeichnungen mit szenischen Darstellungen, die, umgeben von ornamentalen Medaillonrahmen, jeweils zur Versinnbildlichung eines religiösen Sinnspruchs und zur Demonstration der Macht des Glaubens über irdische Gefahren dienen (Abb. 5).[41]

Ein Buch von 1620 über die peripatetische Logik (B 18) wird eingeleitet von einer Titelseite mit schwarzer Federzeichnung; diese zeigt die Figuren von Maria mit Jesuskind und zwei Heiligen, umgeben von einem kunstvollen Architekturrahmen (Abb. 6). Auf den weiteren Seiten folgen ebenso gekonnt gezeichnete Initialen. Außergewöhnlich ist an diesem Werk, dass der Illuminator (und gleichzeitig Schreiber) namentlich genannt wird: Es handelt sich um einen der ersten Novizen des neu gegründeten Konvents, den irischstämmigen Servitengeistlichen, Autor und späteren Prior von Luggau Cherubinus M. O'Dale, bürgerlich Donagh O'Daly (ca. 1600–1664), der diesen Codex wohl, wie bereits erwähnt, im Rahmen von Philosophicvorlesungen an der Universität Dillingen anfertigte.[42]

Beim Codex mit der Signatur I b 39 handelt es sich um ein Wappenbuch aus dem beginnenden 17. Jahrhundert: Nach einem einleitenden Abschnitt über die Geschichte der Stadt Salzburg in Form eines Auszugs aus Eugipps *Vita Sancti Severini* folgt im Hauptteil eine Aufstellung biographischer Daten der Salzburger Bischöfe nebst Abbildungen ihrer jeweiligen Wappen, die mit der Feder in dunkler Tinte gezeichnet und mit Aquarellfarben koloriert wurden (Abb. 7).[43]

Die bergbauliche Fachschrift B 101 bietet neben einem ornamental verzierten Titelbild auch ein ganzseitiges koloriertes Ansichtsbild der Landschaft mit den Herrenhäusern im Halltal (Bl. 2r).[44] Im Traktat über Afrika mit der Signatur M 5 werden Gebäudebeschreibungen mit einfachen Federzeichnungen einer Pyramide und eines Spitzdaches (Bl. 34r) illustriert. Im Buch B 214, einer Einführung in die Philosophie, werden vereinzelt philosophische und logische Vorstellungen bildlich dargestellt, in den physikalischen Abhandlungen M 116–117 physikalische Konzepte durch Zeichnungen graphisch veranschaulicht. Die Trauerrede B 236 wird auf der Rückseite des Buchblocks abgeschlossen durch die Bleistiftzeichnung eines Grabmals vor einer Landschaft, umgeben von einem dekorativen Rahmen.

Vereinzelt finden sich schwarz-weiße oder kolorierte Federzeichnungen von religiösen Szenen oder Figuren, häufig in Porträtansicht: Der Codex mit der Signatur

---

[41] Vgl. auch HERMANN, Die illuminierten Handschriften (wie Anm. 14) 116–117.
[42] Vgl. zu dessen Person MOONEY, Donagh O'Daly (wie Anm. 33) und SPÖRR, Lebens-Bilder (wie Anm. 4) 437–439.
[43] Vgl. auch HERMANN, Die illuminierten Handschriften (wie Anm. 14) 115.
[44] Vgl. auch TRAPP, Kunstkammer (wie Anm. 9) 17.

Die Handschriften der Historischen Bibliothek des Innsbrucker Servitenklosters 161

B 151 aus dem Jahr 1757 präsentiert uns etwa die Federzeichnung einer Nonne vor einem architektonischen Hintergrund, eingerahmt von einer Kartusche (Abb. 8), die Handschrift M 71 enthält unter anderem eine Miniaturzeichnung der Kreuzigung

Abb. 5: Serv. Cod. I b 47, Bl. 57r.

Abb. 6: Serv. Cod. B 18, Bl. V.

Abb. 7: Serv. Cod. I b 39, Bl. 16v.

Abb. 8: Serv. Cod. B 151, Bl. IIv.

(S. 61) und der Gottesmutter (S. 64), in o. S. 112 finden wir die Bleistiftzeichnung einer Heiligenfigur (Bl. I*v) und in o. S. 53 die karikaturistische Abbildung eines Mönches (Teil 7).

Nicht im eigentlichen Sinne unter den Begriff *Illumination* zu fassen sind die künstlerischen Erzeugnisse der Druckerzeit, die seit dem 15. Jahrhundert und vermehrt in späteren Jahrhunderten mitunter den gemalten Buchschmuck ergänzten oder ersetzten. Die Gestalter der frühen Drucke bemühten sich, in Layout, Typographie und Ausstattung die Konventionen der handschriftlichen und illuminierten Codices nachzuahmen. So finden wir unter den neuzeitlichen Serviten-Handschriften nicht nur Beispiele für Drucke mit Initialen und Rahmenleisten, die den Zierelementen der Buchmalerei nachempfunden waren (etwa in den mit den Manuskripten B 209 und M 136 zusammengebundenen theologischen Drucken aus den 1620er-Jahren), sondern auch zahlreiche in handbeschriebene Buchblöcke eingebundene oder eingeklebte einzelne Blätter mit Abbildungen in Form von Druckgrafiken (siehe dazu den folgenden Abschnitt). In einigen Textgattungen liegt sogar eine Mischung von handgezeichneten und gedruckten Bildern vor: Ein Beispiel hierfür ist ein Artillerie-Buch, in dem geometrisch-mathematische handgefertigte Skizzen und Druckgraphiken zum Thema Feuerwaffen, Geschosse und Schussbahnen neben gedruckten und gezeichneten Tabellen stehen (I b 21).

3.9 Druckanteile

Den allgemeinen Entwicklungen in der Buchgeschichte entsprechend – die zunehmende Verbreitung des Buchdruckes ist in Tirol seit der Mitte des 16. Jahrhunderts in nennenswertem Ausmaß zu beobachten – beinhalten die jüngeren Handschriften vermehrt gedruckte Anteile: Es handelt sich hier sowohl um Texte als auch um Druckgrafiken. Umfangreicheres Material wurde dabei in der Regel in den Buchblock mit eingebunden, während einzelne Seiten, besonders häufig Abbildungen, meist nur eingeklebt wurden. Meiner Zählung zufolge weisen etwa 7,5 Prozent aller Serviten-Handschriften gedruckte Anteile auf (die zahlreichen nur lose eingelegten Zettelchen, die ebenfalls zum großen Teil gedruckt sind, sind hier nicht mitgezählt – sie würden den Prozentsatz noch einmal deutlich erhöhen). Dabei machen die im Tirol des 17. und 18. Jahrhunderts in besonders großem Ausmaß produzierten Sorten von Kleindrucken wie Disputationsschriften, Gnaden- und Andachtsbilder auch im Handschriftenbestand des Servitenklosters den Hauptteil der Druckerzeugnisse aus.[45]

An dieser Stelle einige Beispiele: In der philosophischen Sammelhandschrift I b 35 aus dem späten 16. Jahrhundert folgen auf 240 Blätter handgeschriebenen Text (einem Kommentar zu Aristoteles) eine Reihe von kürzeren Drucken zu philosophischen Themen, die zum großen Teil in den 1590er-Jahren als Thesenblätter im Rahmen von Disputationen an der Universität von Dillingen eingereicht worden waren (es handelt sich um die Drucke mit den VD16-Nummern S 8321, D 96, D 100 und D 97). Den theologischen Codices B 3 und B 209 mit handschriftlichen Abhandlungen von

---

[45] Zur Entwicklung des Buchdrucks in Tirol vgl. SCHRETTER-PICKER u. a., Barocke Buchkultur (wie Anm. 22) 314–328.

Angelus M. Fieger aus dem 17. Jahrhundert ist jeweils der Druck Heinrich Lamparter / Angelus M. Fieger, *Disputatio theologica de sss. Trinitatis mysterio* […], Dillingen 1629 (VD17 23:623855D), beigebunden. Der Codex M 136 ist ebenfalls aus einem handgeschriebenen Text unter Beteiligung von Angelus M. Fieger und einem darauf folgenden Druck zusammengesetzt, in diesem Fall Kaspar Lechner / Johann Kraus, *Disputatio Theologica de Iure et Iustitia* […], Dillingen 1627 (VD17 12:168474M).

Bei den meist mit Bildunterschriften versehenen Druckgrafiken in den Handschriften handelt es sich in der Regel um Darstellungen religiöser Szenen. Die sechs gedruckten Abbildungen im Codex o. S. 104 zeigen beispielsweise Christus als Weltheiland, die heilige Magdalena, die Gottesmutter Maria, die Anbetung des Jesuskindes, die Beweinung Christi sowie den hl. Johannes. Insbesondere Episoden aus den Leben Jesu (M 71, o. S. 54) und Mariae (I a 4, I a 49 (Abb. 9), B 114) sind beliebt. Daneben finden sich häufig Porträts von Heiligen (I b 45, B 71) oder Servitenangehörigen (etwa Bilder der Stifterin Anna Caterina Gonzaga in I a 29 und verschiedener servitanischer Geistlicher in M 36 und M 84). Auf einem Vorsatzblatt der Handschrift B 72 ist eine interessante Druckgrafik aufgeklebt, auf der unter der ihren toten Sohn beweinenden und von Engelchen umflatterten Gottesmutter eine Abbildung des Servitenklosters Maria Luggau in seiner landschaftlichen Umgebung zu sehen ist. Immer wieder lässt sich eine Vermischung von gedruckten und geschriebenen/gezeichneten Elementen beobachten: Im Codex B 23 beispielsweise wird der handgeschriebene Titel von einem gedruckten architektonischen Rahmen mit Engelsfiguren geziert (Abb. 10). In I b 45 wurde eine Druckgrafik der heiligen Dorothea von Hand koloriert.

Abb. 9: Serv. Cod. I a 49, Faltblatt nach Bl. I.   **Abb. 10:** Serv. Cod. B 23, Bl. 2r.

3.10 Sprachen

Die Mehrheit der Bücher wurde in deutscher (45 Prozent) und lateinischer (36 Prozent) Sprache verfasst (Abb. 11). Immerhin elf Prozent der Handschriften vermischen deutsche und lateinische Passagen. Der größte Anteil an anderssprachigen Manuskripten fällt dem Italienischen zu (drei Prozent). Nur etwa ein Prozent ist in weiteren Sprachen geschrieben. Hier handelt es sich um drei französische Schriften sowie einen spanischen und einen altrumänischen Text. Die restlichen vier Prozent verteilen sich auf Werke, die neben lateinischen und/oder deutschen Texten auch noch Abschnitte in weiteren Sprachen enthalten, meist Italienisch und Französisch, in einem Fall Niederländisch. In vielen Werken finden sich auch verstreute griechische und, seltener, hebräische Einsprengsel. Der Codex I b 34 bildet einen Sonderfall: Er ist in kyrillischem Alphabet verfasst; ein eingeklebter Notizzettel aus dem 19. Jahrhundert weist ihn als kyrillisches Chorbuch auf Altrumänisch aus.[46]

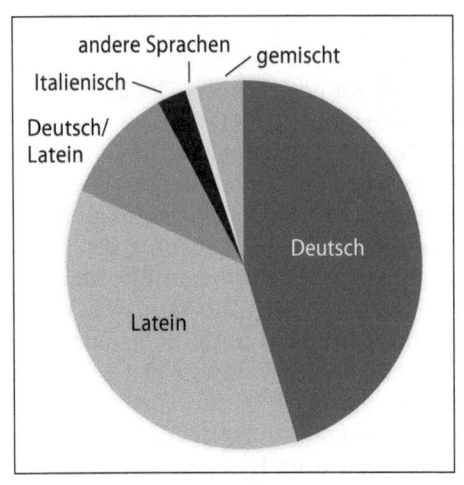

Abb. 11: Sprachen der Handschriften.

Tendenziell ist bei den Codices aus dem 15. und 16. Jahrhundert der Anteil an lateinischsprachigen Handschriften etwas höher als im neueren Teil des Bestandes und kommt in etwa dem Prozentsatz der deutschen Texte gleich, während die Anzahl lateinisch-deutsch gemischter und anderssprachiger Texte dementsprechend geringer ausfällt. Vor allem die mittelalterlichen Handschriften aus dem 15. Jahrhundert sind noch weit überwiegend in Latein gehalten. Angesichts der zunehmenden Bedeutung der Volkssprachen und des sich erweiternden internationalen Horizonts ist es nicht überraschend, dass der Anteil deutscher und anderssprachiger Texte mit fortschreitender Zeit immer weiter zunimmt.

3.11 Urheberschaft, Quellen und Abhängigkeitsverhältnisse

In den meisten Handschriften des Serviten-Bestandes wird kein Urheber irgendeiner Art explizit genannt. Quellen und Vorlagen werden nur selten ausgewiesen, Schreiber und Autor meist nicht unterschieden. Zudem kommt es mitunter vor, dass Angaben der Vorlagen wie Autorennamen, Lokalisierungen und gar Datierungen einfach abgeschrieben wurden, ohne sie den konkreten Entstehungsumständen der handschriftlichen Kopie anzupassen oder diese gesondert anzugeben. All diese Faktoren tragen dazu bei, dass die Ermittlung der Überlieferungs- und Abhängig-

---

[46] Eine genauere sprachliche Bestimmung, inhaltliche Analyse, Datierung und Lokalisierung durch Experten/Expertinnen für diesen Kulturkreis wäre wünschenswert.

keitsverhältnisse sowie die Identifizierung und Differenzierung von Quellen, Vorlagen und Abschriften nicht immer einfach und eindeutig vorzunehmen ist. Die Feststellung und Unterscheidung von Autoren, Kompilatoren und Schreibern ist in der überwiegenden Anzahl der Fälle sogar unmöglich oder mit Unsicherheiten behaftet. Meine Recherchen haben ergeben, dass sich die Handschriften des Servitenbestandes in Hinblick auf ihre Urheberschaft und ihre Abhängigkeitsverhältnisse grob in fünf Gruppen einteilen lassen:

Bei vielen Texten kann als gesichert oder als wahrscheinlich gelten, dass es sich um originale, mitunter auch autographe Erzeugnisse handelt, die in diversen Servitenklöstern durch die Hand von Geistlichen zum Eigengebrauch für die Hauslehranstalt und das alltägliche Leben im Kloster entstanden sind. Diese Annahme dürfte – auch wenn ausdrückliche Angaben zu Urheber und Zweck oft fehlen – für viele der religiösen Meditations-, Erbauungs- und Andachtstexte gelten, für didaktisch aufgebaute theologische Abhandlungen, Kommentare und Verständnishilfen, für Ordensannalen und Klosterregeln, für Tagebücher, Festtags-Kalender und Predigten sowie für Anleitungen zur liturgischen und seelsorgerischen Praxis. Mit Sicherheit kann man diese Hypothese für jene Texte bestätigen, in welchen ein Angehöriger des Servitenordens explizit als Autor angegeben wird. Besonders hervor sticht in diesem Kontext ein Geistlicher namens Chrysologus M. Greimbl (1729–1804), Professor, Prediger, Novizenmeister und Provinzial des Servitenordens. Von ihm stammen zahlreiche Texte in der Handschriftensammlung der Servitenbibliothek, von theologischen Traktaten über Lehrbücher für Novizen, Anleitungen zur geistigen Übung bis hin zu Ordensregeln, Exzerpt- und Hymnensammlungen (I a 1, I a 3–4, I a 32, I a 51, B 113, B 189, M 83, M 96, M 203, o. S. 32, o. S. 36, o. S. 116).[47] Einige Texte von oder unter Beteiligung dieses vielfach schriftstellerisch tätigen Paters sind auch als Drucke erhalten. Seine *Schola Novitiorum* übte über Jahrhunderte einen nachhaltigen Einfluss auf das Ausbildungssystem der Servitenklöster aus.[48] Michael M. Rauscher (1602–1691), bekannt als erster Prior des Servitenklosters Wien-Rossau sowie als Provinzial, war an zahlreichen der losen Dokumentsammlungen ohne Signatur beteiligt; er schrieb Abhandlungen über Moraltheologie und Kirchenrecht, Exegesen, Predigten und Verhaltensanleitungen, verfasste Briefe und Briefvorlagen bezüglich Ordensangelegenheiten und sammelte Gebete und Legenden (o. S. 17, 18, 22, 23, 27, 28, 31, 88, 101).[49] Ebenfalls zahlreiche Texte gehen auf Angelus M. Fieger (1602–1651) zurück, den ersten Provinzial des Ordens, Leiter der Klosterschule und Prior des Servitenklosters Maria Waldrast, der ebenfalls als Verfasser verschiedener gedruckter Werke belegt ist. In unserer Handschriftensammlung stammen von ihm theologische Traktate und Kommentare sowie geistige Betrachtungen und Meditationen (I a 18, B 3, B 10, B 69–70, B 171, B 209, o. S. 102).[50] Hyacinthus M. Grandl (1622–1701),

---

[47] Einige dieser Werke enthalten zwar nicht Greimbls Namen, werden aber im Katalog von Pater Zinkl diesem Autor zugewiesen.
[48] Für weitere Informationen über Greimbl und dessen Werk vgl. PÖTSCHER, Geschichte (wie Anm. 2) 144, SPÖRR, Lebens-Bilder (wie Anm. 4) 517–519 und KORENJAK u. a., Tyrolis Latina (wie Anm. 22) 844–846.
[49] Zu Rauscher vgl. SPÖRR, Lebens-Bilder (wie Anm. 4) 511.
[50] Zu Fieger vgl. PÖTSCHER, Geschichte (wie Anm. 2) 139 und SPÖRR, Lebens-Bilder (wie Anm. 4) 509–510.

Novizenmeister, Provinzial und Professor der Philosophie und Theologie, verfasste moralische Instruktionen und Verhaltensregeln (I a 7–8, B 16, B 52, M 122).[51] Caspar M. Kinigl (1699–1778), Tiroler Servitenprovinzial, Volksprediger und Prior der Servitenniederlassungen von Luggau, Frohnleiten und Volders, Autor verschiedener gedruckter Werke, tritt in unserem Bestand als Verfasser religiöser Übungen, moralischer Verhaltensanleitungen sowie Gebets- und Predigtsammlungen in Erscheinung (B 7, B 74, B 185, M 175, M 204).[52] Xaver M. Salchner, dessen Schaffenszeit sich in der ersten Hälfte des 19. Jahrhunderts verorten lässt, war anscheinend vielseitig bewandert, denn von ihm sind neben moralischen und theologischen Traktaten auch literaturtheoretische und medizinische Abhandlungen erhalten (B 36, B 74, B 95, M 41, M 187). Von Philipp Benitius M. Mayr (1759–1826), Servitenpriester, Dichter, Künstler und Professor für Religionsphilosophie an der Innsbrucker Universität, sind uns eine Reisebeschreibung, religionsphilosophische Vorlesungsunterlagen und eventuell auch ein Drama überliefert (B 110, 135, 147, 149 [?]).[53] Weitere Autorennamen tauchen nur ein oder zwei Mal in der Sammlung auf.

Nicht selten kommt es vor, dass Texte aus der Feder der Klosterinsassen (mitunter zu verschiedenen Zeiten und von verschiedenen Händen) mehrfach kopiert wurden. So handelt es sich etwa bei M 88, M 133, o. S. 79, o. S. 80–81, o. S. 89, o. S. 103 und o. S. 117 um verschiedene Exemplare desselben Textes. Auch gehören B 4 und I a 22 zusammen und ebenso stimmen B 185 und M 175 miteinander überein. In den meisten dieser Fälle lassen sich die Abhängigkeitsverhältnisse nicht mehr nachvollziehen; bei den Büchern B 98, M 173 und M 180 hingegen lässt sich die Reihenfolge anhand eines kuriosen Kopierfehlers zumindest teilweise rekonstruieren: Das Exemplar M 173 erweist sich als die sichere Vorlage von M 180, da der Schreiber des letzteren Codex das Inhaltsverzeichnis mitsamt Seitenzahl-Angaben aus ersterem abgeschrieben hat, obwohl diese für die Abschrift nicht mehr zutreffen.

Einen großen Teil des Handschriftenbestandes bilden Abschriften von bereits bestehenden Werken durch die Hand servitanischer Ordensleute. Dieser Umstand wird nur sehr selten expliziert, die Vorlage nur vereinzelt genannt. In vielen Fällen kann aber rekonstruiert werden, dass eine Kopie vorliegen muss – etwa wenn zu den Texten übereinstimmende Exemplare und Druckvorlagen ermittelt werden können, welche zeitlich früher einzuordnen sind als die betreffenden Codices –, oder man kann dies zumindest mit einiger Wahrscheinlichkeit vermuten – etwa wenn die Autoren der Werke geographisch weit entfernt und ohne jeglichen Bezug zum Servitenorden wirkten. Es ist in der Regel davon auszugehen, dass die Abschriften durch die Geistlichen in relativer zeitlicher Nähe zur Entstehung der Vorlage erfolgt sein dürften, dass also Werke abgeschrieben wurden, die zum jeweiligen Zeitpunkt

---

[51] Zu Grandl vgl. PÖTSCHER, Geschichte (wie Anm. 2) 140 und SPÖRR, Lebens-Bilder (wie Anm. 4) 464–466.

[52] Kinigl, der zeitweise auch als Bibliothekar in Volders gewirkt hatte, stiftete den Großteil seines privaten Bücherbestandes der Volderer Konventsbibliothek, vgl. Gernot Peter OBERSTEINER / Birgit SCHEIDLE, Volders. Bibliothek des Servitenkonvents St. Karl, in: Handbuch der historischen Buchbestände in Österreich, Band 4, hg. von Wilma Buchinger / Konstanze Mittendorfer, Hildesheim/Zürich/New York 1997, 176–178.

[53] Zu Mayr vgl. PÖTSCHER, Geschichte (wie Anm. 2) 140 und SPÖRR, Lebens-Bilder (wie Anm. 4) 527–539.

als inhaltlich *aktuell*, relevant und noch nicht überholt galten, also nicht mehr als einige Jahrzehnte alt waren. In den wenigen Fällen, wo neben der Vorlage auch die Handschrift selbst datiert ist, liegen tatsächlich meist nur wenige Jahre, seltener einige Jahrzehnte, zwischen dem Erscheinungszeitraum des Originals (meist der Veröffentlichung eines Druckes) und der Erstellung der Abschrift. Die Vorlage kann eine Handschrift oder – häufiger – ein gedrucktes Buch sein. Die Kopie des Textes kann wörtlich und vollständig erfolgt oder aber in leichterem oder stärkerem Ausmaß abgewandelt oder gekürzt worden sein. Ausdrücklich angemerkt wird der Charakter als Abschrift mitsamt einem Hinweis auf die Quelle im in den 1590er-Jahren entstandenen Codex I b 25: Er beinhaltet unter anderem eine Kopie des Druckes Bernard Clairvaux (Autor) / Christoph Grienenwald (Übersetzer), *Meditationes. Das ist andechtige Betrachtungen zů erkandtnuß Menschlicher Condition, aigenschafft und wesens, welchs genent wirt: Das Bůch von der Seel*, Dillingen 1557 (VD16 B 1954).[54] Auch aus der Einleitung zu B 55 geht explizit hervor, dass der Schreiber Franciscus Weinhart 1642 eine (leicht abgewandelte) Abschrift des kurz zuvor als Druck erschienenen Buches des Nicolas de Vernulz, *Virtutum augustissimae gentis austriacae libri tres*, Löwen 1640, besorgte. Interessanterweise finden wir ein gedrucktes Exemplar dieses Werkes auch heute noch im Druck-Bestand der Servitenbibliothek (unter der Signatur XXIX.205): Es dürfte häufiger vorgekommen sein, dass Ordensangehörige handschriftliche Kopien von Drucken aus der hauseigenen Sammlung anfertigten, sei es, weil mehrere Exemplare benötigt wurden, sei es mit dem didaktischen Ziel, das Einprägen von Inhalten zu forcieren. Die medizinische Fachschrift o. S. 91 vereinigt Abschriften aus verschiedenen gedruckten Büchern, und zwar Matthäus Martini, *Armer Kranckhen-Rath. Darinnen ein Vollstendiges Artzney-Buch […]*, Frankfurt/ Leipzig 1676 (VD17 7:703537L) bzw. Leipzig 1684 (VD17 29:735126T) sowie Albertus Magnus, *Weiber geheymnuß. Von Weibern und Geburten der Kinder Sampt jhren Artzneyen […]*, Frankfurt 1566 (VD16 A 1437) und zahlreiche spätere Auflagen, daraus Buch 2. Mitunter fertigten die Schreiber derart genaue Kopien an, dass sie sogar die Angaben zu Ort, Zeitpunkt und Verlag der gedruckten Vorlage mit abschrieben. Dies gilt etwa für die Handschriften I a 43, Anton Roschmann, *Kurze Beschreibung der fürstlichen Grafschafft Tyrol*, Innsbruck 1740 (VD18 15246701 und 10951075), B 38, *Regulae Societatis Jesu*, Lyon 1606, o. S. 8, *Decreta novissima sacrae rituum congregationis servanda in causis beatificationum & canonizationum sanctorum*, Rom 1678, und auch B 220, Magnus M. Perzager, *Maria Magdalena, die Sünderin und Büßerin. Ein Lebensbild aus den Zeiten Christi*, Innsbruck 1862. In letzterem Falle enthalten die ungebundenen Lagenbündel, die diese Signatur bilden, sogar zwei handschriftliche Versionen desselben Textes, wobei eine davon die Druckvorlage vollständig wiedergibt, während die andere nach dem 5. Kapitel abbricht. Eine Bemerkung auf dem Titelblatt gibt uns eine Ahnung davon, aus welchen Gründen die Anfertigung von Abschriften gedruckter Werke zuweilen notwendig wurde; dort heißt es über das Buch, es sei „lange vergriffen". Die mangelnde Verfügbarkeit von Drucken oder einer ausreichenden Anzahl von Exemplaren dürfte auch in anderen Fällen die Erstellung handschriftlicher Kopien motiviert haben.

---

[54] Abschriftsvermerk auf Bl. IXr: „Dises Buchlein ist abgeschriben Auß ainem Exemplar, das getruckht worden zu Dilingen durch Sebaldum Mayer. Anno et cetera 1557."

Besonders bemerkenswert ist der Fall des Codex I b 23. Hier liegt eine äußerst originalgetreue handschriftliche Version des Druckes Ioannes à Iesu Maria Carmelita Discalceatus, *Liber de prudentia iustorum e verbis sacrae scripturae magna ex parte*, Neapel 1607, vor. Der offensichtlich professionelle Schreiber – der Titel weist die Handschrift durch den Zusatz „ex Chirographia Danielis Meltzeri Viennae" als Erzeugnis einer Wiener Schreiberwerkstatt aus dem Jahre 1621 aus – fertigte ein nahezu perfektes Abbild an, was Layout und Schriftbild angeht; sogar die Aufteilung des Textes auf die einzelnen Seiten spiegelt genau die Verhältnisse des Druckes wider, sodass das Inhaltsverzeichnis mitsamt der auch für die Handschrift zutreffenden Seitenzahlen exakt aus dem Original übernommen werden konnte; auch wurde versucht, den Buchschmuck der Vorlage, in erster Linie die kunstvollen Initialen, möglichst genau nachzubilden.

Seltener scheinen auch andere Handschriften als Vorlagen für Manuskripte aus dem Servitenbestand gedient zu haben: Beim Codex I b 63, enthaltend Anton Roschmanns *De cursu publico*, handelt es sich nach der Analyse von Claudia Schretter um eine repräsentativ gestaltete Geschenkausgabe von der Hand Cassian Roschmanns, des Sohnes des Verfassers, für die Familie Thurn und Taxis, basierend auf zwei Textexemplaren aus dem Bestand des Tiroler Landesmuseum Ferdinandeum (im Folgenden TLMF, Dip. 1089/III und Dip. 998/II), die ihrerseits Abschriften des originalen Autographs des Autors in ULB Tirol, Cod. 556, darstellen.[55]

Mitunter erstellten die Schreiber nicht genaue Abschriften ihrer Vorlagen, sondern lehnten ihre Texte lediglich an diese an: Die Handschrift I a 57, eine Geschichte des Servitenordens, basiert, gekürzt und abgewandelt, auf den Ordensannalen von Archangelo Giani, den *Annalium sacri ordinis fratrum Servorum b. Mariae virginis a suae institutionis exordio centuriae quatuor*, Florenz 1618 (Teil 1) bzw. Florenz 1622 (Teil 2). Der Text von Codex B 156 wurde exzerpiert aus dem beliebten Werk der Eleonora Maria Rosalia von Liechtenstein, *Freywillig aufgesprungener Granat-Apffel des Christlichen Samariters*, Wien 1695 (VD17 23:741759D) und zahlreiche spätere Ausgaben. Das unter der Signatur M 99 überlieferte Traktat über das Grab und Begräbnis Christi basiert, wie der Verfasser vermerkt, auf Anregungen aus dem Buch eines französischen Theologen (Jacques Joseph Duguet, *Le Tombeau de Jésus Christ ou Explication du mystère de la sépulture*, Brüssel 1731).

Als eine Sonderform der Abschrift lassen sich Mitschriften auf Basis mündlicher Vorträge einordnen. Bereits an anderer Stelle erwähnt wurden die Vorlesungsmitschriften I b 35, B 18, B 147, B 209 und M 136. Etwas komplizierter liegt der Fall beim *Theologiae dogmaticae compendium*, dessen drei Bände unter den Signaturen M≈207–209 im Handschriftenbestand des Servitenklosters erhalten sind. Der spätere Prior Johannes Paulus M. Moser erstellte diese Mitschriften in den Jahren 1864 bis 1867 als Student auf Grundlage der Vorlesungen dreier Jesuitenprofessoren an der Universität Innsbruck, Andreas Steinhuber, Johann Wellscheller und vor allem Hugo Hurter (1832–1914), einem Schweizer Theologen, Priester, Dogmatikprofessor

---

[55] Claudia SCHRETTER, Anton Roschmann, *De Cursu Romanorum Publico*. Ein bisher unbekanntes Autograph Anton Roschmanns und die Erbpostmeister Thurn und Taxis, in: Anton Roschmann (1694–1760). Aspekte zu Leben und Wirken des Tiroler Polyhistors, hg. von Florian M. Müller / Floran Schaffenrath, Innsbruck 2010, 55–67, insbesondere 63.

sowie Rektor des Innsbrucker Jesuitenkollegs.[56] Auffälligerweise lassen sich teilweise klare Entsprechungen in der Einteilung der Kapitel und abschnittsweise sogar Übereinstimmungen im Wortlaut mit dem gleichnamigen Druckwerk Hurters erkennen, das einige Jahre später, 1876–1878, im Innsbrucker Wagner Verlag erschienen ist.[57] Das Abhängigkeitsverhältnis scheint in diesem Fall durch eine gemeinsame Quelle bedingt zu sein: Hurter verwendete wohl dieselben Skripten einerseits im Rahmen seiner Vorlesungen, wo Moser das Vorgetragene mitschrieb, und andererseits als Grundlage seiner theologischen Publikationen.

Eine weitere Variante der Abhängigkeit liegt vor, wenn Werke nicht in Form einer direkten Abschrift übernommen, sondern übersetzt wurden. So sind die Codices I a 45 und B 151 beispielsweise deutsche Übersetzungen des italienischen Druckes Giovanni Battista Calvi / Pietro Francesco Giani, *Vita della Serva di Dio Suor Maria Rosalia Grossi*, Venedig 1755. Ebenfalls aus dem Italienischen ins Deutsche übersetzt wurde der Text von o. S. 90, und zwar aus dem Werk Placido M. Bonfrizieri, *Maria compatita nei suoi dolori*; hier wird die zweite Auflage, Florenz 1719, explizit als Vorlage genannt. Aus der italienischen in die lateinische Sprache übersetzt wurden hingegen B 6 (*Dissertazione isagogica intorno allo Stato della Chiesa, e la podestà del Romano Pontefice, e de' Vescovi*, Buglione 1765) und B 8 (Francesco Emanuele Cangiamilla, *Embriologia sacra*, Venedig 1763).

Bei vielen der Serviten-Handschriften handelt es sich um Kompilationen und Exzerptsammlungen von Textpassagen von verschiedenen Autoren zu einem bestimmten Thema oder mit einem bestimmten (meist didaktischen) Zweck: I b 45 ist eine 1617/18 entstandene Sammlung von Heiligenlegenden, die aus verschiedenen Legendenbüchern, beispielsweise dem von Laurentius Surius, kompiliert wurde. Häufig finden sich Zusammenstellungen religiöser und moralischer Gedanken zur geistigen Betrachtung, etwa exzerpiert aus den Schriften der Heiligen Kirchenväter (B 29–31, B 35, B 41–42, B 189, M 70, M 79). O. S. 4 vereint Texte zum Thema Kirchenrecht und kirchliche Organisationsstrukturen, die aus verschiedenen gedruckten Quellen übersetzt und exzerpiert wurden. Die Codices M 46 und M 73 enthalten Sammlungen von Zitaten aus allen Epochen der europäischen Literatur, übersetzt oder im Original. Die zwischen 1816 und 1819 datierte vierbändige Buchreihe M 11–14 vereinigt unter dem sehr allgemein gehaltenen Titel *Protocol* eine Sammlung von Gedanken und Zitaten aus verschiedenen Quellen und in verschiedenen Sprachen (Deutsch, Latein, Italienisch, Französisch) zu alphabetisch geordneten Begriffen aus diversen Themenbereichen.

Sehr selten scheint auch ein umgekehrtes Abhängigkeitsverhältnis vorzuliegen, und zwar wenn sich rekonstruieren lässt, dass eine der Serviten-Handschriften als Vorlage für ein gedrucktes Buch fungiert hat. So ein Fall liegt vermutlich beim Codex o. S. 116 vor. Anhand des deutlich höheren Alters des Manuskripts (es ist 1772/73 datiert) sowie anhand von Marginalien und Korrekturen, welche wortwörtlich so in die Druckfassung übernommen wurden, lässt sich erkennen, dass es sich bei dieser

---

[56] Deren Lehrtätigkeit ist unter anderem belegt in: Die Professoren und Dozenten der Theologischen Fakultät 1857–1957, in: Zeitschrift für Katholische Theologie 80 (1958) Heft 1, 226–234, hier besonders 226–227.

[57] Im Druckbestand der Servitenbibliothek sind im Übrigen sowohl diese Erstausgabe zu finden (Signaturen VI d 51–53) als auch einige spätere Auflagen.

Handschrift wohl um die direkte Vorlage für den gleichnamigen Druck Chrysologus M. Greimbl, *Schola Novitiorum in Ordine Servorum beatae Mariae virginis*, Innsbruck 1890, gehandelt haben muss. Zu dieser Annahme passt auch die im Druck explizit geäußerte Anmerkung, das Buch sei posthum publiziert worden. Der Text wurde für den Druck lediglich leicht verändert und am Beginn und Schluss etwas erweitert, stimmt aber im Hauptteil Wort für Wort mit der Handschrift überein. Interessanterweise kommt in diesem Fall noch ein weiterer handgeschriebener Codex ins Spiel: o. S. 32 erweist sich inhaltlich als ein exaktes Duplikat von o. S. 116, allerdings ohne die dort hinzugefügten Randbemerkungen und Korrekturen, die auch der Druck aufweist. Welche der beiden Handschriften älter ist, welche von beiden also die Vorlage und welche die Abschrift der jeweils anderen gewesen ist, lässt sich nicht mit Sicherheit bestimmen; jedenfalls aber wurde nur eines dieser beiden Exemplare des Textes der *Schola Novitiorum*, nämlich o. S. 116, anschließend als Grundlage für die Drucklegung ausgewählt und zur Vorbereitung für diesen Zweck einem Korrekturdurchgang unterzogen.

In einigen Fällen lässt sich zwar die Existenz von Parallelüberlieferungen konstatieren, aber keine klare Bestimmung der Überlieferungsketten vornehmen. Zum Text der Handschrift B 80 etwa, welcher den Titel *Der Tag der Verlassenheit Mariens* trägt, existiert eine genau übereinstimmende gedruckte Version, die 1859 in Innsbruck herausgegeben wurde. Da sich jedoch die Handschrift nicht genau datieren lässt und auch etwaige sonstige Hinweise fehlen, kann nicht geklärt werden, ob es sich beim Manuskript oder beim Druck ursprünglich um die Vorlage gehandelt hat. Noch komplexer liegt der Fall beim Servitencodex I b 57, einer Abschrift des ersten Teils des *Tiroler Adler* von Matthias Burglechner. Während das Original in Wien aufbewahrt wird (Österreichisches Staatsarchiv, Abteilung Haus-, Hof- und Staatsarchiv, HS W 231), sind Kopien dieses Werks (oder von Teilen davon) in mehreren Manuskripten im Tiroler Raum enthalten.[58] Da sowohl das Exemplar der Servitenbibliothek als auch mehrere der anderen Manuskripte dieselbe Datierung auf das Jahr 1642 aufweisen – das Jahr, in dem Burglechner sein abgeschlossenes Originalmanuskript der Hofkanzlei unter Landesfürstin Claudia de' Medici übergab –, liegt die Annahme nahe, dass bei diesen Abschriften jeweils die Zeitangabe mitkopiert wurde. Die genauen Abhängigkeitsverhältnisse der vielen Kopien dieses Werkes zu klären, ist im Rahmen der vorliegenden Überblicksarbeit allerdings nicht möglich. Eine ähnliche Überlieferungslage liegt im Fall der verschiedenen Exemplare der historischen Darstellung Tirols des Grafen Maximilian von Mohr vor, die dieser auf Basis von Burglechners Werk erarbeitet hatte. Das Original liegt auch hier im Haus-, Hof- und Staatsarchiv (HS W 239 und W 524). Übereinstimmende Kopien finden sich neben dem Servitencodex mit der Signatur I b 58 auch in diesem Fall in großer Zahl in anderen Bibliotheken.[59] Auch hier liegen uns keine Hinweise vor, die eine genaue Bestimmung der Abhängigkeitsverhältnisse ermöglichen würden.[60]

---

[58] ULBT, Cod. 805 und 820; TLMF, FB 2092–2101, 50069 und 50070; Tiroler Landesarchiv, Nr. 453/I und II.

[59] ULBT, Cod. 824, 824B und 878 sowie TLMF, FB 3612–3615 und 60816 (teilweise mit abweichender Bandeinteilung).

[60] Zu Burglechner, Mohr und deren Werken vgl. Wilfried BEIMROHR, Mathias Burglechner (Burgklehner) – Beamter, Historiker und Kartograph, Innsbruck 2008, publiziert online als Pdf, vgl. https://

Wie bereits in der Einleitung zu diesem Abschnitt erwähnt, ist eine Differenzierung zwischen Autor, Schreiber und Kompilator oft nicht möglich. Nur sehr selten, in unter 5 Prozent der Fälle, wird explizit ein vom Autor abweichender Schreibername genannt. Noch seltener werden diese meist unbekannten Namen mit zusätzlichen Informationen zur Identität der Person versehen. In diesen Fällen handelt es sich dann meist, wie zu erwarten, um Angehörige des Servitenordens.

Obwohl im Zuge meiner Arbeit keine ausführliche Analyse der Schreiberhände angestrebt wurde, so fiel doch auf, dass einige Hände in verschiedenen Büchern der Servitenbibliothek wiederholt auftauchen. Es lässt sich also konstatieren, dass sich einige Ordensgeistliche besonders rege der Produktion und/oder Abschrift von Literatur gewidmet haben. Ein Beispiel dafür ist die übereinstimmende Schreiberhand der Manuskripte I a 1, I a 3, I a 4, M 83 und B 189. Da es sich dabei ausnahmslos um Schriften von Chrysologus M. Greimbl handelt, könnten hier Autographen dieses Autors vorliegen.

3.12 Themen und Inhalte

Die klösterlichen Büchersammlungen Tirols spiegeln in ihrer Zusammensetzung die Aktivitäten, Interessen und Prioritäten geistlicher Gelehrsamkeit wider: In der Regel nehmen religionsbezogene Werke eine deutliche Vorrangstellung ein, doch auch eine breite Abdeckung vielfältiger nichttheologischer Wissensgebiete war den Ordensangehörigen ein wichtiges Anliegen: Bücher aus Bereichen wie Geschichte, Philosophie, Musik, Recht, Mathematik, Physik, Astronomie und Geographie wurden in großer Zahl erworben, für die Lehre zusammengestellt oder auf der Grundlage eigener Forschungsarbeiten verfasst. Die inhaltlichen Schwerpunkte der jeweiligen Ordensdoktrin, die Tätigkeiten in Seelsorge und Gottesdienst, die Organisation des Schulbetriebs sowie die persönlichen Interessen der Verantwortlichen prägen die Ausformung der Bücherbestände der jeweiligen Klöster in entscheidender Weise.[61]

Ein entsprechendes Bild ergibt sich auch in Hinblick auf die inhaltliche Verteilung des Handschriftenbestands der Servitenbibliothek (Abb. 12):[62] Mit einem Anteil von zwei Dritteln dominiert erwartungsgemäß die im weitesten Sinne religionsbezogene Literatur. Die größte Untergruppe dieser Kategorie, Schrifttum theologischen

---

www.tirol.gv.at/fileadmin/themen/kunst-kultur/landesarchiv/downloads/Burglechner.pdf (Zugriff: 10.11.2022), 4–7 und Carmen DEJAKUM, „Friedl mit der leeren Tasche". Herzog Friedrich IV. von Österreich als Tiroler Erinnerungsort, Innsbruck 2019, digital publizierte Masterarbeit, 37–42, vgl. https://diglib.uibk.ac.at/ulbtirolhs/download/pdf/3448017?originalFilename=true (Zugriff: 10.11.2022).

[61] Zu Organisation und Funktion der Tiroler Klosterbibliotheken vgl. SCHRETTER-PICKER u. a., Barocke Buchkultur (wie Anm. 22) 340–361.

[62] Bei meinem Versuch, eine Statistik zu erstellen, war die Zuordnung der Bücher zu Themenbereichen aufgrund vieler thematisch gemischter Sammelhandschriften und aufgrund von thematischen Überschneidungen und Unschärfen nicht immer ganz eindeutig. Die Zuteilung erfolgte, wenn möglich, nach inhaltlichem Schwerpunkt; bei thematisch in etwa halb-halb gemischten Manuskripten wurden halbe Punkte gezählt, während Bücher, deren Texte inhaltlich komplett durchmischt sind und einer Vielzahl an verschiedenen Themenfeldern angehören, unter der Kategorie *Gemischtes* verbucht wurden.

oder moraltheologischen Inhalts, macht dabei über die Hälfte aus. Fast ein Viertel der religiösen Schriften gehört in den Bereich Liturgie, Gebet und Ritus, während etwa ein Siebtel auf im engeren Sinne ordensbezogene Literatur entfällt. Der jeweils nur wenige Prozent umfassende Rest verteilt sich auf die kleineren Unterthemen *religiöse Biographien* und *kirchliche Organisation/Kirchenrecht*.

Daneben hat die Handschriften-Bibliothek der Serviten auch eine beträchtliche Menge an nicht-religiöser Literatur zu bieten. Den mit sieben Prozent größten Themenblock an nicht-theologischer Literatur bilden Schriften aus den Bereichen Geschichte, Politik und Militär. Etwa fünf Prozent der Codices enthalten literarische Texte. Es folgen Naturwissenschaft und Mathematik mit ca. vier sowie medizinische Literatur mit etwa drei Prozent. Etwa zwei Prozent des Handschriftenbestandes bestehen aus geographisch-ethnographischen Traktaten, Landesbeschreibungen und Reiseberichten. Ebenfalls etwa zwei Prozent machen Bibliothekskataloge aus. Je nur etwa ein Prozent der Sammlung behandelt philosophische, linguistische und juristische Themen. Zu einer Gruppe von etwa vier Prozent werden jene vereinzelten Bücher zusammengefasst, die diverse andere Sachverhalte zum Thema haben. Die restlichen drei Prozent entfallen auf thematisch stark gemischte Sammelhandschriften.

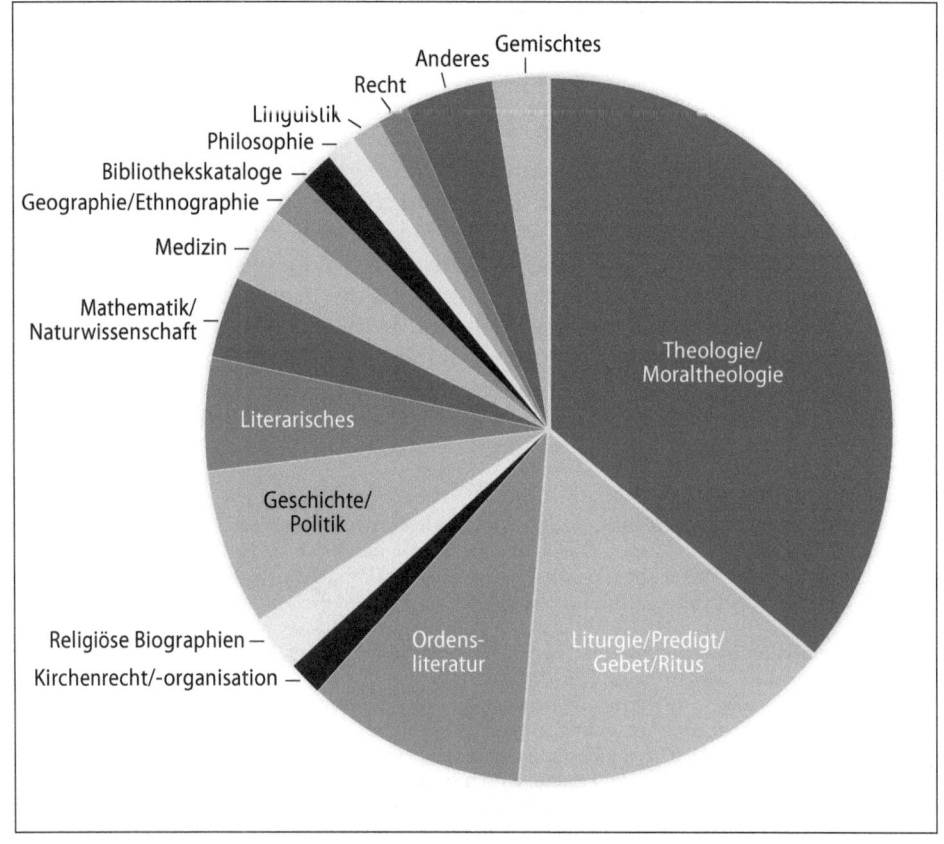

Abb. 12: Themenverteilung der Handschriften.

Nicht in die inhaltliche Analyse einbezogen wurden die vielen Fälle von lose in den Buchblock eingelegten Zetteln. Diese können handbeschrieben oder bedruckt sein; sie hängen häufig thematisch mit dem Haupttext zusammen, scheinen manchmal aber auch in keinerlei Beziehung damit zu stehen. Es handelt sich hier etwa um Andachtsbildchen oder andere Abbildungen, Notizen, inhaltliche Ergänzungen, Briefe, Gebete, Tabellen oder Schriftstücke organisatorischer Natur wie Terminaufstellungen, Rechnungen, Postbelege, Kalender, Namenslisten und Verwaltungsdokumente.

Für eine detailliertere Darstellung des älteren Handschriftenbestandes sei hier erneut auf den Artikel von De Felip und Šubarić[63] verwiesen, während im Folgenden in erster Linie die Inhalte der neuzeitlichen Handschriftensammlung ausführlicher beschrieben werden. Dabei wird ein Überblick über den Charakter des Buchbestands zu den einzelnen Themenfeldern gegeben und mittels weniger exemplarischer Beispiele illustriert. Eine ausführlichere Bücherliste, welche Inhaltsangaben zu einem Großteil der jüngeren Handschriftensignaturen bietet, ist im Anhang des Artikels zu finden.

Die jüngeren theologischen Bücher der Bibliothek spiegeln die allgemeinen Umstände der Produktion religiöser Literatur der Neuzeit wider: Im Rahmen von Konfessionsstreitigkeiten, Reformation, Gegenreformation und innerkatholischen Reformen, von Aufklärung und volksmissionarischen Bemühungen wurden zwischen dem 16. und dem 19. Jahrhundert auch in Tirol große Massen theologischen und kirchlichen Schrifttums produziert. Religiöse Schriften entstammten häufig dem geistlichen Lehrbetrieb an Universitäten, Priesterseminaren und klösterlichen Hauslehranstalten oder wurzelten im Klosterleben im Allgemeinen.[64]

Die klassischen Textsorten religiöser Literatur sind im Servitenbestand in Form theologischer und moraltheologischer Abhandlungen sowie Exegesen zu zentralen theologischen Texten vertreten. Sie basieren meistens auf den Schriften religiöser Autoritäten wie den Kirchenvätern oder Thomas von Aquin. Wir finden zahlreiche theologische Grundlagenwerke und Handbücher, die in ausführlicher und systematischer Weise zentrale Fragen des christlichen Glaubens wie das Wesen Gottes, die Schöpfung, die Dreifaltigkeit, die Offenbarung, die Kirche, die Engel, den menschlichen Glauben, die Sakramente und die Eschatologie abhandeln: Während es sich bei einigen um Überblicksdarstellungen handelt, konzentrieren sich andere Traktate und Streitschriften auf spezielle Fragen. In der Signaturengruppe *M* finden sich einige mehrbändige Sammlungen aus dem 18. und 19. Jahrhundert mit Abhandlungen zu theologischen Glaubenssätzen (z. B. 147–149, 207–209). Eine andere Sammlung regelrecht enzyklopädischen Charakters, deren einzelne Bände durch äußere kodikologische Merkmale klar als zusammengehörig erkennbar sind, präsentiert sogar einen Gesamtüberblick theologischer, philosophischer und (meta-)physischer Welterklärungsmodelle (M 96–98, M 116–119, M 128, M 201). Bei den thematisch enger eingegrenzten Schriften sticht der große Anteil an marianischer Literatur besonders ins Auge, was angesichts des allgemeinen Aufschwungs der Marienverehrung seit dem 17. Jahrhundert und insbesondere angesichts des Charakters des Serviten-

---

[63] De Felip/Šubarić, Zwischenbericht (wie Anm. 20).
[64] Zum religiösen Schrifttum der Neuzeit vgl. Schretter-Picker u. a., Barocke Buchkultur (wie Anm. 22) 306–308 und Korenjak u. a., Tyrolis Latina (wie Anm. 22) 325, 535, 807.

ordens als *Diener Mariens* nicht überraschend ist. Unter den moraltheologischen Büchern enthalten einige allgemeine Abrisse von Grundthemen wie Tugend, Laster und Gerechtigkeit, während andere konkrete ethische Gegenstände wie Nächstenliebe, Gewissen oder Lügen behandeln. Die exegetischen Textsorten befassen sich als Verständnishilfen mit der Auslegung von Bibeltexten oder Traktaten religiöser Autoritäten. Daneben finden sich auch Bücher, deren alphabetische Register nahelegen, dass sie als praktische Nachschlagewerke konzipiert waren: In diesen werden Definitionen und Erklärungen theologischer und moralischer Begriffe gegeben und mittels Exzerptsammlungen aus Werken verschiedener Autoren untermalt.

Insgesamt weist der überwiegende Teil des religionsbezogenen Schrifttums irgendeinen Bezug zum Klosterleben auf. Im weiteren Sinne trifft dies etwa auf jene äußerst häufig vertretenen meditativ-asketischen Textsorten zu, die als Andachts- und Besinnungsübungen, zur moralischen Vervollkommnung und zur Erbauung für Geistliche gedacht waren – und wohl auch meist von diesen selbst verfasst worden sind. Ihre Inhalte wurden häufig aus theologischen Schriften, insbesondere der Kirchenväter, exzerpiert. Die meisten dieser geistigen Übungen drehen sich um vermischte religiös-moralische Gedanken und sind als Routinen zur Reflexion auf die Tage oder Monate des Jahres angelegt. Andere wurden zur Durchführung im Rahmen festlicher Anlässe konzipiert oder als mehrtägige Aufgaben für bestimmte Zeitabschnitte des liturgischen Kalenders entworfen, wie der Oster-, Advents- oder Fastenzeit. Inhaltlich wird oft ein Fokus auf Lebensabschnitte oder -aspekte religiöser Figuren gelegt, etwa die Schmerzen Mariens oder die Passion Christi. Solche kontemplativen Anleitungen scheinen im Geiste der Novizenregeln der mit der Gründung des Innsbrucker Konvents gestifteten Deutschen Servitenobservanz entstanden zu sein. Ihnen zufolge bestand der Hauptzweck des Ordens in der „Betrachtung des Leidens Christi und der Schmerzen der jungfräulichen Gottesmutter Maria beim Leiden ihres Sohnes sowie anderer Ereignisse in seinem Leben".[65] Andere Bücher bieten Anleitungen zur Gewissensbefragung oder moralische Übungen zur Selbstreflexion und Selbstoptimierung. Angelus M. Fieger, der in Österreich als einer der Ersten in den Servitenorden eingetreten war, sticht als sehr produktiver Autor dieser Art von Schriften hervor: Seine religiösen Betrachtungen für alle Tage des Monats, die er Mitte des 17. Jahrhunderts der Klosterstifterin Anna Caterina Gonzaga widmete, waren so beliebt, dass sie in drei Kopien überliefert wurden (I a 12, 13, 18); ein Werk desselben Autors mit geistigen Exerzitien unter dem Titel *Psalter zechen Seitten / Psalterium decemchordarum* liegt zweimal in deutscher und einmal in lateinischer Version vor (B 10, 69, 70).

Ebenfalls im Zusammenhang mit dem Ordensleben steht zudem das in großer Menge überlieferte Schrifttum aus den Bereichen Liturgie, Predigt, Gebet und Ritus. Angesichts der Tatsache, dass Predigten als zentrales Instrument zur moralischen Vervollkommnung der Kirche und zur Intensivierung der Volksfrömmigkeit einen hohen Stellenwert genossen, ist nicht überraschend, dass die Servitenbibliothek umfangreiches einschlägiges Material enthält: In mehreren Fällen sind über einen Zeitraum von mehreren Jahren an verschiedenen Orten gehaltene Predigten von meist namentlich genannten Priestern in einem oder mehreren Bänden gesammelt worden. Meist handelt es sich einfach um Sonntagspredigten gemischten Inhalts

---

[65] Vgl. PÖTSCHER, Geschichte (wie Anm. 2) 113.

(die früheste Sammlung unseres Bestandes ist B 210 von Pater Ignatius M. Erndlin, dem Gründer und Professor der Klosterschule [1590–1645],[66] aus dem Jahr 1642), während in anderen Fällen der Fokus auf ein bestimmtes Thema oder einen festlichen Anlass gelegt wird (etwa Jesus- oder Marienfeste). Eine besonders umfangreiche Sammlung bilden die Sonn- und Festtagspredigten, die ein gewisser Anton Kopp zwischen den 1820er- und 1860er-Jahren in verschiedenen Kirchen im Tiroler Raum gehalten hat: Sie besteht aus 18 in Nummernblöcke eingeteilten Lagenbündeln und umfasst insgesamt ca. 6200 Blätter (o. S. 61–78). Auch sind einige Gebet-, Litanei- und Hymnensammlungen überliefert; eine davon dreht sich um den heiligen Joseph, den Schutzpatron der dem Innsbrucker Servitenkloster angegliederten Kirche (o. S. 9). Bei den im engeren Sinn liturgischen Texten handelt es sich um Kalender, Handlungsanleitungen und Textsammlungen für Messen, Prozessionen, Bestattungen, Segnungen, Sakramente und Festtage. Pastoraltheologische Handschriften hingegen geben Hilfestellungen für die seelsorgerische Praxis, etwa bei der Beichte oder am Sterbebett, oder leiten zum Kampf gegen die Mächte des Bösen an.

Als im engeren Sinne ordensbezogen sind die vielen Texte einzustufen, die der Unterweisung der Ordensangehörigen dienen. Während einige Bücher allgemeine Verhaltensregeln für ein tugendhaftes und gottgefälliges Leben thematisieren, wurden in zahlreichen Handschriften moralische Richtlinien und konkrete Verhaltens- und Lebensregeln für den Alltag im Kloster gesammelt. Diese Texte waren gezielt auf die geistige Unterweisung der Novizen ausgelegt und tragen Titel wie *Documenta spiritualia*, *Scripta ascetica (pro novitiis)*, *(Monita quaedam et) regulae asceticae pro novitiis (ordinis B.M.V.)*, *Schola Novitiorum*, *Clypeus Neophyti Mariani seu Manuale asceticum Novitiis* oder – mit besonders heroischem Klang – *Miles religiosus Mariano Dolorosus*. Die Ordens- und Verhaltensregeln sind dabei offensichtlich mehrfach verändert und aktualisiert worden, denn es sind Lehrbücher aus allen Epochen der Ordensgeschichte vom 16. bis ins 20. Jahrhundert überliefert. Sehr häufig lässt sich in diesem Bereich beobachten, dass dieselben Texte mehrfach kopiert wurden, da wohl zahlreiche Exemplare für die Unterweisung der jungen Geistlichen benötigt wurden. Einige Schriften sind speziell der Ausbildung der Laienbrüder des Servitenordens und deren Unterweisung auch in ihre praktischen Aufgaben als Messner, Handwerker und Haushaltsführende gewidmet. Einige Werke richten sich hingegen an die Ordensoberen und enthalten Ratschläge und Anleitungen zum richtigen Verhalten bei der Erfüllung von Lehr-, Leitungs- und Aufsichtspflichten im Kloster. Daneben finden sich im Handschriftenbestand der Serviten auch Aufzeichnungen allgemeiner Kloster- und Ordensregeln, die der Tradition anderer Ordensgemeinschaften, wie der Augustiner oder Jesuiten, entnommen wurden.

Viele der überlieferten Texte erfüllten offensichtlich präskriptive, theoretisch-grundlegende und begleitende Funktionen im Kontext der diversen Pflichten, Aufgaben und Verhaltensweisen, die den Konventsmitgliedern durch das Regelwerk der Deutschen Observanz auferlegt wurden. Zentrale Elemente des Ordenslebens waren neben einer generellen asketischen Lebensweise die Offizien, die tägliche Schweigezeit, die zweimal täglich vorgeschriebene Gewissenserforschung, die Begleitung

---

[66] Zu Erndlin vgl. ebd. 139 und Spörr, Lebens-Bilder (wie Anm. 4) 467. Die Handschrift wird in Schretter-Picker u. a., Barocke Buchkultur (wie Anm. 22) 308 erwähnt.

der Novizen durch einen geistlichen Leiter, die obligatorischen gemeinschaftlichen und privaten Gebetszyklen, festliche Prozessionen, regelmäßige Meditationsexerzitien, Fastenperioden, reinigende Bußübungen und Selbstgeißelungen.[67] Gerade bei den theoretischen Abhandlungen, Kommentaren und Exegesen ist zudem davon auszugehen, dass viele dieser Werke im Kontext der geistlichen Ausbildung in der hauseigenen Klosterschule entstanden sind, etwa als Unterrichtsmaterialien, Vortragsskripten, Vorlesungsmitschriften, Dissertationen oder Disputationsprotokolle. Die interne philosophisch-theologische Lehranstalt war ab 1636 auf Initiative des ehemaligen Jesuitenprofessors Ignatius M. Erndlin eingerichtet worden und erhielt in Angelus M. Fieger ihren ersten Professor und Dekan. Im 17. Jahrhundert wuchs sie, unter anderem unter Hyacinthus M. Grandl, zu einem renommierten akademischen Studienzentrum heran, und im 18. Jahrhundert erreichte die Publikationstätigkeit der im Studienbetrieb beschäftigten Geistlichen ihre größte Blüte.[68]

Ebenfalls in den Bereich der Ordensliteratur gehören die Berichte über Ordens- und Klostergeschichte. Diese Textgattungen bildeten einen Schwerpunkt der Tiroler Historiographie vom 17. bis weit ins 19. Jahrhundert hinein und wurden in allen größeren Stiften und Klöstern gepflegt. Unter Auswertung früherer Geschichtswerke und Klosterarchivalien entstanden umfangreiche Überblickswerke, um die Erinnerung an Gründungszeit und Entwicklungsgeschichte der Einrichtungen für die Nachwelt zu sichern.[69] Unter den erhaltenen Handschriften des Bibliotheksbestands finden sich sowohl Abhandlungen zur Geschichte des gesamten Ordens als auch einzelner Tiroler Servitenklöster.

Auch sind uns vielseitige Beispiele für die alltägliche Schriftkultur der Ordensangehörigen erhalten, Tagebücher von Geistlichen, Ablaufpläne von Messen und Festtagen und Ereignisberichte aus dem Klosterleben ebenso wie Inventarlisten, Bibliographien, Dokumente zum Armen- und Almosenwesen und Aufzeichnungen zu baulichen Tätigkeiten (einige der Geistlichen scheinen sogar selbst als Maler und Restauratoren tätig gewesen zu sein). Mitunter wurden diese praktischen Schriftstücke mit anderen Texttypen wie Predigten, theologisch-moralischen Betrachtungen und Verhaltensanleitungen kombiniert.

Zudem sind uns sowohl echte Briefe überliefert als auch Sammlungen von Briefformeln und -vorlagen. Diese Korrespondenzen wurden häufig innerhalb der Ordens- und Klostergemeinschaft geführt, richteten sich aber bisweilen auch an externe geistliche oder weltliche Würdenträger; inhaltlich drehten sie sich meist um interne administrative und seelsorgerische Fragen, thematisierten mitunter aber auch gesellschaftliche und politische Angelegenheiten.[70]

---

[67] Einen Überblick über den Verhaltenskodex im Servitenkloster geben PÖTSCHER, Geschichte (wie Anm. 2) 118–119 und WOLFF/MOONEY, Serviten (wie Anm. 2) 17–18

[68] Zu Geschichte und Ausbildungssystem der servitanischen Lehranstalten in Österreich vgl. PÖTSCHER, Geschichte (wie Anm. 2) 136–150.

[69] Im deutschen Servitenorden zeugt um die Mitte des 17. Jahrhunderts vor allem das umfangreiche gedruckte Geschichtswerk *Servitus Mariana* von Augustin M. Romer von diesem Bestreben. Dazu vgl. KORENJAK u. a., Tyrolis Latina (wie Anm. 22) 497–500 und 778. Zur Klostergeschichtsschreibung im Tirol der Barockzeit vgl. SCHRETTER-PICKER u. a., Barocke Buchkultur (wie Anm. 22) 306 und KORENJAK u. a., Tyrolis Latina (wie Anm. 22) 480, 727, 957.

[70] Zu Briefkorrespondenzen in geistlichen Einrichtungen vgl. KORENJAK u. a., Tyrolis Latina (wie Anm. 22) 520 und 794–795.

Eine weitere Untergruppe im Bereich der religiösen Literatur betrifft das Kirchenrecht und die kirchliche Organisation. Die Unterlagen dieser Art befinden sich ausschließlich unter den Handschriften ohne Signatur und bestehen häufig aus ungebundenen, ungeordneten Stapeln von Blättern verschiedener Formate, Schreiber und Inhalte. Inhaltlich drehen sich diese administrativ-juristischen Dokumente, Erlässe und Traktate etwa um Heiligsprechungen, Ordinationen, Approbationen, kirchliche Organisationsstrukturen, Ablass und Absolution.

Ein großer Teil der biographischen Texte, die in Tirol im 17. und 18. Jahrhundert entstanden, behandelten geistliche Persönlichkeiten, insbesondere Heilige sowie Ordens- oder Klostergründer, welche heiliggesprochen worden waren oder werden sollten.[71] Diesen Umstand spiegelt auch die nicht unbeträchtliche Anzahl von Lebensbeschreibungen religiöser Vorbilder im Handschriftenbestand der Servitenbibliothek wider. Es dominieren dabei die Biographien von Persönlichkeiten aus dem eigenen Orden, darunter die Gründerin des servitanischen Frauenordens Julianna Falconieri sowie die Innsbrucker Priorin Maria Bernardina, daneben finden sich Lebensbeschreibungen christlicher Heiliger, Märtyrer und Bibelfiguren. Wie bei den Texten über die Ordensgeschichte befinden wir uns auch hier im Überschneidungsbereich zwischen religiöser und historischer Literatur.

Hinzu kommen noch einige in den religiösen Bereich gehörige Texte, die aufgrund ihres außergewöhnlichen Gegenstandes in keine der bisher besprochenen Themengruppen eingeordnet werden können. Dazu gehören etwa Reflexionen über den Zustand von Religion und Seelsorge oder Kontroversen über den Privatbesitz von Ordensgeistlichen. Besonders interessant ist das Werk mit der Signatur o. S. 111: Im Mirakelbuch des Wallfahrtsortes Maria Waldrast wurden in deutscher Sprache Geschichten von wundersamen Begebenheiten (meist Heilungen) aus den Jahren zwischen 1409 und 1734 gesammelt. Das Werk zeugt von der außerordentlichen Beliebtheit von Heiltums- und Wallfahrtsschrifttum in den katholischen Regionen zu dieser Zeit. Beim ersten Teil des Buches handelt es sich um eine im 17. Jahrhundert besorgte Abschrift des ersten Abschnitts eines anderen, älteren Waldraster Mirakelbuchs, das heute unter der Signatur FB 9551 im Tiroler Landesmuseum Ferdinandeum aufbewahrt wird. Bis in das erste Drittel des 18. Jahrhunderts hinein wurden beide Handschriften anschließend parallel zur Niederschrift weiterer Wundererscheinungen verwendet.[72] Einige Handschriften lassen sich aufgrund ihrer Vermischung verschiedener Textsorten nicht genau einordnen: Diese Kompilationen stellen etwa theologische Abhandlungen, Bibelexegesen, religiöse Exempla und Legenden neben Liturgisches, Predigten, Gebete, geistige Übungen, Kirchen- und Ordensgeschichte, alltägliche Ordensnotizen und sogar Dramen.

---

[71] Für die Hagiographie dieser Epoche vgl. ebd. 505–512, insbesondere 508–512 zu den hagiographischen Werken des Servitenpaters Cherubinus O'Dale.

[72] Literatur zum Waldraster Mirakelbuch (allerdings auf Basis der Parallelüberlieferung des Ferdinandeums-Codex): Hans MOSER, Das erste Mirakelbuch von Maria Waldrast. Portrait eines Sammeltexts aus dem 15. Jahrhundert, in: Sprachgeschichtliche Untersuchungen zum älteren und neueren Deutsch (Germanische Bibliothek NF 3/23), hg. von Werner König / Lorelies Ortner, Heidelberg 1996, 191–205 und Hans MOSER, Mirakelbuch von Maria Waldrast I. Die Texte des 15. Jahrhunderts, in: Literatur und Sprachkultur in Tirol (Germanistische Reihe 55), hg. von Johann Holzner u. a., Innsbruck 1997, 219–259.

Den größten Anteil an nicht-theologischer Literatur innerhalb der Sammlung bilden Schriften aus den Bereichen Geschichte, Politik und Militär. Das 17. und 18. Jahrhundert war eine Blütezeit der Geschichtsschreibung, wobei seit Beginn des 18. Jahrhunderts eine universitäre Institutionalisierung des Faches und eine Verwissenschaftlichung der Methoden im Geiste der Aufklärung festzustellen ist. Die beiden Schwerpunkte der Historiographie lagen in dieser Epoche einerseits auf der Kirchen-, Ordens- und Klostergeschichte, andererseits auf der Lokalgeschichte. Insbesondere die erste Hälfte des 17. Jahrhunderts stellt eine äußerst produktive Phase der Tiroler Historiographie dar, in der gleich mehrere monumentale Werke zur Landesgeschichte geschaffen wurden. Davon zeugen in unserem Bestand zwei Abschriften der umfangreichen historisch-politischen Beschreibungen Tirols von Matthias Burglechner und Maximilian von Mohr. Daneben wurden auch andere Textsorten, wie Universalgeschichten, genealogische Hofgeschichtsschreibung und (lokale) Altertumskunde, gepflegt.[73] Die antike Geschichte ist im Servitenbestand durch eine Kaiservita und eine Abhandlung über das römische Transportwesen in Tirol vertreten, während eine Stammtafel der Habsburger in den Bereich der Genealogie fällt. Bei den zeitgeschichtlichen Darstellungen fällt die Dominanz von Themen aus der unruhigen Zeit rund um die Französische Revolution und die Kriege und politischen Umwälzungen unter Napoleon auf. Zudem sind einige Abschriften von Briefwechseln zwischen Kaisern, Päpsten und Tiroler Institutionen aus dem späten 18. Jahrhundert überliefert. Der Handschriftenbestand enthält zudem Traktate über Grundlagen und Strukturen der Politik sowie Landtagsprotokolle. Die Kirchengeschichte ist mit Darstellungen der Bistums- und Kirchenhistorie, Sitzungsakten und Briefen aus dem 18. Jahrhundert vertreten. Aus dem militärischen Bereich stammen zwei Artillerie-Bücher, die, illustriert durch zahlreiche Abbildungen, das Thema Feuerwaffen beleuchten.

Im literarischen Bereich ist das Drama die am häufigsten vertretene Textsorte. Diese während der gesamten Barockzeit beliebte Gattung wurde in Tirol überwiegend im (religiösen, vor allem jesuitischen) Schulbetrieb produziert und aufgeführt, entstand daneben aber auch im höfischen Theaterbetrieb und in Form von *Volksschauspielen*.[74] Die meisten der im Servitenbestand überlieferten Theaterstücke wurden von Ordensangehörigen verfasst und in vielen Fällen zu feierlichen Anlässen, z. B. zu Geburtstagsfeiern von Ordensoberen, gewidmet und aufgeführt. Es dominieren erwartungsgemäß religiöse Themen: Die Protagonisten der Schauspiele sind ein lokaler Märtyrer, ein Eremit, ein Heiliger, die Gottesmutter Maria und biblische Figuren. Eine Tragödie berührt hingegen ein Thema aus der spanischen Geschichte.

Von großem Interesse für literaturgeschichtliche Forschungen sind auch die diversen Sammlungen von poetischen Erzeugnissen im vorliegenden Handschriftenbestand. Gedichte entstanden seit dem 17. Jahrhundert häufig entweder als Produkte von Sprachübungen im Schulwesen – dies bezeugt etwa eine deutschsprachige Gedichtsammlung aus der Feder eines Gymnasiumsschülers –, als panegyrische Ehrbezeugung für Fürsten, kirchliche Würdenträger oder Ordensobere oder anlass-

---

[73] Zur Historiographie im Tirol der Barockzeit vgl. SCHRETTER-PICKER u. a., Barocke Buchkultur (wie Anm. 22) 304–306 und KORENJAK u. a., Tyrolis Latina (wie Anm. 22) 480, 727, 741–3, 953.

[74] Zur barocken Dramenkultur in Tirol im Allgemeinen vgl. SCHRETTER-PICKER u. a., Barocke Buchkultur (wie Anm. 22) 300–301.

gebunden im Rahmen bestimmter Gelegenheiten – beispielsweise ist eine Zusammenstellung von Lobes- und Gratulationsgedichten zu feierlichen Anlässen im Servitenkloster überliefert. Daneben konnten sich an Klöstern oder Bildungseinrichtungen tätige Geistliche dank ihres gesicherten Lebensunterhalts in Mußestunden der Poesie als Selbstzweck widmen. Die meisten Erzeugnisse geistlicher Dichtung hatten narrativen, erbaulichen oder didaktisch-theologischen Charakter und befassten sich mit religiösen Themen, doch auch weltliche Stoffe wurden behandelt.[75] Das Buch o. S. 98 aus der Servitenbibliothek ist z. B. eine Sammlung von deutschsprachigen Gelegenheitsgedichten eines Johann Alex Mayr vom Beginn des 19. Jahrhunderts, die inhaltlich Interessantes zu bieten hat und eine breite Vielfalt von Themen abdeckt: Neben Stoffen religiösen und moralischen Charakters finden sich auch kurze Anekdoten, Schilderungen von Landschaften, zeitgenössischen Ereignissen (z. B. Napoleons Niederlage bei Waterloo) und gesellschaftlichen Zuständen (z. B. das sündhaften Treiben in einem Tiroler Dorf), Trauergedichte (z. B. um einen verstorbenen Singvogel) sowie Spott-, Glückwunsch- und Lobeslieder (meist zu kirchlichen/klösterlichen Anlässen).

Im Bereich der Prosa sind zwei deutschsprachige Sammlungen erbaulicher Geschichten erwähnenswert. Die jüngere von ihnen, o. S. 40, dokumentiert den Einzug der modernen Technik in die Schriftkultur um die Wende vom 19. zum 20. Jahrhundert: Teile davon wurden mit der Schreibmaschine getippt. Diese Kompilation von (meist moralisch-frömmelnd angehauchten) Kurzgeschichten aus dem alltäglichen Leben von einer Autorin namens Berta Mutschlechner ist auch für einen heutigen Leser mitunter durchaus amüsant zu lesen; eine Geschichte dreht sich etwa um den Diebstahl einer drei Kilogramm schweren Wurst aus der Küche des Dorfpfarrers.

In mehreren Sammelhandschriften wurden literarische Texte verschiedener Genres (Prosastücke, Gedichte, Lieder, Schauspiele, Briefgedichte, Sprichwörter, Gebete), größtenteils religiösen Inhalts, kompiliert, während in zwei Exzerptsammlungen Zitate, Sprüche und Inschriften aus der europäischen Literatur von der Antike bis in die Neuzeit alphabetisch angeordnet wurden. Darüber hinaus enthält der Handschriftenbestand auch drei Schriften metaliterarischen bzw. literaturtheoretischen Charakters – ein rhetorisches Handbuch, einen Literaturkommentar und eine Buchkritik.

Naturwissenschaftliche Lehre im heutigen Sinne und eigenständige Forschung auf diesem Gebiet wurde in den frühen Jahrhunderten der Neuzeit im Tiroler Raum weder an Klöstern noch an Schulen betrieben. Fragen der Naturbeobachtung wurden zunächst im Rahmen der als *Physik* bezeichneten Teildisziplin des Philosophiestudiums auf Basis aristotelischer Lehren diskutiert. Seit naturwissenschaftliche Studien an der Innsbrucker Universität unterrichtet wurden, entstand dort bis zum Ende des 18. Jahrhunderts eine Fülle an einschlägigem Schrifttum in Form von Dissertationen, Aufsätzen, Monographien, Lehrbüchern und Vorlesungsskripten. In deutlich kleinerem Ausmaß wurden ähnliche Werke auch in Klöstern produziert. Im Laufe des 18. Jahrhunderts löste sich die Physik im Geiste der Aufklärung immer stärker von ihren philosophischen Grundlagen, rückte naturwissenschaftlich-technische Stu-

---

[75] Vgl. zur neuzeitlichen Dichtungskultur ebd. 299–300 und KORENJAK u. a., Tyrolis Latina (wie Anm. 22) 397, 621, 655, 661, 918.

dien und empirisch-experimentelle Methoden in den Vordergrund.[76] In der servitanischen Handschriftensammlung sticht auf diesem Themenfeld die Textgattung des Rechenbuches durch ihre Häufigkeit hervor; daneben finden sich vor allem physikalische Abhandlungen und Kommentare nach Aristoteles, chemische Rezeptbücher (für Färbe- und Putzmittel, Cremes, Tinten, Schießpulver und Handwerksarbeiten) sowie Einzeltraktate zu speziellen Sachthemen wie Bergbau und Geometrie.

Die gelehrte medizinische Literatur des 17. und 18. Jahrhundert basierte hauptsächlich auf den theoretischen Grundlagen der traditionellen Lehren von Galen und Hippokrates, daneben drangen die innovativen Therapieansätze des Paracelsus und im Zuge der Aufklärung auch experimentelle chemisch-physikalische Methoden in das Fach ein. Medizinisches Schrifttum wurde hauptsächlich im höfischen Umfeld und an Universitäten produziert; neben Traktaten und Dissertationen entstanden auch große Mengen ärztlicher Gebrauchsliteratur wie Aufzeichnungen zu Krankengeschichten, Behandlungsversuchen und Therapievorschlägen.[77] Der Großteil der Werke medizinischen Inhalts im Handschriftenbestand der Servitenbibliothek ist praktischer Natur und besteht aus Sammlungen von Anweisungen und Heilmitteln zur Krankheitsbehandlung, die in vielen Fällen neben einer bunten Mischung aus Kochrezepten und chemischen Anleitungen stehen. Daneben finden wir einige thematisch spezialisierte Werke über medizinische Fachthemen wie Entbindung oder Fieber.

Aus dem Bereich geographischer und ethnographischer Studien, die meist im Rahmen umfassenderer historischer Darstellungen betrieben wurden, stammen im handschriftlichen Servitenbestand vor allem diverse Länderbeschreibungen, in denen Gebiete, Orte oder Kulturkreise in Hinblick auf geographische, demographische, historische, politische, wirtschaftliche, kulturelle und naturräumliche Gegebenheiten vorgestellt werden. Dabei geht es um Regionen Österreichs, aber auch um Bosnien, Venedig oder den Kontinent Afrika. Auch aus Reiseberichten erfahren wir Aufschlussreiches über die besuchten Länder und deren Kulturen: Die Handschriftensammlung beinhaltet sowohl Schilderungen von Reisen durch europäische Länder wie Italien, Frankreich und Spanien als auch Beschreibungen einer Pilgerreise nach Jerusalem, einer Missionsreise durch Asien und Afrika und eines Aufenthalts im Sultanspalast von Konstantinopel. Zudem ist ein Teil eines gedruckten Atlas mit Karten von Mitteleuropa aus ungeklärten Gründen zwischen die unsignierten Handschriften des Servitenbestandes geraten, obwohl er eigentlich in die Druck-Abteilung der Bibliothek zu gehören scheint. Bildeten diese Karten vielleicht einst einen Abschnitt oder die Beilage eines handgeschriebenen Werkes – oder handelt es sich lediglich um eine versehentliche Verstellung?

Neben den Gymnasien und der Universität betrieben im 17. Jahrhundert auch einige Klöster in Tirol schulphilosophische Studien scholastisch-aristotelischer Prägung. An diesen Einrichtungen entstand eine Fülle philosophischer Literatur, am häufigsten in Form von Disputationsschriften, aber auch von Traktaten und Lehrmaterial, jeweils eingeteilt in die Teildisziplinen Logik, Physik und Metaphysik

---

[76] Zum naturwissenschaftlichen Schrifttum der Epoche vgl. Korenjak u. a., Tyrolis Latina (wie Anm. 22) 545–555, 833–837, 1022–1026.
[77] Zur medizinischen Literatur der Zeit vgl. ebd. 565, 581, 862.

(wobei häufig auch theologische Fragestellungen miterörtert wurden). Im Laufe des 18. und 19. Jahrhunderts verlor angesichts des aufklärerischen Nützlichkeitsethos und des naturwissenschaftlichen Fortschritts die Beschäftigung mit philosophischen Fragen an Bedeutung und wurde im Bildungswesen institutionell zurückgedrängt.[78] Nur einige wenige Werke im Handschriftenbestand der Servitenbibliothek beschäftigen sich mit philosophischen Fragen, darunter mehrbändige einführende Überblickswerke sowie Skripten aus dem Lehrbetrieb.

Der Sprach- und Literaturunterricht nahm seit dem 18. Jahrhundert, einer Epoche aufblühender Universitäten, neu geschaffener Lehreinrichtungen und auch von staatlicher Seite intensivierter Bildungsbestrebungen in Tirol, eine zentrale Rolle im Schulwesen ein. Aus dieser und der folgenden Zeit ist uns daher auffällig viel einschlägiges Material erhalten, das von Grundlagenabhandlungen über sprachdidaktische Traktate, Lektüretexte und Lexika bis hin zu Schülerheften und Lehrskripten reicht und sowohl der theoretischen Sprachanalyse als auch praktischen Übungen gewidmet ist.[79] In diesem Kontext scheinen einige Bücher der Signaturengruppe *M* aus dem 19. Jahrhundert als Übungshefte zum Erlernen der italienischen und/oder französischen Sprache fungiert zu haben. Sie enthalten neben grammatikalischen Erklärungen und Sprachübungen auch Listen von Vokabeln, sprachlichen Wendungen und Redensarten, Synonymen, irregulären Verben und Worterklärungen, daneben Übersetzungsbeispiele und Abschriften fremdsprachlicher Texte aus Literatur oder Zeitungen (etwa eine Zitatsammlung aus Boccaccio oder eine gekürzte und abgewandelte Abschrift eines Romans von Sébastien Mercier aus dem Jahr 1771, der bemerkenswerten utopischen Zukunftsvision *L'An 2440, rêve s'il en fut jamais*) – der Prozess des Kopierens dieser Texte sollte wohl ebenfalls dem Festigen der Sprachkenntnisse dienen.

Dank der fortschreitenden Kodifikation und Systematisierung vieler Rechtsbereiche, dem Ausbau von Verwaltungsapparat und Gerichtspraxis und der Zunahme juristischer Gelehrsamkeit durch die Gründung der Innsbrucker Rechtsfakultät lässt sich im 17. und 18. Jahrhundert ein Aufschwung im Bereich des juristischen Schrifttums konstatieren. Obwohl die Basis des juristischen Systems stets das römische Recht blieb, wurden im Laufe der Zeit zunehmend auch lokale Gesetzestraditionen darin integriert. Auf dem Feld der Rechtstheorie entstanden Lehrbücher, Kommentare und Nachschlagewerke sowie Monographien über spezielle Rechtsfragen. Die Handschriftensammlung des Servitenklosters bietet in diesem Bereich Abhandlungen über lokale Rechtsordnungen und Besitzrecht. Zusätzlich brachte die Rechtspraxis Unmengen an Dokumenten in Form von Statuten, Prozessakten, Schriftsätzen, Gerichtsentscheiden und Erlässen hervor. Unter den Servitencodices finden wir in erster Linie Dokumente und Gerichtsentscheide bezüglich strittiger Besitz- und Erbverhältnisse sowie eine Sammlung von Erlässen und Prozessakten.

Einige Codices des servitanischen Handschriftenbestandes befassen sich mit pädagogischen Themen, sowohl in Form theoretischer Reflexionen zu schulischen und geistlichen Lehrmethoden als auch von Lehrplänen und Tätigkeitsaufzeichnungen aus dem Schulalltag. In den Bereich der Numismatik gehören drei Verzeichnisse von antiken Münzen, die nach den Aspekten Material, Abbildung und Zuordnung

---

[78] Zum philosophischen Schrifttum der Neuzeit vgl. ebd. 545–552, 833–837, 1022–1026.
[79] Zu Schrifttum aus dem Sprachunterricht vgl. ebd. 797.

zum jeweiligen Kaiser beschrieben werden. Eines davon dokumentiert explizit, die anderen möglicherweise die hauseigene Münzsammlung, die zu den über Jahrhunderte angesammelten Schätzen der Kunstkammer des Servitenklosters gehörte und deren größter Teil den Wirren und Zerstörungen des Zweiten Weltkriegs zum Opfer gefallen ist.[80] Ebenfalls überliefert sind vier Trauer- bzw. Grabreden auf geistliche Persönlichkeiten. In einigen Codices wurden Sprüche aus verschiedenen gedruckten Emblembüchern gesammelt. Weitere Handschriften widmen sich kabbalistisch-numerologischen Techniken oder leiten zum Gebrauch von Uhrscheiben an. Bei der Servitenhandschrift mit der Signatur B 139 handelt es sich um die Abschrift einer italienisch-lateinischen, angeblich vom jüdischen Ingenieur und Alchemisten Abraham Colorno aus Mantua aus dem Hebräischen übersetzten Version der *Clavicula Salomonis*, eines der am weitesten verbreiteten magischen Handbücher des Mittelalters und der frühen Neuzeit.[81] Das hauptsächlich aus Formeln und Beschwörungen bestehende Buch ist durchzogen von hebräischen Schriftzeichen, Symbolen, kleinen Zeichnungen (z. B. von Engeln und Schwertern) und geometrischen Figuren (z. B. Pentagrammen und Kreisen), die zu rituellen Zwecken eingesetzt wurden. Einige Sammelhandschriften wiederum weisen eine derart starke inhaltliche Durchmischung auf, dass die Zuweisung zu einem Themenfeld nicht möglich ist. In vielen dieser Fälle handelt es sich um jahrelang angesammeltes Schriftgut, das die diversen Interessen und Tätigkeitsbereiche von Ordensgeistlichen widerspiegelt, wie Weiterbildung in religiösen und weltlichen Wissensbereichen, Reflexion und Gebet, alltägliches Klosterleben, Briefkorrespondenzen, Prediger- und Seelsorgepflichten, Sprachstudium und poetische Ambitionen.

4. Vergleich mittelalterlicher und neuzeitlicher Handschriften

Abschließend sollen in einem vergleichenden Resümee einige tendenzielle Unterschiede zwischen den Manuskripten mittelalterlichen Charakters und den neuzeitlichen Codices thematisiert werden, auch wenn diese nicht allzu groß sind und sich die beiden Gruppen bezüglich der meisten Parameter stark ähneln. In den entsprechenden Abschnitten bereits besprochen wurden die charakteristischen Differenzen bezüglich einiger äußerlicher kodikologischer Eigenschaften: Die älteren Handschriften weisen aufwändigere Einbände, sehr viel mehr Buchschmuck und tendenziell größere Formate auf als die meist schlichteren neuzeitlichen Gebrauchshandschrif-

---

[80] Der Titel von o. S. 115 lautet: *Descriptio numorum veterum, qui asservantur in Musaeo experimentali conventus ad S. Iosephum Oeniponti*. Zur Kunstkammer des Servitenklosters vgl. Trapp, Kunstkammer (wie Anm. 9). Zum Münzkatalog I a 67 von der Hand Anton Roschmanns vgl. Lav Šubarić, Disiecta membra polyhistoris. Inventar der Streuüberlieferung von Roschmanns Schriften als Ergänzung zu Auers Roschmannica-Katalog, in: Müller/Schaffenrath, Anton Roschmann (wie Anm. 55) 25–34, hier besonders 29.

[81] Basierend auf diversen König Salomon zugeschriebenen Schriften zirkulierte das Werk seit dem 14. Jahrhundert in verschiedenen Versionen in zahlreichen Textzeugen in Europa und wurde mehrfach überarbeitet. Die vorliegende Version entstand gegen Ende des 16. Jahrhunderts und entwickelte sich zur Standardfassung. Vgl. Federico Barbierato, Writing, Reading, Writing. Scribal Culture and Magical Texts in Early Modern Venice, in: Italian Studies 66 (2011) Heft 2, 263–276, hier besonders 266–267.

ten; es gibt einen höheren Anteil an Pergamentbenutzung, während bei den Codices jüngeren Alters verstärkt Vermischungen mit gedrucktem Material zu verzeichnen sind; auf sprachlicher Ebene lässt sich eine Zunahme von nicht-lateinischen Texten im Laufe der Zeit erkennen. In Bezug auf die Inhalte finden wir eine sehr ähnliche Themenverteilung vor, wobei sich dennoch leicht unterschiedliche Tendenzen konstatieren lassen. Der grundlegende Wandel der Art und Weise sowie des Umfangs der Buchproduktion im Laufe der Zeit spiegelt sich auch im Handschriftenbestand des Servitenklosters wider: Der mittelalterliche Teil der Sammlung bezeugt die zu jener Zeit vorherrschende Praxis, ein im Vergleich zur späteren Masse an Literatur überschaubares Repertoire an bekannten Texten wieder und wieder zu kopieren. Die nachträglich erworbenen älteren Codices der Bibliothek beinhalten hauptsächlich Abschriften von Texten antiker oder mittelalterlicher Gelehrter und erschöpfen sich in wenigen, vornehmlich theologisch-liturgischen Textgattungen und Standardwerken. Der Fokus lag nicht so sehr auf der Produktion neuer und vielfältiger Literatur, als vielmehr auf dem Bewahren, Tradieren und gegebenenfalls Anpassen überlieferter Texte. Die Tatsache, dass die mittelalterlichen Bücher in der Gesamtmenge des Bibliotheksbestandes nur einen relativ geringen Anteil ausmachen, liegt darin begründet, dass in dieser Epoche aufgrund des eingeschränkten Zugangs zu Bildung und der Kostspieligkeit der Materialien im Vergleich zu späteren Zeiten nur eine sehr geringe Menge an Büchern produziert wurde. Mit der rasanten Ausbreitung von Bildung, Schriftkultur und Buchdruck zu Beginn der Neuzeit explodierte das Schriftgut sowohl quantitativ als auch qualitativ in Bezug auf die Vielfalt an Themen und Texten. Im Gegensatz zur bescheidenen Menge an Abschriften einer überschaubaren Auswahl von theologischen Traktaten religiöser Autoritäten, die an mittelalterlichem Buchbestand erworben worden waren, zeugt der neuzeitliche Handschriftenbestand der Servitenbibliothek von der Produktion von Abschriften eines immer größer werdenden Repertoriums an Texten und Büchern und einer neuen Schreibkultur breiteren, individuelleren Charakters: Neben der Erstellung von Abschriften und Kompilationen mit theologischer Thematik notierten die Geistlichen (die meist anonym bleiben) zur privaten geistigen Meditation religiöse Betrachtungen und moralische Gedanken, schrieben Klosterregeln und alltägliche Informationen nieder, betrieben Sprachübungen und stellten liturgische oder seelsorgerische Anleitungen zum praktischen Gebrauch zusammen. Darüber hinaus lässt sich beim Vergleich zwischen den mittelalterlichen und den neuzeitlichen Handschriften des Bestandes eine leicht unterschiedliche Schwerpunktverteilung der Themenbereiche konstatieren: Die Auswertung ergab – eigentlich überraschend angesichts der Bedeutungszunahme wissenschaftlicher Weltbilder und der Wissenszuwächse in zahlreichen nichttheologischen Disziplinen im Zeitalter der Aufklärung –, dass der Anteil an nicht-theologischem Schrifttum im Vergleich zu religions- und ordensbezogener Literatur bei den Handschriften des 17.–20. Jahrhunderts sogar um einige Prozentpunkte niedriger ausfällt als bei jenen des 15. und 16. Jahrhunderts. Diese unerwartete Proportionenverschiebung lässt sich dadurch erklären, dass jenes praktische Schrifttum mit Bezug zum Klosteralltag, das in späteren Epochen in so großem Ausmaß produziert wurde, unter den älteren Handschriften weitgehend fehlt – gerade auch weil diese Bücher aus einer Zeit vor dem Bestehen des Innsbrucker Servitenklosters stammen. Außerdem ist bei den älteren Manuskripten ein höherer Anteil naturwissenschaftlich-medizinischer Handschriften zu beobachten, während bei den Werken jüngeren Alters eine Diversifizierung der nicht-theologischen Themenbereiche zu konstatieren ist und Schriften aus den Bereichen Literatur sowie Geographie/Ethnographie/Reiseliteratur im Verhältnis zunehmen – Letzteres offensichtlich eine erwartbare Reflexion des allgemein erweiterten Horizonts durch vermehrte Reisetätigkeit und die Entdeckung neuer Weltgegenden. Die neu gewonnenen Erkenntnisse der regen Forschungs- und Entdeckungstätigkeiten dieser Zeit flossen durch den Erwerb einschlägiger Bücher vermehrt auch in die Ausbildung von Geistlichen ein. Der Anteil an historischer und philosophischer Literatur bleibt im Vergleich zwischen den Epochen stabil, während jener des juristischen Schrifttums mit der Zeit abnimmt. Ebenfalls nicht überraschend ist angesichts der thematischen Diversifizierung neuzeitlicher Literatur die deutliche Zunahme an vermischten weiteren Themenfeldern.

5. Ausblick

Der interessante und vielfältige Bestand der Historischen Bibliothek des Innsbrucker Servitenkonvents lohnt also durchaus weitere Forschungsbemühungen. Als Grundlage für die weitere Erschließung bleibt dabei selbstverständlich die Fertigstellung und Publikation des geplanten ausführlichen Katalogs der Handschriften des 15. und 16. Jahrhunderts ein Desiderat. Ebenso erstrebenswert wäre die Veröffentlichung eines vollständigen Verzeichnisses von Kurzkatalogisaten zu den neuzeitlichen Manuskripten auf Basis der von mir erstellten Liste, zu deren notwendiger Überarbeitung und Vereinheitlichung bisher die Ressourcen fehlen. Bis derartige wünschenswerte Untersuchungen realisiert werden können, soll mit dem vorliegenden Artikel und der Tabelle im Anhang ein erster überblicksmäßiger Einblick in die Handschriftensammlung der Innsbrucker Servitenbibliothek ermöglicht werden. Sowohl dieser Aufsatz als auch die vorläufige Katalogisatsliste können einen nützlichen Ausgangspunkt für weitere, tiefergehende Erschließung und Erforschung des Bestandes bilden. Wissenschaftliche Analysen der Servitenbibliothek könnten wichtige Beiträge und Einsichten zur Ordens-, Buch- und Bibliotheksgeschichte, zur geistlichen und monastischen Schriftkultur sowie zu vielerlei der in den einzelnen Büchern behandelten Sachthemen liefern.

Anhang: Liste mit Handschriftenbeispielen nach Themenfeldern[82]

Texttyp	Signatur(en)	Inhalt
Theologie		
Überblickswerke	I a 63, M 135	Christliche Theologie im Allgemeinen
	M 132, M 207–209	Dogmatik (eingeteilt in Bereiche wie Offenbarung, Wissen und Glauben, Dreifaltigkeit, göttliche Gnade, Schöpfung)
	o. S. 95–97	Fundamentaltheologie
Nachschlagewerke	B 96, M 182, M 186	Erklärungen vermischter theologischer und moralischer Begriffe, mit alphabetischen Registern
Marianische Literatur	I a 17	Reflexionen über die Gnaden Mariens
	B 83	Lob der Tugenden Mariens
	B 232a, o. S. 37, o. S. 110	Reflexionen über die Schmerzen Mariens
	M 83	Kalendarische Aufstellung von Marienfesten, -erscheinungen und -wundern zum feierlichen Gedenken
Fachtraktate zu Einzelthemen	B 209, M 97, M 163	Das Mysterium der Menschwerdung Gottes
	M 96	Die Engel, das Wesen Gottes, das menschliche Verhalten
	M 98	Die *Loci Theologici*
	M 99	Das Grab Jesu
	M 128	Die Dreifaltigkeit
	M 141	Die *Loci Theologici*, die *wahre Religion*, die theologischen Tugenden, Tod und Jenseits
	M 144, M 209, M 201	Die Sakramente
	M 147	Das menschliche Verhalten
	M 148	Die theologischen Tugenden
	M 149	Tod und Jenseits, Tugenden, Beichtsakrament
	M 154	Stark gemischt, u. a. Vorbemerkungen zur Bibel, Abhandlungen über das Wort Gottes, die Dreifaltigkeit und die göttliche Gnade
	o. S. 34	Die Gnade Christi

---

[82] Die Einträge zu den einzelnen Abschnitten werden jeweils nach aufsteigenden Nummern innerhalb der chronologisch geordneten Signaturengruppen gereiht. Weil die Daten zum Handschriftenbestand bisher nur unvollständig vorliegen und um die Tabelle übersichtlich zu halten, werden viele Angaben nur sporadisch je nach Relevanz und Verfügbarkeit gegeben: Titel werden genannt, wenn sie besonders interessant, poetisch oder vielsagend anmuten; Quellen und Vorlagen werden bei besonders bekannten Werken und bei klaren Überlieferungsverhältnissen angegeben; auf Autorenangaben wird in Fällen genuiner Literaturproduktion Wert gelegt sowie dort, wo gemischte Textsammlungen nur durch die Person ihres Kompilators als Einheit zu erkennen sind; Angaben zur Sprache des Werks werden nur im Bereich literarischer Erzeugnisse und der Linguistik gemacht; Datierungen der Bücher sind vor allem bei Werken historischen Inhalts relevant; weitere gemischte Zusatzinformationen (z. B. zu Widmung, Zweck, Überlieferungsgeschichte) werden vereinzelt gegeben, wenn vorhanden und von Interesse.

Moraltheologie		
Überblicks-werke	I a 7–8, B 36, B 78, M 76–77, M 136, o. S. 17	Moraltheologische Grundthemen wie Tugend, Laster, Recht und Gerechtigkeit
Fachtraktate zu Einzel-themen	B 39	Das Gewissen
	B 40	Die göttliche Natur der Moralgesetze; die Zulässigkeit der Lüge in bestimmten Kontexten
	B 85	Das Ausmerzen von Sünden
	B 94	Die moralische Dimension des Vaterunsers
	M 202	Die theologischen Tugenden, Religion und Laster, göttliche Gerechtigkeit, Wiedergutmachung
	M 299	Die Nächstenliebe
	o. S. 24	Geistige Übung gegen die Vorverurteilung des Nächsten
Exegetische Texte	B 3	Kommentar zu einem Traktat Thomas von Aquins
	M 82	Interpretations- und Verständnishilfe zur Bibel
	M 124	Exegese von Psalmen
Geistige Übungen zur Andacht, Meditation und moralischen Ausbildung		
Andachts-übungen zu vermischten religiös-moralischen Themen	I a 12, 13, 18	Ausgelegt auf die Tage des Monats, Anna Caterina Gonzaga gewidmet
	B 20, B 29–32, B 35, B 41–42, B 189, M 70, M 79	Ausgelegt auf die Tage des Jahres
	B 10, 69, 70	*Psalter zechen Seiten / Psalterium decemchordarum*, allgemeine Übungen ohne speziellen Zeitplan
	B 19	*Gerader himmels Weeg*, ausgelegt auf die Monate des Jahres
	B 90	Für Laienbrüder, ausgelegt auf drei Tage
	M 87	Zur Stärkung des Geistes, ausgelegt auf drei Tage
Andachts-übungen zu bestimmten Themen	I a 17	Tägliche Andacht über die Gnaden Mariens
	B 76	Zur Geburt Christi
	B 80, M 44, o. S. 90	Osterandacht über die Schmerzen Mariens
	B 82	Zum Verhältnis des Menschen mit seinem Schutzengel
	B 87	Zur Himmelfahrt Mariens
	B 91, o. S. 26, o. S. 49–51	Zur Passion Christi

Moralische Übungen	I a 2	Anleitungen zur Gewissensbefragung
	I a 2, I a 30, B 83	Moralische Nachahmung der Stiftsgründerin Anna Caterina Gonzaga
	B 97	Übungen zur Selbstreflexion
	B 169	Unterweisung zu Gebet, Andacht und Tugendübungen
	B 171	Tugendübungen
	B 207	moralisch-religiöse Verhaltensanleitungen zum Kampf gegen die Sünde, zur Gewissenserforschung, zum Verrichten guter Werke, zur rechten Art des Betens und Lesens
	M 7	Anleitung zur Läuterung von Sünden anhand von Bußpsalmen
Gemischte moralische und Andachtsübungen	I a 1	Anleitungen für Heiligengebete, marianische Andachtsübungen für den Rosenkranz, gedankliche Unterredungen mit Gott und Jesus, moralische Überlegungen nach den Lehren des hl. Augustinus
	B 93	Überlegungen zum Vaterunser, Andachtsübungen zum Altarsgeheimnis und zum Leiden Jesu für die Fastenzeit, Betrachtungen über den Josefitag, Unterweisungen zum Sakrament der Buße, Tugendanleitungen in der Nachfolge Marias und der Engel, Regeln fürs Klosterleben
Predigt		
Predigtbücher gemischten Inhalts	B 210, M 169, M 213, M 271–272, o. S. 61–78	Gesammelte Sonn- und Festtagspredigten gemischten Inhalts
Predigtbücher zu bestimmten Themenfeldern oder Anlässen	M 204	Zur Gottesmutter Maria
	M 263	Zu Festen mit Jesus-Bezug
	o. S. 47	Zur Passion Christi in der Fastenzeit
	o. S. 54	Missionspredigten
Gebet		
Gebetsbücher	B 86, B 194, B 207a, M 65, o. S. 120	Sammlungen von Gebeten für Tageszeiten, Messe, Kommunion, Sakramente, Lob, Bitte und Fürbitte
Hymnenbücher	I a 3–4, o. S. 36	Sammlungen von Hymnen
Mit anderen Textsorten vermischte Gebetsbücher	o. S. 9	Abhandlung über das Wirken des hl. Joseph, Anleitungen zu seiner Anrufung und Verehrung
	o. S. 104	Mess-, Beicht- und Kommunionsgebete, Andachtsübungen für Jesus- und Marienfeste

Liturgie / Ritus		
Liturgische Bücher für das Kirchenjahr	M 167	Sammlung liturgischer Formeln und Texte für das Kirchenjahr
	o. S. 114	Tagebuch über die Kirchenfeste und deren liturgischen Ablauf
	o. S. 118, 119	Anleitungen, Vorlagen und Hilfsmittel zur Erstellung der liturgischen Ordnung für das Kirchenjahr
Liturgische Bücher für bestimmte Feste, Kirchen oder Akte	B 12, 136	Prozessionale (Sammlung von Prozessionsgesängen) mit musikalischen Notationen
	B 73	Formeln zur Kerzenweihe
	M 85	Benediktionale (Sammlung von Segnungen u. Exorzismen)
	M 188	Gottesdienstordnung für die Innsbrucker Servitenkirche
	M 205	Zeremoniale für Privatmessen
Anleitungen und Textsammlungen für die Seelsorge	B 71–73, B 89, B 168, M 63, M 156	Richtlinien für den Umgang mit Sterbenden und Kranken inklusive passender Gebets- und Benediktionsformeln
	M 67, 86, 172, 183	Leitfäden für die Vorgangsweise beim Ablegen und Abnehmen der Beichte
	M 71	Allgemeine Anleitungen zum Umgang mit Gläubigen
	M 86	Regeln für die Beichte, Bestattungs- und Sakramentsriten
	M 322, o. S. 19, M 38–38a	Beschwörungen, Segnungen und Exorzismen im Kampf gegen Teufel und Dämonen
Ordensliteratur		
Allgemeine Verhaltensanleitungen	B 52, M 36	Moralische Unterweisung für ein tugendhaftes und gottgefälliges Leben
Verhaltensanleitungen für das Leben im Servitenkloster	I a 22, I a 48–50, B 4, B 45, B 51, B 205–206, B 185–187, M 84, M 88, M 171, M 175, o. S. 1, o. S. 16 und o. S. 32	Verhaltens- und Lebensregeln für Ordensgeistliche
	I a 28	Verhaltensregeln für das servitanische Frauenkloster in Innsbruck, verfasst von der Stiftsgründerin Gonzaga höchstpersönlich
	B 74, M 122, o. S. 20, o. S. 28	Abhandlungen und Verhaltensanleitungen für die Ordensoberen betreffend Leitung, Lehre und Aufsicht
	B 98, B 146, M 173, M 180, M 301	Ausbildung und Unterweisung der Laienbrüder, auch in ihre praktischen Aufgaben als Messner, Handwerker und Haushaltsführende
	o. S. 28	Verschiedene Abhandlungen, Notizen und Exzerptsammlungen, zum größten Teil betreffend das Verhalten von Ordensangehörigen und die Aufsichtspflichten von leitenden Kirchen- und Ordensfunktionären
	o. S. 102	Traktat über das *heilige Stillschweigen* im Ordensalltag

Verhaltens-anleitungen anderer Orden	B 23, M 185, M 300	Die Augustinusregel und deren praktische Auslegung
	B 38	Regelwerk der Jesuiten
	B 193	Texte verschiedener religiöser Autoritäten betreffend die Unterweisung von Novizen im Sinne der Augustinusregel, moralische Anleitungen eines Dominikanergeistlichen
	o. S. 105	Statuten, Dekrete und liturgische Vorgaben des Malteserordens
Ordens-geschichte	I a 57, B 230	Annalen des Servitenordens bis ins 17. Jahrhundert
	o. S. 2, 30	Gründungsgeschichte des Servitenordens
Kloster-geschichte	o. S. 57	Ereignisse im servitanischen Regelhaus in Innsbruck Mitte des 17. Jahrhunderts
	o. S. 93	Geschichte des Servitenklosters in Langegg bis Ende des 18. Jahrhunderts
Aufzeichnun-gen aus dem Klosteralltag	M 323	Dokumente zum Armen- und Almosenwesen
	o. S. 46	Bibliographie von Büchern mit Servitenbezug
	o. S. 87, 114	Tagebücher von Geistlichen, betreffend die Abläufe im Kloster
	o. S. 112	Notizensammlung von Leopold von Mungenast: Ablaufpläne von Festtagen und Messen, Ereignisberichte aus dem Kloster, Inventar- und Bücherlisten, Notizen zu Maler- und Restaurationstätigkeiten und Listen von Künstlerbedarf, daneben theologische Texte, Gebete, Predigten
	o. S. 86	Notizensammlung von Bruder Melchior Maria: Einträge über den Tagesablauf im Kloster, Richtlinien für das Klosterleben, daneben geistige Übungen, theologisch-moralische Betrachtungen, religiöse Legenden, Literatur-hinweise
Briefe und Briefvorlagen	o. S. 18	Briefe bezüglich Ordensangelegenheiten
	o. S. 22, 23	Briefvorlagen bezüglich administrativer und seelsorge-rischer Kloster- und Kirchenangelegenheiten, zwischen Geistlichen oder an weltliche Machthaber, teils mit Namen, Daten und Inhalten befüllt, teils als Muster mit Platzhaltern
Kirchenrecht / kirchliche Organisation		
Abhand-lungen und Erlässe über kirchenrecht-liche Fragen	o. S. 8	Dekrete über die Regeln für Heilig- und Seligsprechun-gen
	o. S. 31	Abhandlungen und Briefe über die Approbation von Beichtvätern
	o. S. 38	Abhandlungen über die Ordination von Ordensgeist-lichen
	o. S. 45	Sammlung von Briefkopien, Erlässen, Enzykliken und Reden kirchlicher Würdenträger zu Themen des Kirchen-rechts, kirchlicher Organisations- und Machtstrukturen sowie Fragen der Liturgie und der Glaubenspraxis
	o. S. 100, 101	Traktate über Ablass und Absolution

Religiöse Biographien		
Über Mitglieder des Servitenordens	I a 45, B 151	Maria Rosalia Grossi, eine italienische Ordensschwester (2. Hälfte 18. Jahrhundert)
	B 144	Charakterisierung und Lebensbeschreibung von Maria Bernardina, einer Priorin des Innsbrucker Frauenklosters, in Form einer Lobrede (Mitte 18. Jahrhundert)
	o. S. 15	Geschichten hervorragender Ordensmitglieder für jeden Tag des Jahres, jeweils versehen mit Lehrsprüchen des hl. Augustinus
	o. S. 85	Juliana Falconieri, Gründerin des Servitinnenordens (17. Jahrhundert)
Über andere christliche Heilige und Märtyrer	I b 29	Hl. Vinzenz
	I b 45	Sammlung von Märtyrerlegenden
	I a 27, 37	Hl. Maria Crescentia Höss, Kaufbeurer Franziskaner-Oberin (2. Hälfte 18. Jahrhundert)
	B 220	Lebensbild der biblischen Maria Magdalena als Sünderin und Büßerin
	o. S. 94	Lebensbeschreibung einer moralisch vorbildhaften Person zu jedem Januartag
Andere und gemischte religionsbezogene Texte		
Andere religionsbezogene Texte	B 212	Überlegungen über das Pastoralwesen im Zillertal
	M 276	Reflexion mit dem Titel *Meine Gedanken über den Zustand der Religion in unseren Ländern*
	o. S. 5	Texte über die Kontroverse bezüglich des Besitzes von Privateigentum bei Ordensgeistlichen
	o. S. 111	Wundererzählungen aus Maria Waldrast
Kompilationen gemischter religionsbezogener Texte	I a 66	Traktate und Dramen
	B 7	Geistige Übungen, religiöse Überlegungen, Gebete, liturgische Formeln, Kalender
	B 83	Lob der Tugenden Mariens und der Stiftsgründerin, Andachtsübungen und Tagzeitengebet auf das Herz Jesu, Gedanken über die Menschwerdung Gottes für die Adventszeit
	o. S. 23	Religiöse Traktate, Gedanken für die täglichen Stundengebete, moralische Betrachtungen, Predigten, Fragen des Klosterlebens, Briefvorlagen
	o. S. 37	Betrachtung der Sieben Schmerzen Mariens mit Zusatz zu Geschichte, Regelwerk und liturgischer Ordnung des Servitenordens
	o. S. 42	Predigten, Texte aus der Seelsorge, Ordens- und Kirchengeschichte, Gratulationsschreiben zur Primiz
	o. S. 88	Texte über theologisch-moralische Themen und das Ordensleben, Bibelexegesen, Gebete, religiöse Legenden

Geschichte/Politik		
Lokalgeschichte	I b 57	*Tiroler Adler*, geographisch-historisch-politische Beschreibung der Grafschaft Tirol von Matthias Burglechner (1642)
	I b 58	Darstellung der Tiroler Geschichte von Maximilian von Mohr (17. Jahrhundert)
	B 238–239	historische Darstellung des Bistums Chur in Graubünden (welchem Teile Tirols angehörten) (1846)
Altertumskunde	I b 63	Darstellung des Transport- und Postwesens der Römer und dessen Spuren im Tiroler Raum von Anton Roschmann (1755)
	I a 55	Biographie von Kaiser Julian Apostata
Genealogie	I b 48	Stammtafel der Habsburger Herrscher von Rudolf I. bis Ferdinand II. (über den Zeitraum 1273–1630) von Leonhard Wurfbain (1630)
Zeitgeschichte	B 37	deutsche Übersetzung der französischen Verfassung von 1789–91
	B 143	Berichte über die europaweiten Kämpfe und Verhandlungen mit den Franzosen (ital., 1813)
	B 152	Bericht über die spanische Eroberung Neapels 1734
	M 281	Genealogie von Napoleon Bonaparte und seiner Familie bis ins erste Viertel des 19. Jahrhunderts
	M 282	Beschreibung der Ereignisse vom Aachener Frieden 1748 bis zum Beginn des Siebenjährigen Krieges 1756
	o. S. 108	Antwort eines Tiroler Patrioten auf ein an das Tiroler Volk gerichtetes Manifest Napoleons (1796)
Politische Briefkorrespondenz	M 278	Korrespondenz zwischen Papst Pius VI. und Kaiser Joseph II. betreffend die Enteignungen kirchlicher Einrichtungen (1782)
	o. S. 7	Schreiben verschiedener Tiroler Institutionen an Kaiserin Maria Theresia mit diversen politischen Anliegen (1776)
	o. S. 107	Antwortschreiben von Kaiser Leopold II. auf Ansuchen und Beschwerden des Landes Tirol (1791)
Politik	I b 59	Protokolle diverser Tiroler Landtage 1501–63
	I b 61	*Allgemeine Staatslehren*, Abhandlung über die politischen Verhältnisse im deutschsprachigen Raum im ausgehenden 17. Jahrhundert
	B 159	Traktat über die Grundlagen der Politik
Kirchengeschichte	I b 49–51	Berichte über die Ereignisse während der Amtszeit von Papst Clemens XI. (18. Jahrhundert)
	I b 52–55	Sitzungsakten von Kardinalsversammlungen (1. Hälfte 18. Jahrhundert)
	I b 60	Historische Darstellungen und Personallisten des Bistums Brixen (18. Jahrhundert)
	B 11	Abschriften und Paraphrasen von Schreiben und Briefen kirchlicher Würdenträger an weltliche Machthaber (2. Hälfte 18. Jahrhundert)
Militär	I b 21, I a 62	*Artillerie-Bücher*: Erklärungen und Abbildungen zu Feuerwaffen

Literarisches			
Religiöses Drama	I b 36	Komödie über die beliebte Legende des jüdischen Ritualmords am Knaben Anderl von Rinn, mehrmals im Dorf Amras aufgeführt (dt.)[83]	
	B 140	Komödie über die Gottesmutter Maria (dt.)	
	B 142	Schauspiel über die Bekehrung des hl. Johannes Gualbertus (lat.)	
	B 149	Schauspiel über Hiob (dt., unvollständig)	
	M 283	Schauspiel über den Eremiten Philotheus (lat.)	
	o. S. 44	Schauspiel über die Passion Christi (dt.)	
	B 150	gemischte Komödien und Tragödien über religiöse Themen, lyrische Ode auf einen Lyzeums-Schüler (lat./dt.)	
Historisches Drama	I a 46	Tragödie über Ereignisse rund um den kastilischen König Sancho II., im Zisterzienserkloster Stams aufgeführt (lat.).	
Dichtung	B 141	*Nachklänge aus Gschnon*, Gedichtsammlung des Gymnasiumsschülers Franz Andreas Solderer (dt.)	
	M 303	historisch-politische Erzählungen rund um das Habsburgerreich in Versform (dt.)	
	o. S. 43	Zusammenstellung von lose überlieferten Lobes- und Gratulationsgedichten zu feierlichen Anlässen im Kloster mitsamt einer literaturtheoretischen Abhandlung (lat./dt./ital., aus drei Jahrhunderten)	
	o. S. 98	Sammlung von Gelegenheitsgedichten von Johann Alex Mayr über religiöse, moralische, gesellschaftliche, zeitgeschichtliche Stoffe, daneben anlassbezogene Trauer-, Spott- und Lobeslieder im Klosterkontext (dt.)	
Prosa	B 14	*Einfältige Kurzweil*, Sammlung erbaulicher Geschichten (dt.)	
	o. S. 40	Sammlung frömmelnd-erbaulicher Alltagsgeschichten von Berta Mutschlechner (dt.)	
Literarische Sammelhandschriften	I a 58	Gedichte, Lieder, Auslegungen von Sprichwörtern, religiöse Paränesen (lat.)	
	B 13, 43	Sammlung religiöser Gedichte und Gebete (lat. bzw. dt.)	
	M 46, 73	Exzerptsammlungen mit Zitaten, Sprüchen und Inschriften aus der europäischen Literatur von der Antike bis in die Neuzeit, weltlichen wie religiösen Inhalts, alphabetisch geordnet (dt./lat.)	
	o. S. 53	Sammlung von literarischen Texten verschiedener Schreiber und Genres (Prosastücke, Gedichte, Lieder, Schauspiele, Briefgedichte), meist religiösen Inhalts (lat./dt.)	

---

[83] Die Servitenhandschrift I b 36 wird in Schretter-Picker u. a., Barocke Buchkultur (wie Anm. 22) 301 erwähnt, die Entstehung der Ritualmordlegende auf Initiative des Hippolyt Guarinoni ebd. 302 und ebenso in Korenjak u. a., Tyrolis Latina (wie Anm. 22) 441–445 nachvollzogen.

Literatur-theorie	B 95	Abhandlung über Deklamation und Mimik anhand von literarischen und rhetorischen Beispieltexten (dt./ital./frz.)
	M 78	Erklärungen zu den Elegien Tibulls für den Unterricht (lat./dt.)
	o. S. 106	Brief eines ehemaligen Schülers an seinen Professor bezüglich einer Buchkritik (dt.)
Mathematik/Naturwissenschaft		
Rechenbücher	I a 10, I a 24–25, I a 53, B 137	Anleitungen und Übungen zu Grundrechenarten
Physikalische Überblickswerke	I b 35	Kommentar aristotelischer Schriften
	B 102	Traktat auf Basis der *Physik* von Aristoteles
	M 116–117	Überblick über die Grundlagen der Physik
Fachtraktate zu Einzelthemen	I b 62	Sammelhandschrift zu astronomischen und geometrischen Fragen
	B 101	Bergbauliche Schrift über Stollentiefen, v. a. Tabellen
	M 18	Traktat zur Berechnung von Geldangelegenheiten
	M 206	Anleitung zum geometrischen Zeichnen mit großformatigen Musterzeichnungen
Medizin		
Medizinische Handbücher	B 156, M 21–23, M 59, M 60, o. S. 29, o. S. 82, o. S. 91	Sammlungen von Therapieanweisungen, Heilmitteln, Arzneirezepten und Diätvorschriften zur Behandlung von Krankheiten
Gemischte Rezeptbücher	M 27, 39, 43, 61, 64, 123, 275[84]	Sammlung von medizinischen Anleitungen (s. voriger Abschnitt), Kochrezepten für Speisen und Getränke, chemischen Anleitungen für die Herstellung und Anwendung von Färbemitteln, Putzmitteln, Leimen, Cremes, Tinten und Schießpulver sowie für Metallarbeiten und zur Materialbearbeitung
Fachtraktate zu Einzelthemen	B 8	*Embriologiae sacrae compendium* von Francesco Emanuele Cangiamilla über theologische Fragen im Kontext des Gebärens
	B 21	*Liber de febribus* von Gaudentius de Sala
	M 41	Abhandlung über Krankheiten, Todesursachen und -symptome
	M 43	Abhandlung über Eigenschaften und Heilkräfte des Eschbaums

---

[84] Das *Koch, Haus und Arzney-Buch* mit der Signatur M 275 von Johannes Georg Marquard aus dem Jahr 1732 wird erwähnt in SCHRETTER-PICKER u. a., Barocke Buchkultur (wie Anm. 22) 298.

Geographie/Ethnographie		
Länder-, Regionen- und Städte-beschreibungen	I a 36	Geographie, Geschichte, Architektur und Kultur Venedigs (1664)
	I a 43, o. S. 6	Geographie, Bevölkerung, Natur, Geschichte, Kultur und Politik Tirols (18. Jahrhundert)
	B 221	Geographie, Geschichte und Gesellschaft Bosniens
	M 4	Geographie, Bevölkerung, Geschichte, Ökonomie und Kultur von Tirol, Vorarlberg, Steiermark und Kärnten bis Ende 18. Jahrhundert
	M 5	Geographie, Bevölkerung, Geschichte, Ökonomie und Kultur (vor allem Nord-)Afrikas
Reise-berichte	I b 40	Pilgerreise nach Jerusalem (1561)
	I b 42	Reise Adam Hochreiters durch Italien, Frankreich und Spanien (1578–95)[85]
	I a 11	Beschreibung des Palastlebens unter dem türkischen Sultan Ahmed I. in Konstantinopel aus der Sicht des venezianischen Gesandten Ottavio Bon (1604–09)[86]
	I a 44	biographische Schilderungen und Reisebeschreibungen des in Asien und Afrika tätigen jesuitischen Missionars Moritz Thomann (Ende 18./Anfang 19. Jahrhundert)
	B 110, 135	Beschreibung eines Italienbesuches von Philipp Benitius Mayr (1817/1821)
Karto-graphie	o. S. 3	Karl Sohr (Hg.), *Vollständiger Hand Atlas der neueren Erdbeschreibung über alle Theile der Erde in 80 Blättern*, Glogau 1844, daraus v. a. die Karten zu Mitteleuropa und dem deutschsprachigen Raum
Philosophie		
Überblicks-werke	B 214, M 118–119, M 138	Einführungen in die Philosophie, jeweils eingeteilt in Logik und Metaphysik
Unterrichts-materialien	B 18	Vorlesungsmitschrift über die peripatetische Logik
	B 147	Lehrskripten der Religionsphilosophie

---

[85] In einer unveröffentlichten Bachelorarbeit hat sich Maria DÖRING, Das Tagebuch des Adam Hochreiter. Zwischen Reisen und Kunsthandel in der Frühen Neuzeit, Innsbruck 2022, ausführlich mit der Handschrift befasst. Des Weiteren vgl. zu Hochreiters Reisetagebuch, zum Teil mit besonderem Augenmerk auf die darin enthaltene Aquarellzeichnung eines Nashorns, Arturo FARINELLI, Apuntes sobre viajes y viajeros por España y Portugal, Oviedo 1899, 29–30; DERS., Viajes por España y Portugal desde la edad media hasta el siglo XX. Nuevas y antiguas divagaciones bibliográficas, Rom 1942, 314–315; Wilfried SEIPEL (Hg.), Die Entdeckung der Natur. Naturalien in den Kunstkammern des 16. und 17. Jahrhunderts. Eine Ausstellung des Kunsthistorischen Museums Wien, Wien 2006, 122–123; Annemarie JORDAN GSCHWEND / Johannes BELTZ, Elfenbeine aus Ceylon. Luxusgüter für Katharina von Habsburg (1507–1578), Zürich 2010, 150; Annemarie JORDAN GSCHWEND, Treasures for Archduke Ferdinand II of Tyrol. Italy, Portugal, Spain and the Ambras Castle Kunstkammer, in: Archduke Ferdinand II of Austria. A Second-Born Son in Renaissance Europe, hg. von Sylva Dobalová / Jaroslava Hausenblasová, Wien 2021, 431–446, hier besonders 443.

[86] Dieser Text zirkulierte aufgrund des großen politischen Interesses an Türkenfragen in ganz Europa in Form vieler verschiedener Abschriften.

Linguistik		
Italienische Sprachübungen	M 8	Zitate aus Boccaccio, alphabetisch nach Stichwörtern geordnet
	M 52	Italienische Wendungen und Begriffe mit Erklärungen, teilweise thematisch geordnet
Französische Sprachübungen	M 7	Gekürzte und veränderte Version von Louis-Sébastien Mercier, *L'An 2440, rêve s'il en fut jamais*, 1771, Band 1
	M 9	Französische Sprachübungen mit irregulären Verben und Redensarten
	M 40	Französische Sprachübungen mit Begriffserklärungen, Pronomina, Redensarten
	M 50	Französische Wendungen und Begriffe mit Erklärungen, teilweise thematisch geordnet
Italienische und französische Sprachübungen	M 8a	Gekürzte und veränderte Version von Louis-Sébastien Mercier, *L'An 2440, rêve s'il en fut jamais*, 1771, Band 2; französische und italienische Sprachübungen, Grammatikerklärungen und Redensarten
	M 19	Sammlung von französischen und italienischen Worterklärungen, Synonymen, sprachlichen Wendungen und Übersetzungen auf Basis von Zitaten aus Literatur und Zeitschriften
Recht		
Rechtstheorie und Rechtsordnungen	I b 56	Sammlung von österreichischen Gerichtsordnungen und Rechtsnormen
	I a 23	Traktat zur Tiroler Rechtspraxis des Rechtsgelehrten Johann Christoph Fröhlich
	I a 26	Traktat mit Erklärungen der Rechtsgrundlagen für den Grundbesitz
Unterlagen aus der Rechtspraxis	I b 28	Sammlung von Erlässen und Prozessakten: Goldene Bulle Karls IV., Reformatio Sigismundi, Prozessbüchlein[87]
	I a 59	Urteil in der Erbsache von Georg von Welsperg
	B 134	Unterlagen über den Jurisdiktionsstreit bezüglich des Innsbrucker Regelhauses
	M 325	Briefe und Dokumente bezüglich strittiger Erbangelegenheiten und Besitzverhältnisse der Familie Tabarelli
Sonstiges und Gemischtes		
Pädagogik (Theorie)	B 84	*Kurze Übersicht der Pädagogik*
	B 211	Zusammenstellung von Aphorismen über den *Einfluss der heutigen Erziehungs- und Bildungsweise auf die Empfindungen der Zeit*
	M 51	Gedanken zu den Aufgaben und Methoden der religiösen Unterweisung (Katechetik)

---

[87] Die Handschrift wird erwähnt in Heinrich KOLLER (Hg.), Reformation Kaiser Siegmunds (Monumenta Germaniae Historica [MGH]. Staatsschriften des späteren Mittelalters 6), Stuttgart 1964, 38 und Marie-Luise HECKMANN, Zeitnahe Wahrnehmung und internationale Ausstrahlung. Die Goldene Bulle Karls IV. im ausgehenden Mittelalter mit einem Ausblick auf die frühe Neuzeit, in: Die Goldene Bulle. Politik – Wahrnehmung – Rezeption, Band 2 (Berichte und Abhandlungen, Sonderband 12), hg. von Ulrike Hohensee u. a., Berlin 2009, 933–1042, hier besonders 996 (Nr. 56).

Pädagogik (Praxis)	I a 33	Tagebuch eines Innsbrucker Schulleiters
	B 213	Plan über den Religionsunterricht an Gymnasien
Numismatik	I a 67, o. S. 52, o. S. 115	Verzeichnisse antiker Münzen, nach Material, Abbildung und Zuordnung zum jeweiligen Kaiser beschrieben
Trauer- und Grabreden	B 236	Trauer- und Lobrede auf den Servitenpater Alois Ghersi († 1842)
	M 230	Trauerrede auf den Brixner Fürstbischof Ignaz von Spaur († 1779)
	M 280	Grabrede auf den Jesuitengeneral Lorenzo Ricci († 1775)
	o. S. 25	Leichenpredigt für die Servitenschwester Anna Cäcilia Gräfin von Wolkenstein († 1664)
Emblematik	B 190, 191, 192	Sammlung von Sprüchen aus gedruckten Emblembüchern, z. T. vermischt mit theologischen Texten und lexikographisch-enzyklopädischen Erklärungen
Wappenkunde	I b 39	Salzburger Wappenbuch: Aufstellung der Wappen und Lebensdaten Salzburger Bischöfe
Kabbalistik	I a 41	*Saeculum Cabalisticum*, Herstellen von Zusammenhängen zwischen Wörtern/Ereignissen und Zahlen
Magie	B 139	*Clavicula Salomonis* in der Version von Abraham Colorno, Handbuch mit magischen Formeln und Beschwörungen
Zeitbestimmung	o. S. 39	Anleitung zur Bestimmung der Zeit an verschiedenen Orten mithilfe von Uhrscheiben
Stark gemischte Inhalte	I a 9	Sammlung von Sentenzen theologisch-moralischen, weltlichen und astronomischen Inhalts, gefolgt von einer Papstliste
	I a 19	geomantische Weissagungen, astrologische Texte, Sprichwörter, Gedichte und Gebete
	M 68–69	Sammlung von Begriffserläuterungen, vornehmlich zu moralischen Themen in Form von Autorenzitaten, daneben Zeitungsnotizen, Länderbeschreibungen, sprachliche Wendungen und religiöse Gedanken
	o. S. 21	Stapel loser, in Bündel eingeteilter Dokumente von Archangelus M. Benivenius: Themen aus den Bereichen Moral, Philosophie, Theologie, Recht, Rhetorik, Pädagogik, Politik und Medizin werden in Form von Abhandlungen, Exzerpt- und Spruchsammlungen, Briefen und Literaturlisten behandelt; daneben Verhaltensanleitungen, Gebetsverzeichnisse, administrative Dokumente, Predigten
	o. S. 60	historische und theologische Abhandlungen, moralische Anleitungen, Gedichte, Reden, Gesundheits-, Erziehungs- und Haushaltstipps

166 Jahre tirolische Sprachgeschichte in Peru

Wilfried Schabus

1. Einleitung

Die im Titel dieses Beitrags angesprochene *tirolische Sprachgeschichte* vollzog sich ab 1859 in Pozuzo, Hauptort des gleichnamigen Distrikts der Provinz Oxapampa, Departement Pasco, Peru, Südamerika. Die Koordinaten des Dorfes Pozuzo betragen laut Google Earth 10°04' S und 75°33' W, das Ortszentrum liegt ca. 740 Meter über dem Meeresspiegel.

Neben rein sprachwissenschaftlichen Aspekten waren es auch die exotische Lage im peruanischen Regenwald sowie die spektakuläre Gründungsgeschichte, welche die tirolisch-rheinländische Sprachinsel Pozuzo für mich als migrationshistorisch interessierten germanistischen Dialektologen ganz besonders interessant erscheinen ließen.

Meine Forschungsaufenthalte in Peru in den Jahren 1996, 1999, 2012 und 2013 waren neben Archivstudien zur Einwanderungsgeschichte vor allem migrationsgeschichtlichen Erkundungen im Bergland der Anden und im peruanischen Amazonien gewidmet. Bei der Begehung des Einwanderungsweges der europäischen Migranten von der Pazifikküste bis Pozuzo konnte ich meine historischen Erkenntnisse wesentlich vertiefen. Das Auffinden der Originalroute der tirolischen und rheinländischen Ankömmlinge über den Hauptkamm der Anden stellte dabei ebenso einen besonderen Höhepunkt dar wie die bei meinen Reisen erlebten persönlichen Begegnungen mit der Quechua sprechenden Bevölkerung im Hochgebirge oder der indigenen Bevölkerung des peruanischen Regenwaldes.

Meine frühen Feldforschungen der Jahre 1988, 1989 und 1992 dienten vor allem dialektologischen und kontaktlinguistischen Erhebungen in Pozuzo selbst, zumal damals wegen der terroristischen Aktivitäten des *Sendero Luminoso*, des *Leuchtenden Pfades*, Erkundungen im Umland nicht möglich gewesen wären. Das von mir für diese Erhebungen verwendete dialektologische Fragebuch[1] hat sich trotz der klimatischen und soziokulturellen Unterschiede zu jenen deutschen Dialektgebieten Mitteleuropas, für die es konzipiert wurde, auch in Pozuzo gut bewährt. Die sich aus dem Fragebuch ergebenden linguistischen Datenkorpora ermöglichten mir eine umfassende Analyse der phonologisch-phonetischen und morphosyntaktischen Strukturen des heutigen Tirolés[2] sowie auch eine detaillierte Darstellung von Lexik und Seman-

---

[1] Franz Patocka / Hermann Scheuringer, Fragebuch der bairischen Mundarten in Österreich und Südtirol, Wien 1988. Institut für Germanistik an der Universität Wien, Universitätsring 1, 1010 Wien; nicht im Buchhandel erhältlich.
[2] Dieser spanische Terminus ist heute die allgemein gebräuchliche Bezeichnung für den tirolischen Sprachinseldialekt von Pozuzo.

tik. Meine Erhebungen nach dem Fragebuch erleichterten mir in sehr vielen Fällen auch das Aufspüren von sprachkontaktbedingten Innovationen auf allen sprachlichen Ebenen dieses Siedlerdialekts. Darüber hinaus boten sich Vergleiche mit jenen Belegorten in Tirol an, in denen bereits mit demselben Fragebuch erhoben wurde.

Der gesamte Bezirk Pozuzo umfasst heute um die 9.000 Personen, von denen laut dem vorigen österreichischen Botschafter in Peru[3] etwa 20 Prozent europäische Wurzeln haben. Die Verbreitung des Tirolés von Pozuzo war schon 1988, im Jahr meiner ersten Erhebungen, stark rezessiv und auch als Sprache innerhalb der Familie war es weitgehend von der spanischen Verkehrssprache abgelöst worden. Trotzdem war es damals nicht schwer, authentische Sprecherinnen und Sprecher zu finden. Das ist heute anders. Im Rückblick stelle ich fest, dass man meine dialektologische Feldforschung hinsichtlich ihrer Dringlichkeit schon damals mit einer archäologischen Notgrabung hätte vergleichen können. So gesehen, könnte man die hier publizierten Teilergebnisse meiner damaligen Erhebungen schon fast als einen Nachruf auf das (ehemalige) Tirolés Pozuzos betrachten.

Die gesamte Fragebuchenquete wurde audiotechnisch dokumentiert. Diese Tonaufnahmen wurden ebenso im Phonogrammarchiv der Österreichischen Akademie der Wissenschaften archiviert[4] wie auch alle meine übrigen in Peru entstandenen Audiodokumente.

2. Die Gründung der Kolonie Pozuzo 1857–1859

2.1 Die Auswanderung

Am 27. März 1857 bestiegen etwas mehr als 180 auswandernde Tiroler und Tirolerinnen und etwa 120 Personen aus dem Rheinland im belgischen Seehafen Antwerpen das britische Segelschiff *Norton*. Die *Norton* war ein Frachtschiff für Guano,[5] doch seit dem Goldrausch in Kalifornien von 1848 und dem Beginn der Auswanderungswelle von Europa nach Südamerika waren manche solcher Frachter auch mit einem Zwischendeck für den preiswerten Transport von Personen ausgestattet. Nach vier Monaten in der qualvollen Enge des Schiffes, das vom zuvor geladenen, beißenden Gestank des Vogeldungs erfüllt war, erreichten die Auswanderer auf der gefährlichsten Seeroute der Welt um das Kap Hoorn den Hafen von Lima-Callao in Peru. Das den Einwanderern beiderlei Geschlechts und jeglichen Alters zugedachte Siedlungsgebiet lag jedoch im Landesinnern am östlichen Abhang der Anden. Deshalb begann jetzt unter der Leitung eines Tiroler Pfarrers eine lange, verlustreiche Odyssee über das riesige Andengebirge, fast bis an den Rand des peruanischen Amazonien. Etliche starben auf die-

---

[3] Gerhard ZETTL, Aufschwung, neue Chancen und Visionen, in: PozuzoMagazin 40 (2022) Dezember, 6–7.

[4] B 33381–B 33530 im Phonogrammarchiv der Österreichischen Akademie der Wissenschaften, Liebiggasse 5, 1010 Wien.

[5] Stickstoff- und phosphorsäurehaltiges Düngemittel, das aus den Exkrementen von Seevögeln wie Kormoranen durch Einwirkung von Kalkstein entsteht und im 19. Jahrhundert an den regenarmen Küsten Südamerikas abgebaut wurde, vgl. https://de.wikipedia.org/wiki/Guano (Zugriff: 25.03.2023).

ser zwei Jahre dauernden Wanderung, und aufgrund einer fehlenden Wegverbindung in das vorgesehene Siedlungsgebiet schien das Projekt schon nach wenigen Wochen gescheitert. Damian von Schütz, der von der peruanischen Regierung ernannte deutsche Generaldirektor des Besiedlungsprojekts, wurde deshalb seines Amtes enthoben. Viele der alleinstehenden Auswanderer, vor allem Handwerker, suchten in dieser Situation in peruanischen Städten Arbeit und verließen die Gruppe. Josef Egg, der aus Tirol stammende Seelsorger der Emigranten, kämpfte verbissen gegen den Zerfall seiner Gemeinde und hielt unbeirrbar an dem ursprünglichen Plan fest. Dieser sah eine direkte Handelsverbindung zwischen der Bergwerksstadt Cerro de Pasco und der neu zu gründenden Kolonie Pozuzo vor (siehe die rote Linie in Abb. 1).[6] Diese Maultierroute sollte über das kleine Quechua-Dorf Acobamba führen.

Die Einwanderer hätten allerdings auch von der Bergwerksstadt Cerro de Pasco über San Rafael nach Huánuco reisen können (siehe Abb. 1). Auch von dort wären sie auf Maultierwegen über Panao in das für sie bestimmte Siedlungsgebiet am Oberlauf des Pozuzo gelangt. Doch die Ankömmlinge planten eine künftige Handelspartnerschaft mit Cerro de Pasco. Sie wollten diese große Stadt, die damals etwa 10.000 Einwohner hatte, mit ihren eigenen Erzeugnissen beliefern. Deshalb bestanden sie

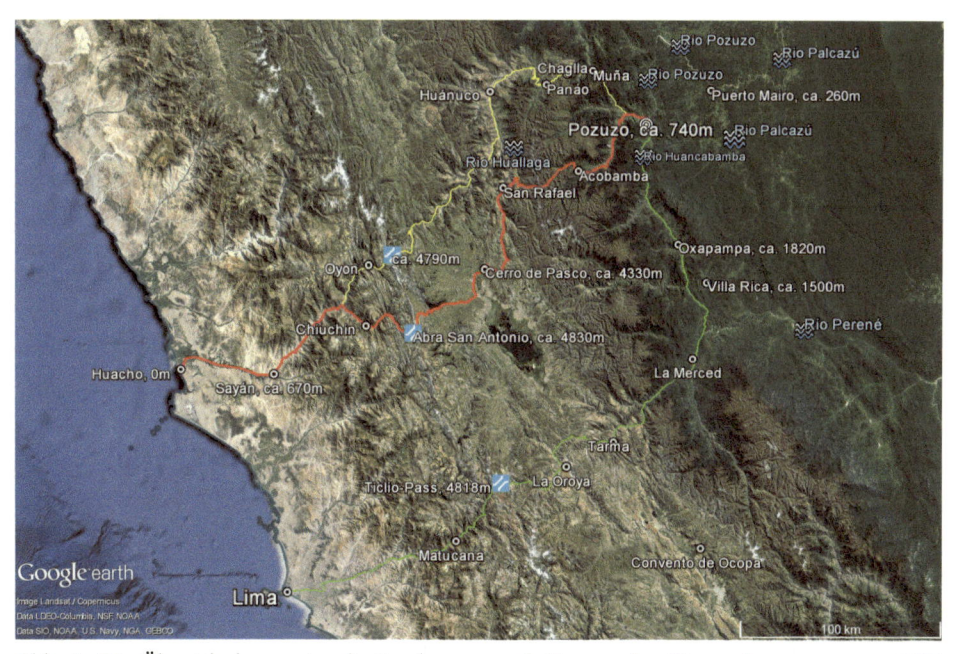

Abb. 1: Die Übersichtskarte zeigt die Landrouten nach Pozuzo: den Einwanderungsweg von 1857 (rot), den Einwanderungsweg von 1868 (gelb) und den heutigen Straßenverlauf (schwarz). Grundkarte: Google Earth / Image Landsat, Data SIO, NOAA, U.S. Navy, NGA, GEBCO. Grafische Einträge von W. Schabus.

---

[6] Diese Karte zeigt den Einwanderungsweg der ersten Ankömmlinge 1857 (rot) sowie den Weg der zweiten Gruppe 1868 (gelb) nach Pozuzo. Die grüne Linie markiert die heutige Straßenroute nach Pozuzo.

auf einer direkten Handelsverbindung über Acobamba. Die Mittel für den Bau eines Weges von Acobamba nach Pozuzo waren von der peruanischen Regierung zwar rechtzeitig bereitgestellt, von den lokalen Behörden aber für andere Zwecke verwendet worden.

2.2 Die Ankunft im Siedlungsgebiet

Es waren vor allem die Ackerbauern mit ihren kinderreichen Familien, die in dieser schwierigen Situation bei ihrem Pfarrer ausharrten und sich mit ihm durch das abweisende Gelände in wegloser Wildnis vorankämpften. Kaum mehr als die Hälfte der Ausgewanderten erreichte 1859 schließlich das ihnen zugewiesene kleine Areal im schmalen Tal des Rio Huancabamba unweit von dessen Einmündung in den Rio Pozuzo, wo sie mit der Rodung begannen und ihre ersten Behausungen errichteten.[7] Offiziell bezeichnete der Pfarrer Josef Egg die neue Niederlassung in seinen statistischen Angaben vom 10. Mai 1860 als *Colonia Alemana en esta Montaña del Pozuzo, Deutsche Kolonie im bewaldeten Bergland des Pozuzo*. Die Gegend lag etwa zwischen 740 und 1.000 Meter über dem Meer, sie war fast unbewohnt, dazu fruchtbar und voll von jagdbarem Wild. Tiroler und Rheinländer wohnten voneinander getrennt. Die Rheinländer siedelten sich an der Einmündung des Baches Delfin in den Huancabamba an und nannten ihren Ortskern *Rheinland*. Die offizielle spanische Bezeichnung ist heute *Prusia, Preußen*, denn die rheinländischen Siedler wurden auch als *Preußen* bezeichnet, weil ihre Herkunftsgebiete damals unter preußischer Verwaltung standen. Die Tiroler ließen sich etwa drei Kilometer flussabwärts nieder und nannten ihren Ort zunächst *Tirol*. Hier wohnte der aus Tirol stammende Pfarrer und hier wurde auch die Kirche errichtet, sodass dieser Ortskern zum Verwaltungszentrum der gesamten Kolonie wurde. Heute nennt man diesen Ortsteil *Pozuzo-Centro* bzw. *das Zentrum*, ältere Personen, die den Dialekt sprechen, sagen auch noch *die Kolonie*.

Nach den vorangegangenen Entbehrungen empfanden die Neuankömmlinge ihre Lage zunächst als gut. Sehr bald aber mussten sie sich eingestehen, dass ihre Situation nur bei absoluter Anspruchslosigkeit als gut bezeichnet werden konnte. Sie waren mit größter Mühe an ihr Ziel gekommen, und ebenso mühsam war nun der Weg zurück in die Außenwelt. Der unter großen Opfern hergestellte Verbindungsweg von Cerro de Pasco über Acobamba nach Pozuzo war als Handelsweg nicht geeignet. Deshalb war für die Kolonisten die Vermarktung ihrer Erzeugnisse nur über jene Stadt möglich, die der größte Konkurrent Pozuzos war, nämlich Huánuco. Bis dorthin war man auf extrem strapaziösen Saumwegen mit Maultieren eine Woche lang unterwegs. Die Aussiedler aus Tirol und dem Rheinland, die einst im unerschütterlichen Vertrauen auf ihre produktive Tatkraft nach Südamerika aufgebrochen waren, konnten jetzt das von ihnen Produzierte, etwa Kaffee oder Cocablätter, kaum vermarkten. Damit war genau das eingetreten, was die sogenannten abtrünnigen Handwerker vorausgesehen hatten, nämlich, dass man am Pozuzo die „Hoffnung zu einer jemaligen Communikation mit anderen Ortschaften" würde aufgeben müssen.[8]

---

[7] Zur Chronologie des Ansiedlungsprozesses siehe Wilfried SCHABUS, Pozuzo. Auswanderer aus Tirol und Deutschland am Rande Amazoniens in Peru, Innsbruck 2016, 125 ff.

[8] Bote für Tirol und Vorarlberg vom 23.7.1858, 726.

Nach einer über zwei Jahre dauernden Irrfahrt waren gerade noch 168 Personen in dem von einer klerikalen Propaganda versprochenen *Paradies* am Pozuzo angekommen, einige verließen die Kolonie sogar noch nach ihrer Ankunft. Da anfangs auch fast alle Neugeborenen starben, musste Egg im Oktober 1861 berichten: Die „Gemeinde zählt gegenwärtig nicht mehr als 150 Seelen, 85 Tiroler, die Übrigen sind Rheinländer, denn viele haben die Colonie verlassen."[9]

2.3 Pull- und Push-Faktoren der Migration

Dass aus Tirol sowie dem heute als Einwanderungsziel so begehrten Deutschland einst viele mittelständische Bauern und Handwerker auswandern mussten, ist heute fast vergessen. Die wirtschaftspolitische Entwicklung nach dem Revolutionsjahr 1848/49 hatte aber viele Leute zu Modernisierungsverlierern gemacht, allein zwischen 1850 und 1860 verließen über eine Million Menschen ihr Land für immer. Auch gewisse Besonderheiten des Erbrechts wirkten als Push-Faktoren, so etwa die Realteilung, die sowohl im Oberinntal als auch im Rheinland üblich war. Dabei wurde der Besitz zu gleichen Teilen unter den Nachkommen aufgeteilt, wodurch es zu einer zu hohen Anzahl sehr armer Haushalte und letztlich einer zu dichten Bevölkerung in den ländlichen Regionen kam. Aber auch das Anerbenrecht, nach welchem nur ein Familienmitglied das Erbe übernahm, trieb die besitzlos gebliebenen Geschwister von zu Hause fort. Besonders dann, wenn gleichzeitig, wie etwa im Unterinntal, für ihresgleichen ein kommunales Heiratsverbot bestand.[10] Dazu kamen in Österreich eine existenzgefährdende steuerliche Belastung durch die neoabsolutistische Fiskalpolitik, ein hoher Konkurrenzdruck für mittelständisches Handwerk und Hausmanufaktur durch Industrialisierung und die Beseitigung der innerösterreichischen Zwischenzollgrenzen. Viele Bauern verschuldeten sich durch den Eigenanteil an der Grundentlastung, den sie für die sogenannte Bauernbefreiung selbst zu leisten hatten. Um die Mitte des 19. Jahrhunderts ergab sich in Tirol aus diesen Faktoren „eine Krise der Landwirtschaft, die [...] durch Mißernten, Naturkatastrophen, Kartoffelfäule, die Weinreben- sowie die Seidenraupenkrankheit zu einer Art Agrarkatastrophe ausartete".[11] Im Oberinntal waren außerdem die Verdienstmöglichkeiten „infolge der Überschwemmungen von 1855 noch schlechter geworden", sodass dort in mehreren Bezirken eine besonders große Neigung zur Auswanderung bestand.[12]

Der neu entstandene Erwerbszweig *Migration* ließ auch den Baron Dr. Damian Freiherr von Schütz-Holzhausen aus dem deutschen Herzogtum Nassau unternehmerisch aktiv werden. Er stand als Auswanderungsagent im Sold der Regierung des südamerikanischen Landes Peru. 1824 war Peru von der spanischen Kolonialherrschaft unabhängig geworden. Jetzt ging es unter anderem um die Überwindung der von der Kolonialmacht hinterlassenen feudalen Wirtschaftsverhältnisse, denen

---

[9] Schabus, Pozuzo (wie Anm. 7) 82–83.
[10] Mittellosen wurde „der Ehekonsens prinzipiell verweigert", siehe Richard Schober, Von der Revolution zur Konstitution. Tirol in der Ära des Neoabsolutismus (1849/51–1860) (Veröffentlichungen des Tiroler Landesarchivs 9), Innsbruck 2000, 107.
[11] Ebd. 114.
[12] Ebd. 106.

zufolge man „Arbeit, weil sie blos von Sclaven verrichtet wurde, [...] als Schande betrachtet"[13] hat. Das von Hungersnot bedrohte Peru brauchte dringend eine Steigerung der landwirtschaftlichen Produktion sowie auch eine bessere Erschließung des Landesinneren. Diese Ziele hoffte man durch die Schaffung eines eigenverantwortlich wirtschaftenden, freien sozialen Mittelstandes zu erreichen, weshalb man sich zur Anwerbung europäischer Siedler entschloss. Peru war damals gerade durch den Export von Guano vorübergehend reich geworden. Deshalb bot man gute Bedingungen, wodurch das südamerikanische Land besonders für jene attraktiv wurde, die sich eine Auswanderung in das begehrte Nordamerika nicht leisten konnten.

Damian von Schütz machte den auf ein besseres Leben in Übersee hoffenden Auswanderungswilligen Angebote, die sie als schuldlos Verarmte nicht ausschlagen konnten: Er habe „im Goldland Peru" eineinhalb Millionen Morgen fruchtbarsten Acker- und Weideland zu verteilen, ließ er in Zeitungen glaubhaft verkünden.[14] Dort, an den Ufern des Flusses Pozuzo, würde dann jeder, der vorher zu Hause mittellos gewesen war, ein freier Besitzer auf eigenen Ländereien sein.

2.4 Konfessionspolitische Ziele des Auswanderungsprojekts

Schütz wandte sich ausschließlich an katholische Auswanderungswillige. Mit ihnen wollte er in Südamerika ein katholisches Gegengewicht zur mehrheitlich protestantischen und angeblich auch freimaurerischen Einwanderung in Nordamerika etablieren. Mit diesem Plan konnte Schütz vor allem in Tirol auch so manchen Mann der katholischen Kirche beeindrucken. Die Auswanderer des ersten Transports sollten in Südamerika den „ersten Kern einer wahrhaft katholischen Kolonisation bilden", weitere 10.000 katholische Ausreisewillige sollten in weiteren Transporten folgen. Mit dem konsequenten Ausbau einer katholischen Zuwanderung nach Peru würde man schließlich „dem verderblichen Einflusse des entarteten Nordamerika entgegentreten" können.[15] Eine derartige Polemik bescherte dem Pozuzo-Projekt von Anfang an erbitterte Gegner und entfesselte im Diskurs mit etwas liberaleren Medien in Deutschland einen regelrechten Kulturkampf.

Damian von Schütz konnte in seiner Heimat Nassau weder die notwendige Anzahl von Auswanderungswilligen noch die für sein Projekt benötigten Priester finden. Schütz kannte aber Dr. Moritz Lieber, einen hohen Funktionär im Auswärtigen Dienst des Herzogtums. Lieber, ein wichtiger Vertreter des politischen Katholizismus in Deutschland, kannte seinerseits Augustin Scherer vom Benediktinerkloster Fiecht in Tirol. Die beiden waren einander einmal auf einer Tagung begegnet, und da hatte Scherer von der wirtschaftlichen Not in Tirol gesprochen. Daran erinnerte sich Lieber jetzt und stellte einen Kontakt zwischen Schütz und Scherer her.

Augustin Scherer war Dozent für Dogmatik und Lehrer für Italienisch, Geographie und Geschichte. Sein soziales Engagement machte ihn zu einem Anhänger des

---

[13] Günter TREFFER, Karl von Scherzer. Die Weltumseglung der „Novara", Wien/München/Zürich 1973, 40. Dieses für Brasilien abgegebene Urteil ist auch auf das damalige Peru übertragbar.
[14] Vgl. Tiroler Schützenzeitung vom 24.11.1856, 785–786; Allgemeine Zeitung vom 18.12.1856, 5662.
[15] Tiroler Schützenzeitung vom 24.11.1856, 786 sowie vom 16.1.1857, 35.

Auswanderungsagenten Schütz, von dem er umgehend die Vollmacht zur Anwerbung von Auswanderungswilligen in Tirol erhielt. Scherer konnte auch seinen ehemaligen Seminarkollegen, den Priester Josef Egg, von dem Auswanderungsprojekt überzeugen. Schütz ernannte Josef Egg zum *Kolonieseelsorger*.

Schließlich waren es zwei Priester, die sich mit den Auswanderern auf eine Reise ohne Wiederkehr begaben: der damals 37-jährige Josef Egg sowie der um fünf Jahre jüngere Josef Überlinger, beide aus Tirol. Von Überlinger stammen schonungslos offene Berichte über den Fortgang der Reise nach der Ankunft in Peru. Diese Landreise in ein von den Auswanderern herbeigesehntes *gelobtes Land* begann am 29. Juli 1857 in dem kleinen Seehafen Huacho nördlich von Lima, und sie war am 10. Mai 1858, als Überlinger von der peruanischen Bergwerksstadt Cerro de Pasco aus seine letzte ausführliche Reportage für eine Tiroler Zeitung schrieb,[16] noch lange nicht zu Ende. Überlingers Bericht ist die Geschichte einer Extremwanderung von entwurzelten europäischen Emigrantinnen und Emigranten, deren Leidensweg über eines der gewaltigsten Gebirge der Erde zahlreiche Opfer forderte. Der Geistliche Josef Egg hat davon aber kaum etwas berichtet. Er hat auch in dieser ausweglos scheinenden Phase der Auswanderung unerschütterlich an ihr letztendliches Gelingen geglaubt und wollte die Gegner des Projekts nicht vorzeitig triumphieren lassen.

Überlinger aber berichtet von grausam enttäuschten Ankömmlingen, die in ihrer alten Heimat einer unverantwortlichen Lockpropaganda zum Opfer gefallen seien und denen man auch jetzt noch, trotz der aussichtslosen Lage, eine goldene Zukunft in Aussicht stelle. Damit versuche man ihren Glauben an ein Ansiedlungsprojekt aufrechtzuerhalten, das allem Anschein nach in eine Sackgasse führe und das man bei objektiver Betrachtung längst für gescheitert halten müsse.

Überlinger lässt uns den Zynismus einer von Versäumnissen, Sachzwängen und Fehlentscheidungen diktierten Entwicklung miterleben, welche dazu führte, dass die Ankömmlinge den Weg in diese Sackgasse unter den härtesten Bedingungen selbst vor sich herbauen mussten. Er berichtet, wie bei dieser aussichtslosen Arbeit viele in eine ständig zunehmende Verwahrlosung gerieten. Wie die Kinder ohne Schulunterricht heranwuchsen. Wie immer mehr Leute die Gruppe verließen. Auch Überlinger selbst trennte sich in dieser Situation von Josef Egg und half den anderen sogenannten Abtrünnigen, so gut er es vermochte.

2.5 Handels-, verkehrs- und gesellschaftspolitische Ziele

Von den europäischen Einwanderern und Einwanderinnen wurde in Peru nicht nur die Produktion landwirtschaftlicher Erzeugnisse erwartet, sie sollten zugleich Pionierleistungen in den bis dahin noch kaum erschlossenen Regionen jenseits des Andenhauptkammes vollbringen. Tatsächlich ging es dabei um nichts Geringeres als um den Beginn einer Erschließung und Kolonisierung des peruanischen Amazonien: An den östlichen Ausläufern der peruanischen Anden sollte dasjenige Gebiet besiedelt werden, das von der Hauptstadt Lima am wenigsten weit entfernt lag und von wo aus zugleich eine ungehinderte Dampfschifffahrt auf den Flüssen des Amazonasbeckens

---

[16] Vgl. Bote für Tirol und Vorarlberg vom 23.7.1858, 725–726.

bis zum Atlantik möglich schien. Und in Kombination mit einer ebenfalls bereits geplanten Eisenbahnlinie von Lima über die Anden sollte so, unter Einbeziehung wichtiger Bergwerksstädte, eine Handelsverbindung vom Pazifischen zum Atlantischen Ozean quer über den südamerikanischen Kontinent hergestellt werden.

Der Wunsch nach dieser gewagten transkontinentalen Handelsroute für den Export von Vogelmist und Erzen wird verständlicher, wenn man bedenkt, dass es den Panamakanal damals noch nicht gab; dieser wurde erst 1914 eröffnet. Deshalb mussten Guano und andere peruanische Massengüter auf der extrem langen und gefährlichen Route um das Kap Hoorn herum verschifft werden.

Es ging aber nicht nur um diese Handelsverbindung allein, sondern auch um die Lösung des geopolitischen Verkehrsproblems von Peru schlechthin. Denn das peruanische Staatsgebiet war nur an seinen Rändern erschlossen. Einerseits durch Landwege in der Küstenregion und den angrenzenden vegetationsarmen Höhen der Anden, andererseits durch die Wasserstraßen der schiffbaren Flüsse im fernen peruanischen Amazonien nahe der brasilianischen Staatsgrenze. Dazwischen lagen die dicht bewaldeten östlichen Ausläufer der Anden, die sogenannten *Montañas*, „wo der Landverkehr des pazifischen Westens nicht mehr und der Wasserverkehr des atlantischen Ostens noch nicht möglich" war.[17] Diese Barriere tropischer Bergwälder, deren Überwindung weder den Inkas noch den Spaniern gelungen war, musste bewältigt werden. Denn sonst wäre das große peruanische Urwald-Departement Loreto mit seiner Hauptstadt Iquitos weiterhin nur von Brasilien aus erschließbar gewesen und hätte an das Nachbarland verloren gehen können.

1851 schien diese Barriere plötzlich so gut wie überwunden, theoretisch wenigstens. Und zwar durch den geplanten Ausbau eines Flusshafens nahe der Einmündung des Rio Pozuzo in den Rio Palcazu. Denn ab diesem Punkt, an dem auch der Rio Mairo in den Palcazu mündet, seien die Wasserstraßen des Amazonassystems für Flussdampfer ganzjährig befahrbar, so glaubte man. Hier sollte der *Puerto del Mayro* entstehen, und diese Anlegestelle sollte nach Lima-Callao der zweitwichtigste Hafen von Peru werden.[18] Der Hafenort Mairo liegt im Zentrum des Landes und zugleich näher zur Hauptstadt Lima als jeder andere peruanische Binnenhafen. Mit diesem Hafen auf etwa 250 Metern über dem Meer war die Hoffnung verknüpft, dass es schon sehr bald zu einer Eröffnung der Amazonas-Dampfschifffahrt kommen würde. Dies hätte für das Mündungsgebiet des Rio Pozuzo nicht weniger als eine Anbindung an die Atlantikküste bedeutet. Auch ein entsprechendes Abkommen mit Brasilien gab es seit 1851.

Diese Aussicht versetzte damals das ganze offizielle Peru in eine wirtschaftliche Goldgräberstimmung. Auch die Einwohner der Stadt Huánuco fieberten der Eröffnung der Amazonasschifffahrt entgegen. Aber eine Expedition mit drei kleinen Flussdampfern, die am 12. November 1866 von Iquitos aus startete und am 1. Jänner 1867 mit Mühe bis nach Mairo vordringen konnte, erbrachte keinen Beweis für eine problemlose Schiffbarkeit der auf dieser Reise befahrenen Flussstrecken, sondern eher

---

[17] Hans KINZL, Pozuzo. Die ersten 80 Jahre, unveröffentlichtes Manuskript, Kinzl-Archiv, Geographisches Institut der Universität Innsbruck, Innsbruck 1948, 7.
[18] Vgl. Dionisio ORTÍZ O.F.M., Oxapampa. Estudio de una Provincia de la Selva del Perú, Band 1, Lima 1967, 280.

das Gegenteil.[19] Eine funktionierende Dampfschifffahrt zwischen Pucallpa und Mairo konnte folglich nie eingerichtet werden. Doch die Hoffnung blieb trotzdem, eine Hoffnung, die noch am 19. Februar 1876 in der peruanischen Tageszeitung *La Patria* einen geradezu hymnischen Ausdruck fand: Dass nämlich die Stadt Huánuco sehr bald schon „die Herrin zweier Welten" und die „Königin zweier Ozeane" sein würde.[20] Huánuco sei als der Ort bestimmt, ist der anonyme Autor jenes Artikels überzeugt, „wo die Menschen zweier Hemisphären in brüderlicher Umarmung einander in die Arme schließen werden". Damit hätte sich also für diese Stadt in Verbindung mit der damals schon im Bau befindlichen Anden-Eisenbahn[21] das Tor zu einem lukrativen Handel mit Nordamerika und Europa geöffnet. Huánuco war die Hauptstadt des gleichnamigen Departements, zu welchem damals auch das Dorf Pozuzo gehörte.

Gerade jener Welthandel war es aber, von dem von Anfang an auch Damian von Schütz geträumt hatte. Diesbezügliche Gespräche hatte er schon im Jahre 1852 mit dem damaligen peruanischen Außenminister geführt.[22] Denn die Alte Welt brauchte Guano, um mit diesem Düngemittel die Bodenerträge in ihren bevölkerungsreichen Ländern zu sichern. Lang und kostspielig war allerdings der Handelsweg für solche Güter um das Kap Hoorn herum. Sehr bedeutsam ist in diesem Zusammenhang auch die Expedition des berühmten US-amerikanischen Marine-Kapitäns William Lewis Herndon, der zwischen Mai 1851 und April 1852 den Kontinent auf der Amazonasroute durchquert hatte, um das Handelspotential der anliegenden südamerikanischen Länder für die Vereinigten Staaten abschätzen zu können.[23] Spätestens seit damals sah sich Peru an der Seite der mächtigen USA einer goldenen Zukunft entgegenschreiten.[24]

Für Baron Schütz, der Herndon als Autor sehr schätzte, war es eine faszinierende Aussicht, dass die damals bereits geplante Anden-Eisenbahnlinie[25] in vielleicht nicht allzu ferner Zukunft den Rio Pozuzo entlang bis nach Mairo führen würde. Dort sollten die Transportgüter auf Dampfschiffe verladen und über die Wasserstraßen des Amazonasbeckens quer durch Brasilien an die Atlantikküste und von dort aus weiter nach Europa und Nordamerika verschifft werden. Schütz, dem in einem Abkommen mit der peruanischen Regierung vom 6. Dezember 1855 große Ländereien am Pozuzo in Aussicht gestellt wurden,[26] wäre beim planmäßigen Gelingen des Projekts zu einem bedeutenden Handelsherrn aufgestiegen.

---

[19] Vgl. SCHABUS, Pozuzo (wie Anm. 7) 148–149.
[20] Der spanische Wortlaut: „La señora de dos mundos, la reina de dos Oceanos."
[21] Die normalspurige und 222 km lange Bahnlinie von Lima an der Pazifikküste bis zu der auf 3.745 m Seehöhe gelegenen Bergwerksstadt La Oroya östlich des Andenhauptkammes wurde vom polnischen Zivilingenieur Ernest Malinkowski geplant und 1893 eröffnet. Sie überwindet auf dem Ticliopass eine Höhe von 4.783 Metern und war bis zur Eröffnung der Qinghai-Tibet-Bahn im Jahre 2006 die höchste Eisenbahnstrecke der Welt, vgl. https://de.wikipedia.org/wiki/Peruvian_Corporation (Zugriff: 25.3.2023).
[22] Vgl. SCHABUS, Pozuzo (wie Anm. 7) 88.
[23] Vgl. William Lewis HERNDON / Lardner GIBBON, Exploration of the Valley of the Amazon. Made under direction of The Navy Department, by W. Lewis Herndon and Lardner Gibbon, Lieutenants United States Navy, Teil 1, Washington 1853.
[24] Vgl. SCHABUS, Pozuzo (wie Anm. 7) 89 ff.
[25] 1853 verabschiedete der peruanische Kongress ein Gesetz zur Errichtung von Straßen und Eisenbahnlinien, 1859 wurde eine Kommission zur Prüfung der Machbarkeit transandinischer Eisenbahnen eingesetzt, vgl. https://en.wikipedia.org/wiki/Ernest_Malinowski (Zugriff: 25.3.2023).
[26] Vgl. SCHABUS, Pozuzo (wie Anm. 7) 89, 311–312.

2.6 Immigration, Kolonisation und Dampfschifffahrt in Peru

Jetzt wird klar, dass im damaligen Peru die Begriffe Immigration, Kolonisation und Dampfschifffahrt thematisch eng zusammengehörten. Tatsächlich bilden diese drei Stichworte den Titel eines Berichts, den unter der Präsidentschaft von Ramón Castilla der Senator José Nicolás Araníbar y Llanos vor dem peruanischen Kongress vorgetragen hat. Darin forderte er eine Ansiedlung von europäischen Ackerbauern am Oberlauf der schiffbaren Flüsse am Rande des peruanischen Amazonasbeckens. Dort müsse man Kolonien und „Festungen zur Beschützung der Colonisten gegen die Überfälle der Wilden" anlegen. Nach den Vorstellungen Araníbars müsse man bis zu jeder Kolonie „in einer unbewohnten Gegend" einen für Maultiere passierbaren Weg anlegen. Den weiteren Ausbau dieses Weges würden dann die Kolonisten selbst besorgen. Um das weitere Wachstum der Kolonien würde der Staat sich nicht mehr kümmern müssen. „Denn wenn der Ackerbau blüht und gute Verbindungswege vorhanden sind", erklärte der Senator, dann „kommen die Handwerker, Kaufleute, Bergleute, Spekulanten usw. von selbst".[27]

Langfristig erhoffte man sich von diesem Besiedlungskonzept auch noch zwei weitere Auswirkungen, welche für die Zukunft des Landes von überragender Bedeutung gewesen wären: erstens eine verkehrstechnische Konsolidierung des peruanischen Staatsgebietes, das mit der schmalen Küstenregion am Pazifik (*Costa*), dem riesigen Dschungelgebiet Amazoniens (*Selva*) und den dazwischen aufragenden Anden (*Sierra*) in drei geographisch, wirtschaftlich, kulturell und demographisch extrem ungleiche Teile zerfällt; und zweitens ein mit dieser Erschließung verbundenes Entstehen einer einheitlicheren peruanischen Nation.

Zusätzlich zu den oben genannten drei Stichworten wäre noch der Begriff *Mission* bzw. *Katholizismus* zu nennen. Die Franziskaner vom peruanischen Konvent in Ocopa haben damals im Zuge ihrer Missionierungsarbeit bei der indigenen Bevölkerung auch für die Erschließung von Wegen durch die Wildnis Beeindruckendes geleistet. Es lag aber in der Natur dieser Mission, dass die Mönche dabei ganz automatisch auch den Interessen des Staates dienten. Tatsächlich gehörte die sogenannte Peruanisierung der indigenen Bevölkerung neben ihrer Evangelisierung zum erklärten Ziel der Mönche von Ocopa. Denn es ging nicht zuletzt auch darum, die indigenen Volksgruppen als integrierbare Bürger für den Staat erreichbar zu machen. Unter Castilla wurde die katholische Kirche in der peruanischen Verfassung von 1860 zur einzigen staatlich anerkannten Religionsgemeinschaft erklärt. Auch dies trug dazu bei, dass Damian von Schütz sein Pozuzo-Projekt als ein explizit katholisches Unternehmen bewarb.

---

[27] Die handschriftliche Übersetzung dieses Berichts ins Deutsche stammt vermutlich von Schütz, der das Dokument auch an Augustin Scherer geschickt hat (Stiftsarchiv St. Georgenberg-Fiecht, Lade 2). Das Datum der angeblichen Rede des Senators ist nicht bekannt. Schütz hat dieses Manuskript, das in seiner ganzen Programmatik völlig seinen eigenen Vorstellungen entspricht, nicht vor dem 10.11.1858 übersetzt bzw. verfasst, also zu einem Zeitpunkt, als er als Koloniedirektor bereits in Ungnade gefallen war. Es ist deshalb nicht auszuschließen, dass er seine Übersetzung so formuliert hat, dass sie als ein gewichtiges Dokument zu seiner Rechtfertigung dienen konnte.

Abb. 2 zeigt eine Relieftafel zum Gedenken an den peruanischen Staatspräsidenten Ramón Castilla. Sie wurde 1969 auf der Plaza de San Martín in Lima am Sockel der dort befindlichen Reiterstatue des peruanischen Unabhängigkeitskämpfers José de San Martín angebracht. Diese Darstellung zeigt eine Dampflok, einen Raddampfer, eine Festungsmauer und die Kathedrale von Lima. Das sind die Symbole für die schon beschriebenen vier Säulen, auf denen die Fortschrittsvisionen Perus unter der zweiten Präsidentschaft Castillas (1855–1862) ruhten: Die Anden-Bahnprojekte, die geplante Amazonas-Schifffahrt von Peru bis zum Atlantik, der Festungsbau gegen die sogenannten Wilden im peruanischen Amazonien, die diesen Plan behinderten, sowie der Katholizismus, mit dessen Hilfe man die Indigenen des peruanischen Regenwaldes *peruanisieren* wollte.

Bei diesem Entwicklungskonzept stellte eine katholische Einwanderung aus Europa einen wesentlichen Aspekt dar. Nach dem bereits erwähnten Vertrag von Schütz mit der peruanischen Regierung aus dem Jahr 1855 sollten auf die ersten Ankömmlinge im Lauf von sechs Jahren noch weitere deutsche und österreichische Bauernfamilien folgen, insgesamt 10.000 Personen.[28] Während die erste Siedlung, das heutige Dorf Pozuzo, angeblich noch in Reichweite von städtischer Zivilisation entstehen würde, sollten die nachkommenden Familien von diesem Stützpunkt aus immer weiter in Richtung Mairo und Tiefland vordringen.[29]

Abb. 2: Relieftafel zu Ehren von Ramón Castilla. Foto W. Schabus.

---

[28] Vgl. El Peruano vom 12.12.1855, 137.
[29] Vgl. SCHABUS, Pozuzo (wie Anm. 7) 312–313.

2.7 Die Nachwanderung nach Pozuzo im Jahre 1868

Auch Josef Egg hielt unbeirrbar an der Idee einer funktionierenden Dampfschifffahrt ab Mairo fest. Er beteiligte sich 1867 persönlich an der Erkundung eines Weges von seinem Dorf Pozuzo nach Mairo und wäre bei dieser Expedition fast umgekommen. Er wollte die Gegend um Mairo mit seinen Landsleuten besiedeln und beantragte bei der peruanischen Regierung die Zuwanderung von weiteren eintausend Personen aus Tirol.

Dort ließ nun ein neuer Auswanderungsagent eine Zeitung von dem angeblich blühenden Zustand der Kolonie in Peru berichten, die als eine „Vorläuferin deutscher Zivilisation" am Pozuzo angeblich einer großen Zukunft entgegengehe.[30] Denn schon bald würde Peru eine regelmäßige Dampfschifffahrt auf dem Amazonasstrom bis in die nächste Nähe der Kolonie einrichten, nämlich bis Mairo. Dadurch würden die Ankömmlinge „in direktem Verkehr mit dem Mutterland bleiben".[31] Und Josef Egg lässt in der *Tiroler Schützenzeitung* vom 27.1.1868 verkünden, dass es demnächst eine Straße geben werde, auf der man von Pozuzo aus „an einem Tage gar leicht die Dampfschiffe erreicht, welche über den Amazonenstrom uns in kürzester Zeit mit Europa verbinden". Das war genau jene *Straße*, bei deren Erkundung der Pfarrer kurz zuvor fast gestorben wäre.

Im Oktober 1868 erreichte eine zweite Gruppe von etwa 250 Personen aus Tirol das Dorf Pozuzo. Sie sollten sich auf der großen Pampa bei Mairo niederlassen. Doch die Ansiedlung im Tiefland an der Einmündung des Rio Pozuzo in den Rio Palcazu misslang, weil auch diesmal keine Vorbereitungen getroffen worden waren. Viele starben bei diesem Ansiedlungsversuch in einem tropischen Klima. Die Überlebenden kämpften sich nach Pozuzo zurück und ließen sich zwischen den Behausungen der ersten Einwanderer nieder.

2.8 Die sprachliche Kontaktsituation in Pozuzo während der ersten Jahrzehnte

2.8.1 Tirolisch und Rheinländisch

Als es am 29. März 1857 vor der Abreise auf dem Auswandererschiff zur ersten tirolisch-rheinländischen Eheschließung kam, äußerte sich ein Beobachter der Szene wie folgt: „Wie diese zwei miteinander sich verständigen werden, muß die Zukunft lehren. Wenn er z. B. sagt: *Wos hoschst g'söt?* und sie darauf antwortet: *Ih Jott, ick weeß nich, wat du sachst!* Da mag's eine kurzweilige Unterhaltung geben."[32] – Dass der tirolische Autor dieser Zeilen *ick* schreibt, zeigt, dass er sich anscheinend mehr an der prominenten Berliner Mundart orientiert, denn in den fränkischen Dialekten des Rheinlands gilt *ich*. Immerhin gewinnt der Leser aber den Eindruck einer offen-

---

[30] Bote für Tirol und Vorarlberg vom 2.12.1867, 1357.
[31] Bote für Tirol und Vorarlberg vom 6.3.1868, 258.
[32] Tiroler Schützenzeitung vom 10.4.1857, 212. Übersetzt etwa: „Was hast du gesagt?" – „Ach Gott, ich weiß nicht, was du sagst!"

bar sehr großen dialektalen Divergenz: Hier die westmitteldeutsch geprägte Mundart der rheinländischen Braut, dort der oberdeutsche Dialekt des Tiroler Bräutigams. Hier die westmitteldeutsch-moselfränkische Form *wat* mit unverschobenem westgermanischen *-t* (vgl. engl. *what*), dort die oberdeutsche Entsprechung *wos* aus einem Sprachgebiet, das die hochdeutsche Lautverschiebung vollständig durchgeführt hat und folglich auch keine Formen wie *wat/was*, *dat/das*, *allet/alles* oder *op/auf* kennt.

Der Satz des Tiroler Bräutigams ist südbairisch geprägt, siehe das auslautende *-scht* in *hoscht/hast (du)*. Die Lautverbindung *-scht-* für *-st-* ist zwar auch im oberdeutschen Alemannischen üblich, die zu ɔ gehobenen *a*-Laute sind aber ein Merkmal des Bairischen. Die Schriftform *gsöt/gesagt*, entspricht einer Lautform *gsęːɪt*. Es ist dies eine aus einem althochdeutschen *gisegit* kontrahierte Lautgestalt, wie sie besonders im alemannisch beeinflussten Tiroler Oberinntal heimisch ist.

Inzwischen hat in Pozuzo ein Sprachinseldialekt mit genau diesen tirolischen Merkmalen die rheinländische Varietät längst verdrängt. Folglich wird dieser Dialekt heute als *Tirolisch* bzw. auf Spanisch als *Tirolés* bezeichnet. „Tiroler und Rheinländer waren von Anfang an und sind immer noch Todfeinde", schrieb Baron Schütz im Dezember 1858 an Dr. Lieber.[33] Sie hatten auf dem Schiff separate Kochstellen und gründeten nach ihrer Ankunft im Zielgebiet räumlich weit voneinander getrennte separate Siedlungskerne (siehe Kap. 2.2). Die Rheinländer waren von Anfang an in der Minderheit, und eine Abwanderungswelle unter Beteiligung von Rheinländern in die 1891 gegründete Tochterkolonie Oxapampa schwächte das rheinländische Element in Pozuzo zusätzlich,[34] während das tirolische Element in Pozuzo durch die zweite Zuwanderung von 1868 eine Verstärkung erfahren hatte. Obwohl rheinländisch-tirolische Ehen in Pozuzo schon bald zu einer erheblichen genealogischen Durchmischung der Migrantengesellschaft führten, blieb das Bewusstsein der unterschiedlichen Herkunftslinien bis heute bestehen.

2.8.2 Tirolisch und die peruanischen Amtssprachen Quechua und Spanisch

Schon vor der Abreise lernten die Emigranten im Zuge ihrer Anwerbung fremde Maßeinheiten wie *Legua* (5,57 km) oder *Arroba* (11,5 kg) kennen. Nach der Ankunft in Peru war der Priester Josef Egg dann der Einzige, der bereits über ausreichende Kenntnisse des Spanischen verfügte. Als die Einwanderer dann zwei Jahre lang den Weg zu ihrem Zielort praktisch selbst vor sich her bauen mussten, waren sie in ständigem Kontakt mit den am Wegebau mitwirkenden peruanischen Arbeitskräften. Dabei müssen die Ankömmlinge aus Tirol und dem Rheinland bereits spanische Wörter wie *Sierra* für *Gebirgszug* und Quechua-Ausdrücke wie *Pampa* für *Grasebene* oder *Tambo* für *Herberge* gelernt haben. Gleiches gilt wohl auch für die regionalen Bezeichnungen des auf Maultieren basierenden Transportwesens sowie für Namen von Tieren und Pflanzen, die man von zuhause her nicht gekannt hatte.

Die landwirtschaftlichen Produktionsbedingungen waren in der gebirgigen peruanischen Regenwaldregion, wo man keinen Pflug einsetzen konnte, natürlich auch

---

[33] Das Original des Briefes befindet sich im Stiftsarchiv St. Georgenberg-Fiecht, Lade 2.
[34] Vgl. SCHABUS, Pozuzo (wie Anm. 7) 176.

ganz anders als in den Herkunftsgebieten. Deshalb übernahm man von der Quechua sprechenden Bevölkerung des andinischen Hochlands das Wort *Chacra* für das Pflanzland und vergaß das deutsche Wort *Acker* ebenso wie den Pflug, mit dem man eine nur notdürftig gerodete steile *Chacra* ohnehin nicht hätte bearbeiten können. Stattdessen übernahm man jetzt von der einheimischen Bevölkerung auch deren Werkzeug, nämlich ein Hackgerät. Da sich dieses von einer tirolischen Haue unterschied, übernahm man die Quechua-Bezeichnung *Lampa* gleich mit. So kam es, dass in der Arbeitsdomäne der Kolonisten und Kolonistinnen die beiden Schlüsselbegriffe, nämlich *tʃakre/Chacra* und *lampe/Lampa*, indigenen Ursprungs sind. Die genannten Quechua-Wörter gehören alle auch zum Lexikon der regionalen spanischen Landessprache und wurden wohl über diese ins Tirolés vermittelt. Quechua-Kenntnisse unter den Eingewanderten blieben die Ausnahme.

Im Jahr 1975 erhielt Pozuzo Anschluss an das 80 km entfernte und über 1.000 Meter höher gelegene Oxapampa. Diese Verbindung ist eine bis heute größtenteils unbefestigte Schotterstraße, deren Herstellung zwei Jahrzehnte dauerte. Ab diesem Zeitpunkt ist es natürlich zu einer verstärkten Zuwanderung von spanischsprachigen Peruanern nach Pozuzo gekommen. Der Zuzug hatte allerdings schon viel früher begonnen. Denn im Zuge des Straßenbaus wurde schon 1958 ein Pfad durch die Huancabamba-Schlucht eröffnet, was seit damals in Kombination mit dem jeweils bereits fertigen Straßenstück die Anreise nach Pozuzo sukzessive erleichterte.

Andererseits hat aber die extrem isolierte Lage Pozuzos den Charakter dieser Kolonie als Sprachinsel lange Zeit begünstigt, obwohl es schon sehr früh auch eine Zuwanderung über die Maultierpfade des Hochlands gegeben hat. Bereits seit etwa 1870 ist es so zu ersten peruanisch-deutschen Ehen gekommen. Zwischen 1890 und 1897 hat ein deutscher Unternehmer aus Lima in Pozuzo eine Kokain-Fabrik betrieben, und viele andinische Landarbeiter, die auf den Cocaplantagen beschäftigt waren, lernten Tirolés. Da damals wegen des weitgehenden Fehlens peruanischer Lehrkräfte auch der Schulunterricht hauptsächlich auf Deutsch erfolgte, lernten die „Indier Deutsch verstehen, einige es auch sprechen".[35]

Bis in die 1950er-Jahre gab es auf manchen Bauernhöfen Pozuzos noch einzelne ältere andinische *Peones* (Landarbeiter) mit Kenntnissen des Tirolés. Bis ca. 1960 hielt man die Rinder in Ställen, dann setzte sich im Zuge der Spezialisierung auf Viehwirtschaft die Freilandhaltung durch. Dies erhöhte nochmals den Bedarf an Hilfskräften, denn es musste ständig zusätzliches Weideland gerodet und mit geeigneten Futtergräsern manuell bepflanzt werden. Die neuen Landarbeiter haben jedoch nicht mehr Tirolés gelernt, weil sie jetzt zahlreicher waren und somit mehr untereinander kommunizierten.

Als Folge des Zweiten Weltkriegs war seit Jänner 1942 der Gebrauch des Deutschen an den Schulen untersagt. 1955 zählte die Kirchengemeinde Pozuzo „fast fünfzehnhundert Seelen, davon sind rund tausend vorwiegend Deutschstämmige, die alle Deutsch verstehen, aber deutsch sprechen können nur etwa dreiviertel von ihnen."[36]

---

[35] August HERZ, Über die deutsche Kolonie in Pozuzo in Peru, in: Dr. A. Petermanns Mitteilungen aus Justus Perthes' Geografischer Anstalt, Band 40, hg. von A. Supan, Gotha 1894, 189.

[36] Karl SCHMID-TANNWALD, Pozuzo. Vergessen im Urwald, Braunschweig 1957, 85.

Abb. 3 zeigt im Vordergrund *Pozuzo-Centro*. Wenige Kilometer flussaufwärts befindet sich der Ort *Prusia, Preußen*, von dem man in Bildmitte einige Häuser erkennt.[37] Zusammen bilden diese beiden Dörfer den historischen Kern der 1859 von kaum mehr als 150 Kolonisten und Kolonistinnen aus Tirol und dem Rheinland gegründeten Kolonie. Pozuzo-Zentrum ist die einzige urbane Zone im Bezirk und zählt gegenwärtig zusammen mit Prusia etwa 1.000 Personen. Der gesamte Distrikt umfasst etwa 8.000 Personen, von denen nach offiziellen Schätzungen zumindest 20 Prozent europäische Wurzeln haben sollen. Tatsächlich dürften es aber weniger sein.

Die Verkehrssprache ist heute *Castellano*, Spanisch. Es gibt aber im Distrikt auch einige vorwiegend ältere Personen, die bei Bedarf noch ihr altes Tirolisch sprechen, zum Beispiel im Umgang mit Besuchern und Besucherinnen aus Österreich. Das Tirolés hat aber, außer bei touristischen Anlässen, heute in Pozuzo keinen öffentlichen Stellenwert mehr. Ähnliches gilt außerhalb der Schule für die deutsche Standardvarietät: Einmal in der Woche sang bis vor einigen Jahren eine kleine Gruppe älterer Frauen deutsche Kirchenlieder (siehe Kap. 3.2). Ansonsten ist das Deutsche in der kirchlichen Domäne schon längst verklungen. Im Verborgenen wird es aber von manchen älteren Personen als Sakralsprache beim persönlichen stillen Gebet bevorzugt.

Abb. 3: Pozuzo-Centro. Im Hintergrund sind einige Gebäude von Prusia erkennbar. Foto W. Schabus.

---

[37] Zu den Ortsnamen der beiden Dörfer siehe Kap. 2.2.

2.8.3 Der deutsche Sprachinseldialekt von Pozuzo und sein Verhältnis zu den Varietäten in den Herkunftsgebieten

Wie bereits erwähnt, haben sich im heutigen Sprachinseldialekt von Pozuzo die Merkmale des Tirolischen durchgesetzt, während das rheinländische Element verdrängt worden ist. Die Tiroler Ankömmlinge der ersten Gruppe stammten aus dem ganzen damaligen Tirol. Das Tirolés ist jedoch durchaus südbairisch geprägt, während das mittelbairisch geprägte Unterinntal im heutigen Tirolés keine relevanten Spuren hinterlassen hat.

Zu den im Südbairischen verbreiteten Merkmalen gehört die Diphthongierung der alten langen *e-, o-* und *ö-*Laute, z. B. *gɛːɐ*/Geh! (mhd. *gê*), vor Nasal *giːən*/gehen (mhd. *gên*); *grɔːɐs*/groß (mhd. *grôz*); *grɛːɐsr̩*/größer (mhd. *græzer*), vor Nasal *ʃiːɐn*/schön (mhd. *schœne*). Gelängte (mhd. kurze) *e-, o-* und *ö-*Laute werden im Südbairischen leicht diphthongiert, z. B.: *gʷeːɪsn̩*/gewesen, *fr̩meːɪgn̩*/vermögen, können, *oːɵfn*/Ofen, *eːɪfn*/Öfen. – Schriftsprachlich anlautendes *b-* bzw. *p-* wird in südbairischen Varietäten einheitlich als stimmloses *p-* ausgesprochen. Dieses ist aber unbehaucht, also z. B. *paːm*/Baum und nicht etwa **phaːm*! Alle diese Merkmale bestimmen nun auch die Lautstruktur des Tirolés.

Viele aus Tirol Ausgewanderte kamen aus dem alemannisch beeinflussten Oberinntal, dessen besondere Dialektmerkmale heute auch das Tirolés Pozuzos prägen. Ähnliche Formen wie das in Kap. 2.8.1 zitierte *kseːɪt*/gesagt, die sowohl im Oberinntal als auch im Tirolés Pozuzos gleichermaßen gelten, sind z. B.: *du treːɪscht*/du trägst, *ɛːr schleːɪt*/er schlägt, *mən freːɪt*/man fragt; *gaɪts*/gibt es (ahd. *gibit* > Kontraktion *giːt* > bair. Diphthongierung *gait*), *siːlaɪt*/sie liegt.

Auf alemannischem Einfluss beruhen auch Lautformen im Tirolés wie *gloːɵbm̩*/glauben (mhd. *glouben*), *roːɵch*/Rauch etc. Auch sie entsprechen dem Oberinntaler Herkunftsgebiet. Hier ist es allerdings zu keinem vollständigen Ausgleich zwischen den verschiedenen Tiroler Herkunftsvarietäten gekommen, denn es heißt im Tirolés nicht, wie im Oberinntal, *poːɵm*, sondern *paːm*/Baum, nicht *troːɵm*, sondern *traːm*/Traum und nicht *oːɵg*, sondern *aug*/Auge.

Auf der morphologischen Ebene zeigt das Tirolés hingegen einheitlich die nicht alemannischen Infinitive auf *-en*, also *traːmən*/träumen, *mɔxn̩*/machen usw., wie sie im größten Teil Tirols üblich sind, und nicht etwa *troːɵmə*, *mɔxə* usw. Letztere Formen gelten im Oberinntal westlich von Haiming (siehe Tiroler Sprachatlas TSA 59).[38] Nach Wortwurzeln, die auf *-m, -n* oder *-l* enden, ist im Tirolés *-en* als Verb- oder Substantivendung voll erhalten, z. B.: *ãːsaːmən*/einsamen, *roːɵnən*/Rahnen (rote Rüben), *mɔːlən*/mahlen etc. Diese Lautverhältnisse finden sich ebenfalls im Gebiet von Silz, Haiming und Umgebung wieder (siehe TSA 63).

Eine völlige Übereinstimmung mit den Oberinntaler Orten Silz und Haiming zeigt das Tirolés auf der morphologischen Ebene auch bei den alten *jan*-Verben vom Typ mhd. *næjen*/nähen: Während dieser Worttyp in Tirol sonst *naːn* oder ähnlich lautet, haben solche Verben im Tirolés sozusagen eine zusätzliche volle Infinitivendung, denn man sagt hier *naːnən* (Partizipium *gnaːnt*/genäht). Weitere Beispiele sind

---

[38] Egon Kühebacher, Tirolischer Sprachatlas 1 (Deutscher Sprachatlas. Regionale Sprachatlanten 3), Innsbruck/Marburg 1965 (im Folgenden TSA).

kxra:nən/krähen, *sa:nən*/säen, *dra:nən*/drehen. Genauso lauten diese Formen auch in Silz und Haiming. Diese beiden Gemeinden bilden zusammen mit ihrer engeren räumlichen Umgebung geradezu eine Insel mit *na:nən* innerhalb des Tiroler *na:n*-Gebiets (siehe TSA 60).[39]

2.9 Ein Pfarrer als Sprachlenker

Die strukturelle Übereinstimmung des Tirolés mit diesem kleinen Herkunftsgebiet hat zumindest indirekt mit der Person des aus Innsbruck stammenden Geistlichen Josef Egg zu tun: Er war die Schlüsselfigur bei der praktischen Durchführung des Auswanderungsprojekts und war vor der Auswanderung sowohl in Silz als auch in der Nähe von Haiming als Seelsorger tätig. Ihm folgten aus seinen Gemeinden im Oberinntal viele Auswanderungswillige, insbesondere kinderreiche Familien. Diese Oberinntaler Familien haben auch in den schwierigsten Phasen der langen Wanderschaft bei ihrem Pfarrer ausgehalten und erreichten die Kolonie, wo sie dann die Mehrheit unter den Ankömmlingen aus Tirol bildeten. Unter den aus anderen Teilen Tirols stammenden Personen gab es hingegen viele unabhängige jüngere Paare und Einzelpersonen, von denen zahlreiche aufgrund ihrer loseren Beziehung zu Josef Egg die Gruppe noch vor Erreichung des Ziels verließen.

Auch bei den Auswandernden aus dem Rheinland harrten vor allem die kinderreichen Familien bei dem Pfarrer aus und erreichten mit ihm die Kolonie. Sie waren den Tirolerinnen und Tirolern gegenüber aber in der Minderzahl. Sie stammten aus dem Moseltal und aus dem Westerwald. Somit bildeten sie mit ihren moselfränkischen bzw. hessischen Varietäten sprachlich eine weniger homogene Gruppe als die von Personen aus dem Oberinntal dominierten Ankömmlinge aus Tirol. Auch hatten sie gegenüber diesen das geringere Sozialprestige, nicht zuletzt deshalb, weil auch der Pfarrer und faktische Gründer der Kolonie ein Tiroler war. Der Anpassungsdruck für die emigrierten Personen aus dem Rheinland muss somit beträchtlich gewesen sein. Bereits in den 1870er-Jahren werden einige der verstorbenen rheinländischen Urkolonisten als *Tiroler* geführt,[40] was gewisse Rückschlüsse auf ihr Kommunikationsverhalten zulässt. Die vorwiegend oberinntalerische zweite Zuwanderung von 1868 nach Pozuzo und die Abwanderung von Leuten aus dem Rheinland ab 1891 in die Tochterkolonie Oxapampa verstärkten die Dominanz des Tiroler Dialekts.

2.10 Deutschsprachige Institutionen in der neu gegründeten Kolonie Pozuzo

Ein eigenes Pressewesen haben die Kolonisten und Kolonistinnen von Pozuzo nicht entwickelt. Peruanische Zeitungen, die der Pfarrer aus Lima erhielt, trafen mit großer Verzögerung im Ort ein. Mehrere Monate lang waren jene Sendungen unterwegs,

---

[39] Das im TSA als Beispielwort gewählte *mähen* kommt im Tirolés nicht vor, weil man in Pozuzo wegen der Geländeverhältnisse keine Sense verwenden konnte und das Futtergras mit der Sichel abschnitt.
[40] Vgl. SCHABUS, Pozuzo (wie Anm. 7) 293–294, 297.

die Josef Egg bis 1877 von Augustin Scherer von Tirol aus zugeschickt bekam.[41] Sie enthielten neben Gebrauchsgegenständen aller Art auch kirchliche Schriftsorten und Zeitungen.

Die Sitzungsprotokolle des Gemeinderats wurden auf Deutsch verfasst, bevor um etwa 1900 die peruanische Behörde auf Spanisch geschriebene Dokumente verlangte. Eingaben an die deutsche Gesandtschaft in Lima waren vor 1900 in einem guten Deutsch verfasst und sehr schön geschrieben. Danach wurden „aber selbst solche Bittgesuche, die in ihrem Inhalt ein Bekenntnis zum deutschen Volkstum enthielten, bereits in spanischer Sprache geschrieben".[42]

Der Schulunterricht wurde vom Pfarrer auf Deutsch erteilt und diente in der damals durchaus kirchlich geprägten Kolonistengesellschaft vorwiegend der Vermittlung von religiösen Inhalten. Der Kirchenbesuch am Sonntag war für alle verpflichtend. Im Zentrum fand täglich eine kirchliche Abendandacht statt. Jene Familien, die vom Zentrum weit entfernt wohnten, absolvierten abends zu Hause ein elaboriertes Gebetsritual auf Standarddeutsch.[43]

3. Sozialgeschichtliche und soziolinguistische Aspekte

3.1 Die weitere Entwicklung des Schulwesens

Die Kontinuität des vom Pfarrer auf Deutsch erteilten Unterrichts war unzureichend, weil Josef Egg als Seelsorger auch die andinischen Dörfer Muña und Chaglla betreuen musste und deshalb oft mehrmals im Jahr mehrere Wochen lang unterwegs war. Ansuchen des Pfarrers um staatliche Lehrkräfte hatten wegen der unregelmäßigen Gehaltsauszahlungen keinen nachhaltigen Erfolg. Die Schreibkompetenz der Erwachsenen um 1882 lässt sich an einem gegen einen Mörder auf Deutsch verfassten Todesurteil ablesen, das von 83 männlichen Kolonisten auf illegale Weise gefällt, unterschrieben und dann auch vollstreckt wurde. Die meisten Unterschriften lassen eine fehlende Schreibpraxis erkennen, 18 Kolonisten konnten ihren eigenen Namen nicht schreiben, unter ihnen acht Personen mit einem deutschen Namen.[44] 1895 kam der Tiroler Priester Franz Schafferer als Assistent und späterer Nachfolger des 1905 gestorbenen Josef Egg in die Kolonie und übernahm auch das Amt des Schulmeisters. In einem Brief nach Tirol beklagte er sich bitter über das fehlende Interesse der Kolonisten an einem regelmäßigen Schulbesuch ihrer Kinder. Er stellte fest, dass bisher sowohl der Schul- als auch der Religionsunterricht vernachlässigt worden seien. Bei Schafferer kam als einziges Unterrichtsmittel der katholische Katechismus zum Einsatz.[45]

Neben Schafferer wirkte zwischen 1905 und 1924 eine Pozucinerin als Lehrerin in Pozuzo, die auf Tirolés unterrichtete. Bis in die 1940er-Jahre konnte man in Pozuzo

---

[41] Nach dem Tod Scherers 1877 wurde der Kontakt mit der Kolonie von dem Tiroler Theologen Dr. Joseph A. Schöpf (gestorben 1899) aufrechterhalten. Ab 1938 wurden die in Pozuzo eingesetzten Missionare des Comboni-Ordens mit Zeitungen aus Tirol versorgt.
[42] KINZL, Pozuzo (wie Anm. 17) 50–51.
[43] Vgl. SCHABUS, Pozuzo (wie Anm. 7) 250–251.
[44] Vgl. ebd. 248.
[45] Vgl. ebd. 396–397.

trotz offizieller sechsklassiger Schulpflicht nur die ersten drei Schulstufen absolvieren. Viele Kinder besuchten die Schule jedoch nur ein oder zwei Jahre lang, weil ihre Arbeitskraft zuhause benötigt wurde. Einige Pozucinerinnen beendeten die Grundschule bei den deutschen Franziskanerinnen in Oxapampa und wirkten danach in Pozuzo als Lehrerinnen. Zwei von ihnen erwarben nach Fortbildungskursen in Lima das staatliche Diplom.

Bis 1933 herrschte bei den Kolonistinnen und Kolonisten der ungesteuerte Erwerb des Spanischen vor, etwa im Umgang mit peruanischen Hilfskräften.[46] Ab 1934 unterrichtete die Pozucinerin Carolina Egg Johann an den drei damaligen Grundschulen auf Spanisch, mit Deutsch als Stützsprache; sie hatte zuvor eine mehrjährige Ausbildung an einem Franziskanerinnenkloster in Kolumbien absolviert. 1946 kam ein spanischsprachiger Lehrer aus Lima in die Kolonie, der bis 1951 durchgehend die Knabenschule in Prusia leitete. Er war die erste staatlich geprüfte Lehrkraft in der Kolonie. Zusammen mit Carolina Egg gilt er als Begründer moderner Schulpädagogik in Pozuzo.

Ab den 1980er-Jahren wurden auch in vielen kleinen Weilern Schulen eingerichtet. Heute gibt es im Distrikt Pozuzo 44 sechsstufige *Primarias,* Grundschulen. Eine fünfstufige *Secundaria,* Oberstufenschule, gibt es im Zentrum, in Prusia und in der Sekundärsiedlung Santa Rosa.

Wilfredo Laura Contreras, der ehemalige Direktor der *Secundaria Túpac Amaru* im Zentrum, hat sich erfolgreich für die Einführung von Deutsch als Fremdsprache an den Schulen Pozuzos eingesetzt. Für seine Verdienste um das kulturelle Erbe Pozuzos, das er als für Peru einzigartig erkannt hat, wurde er vom peruanischen Kongress ausgezeichnet. Ab 1995 wurden Lehrpersonen aus Österreich nach Pozuzo entsandt, seit 2003 sind es einheimische Kräfte, die für den Deutschunterricht am Goethe-Institut in Lima ausgebildet werden. Ein österreichischer Verein in Tirol unterstützt diese Ausbildung finanziell.[47]

3.2 Die weitere Entwicklung des Kirchenwesens

Friedrich Gerstäcker bezeichnet die Lage Pozuzos wegen der Abgeschiedenheit des Ortes sehr zutreffend als „so unglücklich gewählt, wie nur irgend möglich".[48] Als 1891 ganz Pozuzo mit behördlicher Genehmigung in die neu gegründete höher gelegene, weiträumige und klimatisch gesündere Tochterkolonie Oxapampa umgesiedelt werden sollte, war Pfarrer Egg vehement dagegen. Er missbilligte das neue Streben „nach großen Kapitalien" und weltlicher Zerstreuung und forderte eine Rückbesinnung auf christliche Bescheidenheit. Richard Payer warf ihm vor, die Kolonisten vor jedem äußeren Einfluss bewahren zu wollen, damit sie „nichts von dem Glauben und der Tradition ihrer Väter im Lande Tirol einbüßen".[49] Der Gründer des gemischt-

---

[46] Näheres siehe ebd. 397–398.
[47] Freundeskreis für Pozuzo, ZVR: 035160234, Obmann Emanuel Bachnetzer, c/o Großer Sandbühel 11, A-6424 Silz.
[48] Friedrich GERSTÄCKER, Achtzehn Monate in Süd-Amerika und dessen deutschen Colonien, Band 2, Leipzig 1863, 274.
[49] Richard PAYER, Geschichte einer österreichischen Kolonie in den Anden, in: Österreichische Rundschau 32/5, Wien 1912, 375–386, vgl. bes. 384.

nationalen Oxapampa stammte aus einer protestantischen Einwandererfamilie aus Lübeck in Norddeutschland. Dieser Umstand dürfte Egg in seiner ablehnenden Haltung bestärkt haben.

Ähnliches wiederholte sich unter Eggs Nachfolger, dem Tiroler Franz Schafferer. Obwohl dieser ökonomisch denkende und unternehmerisch handelnde Priester das landknappe Pozuzo, ähnlich wie Gerstäcker, für ein Unglück hielt, wandte er sich 1924 gegen die Abwanderung von Pozuciner Familien in die von einem Protestanten aus Bremen in Norddeutschland gegründete Tochterkolonie Villa Rica, die sich schnell zu einem florierenden Kaffeeproduzenten entwickeln sollte. Denn als Seelsorger war Schafferer ähnlich wie Josef Egg um die sittliche Unversehrtheit seiner katholischen Gemeinde besorgt. Auch Eheschließungen mit indigenen Partnern lehnte er ab. Nach seinem Tod im Jahr 1936 kam es unter seinem provisorischen Nachfolger in Pozuzo zu einer plötzlichen Zunahme ethnisch gemischter Ehen. 1938 kamen zwei Bayern und ein Tiroler als Missionare des Comboni-Ordens MCCJ in die Kolonie. Dieser Orden, unter dem sich der demographische Strukturwandel der Kolonie fortsetzte, blieb bis 2009 in Pozuzo präsent.

Die Kolonisten sahen sich einer immer stärker werdenden Zuwanderung ausgesetzt. Ihre damit einhergehende soziokulturelle Marginalisierung erlebten die Traditionsbewussten unter ihnen als einen ständigen Angriff auf ihr Selbstwertgefühl, das sie über ihre europäische Herkunft und ihre quasi-heroischen Pioniertaten definierten. 1979 wurde im Zusammenwirken mit dem Land Tirol ein Kulturverein gegründet, die *Asociación de Historia y Cultura de Pozuzo*. Da die späteren Comboni-Missionare aber immer mehr an einer ethnosozialen Öffnung Pozuzos interessiert waren, wurde bei den konservativeren Nachfahren der Eingewanderten der Pfarrer als Integrationsfigur immer häufiger in Frage gestellt. Besonders dann, wenn er für die indigenen Gläubigen neue, folkloristische Elemente in den althergebrachten kirchlichen Ritus einzubauen versuchte. Denn die alten Kolonisten wollten an den ernsten kirchlichen Traditionen der sogenannten Vorväter festhalten. Je kritischer aber ein liberaler Pfarrer von ihnen beurteilt wurde, desto mehr suchte und fand dieser Pfarrer Rückhalt und Bestätigung bei Mestizen und Indigenen. Denn schon Pfarrer Egg hatte festgestellt, dass „die Indianer […] besonders die Priester ehren".[50]

Früher war der Geistliche die höchste Autorität im Dorf. Seit den 1960er-Jahren ist diese Autorität immer mehr erodiert. Seit 2009 gibt es in Pozuzo keinen Comboni-Missionar und somit auch keinen deutschsprachigen Pfarrer mehr. Der gegenwärtige Weltpriester kommt aus Huánuco und spricht Spanisch und Quechua.

1988 wurden am Ostersonntag das Messlied *Hier liegt vor deiner Majestät* sowie fünf weitere Lieder von Michael Haydn gesungen, die damals noch zum traditionellen Kirchenlied-Repertoire gehörten. Teile der Messe hielt der Pfarrer damals noch auf Deutsch. Heute wird sonntags in der alten Josefskapelle eine sogenannte deutsche Messe zelebriert, die ihren Namen davon hat, dass ältere Kolonistinnen ein paar Lieder wie *Kommet alle zu mir* singen.[51] Ansonsten wird das Deutsche heute in den Kirchen Pozuzos kaum mehr verwendet.

---

[50] Tiroler Schützenzeitung vom 9.6.1858.
[51] SCHABUS, Pozuzo (wie Anm. 7) 353–354.

3.2.1 Standarddeutsche Textsorten und schriftliche Umsetzung des Tirolés

Die seit Pfarrer Josef Egg angelegte alte Musikaliensammlung in der Josefskapelle umfasst Literatur mit insgesamt 224 deutschen neben 44 lateinischen und 18 spanischen Titeln. Einige Kirchenlieder, wie z. B. *Großer Gott, wir loben dich*, werden bei bestimmten Anlässen bis heute gesungen.

Es gab auch unter den Comboni-Missionaren noch einige, die sich für die Pflege deutscher Liedkultur einsetzten, so vor allem der aus Südtirol stammende Pater Johann Pezzei, der von 1948 bis 1964 in Pozuzo gewirkt hat. Auf ihn geht neben einer Sammlung von Weihnachtsliedern eine reiche Tradition von weltlichen Liedern zurück, von Heimat- und Volksliedern, wie z. B. *Weißt du, wieviel Sternlein stehen*. Von ihm stammt auch der Text zum sogenannten Pozuzolied *Da, wo der Huancabamba fließt*, gesungen nach der Melodie von *In München steht ein Hofbräuhaus*. Das Pozuzolied hat den Rang einer Hymne und kommt bei bestimmten Anlässen bis heute zur Aufführung, ebenso wie *Tirol isch lei oans*, das die Einzigartigkeit Tirols besingt. Das patriotische Heimatlied *Auf zum Schwur, Tirolerland* wird am Kolonistentag gesungen, am 25. Juli.[52] Manche dieser Texte werden heute aber auch von älteren Personen nicht mehr vollständig verstanden, dann wird etwa das *Alphorn* im Tiroler Heimatlied zu einem bedeutungslosen *Alfon* verballhornt.

Es gibt auch einige Lieder mit mündlicher Überlieferung. Bei den vorgenommenen Versuchen einer schriftlichen Aufzeichnung dieser Lieder wird deutlich, dass sich keine kodifizierte Schriftform des Tirolés entwickelt hat:[53]

Beispiel 1: *Hünerhachsen mit Aji / jupheidi, jupheida. / fält in keinen Hause nie / jupheida, jupheida. / ist der kaffee auch niemalss knapp, wir trinken lieber den Guarap.* – Eine standardgemäße Übertragung dieser Zeilen würde etwa wie folgt lauten: *Hühnerkeulen mit Aji* (Chili) / *jupheidi, jupheida, / fehlt in keinem Hause nie / jupheida, jupheida. / Ist der Kaffee auch niemals knapp, / wir trinken lieber den Guarap* (alkoholisches Zuckerrohrgetränk). – Diesen Text hat eine 1938 geborene Frau aus Pozuzo-Prusia 1950 in ihr Liederheft notiert. Sie besuchte damals die Schule der deutschen Franziskanerinnen in Oxapampa und wurde später selbst Lehrerin. Deshalb war sie in der Lage, diese Zeilen, wenn auch orthografisch fehlerhaft, nach den Konventionen der deutschen Graphematik zu schreiben.

Beispiel 2, ein Wiegenlied: *jaya popa siesa di Engelan los dier Grüssen, die Engelain los dier frog, omsa quenan Cransala trog.* – Übersetzung: *Heia Puppe* (Kindchen) *süße, die Englein lassen dich grüßen, die Englein lassen dich fragen, ob sie können Kränzlein tragen.* – Dieser Text wurde von einer 1943 geborenen Frau aus Pozuzo-Zentrum in ihr Liederheft notiert. Die Anleihen am deutschen Buchstabeninventar sind hier rudimentär, der dialektale Text wird größtenteils nach den Konventionen der spanischen Graphematik umgesetzt. Besonders deutlich wird dies bei *jaya* für *heia* (spanisch /j-/ für Hauchlaut *h*) und bei *quenan* für *khenen/können* (spanisch /qu/ vor *e* für Verschlusslaut *k*).

---

[52] Der 25. Juli 1859 gilt als das Gründungsdatum Pozuzos. (Der 25. Juli ist der Tag des hl. Jakobus, des Patrons der Pilger.)
[53] SCHABUS, Pozuo (wie Anm. 7) 361–362.

3.3 Politik und sprachrelevante psychosoziale Faktoren

Im Jänner 1942 wurden in Pozuzo minderheitenpolitische Maßnahmen wirksam, wie etwa ein Verbot deutschen Vereinslebens oder ein Zwang zur alleinigen Verwendung des Spanischen in der Schule. Diese Maßnahmen haben die Verdrängung der deutschen Sprache in Pozuzo beschleunigt. Noch einschneidender hat sich aber später die Politik von General Juan Velasco Alvarado ausgewirkt, der 1968 durch einen Militärputsch peruanischer Staatspräsident geworden war. Velasco betrieb eine radikale Bodenreform, indem er große Grundbesitzer zugunsten von indigen-bäuerlichen Genossenschaften enteignete. Dies betraf zwar nur die vorwiegend *weiße* Oberschicht im Lande, es führte aber auch zu einer Stigmatisierung aller übrigen *weißen* Zuwanderer. Diese liefen nun Gefahr, als Invasoren und Ausbeuter des peruanischen Volkes betrachtet zu werden. In diesem politischen Klima fühlte sich der Bischof von Huánuco veranlasst, den Gebrauch des Deutschen in Pozuzo auch für personenbezogene kirchliche Handlungen zu verbieten, etwa bei Trauungen von Tirolstämmigen.

Die drohende politische Stigmatisierung führte vor allem bei den jungen Kolonisten zu einer Scheu, sich zu ihrem deutschen Dialekt zu bekennen. Frau Juana Koch Meyer de Villar (1919–2000), eine Dialektsprecherin aus Prusia, machte die Erfahrung, dass unter Velasco sogar die authentischsten Tirolés-Sprecher aufgehört haben, mit ihr Tirolés zu reden. Der Autor dieses Beitrags erlebte bei seinem zweiten Aufenthalt in Pozuzo zu Ostern 1989 ein ähnliches Phänomen, damals hervorgerufen von der terroristischen Bedrohung durch den *Sendero Luminoso,* den *Leuchtenden Pfad.*

4. Phonetik und Phonologie

4.1 Das dialektale Lautinventar mit Beispielwörtern

4.1.1 Kurzvokale

/i/ → [i ~ ɪ]
ins uns, *it* nicht, *niks* nichts, *fiʃ* Fisch, *ʃif* Schiff, *ksixt* Gesicht, *plint* blind, *dikx* dick, *filtsn̩* Filtzen (Maiskolbenblätter), *ʃtiŋgl̩* Stängel, *ʃbilər* Schwiller (Eber), *grimən* Bauchgrimmen, Blähungen (Rind), *ʃindlən* Dachschindeln, *plitsn̩* blitzen, *birxn̩* wirken (weben), *ʃilchn̩* schielen, *prinən* brennen, *giftɪk* giftig, *softɪk* saftig, *huəmlɪk* heimlich, *riːəwɪk* ruhig; *hitɐ* Hütte, *tirkn̩* Türken (Mais), *fɪrtɪk* „Fürtuch" (Schürze), *pɪrʃtɐ* Bürste, *ʃlisl̩* Schlüssel, *piʃl̩* Büschlein (Blume), *ʃtipfl̩* Stüpfel (Stichel), *piŋkl̩* Bünkel (Beule), *fɪrxtn̩* fürchten, *prilən* brüllen (Rind), *dir* dürr, *dint* dünn, *riŋ* leicht, *kxirtsr* kürzer etc.

/e/ → [e ~ ɛ ~ ə ~ ɐ]
nets Netz, *pet* Bett, *feʃt* fest, Fest, *heft* Griff (an Sichel), *mes* Messe (Gottesdienst), *mesr* Messer, *kxessl̩* Kessel, *esɪk* Essig, *beʃpə* Wespe, *bent* Wände, *pfefr* Pfeffer, *lekə* Legge (Stapel), *ʃtekxn̩* Stecken, *fetr* Vetter (Onkel), *pretr* Bretter, *kxetnɐ* Kette, *pletʃn̩* Pletschen (großblättrige Pflanzen), *ʃelfɐ* (Ei)schale, *henɐ* Henne, *dreʃn̩* dreschen (jemanden verhauen), *esn̩* essen, *kxenən* können, *kxet* gehabt, *betsn̩* wetzen, *pesr* besser, *seksə* sechs, *ɐˈbekx* weg, *epɐs* etwas, *eprn̩* etwer (jemand), *eŋkx* euch, *det* dort, damals;

pekx Böcke, kxepf Köpfe, kʃlesr Schlösser, lefl̩ Löffel, lexr Löcher, ʃtekx Stöcke, kxrepf Kröpfe, rekx Damenröcke, tsepfɐ Zöpfe; – ɛts jetzt, pex Pech, pextr Pächter, ʃprekl̩ Sommersprossen, tɛksl̩ Dechsel, ˈheɪ̯gɐdɛks Eidechse, fettɐ Fett, lɛtn̩ Letten (feine Erde), trepɐ Treppe (gestufte Auffahrt), lɛprɐ Lippe, ɛrbl̩ Ärmel, tsɛnt Zähne, ʃtexn̩ stechen, presn̩ pressen, ʃrɛŋkxn̩ schränken (Sägezähne spreizen), dɛrfn̩ dürfen, fɛrbm̩ färben, bɛrt wird, fɛrtɪk fertig, ˈɔːbɛrts abwärts, bɛlkx welk, ʃlext schlecht, rext recht etc.

/a/ → [a]
Für mhd. ë vor l oder r+Konsonant: galt Geld, salbr selber, harts Herz, park Berg, barxtɪk Werktag, malxn̩ melken, salxn̩ selchen, halfn̩ helfen, barfn̩ werfen, palən bellen, hal hell, ˈsalɐmɔːl selbenmal(s) (damals) etc. – Vor ʃ: taʃɐ Tasche, aʃn̩ Asche, baʃn̩ waschen etc. – Für mhd. ä (Sekundärumlaut): pax Bäche, ʃtal Ställe, mandr̩ Männer, kxaʃtn̩ Kästen, gartn̩ Gärten, kxarrn̩ Karren (Plural), antn̩ Enten, gansr Gänserich, kxampl̩ Kamm, kxraksɐ Kräxe (Rückentraggestell), haksn̩ Hächsen (Füße), gnakx Genick, flaʃlɐ Fläschlein, gaŋgɐt ginge (Konjunktiv), haʃt hättest, garbm̩ gerben, fakhlən junge Schweine werfen, ʃnarchlən schnurren (Katze), jamr̩n jammern, winseln, naxt nächtens (gestern Abend), naxtn̩ gestern etc. – Für nhd. /au/: rafn raufen (mhd. roufen). – In Lehnwörtern und jüngeren Entlehnungen, z. B. talr̩ Teller, tʃakrɐ Feld (chacra, siehe Quechua-Wörterbuch 2213)[54], traŋkɐ Zaungatter (span. tranca) etc.

/u/ → [u]
burm Wurm, burtsɐ Wurzel, turtn̩ Torte (Kuchen), kxuxɐ Küche, pukl̩ Buckel (Rücken), mukɐ Mücke, prukɐ Brücke, lukxɐ Lücke, supɐ Suppe, putr Butter, tutn̩ Zitzen, burʃt Wurst, ʃtumpf Strumpf, sunɐ Sonne, prunən Brunnen, plundr Handwerkszeug, ɐˈguʃt August, furtsn̩ furzen, kxurts kurz, runt rund, trukxn̩ trocken, ˈumhɐ umher (herum) etc.

/o/ → [o ~ ɔ]
pokx Bock, oks Ochse, ʃtokx Stock, rokx Damenrock, kxopf Kopf, kxropf Kropf, kʃlos (Tür)Schloss, ʃotn̩ Schotten (Quark), motn̩ Motten, gloki̯ Glocke, bolɐ Wolle, Schimmel, prokxn̩ brocken (pflücken), hokxn̩ hocken, kxlokxn̩ klopfen, kxoxn̩ kochen, gmolxn̩ gemolken, kʃosn̩ geschossen, psofn̩ besoffen, oft oft; mɔrgi̯ morgen, mɔrgɛts am Morgen, kxɔrp Korb etc.

/ɔ/ → [ɔ]
pɔx Bach, ʃtɔl Stall, mɔn Mann, kxɔʃtn̩ Kasten, kxɔrrn̩ Karren (Einzahl), rɔts Ratte, lɔts Latz (Seilknoten), sɔlts Salz, kxɔlp Kalb, kxɔmp Kamm (eines Hahnes), pɔŋkx Bank, bɔnt Wand, ɔŋgl̩ Angel (Stachel), ˈlɔmpsɔm langsam, flɔʃɐ Flasche, ɔkslɐ Achsel, mɔrx Ohrenmarkierung (bei Schafen), bɔsr̩ Wasser, fɔtr̩ Vater, fɔkxlɐ Fackel, sɔnt Sand, ʃbɔm Schwamm, gɔrtn̩ Garten, kxlɔmpərɐ Klammer, kʃɔlən gefallen, hɔkxn̩ hacken, kxrɔtsn̩ kratzen, mɔxn̩ machen, hɔn (ich) habe, hɔʃt (du) hast, hɔt (er) hat, hɔpts (ihr) habt, lɔsn̩ lassen, flɔkxn̩ plaːɪ̯bm̩ liegen bleiben, gɔlt galt (keine Milch gebend), bɔrm warm etc.

---

[54] Philip Jacobs, Vocabulary / Simi Taqe / Simi Taqi / Simikuna / Shimikuna. Runasimi – Deutsch – English – Español – Français (im Folgenden QuechuaWb), vgl. http://www.runasimi.de/runasimi.zip (Zugriff 20.03.2023).

[ə, ɐ]

[ə] e-ähnlicher, [ɐ] a-ähnlicher Laut. Diese schwach artikulierten (*gemurmelten*) Kurzvokale kommen vor allem in Vor- und Nachsilben sowie in einigen Diphthongen vor, z. B. *ʃtɛːɐlən* stehlen. Sie stehen in keiner phonologischen Opposition zu den Vollvokalen /e/ oder /a/. Häufig werden sie aber wie diese artikuliert, besonders in Verwandtschaftsbezeichnungen und Diminutivformen, z. B. *'toːɐ̯ˌta* Taufpatin.

4.1.2 Langvokale

/iː/ → [iː]

iː ich, *fiːx* Vieh, *ʃtiːr* Stier, *giːtʃɐ* Gitsche (Mädchen), *tswiːfl̩* Zwiebel, *tsiːfr* Ziefer (Kleinvieh), *biːdr* wieder, *niːdr* niedrig, *ksiːxn̩* geseiht, *khʋˈmiːn* Kamin, *miːlɐx* Milch, *ʃtriːgl̩* Striegel (eine Art Bürste), *riːbaːɪsn̩* Reibeisen, *tswiːrn* Zwirn, *hiːrn* Hirn (Stirn), *fiːrtl̩* Viertel, *liːgŋ̍* liegen, *biːxrn̩* wiehern, *fiːl* viel, *miːr* mir, *diːr* dir, *iːrə* ihr, *siː* sie, *giːp* (ich) gebe, Gib!, *siːx* (ich) sehe, *siːxʃt* (du) siehst, *siːxt* (er) sieht etc. – Für umgelautetes /uː/: *miːl* Mühle, *priːgl̩* Prügel, *kxiːbl̩* Kübel, *fliːgl̩* Flügel, *piːxl̩* Bühel, *kxiːfr* Koffer (Plural), *sĩːʃ* sonst (mhd. *sünst*) etc.

/eː/ → [eː ~ eːɪ]

beːɪk Weg, *eːʃt* Nest, *heːɪfl̩* Hefe, *'heːf muˌətr* Hebamme, *gweːɪr* Gewehr, *kxeːrn̩* kehren, *seːɪgn̩* Segen, *reːɪgŋ̍* Regen, *preːmə* Bremse (Insekt), *ʃeːdl̩* Schädel, *kxeːfr* Käfer, *ʃtreːɪp* Streu, *feːdrʋ* Feder, *laːɪbərə* Leber, *treːtn̩* bespringen (Hahn die Henne), *kʃeːɪxn* geschehen, *peːɪtn̩* beten, *geːɪbm̩* geben, *heːɪbm̩* heben, intakt bleiben, *meːɪgŋ̍* mögen (mhd. *megen*), *reːɪdn̩* reden, *leːɪgŋ̍* legen, *gʷeːɪsn̩* gewesen, *kxeːɪmən* kommen, *tseːnə* zehn, *deːɪs* das (Demonstrativpronomen), *eːɪs* ihr, *beːɪn* wen etc. – Als Umlaut zu *a*-Lauten: *neːɪgl̩* Nägel, *neːni* Neni (Großvater), *ʃeːɪlən* schälen, *ʃpeːnən* spenen (ein Kalb von der Mutterkuh entwöhnen) etc. – Als Umlaut zu /oː/: *eːɪl* Öl, *treːk* Tröge, *heːɪfə* Höfe, *kxneːɪdl̩* Knödel, *heːɪbl̩* Hobel (Plural), *heːnɪk* Honig, *teːɪti* Töti (Taufpate), *peːɪgə* Böge (Schubkarren), *peːɪglən* bügeln (zu „Bogen"), *reːɪxn* rauchen (zu *roːɐ̯x* Rauch) etc. – In kontrahierten Formen (siehe Kap. 2.8.3): *seːɪt* sagt, *treːɪt* trägt, *ʃleːɪt* schlägt, *freːɪt* fragt etc.

/aː/ → [aː]

Für mhd. ä (Sekundärumlaut) in Dehnstellung: *taːk* Tage, *graːbm̩* Gräben, *baːl* Wale (Wasserrinnen), *ʃaːf* Schafe, *ʃaːflə* Schäflein, *paːrn̩* Barne (Futtertröge), *faːdn̩* Fäden, *laːdn̩* Läden (dicke Bretter), *hãːr* Hähne, *laːʃə* Läsche (weiblicher Hund), *traːgət* trächtig etc. – Für mhd. æ (Umlaut von mhd. â): *kxaːs* Käse, *ʃaːr* Schere, *naːlə* Nähle (Großmutter), *raːtik* Rettich, *tsaːxr* Zähre (Träne), *taːt* täte, *baːrɐt* wäre, *haːrn̩* hären, *laːrn̩* leeren, *gfaːlt* gefehlt, *kxraːnən* krähen, *naːnən* nähen, *draːnən* drähen, *saːnən* säen, *haːl* glatt, *ʃpaːt* spät, *tsaːx* zäh, *ʃbaːr* schwer, *gjaːg* Gejage (das G. haben, auf läufige Katze bezogen) etc. – Für mhd. ou vor m: *raːm* Rahm, *paːm* Baum, *traːm* Traum etc. – In Lehnwörtern: *praːf* brav (sich wohl verhaltend), *hɛkhˈtaːr* Hektar, *kxʋlˈpaːr* Sekundärwald (vgl. *khallpa*, QuechuaWb 8189), *jaː* bereits, sogleich (spanisch *ya*) etc.

/uː/ → [uː]

tuːrn Turm, *ʃtuːbe*, *gluːfɐ* Glufe (Sicherheitsnadel), *kxuːfr* Koffer, *ruːfə* Rufe (Wundkruste), *pruːsɐlən* Brotbrösel, *kxuːsələ* Kuh (Koseform), *huːdr* Huder (Wischtuch), *nuːdlən* Nudeln, *juːni* Juni, *juːli* Juli, *ruːtʃn̩* rutschen etc.

/oː/ → [oː ~ oːʊ̯]

hoːʊ̯f Hof, *roːr* Rohr, *kxoːr* Chor (Empore), *troːk* Trog, *kxroːʊ̯tə* Kröte, *oːfn̩* Ofen, *kxnoːʊ̯dn̩* Knöchel, *hoːʊ̯bl̩* Hobel, *toːʊ̯tɐ* Taufpatin, *loːʊ̯snən* horchen, *hoːlən* holen, *loːʊ̯s* los; *ploːs* bloß (Adverb), *proːʊ̯t* Brot etc. — Für mhd. *ou* (vgl. Kap. 2.8.3): *oːʊ̯* auch, *roːʊ̯x* Rauch, *ʃtoːʊ̯p* Staub, *kxoːfn̩* kaufen, *gloːʊ̯bm̩* glauben etc. — Für *a*-Laute vor Nasalen: *hõːʊ̯̃* Hahn, *mõːʊ̯̃* Mond (mhd. *mâne*), *oːʊ̯nə* ohne (mhd. *âne*), *tõːʊ̯̃* getan, *roːʊ̯nə* Rane (rote Rübe), *hoːʊ̯mr* Hammer etc.

/ɔː/ → [ɔː]

hɔːr Haar (mhd. *hâr*), *grɔːs* Gras (mhd. *gras*), *ʃɔːf* Schaf, *mɔːs* Maß, *tɔːk* Tag, *hɔːk* Hag (umzäunter Melkplatz), *bɔːl* Wasserrinne, *bɔːg* Waage, *ɔːdrɐ* Ader, *ɔːtn̩* Atem, *miˈtɔːg* Mittag, *fɔːdn̩* Faden, *lɔːdn̩* Laden (dickes Brett), *grɔːbm̩* Graben, *kxɔːbes* Kabeß (Kraut), *ʃwɔːgr* Schwager, *sɔːlɐt* Salat, *rɔːfn̩* Dachsparren, *pɔːsə* Base, *pɔːrn̩* Barn (Futtertrog), *gɔːrn* Garn, *ɔːrm* Arm, *ɔːrʃ* Arsch, *fɔːxn̩* fangen, *prɔːtn̩* braten, *mɔːlən* mahlen, *glɔːdn̩* geladen, *aːʊ̯grɔːbm̩* aufgraben, *mɔːg* (ich) mag, *trɔːgŋ̍* tragen, *trɔːgɐt* (ihr) tragt, *ˈɔːmɔxn̩* abmachen, *lɔːp* lau (mhd. *lâw*), *grɔːt* gerade, *nɔːx* nach, *dɔː* da, *jɔː* ja, *ɔːhɐ* abher (her-, hinunter) etc.

4.1.3 Diphthonge

/ui/ → [uːɪ̯ ~ uɪ̯ ~ uːj ~ oɪ̯]

nuɪ̯ neu (mhd. *niuwe*), *druɪ̯* drei Uhr, *tuːjr* teuer, *fuːjr* Feuer, *hoɪ̯rɐ* heuer, *gruɪ̯pm* Speckgrieben, *kxnuɪ̯dl̩* Knäuel, *kxuɪ̯jə* Kinn, *tsuːɪ̯x* Ziehe!, *tsuːɪ̯xʃ* (du) ziehst, *tsuːɪ̯xt* (er) zieht, *ʃuɪ̯p* (ich) schiebe, *ʃuːɪ̯pʃ* (du) schiebst, *ʃuːɪ̯pt* (er) schiebt etc.

/ie/ → [iːə ~ iːɐ ~ iə]

liːɐxt Licht (ahd. *lioht*), *kxniːə* Knie, *miːəs* Moos, *diːərnɐ* Dirne (Magd), *ʃtiːəgɐ* Stiege, *tiːəf* tief, *liːəp* lieb, *ʃiːəx* hässlich, *tsiːəxn̩* ziehen, *ʃiːəbm̩* schieben, *kxliːəbm̩* klieben (spalten), *niːəsn̩* niesen, *fliːəgŋ̍* fliegen, *liːəgŋ̍* lügen, *giːəsn̩* gießen, *siːədn̩* sieden, *frˈdiːənt* verdient, *ʃtiːəpt* (es) staubt, *biə* wie, *diə* die etc. — Für umgelautetes /ue/: *hiːət* Hüte, *kxiːɐ* Kühe, *fiːəs* Füße, *pliːə* Blüte, *priːədr* Brüder, *piːəxr* Bücher, *griːɐ̃* grün, *miːət* müde, *siːəs* süß, *riːəbɪk* ruhig, leise, *friːəgr* früher, *miːəsn̩* müssen, *pliːətn̩* bluten, *riːərn̩* rühren, *ˈaːʊ̯riːəslən* aufrüsseln (aufwühlen mit dem Schweinerüssel), *tĩːə̃* tun, *tstiːən* zu tun etc. — Für mhd. *ê* und *œ* vor Nasal: *kxrĩːə̃* Kren, *biːənɪk* wenig, *giːən* gehen, *ʃtiːən* stehen; *ʃiːɐ̃* schön etc. — Für umgelautetes /oa/ vor Nasal, z. B. *kxliːəndr̩* kleiner.

/ue/ → [uːə ~ uːɐ ~ ũːɐ̃ ~ uɐ]

kxuːɐ Kuh (mhd. *kuo*), *puːɐ* Bub, Sohn, *ruːɐ* Ruhe, *ʃnuːɐr* Schnur, *pluːət* Blut, *puːɐx* Buch, *kxruːɐk* Krug, *ʃtuːəl* Stuhl, *huːət* Hut, *muːətr̩* Mutter, *fuːətr̩* Futter (Gras), *huːəʃtə* Husten, *puːərɐ* Heuburde, *ʃtuːədlɐ* Webstuhl, *fuːɐx* Schuhe, *muːəs* (ich) muss,

Mus, *suːɐxn̩* suchen, *tuːə* Tu!, *tuət* tut, *guːɐt* gut, *gmuɐk* genug, *tsuːɐ* zu etc. – Für /oa/ vor Nasal: *ʃtũːẽ* Stein, *fuːɐm* Schaum, *luːɐm* Lehm, *luːɐnə* Lehne, *huːɐm* heim, *kxlũːẽ* klein, *kxũːẽ* kein, *ũːẽ* ein (Zahlwort), *ũːẽs* eins, *ɐ 'lũːẽ* allein; *luːẽ* Lohn etc.

/ea/ → [ɛːɐ]
sɛːɐl Seele (mhd. sêle), *kxlɛːɐ* Klee, *bɛːɐ* Weh, *rɛːɐx* Reh, *ʃnɛːɐ* Schnee, Schlagobers, *tsɛːɐxn̩* Zehe, *mɛːɐrɐ* mehr, *'umkxɛːɐrn̩* umkehren, *ʃtɛːɐ* Steh!, *gɛːɐ* Geh!; *gɛːɐl* gelb, *s-ɛːɐrʃtə* das Erste etc. – Für gelängtes altes ë vor l und r: *mɛːɐl* Mehl, *ʃtɛːɐlən* stehlen, *ɛːɐrt* Erde, *hɛːɐrt* Herd, *ʃtɛːɐrn* Stern, *fɛːɐrʃtə* Ferse, *kxɛːɐrn* Kern, *hɛːɐr* her, *ʃɛːɐrn* scheren, *gɛːɐrn* gären, *plɛːɐrn* plärren, *bɛːɐr* wer, *dɛːɐr* der etc. – Für umgelautetes /oa/: *grɛːɐsr* größer, *flɛːɐs* seicht (Wasser), *gnɛːɐtik* genötig (eilig), *kxɛːɐrt* gehört, *bɛːɐrtr̩* Wörter, *mɛːɐrtl̩* Mörtel, *dɛːɐrn* Dornen, *pɛːɐrʃtr̩* Borsten; *rɛːɐf* Reifen, *lɛːɐp* Brotlaibe, *gɛːɐs* Geißen, *pɛːɐdə* beide, *prɛːɐtr̩* breiter, *bɛːɐxr̩* weicher, *hɛːɐsr̩* heißer etc.

oa → [ɔːɐ]
ʃtrɔːɐ Stroh (mhd. strô), *lɔːɐx* Gerberlohe, *rɔːɐsn̩* Rosen, *ɔːɐʃtrn̩* Ostern, *rɔːɐt* rot, *grɔːɐs* groß, *hɔːɐx* hoch, *tɔːɐt* tot, *ʃtɔːɐsn̩* stoßen; *lɔːɐp* Brotlaib (mhd. leip), *sɔːɐl* Seil, *rɔːɐf* Reif, Ring, *ɔːɐr* Eier, *ʃbɔːɐf* Schweif, *gɔːɐs* Geiß, *ʃtrɔːɐf* Streifen, *sɔːɐfə* Seife, *tsɔːɐxn̩* Zeichen, *ʃpɔːɐxn̩* Speichen, *ɔːɐxr* Eichhörnchen, *bɔːɐdə* Weide, *lɔːɐtrə* Leiter, *prɔːɐt* breit, *hɔːɐs* heiß, *bɔːɐx* weich, *hɔːɐkl̩* heikel, *sɔːɐxn̩* seichen (urinieren) etc. – Für /o/ in Dehnstellung vor r: *ɔːɐrt* (das) Ort (Endpunkt), *hɔːɐrn* Horn, *bɔːɐrt* Wort, *pɔːɐrər* Bohrer etc.

/ai/ → [aːi̯ ~ ai̯]
baːi̯n Wein (mhd. wîn), *des baːi̯bəts* das Weib (Frau), *raːi̯s* Reis, *kxaːi̯m* Keim, *fraːi̯nr* Schreiner, *paːi̯tʃə* Peitsche, *taːi̯ksl̩* Deichsel, *gaːi̯jr* Geier, *baːi̯jr* Weiher, *ʃbã:ĩ* Schwein, *ʃaːi̯s* Mist, *aːi̯sn̩* Eisen, *pai̯ən* Bienen, *fraːi̯dhof* Friedhof, *ʃtaːi̯l* steil, *fã:ĩ* fein, *glaːi̯* gleich, *laːi̯xt* leicht, *kʃaːi̯dər* gescheiter, *baːi̯s* weiß, *paːi̯sn̩* beißen, *ʃaːi̯nən* scheinen, *traːi̯bm* treiben, *grɛ'maːi̯lən* wiederkäuen, *saːi̯xn̩* seihen, *plaːi̯bm* bleiben, *raːi̯sn̩* reißen, *ʃnaːi̯dn̩* schneiden, *ʃlaːi̯fn̩* schleifen, *gai̯ts* gibt es (vgl. Kap. 2.8.3), *mai̯* mein, *sã:ĩ* sein, *saːi̯n* (sie) sind, *draːi̯* drei, *drã:ĩ* drinnen, *ã:ĩhn̩* einhin (hin-, herein), *pai̯* bei, *lai̯* nur, bloß; *aːi̯mr* Eimer, *'maːi̯ monɐt* Mai, *haːi̯lik* heilig, *gaːi̯ʃt* Geist, *flaːi̯ʃ* Fleisch; *kxraːi̯ts* Kreuz etc. – Für umgelautetes /au/: *haːi̯t* Häute, *haːi̯sr* Häuser, *maːi̯sr* Mäuse, *gaːi̯lr* Gäule, *ʃlaːi̯xə* Schläuche, *saːi̯lɐ* Säule, *laːi̯fik* läufig, *ʃnaːi̯tsn̩* schneuzen etc. – Für nhd. /eu/: *laːi̯t* Leute (mhd. liute), *hã:ĩt ~ hã:ĩ* heute, *kʃlaːi̯nən* (sich) beeilen etc.

/au/ → [aːu̯ ~ au̯]
haːu̯s Haus (mhd. hûs), *maːu̯s* Maus, *haːu̯t* Haut, *gaːu̯l* Gaul, *saːu̯* Sau, *kxrau̯t* Kraut, *ʃtaːu̯də* Staude, *ʃraːu̯fn̩* Schraube, *taːu̯fə* Fassdaube, *ʃlaːu̯x* Schlauch, *mau̯r* Mauer, *maːu̯l* Maul (Mund), *praːu̯t* Braut, *taːu̯bə* Taube, *ʃtraːu̯bm* Strauben (traditionelles Backwerk), *tsã:ũ̯* Zaun, *prã:ũ̯* braun, *faːu̯l* faul, *sau̯r* sauer, *sau̯gŋ* saugen, *taːu̯sn̩* draußen, *aːu̯s* aus, *au̯sa* ausher (heraus, hinaus), *au̯hɐ* aufher (hinauf, herauf), *'aːu̯plɔːsn̩* aufblasen, *s oːbm 'aːu̯* das Obenauf (Dachboden); *aːu̯k* Auge (mhd. ouge), *daːu̯mən* Daumen, *ʃau̯gŋ* schauen etc.

4.1.4 Lenisverschlusslaute, leicht stimmhaft

[b] (bilabial)
bɔsr̩ Wasser, *bɛtr* Wetter, *bɔrm* warm, *bɛlen* wollen, *bisn̩* wissen, *bɛn* wenn, *bɛnə* wann; *ʃtuːbɐ* Stube, *ləbɛndɪk* lebendig, *hɔlbə* halbe, *leːɪbm̩* leben etc. – Anlautendes nhd. /w/ wird aktuell fast ausnahmslos durch [b] ersetzt. Zu nhd. /b/ im An- und Auslaut siehe [p].

[d] (alveolar)
dɛːɐrn Dornen, *dikx* dick, *dɛŋkxn̩* denken, *duː* du, *draːɪ* drei; *bɔːɐdə* Weide, *fɔːdn̩* Faden, *kxnoːɐ̯dn̩* Knöchel, *feldr* Felder, *kxindr* Kinder etc. – Zu d im Auslaut siehe [t].

[g] (velar)
gɔːɐs Geiß, *guːɐt* gut, *geːɪbm̩* geben; *sɔːgə* Säge, *peːɪgə* Schubkarren, *traːgət* trächtig, *ɔŋgl̩* Angel (Stachel), *siŋgən* singen, *folgŋ̍* folgen (gehorchen), *mɔrgŋ̍* morgen, *siŋ* (ich) singe etc. – Zu g im Auslaut siehe [k].

[gʷ, kʷ] (stimmhaftes labiovelares g und stimmloses labiovelares k mit starker Lippenrundung)
gʷeːɪsn̩ gewesen, *gʷist* gewusst, *gʷinnɔn* gewinnen, *gʷelt* gewollt, *kʷɛːr* quer etc.

4.1.5 Fortisverschlusslaute, ohne Aspiration

[p] (bilabial)
pɛt Bett, *pɛx* Pech, *paːɪtʃə* Peitsche, *pɛːɐdə* beide, *priːgl̩* Prügel, *plint* blind, *ploːs* bloß, *plɛːɐrn* plärren, *prinən* brennen, *prɛsn̩* pressen, *pɔl* sobald; *trɛpɐ* Treppe, *lɛprɐ* Lippe, *kxlɔmpərə* Klammer; *kxɔrp* Korb, *kxɔlp* Kalb; *ʃtoːɐ̯p* Staub, *liːəp* lieb, *giːp* (ich) gebe, Gib!, *ʃuip* (ich) schiebe etc.

[t] (alveolar)
tɔːk Tag, *tiːəf* tief, *tĩːə̃* tun; *fɛttɐ* Fett, *antn̩* Enten, *gɔrtn̩* Garten, *fɛrtɪk* fertig, *hɔltn̩* halten; *proːɐ̯t* Brot, *miːət* müde, *plint* blind, *runt* rund etc.

[k] (velar)
kʃaːɪdər gescheiter, *kʃosn̩* geschossen, *kʃlaːɪnən* geschleunen (sich beeilen), *ksiːxn* geseiht; *lɛkə* Legge (Stapel), *glɔkə* Glocke, *tirkŋ̍* Türken (Mais), *piŋkl̩* Bünkel (Beule), *tɛŋkə* linke (Hand), *pukl̩* Buckel, *mukə* Mücke, *prukɐ* Brücke, *hɔːɐkl̩* heikel; *aːɐ̯k* Auge, *tɔːk* Tag, *bɛːɪk* Weg, *biːənɪk* wenig, *haːɪlik* heilig etc.

4.1.6 Approximanten, stimmhaft

/w/ (bilabial) → **[b ~ w ~ w̥]**
Im Anlaut fast immer [b], nur selten [w], z. B. affirmatives *aɪ ˈwol* Ei wohl! oder *walʃn̩* welschen (schlecht Spanisch sprechen). – Zu /w/ nach Präfix {ge-} siehe [gʷ, kʷ]. – Die Variante [w̥] wird mit starker Lippenrundung und leichter Behauchung artiku-

liert und steht für quechua *hua-* bzw. spanisch *gua-*: w̞ɐ'rap Zuckerrohrsaft, w̞aiko Erdrutsch, w̞akɐ'maijo Flurname in Pozuzo-Rheinland, w̞aŋkɐ'bambɐ Huancabamba (Fluss, an dessen Ufern Pozuzo liegt) etc. – Bei einzelnen älteren Sprechern wird dieser Laut durch [b] ersetzt.

/v/ (labiodental) → [b ~ w]
In den Herkunftsvarietäten gilt dafür meist bilabiales [w] ohne Lippenrundung, dieses wurde im Tirolés fast ausnahmslos durch [b] ersetzt, siehe /w/.

/l/ (lateral) → [l ~ l̩]
lɔːɐp Brotlaib, lɔːɐtrə Leiter, leːɪbm̩ leben, lɔsn̩ lassen; miːlɐx Milch, saːɪlɐ Säule, palən bellen, pliːətn̩ bluten, flaːɪʃ Fleisch, ʃlɔːfn̩ schlafen, glokŋ Glocke, kxlɛːɐ Klee, kxɔlp Kalb, fɛlt Feld, sɔlts Salz, halfn̩ helfen, hɔltn̩ halten, malxn̩ melken, fɔlgŋ folgen, fɔlʃ falsch, ʃaːflə Schäflein, haːɪlɪk heilig; maːɐ̯l Maul, fol voll, pukl̩ Buckel, saːbl̩ Säbel (Buschmesser) etc.

/j/ (velar)
jɔː ja, jaː sogleich, bereits (span. *ya*), jɔxtn̩ jagen, jeːɪtn̩ (Unkraut) jäten, jukhɐ Yuca, Maniok etc.

4.1.7 Reibelaute, stimmlos

/f/ (labiodental)
fɪʃ Fisch, fiːəs Füße, fɔtr̩ Vater, fɛʃt fest, fɔlgŋ folgen, fiːərə vier, flaːɪʃ Fleisch, fliːəgŋ fliegen, frɔːgŋ fragen, friːəgr̩ früher; sɔːɐfə Seife, oːfn̩ Ofen, pfɛfr̩ Pfeffer, halfn̩ helfen, barfn̩ werfen; ʃɪf Schiff, ʃtrɔːɐf Streifen, tiːəf tief etc.

/s/ (alveolar)
sɔnt Sand, sɔlts Salz, sɔːɐfə Seife, siːəs süß, sɔːgŋ sagen, seːɪxn̩ sehen, saːnən säen, sɛksə sechs, siː sie; pɔːsə Base, ɛsɪk Essig, aːɐ̯sɐ ausher (her-, hinaus), bɔsr̩ Wasser, kxɛsl̩ Kessel, pɛsr̩ besser, ɛsn̩ essen, lɔsn̩ lassen, miːəsn̩ müssen, prɛsn̩ pressen; haːɐ̯s Haus, ʃaːɪs Mist, kxaːs Käse, fiːəs Füße, muːəs (ich) muss, aːɐ̯s aus etc.

/ʃ/ (palatoalveolarer Sibilant)
ʃɪf Schiff, ʃɔːf Schaf, ʃuːɐx Schuhe, ʃĩːẽ schön, ʃaːɪnən scheinen, ʃaɐ̯gŋ schauen; ʃraɐ̯fn̩ Schraube, ʃlɛxt schlecht, ʃlɔːgŋ schlagen, ʃlaːɪfn̩ schleifen, ʃmitə Schmiede, ʃnarxlən schnurren (Katze), ʃnuːɐr Schnur, ʃpaːt spät, ʃprɛkl̩ Sommersprossen, ʃbã̃ːɪ̃ Schwein; laːʃə Läsche (weiblicher Hund), taʃə Tasche, aʃn̩ Asche, baʃn̩ waschen, drɛʃn̩ dreschen, bɛʃpə Wespe; fɪʃ Fisch, tɪʃ Tisch etc.

/x/ (velar)
ʃlaːɪxə Schläuche, kxoxn̩ kochen, mɔxn̩ machen, fɔːxn̩ fangen, seːɪxn̩ sehen, lɛxr̩ Löcher, bɪrxn̩ wirken (weben), fɪrxtn̩ fürchten, malxn̩ melken, siːxt (er) sieht, rɛxt recht, laːɪxt leicht, jɔxtn̩ jagen; pɛx Pech, ʃuːɐx Schuh, rɛːɐx Reh, kʃmɔːx Geschmack, mɔrx Markierung, ʃtɔrx stark, tsaːx zäh, hɔːɐx hoch etc.

/h/ (glottaler Hauchlaut im Wort- oder Silbenanlaut ohne ausgeprägtes Reibegeräusch) *hitɐ* Hütte, *henɐ* Henne, *harts* Herz, *hɐrt* hart (Adjektiv), *hɔrt* hart (Adverb), *hɔːɐx* hoch, *hɔːbm̩* haben, *hɔŋɡən* hängen (intransitiv), *paːɪhl̩* Beil (mhd. *bîhel*), *ʃtɔːhl̩* Stahl (mhd. *stahel*), *'umhɐ* umher etc.

4.1.8 Affrikaten und die Lautverbindung [ks]

/ p͡f / → [pf]
pfefr̩ Pfeffer, *pfɔr* Pfarrer, *pfaːɪfm̩* pfeifen; *tsepfə* Zöpfe, *ʃtipfl̩* Stüpfel (Stichel zum Stechen von Pflanzlöchern für Reis); *kxopf* Kopf, *kxropf* Kropf etc.

/ t͡s / → [ts]
tsopf Zopf, *tsɔnt* Zahn, *tseːnə* zehn; *burtsə* Wurzel, *plitsn̩* blitzen, *kxirtsr* kürzer; *rɔts* Ratte, *nets* Netz, *sɔlts* Salz, *harts* Herz, *kxurts* kurz etc.

/ k͡x / → [kx]
kxɔlp Kalb, *kxopf* Kopf, *kxessl̩* Kessel, *kxniːə* Knie, *kxraːɪts* Kreuz, *kxlɔmpərə* Klammer, *kxeːɪmən* kommen, *kxoxn̩* kochen, *kxraːnən* krähen, *kxlũːɐ̃* klein; *lukxɐ* Lücke, *fɔkxlɐ* Fackel, *deŋkxn̩* denken, *trukxn̩* trocken; *pokx* Bock, *dikx* dick, *ɐ'bekx* weg, *pɔŋkx* Bank, *bɛlkx* welk etc.

/ t͡ʃ / → [tʃ]
paːɪtʃə Peitsche, *pletʃn̩* Pletschen (großblättrige Pflanzen), *ruːtʃn̩* rutschen etc. – Auch in Entlehnungen wie *tʃakrɐ* Feld (siehe unter /a/), *tʃakʃnən* Cocablätter kauen (siehe QuechuaWb 2455) oder *tʃir'jampo* eine Zikadenart (siehe QuechuaWb 3212) etc.

[ks]
ksixt Gesicht, *ksunt* gesund, *kseːɪxn̩* gesehen, *kseːɪt* gesagt; *kxraksɐ* Kräxe (Rückentraggestell), *ɔkslə* Achsel, *taːɪksl̩* Deichsel, *bɔksn̩* wachsen, *seksə* sechs; *oks, niks* nichts etc.

4.1.9 Nasale

/m/ → [m]
muːətr̩ Mutter, *miːlɐx* Milch, *mõːũ* Mond, *miːəsn̩* müssen, *maɪ̯* mein, *mĩːə̃* mehr (Adverb), *mɛːɐrɐ* mehr (Komparativ von „viel"); *daːɐ̯mən* Daumen, *preːmə* Bremse (Insekt), *ʃmitə* Schmiede, *kxampl̩* Kamm, *hoːɐ̯mr̩* Hammer, *kxeːɪmən* kommen; *luːɐm* Lehm, *fuːɐm* Schaum, *ʃbɔm* Schwamm, *huːɐm* heim, *bɔrm* warm etc.

/n/ → [n ~ n̩ ~ ŋ ~ ŋ̍ ~ Ṽ ~ m̩]
nɔxt Nacht, *nets* Netz, *neːɪɡl̩* Nägel, *nui* neu, *niks* nichts; *henɐ* Henne, *heːnɪk* Honig, *sunə* Sonne, *prinən* brennen, *ʃaːɪnən* scheinen, *ʃnuːɐr* Schnur, *ʃnarxlən* schnurren, *diːərnɐ* Dirne (Magd), *sɔnt* Sand, *plint* blind, *tsɔnt* Zahn, *kxniːə* Knie, *ins* uns; *ũːɐ̃s* eins, *kxũːɐ̃s* keines; *gaŋɡət* ginge (Konjunktiv), *pɔŋkx* Bank, *ʃtiŋɡl̩* Stängel; *paɪ̯ŋ* Bienen, *giːən* gehen, *ʃtiːən* stehen, *sãːɪ̃* sein, *saːɪn* (sie) sind, *bɐn* wann, *piŋ* (ich) bin, *dɛːɐrn* Dornen, *gɔrtn̩* Garten, *antn̩* Enten, *ʃnaːɪdn̩* schneiden, *deŋkxn̩* denken, *seːɪhn̩*

sehen; riŋ Ring; mõːõ̯ Mond, hõːõ̯ Hahn, lũːẽ Lohn, ʃĩːẽ schön, drã̃ːĩ drinnen; geːi̯bm̩ geben, leːi̯bm̩ leben, garbm̩ gerben, ʃiːəbm̩ schieben, gruipm̩ Grieben; reːi̯gŋ̍ Regen, mɔrgŋ̍ morgen, fliːəgŋ̍ fliegen etc.

4.1.10 Vibranten

/r/ → [r ~ ɾ ~ rr ~ ʁ]

rɔːɐ̯sn̩ Rosen, raːi̯s Reis, rɔts Ratte, rɔːɐ̯t rot, rɛxt recht, runt rund; burm Wurm, birxn̩ wirken (weben), ɛrbl̩ Ärmel, harts Herz, kxurts kurz, park Berg, trukxn̩ trocken, drɛʃn̩ dreschen, prɛsn̩ pressen, ʃeːɐ̯rn̩ scheren, jamr̩n jammern; ʃnuːɐ̯r Schnur, dir dürr, heːɐ̯r her, tsaːxr̩ Zähre, pfɔr Pfarrer, muːətr̩ Mutter, fɔtr̩ Vater, bɔsr̩ Wasser, putr̩ Butter, grɛːɐ̯sr̩ größer etc. – In manchen Positionen Neigung zur Vokalisierung, z. B. bɛːɐ̯rtr̩ ~ bɛːɐ̯tr̩ Wörter, hɛːɐ̯r ~ hɛːʁ her. – In Entlehnungen aus dem Spanischen anlautend auch rr-, z. B. im Ortsnamen santɐ rrɔsa Santa Rosa.

4.2 Kontaktbedingte phonetische Innovationen

Die unter 4.1 angeführten Formen repräsentieren neben den Lautverhältnissen des Sprachinseldialekts auch einen erheblichen Teil des Grundwortschatzes. Dieser stimmt erstaunlich genau mit den phonetischen und lexikalischen Gegebenheiten im Basisdialekt des oberen Inntals in Österreich überein. Entlehnte Formen wurden früher vollständig in das dialektale Lautsystem integriert. So wurde z. B. das span. *cholos,* eine leicht abwertende Bezeichnung für Mestizen, lautlich in diə tʃoːɢ̊lən/ die Tscholen umgeformt, wobei auch das fremde Pluralmorphem -s durch deutsches -en ersetzt wurde. Entsprechend wurde span. *pozo*/Brunnen in poːɢ̊sn̩, span. *roza*/ Rodung zu roːɢ̊sɔ verändert. Das span. *mestizo*/Mestize wurde zu einem məʃˈtits, der *español*/Spanier zum ʃpɐnjoːɢ̊lr̩. Spanisches *carga*/Last wurde zu kxargə, span. *cargar*/ beladen zu aːukxargŋ̍/aufkargen (ein Maultier beladen). Durch Übertragung des tirolischen Wortakzents auf entlehnte Formen wurde z. B. das zu span. *re.atar*/anbinden gehörende span. *reata*/Koppelriemen zu einem absolut *tirolisch* klingenden rɛːɐ̯tɐ, vgl. die Beispiele in Kap. 4.1.3 unter /ea/. Für dieses Wort gilt die tirolische Aussprache bis heute, während Beispiele wie tʃɔːlɔs oder poːsɔ heute gemäß der zugenommenen Spanischkompetenz der Sprechenden die spanische Lautung aufweisen.

Daneben gab es natürlich schon früh auch kontaktbedingte lautliche Innovationen im Siedlerdialekt, so etwa das anlautende [b] für nhd. /w/, vgl. die Beispiele in Kap. 4.1.4. In den tirolischen Herkunftsvarietäten wird dieses /w/ nicht als labiodentales [v] realisiert, sondern als bilabiales [w]. Dieses wird im Sprachinseldialekt jedoch fast ausnahmslos durch bilabiales [b] ersetzt.[55] Auch in der spanischen Landessprache gilt [b] für Graphem <v>, z. B. [beŋ] für *Ven!*/Komm! – Zu nhd. /b/ im An- und Auslaut siehe Kap. 4.1.5 unter [p].

Zu den frühen Interferenzen im Lautsystem gehört auch der Ersatz von auslautendem /n/ durch [ŋ]. Das in Pozuzo als Hofname gebräuchliche *San Juan* lautet gemäß

---

[55] Ähnlich verhalten sich auch die deutschen Sprachinseldialekte in Oberitalien.

der regionalen Aussprache des Spanischen [saŋ xwaŋ]. Diese Form wurde früher von älteren Personen mit geringer Spanischkompetenz als [saŋˈfaŋ] artikuliert. Dabei wurde der im Deutschen als Anlaut nicht vorkommende Reibelaut [x] durch den Reibelaut [f] ersetzt. Bei [saŋ] wurde hingegen schon früh die regionale Aussprache des auslautenden -n als [ŋ] übernommen, z. B. *i piŋ tsfriːdṇ*/ich bin zufrieden oder *hɔːɐ̯ŋ*/Horn. Nach langem Vokal schwindet auslautendes -n meist, wobei der Vokal eine starke Nasalierung erfährt, z. B. *hõːɤ̃* Hahn. Varianten mit erhaltenem bzw. restituiertem Nasal werden als *hõːɤ̃ŋ* oder *hõːɤ̃ŋk* realisiert. Auch die meist schwache Artikulation bzw. der Schwund auslautender -t entspricht dem Spanischen, z. B. *fãːũʃ*/Faust. Beim Zeitadverb *haːɪnt*/heute führte dieses Merkmal zur heutigen Lautform *hãːĩ*.

Das heutige Tirolés unterscheidet sich zum Teil erheblich von jenem, das ich 1988 mit den damals älteren Leuten erhoben habe. Bereits damals bestand die Tendenz zur Öffnung kurzer e- und o-Laute, z. B. *ɛsɪk*/Essig, *fɛʃt*/fest oder *kxɔxn̩*/kochen anstatt *esɪk, feʃt, kxoxn̩*. Außerdem bestand die Tendenz zu einer Rückbildung der affrizierten *kx-* zu *k* oder *g* entsprechend den regionalen Lautverhältnissen der spanischen Landessprache, sodass man neben dem oben zitierten *kxɔxn̩*/kochen auch *gɔxn̩* hören konnte. Somit setzte eine phonetische Entwicklung ein, die in die Richtung eines dem Tirolés und dem Spanischen gemeinsamen Lautinventars ging.

Als eine Folge der heute fast durchgehend monolingual-spanischen Sprachkompetenz der jüngeren Generation kommt es bei ihr auch zu einer Vereinfachung der morphonologischen Strukturen des Sprachinseldialekts. So enden z. B. die ursprünglich unterschiedlichen Endungsvokale heute einheitlich auf -a, z. B. *hita*/Hütte, *neːna*/Großvater, *naːla*/Großmutter (beide zu *Ahne* gehörig), *teːṭta*/Taufpate, *touta*/Taufpatin, die früher *hitə, neːɪnɪ, naːlə, teːṭtɪ* und *toːɐ̯t* lauteten. Immerhin bleiben die genannten Formen trotz der Aufhebung des (redundanten) morphonologischen Kontrastes semantisch eindeutig.

5. Morphosyntax

5.1 Nomina

Substantive, Adjektive und Pronomen gleichen sowohl lautlich als auch semantisch und morphologisch den Gegebenheiten im Herkunftsgebiet. Auch ausgesprochene Besonderheiten und Altertümlichkeiten aus dem Oberinntal finden sich in Pozuzo wieder. So ist z. B. das Substantiv *Luft* im Tirolés nicht wie im deutschen Standard feminin, sondern maskulin wie in den Herkunftsvarietäten, vgl. Tiroler Wörterbuch 398.[56] Das Adjektiv *khluːəg*/klug bedeutet im Tirolés nicht feinsinnig, sondern fein, etwa auf Mehl bezogen, vgl. TirWb 342. Der Komparativ des Adjektivs *fɪːl*/viel lautet im Tirolés *meːɐ̯ɐ̯*/mehr. Bei adverbiellem Gebrauch, z. B. in dem Satz *Ich habe keinen Hunger mehr*, lautet das Wort jedoch ganz anders, nämlich *mĩːɜ̃*/mehr, und damit genau so wie im Oberinntal, vgl. TirWb 423. Das Personalpronomen *eːs*/ihr entspricht der alten germanischen Zweizahlform *ëz*/ihr beide, die sich mit pluralischer

---

[56] Josef SCHATZ, Wörterbuch der Tiroler Mundarten, 2 Bände, Innsbruck 1955 und 1956 (im Folgenden TirWb).

Bedeutung in konservativen bairischen Varietäten bis heute erhalten hat, vgl. TirWb 150. Dem Dativ dieses alten Duals entspricht das Personalpronomen *enkx*/euch, vgl. TirWb 149.

5.1.1 Substantive

Die Substantive weisen weder im Singular noch im Plural synthetische Kasusmorpheme auf, stattdessen sind analytische Fügungen üblich, wie z. B. *dem Vater sein Haus*, anstatt *Vaters Haus* oder *ich sage es in die Kinder*, anstatt *ich sage es den Kindern*. Ausnahmen sind Fügungen wie *die Vaters Schuhe* sowie das Kompositum *Regenszeit* mit den Genitivformen *Vaters* und *Regens*. Da dieses Genitiv-s aber im Syntagma *die Mutters Schuhe* auch beim Femininum sowie im Kompositum *Schwiegersmädel* (*Schwiegertochter*) vorkommt, hat es eher die Funktion eines Fugenelements.

Numerus: Das Numerussystem deckt sich weitgehend mit den Verhältnissen im Standarddeutschen. Abweichend davon lautet der Plural von *Schwein* nicht *Schweine*, sondern *ʃbã:i̯r̩*/Schweiner, und der Plural von *Bett* lautet nicht *Betten*, sondern *petr̩*/Better. Diese Abweichungen entsprechen aber den Herkunftsvarietäten. Die folgenden Pluralformen entsprechen jedoch weder dem Standarddeutschen noch den Herkunftsvarietäten: *ma:i̯sr̩*/Mäuse, *tsa:i̯nr̩*/Zäune, *ga:i̯lr̩*/Gäule, *hã:r*/Hähne, *sixlər*/Sicheln. In einem geringeren Ausmaß ist im Tirolés auch die schwache Pluralbildung auf {-en} beim Numerussystem produktiv geworden, z. B. bei *ʃti:rn̩*/Stiere, *re:ɐxn̩*/Rehe, *jo:rn̩*/Jahre.

Vokalwechsel bzw. Umlaut als Pluralmorphem ist häufig, z. B. *sɔtḷ*/Sattel (Singular) – *satḷ*/Sättel (Plural). Diesem Muster folgen auch *ʃɔ:f*/Schaf – *ʃa:f*/Schafe, *pɔx*/Bach – *pax*/Bäche, *bɔ:l*/Wasserrinne – *ba:l*/Wasserrinnen, *fɔ:dn̩*/Faden – *fa:dn̩*/Fäden, *tro:k*/Trog – *tre:k*/Tröge, *gɔ:ɐs*/Geiß – *gɛ:ɐs*/Geißen, *hu:ɐt*/Hut – *hi:ɐt*/Hüte, *ʃtumpf*/Strumpf – *ʃtimpf*/Strümpfe etc. – Keine Numerusdistinktion weisen z. B. *fiʃ*/Fisch – *fiʃ*/Fische oder *hɔ:ɐn̩*/Horn – *hɔ:ɐn̩*/Hörner auf.

Stern ist im Standarddeutschen die Form des Singulars. Im Tirolés wird *ʃtɛ:ɐrn̩*/Sterne jedoch als Plural interpretiert. Deshalb kommt es zur Bildung der innovativen Singularform *ʃtɛ:ɐrə*/Stern.

5.1.2 Pronomen

Das Personalpronomen weist keine synthetische Form des Genitivs auf und keine Kasusdifferenzierung zwischen Dativ und Akkusativ.

Nominativ:
Das bin	*i:*	ich.
Das bist	*du:*	du.
Das ist	*ɛ:r*	er.
Das ist	*si:*	sie.
Das sind	*mi:r*	wir.
Das seid	*e:s*	ihr.
Das sind	*si:*	sie.

Dativ:
Er sagt es nur *miːr* mir.
Er sagt es nur *diːr* dir.
Er sagt es nur *iːn* ihm.
Er sagt es nur *iːrə* ihr.
Er sagt es nur *ins* uns.
Er sagt es nur *enkx* euch.
Er sagt es nur *iːnənə* ihnen.
Akkusativ:
Sie fragt nur *miːr* mich.
Sie fragt nur *diːr* dich.
Sie fragt nur *iːn* ihn.
Sie fragt nur *iːrə* sie.
Sie fragt nur *ins* uns.
Sie fragt nur *enkx* euch.
Sie fragt nur *iːnənə ~ siː* sie.

Auch das Demonstrativpronomen weist keinen synthetischen Genitiv auf. Außer beim Maskulinum gibt es hier aber eine Kasusdistinktion zwischen Dativ und Akkusativ. Außerdem gibt es hier, außer im Dativ, eine dreifache Genusdifferenzierung im Singular nach Maskulinum, Femininum und Neutrum. Die Formen des Nominativs decken sich mit den Formen des volltonigen Artikels.

Nominativ: Ist es *dɛːr*/der, *diːə*/die, oder *deːɪs*/das dort? – Sind es *diːə*/die dort?
Dativ: Gib es *deːɪn*/dem, *deːrɐ*/der, *deːɪn*/dem dort. – Gib es *deːɪnɐ*/denen dort.
Akkusativ: Hat er *deːɪn*/den, *diːə*/die, *deːɪs*/das dort gemeint? – Hat er *diːə*/die (Plural) (dort gemeint)?

Auch beim Interrogativpronomen *beːr*/wer fallen Dativ- und Akkusativform zusammen, z. B.: *beːɪm*/wem hat er es gesagt?; *beːɪm*/wen hast du gefragt? Der Genitiv wird mit possessivischem *sein* umschrieben: Weißt du, *beːɪm saːi̯*/wessen Haus das ist?

5.1.3 Adjektive

Standardferne lexikalische Adjektive wie *gɔlt*/galt; keine Milch gebend, *haːl*/glatt, *lukx*/locker, *raːs*/scharf, salzig, *ʃlaux̯*/schlau oder das veraltete *teŋk*/linksseitig stimmen semantisch und lautlich mit den Herkunftsvarietäten überein, vgl. TirWb 202, 274, 398, 472, 529, 636. Abgeleitete Adjektive sind z. B. *lɔpət*/dumm (zu *lɔp*/Lapp, dummer Mann) oder *tinʃtik*/dunstig (zu *tunʃt*/Dunst).

Bei prädikativem Gebrauch sind die Adjektive wie im Standard unflektiert, z. B. *diə supm̩ iʃ raːs*/die Suppe ist zu salzig, *diə kxiːɐ saːi̯n ɔlɐ gɔlt*/die Kühe sind alle ohne Milch; ebenso bei adverbiellem Gebrauch, z. B. *ɛr tuːət lɔmpsəm ɔrbətn̩*/er tut langsam arbeiten. Bei attributivem Gebrauch werden sie flektiert, z. B. *diə teŋkə hɔnt*/die linke Hand, *diə ʃlauxn̩ paːtrn̩*/die schlauen Patern (Priester).

Komparation: Die Formen des Komparativs werden wie im Standard mit der Endung {-er} gebildet, umlautfähige Vokale werden umgelautet, z. B. *kxɔlt*/kalt –

kxeltŗ/kälter, ʃmɔːl/schmal – ʃmεːɪlŗ/schmäler, kxurts/kurz – kxirtsŗ/kürzer etc. Abweichend vom Standard gibt es den Umlaut auch bei hɔːɐs/heiß – hεːɐsŗ/heißer oder kxlũːẽ/klein – kxliːəndŗ/kleiner. Eine unregelmäßige Steigerung zeigen guːɐt/gut – pesŗ/besser sowie fiːl/viel – mεːɐrɐ/mehr. Die Superlative lauten ɐm peʃtņ/am besten bzw. ɐm mεːɐrɪkʃtņ/am meisten, vgl. auch TirWb 423. Nach diesen Mustern werden auch die anderen Superlative gebildet, z. B. ɐm tiːɔfʃtņ/am tiefsten, ɐm prεːɐtɪkʃtņ/am breitesten.

5.2 Das Verbsystem

Indikativ: Die folgenden indikativischen Formen des Verbs *liegen* mögen hier als Musterparadigma für das Gegenwartstempus dienen: *i liːk*/ich liege, *du likʃt*/du liegst, *εr likt*/er liegt, *mir liːgņ*/wir liegen, *eːs likt*/ihr liegt, *si liːgņ*/sie liegen. – Infinitiv *liːgņ*/liegen, Partizip *gleːgņ*/gelegen, Imperativ *liːg*, z. B. *liːg niidr*/Leg dich nieder!

Das unregelmäßige Verb *sein* hat folgende Formen: *i piņ*/ich bin, *du piʃ*/du bist, *εr iʃt*/er ist, *mir saːɪn*/wir sind, *eːs saːɪts*/ihr seid, *si saːɪn*/sie sind. – Infinitiv *sãːĩ̯*/sein, Partizip *gʷeːɪsņ ~ gʷest*/gewesen, Imperativ *saːɪ*, z. B. *saːɪ riːəbɪk*/Sei ruhig!

Die Endung {-st} der 2. Person des Singulars wird lautlich entweder als [-ʃt] realisiert, z. B. *du gaːɪʃt*/du gibst, mehrheitlich jedoch zu [-ʃ] verkürzt, z. B. *du tuːəʃəs*/du tust es, *du piʃ*/du bist, *du lɔʃ*/du lässt, *du retʃ*/du redest, *du nimʃ*/du nimmst, *du kxɔnʃ*/du kannst, *du ʃleːɪʃ*/du schlägst etc.

Die 2. Person des Plurals endet auf [t] bzw. [ət], z. B. *eːs kxriːəkt*/ihr kriegt, *eːs sɔːgət*/ihr sagt, *eːs miːəsət*/ihr müsst, oft aber auch auf [-ts] oder [-əts], z. B. *eːs saɪts*/ihr seid, *eːs reːɪdəts*/ihr redet, *eːs halfəts*/ihr helft, *eːs geːbəts*/ihr gebt etc. Das die Endung erweiternde -s entspricht etymologisch dem verkürzten enklitischen Personalpronomen *eːs*/ihr.

Der Infinitiv wird mit der Endung {-en} in phonotaktisch bedingten Variationen gebildet, z. B. *fintņ*/finden, *ʃiːəbm̩*/schieben, *mɔːlən*/mahlen.

Das Partizip weist bei den unregelmäßigen Verben einen Vokalwechsel auf, den sogenannten Ablaut. Es wird mit dem Präfix {ge-} und, je nach Verbtyp, mit der Endung {-t} oder der Endung {-en} gebildet, z. B. *mɔxņ*/machen (Infinitiv) – *gmɔxt*/gemacht (Partizip), *baʃņ*/waschen – *gʷaʃt*/gewaschen, *fintņ*/finden – *kfuntņ*/gefunden, *ʃiːəbm̩*/schieben – *kʃoːʊbm̩*/geschoben. Vor Verschlusslauten schwindet dieses Präfix, es wird lautlich an den Wortanlaut assimiliert: *giːən*/gehen – *gɔŋgən*/gegangen, *draːnən*/drehen – *draːnt*/gedreht, *pintņ*/binden – *puntņ*/gebunden etc.

Der Konjunktiv wird entweder synthetisch gebildet, z. B. *i baːrɐt*/ich wäre, *i gaːp*/ich gäbe, *i miːəsət*/ich müsste, *i gaŋgət*/ich ginge, *i halfət*/ich hülfe, oder mit *taːt*/täte umschrieben, z. B. *i baːr froːɐ, bεn i deːɪs bisņ taːt*/Ich wäre froh, wenn ich das wissen täte. Zum Konjunktiv von *haben* siehe Kap. 5.3.1.

Singular-Plural: Aufgrund der in Kap. 2.8.3 beschriebenen Lautverhältnisse in den Herkunftsvarietäten gibt es neben *du likʃt*/du liegst und *εr likt*/er liegt die Formen *du laːɪʃt* und *εr laːɪt*. Paradigmen mit sprachgeschichtlich bedingtem Vokalwechsel zwischen den Singular- und Pluralformen werden dadurch noch vielfältiger, z. B.: *i giːp*/ich gebe, *du gaːɪʃt*/du gibst, *εr gaːɪt*/er gibt, *mir geːbm̩*/wir geben etc. Einen Vokalwechsel zwischen Singular und Plural gibt es z. B. auch bei *i ʃuːɪp*/ich schiebe etc. – *mir ʃiːəbm̩*/wir schieben etc. oder bei *i geːɐ*/ich gehe – *mir giːən*/wir gehen.

Tempus: Im Tirolés gibt es wie in den Herkunftsvarietäten keine synthetische Vergangenheitsform, anstatt *ich ging* sagt man *i piŋ gɔŋgǝn*/ich bin gegangen, anstatt *ich war* heißt es *i piŋ gʷeːɪsn̩*/ich bin gewesen. (Es gibt allerdings synthetische Formen des Konjunktiv II, siehe oben).

W o r t s t e l l u n g : Hierbei gibt es im Tirolés keine systematischen Abweichungen vom Standard. In einem Satz wie *diǝ miǝsn̩ hãːĩ̯ ɔlɐ in-t-ʃuːǝl giːǝn*/Die müssen heute alle in die Schule gehen folgt die Wortstellung den Regeln des Standarddeutschen. Das heißt, der von den beiden Teilen des Prädikats *müssen* und *gehen* umschlossene Teil der Verbalphrase wird nicht ausgeklammert, wie das z. B. bei einem standardwidrigen *Die müssen heute alle gehen in die Schule* der Fall wäre.

Es gibt allerdings auch vielfältige Abweichungen vom Standard, denn ein starkes syntaktisches Regelbewusstsein fehlt den Tirolés-Sprechenden. So steht etwa in der Satzverbindung *i hɔn it tɛrfŋ giːǝn, biǝ i kxlũːẽ gʷeːɪsn pĩː*/Ich habe nicht dürfen (zur Schule) gehen, wie ich klein gewesen bin im abhängigen Satz das finite Verb *bin* standardgemäß am Ende, es kann aber auch die Position nach *ich* einnehmen. Andererseits könnte der in diesem Beispiel ungrammatische Hauptsatz in einer anderen Redekonstellation auch standardgemäß *Ich habe nicht gehen dürfen* lauten. Ungrammatische Wortfolgen, wie z. B. *lek pesr̩ oːun di*/lege besser an dich – das heißt: *Zieh dich wärmer an!* – sind häufig.

5.3 Innovationen durch Sprachkontakt

5.3.1 Angleichung an syntaktische Strukturen des Spanischen

In Syntagmen wie *ɛr frɔkt laɪ̯ miːr*/er fragt nur mich, *ɛr frɔkt laɪ̯ iːrǝ*/er fragt nur sie oder *beːɪ̯m hɔʃt kfrɔkt*/wen hast du gefragt wird nicht nach Dativ oder Akkusativ differenziert. Dies entspricht dem Zusammenfall von Akkusativ und Dativ der Person im Spanischen, z. B. *escribo a ti*/ich schreibe dir, *veo a ti*/ich sehe dich. Fügungen wie *i siːx diːr*/ich sehe dich kamen allerdings auch in einem der Herkunftsgebiete der Tiroler vor (Ötztal). Diese Besonderheit dürfte durch ähnliche Verhältnisse in der spanischen Kontaktsprache gestützt und dadurch systematisiert worden sein.

Auf einer Stützung durch die spanische Landessprache beruhen auch Syntagmen mit konjunktivischen Verben, die im Tirolés viel häufiger als in den (heutigen) Herkunftsvarietäten vorkommen, z. B.: Und dann hat man erfahren, *des im-pɔˈsusɔ raːɪ̯br̩ saːɪ̯ǝn, diǝ haɪ̯ǝn di oːbrikxaɪ̯tn mis'hɔndl̩t*/dass in Poztuzo Räuber seien, die haben die Obrigkeiten misshandelt. Die spanische Entsprechung würde lauten: *... que sean bandidos en Pozuzo que hayan maltratado a las autoridades*. Dem spanischen Konjunktiv *hayan* entspricht der dialektale Konjunktiv *haɪ̯ǝn*. Diese Form ist jedoch keine Entlehnung aus dem Spanischen, sie entspricht vielmehr einem umgelauteten Konjunktiv von *haben*. Dieses *häben* ist im Oberinntal durch Kontraktion zu *haɪ̯ǝn* geworden, vgl. Kap. 2.8.1.

Relativsätze werden häufig mit *wo* eingeleitet, z. B. *deːɪs galt boː i frdiːǝn*/Das Geld, wo ich verdiene. Standardgemäß müsste es heißen *Das Geld, das ich verdiene*, also mit grammatischer Kongruenz zwischen dem Bezugswort *Geld* und dem Relativum *das*. Beim Relativum *wo* könnte es sich um ein Relikt aus den rheinländischen

Herkunftsvarietäten handeln, das durch die Kontaktsprache eine Stützung erfuhr. Denn das im Spanischen gebrauchte Relativum *que* kennt ebenfalls keine grammatische Übereinstimmung mit dem Bezugswort.

5.3.2 Vereinfachung grammatischer Strukturen

Als eine Folge des zunehmenden Monolingualismus unter der mittleren und jüngeren Generation zugunsten des Spanischen kommt es zu einer strukturellen Vereinfachung auf allen sprachlichen Ebenen.

Eine markante Interferenz beobachtet man z. B. beim Possessivpronomen der 3. Person, wo die Formen *saːɪ*/sein (Singular) bzw. *saːɪnɐ*/seine (Plural) parallel zu spanischem *su*/sein, ihr, bzw. *sus*/seine, ihre sich nicht nur auf maskuline Substantive beziehen, sondern auch auf Feminina, z. B.: *deːɪs iʃ di mariːɐ saːɪ kxint*/Das ist der Maria ihr Kind, *deːɪs saːɪn di mariːɐ saːɪnɐ kxindr̥*/Das sind der Maria ihre Kinder.

Wie das obige Beispiel mit *die Maria* anstatt flektiertem *der Maria* zeigt, werden Flexionsformen zugunsten der Grundformen ausgeglichen, so z. B. auch *in di ʃtuːba dinɐ*/in der Stube drinnen oder *paɪ di ɛːɐrʃtɐ mɛs*/bei der ersten Messe etc.

Oft fehlt das Subjekt, wenn dieses nur aus einem unpersönlichen *es* bestehen würde, z. B. *iʃ ʃpaːt gʷeːɪsn̩*/Ist spät gewesen, anstatt *Es ist spät gewesen*, oder *ɛːr bɛːɐrt ʃon miːr tswisn̩ mɔxn̩*/Er wird es mich schon wissen lassen. Das letztere Beispiel zeigt außerdem eine unorthodoxe Wortstellung und den unter Kap. 5.3.1 erläuterten Gebrauch der Dativform *mir* des Personalpronomens. Auch verbgrammatisch folgt dieser Satz der Kontaktsprache, vgl. span. *hacer saber*/wissen machen.

6. Lexikon

6.1. Sprachkontaktbedingte Innovationen im Wortschatz

6.1.1 Entlehnungen und Hybridbildungen

Ein erheblicher Teil des tirolischen Erbwortschatzes des Sprachinseldialektes Tirolés wurde in Kap. 3 dargestellt. Im Folgenden sollen die lexikalischen Einflüsse der Kontaktsprachen auf das Tirolés skizziert werden.

Auf ihrer zwei Jahre langen Reise zu ihrem Zielort haben die Ankömmlinge von ihren peruanischen Kontaktpersonen die Bezeichnungen für Tiere und Pflanzen übernommen, die sie von zuhause nicht kannten, vgl. Kap. 2.8.2. In den Gemüsegärten Pozuzos findet man *gimr̥lɘn*/Gurken, *gɛːɐlriːɐbm̩*/Gelbrüben (Karotten), *roːɵnɘn*/Rahnen (rote Rüben) oder *puːɐnɘn*/Bohnen sowie *kxrĩːɔ̃*/Kren, *raːtɪk*/Rettich oder *kxɔːbɘs*/Kraut. Das sind authentische Inntaler Bezeichnungen, die im Tirolés bis heute lebendig sind. Daneben findet man peruanische Gewürzpflanzen wie *tʃintʃɔ*/Chincho oder *ɐˈhiː*/Aji. Um das Haus herum gedeihen keine Apfel- oder Birnbäume, dafür aber *pɐˈpaijɐs*/Papayas, *tɔˈroŋɐs*/Toronjas (Grapefruit), *piːnjɐs*/Piñas (Ananas) oder *gojaːbm̩*/Guaven. Und auf der *tʃakrɐ*/Chacra (Pflanzland) kultiviert man neben der *jukxɐ*/Yuca (Maniok) oder den *plátɐnɐ*/Platanas (Bananen) auch den *tirkŋ̩*/Türken

(Mais), für den man hier in Peru, seinem Herkunftsland, den Tiroler Namen beibehielt.

Ganz anders als in Tirol waren im peruanischen Bergland auch die Transportbedingungen, und so übernahm man auch in dieser Wortschatzdomäne die ganze Terminologie aus dem Spanischen und dem Quechua, von der *muleɐ*/Mula (Maultier) über die *kxargɐ*/Carga (Traglast) und der *mɔntuːrɐ*/Montura (Zaum- und Sattelzeug) bis zu den *ɐlˈfɔrxɐs*/Alforjas (Satteltaschen). In Letzteren führte der *ɐrˈjeːrɔ*/Arriero (Maultiertreiber) Wasser, Schnaps und seinen *fjambrɘ*/Fiambre (Verpflegung) mit sich. Diese Verpflegung besteht bei den Serranern, der Quechuabevölkerung des Hochlands, meist aus *tʃarkɪ*/Charqui (getrocknetes Fleisch) und *khantʃɐ*/Cancha (gerösteter Mais), während die zugewanderten Kolonisten eher ihre *gruɪpm̩*/Speckgrieben und *tʃɐŋˈkakɐ*/Chancaca (fester Zuckerrohrsirup) mitnahmen.

Aus dem Quechua stammt auch das Wort *waɪkɪ*/Huayki für den ledernen Umhängebeutel eines Arrieros. Darin befanden sich auch bei so manchem Kolonisten *khɔkhɐs*/Cocas (Kokablätter) und das zum *tʃʃakʃnən*/Kokakauen (zu span. *chacchar*/kauen) benötigte Zubehör.

Bei den frühen Übernahmen aus den Kontaktsprachen kam es zu einer völligen lautlichen und morphologischen Integration der entlehnten Wörter in den tirolischen Dialekt, vgl. Kap. 4.2. Dies geschah zu einer Zeit, als die Einwanderer noch im Wesentlichen einsprachig waren. Mit der zunehmenden Bilingualität der nachkommenden Generationen wurden die spanischen Wörter zunehmend phonetisch richtig entlehnt. Heute herrscht wieder Einsprachigkeit vor, diesmal aber zugunsten der spanischen Landessprache.

Dazwischen gab es eine Zeit, wo das Tirolés in Pozuzo wie eine Mischsprache klang. Der Bedarf an neuen Wörtern wurde ja immer größer, vor allem in den Domänen von Verwaltung und Technik war man auf Entlehnungen angewiesen. Damals konnte man Sätze wie den folgenden hören: *dɾ ɘntʃuːfɘ khɔnɘkhˈtiːrt diɘ khɔrˈjɛntɘ nimr̩*/Der Enchufe konnektiert die Corriente nicht mehr.[57] Zur Erläuterung: *dɾ ɘntʃuːfɘ* = span. *el enchufe*/Stecker, *diɘ khɔrˈjɛntɘ* = span. *la corriente*/elektrischer Strom, *khɔnɘkhˈtiːrt* = zu span. *conectar*/verbinden. Auch bei diesem Beispiel kam es noch zu einer vollkommenen Integration der aus dem Spanischen entlehnten Wörter in die Strukturen des Sprachinseldialekts.

Hybridbildungen nach dem Muster von *khɔnɘkhˈtiːrt* sind im Tirolés sehr produktiv geworden. Dabei wird bei dem entlehnten spanischen Verb dessen span. Infinitivendung {-ar} durch eine vermeintlich deutsche ersetzt, wobei allerdings nicht *konnekten*, sondern eben *konnektieren* entsteht. Denn es kommt bei diesem Ausdruck aus der Domäne der Technik nicht das deutsche Erbmorphem {-en} zum Einsatz, sondern das im Standarddeutschen einst aus dem Französischen entlehnte {-ir}. Weitere solcher Mischbildungen im Tirolés sind z. B. *nɔmˈbriːrn̩*/ernennen (span. *nombrar*) , *malɔˈgriːrn̩*/verletzen, kaputt machen (span. *malograr*), *malɔˈgriːrt*/beschädigt, kaputt etc.

---

57 Vgl. Franz OBERKOFLER, Eine Tiroler Ansiedlung in Perú – Pozuzo, Diss. Padua 1977, 70.

6.1.2 Semantische Interferenzen

Beispiele für Bedeutungsentlehnungen finden sich auch in Kap. 5.3.2. Ein weiteres ist das Verb ge:ɪbm/geben, das im Tirolés nicht nur *jemandem etwas aushändigen* oder *existieren* bedeutet, sondern auch *wachsen, gedeihen*. Dieser Bedeutungsumfang des Verbs entspricht dem span. *dar*/geben; wachsen, gedeihen. Beispiel: *dr̩ tirkŋ gibt gu:ɐt*/der Türken (Mais) gibt (gedeiht) gut.[58] Ähnlich verhält es sich z. B. mit *gʷinnən*, das neben *gewinnen* auch *verdienen* bedeutet, vgl. das gleichbedeutende span. *ganar*. Auch *dr̩ tɔ:k*/der Tag, was auch *Zeitung* bedeutet (vgl. span. *el diario*/Zeitung), gehört in diesen Kontext.

Eine Lehnübersetzung ist z. B. die Fügung *je:dr̩ ũ:ɐ̃*/jeder eine, das heißt *jeder einzelne*, vgl. das gleichbedeutende span. *cada uno*. Ähnlich zu beurteilen ist z. B. die Fügung *firbɛrts mɔxn̩*/vorwärts machen, das heißt *eine Sache entschlossen vorantreiben*, vgl. span. *ir adelante*/vorwärts gehen.

6.2 Code-Switching

Da es heute im Alltag kaum noch Redekonstellationen gibt, in denen Tirolés gesprochen wird, ist ein Codeswitching im eigentlichen Sinn kaum noch zu beobachten. Selbst Ehepartner, die beide aus ethnisch unvermischten Familien in entlegeneren Höfen stammen und in den 1960er-Jahren ihren Schulbesuch völlig ohne Spanischkenntnisse beginnen mussten, sprechen heute miteinander Spanisch. Tirolés wird nur bei dringendem Bedarf gesprochen, etwa mit Touristen aus Tirol ohne Spanischkenntnisse. Auch einer der prominentesten Wirte von Pozuzo, der mit seinen deutschsprachigen Touristen fließend Tirolés sprach, konnte, seit seine Schwiegermutter 1996 gestorben war, innerhalb seiner eigenen Familie nur noch auf Spanisch kommunizieren.

Bei meinem ersten Aufenthalt in Pozuzo im Jahr 1988 begrüßten sich Pozuciner häufig noch mit einem kräftigen *mɔrgɛts*/Guten Morgen! Diese tirolische Grußformel fungierte als eine Art ethnischer Identitätsmarker, mit dem man auf die gemeinsame europäische Herkunft Bezug nahm. Das daran anschließende Gespräch verlief aber schon damals fast immer auf Spanisch.

7. Zusammenfassung

Die im Jahr 1857 nach Peru ausgewanderten deutschsprachigen Männer, Frauen und Kinder waren eine Gruppe von rund 300 Personen, die zu zwei Dritteln aus verschiedenen Gebieten des Tiroler Spracharealas stammten und zu einem Drittel aus den damals unter preußischer Verwaltung stehenden rheinländischen Provinzen. Somit bestand sowohl unter den Tirolern als auch unter den Rheinländern eine gewisse sprachliche Inhomogenität (siehe Kap. 2.8.3, 2.9).

---

[58] In dieser Bedeutung kann die reguläre Personalform *gipt*/gibt nicht durch die lautlich kontrahierte Entsprechung *ga̩t*/gibt ersetzt werden (vgl. Kap. 2.8.3).

Die äußerst schwierigen Bedingungen der Anreise ins Siedlungsgebiet veränderten die sprachliche Struktur der Immigrantengruppe in der Weise, dass vor allem die weniger mobilen, kinderreichen Familien auf die Führung durch den Tiroler Geistlichen Josef Egg angewiesen blieben und mit ihm zusammen die Kolonie erreichten, während fast die Hälfte der anderen Personen die Gruppe verließ.

In Pozuzo standen sich letztlich zwei Siedlergruppen gegenüber: Zum einen die aus Tirol Kommenden, die aus Gründen einer stärkeren persönlichen Bindung zur geistlichen Führerfigur des Unternehmens überwiegend aus dem Tiroler Oberinntal stammten und somit sprachlich recht homogen waren; zum anderen die zahlenmäßig schwächeren Einzelpersonen und Familien aus dem Rheinland. Diese stammten vorwiegend aus dem Moseltal und dem Westerwald und bildeten mit ihren moselfränkischen bzw. hessischen Varietäten sprachlich eine etwas weniger homogene Gruppe als die von den Oberinntalern dominierten Personen aus Tirol.

Trotz der zunehmenden genealogischen Durchmischung der Ankömmlinge aus Tirol und dem Rheinland blieb die von Anfang an bestehende grundsätzliche Feindseligkeit zwischen den beiden Siedlergruppen bestehen (siehe Kap. 2.8.1). Während deshalb überproportional viele Personen aus dem Rheinland in die seit 1891 bestehende Tochterkolonie Oxapampa abwanderten, wurde der tirolische Siedleranteil in Pozuzo durch die vorwiegend tirolische Nachwanderung des Jahres 1868 noch verstärkt. Die in Pozuzo verbliebenen rheinländischen Familien waren indessen einem immer stärker werdenden Anpassungsdruck ausgesetzt, was schließlich zur Verdrängung des Rheinischen durch den Tiroler Siedlerdialekt geführt hat (siehe Kap. 2.9).

Da im heutigen Tirolés Elemente des westmitteldeutschen Rheinischen nur noch rudimentär feststellbar sind (vgl. Kap. 5.3.1), kann von einem Ausgleich im Sinne eines Zusammenwirkens von Teilsystemen der einzelnen Ursprungsvarietäten im Rahmen einer durch sie konstituierten neuen Varietät nicht gesprochen werden. Dennoch handelt es sich beim Tirolés natürlich um einen neuen, eigenständigen Siedlerdialekt, der sich durch die sprachlichen Auswirkungen der spezifischen Kontaktsituation in Pozuzo herausgebildet hat.

Der deutsche Anteil am Wortschatz des Tirolés deckt sich mit dem des Tiroler Herkunftsgebietes und stimmt erstaunlich genau mit den phonetischen, lexikalischen und semantischen Gegebenheiten im heutigen Basisdialekt des oberen Inntals überein (vgl. Kap. 4.1). Während also der Erbwortschatz sehr stabil erscheint, stellt man heute bei Tirolés-Sprechenden starke Erosionserscheinungen beim formen- und satzgrammatischen Normbewusstsein fest (vgl. Kap. 5.3.2). Die frühen Entlehnungen aus den Kontaktsprachen Spanisch und Quechua betreffen besonders die Wortschatzdomänen Maße, Landwirtschaft, Pflanzen und Tiere sowie das auf Tragtieren basierende Transportwesen (vgl. Kap. 2.8.2, 6.1.1).

Umstände, die dem Spracherhalt förderlich sind, waren natürlich die äußerst isolierte geographische Lage der Kolonie, die Betreuung durch deutschsprachige katholische Pfarrer sowie bis 1946 das Fehlen eines permanenten spanischen Schulunterrichts. Trotz der wirtschaftlichen Handicaps, bedingt durch die prekären Verkehrswege, war Pozuzo für die indigene Bevölkerung der Umgebung ein attraktives Zuwanderungsziel, sodass es bereits in den 1870er-Jahren zu den ersten ethnisch gemischten Eheschließungen kam. Wirtschaftliche Faktoren wie die Ansiedlung einer Kokainfabrik in den 1890ern oder die aufwändige Umstellung der Viehwirtschaft von Stall- auf Weidehaltung in den 1960ern förderten die Zuwanderung von indigenen Arbeitskräften zusätzlich. Als es 1975 schließlich zur Eröffnung der Fahrstraße nach Pozuzo kam, hatte dort die demographische Marginalisierung der europäischen Siedlergesellschaft schon längst eingesetzt.

Daneben gab es seit jeher einen gewissen deutschen Kulturimport, vor allem durch die deutschsprachigen Geistlichen, die deutsche Bücher und deutsches Liedgut einführten (vgl. Kap. 2.10). Einer der Pfarrer brachte sogar ein von ihm selbst verfasstes Stück über die Einwanderungsgeschichte zur Aufführung. Seit 1979 sorgt ein von Pozuzo und Tirol partnerschaftlich gegründeter Verein für einen entsprechenden Kulturtransfer. Dieser Kulturverein fördert auch den Unterricht von Deutsch als Fremdsprache an Pozuciner Schulen (vgl. Kap. 3.1). Eine zunehmende, jedoch undifferenzierte touristische Ausrichtung an deutschem Kulturgut hat inzwischen sogar zur Abhaltung eines *Oktoberfestes* in Pozuzo geführt.

Der Bezirk Pozuzo hat heute um die 9.000 Einwohner, von denen etwa 20 Prozent europäische Wurzeln haben sollen. Der Anteil an ethnisch unvermischten Personen wird auf unter 1 % geschätzt. Das bedeutet aber nicht, dass die alle noch Tirolés sprechen. Von den jungen Leuten tut dies, mit ganz wenigen Ausnahmen, praktisch niemand mehr. Trotzdem gibt es in Pozuzo-Zentrum, Prusia und der Sekundärsiedlung Santa Rosa zusammen noch etwa 50 Personen, die im Anlassfall Tirolés sprechen. Die meisten von ihnen sind über 70 Jahre alt.

Daneben gibt es zahlreiche ältere Personen mit passiven Kenntnissen des Tirolés, die diesen deutschen Dialekt aber nicht mehr verwenden wollen. Doch auch ihr Spanisch hat gewisse Besonderheiten, vor allem in Hinblick auf Intonation und Aussprache. Sie seien *Pozucinos charapas* sagen manche Touristen aus Lima spöttisch. Das heißt wörtlich *Schildkröten-Pozuciner* und bedeutet soviel wie Urwald-Leute.

Für viele ältere Siedler war das Tirolische die Erstsprache innerhalb der Familie, und bis in die 1960er-Jahre gab es viele Kinder, die mit der spanischen Landessprache erst nach dem Eintritt in die Schule konfrontiert wurden. Diesem Verlust des ererbten deutschen Dialekts steht der Unterricht der deutschen Standardsprache in der Schule gegenüber. Das in der Schule einst verbotene Deutsch ist heute zu einem prominenten Unterrichtsfach geworden.[59]

Ebenso erstaunlich ist die allgemeine Entwicklung der Siedlung, deren Gründung eine fast zwei Jahre dauernde opfer- und entbehrungsreiche Irrfahrt quer über die Anden vorausging. Peruanische Zeitungen berichteten damals mitleidsvoll von der *Odisea increíble* einer *Colonia Martir*.[60] Diese *unglaubliche Odyssee* führte die *Kolonie der Märtyrer* schließlich in eine Isolation von der Außenwelt, die länger als ein Jahrhundert andauern sollte. Trotzdem hatte sich Pozuzo in den Augen des Präfekten von Huánuco bereits im Jahr 1892 den Titel einer *Modell-Kolonie* verdient.[61] Die Entwicklung von der einstigen *Colonia Martir* über eine *Colonia Modelo* bis zur heutigen touristisch beworbenen *Perla del Peru*, der Perle Perus, zeugt von dem beeindruckenden Überlebenswillen der einstigen Auswanderer.

---

[59] SCHABUS, Pozuzo (wie Anm. 7) 399–400.
[60] Vgl. ORTÍZ, Oxapampa (wie Anm. 18) 257.
[61] Vgl. ebd. 259.

Porträtminiaturen und Rosenduft.
Oder: Wie das Tiroler Landesmuseum Ferdinandeum 1923 sein 100-Jahr-Jubiläum feierte

Hansjörg Rabanser

*Dem Ferdinandeum
zum 200-Jahr-Jubiläum gewidmet*

Das Tiroler Landesmuseum Ferdinandeum in Innsbruck feiert 2023 sein 200-jähriges Bestehen und darf sich deshalb rühmen, das zweitälteste Landesmuseum Österreichs nach dem Joanneum in Graz (begründet 1811) zu sein.[1] Bereits um 1800 hatte sich Erzherzog Johann (1782–1859) mit der Idee eines Museums für und in Tirol getragen, worauf es zu mehreren Vorschlägen gekommen war, die jedoch nicht verwirklicht werden konnten. Am 2. April 1822 erfolgte erstmals die offizielle Formulierung des Wunsches, ein Museum für die *vaterländische* Geschichte in Innsbruck zu gründen, was am 2. März 1823 durch den Kaiser gebilligt wurde, woraufhin sich Statthalter Karl Graf Chotek (1783–1868) voller Tatkraft in die Umsetzung stürzte und das Museum ins Leben rief.[2] Die Protektion übernahm Kronprinz Erzherzog Ferdinand (1793–1875), welcher der Institution auch seinen Namen gab. Für die Leitung bzw. die organisatorischen Belange wurde ein Ausschuss ins Leben gerufen, während die Mitglieder des Museumsvereins für die sukzessive Erweiterung der Sammlungen sorgten. Die ersten Museumsräumlichkeiten befanden sich in der Alten Universität (heute: Theologische Fakultät) sowie im Stift Wilten, ehe es aufgrund der

---

[1] Zum Joanneum vgl. Ein kulturelles Gedächtnis. Die Landesmuseen Österreichs und Südtirols im Überblick, hg. von den Landesmuseen Österreichs und Südtirols, Wien 2009, 96–111.

[2] Zur Gründung und Geschichte des Ferdinandeums allg. vgl. Gert Ammann / Ellen Hastaba (Red.), SammelLust. 175 Jahre Tiroler Landesmuseum Ferdinandeum, Ausstellungskatalog Tiroler Landesmuseum Ferdinandeum, Innsbruck/Wien 1998; Erich Egg, Chronik des Ferdinandeums 1823 bis 1973, in: Veröffentlichungen des Tiroler Landesmuseums Ferdinandeum 53 (1973) 5–93; Ellen Hastaba, „Unser Museum ist die Vereinigungsstätte für alle Schätze der Wissenschaft, Natur und Kunst in Tirol …", in: Speicher des Gedächtnisses. Bibliotheken, Museen, Archive, Teil 1: Absage an und Wiederherstellung von Vergangenheit. Kompensation von Geschichtsverlust, hg. von Moritz Csáky / Peter Stachel, Wien 2000, 149–198; Ein kulturelles Gedächtnis (wie Anm. 1) 126–143; Marlies Raffler, Museum – Spiegel der Nation? Zugänge zur Historischen Museologie am Beispiel der Genese von Landes- und Nationalmuseen in der Habsburgermonarchie, Wien/Köln/Weimar 2007, 252–258; Bettina Schlorhaufer, Zur Geschichte eines Regionalmuseums der Donaumonarchie im Vormärz. Der Verein des Tiroler Nationalmuseums Ferdinandeum 1823–1848, phil. Diss., Innsbruck 1988. – Eine Darstellung der Museumsgeschichte bzw. Beschreibung der einzelnen Museumsräume aus dem Jubiläums-Jahr 1923 findet sich in: Horst von Wellen, Zum hundertjährigen Jubiläum des Tiroler Landesmuseums „Ferdinandeum", in: Tiroler Sonntags-Blatt vom 17.6.1923, 3–4.

Abb. 1: Ansicht des Tiroler Landesmuseums Ferdinandeum im Jahr 1925. TLMF, Bibliothek: W 21668.

entstandenen Platznot 1845 zum Neubau in der Museumstraße Nr. 15 kam (Abb. 1); die Eröffnung des neuen Hauses fand am 15. Mai 1845 statt. Bereits 1880 wurde über eine erste Erweiterung nachgedacht, die 1882 in Angriff genommen und zwei Jahre später feierlich eingeweiht werden konnte.

Feierlaune wäre auch 2023 angebracht, doch diese will aufgrund der zeitlichen Umstände nicht so recht aufkommen. Neben den weltweiten Krisen und deren deutlich spürbaren Folgen dämpft vor allem auch die Tatsache die Euphorie, dass sich die Institution in einer Umbruchphase befindet: Der Umbau des Museums, der bereits vor Jahren hätte starten sollen, verzögert sich weiter und wird durch die allgemeine wirtschaftliche Lage und Preissteigerung empfindlich beeinflusst. Die Besetzung der vakanten Direktion steht an und auch hausintern sind in manchen Bereichen und Tätigkeitsfeldern ein Umdenken und eine Neuorganisation gefragt. Alles in allem eine wenig zu Feierlichkeiten animierende Situation, die allerdings frappante Parallelen zum 100-Jahr-Jubiläum von 1923 aufweist. Auch damals hatte die Institution nicht minder schwierige wirtschaftliche Bedingungen zu bewältigen und stand vor der Aufgabe, sich innerhalb der neuen Rahmenbedingungen, der Gesellschaft, aber auch der Institution selbst neu zu orientieren. Aus diesem Grund wird das diesjährige 200. Jubiläum zum Anlass genommen, die 100-Jahr-Feier von 1923 vorzustellen und näher zu beleuchten, wobei der Fokus auf den damals durchgeführten Feierlichkeiten sowie der dazu organisierten Sonderausstellung liegt, welche anhand der erhaltenen Quellen und Medienberichte rekonstruiert werden soll. Dabei wird zuerst die General- bzw. Festversammlung thematisiert, zu der Vertreter öffentlicher Institutionen und Museumskollegen aus dem In- und Ausland eingeladen worden waren, die sich teilweise durch Glückwunschschreiben entschuldigten. Sodann richtet sich der Blick auf die Vorbereitungen zur Sonderausstellung mit europäischen Porträtminiaturen aus Museums- und Privatbesitz, wobei einerseits die ausgestellten Künstlerinnen und Künstler namhaft gemacht werden sollen und andererseits der Versuch vorgenommen wird, anhand der vorliegenden Beschreibungen einen *virtuellen* Ausstellungsrundgang nachzuvollziehen.

1. Prekäre Zeiten und Neuorientierung

Das Jubiläumsjahr fiel in eine äußerst ungünstige Zeit, denn die Jahre zwischen 1920 und 1938 gelten als die schwierigste Periode, die das Ferdinandeum in seiner nunmehr 200-jährigen Geschichte zu überstehen hatte.[3] Der Erste Weltkrieg (1914–1918) traf das im stetigen Aufbau befindliche Museum empfindlich: Das merkliche Ausbleiben der einheimischen Bevölkerung und vor allem auch der Touristinnen und Touristen ließ den Besucherstrom einbrechen, womit die Eintrittsgelder fehlten. Subventionen und Förderungen wurden gekürzt oder gänzlich eingestellt, die Erwerbungen und Schenkungen waren rückläufig und schließlich ging auch die Mitgliederzahl zurück, einerseits bedingt durch Gefallene, andererseits ab 1918 durch das Ausbleiben oder den Wegfall von Mitgliedern aus Südtirol und dem Trentino. An der Situation änderte sich auch nach Beendigung des Krieges wenig, denn die durch die Kriegshandlungen und ihre Folgen zerrüttete Gesellschaft war ganz und gar damit beschäftigt, das Erlebte aufzuarbeiten, die Instabilität und Orientierungslosigkeit zu bewältigen und mit den schwierigen wirtschaftlichen sowie den neuen politischen Rahmenbedingungen zurechtzukommen. Es verwundert also nicht, wenn das Museum aus dem Interessenskreis von Politik, Wirtschaft und Öffentlichkeit geraten war.

Das Ferdinandeum selbst stand allerdings auch vor der Aufgabe, sich wieder zu finden bzw. neu zu erfinden. Begründet als *Nationalmuseum*, hatte es die Aufgabe und das Bestreben, ein Repräsentant der *Tirolischen Nation*, seiner Geschichte und Kultur zu sein. Durch die Ziehung der Brennergrenze stellte sich aber die berechtigte Frage, welches Tirol das Museum ab sofort (re)präsentieren bzw. welche Tiroler Identität es vertreten sollte. War es möglich, so die Bedenken, das Land Tirol auch weiterhin als Einheit zu behandeln und zu zeigen oder fungierte das Ferdinandeum fortan als „der Glassarg, in dem des Landes innerstes Wesen eingebettet ruht, gebe Gott nur zu einem Schneewittchen-Schlummer!"?[4]

Dem nicht genug wurde die Diskussion von den Bestrebungen Italiens zur Rückgewinnung aller Archivalien und Museumsobjekte aus Südtirol und dem Trentino zusätzlich angeheizt. Die Ansprüche wurden mit Vehemenz bekämpft und konnten

---

[3] Zur Geschichte des Ferdinandeums zwischen 1918 und 1945 im Speziellen vgl. Anita Bacher, Erinnerungsraum Museum. Die Rolle des Landesmuseums Ferdinandeum in der Schaffung und Repräsentation Tiroler Identität in den Jahren 1918–1938, Masterarbeit Graz 2021; Anita Bacher, Die Hundertjahrfeier 1923 – Das Tiroler Landesmuseum Ferdinandeum zwischen „neuem Geist" und Rückbesinnung, in: Museum gestaltet Geschichte. 200 Jahre Tiroler Landesmuseum Ferdinandeum. Wissenschaftliches Jahrbuch der Tiroler Landesmuseen 15 (2022) 121–133; Egg, Chronik des Ferdinandeums (wie Anm. 2) 65–81; Erich Egg, 150 Jahre Tiroler Landesmuseum Ferdinandeum, in: Tirol … immer einen Urlaub wert, Sommer 1973, Innsbruck 1973, 3–23, vgl. bes. 4; Ellen Hastaba, Das Ferdinandeum und der Erste Weltkrieg. Eine Spurensuche im hauseigenen Archiv, in: Wissenschaftliches Jahrbuch der Tiroler Landesmuseen 8 (2015) 18–45.

[4] F. Z., Ferdinandeum, in: Tiroler Anzeiger vom 11.2.1919, 2.

zu großen Teilen abgewehrt werden, da die vom Museum erworbenen Gegenstände und Kunstwerke als privater Vereinsbesitz galten, weshalb die Sammlungen – von wenigen zurückgegebenen Stücken oder Leihgaben abgesehen – unberührt blieben.

Entsprechend reagierte das Ferdinandeum mit einer klaren Haltung: Der Erste Weltkrieg und seine Folgen wurden völlig ausgeblendet und spielten in der Sammelpolitik wie auch in der Präsentation keine Rolle. Es gab in den Museumssälen weder eine Abteilung zu den jüngsten Entwicklungen noch Sonderausstellungen von *Kriegskünstlern*. Stattdessen kam es zu einer gezielten Erinnerung und Hochhaltung der *Heldenzeit* von Anno 1809 und einem regelrechten *Heldenkult* durch die Präsentation von Objekten und Gemälden rund um die berühmtesten *Freiheitskämpfer*. Auf diese Weise konnte die verlorene Landeseinheit zumindest in der Rückbesinnung wieder heraufbeschworen werden. Auch noch in den folgenden Jahren bzw. Jahrzehnten bestimmten im Ferdinandeum „das aktive Vergessen sowie ein selektives Erinnern"[5] die Präsentations- und Ausstellungspolitik. Als 1924 erste Pläne zur Neuaufstellung der Gemäldegalerie geschmiedet wurden, sprach man davon, dass bei der Auswahl der Werke und der zu zeigenden Künstlerpersönlichkeiten „insbesondere der tirolische Gesichtspunkt zu berücksichtigen sein" werde. Des Weiteren sollte „der neu erwachenden Freude an den alten Trachten" entsprechend Tribut gezollt werden, weshalb diesbezügliche Recherchen und Feldstudien im gesamten Land angedacht waren. Und schließlich hieß es noch: „Auch die rassenhygienische Erforschung des Tiroler Volkes soll als neuer Programmpunkt vom Museum gepflegt werden."[6]

Die neuen Gegebenheiten wurden allerdings nicht nur als rein negativ wahrgenommen, denn man erkannte darin durchaus auch die Möglichkeit einer Neupositionierung des Hauses sowie eine Chance zur Modernisierung und Öffnung desselben, sei es für die heimische Bevölkerung als auch für den wieder zögerlich beginnenden Fremdenverkehr. Das Museum wirkte in seiner Präsentationsform altmodisch und im wahrsten Sinn des Wortes verstaubt, denn die Schauräume waren zu großen Teilen vernachlässigt worden. Berichte sprechen von leeren Sälen mit nur wenigen Besuchern, verschmutzten Gläsern und verstaubten Vitrinen, kalten Räumlichkeiten in den Wintermonaten und dem Mangel an Objekterklärungen und Museumsführern, die einfach nicht nachgedruckt wurden. Besonders eindringlich machte Carl Danzer (* 1876), zwischen 1918 und 1920 Chefredakteur des *Tiroler Anzeigers*, darauf aufmerksam:

> „Denn nicht allein die Vereinsamung des Museums, auch der Zustand, in dem sich die Sammlungen darbieten, verraten, daß das *Ferdinandeum* nicht geradezu das Hätschelkind der Innsbrucker Bürgerschaft bedeutete. Alles ist dicht verstaubt, die Glaswände der Vitrinen sind allzu lange nicht gereinigt, das Oberlicht der Bildersäle läßt nur mehr ein schmutziges Grau von der Decke herabrieseln. Auch die Anordnung der Sammlungen schreit nach Erneuerung. Die meisten Galerien Europas sind heute nach dem Grundsatz der Schausammlung aufgestellt; im Ferdinandeum aber sind noch die Wände bis hoch hinauf mit den Bildern förmlich tapeziert, ein Bildermagazin und wahrlich

---

[5] BACHER, Erinnerungsraum Museum (wie Anm. 3) 97.
[6] [o. VERF.], Das Museum Ferdinandeum im Jahre 1923, in: Innsbrucker Nachrichten vom 21.6.1924, 5.

keine Augenweide! (Abb. 2) Der Kenner findet mit Geschick kostbare Perlen heraus, der Laie geht betäubt und verstimmt an dieser Anhäufung von Bildern vorbei. Der *Führer* ist seit Jahr und Tag vergriffen, die leidige Papiernot! Aber wenn man sieht, welcher Schund täglich dennoch auf dem Büchermarkt auftaucht, und daß für diesen Schund das Papier doch immer noch aufzutreiben war, wird [man] die Schwierigkeiten, den *Führer* neu aufzulegen, nicht für unüberwindlich halten. Fort mit dem Staub, fort mit den blinden Scheiben! Luft und Licht ins Ferdinandeum […]."[7]

Kritik regte sich aber nicht nur an den Räumlichkeiten und der Präsentation, sondern auch an der als unreflektiert wahrgenommenen Vereinsarbeit und der geradezu überheblichen Haltung des tonangebenden Verwaltungsausschusses. Dieser bestand ausnahmslos aus Männern, die diversen Bereichen des öffentlichen Lebens und der Privatwirtschaft angehörten und ehrenamtlich für das Museum tätig waren, also unentgeltlich und unter Aufopferung ihrer Freizeit agierten. Sie hatten nicht nur Einblick in die Museumsarbeit bzw. die Bedürfnisse des Hauses, sondern saßen auch gleichzeitig an den politischen und wirtschaftlichen Schalthebeln und waren wichtige Sponsoren und Geschenkgeber. Eine Situation, welche Vor-, aber auch Nachteile mit sich brachte. Das eigenmächtige Handeln des Ausschusses und Vorstandes führte dazu, dass deren Vertreter immer öfter als *Königssöhne* oder *Hohepriester* bezeichnet

Abb. 2: Undatierte Postkarte mit einem Blick in den überfüllten Skulpturen-Saal im Ferdinandeum. Verlag: E. Lorenz, Innsbruck. TLMF, Bibliothek: W 56801.

---

7   [Carl] D[ANZER], Unser Ferdinandeum, in: Tiroler Anzeiger vom 17.1.1919, 1.

wurden. Ein anonym gebliebenes Vereinsmitglied sprach in einem Medienkommentar auch von „unhaltbaren Zuständen in der Verwaltung" und „gönnerhafte[n] Bevormundungen" und hoffte auf baldige Veränderungen zum Besseren, „um das ganze verfilzte System, die lebentötende Atmosphäre, die hinter den blinden Scheiben des Museumspalastes herrschen" endlich beenden zu können.[8]

Das Jahr 1919 bot eine Möglichkeit dazu und sie wurde auch ergriffen, wie den Zeitungsbeiträgen zu entnehmen ist. Von spät, aber immerhin allmählich bemerkbaren Demokratisierungstendenzen war in diesen die Rede, als deren Folge der „Geist der Freiheit […] an den ängstlich verschlossen gehaltenen Toren des Ferdinandeums" nicht länger aufzuhalten war. Anstelle eines Vorstandes, der sich als „Alleinherrscher" gebärdete, seien genügend gut ausgebildete Personen in der Institution tätig, die für Führungsfunktionen in Frage kämen, um „unser berühmtes Dornröschen aus seinem Zauberschlummer" zu wecken.[9] Gerade in Anbetracht des bevorstehenden 100-Jahr-Jubiläums äußerte man den Wunsch der nötigen Neuorientierung des Hauses:

„Das Museum geht im Jahre 1923 seinem hundertjährigen Bestande entgegen, es wäre deshalb an der Zeit, diese stattliche Jahreszahl zu einem Regenerationsmoment zu machen. Um die Jahrhundertfeier würdig zu gestalten, wäre es vor allem wünschenswert, wenn sich viele Förderer und zahlreiche neue Mitglieder fänden."[10]

Die kritischen Stimmen konnten am 8. Mai 1919 einen Erfolg einfahren, als es durch 420 teilnehmende Vereinsmitglieder zur Neuwahl des Verwaltungsausschusses kam, bei der die *alte Garde* (mit acht Ausnahmen) durch Vertreter einer jüngeren Generation abgelöst und der Denkmalpfleger Josef Garber (1883–1933) zum neuen Vorstand (1919–1921) ernannt wurde. Damit sollte dem beabsichtigten Aufbrechen alter, verhärteter Strukturen, dem Reflektieren und der Modernisierung nichts mehr im Wege stehen. Ein erster Schritt wurde durch die Renovierung des Rundsaales im Parterre und dessen Nutzung für Sonder- und Künstlerausstellungen gesetzt, doch schon bald wurden die ehrgeizigen Ambitionen durch die Zeitumstände empfindlich eingebremst. Die einsetzende Inflation und die ausbleibenden finanziellen Mittel verhinderten dringende Arbeiten am Gebäude, angemessene Zahlungen für das Personal und den Museumsalltag sowie die Planung einer Neupräsentation der überbordenden Sammlungen, die den Rahmen des Museumsgebäudes zu sprengen drohten, sodass die Objekte nicht mehr wirkungsvoll und angemessen gezeigt werden konnten und neue Depot- und Lagerungsmöglichkeiten notwendig wurden. In den Wintermonaten blieb es in den Ausstellungsräumen aufgrund des Kohlemangels ohnehin kalt (sofern das Museum nicht für kurze Zeit zur Gänze geschlossen wurde) und durch die Einsparungsmaßnahmen beim Aufsichts- und Wachpersonal kam es gehäuft zu Diebstählen; als Reaktion darauf wurden Pensionisten als Aushilfsaufseher herangezogen.

Für negative Schlagzeilen sorgte des Weiteren die Diskussion um die Integration der Bestände des Tiroler Volkskunstmuseums, die seit Jahren im Gymnasialgebäude,

---

[8] [o. Verf.], Unser Ferdinandeum, in: Tiroler Anzeiger vom 28.1.1919, 5.
[9] [o. Verf.], Ferdinandeumssorge, in: Innsbrucker Nachrichten. Abendblatt vom 18.1.1919, 3.
[10] F. Z., Ferdinandeum (wie Anm. 4) 1–2.

in Kisten verpackt, ein unbeachtetes Dasein fristeten und von der Öffentlichkeit nicht eingesehen werden konnten.[11] Die ungünstige wirtschaftliche Lage wirkte sich auch hemmend auf Ankäufe aus. Die Schenkungen gingen merklich zurück und mit Südtirol und dem Trentino waren wichtige Zubringer weggefallen. Wegen Budgetmangels erschien auch die *Zeitschrift des Ferdinandeums* 1921 in Form einer bescheiden ausgefallenen Publikation zum letzten Mal. Allerdings konnten dank externer Zuwendungen im Folgejahr die *Veröffentlichungen des Museum Ferdinandeum* ins Leben gerufen werden. Letztendlich musste auch das Vereinsleben Einbußen hinnehmen, da die Mandatarsstellen in Triest, Trient und Prag aufgelassen wurden.

Auf diese Weise kamen der mit Willensstärke, Visionen und Engagement in Angriff genommene Modernisierungsschub sowie die Arbeit des Museums nur zu bald ins Stocken, sodass dieses das Interesse in der breiten Bevölkerung noch weiter verlor. Von einem regelrechten Nichtbeachten bzw. einem spürbaren Desinteresse wurde in den Medien gesprochen:

„Man sollte überhaupt glauben, daß jeder Innsbrucker die Kunstschätze seines vaterländischen Kunst- und Nationalmuseums kennt und dieses gerne besucht, weil er darin mustergültige Vorbilder und Anregungen findet, die ihm von Wert sind. Dem ist aber leider nicht so. – Das Innsbrucker Ferdinandeum wird just von den Innsbruckern selbst, am meisten unterschätzt und vernachlässigt. Und gar zum eigenen Schaden der Bewohner und ganz besonders unseres Nachwuchses … Ich möchte daher allen recht eindringlich raten: Besucht das Ferdinandeum, und werdet Mitglied des Vereines!"[12]

In diese prekären Zeitumstände fiel nun das 100-Jahr-Jubiläum des Ferdinandeums, dessen Vorstand und Ausschussvertreter sich zu Recht die Frage gestellt haben mögen, ob und auf welche Weise man diesen Anlass begehen sollte; und vor allem mit welchen Mitteln. Die Entscheidung fiel auf eine schlichte Festversammlung sowie eine Sonderausstellung, die sich eines besonderen, auf den ersten Blick durchaus auch außergewöhnlichen Themas annehmen wollte: der Miniaturmalerei.

Die Berichterstattung zu den Feierlichkeiten in der Lokalpresse hielt sich in Grenzen und betraf vor allem Ankündigungen der Veranstaltungen im Vorfeld und einige wenige Besprechungen der Ausstellung sowie Kurzfassungen zur Museumsgeschichte in der Folge. Natürlich berichteten in erster Linie die dem Ferdinandeum wohlgesonnenen, also konservativen bzw. christlich-sozial ausgerichteten Medien in umfangreicher Weise von den musealen Aktivitäten. So widmete sich der Schriftsteller und Schriftleiter der *Innsbrucker Nachrichten*, Karl Paulin (1888–1960), in eben diesem Medium unter dem Titel *100 Jahre Museum Ferdinandeum* der Geschichte des Hauses und lieferte eine historische Skizze von der Gründung des Museums über verdienstvolle Vorstände und Förderer bis hin zu Veröffentlichungen der Institution und zur aktuellen Lage. Dabei äußerte der Verfasser auch den Wunsch, dass der Vor-

---

[11] Vgl. hierzu: Wolfgang MEIXNER, „Den weniger Eingeweihten mag es mit Rücksicht hierauf vielleicht überflüssig erscheinen, wenn nebst diesem Institute in unserer Stadt noch ein zweites Museum gegründet werden sollte." Die Gründung des Tiroler Volkskunstmuseums als Gegenpol zum Ferdinandeum, in: Museum gestaltet Geschichte (wie Anm. 3) 93–119, vgl. bes. 109–119.

[12] WELLEN, Zum hundertjährigen Jubiläum (wie Anm. 2) 4.

stand „den 100. Geburtstag der Vereinsgründung in einer der Bedeutung des Landesmuseums würdigen Weise feierlich begehen" werde.[13] Einen ähnlichen Ansatz wählte der Jurist und Genealoge Rudolf Granichstaedten-Czerva (1885–1967) in seinem Beitrag *100 Jahre Museum Ferdinandeum* im *Tiroler Anzeiger*, da er ebenfalls einen geschichtlichen Überblick bot und dabei resümierte:

> „Hundert Jahre ist für ein Provinzmuseum ein imponierendes Alter und wenn die Tiroler aus Anlaß des Geburtstages ihres Nationalmuseums aus allen Gegenden Glückwünsche erhalten, so ist dies wieder nur ein Beweis mehr, welche Sympathien das schöne Land Tirol in der ganzen Welt genießt."[14]

Im Gegensatz dazu widmete die politisch rechte *Neueste Zeitung* dem Museumsjubiläum auffallend wenig Aufmerksamkeit und die der Sozialdemokratie nahestehende *Volks-Zeitung* schenkte dem Festakt gar keine Beachtung.[15]

2. Einladungen und Glückwünsche

Wie die offizielle Einladung zum 100-Jahr-Jubiläum des Ferdinandeums aussah, lässt sich nicht rekonstruieren. Weil ein schriftliches Exemplar mit Sicherheit in die Sammlungen des Museums Eingang gefunden hätte, kann davon ausgegangen werden, dass keine eigenen Einladungskarten gedruckt, sondern nur getippte Schreiben ausgegeben wurden. Der Text der Einladung zur Generalversammlung sowie gleichzeitig zur Festfeier hat sich allerdings erhalten (Abb. 3):

> „Einladung. zu der am Freitag den 15. Juni 1923 um 6 Uhr abends im Musikvereinssaale stattfindenden Festversammlung aus Anlaß des hundertjährigen Bestehens des Museums Ferdinandeum in Innsbruck. Innsbruck, im Juni 1923. Vorstand und Verwaltungsausschuß des Museums Ferdinandeum."

sowie

> „Am 16. Juni l[aufenden] J[ahres] um 11 Uhr vormittags findet im gleichen Saale ein Vortrag des Museumsvorstandes über Kleinbildnis-(Miniatur-)malerei statt. Daran anschließend erfolgt die Eröffnung der Ausstellung im Rundsaale des Ferdinandeums: ‚Kleinbildnisse aus tirolischem Besitz.'"[16]

---

[13] Karl PAULIN, 100 Jahre Museum Ferdinandeum, in: Innsbrucker Nachrichten vom 12.5.1923, 5–6, vgl. bes. 6.

[14] Rudolf GRANICHSTAEDTEN-CZERVA, 100 Jahre Museum Ferdinandeum, in: Tiroler Anzeiger vom 26.5.1923, 5. Ein weiterer Artikel mit einer Kurzfassung der Museumsgeschichte findet sich unter: [o. VERF.], Hundert Jahre „Ferdinandeum", in: Tiroler Anzeiger vom 15.6.1923, 3.

[15] Bacher spricht ebenfalls die spärliche Überlieferung in der *Volks-Zeitung* an und zitiert einen Eintrag, der sich in der Zeitung aber nicht findet; sie dürfte mit gleichlautenden Artikeln in der *Innsbrucker Zeitung* oder *Neuesten Zeitung* verwechselt haben. Vgl. BACHER, Erinnerungsraum Museum (wie Anm. 3) 33; DIES., Die Hundertjahrfeier 1923 (wie Anm. 3) 125. – Für hilfreiche Auskünfte zu den Zeitungen bzw. Recherchen bedankt sich der Verfasser bei Mag. Christoph AMPFERER (TLMF, Bibliothek).

[16] Tiroler Landesmuseum Ferdinandeum (TLMF), Museumsakten (MA) 1923, Nr. 143: Einladung zur Generalversammlung und Ausstellung (Typoskript). – Im selben Bestand findet sich noch eine handschriftliche Version desselben sowie ein Entwurf dazu.

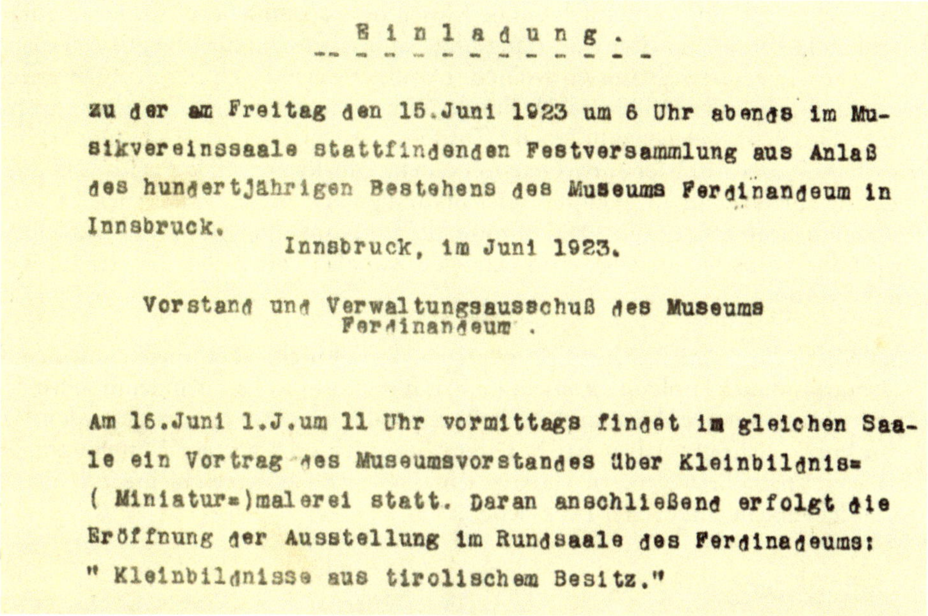

Einladung.

zu der am Freitag den 15.Juni 1923 um 6 Uhr abends im Musikvereinssaale stattfindenden Festversammlung aus Anlaß des hundertjährigen Bestehens des Museums Ferdinandeum in Innsbruck.

Innsbruck, im Juni 1923.

Vorstand und Verwaltungsausschuß des Museums Ferdinandeum.

Am 16.Juni l.J.um 11 Uhr vormittags findet im gleichen Saale ein Vortrag des Museumsvorstandes über Kleinbildnis=(Miniatur=)malerei statt. Daran anschließend erfolgt die Eröffnung der Ausstellung im Rundsaale des Ferdinadeums: " Kleinbildnisse aus tirolischem Besitz."

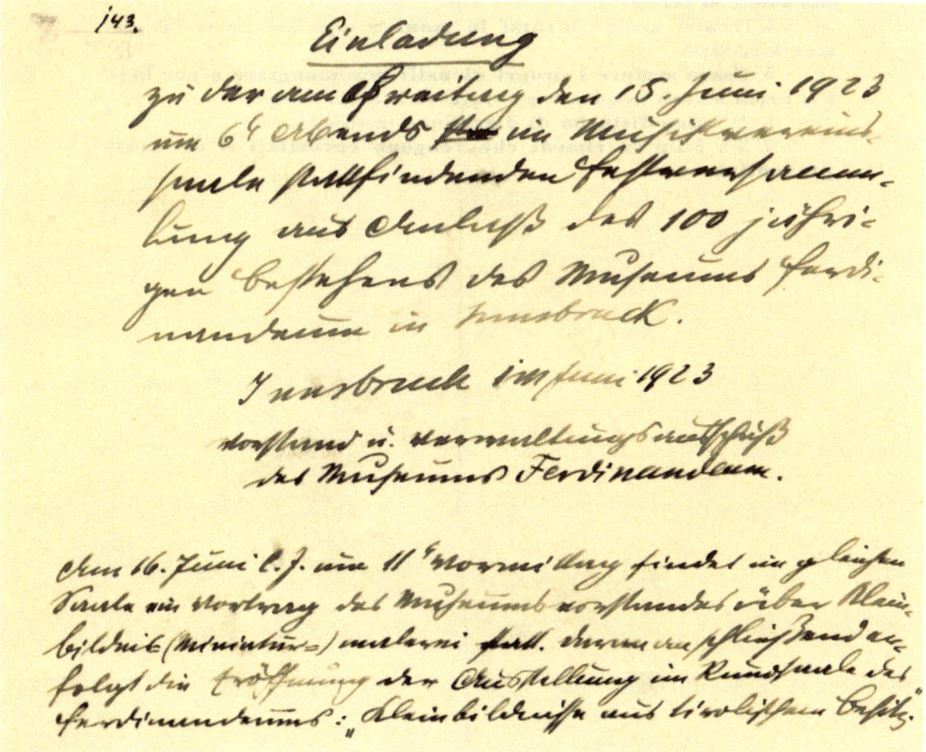

143.

Einladung

zu der am Freitag den 15. Juni 1923 um 6h abends im Musikvereinssaale stattfindenden Festversammlung aus Anlaß des 100 jährigen Bestehens des Museums Ferdinandeum in Innsbruck.

Innsbruck im Juni 1923

Vorstand u. Verwaltungsausschuß des Museums Ferdinandeum.

Am 16. Juni l. J. um 11h vormittag findet im gleichen Saale ein Vortrag des Museumsvorstandes über Kleinbildnis (Miniatur-) malerei statt. daran anschließend erfolgt die Eröffnung der Ausstellung im Rundsaale des Ferdinandeums: „Kleinbildnisse aus tirolischem Besitz."

Abb. 3: Die handschriftliche und getippte Version der Einladung zur Festveranstaltung und Ausstellungseröffnung am 15./16. Juni 1923. TLMF, MA 1923, Nr. 143.

Dieses Schreiben ging vermutlich an die Museumsvereinsmitglieder sowie an einige ausgewählte Persönlichkeiten von Rang und Namen, welche die Organisatoren auf der Gästeliste keineswegs missen wollten. Darunter befand sich natürlich an erster Stelle Emil Schneider (1883–1961), Bundesminister für Unterricht in Wien (Amtszeit: 1922–1926), welcher zum Festakt (Festfeier, Festvortrag und Ausstellung) gebeten wurde.[17] Der Minister antwortete mit einem Glückwunschtelegramm (Abb. 4), in dem er einen bereits abgesandten Brief ankündigte. Dieser, datiert auf den 14. Juni 1923, enthielt in erster Linie Dankesworte, die Entschuldigung für sein Fernbleiben sowie Glückwünsche, im Zuge derer Schneider vor allem die Bedeutung der Institution hervorhob:

> „Berufen die geschichtlichen Erinnerungen, die kulturellen Leistungen und die Naturprodukte Tirols zu sammeln und zu hüten, ist das Ferdinandeum selbst ein historisches Denkmal und ein kulturelles Zentrum des Landes geworden. In hundertjähriger Arbeit hat es seinen Anspruch erhärtet, ein Mittelpunkt aller geistigen Bestrebungen Tirols zu sein, in dessen Geistesgeschichte ihm für alle Zeiten ein ehrenvoller Platz sicher ist."

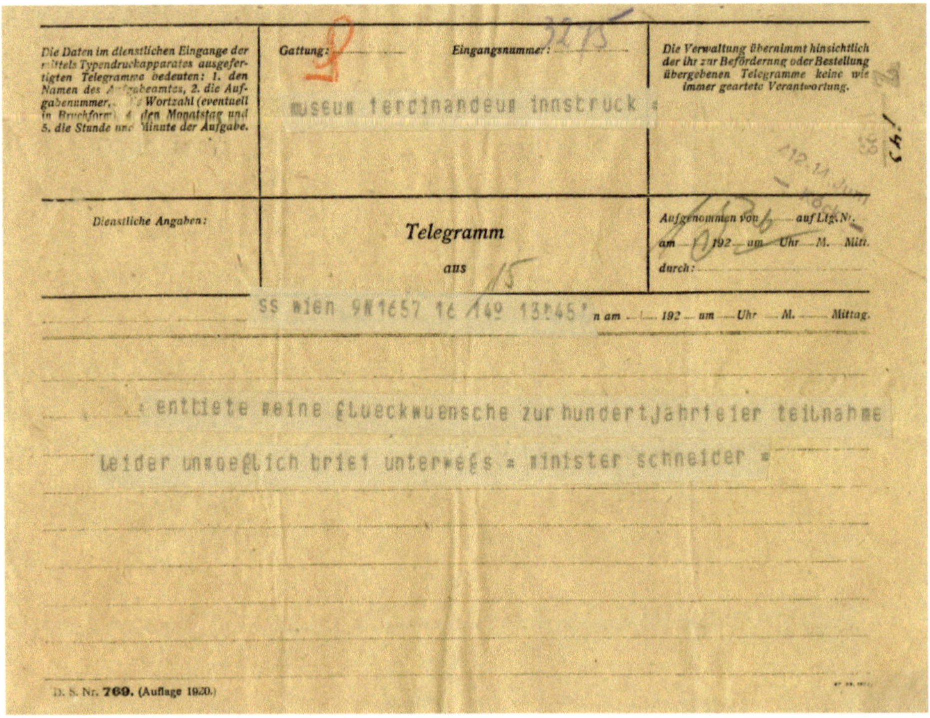

Die Daten im dienstlichen Eingange der mittels Typendruckapparates ausgefertigten Telegramme bedeuten: 1. den Namen des Aufgabeamtes, 2. die Aufgabenummer, 3. die Wortzahl (eventuell in Bruchform), 4. den Monatstag und 5. die Stunde und Minute der Aufgabe.

Gattung: Eingangsnummer: 3215

Die Verwaltung übernimmt hinsichtlich der ihr zur Beförderung oder Bestellung übergebenen Telegramme keine wie immer geartete Verantwortung.

museum ferdinandeum innsbruck =

Dienstliche Angaben:

Telegramm aus 15

Aufgenommen von ... auf Ltg.-Nr. ... am ... 192 ... um ... Uhr ... M. ... Mitt. durch:

ss wien 9w1657 16 14/9 13h45 ... n am ... 192 ... um ... Uhr ... M. ... Mittag.

= entbiete meine glueckwuensche zur hundertjahrfeier teilnahme leider unmoeglich brief unterwegs = minister schneider =

D. S. Nr. 769. (Auflage 1920.)

Abb. 4: Das Gratulations-Telegramm des Unterrichtsministers Schneider. TLMF, MA 1923, Nr. 143.

---

[17] TLMF, MA 1923, Nr. 143: Konzeptschreiben des Museumsvorstands an Bundesminister Schneider (o. D.).

Letztendlich sagte der Minister angesichts der schwierigen Zeiten auch für die Zukunft jegliche Unterstützung zu.[18]

In der ersten Hälfte des Monats Juni trafen weitere Gratulationsschreiben ein, wie etwa am 12. Juni vom Bayerischen Nationalmuseum in München. Generaldirektor Philipp Maria Halm (1866–1933; Amtszeit: 1920–1931) gratulierte dem Museum („für das mich die wärmsten Sympathien erfüllen") zum Jubiläum und gedachte „mit Freude der schönen Stunden, die ich in Ihrer Sammlung verbringen durfte". Er bedauerte des Weiteren, dass ihn das Einladungsschreiben zu spät erreicht habe, da er ansonsten den Besuch der Festveranstaltung in Innsbruck mit Sicherheit ins Auge gefasst hätte.[19] Vom selben Tag datiert der Brief, mittels welchem Julius Leisching (1865–1933), Direktor des Salzburger Museums Carolino Augusteum (Amtszeit: 1921–1933), seine Grüße übermittelte und ankündigte, nicht zur Festfeier anreisen zu können. Sofern möglich, beabsichtige er jedoch seinen Assistenten Dr. Max Silber (1883–1942) nach Innsbruck zu entsenden. Weil zu befürchten war, dass das Gratulationsschreiben nicht rechtzeitig zur Festfeier in Innsbruck eintreffen könnte, sandte Leisching zur Sicherheit auch noch zusätzliche Glückwünsche mittels Telegramm.[20]

Vom 13. Juni 1923 datiert der Dankesbrief von Franz Xaver Schaffer (1876–1953) vom Naturhistorischen Museum Wien, der dem Vorstand zum Museumsjubiläum unter anderem mit den folgenden Worten gratulierte:

„Sie können an diesem Tage mit Befriedigung zurückblicken auf den langen Weg emsiger Arbeit und reicher Forschung, die Ihre Sammlungen zu einem Kulturdenkmale, nicht nur im engeren Vaterlande sondern der Wissenschaft überhaupt, gemacht haben. Namen von Forschern, die mit Ihrem Institute auf das engste verknüpft sind, haben in der ganzen Welt Geltung, soweit die Liebe für die Wahrung der großen Schätze der hohen Kultur reicht."[21]

Dankesworte für die Einladung kamen am 14. Juni auch von Adrian Egger (1868–1953), Dompropst und Leiter des Diözesanmuseums Brixen, der seine Abwesenheit mit den Zeitumständen entschuldigte: „Da es wegen der Reiseschwierigkeiten nicht möglich ist, nach Innsbruck zu kommen, […]".[22] In dieselbe Kerbe schlug das undatierte Schreiben des Stadtmuseums Bozen:

„Leider ist im Augenblicke eine persönliche Theilname am Ehrenabend des Museums ausgeschloßen. So schnell kom[m]en wir nicht mehr überm [!] Bren[n]er! Aber im Geiste mit Ihnen vereint, wie in alter Zeit, senden wir zum Feste die wärmsten Wünsche. Möge das Ferdinandeum durch ein gütiges Geschick stets treu behütet noch weiterhin das Schatzkästlein des Tirolerlandes sein u. bleiben. Es war das Vorbild für die Localmuseen Südtirols, von ihm aus gieng die Anregung zu gleichem Streben, um Sam[m]eln der ehrwür-

---

[18] TLMF, MA 1923, Nr. 143: Telegramm von Bundesminister Schneider (o. D.) und Schreiben desselben (14.6.1923).
[19] TLMF, MA 1923, Nr. 143: Schreiben von Halm (12.6.1923).
[20] TLMF, MA 1923, Nr. 143: Schreiben von Leisching (12.6.1923) und Telegramm (o. D.).
[21] TLMF, MA 1923, Nr. 143: Schreiben von Schaffer (13.6.1923).
[22] TLMF, MA 1923, Nr. 143: Schreiben von Egger (14.6.1923).

digen Erinnerungen, der Denkmale der engern Heimath. Gerade heute ergibt sich die Notwendigkeit dieser Museen, die heute geradezu geschaffen werden müßten, wen[n] sie nicht bereits existirten."

Geradezu euphorisch endete der Brief mit einem: „Vivat, Floreat, crescat Ferdinandeum!"[23]

Ein weiteres Dank- und Gratulationsschreiben aus der Hand von Eduard Leisching (1858–1938), Direktor des Österreichischen Museums für Kunst und Industrie (heute Museum für Angewandte Kunst in Wien; Amtszeit: 1909–1925), stammte vom 14. Juni.[24] Vom 15. Juni datiert schließlich der Brief des Tiroler Landeshauptmannes Franz Stumpf (1876–1935; Amtszeit: 1921–1935). Er bedankte sich für die Einladung, entschuldigte sein Fernbleiben jedoch durch „eine körperliche Unpässlichkeit und das Verbot des Arztes", weshalb er ankündigte, den Rechtsanwalt Dr. Hans Peer (1875–1945) als seinen Stellvertreter zu entsenden. Abschließend wünschte er dem Ferdinandeum eine glückliche Zukunft und dass „es immer mehr seine Mission für Volk und Heimat zu erfüllen imstande ist".[25] Am selben Tag setzte auch der Geschichtsverein Klagenfurt sein Gratulationsschreiben zum Jubiläum auf.[26] Dagegen reagierte Arnold Luschin-Ebengreuth (1887–1932) vom Landesmuseum Joanneum in Graz vergleichsweise spät. Er habe die Einladung leider erst kürzlich erhalten, erklärte er in seinem Brief vom 23. Juni, und entschuldigte sich für seine nachträglich dargebrachten Glückwünsche, in denen er unter anderem Worte fand, die auf die gewandelten Zeitumstände anspielten:

„Das Fest des hunder[t]jährigen Bestehens bedeutet in der Gegenwart für eine Anstalt heimatlicher Kulturpflege eine ebenso erhebende als ernste Feier, bei welcher die hohe Aufgabe der Bewahrung des ererbten Bildungsgutes gegenüber den unterwühlenden Richtungen einer materiell eingestellten Zeit zu besonders lebhaftem Bewusstsein gelangt. In der Erfassung dieser Aufgabe fühlt sich das Kuratorium des Landesmuseums Joanneum mit der tirolischen Schwesternanstalt eins [...]."[27]

All die eingelangten Gratulationsschreiben und -telegramme wurden nicht nur als rhetorische Freundlichkeiten angesehen, sondern als Zeichen der Verbundenheit gleichrangiger Institutionen und als Würdigung der bisherigen Arbeit, aber auch ihrer Vorstehenden und Ausführenden. Noch einen Schritt weiter ging Rudolf Granichstaedten-Czerva, der das Lob auf das gesamte Land Tirol übertrug:

„Hundert Jahre ist für ein Provinzmuseum ein imponierendes Alter und wenn die Tiroler aus Anlaß des Geburtstages ihres Nationalmuseums aus allen Gegenden Glückwünsche erhalten, so ist dies wieder nur ein Beweis mehr, welche Sympathien das schöne Land Tirol in der ganzen Welt genießt."[28]

---

[23] TLMF, MA 1923, Nr. 143: Schreiben des Stadtmuseums Bozen (o. D.).
[24] TLMF, MA 1923, Nr. 143: Schreiben von Leisching (14.6.1923).
[25] TLMF, MA 1923, Nr. 143: Schreiben von Stumpf (15.6.1923).
[26] TLMF, MA 1923, Nr. 143: Schreiben des Geschichtsvereins Klagenfurt (15.6.1923).
[27] TLMF, MA 1923, Nr. 143: Schreiben von Luschin-Ebengreuth (23.6.1923).
[28] GRANICHSTAEDTEN-CZERVA, 100 Jahre Museum Ferdinandeum (wie Anm. 14) 5.

3. General- und Festversammlung

Obwohl die letzte Zusammenkunft des Ausschusses am 30. Oktober 1922 stattgefunden hatte, kam es am Freitag, dem 15. Juni 1923, zu einer vorgezogenen Generalversammlung, die durch das Jubiläum und die damit verbundene Festveranstaltung begründet war. Das Vereinsgesetz sah vor, dass der Vorstand die Bezirkshauptmannschaft Innsbruck von anberaumten Generalversammlungen zu unterrichten hatte. Aus diesem Grund wandte sich Karl Inama (von Sternegg) (1871–1931; Abb. 5),[29] von 1921 bis 1931 Vorstand des Museums, am 11. Juni 1923 schriftlich an die Behörden und teilte diesen mit, dass die nächste Versammlung in vier Tagen abgehalten werde und die folgenden kurz gefassten Tagesordnungspunkte auf dem Programm stehen würden: Jahresbericht des Sekretärs, Jahresbericht des Kassiers, Wahl der Rechnungsrevisoren und Allfälliges.[30]

Abb. 5: Karl Inama, porträtiert von seiner Schwester Franziska von Inama-Sternegg (1870–1928). Das Original befindet sich in Privatbesitz der Familie Inama-Sternegg. Foto: Sonja Fabian; tiroler portraits.it. – **Abb. 6:** Die Festveranstaltung des Ferdinandeums fand im Musikverein statt. Ansicht des Gebäudes nach der Fotografie von Marie Dubitzky (* 1868; tätig: 1910–1917). Aus: *Weihe des Hauses. Musikverein Innsbruck. 16. April 1912*, Innsbruck 1912. TLMF, Bibliothek: FB 152302.

---

[29] Zu Karl Inama (bis 1919: von Sternegg) vgl. Hanns INAMA-STERNEGG, Geschichte aller Familien Inama (Studien zur Rechts-, Wirtschafts- und Kulturgeschichte XI / Veröffentlichungen der Universität Innsbruck 111), Innsbruck 1978, 302–306.

[30] TLMF, MA 1923, Nr. 143: Schreiben von Inama (11.6.1923). – Zur medialen Einladung vgl. [O. VERF.], Museum Ferdinandeum, in: Innsbrucker Nachrichten vom 9.6.1923, 4; [O. VERF.],

Am genannten Tag traf sich der Ausschuss des Ferdinandeums um 17.00 Uhr im Musikvereinssaal (Abb. 6) zur Generalversammlung sowie im Anschluss daran um 18.00 Uhr zur Festversammlung.[31] Der Saal war bereits des Öfteren durch das Museum genutzt worden, entweder weil der Rundsaal für die Veranstaltungen nicht ausreiche oder dieser durch eine Sonderausstellung belegt war, wie es auch diesmal durch die Miniaturen-Ausstellung der Fall war. Im Musikvereinssaal fand sich eine kleine, doch feine Gesellschaft ein, wie in einem der Medienberichte vermerkt wurde: „Wahrlich eine illustre Festversammlung, die da der Vorstand des Museumsvereines Regierungsrat von Inama zur Feier der hundertjährigen Gründung des Ferdinandeums in Innsbruck eingeladen hat!"[32] Die Räumlichkeiten waren jedoch mit keiner besonderen Zier versehen worden, in den Zeitungen wird ausdrücklich auf den Mangel an Ausstattung und die Schlichtheit verwiesen:

> „Von festlichem Schmuck war wenig zu sehen. Das kahle, in seiner Nüchternheit geradezu dürftig erscheinende Rund des Podiumhintergrundes zierten fünf Bildnisse aus den Beständen des Museums: des ersten Protektors Kaiser Ferdinand, der Gründer Landesgouverneur Karl Graf Chotek, Andreas Freiherr von Di Pauli, des Spenders des grundlegenden Gemäldelegates Josef von Tschager und des ersten Redakteurs der Ferdinandeumszeitschrift Prof. von Mersi."[33]

Ohne Zweifel handelte es sich dabei zum Großteil um jene Gemälde, die ansonsten den Rundsaal des Ferdinandeums zierten, sofern in diesem keine Sonderausstellungen stattfanden.

Museum „Ferdinandeum", in: Innsbrucker Zeitung vom 15.6.1923, 4; [O. VERF.], Museum Ferdinandeum, in: Tiroler Anzeiger vom 9.6.1923, 5 bzw. 15.6.1923, 3; [O. VERF.], Museum „Ferdinandeum", in: Neueste Zeitung vom 15.6.1923, 3.

[31] Zur General- und Festversammlung vgl. das Konvolut diverser Schriftstücke unter: TLMF, MA 1923, Nr. 143. Außerdem: AMMANN/HASTABA (Red.), SammelLust (wie Anm. 2) 218; BACHER, Erinnerungsraum Museum (wie Anm. 3) 31–33; BACHER, Die Hundertjahrfeier 1923 (wie Anm. 3) 124–125; EGG, Chronik des Ferdinandeums (wie Anm. 2) 70; [O. VERF.], Hundert Jahre Ferdinandeum, in: Tiroler Anzeiger vom 16.6.1923, 7; [O. VERF.], Die Jahrhundertfeier des Museums Ferdinandeum, in: Innsbrucker Nachrichten vom 16.6.1923, 5–6; [O. VERF.], Museum Ferdinandeum, in: Tiroler Anzeiger vom 15.6.1923, 3; Verwaltungs-Ausschuss des Ferdinandeums (Hg.), Veröffentlichungen des Museum Ferdinandeum 6 (1927) IX; WELLEN, Zum hundertjährigen Jubiläum (wie Anm. 2) 3–4.

[32] F. Z., Die Ausstellung von Miniaturbildnissen im Ferdinandeum, in: Tiroler Anzeiger vom 23.6.1923, 6–8, vgl. bes. 6.

[33] [O. VERF.], Die Jahrhundertfeier (wie Anm. 31) 5. – Zu den erwähnten Gemälden: vermutlich das Porträt von Kaiser Ferdinand I. von Österreich (1793–1875) von ca. 1850 eines unbekannten Künstlers; Gouverneur Karl Graf von Chotek (1783–1868) von 1843 von Louis Grünler (1809–1886); Andreas Alois Dipauli (1761–1839) von 1827 von Anton Psenner (1791–1866) sowie Josef Tschager (1778–1856) von 1824 von Josef Arnold d. Ä. (1788–1879). Vgl. TLMF, Ältere Kunstgeschichtliche Sammlungen: Gem 1448 (Dipauli), 1449 (Tschager), 1735 (Chotek) und 1770 (Ferdinand I.). Von Andreas Ritter von Mersi (1779–1861) gibt es in den Älteren Kunstgeschichtlichen Sammlungen interessanterweise kein Porträt. Ein weiteres Gemälde, das ansonsten im Rundsaal hing, war das Porträt von Clemens Graf Brandis (1798–1863), Gouverneur von Tirol, welches 1846 von Franz Hellweger (1812–1880) gemalt worden war. Vgl. dazu TLMF, Ältere Kunstgeschichtliche Sammlungen: Gem 1924.

Zu Beginn der Sitzung gedachte Vorstand Karl Inama des erst kürzlich verstorbenen Franz von Wieser Ritter von Wiesenhort (1848–1923), welcher von 1887 bis 1919 dem Museumsverein vorgestanden war, und würdigte dessen Person und Wirken für das Ferdinandeum. Dann übernahm der Entomologe (Insektenforscher) Karl Wilhelm Dalla Torre (1850–1928) als langjähriger Vereinssekretär das Wort und legte Zahlen und Daten zum Vereinsjahr 1922/23 vor.[34] Große Freude bereitete vor allem der Zuwachs von 370 neuen Mitgliedern, der größte Zuwachs seit Bestehen des Museums. Dies, so führte Dalla Torre aus, sei vorwiegend der Werbetätigkeit des Ehrenmitgliedes Karl Gostner (1858–1942) zu verdanken, der in den Innsbrucker bzw. Tiroler Industrie- und Handelskreisen viele neue Mitglieder gewann. Eine weitere erfolgreiche Werbeschiene bestand in der gezielten Anschrift von Gemeinden, sodass 45 Städte, Märkte und Gemeinden aus Tirol für die Mitgliedschaft begeistert werden konnten („zum Teil mit ansehnlichen Beträgen, z. B. Häring mit 300.000 K[ronen]"). Dies bestärkte den Beschluss, die Aktion mit dem Ziel fortzusetzen, alle Gemeinden des Landes für den Museumsverein zu erwärmen. Den erwähnten Zuwächsen musste Dalla Torre allerdings auch den Austritt von 20 Museumsvereinsmitgliedern entgegenhalten. Des Weiteren wurde der Tod von 13 Vereinsmitgliedern beklagt, derer durch eine Schweigeminute gedacht wurde.[35]

Der folgende Tagespunkt betraf die finanziellen und administrativen Belange des Museums. Den Einnahmen in der Höhe von 114.505.897 Kronen (aus Mitgliedsbeiträgen, Eintrittsgeldern, Subventionen und Spenden, Hauspacht, Krippenverkauf etc.) standen Ausgaben von 111.306.697 Kronen (für Gehälter und Pensionen, Licht, Heizung, Reparaturen am Museumsgebäude, Hauszinsen, Versicherungen, Bibliotheksankäufe, Buchbindereien, Zeitungsabos etc.) gegenüber.[36] Der Kassarest bzw. Vermögensstand belief sich damit auf 3.199.200 Kronen. Dalla Torre wies explizit darauf hin, dass die erhöhten Subventionen des Staates, des Landes Tirol und der Stadt Innsbruck hilfreich seien, doch „die finanzielle Zukunft unserer Anstalt im Ungewissen [belasse …] eine Unsicherheit, die unser Museum mit den übrigen Schwesterinstituten teilt". Aus diesem Grund seien die Anwerbung weiterer Fonds und die Unterstützung durch Privatpersonen dringend notwendig. Auch der Jahresbeitrag für die Museumsmitglieder müsse wegen der Inflation auf 10.000 Kronen erhöht werden.[37] Man war sich hingegen einig, dass etwaige finanzielle Schwierigkei-

---

[34] TLMF, MA 1923, Nr. 143: Bericht des Sekretärs zur Generalversammlung [daraus die folgenden Zitate, wenn nicht anders angegeben]. Außerdem: Verwaltungs-Ausschuss des Ferdinandeums (Hg.), Veröffentlichungen des Museum Ferdinandeum (wie Anm. 31) XVI–XIX; [o. Verf.], Das Museum Ferdinandeum (wie Anm. 6) 5.

[35] Bei diesen handelte es sich neben dem bereits erwähnten Franz von Wieser um: Bauratswitwe Amalie Gross († 1.1.1923), Hofrat Friedrich Bergmeister († 1923), Hugo Graf Enzenberg in Terlan († 12.12.1922), Musikdirektor Josef Pembaur († 19.2.1923), Rechnungsrat Hermann Pollhammer († 1.3.1923), Maler Emanuel Raffeiner († 15.3.1923), Schulrat Matthias Hechfellner († 24.3.1923), Medizinalrat Ferdinand Ganner († 2.4.1923), Hofrat Gustav Stanger in Wien († Ende April 1923), Zementfabrikant Karl Kraft in Kufstein († 23.5.1923), Hofrat und Universitätsprofessor Dr. Josef Nevinny († 26.5.1923), Advokat Dr. Otto Sölder in Meran († 6.6.1923) und Hofrat bzw. Oberlandesgerichtsrat Alfons Oberweis in Landeck († 6.6.1923). Vgl. TLMF, MA 1923, Nr. 143: „Liste der seit der Generalversammlung am 30. X 1922 verstorbenen Mitglieder des Museum Ferdinandeum".

[36] TLMF, MA 1923, Nr. 143: Listen zu den Ausgaben und Einnahmen für das erste Halbjahr 1923.

[37] Vgl. hierzu auch den Hinweis in: [o. Verf.], Museum Ferdinandeum, Innsbruck, in: Innsbrucker Nachrichten vom 5.2.1923, 3.

ten nicht durch den Verkauf von Museumsobjekten ausgemerzt werden sollten: „Laufende Ausgaben kann und darf das Ferdinandeum niemals durch Verkäufe decken, will es nicht den ersten Schritt auf der schiefen Ebene tun."[38]

Im Anschluss daran konnte Dalla Torre auf einige besondere Schenkungen und Ankäufe hinweisen, wobei der Sammlungszuwachs aufgrund der misslichen finanziellen Lage entsprechend bescheiden ausfiel. Er erwähnte deshalb nur einige wenige Beispiele, wie den Gipsabguss der Skulptur *Der Garbenbinder* des gebürtigen Tiroler Bildhauers Franz Scheiber (1875–1942) in München oder 13 Originalbriefe des Juristen und Dichters Hermann von Gilm (1812–1864).[39]

In puncto Publikationen war es nur dank der Geldspende der *Emergency Society for German and Austrian Art and Science* in der Höhe von 200 Dollar möglich gewesen, zwei Hefte der *Veröffentlichungen des Museum Ferdinandeum* in Druck gehen zu lassen. Auch für eine weitere Ausgabe waren die Geldmittel bereits gesichert. Daneben bestanden Pläne für zukünftige Druckwerke, etwa eine Gedenkschrift für den verstorbenen Franz von Wieser sowie eine geologische Abhandlung zum Eisacktal und eine Studie zum Sellraintal.[40]

Bezüglich der Besucherzahlen zeigte sich der Sekretär skeptisch, denn diese waren nach wie vor gering, wenngleich sich vermehrt Volks-, Mittel- und Fachschulen aus Innsbruck und Umgebung im Museum einfanden. Ausgebucht war hingegen der Rundsaal im Parterre, der fast ununterbrochen von Ausstellungen Gesamttiroler Künstler bespielt war. An dieser Stelle kündigte Dalla Torre natürlich an: „morgen wird in demselben bekanntlich eine Miniaturen-Ausstellung aus tirolischem Besitz eröffnet." Letztlich beendete der Sekretär seine Ausführungen mit dem Wunsch, dass das Museum auch den Start in „das 2.te Jahrhundert seines Bestandes" gut meistern werde.

Abschließend dankte Vorstand Inama allen Mitgliedern und Gönnern, bat um deren weitere Treue zum Haus und kündigte für den Folgetag die Eröffnung der Sonderausstellung im Ferdinandeum an. Auf seinen Vortrag über Miniaturmalerei, auf den die Einladungsankündigung hingewiesen hatte, ging er interessanterweise nicht ein. Auch die Presse verlor darüber kaum ein Wort, mit einer Ausnahme, denn in der *Neueste[n] Zeitung* vom 15. Juni war zu lesen: „Samstag, den 16. Juni, vormittags um 11 Uhr findet ein Vortrag des Museumsvorstandes über Kleinbildnis-(Miniatur)-Malerei und im Anschlusse daran die Eröffnung der Ausstellung im Rundsaale des Museums ‚Kleinbildnisse aus tirolischem Besitz' statt."[41] Ohne Zweifel stand hierfür

---

[38] [O. Verf.], Die Jahrhundertfeier (wie Anm. 31) 6.
[39] Die Skulptur findet sich nicht in den Älteren Kunstgeschichtlichen Sammlungen des Museums. Die Gilm-Briefe gelangten in die Sammlungen der Bibliothek, können jedoch nicht mehr einwandfrei namhaft gemacht werden, da bei den erhaltenen Exemplaren keine Angaben zum Erwerb gegeben sind.
[40] Zu den angekündigten Publikationen vgl. Maria Gassner, Beiträge zur Siedlungs- und Wirtschaftsgeschichte des inneren Sellraintales (Veröffentlichungen des Museum Ferdinandeum in Innsbruck 4), Innsbruck 1925; Raimund von Klebelsberg, Südtiroler Geomorphologische Studien. Die Höhen zwischen Eisak- und Sarntal (Villanderer Alpe – Ritten) (Veröffentlichungen des Museum Ferdinandeum in Innsbruck 1), Innsbruck 1922 [bereits im vorhergehenden Jahr erschienen, weshalb der Vortragende möglicherweise irrt]; Franz Ritter von Wieser. Gedenkschrift. Von Freunden und Verehrern des Verewigten (Veröffentlichungen des Museum Ferdinandeum in Innsbruck 5), Innsbruck 1925.
[41] [O. Verf.], Museum „Ferdinandeum" (wie Anm. 30) 3.

der Text der Einladungskarte Pate. Es ist nicht bekannt, ob der Vortrag ebenfalls im Musikvereinssaal oder aber im Museum, eventuell gar im Ausstellungsraum selbst, gehalten wurde. Unklarheit herrscht auch über den Inhalt des Referats, doch möglicherweise basiert der zweiteilige Artikel von Alfred Strobel in den *Innsbrucker Nachrichten*, der ausführlich auf die Geschichte der Miniaturmalerei vom 16. bis zum 18. Jahrhundert bzw. speziell auf jene in Tirol einging, auf den Ausführungen des Museumsvorstandes.[42]

Die anschließende Festversammlung ab 18.00 Uhr wurde „im engsten Kreise in einfacher würdiger Weise, dem Ernste der Zeit entsprechend" begangen, was auf Vorstand Inama den „Eindruck einer Familie" machte.[43] Unter den von ihm begrüßten Ehrengästen befanden sich Dr. Hans Peer, der wie angekündigt den erkrankten Landeshauptmann Stumpf vertrat, der Innsbrucker Bürgermeister Anton Eder (1868–1952; Amtszeit: 1923–1929), Universitätsrektor Josef Schatz (1871–1950; Amtszeit: 1922/23), Prämonstratenser Chorherr und Stiftsarchivar Franz Danner (1871–1947) in Stellvertretung des Wiltener Priors Dominikus Josef Dietrich (1871–1951; Amtszeit: 1914–1933), Hermann Gerhardinger (1888–1949), der anstelle des Handelskammerpräsidenten Willibald Reder (1874–1944) teilnahm, Oberstaatsbahnrat Ernst Fritz (†1951)[44] und der Historiker Adolf Helbok (1883–1968) als Vertreter des Vorarlberger Landesmuseums.

Zu Beginn des Festes verlas Sekretär Dalla Torre einige eingegangene (bereits oben angeführte) Glückwunschschreiben und Telegramme, so etwa von Landeshauptmann Stumpf, dem Unterrichtsminister Schneider, vom Bayerischen Nationalmuseum in München, dem Diözesanmuseum in Brixen, dem Naturhistorischen Museum in Wien und dem Museum Carolino Augusteum in Salzburg.

Karl Paulin hatte bereits im Mai 1923 in den *Innsbrucker Nachrichten* die folgende Hoffnung geäußert:

„Die Verdienste der gegenwärtigen Funktionäre zu würdigen, wie überhaupt die Geschichte des Museum Ferdinandeums zu schreiben, ist ja der Ausschuß des Museumsvereines berufen, von dem man wohl erwarten darf, daß er den 100. Gedenktag der Vereinsgründung in einer der Bedeutung des Landesmuseums würdigen Weise feierlich begehen wird."[45]

Vorstand Inama kam diesem Wunsch nach, ergriff erneut das Wort, erinnerte an die Gründung des Museums und gab einen geschichtlichen Rückblick auf die Institution, wobei er vor allem auf einige verdienstvolle Persönlichkeiten aus der Hausgeschichte sowie die Bewältigung der Kriegs- und Nachkriegszeit einging und die als schmerzhaft empfundene Teilung des Landes an der Brennergrenze ansprach. Durch den Wegfall des südlichen Tirol gingen für den Verein neben Mitgliedern vorwiegend

---

[42] Alfred Strobel, Die Miniaturenausstellung im Museum, in: Innsbrucker Nachrichten vom 21.6. 1923, 3–4 und vom 28.6.1923, 5–6.
[43] [o. Verf.], Hundert Jahre Ferdinandeum (wie Anm. 31) 7.
[44] Für die Verifizierung des in den Quellen nicht näher bezeichneten „Dr. Fritz" von der Bundesbahndirektion gebührt Frau Mag. (FH) Mag. Daniela Böhm (ÖBB Infrastruktur AG, Linz) ein großes Dankeschön.
[45] Paulin, 100 Jahre Museum Ferdinandeum (wie Anm. 13) 6.

wichtige Bezugsgebiete bzw. -quellen für neue Objekte und Mitgliedsbeiträge verloren. Die Landeseinheit und damit auch den Erhalt des gesamttirolischen Kulturerbes heraufbeschwörend versicherte Inama den Zuhörern jedoch: „Wenn die Südtiroler nach Innsbruck kommen, so sehen sie hier im Museum die Einheit des Landes verkörpert, hier sei noch ganz Tirol."[46] Er stilisierte das Ferdinandeum damit zu einer Erinnerungsinstitution, in der unangesehen der politischen Realität eine quasi unverwüstliche, intakte *Tirolische Nation* weiterexistieren konnte. Die Mitglieder aus dem Trentino wurden auffallenderweise nie eigens erwähnt. Da keine Glückwunschschreiben aus dem Trentino überliefert sind, darf angenommen werden, dass auch keine Einladungen dorthin versandt worden waren. Mit der Rede des Vorstandes und den folgenden Hochrufen war die den Zeitumständen geschuldete, äußerst bescheidene Festversammlung zu Ehren des Ferdinandeums auch schon wieder zu Ende.

4. Vorbereitung der Sonderausstellung

Der Rundsaal im Erdgeschoss des Ferdinandeums (Abb. 7) mit seinen 9,4 m Durchmesser war von Beginn an als Sitzungs- und Vortragssaal genutzt worden und beherbergte normalerweise die Porträts der Gründer, Vorstände und Förderer des Museums bzw. ein Exemplar des *Atlas Tyrolensis* des Bauern-Kartographen Peter Anich (1723–1766).[47] Nach einer eingehenden Renovierung im Jahr 1919 wurde der Raum häufig

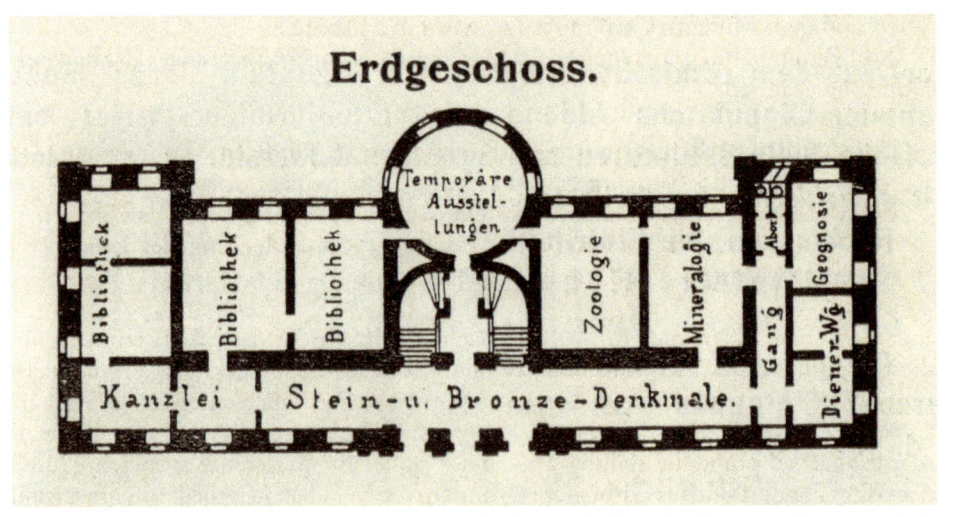

Abb. 7: Grundriss des Erdgeschosses mit dem Rundsaal. Aus: [O. VERF.]: *Illustrierter Führer durch das Museum Ferdinandeum in Innsbruck*, Innsbruck 1912, S. 3.

---

[46] [O. VERF.], Hundert Jahre Ferdinandeum (wie Anm. 31) 7.
[47] „Durch den mit dem Porträte Sr. Majestät des Kaisers Ferdinand I., des allergnädigsten Protektors der Anstalt, geschmückten Sitzungssaal, in welchem sich auch die Porträte Sr. Exzellenz des Grafen Karl v. Chotek und Sr. Exzellenz des Appellationsgerichtspräsidenten Freiherrn Andreas v. Dipauli,

für Sonderausstellungen herangezogen oder kostenlos diversen Künstlerinnen und Künstlern überlassen, die dort ihre aktuellen Arbeiten präsentieren konnten. Diese (Verkaufs-)Ausstellungen dauerten zwar immer nur wenige Wochen, waren jedoch beliebt und wurden rege besucht.[48] Zwischen dem 16. Juni und 1. Juli 1923 wurde im Rundsaal die Ausstellung *Kleinbildnisse aus tirolischem Besitz* mit Miniaturporträts vom 16. bis zum 19. Jahrhundert aus dem Museumsbestand und diversen Tiroler Privatsammlungen präsentiert.

Laut den dazu vorliegenden Schriftquellen starteten die Vorbereitungen zur Ausstellung im Frühjahr 1923 mit der Suche nach hauseigenen und vor allem externen Kunstobjekten. Der Blick in das erhaltene Konvolut in den Museumsakten ist diesbezüglich allerdings recht ernüchternd, denn angesichts der zahlreichen Leihgaben sind relativ wenige aussagekräftige Unterlagen zu den federführenden Organisatoren bzw. deren Beweggründen, Vorgangsweisen und Auswahlkriterien festzustellen.[49] Das früheste erhaltene Schreiben zur Ausstellungsvorbereitung datiert auf den 13. April 1923 und stammt von Carl Friedrich Lehmann-Haupt (1861–1938), Althistoriker und Altorientalist an der Universität Innsbruck (tätig: 1918–1932). Lehmann-Haupt war der Enkel des Porträt- und Miniaturmalers Leo Lehmann (1782–1859) und besaß zwei gerahmte nicht signierte Miniaturen mit Familienbildern aus der Hand seines Ahnen sowie eine weitere nicht gerahmte Miniatur einer unbekannten Person, die er für die geplante Ausstellung bereitzustellen gedachte. Allerdings, so wies Lehmann-Haupt im Brief an Vorstand Inama hin, wolle er die kleinen Kunstwerke nicht so einfach an „dritte Hände" übergeben, sondern nur dem Vorstand höchstpersönlich oder an eine von diesem bestimmte Person.[50] Tatsächlich wurden zwei Miniaturen Lehmanns in der Schau präsentiert, wohl die beiden Familienbilder.

---

zweier eifrigen Beförderer der Anstalt, befinden, und wo die große vom genialen Bauern Peter Anich aus dem Dorfe Oberperfuß verfertigte Karte von Tirol ausgestellt ist, tritt man in die Säle [...]." Vgl. [o. Verf.], Kurze Beschreibung des tirolisch-vorarlbergischen Museum-Ferdinandeum in Innsbruck, Innsbruck [1848], 2.

[48] „Im Parterre befinden sich links die Bibliothek und Verwaltungsräume; in der Mitte ist der Rundsaal, der temporären Kunstausstellungen von Werken lebender Meister dient, – zur Zeit ist dort eine Ausstellung von Kleinbildnissen aus tirolischem Besitz –, in den Räumen rechts sind geognostische, mineralogische (Versteinerungen von Hötting, Seefeld und von anderen Orten Tirol[s]) und zoologische Sammlungen. [...] Das Ferdinandeum veranstaltete seit seinem Bestande in dem Rundsaale des Hochparterres zwanglose Ausstellungen tirolischer Maler und Bildhauer und fördert somit die heimischen Künstler." Vgl. Wellen, Zum hundertjährigen Jubiläum (wie Anm. 2) 4. – Zum Rundsaal vgl. Hastaba, Unser Museum (wie Anm. 2) 160–162; [o. Verf.], Illustrierter Führer durch das Museum Ferdinandeum in Innsbruck, Innsbruck 1912, 3, 5–6. – Zu den Sonderausstellungen während des Ersten Weltkrieges und der unmittelbaren Folgezeit vgl. etwa Hastaba, Das Ferdinandeum und der Erste Weltkrieg (wie Anm. 3) 39–41.

[49] Bacher nennt als Organisator der Ausstellung den Heimatschutzverein, der sich seit der Gründung 1908 vorwiegend der Denkmal- und Ortspflege sowie der Erhaltung von Traditionen und Bräuchen widmete und seine Bestrebungen auf vielfältige Weise zur Umsetzung brachte. Sie zitiert dazu eine Zeitung, in deren Artikel davon allerdings keine Rede ist. Auch in den Quellen scheint der Verein im Zusammenhang mit der Schau nie auf. Zum Heimatschutzverein und dessen Beziehung zum Ferdinandeum vgl. Bacher, Erinnerungsraum Museum (wie Anm. 3) 81–92, vgl. bes. 89; 100 Jahre Heimatschutz in Tirol 1908–2008. Jubiläumsschrift, hg. vom Heimatpflegeverband Südtirol, Bozen 2008.

[50] TLMF, MA 1923, Nr. 114: Schreiben von Lehmann-Haupt (13.4.1923).

Abb. 8, 9: Porträts des Kaufmanns Martin Tschurtschenthaler und seiner Gattin Josepha, Leihgaben von Isabella Baronin Maretich von Riv Alpon. TLMF, Ältere Kunstgeschichtliche Sammlungen: M 31–32.

Am 14. Mai 1923 überreichte Isabella Baronin Maretich von Riv Alpon aus Natters (Giggelberg) dem Museumsvorstand vier Miniaturen in Messingrahmen, was ihr schriftlich bestätigt wurde. Die Kunstwerke zeigten den Kaufmann Martin Tschurtschentaler, dessen Gattin Josepha (geborene Penz von Löweneck; Abb. 8 und 9) und deren Sohn Joseph sowie dessen Gattin Amalia (geborene Adam). Das Schreiben endete mit einer Verpflichtungserklärung zur Rückstellung der Werke nach Ausstellungsende.[51] Gerade zu dieser Leihgabe liegen zwei weitere Briefe vor, denn als der Termin der Schließung nahte, wandte sich Baronin Maretich am 21. Juni an Kustos Kaspar Schwarz (1869–1937; Amtszeit: 1912–1937). Sie bat diesen, die geliehenen vier Stücke gut aufzubewahren („ich vertraue die Bildchen niemanden [!] als Ihnen an"), bis es ihr möglich sei, nach Innsbruck kommen und die Werke persönlich abzuholen. Derzeit, so teilte sie mit, sei sie verhindert: „Seit 6. Juni bin ich am Giggelberg, leider sehe ich die interessante Ausstellung nicht, weil ich krank lag."[52] Kustos Schwarz antwortete der Baronin am 6. Juli und versicherte ihr, dass er die Miniaturen bei Vorstand Inama abholen und sicher verwahren werde.[53]

Am 16. Mai 1923 bestätigte Vorstand Inama wiederum die Übernahme von fünf Miniaturen aus dem Besitz von Julius von Neubauer, wobei er dem Leihgeber auch gleich die sofortige Rückstellung nach Ausstellungsende zusicherte. Es handelte sich dabei um die jeweils mit einem Messingrahmen versehenen Kleinbildnisse aus der

---

[51] TLMF, MA 1923, Nr. 114: Schreiben des Museumsvorstands (14.5.1923). – Man vgl. dazu auch die Erwähnung der vier Werke im undatierten *Verzeichnis der für die Miniaturen-Ausstellung entlehnten Miniaturen*, zu finden unter: TLMF, MA 1923, Nr. 114: Verzeichnis der entlehnten Miniaturen.
[52] TLMF, MA 1923, Nr. 114: Schreiben von Baronin Maretich (21.6.1923).
[53] TLMF, MA 1923, Nr. 114: Schreiben von Kustos Schwarz (6.7.1923).

Hand von Gandolph Ernst Stainhauser von Treuberg (1766–1805), welche Johann Anton von Schallhammer (1734–1794) in Salzburg, dessen Gattin (eine geborene Freiin von Spiegelfeld) und deren Tochter sowie deren Gatten, den Geschichtsschreiber Thaddäus Freiherr von Kleinmayrn, abbildeten. Das fünfte Bildnis zeigte die Nonne Rumerskirch; es war nicht gerahmt, befand sich jedoch in einem Etui.[54] Die Familienporträts der Schallhammer und Kleinmayrn wurden in der Ausstellung gezeigt, jenes der Nonne nicht.

Anhand von zwei undatierten Dokumenten – einer nicht näher bezeichneten Aufstellung und einer mit *Verzeichnis der für die Miniaturen-Ausstellung entlehnten Miniaturen* betitelten Liste – können weitere Leihgeber bzw. Leihgaben namhaft gemacht werden.[55] Von Landesregierungsrat Ludwig Fabritius (1880–1943) stammten die Miniatur eines kleinen Mädchens in rechteckigem Plüschrahmen sowie das ovale Bildchen einer Dame im hellblauen Kleid in einem schmalen Goldrahmen. Thea Molling stellte drei Werke zur Verfügung, nämlich die ovalen Porträts von Creszenz und Johann Wallner sowie die Silhouette von Elisabeth Wallner, der Wirtschafterin des Kapuzinerpaters Joachim Haspinger (1776–1858). Eine weitere Miniatur kam aus dem Besitz von Frau von Hebenstreit und zeigte einen jungen Mann aus der Familie Hebenstreit im rechteckigen Etui; sie wurde dem Künstler Franz Spitzer zugeschrieben. Schließlich konnten auch zwei Bilder aus der Stöckl-Mayerfels'schen Stiftung für die Schau gewonnen werden, nämlich das Bildnis eines jungen Mädchens auf rechteckigem Pergament aus der Hand von Adolf Theer und das ovale Porträt eines jungen Mannes. Zu den restlichen Leihgebern liegen keinerlei Dokumente vor, sodass ungewiss bleibt, um wen es sich dabei handelte, welche Werke diese zur Verfügung stellten und ob es Leihverträge bzw. Bestätigungsschreiben gab. Dagegen ist die Rückgabe eines Werkes bekannt, denn in einer der Pultvitrinen sollte als Nr. 3 eine Miniatur von Robert Theer (1808–1863) gezeigt werden. Da diese „dem Aussteller zurückgestellt" wurde, nahm deren Stelle schließlich ein Werk des Künstlers Anton Ferenz (1837–1874) ein.[56]

Dass zu Ausstellungen je nach Thematik bzw. eigenem Bestand auch Leihgaben angefordert werden mussten, ist verständlich. Im Fall der Miniaturen-Schau dürfte dies sogar mit voller Absicht erfolgt und nicht nur dem Mangel an eigenen Werken in den Museumssammlungen geschuldet gewesen sein. Dies wird bereits im gewählten Titel deutlich, der auf Exponate aus Tiroler (Privat-)Besitz verweist. Es ist denkbar, dass Karl Inama oder der Ausschuss das Thema also mit vollster Absicht gewählt hat, um die Öffentlichkeit – die privaten Leihgeber, allen voran die Vereinsmitglieder – anlässlich des Jubiläums bewusst ein- und durch die Bereitstellung ihrer Werke (wieder) stärker an das Museum zu binden. Möglicherweise war dies einer der Ansätze, das Ferdinandeum in den Köpfen der Menschen wieder präsent zu machen und stärker zu positionieren. Durch die Verschränkung und Vermischung von musealen und privaten Exponaten sollte wohl die (erwünschte) Einheit von Museum und Öffentlichkeit dargestellt, heraufbeschworen oder aber vorgegeben werden. Vielleicht lagen der Themenwahl aber auch *profanere* Gegebenheiten zugrunde und Vorstand Inama

---

54 TLMF, MA 1923, Nr. 114: Schreiben von Inama (16.5.1923).
55 TLMF, MA 1923, Nr. 114: Aufstellung der Leihgaben und Verzeichnis der entlehnten Miniaturen.
56 Vgl. dazu TLMF, MA 1923, Nr. 114: Verzeichnis der Künstler.

hatte sich hier mit einem seiner Interessensgebiete verwirklichen können. Eventuell entsprachen die kleinteiligen Ausstellungstücke bzw. die vielen (kostenlosen?) Leihgaben auch dem geringen finanziellen Rahmen, den das Haus in seinem Jubiläumsjahr zur Verfügung hatte. Die genauen Gründe für die Themenwahl und die damit verbundenen Absichten bleiben mangels Quellen im Dunkel.

5. Die Miniaturen-Ausstellung

Da kein Katalog zur Ausstellung gedruckt wurde, ist man bei der Beschreibung der ausgestellten Werke vornehmlich auf Medienberichte angewiesen, die mitunter umfangreiche Schilderungen davon geben und die Präsentation in höchsten Tönen loben.[57] Dabei sind drei Beschreibungen besonders hervorzuheben, nämlich der aus zwei Teilen bestehende Artikel des Journalisten Alfred Strobel (1897–1976) in den *Innsbrucker Nachrichten* (21./28. Juni), der die Schilderungen zur Ausstellung in eine Abhandlung zur Entwicklung der europäischen Miniaturmalerei einbettete und damit den im Ferdinandeum präsentierten Werken einen kunsthistorischen Rahmen verpasste; dann der Bericht eines nur durch die Initialen F. Z.[58] gekennzeichneten Schreibers im *Tiroler Anzeiger* vom 23. Juni, anhand dessen vor allem die Anordnung der Vitrinen und Schaukästen im Rundsaal rekonstruierbar ist; und schließlich die Abhandlung von Reinhold Zingerle (1872–1931) vom 6. Juli (ebenfalls im *Tiroler Anzeiger*), die jedoch äußerst ausschweifend ist und die Miniaturen nur zum Vorwand für vornehmlich patriotische Gedankengänge nimmt. Anhand dieser drei Zeitungsartikel soll in der Folge die Miniaturen-Ausstellung *rekonstruiert* und ein Einblick in diese gegeben werden. Da die Schau als bedeutender Teil der Jubiläumsfeiern gesehen werden kann, ist in ihr so etwas wie die Jubiläumsausstellung zu sehen, obwohl sie nie als solche betitelt wurde.

Die Miniaturen-Ausstellung vom Juni/Juli 1923 war nur eine von zahlreichen Ausstellungen in diesem Jahr im Rundsaal des Ferdinandeums, wie die folgende Auflistung veranschaulicht:[59]

- 7.–28. Januar: Fotografien von Hugo Atzwanger (1883–1960)
- 1.–19. März: Gemälde von Franz Köberl (1889–1967) und Edmund Reheis (1879–1951)
- 20. März–14. April: Skulpturen von Franz Santifaller (1894–1953)
- 15.–30. April: Skulpturen von Josef Wolf (1896–1977)
- 30. April–13. Mai: Gemälde von Josef Telfner (1874–1948)

---

[57] Zur Miniaturen-Ausstellung vgl. Ammann/Hastaba (Red.), SammelLust (wie Anm. 2) 218; F. Z., Die Ausstellung von Miniaturbildnissen (wie Anm. 32) 6–8; Strobel, Die Miniaturenausstellung im Museum (wie Anm. 42) 3–4 und 5–6; Verwaltungs-Ausschuss (Hg.), Veröffentlichungen (wie Anm. 31) IX, XV; Reinhold Zingerle, Kunst. In der Miniaturen-Ausstellung im Ferdinandeum, in: Tiroler Anzeiger vom 6.7.1923, 6–7.

[58] Ob sich hinter dem Kürzel F. Zubrinič verbirgt, der mit einer Publikation im Jahr 1887 belegt ist, darf bezweifelt werden. Vgl. Hans Margreiter, Tiroler Anonymen- und Pseudonymen-Lexikon mit Register der Autoren und Monogramme, Innsbruck, 2. Auflage 1937, 15, 198.

[59] Zu den Ausstellungen des Jahres 1923 vgl. TLMF, MA 1923, Nr. 1. Außerdem: Alexandra Kuttler, Verzeichnis der im Tiroler Landesmuseum Ferdinandeum und im Museum im Zeughaus stattgefundenen Ausstellungen, in: Museum gestaltet Geschichte (wie Anm. 3) 343–373, vgl. bes. 355.

- 16. Juni–1. Juli: Miniaturen-Ausstellung
- 2.–17. Juli: Gedächtnisausstellung zu Ehren des kürzlich verstorbenen Emanuel Raffeiner (1881–1923)
- 25. Juli–1. August: Alt-Innsbrucker Ansichten (Ausstellung zur *Innsbrucker Heimattagung*)
- 1.–21. August: Zeichnungen und Kunstgewerbe von Katharina Schäffner (1884–1931)
- 21. August–4. September: Gemälde von Franz Burger (1857–1940)
- 15. September–7. Oktober: Gemälde von Moritz Bauernfeind (1870–1947)
- 10.–28. Oktober: Gemälde von Max Angerer (1877–1955)
- 14.–30. November: Gemälde und Skulpturen von Hans Andre (1902–1991)
- 1.–22. Dezember: Gemälde von Hans Troyer (1902–1969)
- 7.–22. Dezember: Radierungen von Hans Boretsch (1890–1944)

Die Auflistung macht mehr als deutlich, dass vornehmlich junge, aufstrebende Künstlerpersönlichkeiten eine Chance erhielten, sich selbst und ihr Schaffen einem breiten Publikum zu präsentieren. Um deren Werken gebührend Raum zu geben und weil die Präsentationen rasch aufeinander folgten, war der dafür zur Verfügung gestellte Rundsaal in einem einheitlichen Grau gehalten bzw. dürften die Präsentationen recht schlicht gestaltet gewesen sein.

Dass der Miniaturen-Schau eine besondere Stellung innerhalb dieses Ausstellungs-Reigens zukam, zeigt sich nicht nur daran, dass diese im Rahmen der Festveranstaltung gezeigt und von einem einleitenden Festvortrag durch den Museumsvorstand begleitet wurde, der am Eröffnungstag um 11.00 Uhr stattfand, sondern auch in der vorangehenden Umgestaltung des Rundsaals zu diesem Anlass. Vom Raumgefühl der Ausstellung berichtet der Verfasser F. Z. in einer besonders anschaulichen Weise:

„Zarter Rosenduft durchzieht den hohen Raum. – Eben hat ein letzter Besucher den Rundsaal verlassen und ich stehe alleine. Wie anders sieht er sich diesmal an, den wir mit feingetönten grauen Wänden für Ausstellungszwecken [!] so wohl kennen! Die wenigen großen Bilder sind durch unterlegte gelbgoldene Stoffe vom Hintergrunde abgehoben. Die dunklen Wandschränke passen sich unauffällig der Mauer an und nur die mittlere Raumfläche nehmen die tischartigen Glaspulte und ein Stehdoppelschrank ein, so daß eine einheitliche Wirkung vom Teppich an mit Rotbraungold den Rundsaal füllt, in dem nur in kristallenen Schalen und Gläsern lebendige leuchtend rote und weiße Rosen prangen, ganz Gegenwart in dieser Vergangenheit, die sich hier vor uns auftut in all den Menschen, den Porträts, die nicht Kinder von eines Künstlers Phantasie gewesen sind, sondern Fleisch von unserem Fleische, lebend einst, Kraft und Gesundheit zeigend wie ihre Schönheit diese Rosen dort."[60]

Anhand dieser Beschreibung stelle man sich nun den noch heute in seiner damaligen Dimension existierenden Rundsaal mit dem beschriebenen roten Teppich und den gelbgoldenen Wandbespannungen vor, beleuchtet durch die vier Fenster und wohl

---
[60] F. Z., Die Ausstellung von Miniaturbildnissen (wie Anm. 32) 6.

auch zusätzlichen Lampen. An den Wänden hängen die wenigen großformatigen Bilder oder sind Wandschränke aus dunklem Holz positioniert, im Raum stehen mehrere Glasvitrinen in Pultform und das Zentrum des Raumes dominiert ein Doppelschrank. Dazwischen verteilt in Kristallschalen duftende Rosen, passenderweise und wohl nicht ganz unbeabsichtigt in den Tiroler Landesfarben Rot und Weiß.

Die Kleinheit der Miniaturen – genannt sind etwa Werke auf Elfenbein, Pergament, Papier oder Kupfer bzw. Email – bedingte, dass eine recht große Zahl an Objekten gezeigt werden konnte. Diese entstammten unterschiedlichsten Epochen (16.–19. Jahrhundert), Regionen und Künstlerhänden. Aus diesem Grund ist die Liste jener Künstlerinnen und Künstler, die anhand der Schaustücke der Öffentlichkeit vorgestellt werden konnten, ziemlich umfangreich. In den Museumsakten des Jahres 1923 liegt dem Konvolut zur Miniaturen-Ausstellung ein aus fünf Seiten bestehendes *Verzeichnis der Kuenstler* bei, das leider keine Datierung aufweist, doch bereits eine fundierte Auflistung jener Künstlerpersönlichkeiten darstellt, die in der Schau gezeigt werden sollten (Abb. 10 und 11).[61]

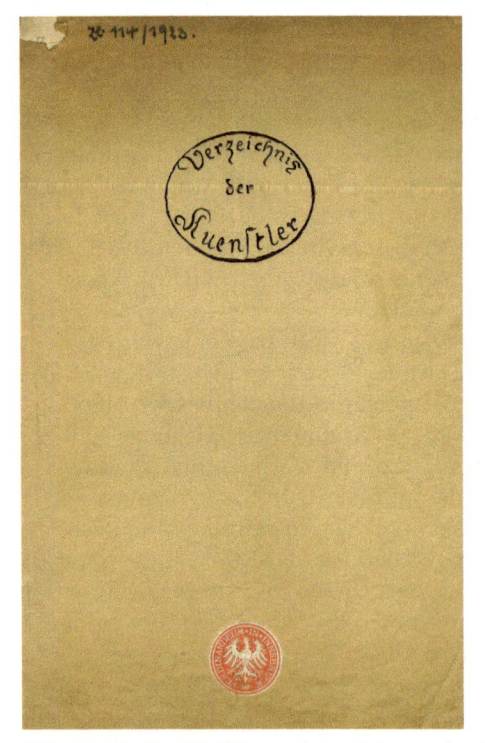

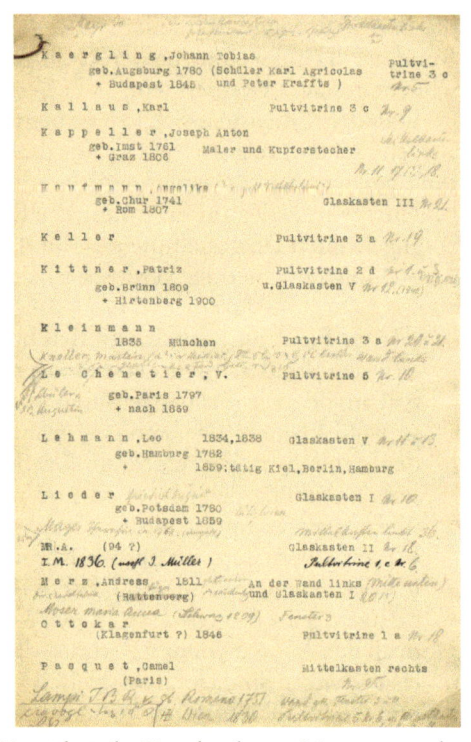

Abb. 10, 11: Das Titelblatt und eine Seite aus dem Verzeichnis der Künstler, die mit Miniaturen in der Ausstellung vertreten waren. TLMF, MA 1923, Nr. 114.

---

61 TLMF, MA 1923, Nr. 114: Verzeichnis der Künstler. – Zu den genannten Künstlern vgl. man diverse Künstler-Lexika, v. a. jedoch: Heinrich Fuchs, Die österreichische Bildnisminiatur von den Anfängen bis zur Gegenwart, 2 Bände, Wien 1981–1982.

Die getippten Angaben sind durch handschriftliche Notizen ergänzt, die in erster Linie hinzugekommene Künstler bzw. deren Lebensdaten sowie die Anzahl, Nummer und Präsentationsart der Objekte (Pultvitrine, Kasten, Wand) enthalten. Eine genaue Durchsicht zeigt, dass mehrere der in den Medienberichten genannten Künstler nicht auf der Liste vertreten sind. Dies darf nicht verwundern, denn im Zuge der Vorbereitungen bzw. im Laufe der Ausstellung kamen weitere Objekte und damit auch neue Künstlerinnen und Künstler hinzu. In der hier folgenden Aufstellung werden diese in alphabetischer Reihenfolge genannt und die im erwähnten Verzeichnis nicht aufgelisteten Künstler mit einem vorangestellten Sternchen (*) gekennzeichnet:[62]

- Johann Adamek (1774–1840)
- Karl Joseph Aloys Agricola (1779–1852)
- Alois Johann von Anreiter (1803–1882)
- Fjodor Antonowitsch Bruni (1799–1875)
- Johann Burgmann († 1825)
- Augusta von Buttlar (1796–1857)
- Sebastiano Chemin (1756–1812)
- Michael Comini (1723–1753)
- Moritz Michael Daffinger (1790–1849)
- Johann Stefan Decker (1783–1844)
- Christoph Deininger (1810–1894)
- Leopold Diem (um 1830)
- Josef Einsle (1794–nach 1850)
- Johann Ender (1793–1854)
- Franz Xaver Fahrländer (1793–1850)
- Simon Benedikt Faistenberger (1695–1759)
- Feil
- Anton Ferenz (1837–1874)
- Gebhard Flatz (1800–1881)
- Johann N. Friedrich (1817–1893)
- Heinrich Friedrich Füger (1751–1818)
- Giovanni Battista Gigola (1769–1841)
- Abraham Louis Girardet (1772–1821)
- *Lorenz Grünbaum (1791–nach 1830)
- H. (um 1828)
- Franz Napoleon Heigel (1813–1888)
- Sebastian Helmle (1799–nach 1841)
- Louis Ritter von Henriquez (Dilettant)
- Johann Josef Karl Henrici (1737–1823)
- Hintz (um 1814)
- Johann Evangelist Holzer (1709–1740)
- Jakob Wilhelm Huber (1787–1871)

---

[62] Ein großes Dankeschön gebührt Mag. Christina ZENZ und Mag. Ulrike HOFER (TLMF, Ältere Kunstgeschichtliche Sammlungen), die den Verfasser bei der Verifizierung der Miniaturen aus den hauseigenen Beständen mit Eifer unterstützten.

- Jean-Baptiste Isabey (1767–1855)
- V. A. Jaszvitz
- Johann Tobias Kaergling (1780–1845)
- Karl Kallaus (2. Hälfte 18. Jh.)
- Josef Anton Kapeller (1761–1806)
- Angelika Kauffmann (1741–1807)
- J[ohann?] Keller
- Patriz Kittner (1809–1900)
- [Joseph?] Kleinmann (um 1835)
- Martin Knoller (1725–1804)
- Giovanni Battista Lampi d. Ä. (1751–1830)
- *Giovanni Battista Lampi d. J. (1775–1837)
- *Franz Xaver Lampi (1782–1852)
- Ambroise Charlemagne Le Chenetier (1797–1877)
- Leo Lehmann (1782–1859)
- Friedrich August Lieder (1780–1859)
- Theresia Mages (1756–1772)
- A. MR. (um 1894)
- I. M. (um 1836)
- Andreas Merz (um 1811)
- *Maria Elisabeth Mildorfer (1713–1792)
- Maria Anna Moser (1758–1838)
- *Francesco Novelli (1764–1836)
- Ottokar (um 1846)
- Camel Pasquet
- Emanuel Thomas Peter (1799–1873)
- *Jean Petitot (1607–1691)
- *August Anton Pfaundler von Sternfeld (1757–1822)
- Anton Psenner (1791–1866)
- Leopold Puellacher (1776–1842)
- *Rittner
- Ignaz Rungaldier (1799–1876)
- S.
- Rodrigues de Sá Semplício (1785–1839)
- Karl von Saar (1797–1853)
- Daniel Saint (1778–1847)
- F. Mathias Schäffer (um 1759)
- Johann Martin Schärmer (1785–1863)
- Johann Georg Schedler (1777–1866)
- *Natale Schiavoni (1777–1858)
- Georg Schneider (1759–1843)
- Joseph Schönherr (1809–1833)
- Johann Heinrich Schramm (1810–1865)
- Schreibern
- Richard Schwager (1822–1880)
- Andreas Speckbacher (um 1815)
- Karl Georg Johann Spetzger (1801–1856)

- Franz Spitzer (1780–nach 1837)
- Gandolph Ernst Stainhauser von Treuberg (1766–1805)
- Michael Stohl (1814–1881)
- Joseph Leopold Strickner (1744–1826)
- Adalberg Suchy (1782/83–1849)
- Adolf Theer (1811–1868)
- Robert Theer (1808–1863)
- Joseph von Trentinaglia (* 1849, Dilettant)
- W. (um 1823)
- Georg Wachter (1809–1863)
- Friedrich Wailand (1821–1904)
- Johann Walch (1737–1816)
- Friedrich Wasmann (1805–1886)
- Johann Michael Weichselbaum (1752–1840)
- Ernst Christian Weser (1783–1860)

Nach dieser Aufstellung der Künstlerinnen und Künstler steht die schwierige Aufgabe an, die Miniaturen-Ausstellung inhaltlich zu rekonstruieren. Basis hierfür bilden die Schilderungen in den Medienberichten, die allerdings nur eine vage Beschreibung der einzelnen Vitrinen, ihrer Anordnung im Raum bzw. ihres Inhalts ermöglichen, da die Angaben zu ungenau sind, wie etwa: „im ersten Schaukasten rechts", „Im folgenden Pult" oder „In den Flachschränken der linken Seite".[63] Des Weiteren dürften den Verfassern im Nachhinein einige Verwechslungen und Fehler passiert sein, wie die Abweichungen zwischen deren Berichten und den Angaben im Künstler-Verzeichnis aufzeigen, vorausgesetzt natürlich, dass in Letzterem keine weiteren Änderungen durchgeführt wurden. Dafür punkten die Zeitungsberichte mit wertvollen Detailinformationen zu ausgewählten Objekten. Doch weitaus gewinnbringender ist diesbezüglich das oben erwähnte Verzeichnis der Künstler, das deren Werke und deren Positionierung in der Ausstellung anführt. Anhand dieser Aufstellung wird ersichtlich, dass der Rundsaal mit fünf Pultvitrinen, fünf Glaskästen und zwei Mittelkästen bestückt war, wobei die Glaskästen ausnahmslos an den Wänden aufgestellt waren. Die Mittelkästen, bestehend aus einem linken und rechten Schrank, nahmen das Zentrum des Raumes ein. Die Pultvitrinen (auch als Flachschränke bezeichnet) befanden sich offensichtlich an den Wänden sowie auch im Raum verteilt, vermutlich auch vor den Fenstern. Weitere Kunstwerke wurden an den Wänden zwischen den vier Fenstern sowie den drei Raumzugängen aufgehängt. Anhand all dieser Informationen führt der nun folgende virtuelle Rundgang durch den Rundsaal von Kasten zu Kasten sowie von Fenster zu Wand und nennt die darin bzw. daran präsentierten Miniaturen mit ihren Nummerierungen. Dabei bleibt jedoch eine große Frage zu den Pultvitrinen bestehen, denn es werden mehrere Exemplare mit ein und derselben Nummer angeführt, die sich nur durch Kleinbuchstaben unterscheiden. Ob es sich dabei um einzelne Vitrinen oder aber um Fächer, Regale oder Abteilungen in ein und demselben Schrank handelt, bleibt unklar. Der Einfachheit halber werden die genannten Pultvitrinen in der Folge als eigenständige Kästen angeführt.

---

[63] Alle Zitate stammen aus: F. Z., Die Ausstellung von Miniaturbildnissen (wie Anm. 32) 7.

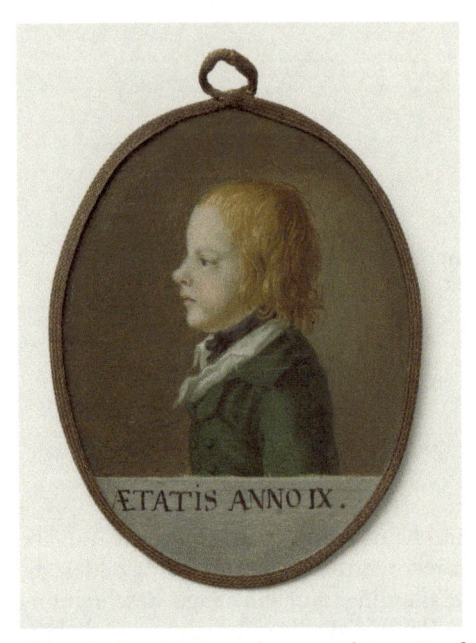

Abb. 12: Die Miniatur des neunjährigen Josef von Wörndle (1793–1867) muss um das Jahr 1802 entstanden sein; als Schöpfer wird Joseph Leopold Strickner angenommen. TLMF, Ältere Kunstgeschichtliche Sammlungen: M 131.

Für die Pultvitrine 1a sind Bildnisse aus der Hand der Künstler Ernst Christian Weser (Nr. 10),[64] Johann Adamek (Nr. 13) und Ottokar (Nr. 18) erwähnt, für die Pultvitrine 1b drei Werke von Alois Johann von Anreiter (Nr. 1, 3, 7) sowie je ein Stück von Friedrich Wailand (Nr. 4) und Michael Stohl (Nr. 10).[65] Äußerst spärlich sind die Informationen zur Pultvitrine 1c, denn für diese ist nur der Künstler I. M. (Nr. 6) angeführt, und auch für die Pultvitrine 1d sind nur vier Werke bekannt, nämlich von Anton Ferenz (Nr. 3), Hintz (Nr. 7), Abraham Louis Girardet (Nr. 9) und Alois Johann von Anreiter (Nr. 41).

Detaillierter werden die Informationen zur Pultvitrine 2a,[66] in der die auf Blech gemalten Porträts des Landesverteidigers Philipp Wörndle zu Adelsfried und Weiherburg (1755–1818) und seiner Familie (darunter einige bezaubernde Kinderbildnisse), wahrscheinlich von Joseph Leopold Strickner, zu sehen waren (Abb. 12).[67] Außerdem fanden hier auch die Leihgaben von Isabella Baronin Maretich von Riv Alpon ihren Platz, nämlich die bereits oben erwähnten Bildnisse des Kaufmanns Martin Tschurtschenthaler mit seiner Gattin Josepha sowie deren Sohnes Joseph und dessen Gemahlin Amalia; sie gelangten übrigens 1934 durch Baronin Maretich als Schenkung in die Sammlungen des Ferdinandeums.[68] Letztlich konnte man in dieser Vitrine auch das Konterfei von Casimir Schumacher (1766–1824), Buchdrucker (Druckerei Wagner) und Bürgermeister von Innsbruck im Jahre 1809 bewundern.[69]

Für die Pultvitrine 2b sind vier Werke des Künstlers Johann Michael Weichselbaum belegt, nämlich die Porträts des Börsenmaklers Fölsch sowie seiner Frau und

---

[64] Es handelt sich wohl um das Porträt einer Dame im Etui (um 1820). Vgl. TLMF, Ältere Kunstgeschichtliche Sammlungen: M 65.
[65] Möglicherweise handelt sich um das Porträt des Kapuzinerpaters Joachim Haspinger (1776–1858), ein Aquarell auf Karton aus der Hand Stohls, das in die Jahre 1835/40 datiert wird. Vgl. TLMF, Ältere Kunstgeschichtliche Sammlungen: Gem 1996.
[66] Ident mit „In den Flachschränken der linken Seite […]". Vgl. F. Z., Die Ausstellung von Miniaturbildnissen (wie Anm. 32) 7.
[67] TLMF, Ältere Kunstgeschichtliche Sammlungen: M 130–139.
[68] TLMF, Ältere Kunstgeschichtliche Sammlungen: M 31–34. – Zur Schenkung vgl. TLMF, MA 1934, Nr. 145.
[69] Das Bildnis befand sich 1923 noch im Besitz der Familie Schumacher und gilt heute als verschollen. Eine Abbildung davon findet sich in: Eckart SCHUMACHER VON MARIENFRID (Hg.), Beiträge zur Familiengeschichte, Innsbruck 1924, 38.

Töchter (Nr. 7, 10, 12, 16), des Weiteren sechs Werke mit Bildnissen der Familie des Freiherrn von Roschmann und Roner von Johann Adamek (Nr. 8, 9, 13, 14, 15, 17). Spärlich sind die Daten für die Pultvitrine 2c mit Werken von Gebhard Flatz (Nr. 4), Anton Psenner (Nr. 5, 9, 10)[70] und Karl Georg Johann Spetzger (Nr. 12)[71] sowie für die Pultvitrine 2d mit zwei Arbeiten aus den Jahren 1836 und 1839 von Patriz Kittner (Nr. 1, 3) und je einem Werk von Adalberg Suchy (Nr. 7)[72] und Johann Heinrich Schramm (Nr. 8).

Bei den Angaben, welche der Verfasser F. Z. in seinem Medienbericht zu den Pultvitrinen 3a und 3b gibt, scheinen diesem einige Verwechslungen unterlaufen zu sein, weshalb eine klare Unterscheidung nicht möglich ist.[73] Erwähnt werden Werke von Johann Georg Schedler (Nr. 2, 5, 6, 14?),[74] Joseph Schönherr (Nr. 4), Emanuel Thomas Peter (Nr. 15, 17), Keller (Nr. 19), Kleinmann (Nr. 20, 21), Adolf Theer (Nr. 22), Georg Schneider (Nr. 23) und Karl von Saar (Nr. 24). Unter den Nr. 18 und 28 wurden Werke des Dilettanten Louis Ritter von Henriquez präsentiert, darunter ein Bildchen, das diesen beim Einritzen des Schriftzuges *Paulinen ewige Treue* in einen Baumstamm zeigt. Nicht minder interessant dürfte das Bild „eine[r] Unbekannte[n] der Revolutionszeit mit einer Gitarre"[75] gewesen sein, wie auch das kleine Lederetui, in dem die Porträts eines Paares (möglicherweise eine Gräfin Bissingen) aufbewahrt waren. Neben einem Abbild des Bankdirektors Hirsch aus dem Jahr 1841 von Johann N. Friedrich[76] waren hier auch das Bildnis einer Frau von Bouvard sowie der Großmutter des Ministers Eduard Herbst (1820–1892) zu bewundern. Ungenau sind auch die Angaben zur Pultvitrine 3c mit Arbeiten von Johann Tobias Kaergling (Nr. 5), V. A. Jaszvitz (Nr. 8) und Carl Kallaus; von diesem war unter der Nr. 9 das Porträt des Feldmarschallleutnants Robert von Swinburne (um 1805/10) zu sehen.[77] Für die Pultvitrine 3d sind nur mehrere Werke von Franz Spitzer erwähnt.

Pultvitrine 4a präsentierte ein Porträt des Grafen Enzenberg (Nr. 4), des Generals Erwin von Kirchrath von Johann Walch (Nr. 5) und des Barons Sternbach (Nr. 21); ein weiteres Bildchen stammte von Jean-Baptiste Isabey (Nr. 14). Für die Pultvitrine 4b sind lediglich zwei Arbeiten von Sebastian Helmle belegt (Nr. 1, 2), während sich in Pultvitrine 4d Werke von Josef Einsle (Nr. 4, 8)[78] und Schreibern (Nr. 6) sowie

---

[70] Zu Psenner als Miniaturmaler bzw. Beispielen für Miniaturen vgl. Elisabeth PSENNER, Der Bozner Maler Anton Psenner in der Kunst seiner Zeit, phil. Diss. Innsbruck 1963, 104–106, 143–146, 167–168, 182, 185, 188–191.
[71] Dabei könnte es sich um das Porträt von Karl Graf von Wolkenstein-Rodenegg (1767–1849) von 1828 handeln: TLMF, Ältere Kunstgeschichtliche Sammlungen: M 10.
[72] Porträt einer Dame (1820), TLMF, Ältere Kunstgeschichtliche Sammlungen: M 7. Vgl. auch Wolfgang MEIGHÖRNER (Hg.), Frühere Verhältnisse. Malerei von 1800 bis 1900, Ausstellungskatalog Tiroler Landesmuseum Ferdinandeum und Südtiroler Landesmuseum für Kultur- und Landesgeschichte Schloss Tirol, Innsbruck 2007, 71.
[73] Er spricht vom „obere[n] Flachschrank […]". Vgl. F. Z., Die Ausstellung von Miniaturbildnissen (wie Anm. 32) 7.
[74] Von Schedler gibt es im Ferdinandeum mehrere kleinformatige Werke, die hierbei in Frage kämen.
[75] F. Z., Die Ausstellung von Miniaturbildnissen (wie Anm. 32) 7.
[76] Das einen älteren Mann zeigende Gemälde stellte den Bankdirektor Hirsch dar und war mit „Friedrich pinx: Oct. 1841." signiert. Vgl. TLMF, MA 1923, Nr. 114: Verzeichnis der Künstler.
[77] TLMF, Ältere Kunstgeschichtliche Sammlungen: M 1.
[78] Möglicherweise das Trachtenpaar aus Lauterbach im Brixental (1840), zu finden unter TLMF, Ältere Kunstgeschichtliche Sammlungen: M 28 und M 128.

Abb. 13: Die feierliche Enthüllung der *Kaisersäule* in Fügen im Jahr 1816. Aquarell auf Pergament von Leopold Puellacher (1776–1842). TLMF, Graphische Sammlungen: 19Jh P 784.

die Darstellung der Enthüllung der Kaisersäule in Fügen (1816) von Leopold Puellacher[79] (Nr. 5) befanden (Abb. 13).

Die letzte Pultvitrine 5[80] enthielt Werke französischen Ursprungs, von denen die Künstler meist nicht bekannt waren. Außerdem fanden sich darin das Bildnis eines halberwachsenen Mädchens (angeblich später eine Frau von Rück; Nr. 1), das Porträt eines Mitglieds der Familie Vicomte de Forestier-Koch-Sarbourg von Ambroise Charlemagne Le Chenetier (Nr. 10) und Werke von Leopold Diem (Nr. 5) und eines gewissen S. (Nr. 8, 9). Unter der Nr. 6 fand sich des Weiteren das Konterfei von Anna Lampi (um 1820), der Gattin von Giovanni Battista Lampi d. Ä.[81]

Auch zu den fünf Glaskästen liegen meist nur vage Beschreibungen vor, so etwa zum Glaskasten I, in dem sich Arbeiten von Franz Xaver Fahrländer (Nr. 5), Friedrich Wasmann (Nr. 8),[82] Friedrich August Lieder (Nr. 10), Andreas Merz (Nr. 20?) und Georg Wachter (Nr. 22)[83] fanden. Darunter waren mehrere Porträts von Angehörigen der Familie Reinhart sowie das Abbild des Professors Lassault von Feil (Nr. 7). Unter der Nr. 14 und 15 wurden zwei Arbeiten aus dem Jahr 1815 von Andreas Speckbacher, dem Sohn des berühmten Josef Speckbacher (1767–1820), präsentiert – Werke, „die noch einer Aufklärung warten", wie es in einem Zeitungsbericht hieß.[84] Es ist durchaus möglich, dass es sich bei einer der Miniaturen um ein Porträt Josef Speckbachers handelte, welches seinem Sohn Andreas zugeschrieben wurde und das Ende des 19. Jahrhunderts noch im Besitz von Hofrat Dr. Neuner in Innsbruck war (Abb. 14). Bedeutend mehr Informationen sind zu den zwei Arbeiten bekannt, die im Glaskasten unter der

Abb. 14: Möglicherweise eines der Ausstellungsstücke: Miniatur von Josef Speckbacher, seinem Sohn Andreas zugeschrieben. Fotografie, um 1889. TLMF, Bibliothek: W 4997.

---

[79] Das Aquarell auf Pergament (31,7 x 24,0 cm) findet sich unter TLMF, Graphische Sammlungen: 19Jh P 784. – Während der Erbhuldigung hielt sich Kaiser Franz I. (1768–1835) vom 27. Mai bis zum 4. Juni 1816 in Innsbruck auf und besuchte bei seiner Rückreise auch das Zillertal, das nun mit dem Kaisertum Österreich vereinigt war. Anlässlich dieses Aufenthalts war in Fügen die Kaisersäule errichtet worden. Vgl. Erich EGG / Gert AMMANN (Hg.), Die Tirolische Nation 1790–1820, Ausstellungskatalog Tiroler Landesmuseum Ferdinandeum, Innsbruck 1984, 215, 353.
[80] Wohl ident mit der Lokalisierung „Im Wandschrank des mittleren Fensterpfeilers […]". Vgl. F. Z., Die Ausstellung von Miniaturbildnissen (wie Anm. 32) 7.
[81] TLMF, Ältere Kunstgeschichtliche Sammlungen: M 8.
[82] Von Wasmann gibt es im Ferdinandeum mehrere kleinformatige Werke, die hierbei in Frage kämen.
[83] Von Wachter gibt es im Ferdinandeum mehrere kleinformatige Werke, die hierbei in Frage kämen.
[84] F. Z., Die Ausstellung von Miniaturbildnissen (wie Anm. 32) 7. – Die Fotografie von Speckbachers Porträt, die 1889 durch A. R. Schmidt aus Hall ins Ferdinandeum gelangte, wird aufbewahrt unter TLMF, Bibliothek: W 4997.

Nr. 17 und 19 gezeigt wurden und der aus Sachsen stammenden Künstlerin Augusta von Buttlar zugeschrieben werden können. Im Bericht heißt es hierzu:

„Von Baronin Buttlav [!], der Nichte der Gebrüder Schlegel stammen Bildnisse von Grillparzer und dem früh verstorbenen Dichter und Theologieprofessor Meßmer in Brixen, einer seltenen Frau, die sich tapfer durch die Kunst aus einem widrigen Lebensschicksal und aus Lebensnot emporgerungen."[85]

Die Hinweise betreffen ein Porträt des Dichters Franz Grillparzer (1791–1872) von 1828 nach der Vorlage des Bildnisses von Daffinger von 1820 und ein Konterfei des Priesters Alois Meßmer (1822–1857). Allerdings bleibt fraglich, ob es sich bei dem Porträt Meßmers um die Originalzeichnung Buttlars oder die weit verbreitete lithographische Version derselben gehandelt hat.[86] Eindeutiger gestaltet sich das Rätselspiel beim Grillparzer-Porträt, denn es war mit großer Wahrscheinlichkeit jenes Exemplar präsentiert worden, das sich damals in Innsbrucker Privatbesitz befunden hatte.[87]

Der zwischen zwei Fenstern positionierte Glaskasten II enthielt die Leihgaben von Julius von Neubauer aus Innsbruck, nämlich die vier Familienbildnisse der Schallhammer bzw. Kleinmayrn, alle gemalt von Gandolph Ernst Stainhäuser von Treuberg (Nr. 7, 9, 11, 12). Daneben fanden sich das Bildnis eines Münzmeisters von Kronberg mit seinem Sohn inmitten von Erzstufen und Mineralien sowie zwei zierliche Miniaturen der in Innsbruck residierenden Erzherzogin Elisabeth von Österreich (1743–1808), einmal in jungen Jahren und ein Altersbildnis mit einem „den Hals verhüllenden Spitzenfichu",[88] das die Erzherzogin nicht nur der Sittsamkeit willen, sondern auch aufgrund ihres Kropfes umgebunden haben dürfte (Abb. 15 und 16). Nicht minder interessant ist das Porträt mit der Nr. 6, bei dem es sich wohl um das Selbstbildnis von Johann Evangelist Holzer mit Malerpalette (um 1725/30; Öl/Leinwand; 81,2 x 57,0 cm) gehandelt haben dürfte.[89] Allerdings wurden in einem

---

[85] F. Z., Die Ausstellung von Miniaturbildnissen (wie Anm. 32) 7.
[86] Im Jahr 1934 wurde dem Ferdinandeum ein äußerst qualitätsvolles, jedoch nicht signiertes Aquarell mit einem Porträt Alois Messmers geschenkt, das von Augusta von Buttlar stammen könnte. Es ist gut möglich, dass auch dieses Bild als private Leihgabe in der Miniaturen-Ausstellung zu sehen gewesen war. Zur Grafik vgl. TLMF, Bibliothek: W 24279.
[87] Zu von Buttlar vgl. Rudolf HUBER, Eine sächsische Malerin in Brixen, in: Der Schlern 3 (1922) Heft 3, 84–86; Rudolf HUBER, Auguste von Buttlar. Eine Vertreterin romantischer Kunst in Tirol, in: Reichspost vom 6.11.1923, 1–2, vgl. bes. 1; Jochen SCHMIDT-LIEBICH, Lexikon der Künstlerinnen 1700–1900. Deutschland, Österreich, Schweiz, München 2005, 70–71. – Zu den erwähnten Miniaturen vgl. Moriz ENZINGER, Die Malerin Auguste von Buttlar und ihre Grillparzer-Bildnisse, in: Jahrbuch der Grillparzer-Gesellschaft 6 (1968) 11–69; Johann Georg VONBANK, Alois Meßmer, Professor der Theologie zu Brixen etc. Ein Lebensbild, gezeichnet nach dessen Tagebuch, Briefen etc., Band 1, hg. von Johannes Chrysostomus Mitterrutzner, Brixen 1860 (lithographiertes Frontispiz nach Buttlars Zeichnung).
[88] F. Z., Die Ausstellung von Miniaturbildnissen (wie Anm. 32) 7. – Die Originale finden sich unter TLMF, Ältere Kunstgeschichtliche Sammlungen: M 24 (mit Tuch) und M 25 (ohne Tuch).
[89] TLMF, Ältere Kunstgeschichtliche Sammlungen: Gem 213. Vgl. auch Emanuel BRAUN / Wolfgang MEIGHÖRNER / Melanie THIERBACH / Christof TREPESCH (Hg.), Johann Evangelist Holzer. Maler des Lichts. 1709–1740, Ausstellungskatalog Diözesanmuseum St. Afra Augsburg und Kunstsammlungen und Museen Augsburg, Domschatz- und Diözesanmuseum Eichstätt und Tiroler Landesmuseum Ferdinandeum, Augsburg/Innsbruck 2010, 216–217.

Abb. 15, 16: Erzherzogin Elisabeth von Österreich (1743–1808) in jungen Jahren und mit dem verhüllenden Spitzenfichu. TLMF, Ältere Kunstgeschichtliche Sammlungen: M 24–25.

Medienbericht diesbezüglich Zweifel angemeldet: „Ob aber das ihm zugeschriebene Stück im Glaskasten 2 (Nr. 6) gerade von ihm ist, kann bezweifelt werden. Eine Kopie nach einem größeren Portrait könnte es eben so gut sein."[90] Im Kasten waren des Weiteren Werke von F. Mathias Schäffer (Nr. 23) und eines gewissen A. MR. (Nr. 18) ausgestellt.

Im Glaskasten III fanden sich die Bildnisse von Graf Heinrich von Brandis und seiner Frau Katharina, geborene Fuchs von Fuchsberg (Nr. 1?),[91] sowie vier Porträts des sächsischen Generalfeldzeugmeisters Anton Franz Hermann von Lindt (1730–1806) und seiner Gattin Anna Christine Philippine von Gudenus-Ampfenbach (1757–1831) bzw. des sächsischen Hauptmanns Carl Adolf Valentin von Lindt und der Antonia Franziska von Lindt (von 1818/19) und außerdem noch das Porträt eines Herrn von Palaus (1813), alle aus der Hand von Ernst Christian Weser (Nr. 3, 4, 6, 9, 18).[92] Unter der Nr. 21 wurde ein Bildnis präsentiert, das bereits im Künstler-Verzeichnis mit der Notiz „?angebl. Selbstbildnis?"[93] versehen wurde und von Angelika Kauffmann stammte; es handelte sich dabei mit großer Wahrscheinlichkeit um deren Selbstbildnis als Dreizehnjährige mit Notenblatt aus dem Jahr 1753. Des Weiteren enthielt der Kasten das Bildnis des Brixner Domherrn Freiherr von Enzen-

---

[90] STROBEL, Die Miniaturenausstellung im Museum (wie Anm. 42) 6.
[91] TLMF, Ältere Kunstgeschichtliche Sammlungen: M 26–27.
[92] TLMF, Ältere Kunstgeschichtliche Sammlungen: M 2–6.
[93] TLMF, MA 1923, Nr. 114: Verzeichnis der Künstler. – Zum Selbstbildnis vgl. TLMF, Ältere Kunstgeschichtliche Sammlungen: Gem 303.

berg (angeblich eine „holländische Arbeit"[94]) und einer jungen Dame aus der Familie Trapp.

Im Glaskasten IV waren Werke von Anton Psenner (Nr. 2, 5), Joseph Schönherr (Nr. 6, 8), Johann Ender (Nr. 7), Johann Stefan Decker (Nr. 14) und Ignaz Rungaldier (Nr. 22) zu sehen. Sechs fein ausgeführte Silberstiftzeichnungen stammten von dem aus St. Gallen in der Schweiz stammenden, doch in Vorarlberg tätigen Künstler Jakob Wilhelm Huber (Nr. 9, 13, 20, 21, 23, 24). Außerdem fanden sich im Kasten noch zwei Porträts mit Familienmitgliedern der Freiherren von Palaus von Christoph Deininger,[95] das Aquarell „eines kleinen Albaneder"[96] auf einer Schreibmappe und das Bildnis des Brixner Bischofs Karl Franz Graf von Lodron (1748–1828) mit dem in devoter Haltung erscheinenden, doch leider nicht namentlich angeführten Künstler.

Der Glaskasten V enthielt neben zwei Familienbildnissen von Leo Lehmann (Nr. 11, 13), den bereits erwähnten Leihgaben von Carl Friedrich Lehmann-Haupt, auch eine Arbeit von Patriz Kittner aus dem Jahr 1842 (Nr. 12) und eines nicht näher bekannten Künstlers mit der Initiale H. (Nr. 16).

Im Zentrum des Rundsaals befand sich der Mittelkasten, der aus zwei Schränken bestand, da stets von einem linken und einem rechten Mittelschrank die Rede war. Im rechten Kasten befanden sich Werke von Johann Martin Schärmer (Nr. 2),[97] Giovanni Battista Gigola (Nr. 11), Moritz Michael Daffinger (Nr. 16, 17), Rodrigues de Sá Semplício (Nr. 21), Karl Agricola (Nr. 23),[98] Daniel Saint (Nr. 24), Camel Pasquet (Nr. 25) sowie zwei Arbeiten eines gewissen W. (Nr. 4, 7). Besonders hervorgehoben wurden aber Nr. 12 und 22, denn es handelte sich dabei um kostbaren Familienschmuck, der unter anderem ein Armband mit dem Porträt von Eugène Beauharnais (1781–1824), Vizekönig von Italien, enthielt; es gehörte dessen Gattin Auguste von Bayern (1788–1851) und stammte aus der Hand von Jean-Baptiste Isabey.[99] Der linke Schrank enthielt Kunstwerke von Josef Einsle (Nr. 2), Richard Schwager (Nr. 8), Anton Kapeller (Nr. 11, 17?, 18) und Theresia Mages (Nr. 26). Des Weiteren fand sich hier von Heinrich Friedrich Füger das Porträt des Herrn von Humelauer (Nr. 3), von Giovanni Battista Lampi d. Ä. die Abbildung einer Vestalin (Nr. 7),[100] und unter der Nr. 21 konnte eine Dose mit dem Miniaturporträt des Komponisten Luigi Cherubini (1760–1842) am Spinett (um 1800) – angeblich von

---

[94] F. Z., Die Ausstellung von Miniaturbildnissen (wie Anm. 32) 7.
[95] Als mit Max(imilian) Josef Freiherr von Palaus (1824–1885) die Familie erlosch, wurde dem Ferdinandeum ein großer Nachlass (Familienporträts, Dokumente, Möbel etc.) überlassen, darunter auch Miniaturen, wie jenes von Anna Freiin von Palaus (1795–1877), Wilhelm von Palaus (1827–1847) und eben auch Max von Palaus, zu finden unter TLMF, Ältere Kunstgeschichtliche Sammlungen: M 41 und K 610–611. Vgl. auch MEIGHÖRNER (Hg.), Frühere Verhältnisse (wie Anm. 72) 71. – Einige der Porträts sind auch abgebildet in: Alexander von HOHENBÜHEL / Christine ROILO / Sven MIETH / Christian MAHLKNECHT, Schloss Palaus (Veröffentlichungen des Südtiroler Kulturinstitutes 5), Bozen 2005.
[96] F. Z., Die Ausstellung von Miniaturbildnissen (wie Anm. 32) 7.
[97] Es könnte sich dabei um das 1832 geschaffene Miniaturenporträt von Kaiser Franz I. von Schärmer handeln, zu finden unter TLMF, Ältere Kunstgeschichtliche Sammlungen: M 124.
[98] Es könnte sich dabei um die Grafik (Bleistift, Farbstift, Aquarell; 24,2 x 19,5 cm) mit der Darstellung der Magdalena Schlechter aus der Hand von Agricola handeln, zu finden unter TLMF, Graphische Sammlungen: 19Jh A 377.
[99] Vgl. ZINGERLE, Kunst. In der Miniaturen-Ausstellung (wie Anm. 57) 7.
[100] TLMF, Ältere Kunstgeschichtliche Sammlungen: M 9.

Francesco Novelli, doch eigentlich von
Sebastiano Chemin – bewundert werden.[101] Daneben sind weitere Miniaturen bekannt, die zwar dem Mittelkasten,
doch keiner Seite zugeordnet wurden,
etwa ein Bildnis des Grafen Enzenberg,
eines Freiherrn Bernier de Rougemont
und eines Freiherrn von Spielmann.
Neben dem Porträt des Baron Sternbach
mit einer Berloque (Schmuckanhänger)
mit dem Bild von Kaiser Karl VI. (1685–
1740) auf seiner Brust fand sich im Kasten auch das Abbild von Ludwig XIV.
(1638–1715) auf Email von Jean Petitot,
„ein[em] Schatz des Museums selbst"[102]
(Abb. 17).

Wendet man sich den Bildern zu, die
an den Wänden zwischen den Fenstern
und Zugängen hingen, so stellt man fest,
dass in den Beschreibungen nur wenige
Stücke davon genannt sind, wie etwa
zwei Werke von Joseph von Trentinaglia
(Fenster 1), ein Bild von Fjodor Antonowitsch Bruni (Fenster 2)[103] sowie bei

Abb. 17: Ein Kunstwerk von Jean Petitot: Das Porträt des *Sonnenkönigs* Ludwig XIV. (1638–1715). TLMF, Ältere Kunstgeschichtliche Sammlungen: K 1023.

Fenster 4 ein Porträt von Johann Georg Schedler[104] und ein Objekt aus der Hand von
Franz Spitzer. Zwischen dem dritten und vierten Fenster war ein Werk von Giovanni
Battista Lampi d. Ä. positioniert. Bei Fenster 3 wird „das kleine Rundtäfelchen"[105]
mit einem Porträt von Andreas Hofer (1767–1810) von einer heimischen Malerin
erwähnt, das sich zweifelsfrei mit dem ovalen Ölgemälde auf Leinwand (15 x 10 cm)
von 1809 aus der Hand der Künstlerin Anna Maria Moser identifizieren lässt.[106]
Hofers Gegenspieler konnte man in einer nicht genau lokalisierten Fensternische
entdecken, denn dort war das kleine, viereckige Täfelchen zu sehen, das Napoleon
Bonaparte (1769–1821) mit Zweispitz auf dem Totenbett zeigt.[107]

---

[101] TLMF, Ältere Kunstgeschichtliche Sammlungen: E 255.
[102] Beschreibung bei STROBEL, Die Miniaturenausstellung im Museum (wie Anm. 42) 3. – Das Medaillon stammt aus der 2. Hälfte des 17. Jahrhunderts und findet sich unter TLMF, Ältere Kunstgeschichtliche Sammlungen: K 1023.
[103] Möglicherweise ist damit das Pastell-Gemälde mit dem Porträt des Robert von Swinburne von Bruni gemeint, zu finden unter TLMF, Graphische Sammlungen: 19Jh B 559 bzw. Historische Sammlungen: HG 1588.
[104] Möglicherweise das Selbstporträt Schedlers von 1816, zu finden unter TLMF, Bibliothek: FB 6164.
[105] ZINGERLE, Kunst. In der Miniaturen-Ausstellung (wie Anm. 57) 7.
[106] TLMF, Ältere Kunstgeschichtliche Sammlungen: Gem 3897. Vgl. auch Museumsverein Rabalderhaus (Hg.), Die Schwazer Malerin Maria Anna Moser 1758–1838, Ausstellungskatalog Rabalderhaus, Schwaz 2002, 62 und Abb. 36.
[107] TLMF, Ältere Kunstgeschichtliche Sammlungen: M 126.

Nicht minder spärlich sind die Angaben zu den Porträts, welche die Wände zwischen den drei Zugängen zum Rundsaal zierten. Auf der Wand links waren Werke von Andreas Merz, Martin Knoller[108] und Johann Burgmann[109] zu sehen sowie ein Selbstporträt von Simon Benedikt Faistenberger.[110] An der Wand rechts hing hingegen ein Gemälde von Johann Josef Karl Henrici.[111]

Darüber hinaus gibt es mehrfach Nennungen von Künstlernamen oder Ausstellungsstücken, deren Präsentationsform nicht näher spezifiziert wurde. So fand sich ein Porträt des Juristen Kaspar von Ottenthal (1780–1855) von Lorenz Grünbaum in einer der Pultvitrinen, während mehrere Bildnisse (Nr. 16, 19, 20) mit Mitgliedern der Familie Sternbach „Im folgenden rechten Wandkasten […]" gezeigt wurden; und in einem „Schrank vor dem Fenster rechts" wurden belgische Miniaturen ausgestellt, deren Sujets bzw. Urheberschaft unbekannt waren.[112] Den Zeitungsberichten ist des Weiteren zu entnehmen, dass die Porträts von Erzherzog Karl von Österreich (1771–1847) und dessen Gattin Henriette Alexandrine von Nassau-Heilburg (1797–1829)[113] sowie eine ovale Miniatur auf Elfenbein mit dem Bildnis von Erzherzog Johann (1782–1859)[114] bewundert werden konnten, doch über deren Schöpfer sowie die Lokalisierung in der Ausstellung sind keinerlei Daten überliefert.

Den Besucherinnen und Besuchern der Ausstellung fiel wohl sogleich ins Auge, dass die Kunstwerke aufgrund ihrer Maße an den Wänden oder in den Kästen und Vitrinen positioniert worden waren. Eine spezielle Ordnung dürfte für die meisten nicht herauszulesen gewesen sein – wie wohl auch die erfolgte Rekonstruktion gezeigt hat: Weder die Ausführung, der Stil oder die Technik noch die Thematik bzw. Provenienz spielten offenbar eine entscheidende Rolle. Selbst Arbeiten einzelner Künstlerpersönlichkeiten wurden innerhalb der Schau an verschiedenen Stellen gezeigt, wie das Beispiel von Lampi d. Ä. deutlich macht, dessen Werke in einer Pultvitrine, in einem der Mittelkästen und an einer Wand zu finden waren. Aus diesem Grund darf davon ausgegangen werden, dass der Fokus der Ausstellungsmacher auch nicht darauf ausgerichtet und kein tiefergehendes Konzept gegeben war oder eine besondere Absicht verfolgt wurde. Es galt einzig und allein das wenig beachtete Medium der Miniaturmalerei vor- und in den Mittelpunkt zu stellen und dabei museumseigene Bestände und private Schmuckstücke zu vereinen.

---

[108] Von Knoller gibt es im Ferdinandeum mehrere kleinformatige Werke, die hierbei in Frage kämen.

[109] Das Ferdinandeum besitzt zwei Damenporträts (27 x 20 cm bzw. 27,2 x 20,5 cm) aus der Hand von Burgmann, wobei es sich um Malereien auf Raupengewebe handelt; diese könnten ausgestellt gewesen sein. Sie finden sich unter TLMF, Graphische Sammlungen: SpM 9–10.

[110] Es handelt sich dabei mit großer Wahrscheinlichkeit um das kleinformatige Selbstbildnis Faistenbergers, eine Aquarell-/Pastellmalerei auf Papier (18,8 x 14,3 cm) von ca. 1720, und nicht um das großformatigere Ölgemälde desselben. Das Werk findet sich unter TLMF, Ältere Kunstgeschichtliche Sammlungen: Gem 1422.

[111] Strobel, Die Miniaturenausstellung im Museum (wie Anm. 42) 5. – Bei dem nicht näher beschriebenen Bild handelt es sich vermutlich um das Kinderporträt von 1783, das angeblich Henricis Sohn Franz Seraphicus (* 1779) zeigt, zu finden unter TLMF, Ältere Kunstgeschichtliche Sammlungen: Gem 297.

[112] Zu den Zitaten vgl. F. Z., Die Ausstellung von Miniaturbildnissen (wie Anm. 32) 7.

[113] Strobel, Die Miniaturenausstellung im Museum (wie Anm. 42) 3.

[114] Zingerle, Kunst. In der Miniaturen-Ausstellung (wie Anm. 57) 7.

6. Ergänzungen und Reaktionen

Was das Ferdinandeum im Jubiläumsjahr allen Interessierten darbot, war ohne Zweifel neu und mochte die eine oder den anderen verwundern, denn es war keine Schau zur Geschichte der ersten 100 Jahre der Kulturinstitution oder zu den Glanzstücken des Hauses, auch keine Präsentation eines *großen* Tiroler Künstlers bzw. eines *patriotischen* Themas (wie etwa Anno 1809). Es waren schlichtweg (Porträt-)Miniaturen, kleinformatige und zum Teil auch -teilige Bildnisse, welche die Besucherinnen und Besucher zwangen, äußerst genau hinzusehen, um die Feinheit der Ausführungen und die Details der Darstellung gebührend würdigen zu können. Wie die Besucherschar die Ausstellung aufnahm, darauf reagierte und darüber dachte ist nicht bekannt, denn für das Ferdinandeum existieren auffallenderweise nur einige wenige Gästebücher, leider jedoch kein Exemplar zum Jahr 1923 bzw. zu dessen diversen Präsentationen im Rundsaal.[115]

Der Journalist Alfred Strobel war jedenfalls positiv überrascht, ja geradezu begeistert, und schrieb:

„Was da zu sehen ist, ist so überraschend reichhaltig und auch kunstgeschichtlich so wertvoll, daß man behaupten kann, daß in Innsbruck seit Jahren eine so interessante und bedeutende Ausstellung nicht gezeigt wurde. Fast gar nichts von all dem, was wir hier sehen – zwei oder drei Stücke ausgenommen – war bisher der Oeffentlichkeit gezeigt worden, nichts davon ist irgendwie in der Fachliteratur erwähnt, trotzdem Miniaturen aus den Händen erster Meister und Stücke von unschätzbarem Werte vorhanden sind. Hier wurde ein bisher kaum beachtetes Stück tirolischer Kunstgeschichte und tirolischen Kunstbesitzes aus der Versenkung gehoben und dem Vorstand des Museums, Regierungsrat Inama, der die Ausstellung durchgeführt hat, muß rückhaltlose Anerkennung für diese Leistung zuteil werden."[116]

Auch der Autor F. Z. hob die Themenwahl in seinem Zeitungsartikel positiv hervor und begrüßte die Vorstellung der zu großen Teilen unbekannten und – da Privatbesitz – für die Öffentlichkeit ansonsten völlig unzugänglichen Miniaturen. Er erwähnte allerdings, dass es wie so oft nicht nur zustimmende Reaktionen gab:

„Kritische Naturen, die sich und anderen jede naive Freude und jeden Genuß beeinträchtigen müssen, werden auch an dem in der Ausstellung Gebotenen zu nörgeln haben. Gewiß hatten auch Veranstalter und Teilnehmer so manches noch anders gewünscht. Eine anerkennens- und dankeswerte Tat aber ist dieser Ueberblick über ein bisher wenig gekanntes Kunstgebiet, von dessen in Tiroler Besitz vorhandenen Schätzen sich wenige etwas und darunter sicher so mancher Besitzer selbst nichts träumen ließ."[117]

---

[115] Frühe Gästebücher des Ferdinandeums von 1827 bis 1885 finden sich unter TLMF, Bibliothek: FB 15273–15275 bzw. FB 138966–138969.
[116] STROBEL, Die Miniaturenausstellung im Museum (wie Anm. 42) 3.
[117] F. Z., Die Ausstellung von Miniaturbildnissen (wie Anm. 32) 8.

Die Ausstellung erfreute sich laut dem kurzen, rückblickenden Bericht in den *Veröffentlichungen des Museum Ferdinandeum* von 1927 „eines lebhaften Besuches und allgemeinen Interesses"[118] und wurde im Lauf der Dauer mit einigen weiteren Stücken ergänzt, die wohl durch Besucherinnen und Besucher dem Museum nachträglich zur Verfügung gestellt wurden. Vermutlich aus Kostengründen verzichtete das Haus auf die Publikation eines Katalogs, der über die einzelnen Stücke Auskunft geben hätte können, und offensichtlich fehlten im Ausstellungsraum bzw. bei den einzelnen Miniaturbildnissen auch erklärende Beschreibungen. Das Manko wurde jedoch rasch behoben, wie eine undatierte, handschriftliche Notiz belegt:

„In der Ausstellung, welche seit der Eröffnung durch eine Reihe von weiteren Stücken ergänzt wurde, ist nun ein Verzeichnis der vertretenen Künstler (rund 80, darunter die hervorragendsten Wiener u. Pariser Namen) aufgelegt und an jeden Schrank ein Verzeichnis der dargestellten Personen angebracht worden. Es wird darauf aufmerksam gemacht, daß die Ausstellung nur mehr bis einschließlich Sonntag den 1. Juli 1923 geöffnet bleibt."[119]

Damit konnten sich alle Interessierten vor Ort über die einzelnen Ausstellungsstücke informieren, sofern über diese bzw. deren Schöpfer auch genügend Daten bekannt waren.

Die Miniaturen-Ausstellung im Ferdinandeum wurde nicht nur lokal wahrgenommen, sondern auch über die Landesgrenzen hinaus, so etwa in Wien. Kurz nach Schließung der Schau kam in der Museumsdirektion ein Brief des Manz'schen Verlags in Wien vom 11. Juli 1923 an, der mit der folgenden Bitte aufwartete:

„Wie Ihnen wohl bekannt, gibt Dr. Leo Grünstein ein umfassendes Daffingerwerk in unserem Verlag heraus, welches im September d[iese]s J[ahres] erscheinen wird. – Er bittet um gütige Zusendung eines Katalogs Ihrer Miniaturen-Ausstellung um eventuell im Verzeichnis der Daffinger'schen Werke Nachträge vornehmen zu können."[120]

Im Antwortschreiben vom 20. Juli musste Vorstand Inama mitteilen, dass „ein Katalog der hiesigen Miniaturenausstellung bisher nicht gedruckt wurde", konnte jedoch bestätigen, dass zwei Miniaturen von Daffinger ausgestellt worden waren, nämlich die Porträts des Wiener Leibarztes Gasser und seiner Frau. Allerdings, so Inama weiter, bestehe kein Zugriff auf die Bilder, da „der Eigentümer derzeit von Innsbruck abwesend ist. Auch den Namen des Letzteren können wir nicht angeben, da derselbe die Bekanntgabe nicht wünscht". Stattdessen versuchte er eine ausführliche Beschreibung der beiden Porträtminiaturen zu geben:

---

[118] Verwaltungs-Ausschuss (Hg.), Veröffentlichungen (wie Anm. 31) IX.
[119] TLMF, MA 1923, Nr. 114: Handschriftlicher Notizzettel zur Ergänzung. – Es handelt sich dabei vermutlich um die Vorlage für die Zeitungsmeldung unter: [o. Verf.], Ferdinandeum. Kleinbildnis-(Miniatur-)Ausstellung, in: Innsbrucker Nachrichten vom 26.6.1923, 4.
[120] TLMF, MA 1923, Nr. 114: Schreiben vom 11.7.1923. – Zur darin angesprochenen Publikation vgl. Leo Grünstein, Moritz Michael Daffinger und sein Kreis, Wien 1923.

„1. j[unger] Herr m[it] schwarzbraun[em] Haar u. Schnurrbart br[aune] Augen in blauem Frak m[it] gold[enen] Knöpfen, rot[er] Weste u weißer Halsbinde, Brustbild. Hintergrund Him[m]el mit Wolken. Oval modern in g[old] bronze Reif Elfenbein […] rechts (v. Beschauer) unten am Rande bezeichnet Daffinger 7,5 x 5,5 cm […]. 2. j[unge] Frau m[it] hellblond[em] Haar, blauen Augen, weiß[es], ausgeschnitt[enes] Kleid m[it] rosa Gürtel m[it] g[oldener] Schließe Hintergrund Him[m]el m[it] Wolken rechts unten bezeichnet wie 1 oval, Elfenbein Beide Stücke sind in modernen englischen Rahmen aus […] Goldbronze u. himbeerfarb[ener] Seide 7,5 x 5,5 cm."[121]

Tatsächlich brachte der Kunst- und Literaturhistoriker Leo Grünstein (1876–1943) noch 1923 im Wiener Manz-Verlag seine umfangreiche Daffinger-Publikation heraus, doch Werke aus Tiroler (Privat-)Besitz sind darin nicht angeführt bzw. abgebildet.

Vermutlich dürfte die Ausstellung den Fokus auf Miniaturen wenn schon nicht geweckt, so doch intensiviert haben, denn in der Folgezeit wurde diesen im Museum

Abb. 18: Tableau mit sechs Porträts der Familie Habsburg von Johann Nepomuk Kravogl (1803–1873), geschaffen um 1820. TLMF, Ältere Kunstgeschichtliche Sammlungen: M 45a–f.

---

[121] TLMF, MA 1923, Nr. 114: Konzeptschreiben vom 20.7.1923.

bedeutend mehr Aufmerksamkeit geschenkt. So kam 1925 in den Sammlungen eine Miniaturen-Malerei zum Vorschein, die bei der Schau von 1923 offenbar vergessen bzw. übersehen worden war, obwohl sie sich im Haus befunden hatte. Das Bildnis (ovale Gouache auf Papier; 8,0 x 6,5 cm) von Karl Georg Johann Spetzger von 1828 zeigt Graf Karl von Wolkenstein-Rodenegg (1767–1849) und war 1891 als Geschenk des Oberpostkontrollurs Hans von Preu ins Museum gekommen. Außerdem wurde in „den Stellagen im Bibliotheksraum neben dem Lesesaal" ein „Tableau Pappendeckel m[it] Glaspapier überzogen mit 6 Miniaturporträts Brustbilder,[122] die Porträts mit Sternchen aus Goldpapier umgeben", aus der Hand des Künstlers Johann Nepomuk Kravogl (1803–1873) entdeckt; die Bildnisse zeigen Mitglieder der kaiserlichen Familie (Abb. 18). Schließlich wurde vermerkt, dass sich weitere Miniaturen im Besitz von Hermann Graf Taxis Bordogna (1887–1936) in Schloss Achenrain bei Kramsach befänden.[123]

Ein Schriftstück, das dem Konvolut zur Miniaturen-Ausstellung in den Museumsakten beiliegt, berichtet wiederum, dass am 19. Januar 1928 im Haus der Maria Knoflach (geborene Hauser) in der Brixnerstraße 2/1 in Innsbruck deren vergleichsweise umfangreicher Besitz an Kleinbildnissen verzeichnet wurde. Darunter befanden sich vor allem Miniaturen aus der Hand von Franz Spitzer, wie etwa Porträts des Buchdruckers und Innsbrucker Bürgermeisters Felizian Rauch (1767–1832) und seiner Gattin Katharina Riß (1775–1851), beide von 1819, sowie zugehöriger Familienmitglieder. Weitere Schmuckstücke der Sammlung waren ein angebliches Bildnis der als *Franzosenbraut* bekannt gewordenen Anna Maria Annette von Menz (1796–1869) von 1806 (Abb. 19) sowie eine Chronos-Darstellung und das Bildnis eines Heiligen aus dem Jesuitenorden bei der Versorgung eines Kranken.[124]

Abb. 19: Skizze zum angeblichen Porträt der Anna Maria Annette von Menz (1796–1869), gemalt 1806 von einem Künstler mit den Initialen G.S. (Georg Schneider?). TLMF, MA 1923, Nr. 114.

---

[122] Im Original hochgestellt.
[123] Man vgl. hierzu die handschriftlichen Notizen auf der Rückseite des letzten Blattes zum Künstlerverzeichnis zur Miniatur-Ausstellung unter TLMF, MA 1923, Nr. 114: Verzeichnis der Künstler. – Zum Bild von Wolkenstein-Rodenegg vgl. TLMF, Ältere Kunstgeschichtliche Sammlungen: M 10. Vgl. außerdem MEIGHÖRNER (Hg.), Frühere Verhältnisse (wie Anm. 72) 70. – Das Tableau mit sechs Porträts von Mitgliedern der Familie Habsburg (um 1820) findet sich unter TLMF, Ältere Kunstgeschichtliche Sammlungen: M 45a–f. – Zu einem weiteren Tableau mit zehn Miniaturen von habsburgischen Familienmitgliedern vgl. TLMF, Ältere Kunstgeschichtliche Sammlungen: M 46a–j.
[124] TLMF, MA 1923, Nr. 114: Verzeichnis der Miniaturen im Besitz der Maria Knoflach.

7. Schlussbemerkungen

Die Thematik der Porträtminiatur passte irgendwie zu den schlichten, ebenfalls geradezu *miniaturhaft* ausgefallenen Feierlichkeiten des Ferdinandeums anlässlich seines 100-Jahr-Jubiläums. Präsentiert wurden kleine, doch mitunter qualitätsvolle und wertvolle Preziosen aus der Hand von mehr oder weniger namhaften Künstlerinnen und Künstlern. Die Themenwahl verwundert dennoch und lässt die Frage nach dem Grund, der wahren Intention dahinter stellen. Ohne Zweifel hätte das Museum den runden Geburtstag mit einer Schau ganz anderer Dimension begehen können, indem sich die Jubiläumsausstellung der Geschichte der Institution, einer bedeutenden Tiroler Künstlerpersönlichkeit oder einem einschlägigen Thema hätte widmen können – und das ganz ohne Leihgaben, sondern nur mit hauseigenen Objekten aus all den vielfältigen Beständen. Warum wurde kein *patriotisches*, die Landeseinheit heraufbeschwörendes Thema ins Zentrum gerückt? Warum kein großer Künstlername gefeiert? Wann fiel die Entscheidung für die Miniaturen-Thematik und wurde diese vielleicht nicht ganz zufällig ausgewählt bzw. – wie bereits vorne kurz angesprochen – absichtlich auf eine Kombination von Museumsobjekten und Werken aus Tiroler Privatbesitz abgezielt? Die dazu erhaltenen Quellen und Medienberichte geben über die Intentionen zu dieser Schau keinerlei Informationen preis, weshalb diese Fragen unbeantwortet bleiben müssen. Eines ist jedoch sicher: Die Themenwahl war alles andere als schlecht und die Ausstellung scheint aufgrund der besonderen, selten zu sehenden und mitunter kostbaren Objekte auf eine breite und positive Resonanz gestoßen zu sein.

Miniaturen-Ausstellungen hatten Hochkonjunktur, denn nur ein Jahr nach der Innsbrucker Schau war eine solche für die Albertina in Wien geplant. Die von der *Gesellschaft der Bilder- und Miniaturenfreunde Wien* initiierte Präsentation sollte Mitte April 1924 eröffnet werden. Zwecks der Teilnahme von Interessenten aus Tirol wurde in Innsbruck ein Ausschuss ins Leben gerufen, der aus den Landeskonservatoren Moritz Dreger (1868–1939) und Josef Garber sowie aus Karl Inama bestand und seinen Sitz im Ferdinandeum hatte, welches die Anlaufstelle für mögliche Leihgeber bildete und die Vermittlung der Ausstellungsstücke nach Wien übernahm.[125]

Anfang Juli 1923 wurde die Miniaturen-Ausstellung im Ferdinandeum beendet und die Werke kehrten wieder zu ihren rechtmäßigen Besitzerinnen und Besitzern zurück. Reinhold Zingerle, der in seinem Zeitungsbericht vom 6. Juli die Präsentation kurz vor deren Schließung besuchte, notierte hierzu: „[…] und bald werden sie wieder in die Hände ihrer Besitzer zurückgegeben, wo jedes einzelne von ihnen ein wertvolles Erinnerungsstück in der Familie bleiben wird."[126] Nicht minder wehmütig, ja geradezu poetisch formulierte es der Verfasser F. Z., der sich mit seinen Abschiedsworten direkt an die ausgestellten Miniaturen wandte und dabei auf die im Raum befindlichen Rosen anspielte: „Ihr aber, die ihr vor der bleichenden Kraft der Sonne bald wieder in Schachteln und Laden verwahrt werdet, ihr gleicht den

---

[125] [O. Verf.], Internationale Miniaturenausstellung in Wien, in: Innsbrucker Nachrichten vom 14.3.1924, 5; Leo Schidlof (Bearb.), Katalog der Internationalen Miniaturen-Ausstellung in der Albertina Wien, Mai–Juni 1924, Wien 1924.

[126] Zingerle, Kunst. In der Miniaturen-Ausstellung (wie Anm. 57) 6.

Rosenblättern, die langsam sinken, während ihr Duft, zart und süß, noch den Raum durchweht."[127]

Bereits einen Tag nach Abbau der Miniaturen-Ausstellung folgte im Rundsaal die nächste Präsentation und die Museumsleitung wandte sich den zahlreichen Alltagsarbeiten, der Neustrukturierung und vor allem den schwierigen Herausforderungen ihrer Zeit zu. Das 100-Jahr-Jubiläum war damit fast unbemerkt und still vorübergezogen, die Festlichkeiten dazu schlicht und wenig glanzvoll gewesen – mangels finanzieller Mittel, möglicherweise aufgrund fehlender Perspektiven, sicherlich jedoch, weil kaum Feierlaune herrschte.[128]

Und wie sieht es diesbezüglich 2023 aus ...?

---

[127] F. Z., Die Ausstellung von Miniaturbildnissen (wie Anm. 32) 8.
[128] Im Rückblick auf das Museumsjahr 1923 anlässlich der Jahreshauptversammlung vom 20. Juni 1924 spielten die Festveranstaltung und die Miniaturen-Ausstellung jedenfalls keine Rolle mehr und wurden gar nicht mehr erwähnt. Vgl. [O. VERF.], Das Museum Ferdinandeum (wie Anm. 6) 5.

Besprechungen

Walter Landi, **D'azzurro, rosso e argento. Il linguaggio dell'araldica e lo stipo dei Wolkenstein** (Castello in mostra. Cammei 5), Provincia Autonoma di Trento. Castello del Buonconsiglio, Trento 2021. ISBN 978-88-945049-7-2, 361 S., zahlr. Farbabb.

2021 widmete das Castello del Buonconsiglio seine *mostra dossier* einem ganz besonderen Möbelstück: Dem Archivkasten der Wolkenstein. Im Begleitbuch zur Ausstellung erweckt Walter Landi die in diesem Möbel verborgenen Informationen zum Leben und zeigt in seinem bemerkenswerten Einblick, welcher Speicher an heraldischem Wissen zur Region sich hier erhalten hat. Das Buch ist in drei große Teile gegliedert. Ein erster Abschnitt verortet den Archivkasten zunächst historisch und stellt die Auftraggeber dahinter vor, die Familie der Wolkenstein, namentlich Engelhard Dietrich von Wolkenstein-Trostburg (1566–1647) und seine Gattin Ursula von Wolkenstein-Rodenegg (1578–1633). Landi nähert sich mit einer Einführung zur Familie der Wolkenstein dem Thema an. Kapitel zwei stellt Engelhard Dietrich vor, der sich, ursprünglich für eine geistliche Karriere bestimmt, mit 28 Jahren doch für ein weltliches Leben entschied, am erzherzoglichen Hof in Innsbruck tätig war und seine Cousine Ursula heiratete. 1595 erhielt er bei der Aufteilung des Erbes von Wilhelm II. die Trostburg zugesprochen. Von Interesse sind insbesondere seine genealogischen Forschungen, die etwa 1597 zur Einrichtung eines neuen Familienarchivs führten und sich auch im Möbel des Archivkastens abbilden. Laut Landi zeichneten sich die Forschungen Engelhard Dietrichs durch eine Methodik und Forschungskraft aus, die zu der Zeit in der Region noch keine Parallelen fand (S. 21). Kapitel drei stellt sodann die Trostburg und deren neue Einrichtung zur Zeit des Paares vor, neben dem Archivkasten sind dies vor allem Bilder und ein Stuhl, ausgestattet mit den Initialen Engelhard Dietrichs und dem Familienwappen.

Die Folgekapitel behandeln ausführlich den Archivkasten, bestehend aus 61 Schubladen, die jeweils wieder durch weitere kleine Schubladen unterteilt waren. Der Schrank weist eine spätere Wiederverwendung auf, die im 19. Jahrhundert zu seiner Zuschreibung an Ursula führte („l'armadio di Ursula", S. 32), bedingt durch ein wohl später angebrachtes Paneel mit Ursulas Wappen und Legende. Die Möbelgattung der Archivkästen, die gerade für die Verwahrung eines Familienarchivs geschaffen wurden, ist um 1600 durch mehrere, wenngleich seltene Exemplare belegt. Besonders machen das wolkensteinische Exemplar die mehreren hundert aufgemalten Wappen: Auf den Schubladen wird die Genealogie der Wolkenstein von den Anfängen bis zum Beginn des 17. Jahrhunderts abgebildet. Landi kann den Kasten eindeutig Engelhard Dietrich als Auftraggeber zuordnen, der ihn auf der Trostburg anfertigen ließ, wobei sich der Entstehungszeitpunkt auf das Jahr 1609 begrenzen lässt. Als Künstler, der die Wappen malte, identifiziert Landi Josef Prey aus Wangen, der von 1602 bis 1610 im Brunecker Bürgerbuch aufscheint und danach in jenem von Bozen. Als Tischler kommt der zu der Zeit bekannte Hans Rumpfer in Frage, der etwa mit den Intarsien von Schloss Feldthurns zu verbinden ist. Die dokumentarischen Spuren, die den Kasten belegen, sind vergleichswiese mager: 1644 lässt er sich auf der Trostburg nachweisen, und zwar im Rittersaal. Danach scheint er in den späteren Inventaren der Trostburg von 1648 und 1715 nicht mehr auf. Ab 1880 ist er wieder sicher dort, wie eine Fotografie dokumentiert, die ihn allerdings nun in der Stube zeigt. In weiteren Kapiteln geht Landi der Aufteilung des wolkensteinischen Besitzes, insbesondere des Archivs und der Einrichtung nach, die sich nunmehr in verschiedenen Institutionen wie dem Museum des Castello del Buonconsiglio, der Trostburg und dem Südtiroler Landesarchiv finden. Der anschließende Tafelteil präsentiert die Objekte der Ausstellung zu diesem ersten historischen Teil.

Im zweiten Abschnitt des Buches steht die Heraldik im Zentrum. Hier werden die Wappen detailliert behandelt und den entsprechenden Personen zugeordnet. In der systematischen Darstellung werden jeweils die einzelnen Schubladen vorgestellt, die Wappen identifiziert und die jeweilige Legende transkribiert. Daran schließen die ausführliche Identifizierung der einzelnen Personen und deren historische Verortung an. Es folgen überblickshafte Darstellungen der Wappen und der Genealogien (Wolkenstein, Wolkenstein-Trostburg, Wolkenstein-Rodenegg, Vilanders). Ein weiteres Kapitel gilt der Sprache der Heraldik und ihrer Entwicklung in der Region, wobei Landi zu Recht darauf verweist, dass aufgrund des Vorherrschens des Notariats anstelle der Siegelurkunde die Wappen des Trentiner Adels erst deutlich später dokumentiert sind als im deutschsprachigen Tirol. So findet sich 1411 das erste Wappensiegel einer Trentiner Edelfrau, der Anna Nogarola, Witwe von Guglielmo di Castelbarco-Castelnuovo. Im Vergleich dazu ist bereits 1277 das Siegel der Eufemia von Taufers erhalten und von 1254 jenes der Adelheid von Tirol (S. 164).

Im letzten Teil folgt dann die ausführliche Aufschlüsselung der Heraldik des Archivkastens als eine regelrechte Genealogie der regionalen Nobilität, noch ein Jahrzehnt vor dem *Tiroler Adler* des Matthias Burglechner. Dargestellt werden hier jeweils die Schilde der einzelnen Wappen auf den jeweiligen Schubladen sowie deren Wiederauftreten auf anderen Schubladen samt Angabe der Position. Zudem wird jeweils ein kurzes Profil der Familie gegeben, auf die sich das Wappen bezieht, sowie auf die Verbreitung der Wappen vor der Realisierung des Kastens verwiesen. Der letzte Teil weitet sich damit förmlich zu einem heraldischen Nachschlagewerk zu den Familien der Region. Die alphabetische Anordnung ermöglicht die rasche Handhabung. Eine Sammelbibliographie beschließt den Band.

Walter Landi hat mit diesem Band ein faszinierendes Möbelstück in den Fokus gestellt und das darin gespeicherte Wissen für das breite Publikum wie für die Forschung zugänglich gemacht. Das in Objekt- und Bildform gespeicherte heraldische und genealogische Wissen des frühen 17. Jahrhunderts in der Region illustriert zugleich die Bedeutung von Objekten als Wissensspeichern und nimmt hier aktuellste Forschungsentwicklungen auf. Die übersichtliche Darstellung macht das Buch darüber hinaus zum wertvollen Nachschlagewerk nicht nur für die regionale Forschung, sondern für die Adelsforschung insgesamt.

CHRISTINA ANTENHOFER, Salzburg

Rudolf K. Höfer / Martin Feiner, **Die Siegel der Erzbischöfe und Bischöfe in der Salzburger Metropole. Beschreibung, Abbildungen, Fotos und Zeichnungen,** Böhlau, Wien/Köln 2022. ISBN 978-3-205-21323-9, 824 S., zahlr. Schwarzweiß- und Farbabb.

Ein gleichermaßen voluminöses wie gediegenes hilfswissenschaftliches Opus vorstellen zu können, ist ein leider selten gewordenes Ereignis. Das sehr ambitionierte Unterfangen, sämtliche bislang bekannten Siegel der Salzburger Kirchenprovinz – mithin der Salzburger Erzbischöfe, der Bischöfe von Gurk-Klagenfurt, Chiemsee, Graz-Seckau, Maribor/Marburg-Lavant, Leoben, Innsbruck und Feldkirch – von den jeweiligen Anfängen bis zur Gegenwart zu erfassen, wurde durch zwei vom *Austrian Science Fund* (FWF) in den Jahren 2010 bis 2013 sowie 2014 bis 2017 geförderte Forschungsprojekte ermöglicht. Bereits 2018 konnte ein Online-Repositorium der Öffentlichkeit zugänglich gemacht werden (http://gams.uni-graz.at/epis), für den *Ewigkeitswert* sorgt die 2022 erfolgte Drucklegung mit der Abbildung und der eingehenden Beschreibung von 753 Objekten.

Der überwiegende Teil der Siegel wurde neu fotografiert, den meisten von ihnen zur leichteren Identifizierung eine Zeichnung beigegeben. Die Beschreibung erfolgt mit bemerkenswerter Gründlichkeit nach folgenden Kriterien: Siegelart (nach der Funktion – Hauptsiegel, kleines Siegel, Sekretsiegel usw. – sowie nach der Stellung des Siegelführers – Elektensiegel, Kardinalssiegel usw.), die allgemeine Beschreibung in Hinblick auf Siegeltypus (Bildnissiegel, Wappensiegel samt Untergliederungen usw.) und Siegelbildgestaltung (als Beispiel die des Bildnissiegels des Erzbischofs Markus Sittikus von Hohenems auf S. 162 f.: „Das Siegel zeigt den SF [Siegelführer] als Halbfigur mit Mitra in einer Kielbogenarchitektur, die mit ihren Türmchen bis zum Siegelrand hinaufreicht. Der SF hat die rechte Hand segnend erhoben. In der Linken hält er vor der linken Brustseite mit dem Pannisellus das Pedum mit einer nach außen gerichteten schmuckvollen Curva. Das ringförmige, mit Kreuzen bestickte Pallium ruht auf den Schultern. In die Architektur integriert ist das Postament, in dem die Datierung ‚1612' in arabischen Ziffern eingraviert ist. Zu beiden Seiten der Nische befindet sich eine Wappenkartusche, darunter eine heraldische Rose, rechts das Erzbistumswappen, links das Familienwappen des SF"). Darauf folgen Form, Material (vom Wachssiegel bis zum Gummistempel der Gegenwart), Befestigung, Siegelumschrift mit Angabe des Schrifttyps, Transliteration und Übersetzung, Datierung, Aufbewahrungsort, Literatur sowie spezielle Informationen. Der jeweiligen Katalognummer sind biographische Angaben zum Siegelführer vorangestellt. Über die persistente Identifikation kann auf die Datenbank zugegriffen werden, wo die Vergrößerung der im Druck verhältnismäßig kleinen Siegelabbildungen möglich ist.

Im Anhang finden sich neben dem umfangreichen Quellen- und Literaturverzeichnis chronologische Bischofslisten, Register der Bischöfe in alphabetischer Reihenfolge sowie ein Glossar, das insbesondere dem Laien die Benutzung erleichtert.

Das Resümee fällt leicht: Rudolf Höfer und Martin Feiner haben eine in Anbetracht der Fülle des Materials und der von der Materialität der Siegel verursachten Probleme enorme Leistung vollbracht, einen Meilenstein für die gesamte Sphragistik gesetzt und ein in dieser Form wohl auf Dauer gültiges Standardwerk geschaffen.

Alois Niederstätter, Dornbirn

Erika Kustatscher, **Priesterliche Vervollkommnung und Seelsorge im Raum der alten Diözese Brixen. Das Foedus Sacerdotale zwischen Katholischer Reform und Gegenwart** (Veröffentlichungen der Hofburg Brixen 5), Universitätsverlag Wagner, Innsbruck 2021. ISBN 978-3-7030-6555-2, 260 S., eine Karte.

Wer sich mit der Geschichte des Priestertums beschäftigt, bleibt nicht selten hängen an den kirchenrechtlichen und theologischen Normen, die im Laufe der Jahrhunderte entwickelt wurden. Doch sie zeichnen zumeist das Idealbild eines Priesters und beschreiben nicht die Wirklichkeit. In diesem Sinne kommt der Studie von Erika Kustatscher eine besondere Bedeutung zu. Vom Typus handelt es sich bei ihrem Buch um eine Mikrostudie, die bemerkenswerte und tiefe Einblicke in das Leben und Wirken katholischer Priester von der Mitte des 16. Jahrhunderts bis heute erlaubt.

Gegenstand ihrer Studie sind die Archivalien einer Priesterbruderschaft am Dom zu Brixen, deren Quellen zwar – wie so häufig – aus Ablässen, Rechnungsunterlagen, Einnahmenverzeichnissen, Statuten, Mitgliederverzeichnissen sowie Selbstdarstellungen bestehen, aber das „Abbild einer komplexen und handlungsfähigen Struktur" entstehen lassen, wenn man die Quellen richtig zu deuten weiß – und Kustatscher versteht dieses Geschäft und schöpft als Archivarin des Diözesanarchivs Brixen aus dem Vollen.

1533 wurde die Priesterbruderschaft in Brixen gegründet, die seither in ungebrochener Tradition, wenn auch mit Unterbrechungen, bis auf den heutigen Tag besteht. Zwar steht dieser Zusammenschluss für ein Priesterbild, das sich im 18. Jahrhundert herausgebildet hat, das aber in der Priesterbruderschaft weiterlebte und weiterentwickelt wurde.

Erika Kustatscher entwickelt überzeugend den Gedanken, dass das Brixner *Foedus sacerdotale* weder nur ein Messbund noch eine reine Priesterbruderschaft oder ein Priesterverein gewesen ist, sondern durch seine besondere Vielgestaltigkeit in die ganze Diözese hineinwirkte. Hier stand bis zur Säkularisation die liturgische Praxis an erster Stelle. Grund für ihr bistumsweites Wirken im Bereich der Bildung, der Caritas und der Kunstförderung im 17. und 18. Jahrhundert war die Tatsache, dass ein beträchtliches Vermögen angehäuft worden war. So war die Bruderschaft eine Gemeinschaft von Lebenden, die aber den Verstorbenen im Gebet verbunden war. Ohnehin wirkte die Bruderschaft meistens im Verborgenen.

Ihre Überlebensfähigkeit auch nach der Säkularisation, die eine gesamtgesellschaftspolitische Krise war, verdankte die Bruderschaft der Tatsache, dass sie für ihre Priester Heimat geworden war und ihre Aktivitäten abwartend auf administrative Bereiche beschränkt hatte sowie sich gleichzeitig auf ihren seit jeher prägenden Gedanken der gegenseitigen Verbundenheit in Krankheit und Tod konzentrierte.

Ergänzt wird die Studie übrigens durch ein 2659 Mitglieder umfassendes biografisches Online-Register, wodurch der Anmerkungsapparat entlastet wurde. Auf Grundlage der Lebensdaten gelingt Kustatscher eine kollektiv-biografische Annäherung an die Bruderschaft, die freilich auch als sogenannte Gesinnungsgemeinschaft die Individualität ihrer Mitglieder stets respektiert hatte. Das wird insbesondere in jenem Kapitel deutlich, in dem Kustatscher zwar ausdrücklich von einer *Priesteraristokratie* spricht, die sich jedoch zwischen den Prinzipien der Brüderlichkeit und Askese bewegt, womit die Autorin ein neues, idealtypisches Priesterbild zeichnet.

Die landesgeschichtliche Studie verdient auch über die Brixner Region hinaus große Beachtung, weil die Quellen mustergültig ausgewertet worden sind und souverän in den Kontext der wechselvollen europäischen Kirchengeschichte seit den Tridentinischen Reformen bis auf den heutigen Tag eingebettet wurden.

Michael F. Feldkamp, Berlin

Katrin Keller, **Die Kaiserin. Reich, Ritual und Dynastie,** Böhlau, Wien/Köln/Weimar 2021. ISBN 978-3-205-21337-6, 429 S., zahlr. Farbabb.

Mit der vorliegenden Monografie stellt Katrin Keller die schon so lange überfällige Frage nach der Rolle der Kaiserin im Heiligen Römischen Reich in der Frühen Neuzeit. Keller konzentriert sich weniger auf die biographischen Hintergründe der Individuen als auf die Handlungsspielräume und -felder der Kaiserinnen im Rahmen dynastischer Herrschaft und auf ihr Agieren in Bezug auf das Reich als kaiserlichen Herrschaftsraum. Dabei nimmt sie auch den zeitgenössisch-juristischen Diskurs um die Stellung der Kaiserin in ihre Betrachtung mit auf sowie deren Position innerhalb des symbolischen und medialen Kommunikationsraums des Reichs.

Für ihre Ausführungen beschränkt sich Keller auf die Zeit zwischen der Mitte des 16. Jahrhunderts und 1745. Als Quellenbasis dienen ihr Korrespondenzen, Archivgut, das in Zusammenhang mit Krönungen von Kaiserinnen steht, wie etwa Zeremonialakten oder Protokolle, reichspublizistische Werke, Flugschriften und bildliche Darstellungen. Mittels vier umfangreicher Kapitel werden die unterschiedlichen Quellengattungen aufgearbeitet.

Grundlage der Analyse und der Auswertungen bilden die rechtlichen Rahmenbedingungen, die Keller im ersten Kapitel zusammenfassend und kontextualisierend darlegt. Dabei streicht sie das Spannungsfeld zwischen den Rechten und den geschlechtlich bedingten Einschränkungen von Kaiserinnen anschaulich heraus. Besonders die Einschränkungen erfahren innerhalb der zeitgenössischen Reichspublizistik eine zunehmende Ausdifferenzierung, wie Keller zeigt. So konnten Kaiserinnen zwar als Beraterinnen auftreten oder stellvertretend für ihre minderjährigen Söhne agieren, jedoch wurden diese Handlungsspielräume besonders im 17. und 18. Jahrhundert innerhalb der staatsrechtlichen Medien spürbar kritisiert.

Der zweite Abschnitt der Untersuchung stellt die Bedeutung und die Funktionen der Herrscherinnen über die Krönungszeremonien in den Mittelpunkt. Als Fallbeispiele dienen ihr dafür Anna von Tirol (1585–1618), Eleonora Gonzaga (1597–1655), Maria Anna von Spanien (1606–1646), Eleonora Gonzaga-Nevers (1628–1686), Eleonora Magdalena von Pfalz-Neuburg (1655–1720) und Maria Amalia von Österreich (1701–1756). Der Krönungsritus zeigt sich in seiner Ausführung vor dem Hintergrund der behandelten Quellen und der ausgewählten Zeitperiode als relativ stabil, jedoch wurden lange nicht alle Kaiserinnen der Zeit mit dieser Tradition gewürdigt. Warum dem so ist, geht aus den Quellen nicht eindeutig hervor. Was sich gleichwohl deutlich zeigt, ist die Funktion der reichsständischen und dynastischen Statusinszenierung. Die Ergebnisse der Gegenüberstellung eröffnen auf der einen Seite, dass die Krönung für die Kaiserinnenwürde eher unbedeutend war.

Auf der anderen Seite wird deutlich, dass die Rechte und der Rang einer Kaiserin als vom Kaiser abgeleitet betrachtet werden müssen.

Das dritte Kapitel befasst sich mit der inhaltlichen Inszenierung der Kaiserin in ganz unterschiedlichen Medien wie Drucken, Chroniken oder Portraits. Thematisiert werden dabei Ereignisse wie Hochzeiten, Geburten, Beisetzungen oder wiederum Krönungen. Auch in diesem Abschnitt zur medialen Präsenz zeigt sich die Rolle der Kaiserin besonders in ihrem Verhältnis zum Kaiser und in ihrer Bedeutung für die Dynastie.

Die politischen Handlungsfelder der Kaiserinnen bilden den Gegenstand des vierten und letzten Kapitels. Audienzen, Korrespondenzen und Fürbitten stehen dabei im Mittelpunkt und zeigen, dass Kaiserinnen am Hof politisch eingebunden waren und Einfluss auf den Kaiser ausgeübt haben.

Ein reiches Literatur- und Quellenverzeichnis schließt den Band ab und macht ihn für weitere Forschungen und Recherchen fruchtbar. Darüber hinaus wird Kellers Monografie begleitet von einem Forschungsportal, das verwendete Quellen aufzeigt und zur Verfügung stellt und folglich weiterführende Fragestellungen befeuert und neue Untersuchungen erleichtert. Damit schließt Keller nicht nur eine Forschungslücke zur Stellung der Kaiserinnen in der Frühen Neuzeit und belegt, dass diese im Gegensatz zu den Vorstellungen, die vorangehende Studien vermitteln, im Heiligen Römischen Reich durchaus nicht unwesentlich präsent waren, sondern sie liefert gleichsam auch das Handwerkszeug für folgende Betrachtungen.

Ruth Isser, Salzburg

Aurelia Benedikt, **Die Mirakelberichte des Gnadenortes Mariahilf in der St.-Jakobs-Kirche in Innsbruck (1662–1724). Analysen zu ihrer Bedeutung im Barockzeitalter** (Veröffentlichungen des Innsbrucker Stadtarchivs Neue Folge 72), Universitätsverlag Wagner, Innsbruck 2021. ISBN 978-3-7030-6565-1, 652 S., zahlr. Abb.

Sammlungen von Wunderberichten sind keineswegs ein Phänomen der Neuzeit. Unter anderem wurden auch im Mittelalter Kataloge angelegt, um die subjektiv erfahrbare Wundertätigkeit an bestimmten Orten zu erfassen und in weiterer Folge zu belegen. Auch im Rahmen von Kanonisationsverfahren wurden Wunderberichte in Form von Zeug:innenaussagen gesammelt und anschließend dem Papst in vereinheitlichter Form vorgelegt, um diesem eine Hilfestellung bei der Entscheidung über die „Heiligkeit" der zu kanonisierenden Person zu bieten. Während manche Wunderkataloge durchaus knappe Schilderungen enthalten, bieten die Aussagen von Zeuginnen und Zeugen in den Kanonisationsprotokollen bereits ausführlichere Einblicke in deren Lebenswelt. Mit der Blüte des regionalen Wallfahrtswesens im 17. und 18. Jahrhundert nahmen auch die verschriftlichten Wunderberichte zu, die in Mirakelbüchern zusammengefasst und teilweise in gedruckter Form publiziert wurden, um unter anderem die Reputation der Orte zu steigern.

So formalisiert diese Berichte auch teilweise sind – sie bieten zahlreiche Anknüpfungspunkte für Untersuchungen zur Frömmigkeitsgeschichte, aber auch für sozial-, kultur- und wirtschaftsgeschichtliche Analysen. Unter diesem Aspekt ist es besonders positiv hervorzuheben, dass sich Aurelia Benedikt in ihrer Publikation dieser vielschichtigen und nach wie vor noch unterschätzten Quellen annahm. Die Autorin fokussiert sich in ihren Untersuchungen auf die Mirakelberichte des Gnadenortes Mariahilf in der St.-Jakobs-Kirche in Innsbruck aus dem 17. und 18. Jahrhundert. Einleitend geht sie zunächst auf breiterer Ebene auf das Thema Wall- und Pilgerfahrten sowie auf die konkrete Aufzeichnungspraxis der Mirakelberichte ein, bevor sie sich der Geschichte der späteren Stadtpfarrkirche St. Jakob in Innsbruck sowie ihrer Entwicklung zum Wallfahrtsort widmet. Einen entscheidenden Beitrag dazu leistete der Jesuit Wilhelm von Gumppenberg. Dieser nutzte das Potenzial des 1650 in die Kirche St. Jakob übertragenen Gnadenbildes *Mariahilf* des Künstlers Lukas Cranach d. Ä., welches sich bereits vor der Übertragung in die Kirche großer Beliebtheit erfreute. Die Autorin zeichnet Gumppenbergs Lebensgeschichte nach und verdeutlicht anschaulich, wie sein Wirken zur Durchsetzung der Wallfahrtsidee in der St.-Jakobs-Kirche in Innsbruck führte. So veröffentlichte er nicht nur Gebetsanleitungen und forderte die Gläubigen 1662 dazu auf, die Gebetserhörungen, die sie durch das Gnadenbild erfahren hätten, schriftlich festzuhalten, sondern verlieh dem Gnadenort durch die Aufnahme in sein Werk *Atlas Marianus* überregionale Bekanntheit.

Der Hauptteil der Studie von Aurelia Benedikt widmet sich dem handschriftlichen und gedruckten Quellenmaterial aus dem Archiv der ehemaligen Stadtpfarrkirche sowie dessen Auswertung. Insgesamt sind heute noch 30 handschriftliche Bände vorhanden, die ursprünglich jeweils in Centurien abgefasst worden waren. Aufgrund einer Druckausgabe aus dem Jahr 1723 ist bekannt, dass es noch zwölf weitere handschriftliche Bände gab (vermutet werden insgesamt sogar 44 Bände), deren Inhalte jedoch nur noch auszugsweise – aufgrund ebenjener Druckausgabe – zugänglich sind. Aus diesem Quellenmaterial wählte Aurelia Benedikt 330 handschriftliche und 70 gedruckte Mirakelberichte für ihre Edition aus, um zumindest annähernd einen Querschnitt für den ursprünglichen Gesamtbestand der Mirakelberichte zu bieten. Neben einer sehr hilfreichen quellenkundlichen Beschreibung der handschriftlichen Bücher, welche die von den Betroffenen selbst, in vielen Fällen vermutlich mit Unterstützung von Klerikern, abgefassten Bekennschreiben/Mirakelberichte enthalten, vermitteln auch zahlreiche Bilder einen Eindruck des Quellenmaterials.

In ihrer qualitativen und quantitativen Analyse der Mirakelberichte lässt sich die Autorin von zielgerichteten Fragen leiten, um Einsichten in politische, religiöse, soziale und kulturelle Verhältnisse zu erlangen. So ist Aurelia Benedikt nicht nur am Ablauf der individuellen lokalen Wallfahrts- und Frömmigkeitspraxis interessiert, sondern auch an den sozialen Verhältnissen der Votant:innen oder den Themen ihrer Anliegen. Neben dem Einblick in die Alltagsbeschwerden dieser Personen aus dem Barockzeitalter bieten die Wunderberichte aber auch besondere Eindrücke von politischen Ereignissen und Naturkatastrophen dieser Zeit, wie etwa vom Krieg gegen die Türken und die Franzosen unter Feldherr Karl V. Leopold von Lothringen oder von den Erdbeben in Innsbruck in den Jahren 1670 und 1689.

Trotz mancher Längen und einem fehlenden Personen- und Ortsregister, welches die gezielte Benutzung dieser Studie unter anderem für prosopographische Interessen sehr erleichtern würde, ist das Buch von Aurelia Benedikt ein überaus wichtiger Beitrag zur lokalen Frömmigkeitsgeschichte des Barockzeitalters. Die Studie stellt nicht nur 400 Mirakelberichte als Edition und in Form von Kurzregesten zur Verfügung, sondern bietet zahlreiche Anknüpfungspunkte für vergleichende Studien zu anderen Wallfahrtsorten und Mirakelsammlungen.

Julia Anna Schön, Wien

Georg Neuhauser, Tobias Pamer, Andreas Maier, Armin Torggler, **Bergbau in Tirol. Von der Urgeschichte bis in die Gegenwart. Die Bergreviere in Nord- und Osttirol, Südtirol sowie im Trentino,** Tyrolia Verlag, Innsbruck/Wien 2022. ISBN 978-3-7022-4069-1, 480 S., 333 Farb- und 35 Schwarzweißabb., 11 Karten und 13 Grafiken.

Der Bergbau war mit Abstand der wichtigste Wirtschaftszweig der Grafschaft Tirol im späten Mittelalter und in der Frühen Neuzeit. Es lässt sich sogar konstatieren: „Der Raum der heutigen Europaregion Tirol-Südtirol-Trentino bildete schon früh eine bedeutende Montanregion und entwickelte sich ab dem späten Mittelalter über Jahrhunderte hinweg zu einem der bedeutendsten Bergbauzentren des europäischen Kontinents" (S. 387). Dementsprechend gab es in der Tiroler Geschichtswissenschaft schon immer ein stetes Interesse an der Erforschung des Bergbaus. Vor allem in den letzten beiden Jahrzehnten konnten zahlreiche Wissenschaftler:innen der Universität Innsbruck in Kooperation mit nationalen und internationalen Partnerinstitutionen neue Erkenntnisse zum breiten Gebiet der Montanwirtschaft beitragen. Das Forschungszentrum HiMAT (*History of Mining Activities in Tyrol and adjacent areas – impact on environment and human societies*), das 2007 an der Universität Innsbruck eingerichtet wurde und das aus einem vom FWF geförderten Spezialforschungsbereich (SFB) hervorgegangen ist, bereicherte und bereichert nach wie vor durch interdisziplinäre Forschungen unser Wissen über die Auswirkungen des Bergbaus auf die Kulturen und die Umwelt im Alpenraum vom Neolithikum bis in die Neuzeit ungemein.

Georg Neuhauser, Senior Scientist am Institut für Geschichtswissenschaften und Europäische Ethnologie sowie Lehrbeauftragter am Institut für Archäologien der Universität Innsbruck, Tobias Pamer, Lehrbeauftragter und wissenschaftlicher Projektmitarbeiter, Andreas Maier, wissenschaftlicher Projektmitarbeiter ebenda, und Armin Torggler, Vizedirektor im Südtiroler Landesmuseum Bergbau, legen aufbauend auf den Ergebnissen des fruchtbaren Forschungsprogramms an der Universität Innsbruck, aber auch anhand eigener umfassender, sehr quellennaher Forschungen das erste Überblickswerk zum Bergbau seit über hundert Jahren vor. Der Bogen spannt sich dabei von der Ur- und Frühgeschichte bis zur Gegenwart, vom Silex bis zur in Brixlegg beheimateten Montanwerke AG, die auf eine lange historische Tradition zurückblicken kann.

Bereits vor tausenden von Jahren wurde auf dem Gebiet des heutigen Bundeslandes Tirol und der Provinzen Südtirol und Trentino Bergbau betrieben. Wenngleich die ur- und frühgeschichtliche Gewinnung der Bergrohstoffe, die Abbau- und Aufbereitungsmethoden sowie Schmelzprozesse im Kapitel I thematisiert werden, widmen die Autoren den größten Teil ihres Buches freilich dem spätmittelalterlichen und neuzeitlichen Bergbau nördlich und südlich des Alpenhauptkamms. So geht das Kapitel II auf die größten Reviere im nördlichen Tirol wie Schwaz (bekannt ist das Diktum *Haupt unnd Mueter aller anndern Perkwerch*), Rattenberg, Kitzbühel, Brixental, Zillertal, Hall, Stubaital und Hötting, Oberinntal und das Außerfern ein. Das Kapitel III hat die Bergreviere südlich des Alpenhauptkamms, Gossensaß-Sterzing, Klausen, Taufers, Windisch-Matrei, Nals-Terlan, Persen/Pergine, den Nons- und Sulzberg und Primör/Primiero, zum Gegenstand. Freilich waren die drei großen Metalle bzw. Mineralstoffe des Tiroler Bergbaus das Silber, das Kupfer (das auch für militärische Zwecke wie den Geschützbau wichtig war) und das Salz. Durch diesen Band wird jedoch klar, dass wesentlich mehr Erze in Tirol bzw. in der heutigen Europaregion Tirol – Südtirol – Trentino abgebaut wurden und werden als nur diese drei wertvollen Rohstoffe.

Die Autoren beschreiben nicht nur den Bergbau an sich, sondern gehen auch auf dessen politische Implikationen und sozioökonomische Auswirkungen ein. Genannt seien hier nur die Verpfändungen des Tiroler Silbers an die großen süddeutschen Handelsgesellschaften wie die Fugger zur Stützung der imperialen Politik Maximilians I. und Karls V. oder das Anwachsen der Einwohnerzahl des Ortes Schwaz, der durch den Bergbau zu einer der größten Kommunen im habsburgischen Herrschaftsbereich wurde. Die landespolitisch einflussreichen Gewerkenfamilien kommen genauso zur Sprache wie die Knappen, die Arbeiter unter Tag, die europaweit begehrte Spezialisten waren. Dass die Geschichte des Bergbaus weit mehr ist als Technikgeschichte, zeigt das Kapitel IV, in dem die Ressource Holz (mit den Waldordnungen Maximilians und Ferdinands), die Auswirkungen auf die Umwelt, die Lebens- und Betriebsmittelversorgung, der konfessionelle Aspekt (der Einfluss des Luthertums auf die Reviere, das Auftauchen der Täufer), die medizinische Versorgung und die Migration durch den Bergbau zur Sprache kommen. Im Anhang findet sich eine Liste der Bergrichter des historischen Tirols, für das Verständnis der Ausführungen wichtige Längen, Gewichte, Geldeinheiten und sonstige Maße sowie auch ein aufschlussreiches Glossar.

Mit dem gewichtigen Band *Bergbau in Tirol* von Georg Neuhauser, Tobias Pamer, Andreas Maier und Armin Torggler liegt nun eine gut lesbare, allgemein verständliche und den neuesten Stand der Forschung abbildende Überblicksdarstellung zu diesem prägenden Wirtschaftszweig für unsere Region vor, die der Tyrolia Verlag dankenswerterweise mit großartigen Fotos sowie aussagekräftigen Karten und Grafiken ausgestattet hat.

Robert Rebitsch, Innsbruck

krank – heil – gesund. Medizingeschichte(n) aus dem Montafon, hg. von Marina Hilber / Michael Kasper, Universitätsverlag Wagner, Innsbruck 2022. ISBN 978-3-7030-6582-8, 394 S., zahlr. Abb.

Der vorliegende Sonderband zur Montafoner Schriftenreihe wurde laut dem Vorwort Marina Hilbers und Michael Kaspers motiviert durch die Ereignisse der Covid 19-Pandemie, die auch das tägliche Leben im Montafon veränderten. Er beinhaltet 28 regionalhistorische Beiträge, die wie unter einer Lupe den traditionellen wie auch den von überregionalen Entwicklungen beeinflussten Umgang der Talschaft mit Geburt, Krankheit und Tod betrachten.

Traditionelle Heilkunde und Frömmigkeit sind eng verwoben, wie die ersten sieben Beiträge illustrieren, die den Zeitraum vom 17. bis zum 20. Jahrhundert abdecken. Während ANDREAS RUDIGIER mit den Montafoner Kirchen und Kapellen und ihrer Bilderwelt der Seuchenheiligen und Nothelfer die Orte gläubigen Umgangs mit gesundheitlichen Krisen in den Blick nimmt, werden in den folgenden drei Beiträgen auch die Pfarrer als Akteure sichtbar: sei es als Hexenseher und Heiler von Schadenszauber wie im Falle des Pfarrers Luzius Hauser im 17. Jahrhundert (MANFRED TSCHAIKNER), als Autoritätsperson eines durchaus auch lukrativen Wallfahrtsortes wie Schruns, wohin totgeborene Kinder in der Hoffnung auf kurzzeitige Wiederbelebung und damit Taufbarkeit gebracht wurden (FLORIAN AMBACH / MANUEL SCHMIDINGER) oder Sammler von Wunderberichten wie dem exemplarisch vorgestellten Tschaggunser Mirakelbuch (DIETMAR RIEDL / SIBYLLE WOLF).

Gerade die beiden letztgenannten Beiträge machen deutlich, wie unterschätzt die hier ausgewerteten Quellengattungen für die medizinhistorische Forschung noch sind, zeigen sie doch die allgegenwärtige Verschränkung volksfrommer Praktiken mit denen von Ärzten, Barbieren und Hebammen. Drei weitere Beiträge bedienen sich der Methode der *oral history*, um traditionelle Konzepte im Umgang mit Geburt, Krankheit und Tod im ländlichen Raum darzustellen: Interviews mit alten Hebammen (ALFONS DÜR) und Zeitzeugen, unter anderem aus dem Bestattungswesen (PATRIZIA BARTHOLD), geben Einblick in eine im Laufe des 20. Jahrhunderts mehr und mehr verschwindende Welt traditioneller Riten; die Befragung aktiv tätiger *Experten* zeigt, welch wichtigen Teil kultureller Identität traditionelle Heilmethoden auch heute noch darstellen, während sie gleichzeitig friktionsfrei mit Elementen fernöstlicher Religionen oder esoterischer Weltbilder angereichert werden können (LUKAS DRAXLER).

Als thematischer Unterabschnitt des Bandes folgt nun der Blick auf die Geschichte einzelner Infektionskrankheiten im Montafon. Chronologisch aufsteigend geht es zuerst um die Pest im 16. und 17. Jahrhundert sowie deren teilweise noch heute in Kirchen und Kapellen, Friedhöfen und Sagen nachweisbare Spuren (Michael KASPER), dann um den Beginn des Impfens als staatliche Maßnahme im ersten Jahrzehnt des 19. Jahrhunderts und die mit der Umsetzung verbundenen Hindernisse (MARCUS DIETRICH / MAXIMILIAN GRÖBER). Besonders eindrücklich wirkt die Darstellung des Syphilisgeschehens in der ersten Hälfte des 19. Jahrhunderts, die exemplarisch für die Geschichte schambehafteter Krankheiten das Wechselspiel medizinischer Kontrolle mit ihren tiefen Eingriffen in das Leben der Betroffenen und der von deren Seite gegenläufigen Versuche einer Vermeidung von Isolation und Stigmatisierung verdeutlicht (MARINA HILBER). Ein Blick auf den Zeitraum von Herbst 1918 bis Sommer 1919 zeigt, wie viele Todesopfer (auch in dieser Region größtenteils Erwachsene) die Spanische Grippe von den ansässigen Familien forderte (MICHAEL KASPER). Der Abschnitt schließt mit einem Essay, der die Ereignisse während der Corona-Epidemie im Montafon zusammenfasst und seinerseits zu einer Quelle zukünftiger Beschäftigung mit der Epidemiengeschichte werden dürfte (SOPHIE RÖDER).

Einen dritten Schwerpunkt bildet die Darstellung verschiedener Heilberufe im Zeitraum vom 18. bis ins 20. Jahrhundert. Die Wundarzttätigkeit, die bis ins 20. Jahrhundert hinein einen wesentlichen Faktor der ländlichen Gesundheitsversorgung bildete, wird vorgestellt zum einen am Beispiel des *Medicinale*, der handschriftlichen *Hauß Appottec* des Chirurgen Johann Friedrich Vollmar, die im Stil frühneuzeitlicher Rezeptbücher erprobte Medikamente zusammenstellt. Die Feststellung der Autorinnen (Marina Blum / Lisa-Marie Gabriel), dass die in der Quelle ermittelten Arzneigruppen schwer mit der Wundarzttätigkeit in Verbindung zu bringen sind, soll an dieser Stelle um den Hinweis ergänzt sein, dass es sich bei dem Manuskript auch um das Familienrezeptbuch Vollmars selbst gehandelt haben kann, wie es hinreichend gebildete Hausväter und -mütter oft für den privaten Gebrauch zusammenschrieben; solche Manuskripte wurden auch vererbt bzw. weitergegeben (siehe die enthaltene zweite Hand). Zum anderen sind die Wundärzte vertreten durch die prominente Familie Barbisch, deren Tätigkeit als Impfärzte, Totenbeschauer, Geburtshelfer, einfache Chirurgen und Dispensatoren einfacher Medikation die Breite, aber auch die zunehmende Reglementierung wundärztlicher Tätigkeit im 19. Jahrhundert illustriert (Verena Hechenblaikner / Roland Ernst Laimer). Die ganze Vielfalt des medikalen Marktes bilden die Porträts des akademischen Lehrers Arnold Durig (Andreas Brugger) sowie die auf der Auswertung der (familieneigenen) Nachlässe beruhenden Lebensbilder des Praxisarztes Hermann Sander (Andreas Brugger), der ersten Zahnärztin im Montafon Annie Ausserer (Anna von Bülow) sowie der Gemeindehebamme Klaudia Zugg ab, deren Hebammentagebücher zudem wertvolle Einblicke in die Geburtenentwicklung ihrer Dienstjahre zulassen (Sabrina Schober / Philipp Wanger). Das Bild wird abgerundet durch kurze Darstellungen zur Ärzteschaft im Montafon, die ab der Mitte des 18. Jahrhunderts stetig Zuwachs erfuhr (Michael Kasper / Hans Netzer).

Abschließend werden einzelne Orte und Persönlichkeiten der Gesundheitsversorgung in den Blick genommen: Neben den Heilbädern Silbertal und Tschagguns (Michael Kasper / Hans Netzer) wird auch der Wandel des Josefsheims in Schruns – in einem knappen Jahrhundert vom Pflegeheim zum Spitalbetrieb, wieder zurück zum Pflegeheim und dann Hostel – beschrieben (Sophie Röder), wobei die Geburtshilfestation eine eigene vertiefende Darstellung erfährt (Daniela Reis). Hier wird, wie schon bei den traditionellen Heilmethoden (siehe oben), die identitätsstiftende Verortung des eigenen Lebens in der Region und ihren Versorgungsstrukturen deutlich. Die Geschichte des Armenhauses Bartholomäberg stellt sich insofern eng verbunden mit der NS-Euthanasie dar, als von dort Bewohner:innen zur Ermordung nach Valduna gebracht wurden; es steht aber auch für den Widerstand der konfessionellen Pflege gegen diese Praktiken (Michael Kasper). Von Persönlichkeiten besonders geprägt sind schließlich der Höhenluftkurort Gargellen durch den Kapuzinerpater Beda (Helmut Tiefenthaler), die Kuranstalt Montafon durch den Internisten Edwin Albrich (Lisa Hessenberger) sowie die Organisation des Krankenpflegevereins Außermontafon durch Eleonore Schönborn, die der Autorin des betreffenden Artikels 102-jährig (!) noch für ein Interview zur Verfügung stand (Barbara Tschugmell).

Der auch unter Mitarbeit von Studierenden der Universität Innsbruck gestaltete Band verdeutlicht die Vielseitigkeit der Auffassungen von und des Umgangs mit gesundheitlichen Themen allein schon in einem begrenzten geographischen Raum wie dem Montafon. Leider wird an verschiedenen Stellen der alte Fehler weitertransportiert, die Humoralpathologie der (Frühen) Neuzeit basiere auf der antiken Vorstellung eines Säfteungleichgewichts als Krankheitsursache (ab dem 16. Jahrhundert wird hierfür vielmehr die Erkrankung eines bestimmten Safts, meist des Blutes, gesehen, wie z. B. das Quellenzitat vom „verkälteten Blut" auf S. 165 zeigt). Insgesamt jedoch stellt der Band gerade durch den Blick auch auf die nicht-ärztlichen Heilberufe und die regional-traditionellen Riten und Praktiken einen großen Gewinn dar. Eine schöne Idee ist es, im Band dargestellte Themen abschließend durch eine kleine Bildergalerie des materiellen Erbes der Gesundheitsversorgung im Montafon zu illustrieren (Elisabeth Walch).

Sabine Schlegelmilch, Würzburg

Rainer Hochhold, **Geschichte des Pinzgaus. Eigenständig. Eigentümlich. Eigenwillig,** Verlag Anton Pustet, Salzburg 2023. ISBN 978-3-7025-1077-0, 261 S., Abb. und Karten.

Seit Kanonikus Josef Lahnsteiner (1882–1971) seine umfassende und verdienstvolle historische Gesamtdarstellung des Pinzgaus (erschienen in drei Teilen zwischen 1956 und 1962) veröffentlichte, sind mehr als fünfzig Jahre vergangen. Vor genau hundert Jahren, 1923, war es hingegen Ernst von Pachmann (1877–1924), Bezirkshauptmann und Heimatkundler, ein Anliegen, in seiner historischen Wanderung vom Zeller See nach Krimml den „wahren Bedürfnissen der Bevölkerung" nach einer Geschichte des Pinzgaus im Überblick nachzukommen. Diese Geschichte ist also schon geschrieben, könnte man meinen. Aber so einfach ist das freilich nicht, zumal – und das hat sich der Autor des hier zur Besprechung vorliegenden Bandes zur Aufgabe gemacht – es gilt, Neues zu präsentieren, Altes zu hinterfragen sowie andere Perspektiven einzunehmen und damit auch andere Zugänge an das Vergangene zu versuchen. In dreizehn Kapiteln, einer Würdigung der Literatur sowie Überlegungen zur Namensgebung des Pinzgaus, einem Exkurs und einem wissenschaftlichen Anhang versucht Rainer Hochhold eine aktuelle Zusammenschau der Geschichte des heimatlichen Bezirks. Das Buch ist reich mit Abbildungen und Karten illustriert, gefällig im Stil und darüber hinaus gewissenhaft recherchiert.

Die Geschichte eines Raumes in seiner ganzen Breite in den Griff zu kriegen, ist kein leichtes Unterfangen und bereitet viele methodische wie praktische Probleme. Darum weiß freilich auch Hochhold. Der Autor stützt sich daher nicht nur auf solide neuere Forschungsergebnisse und verweist etwa auf die grundlegenden Studien von Heinz Dopsch (1942–2014), sondern er denkt diese in manchen Bereichen in eigener Quellenarbeit weiter und eröffnet daraus zum Teil neue Erkenntnisse. Durchgehend eigen ist dem Autor seine kritische Herangehensweise an bisherige Gewissheiten wie blinde Flecken älterer Darstellungen. Das betrifft (ausgehend von den Arbeiten Fritz Kollers) beispielsweise das Zurechtrücken einer schon traditionellen Stilisierung Matthias Stöckls, der sich als „erfundener" Bauernführer der untertänigen Erhebungen des 16. Jahrhunderts herausstellt (S. 145), die nicht selten stark wertenden Aussagen des Pfarrers Lahnsteiner zum Schicksal der Salzburger Protestanten im 18. Jahrhundert oder die regelrechte „Schönfärberei" bei Josef Dürlinger (1805–1867) zugunsten der katholischen Kirche (S. 185). Das Verdienst Hochholds liegt, was diesen Teil des Buches betrifft, zweifelsohne in der Zusammenschau aktueller Forschungserkenntnisse und in seiner Aufbereitung für ein breiteres Publikum.

Zugleich bietet der Autor *wirklich* Neues, das zu einem entscheidenden Teil auf eigenen Forschungen beruht. Letzteres verdichtet er in zwei größeren Abschnitten der Monographie, die besonders hervorzuheben sind: einerseits die Frage, „wie der Pinzgau wirklich zu Salzburg kam" (Kapitel 8), die man wohl als die zentrale Erkenntnis dieser heimatkundlich durchaus bemerkenswerten Arbeit bezeichnen kann. Andererseits sind es die kritischen Überlegungen zur von vielen liebgewonnenen Meistererzählung über den vermeintlichen Freiheitshelden Anton Wallner, die erfrischend neue Perspektiven auf die Auswirkungen der Napoleonischen Kriege im Salzburgischen vermitteln.

Hochhold bewertet, ausgehend von Heinz Dopsch, die Frage um den Erwerb des Pinzgaus durch die Salzburger Erzbischöfe im Verlauf des 13. Jahrhunderts neu. Ihm ist es wichtig, die Geschichte dieses inneralpinen Raumes nicht isoliert, sondern vor dem größeren Kontext des Heiligen Römischen Reiches zu verstehen und zu analysieren. So kommt der Autor zum Schluss, dass Bayern 1228 (im Jahr des Tauschvertrages zwischen den bayerischen Herzögen und dem Erzstift, das bislang als Markstein für den Übergang des Pinzgaus galt) de facto bereits keine realen Herrschaftsrechte mehr in diesem Raum ausübte, wohl aber damit – aus bayerischer Perspektive – vermutlich zumindest *historische* Ansprüche erinnert haben wollte. Im Zuge des zeitlich vorangegangenen Investiturstreits dürften hingegen schon wesentliche Teile des Pinzgaus als Lehen an die Grafen von Lechsgemünd gefallen sein, mit dem Auftrag, die Übergänge (Pass-Thurn, Felbertauern, Gerlos und Krimmler Tauern) im Sinne des Reiches zu sichern. Die Übertragung der Pinzgauer Herrschaftsrechte auf den Salzburger Erzbischof war demnach, folgt man Dopsch und der Analyse Hochholds (S. 107), vielmehr das Ergebnis eines langwierigen Prozesses und Rechtsstreits rund um den Herrschaftsbereich der Lechsgemünd sowie der ihnen übertragenen Lehen.

Für die heutige Öffentlichkeit brisanter als mittelalterliche Lehens- und Rechtsfragen dürfte die Perspektive auf den vermeintlichen *Freiheitshelden* Anton Wallner sein, der – so Hochhold – letzten Endes „weder für die Freiheit des Pinzgaus noch für die Erhaltung der Einheit von Salzburg" gekämpft habe (S. 206). Die in vielen Darstellungen kolportierte Vita Wallners beruhe hingegen weitgehend auf dessen eigenen Schilderungen und den Aufzeichnungen seiner Tochter. Kritische oder bereits zeitgenössisch relativierende Anmerkungen zu den Taten Wallners, wie sie etwa sein Adjutant Josef Thalmayr festgehalten hatte (S. 207), führten bis dato indes zu keiner nachhaltigen Korrektur des tradierten Bildes.

Dass der „Anspruch auf neue Einblicke" mitunter tatsächlich einer „Gratwanderung" (S. 9) gleichkommt, zeigt sich in der Gewichtung der Chronologie als Leitfaden, die Hochhold für die Gliederung seiner Arbeit gewählt hat. Darin lässt sich nicht immer ein konsistentes Vorgehen erkennen. Die thematische Schwerpunktsetzung ist letztlich wohl weitgehender den Interessen des Autors denn einem systematischen Vorgehen geschuldet. Für Fragen sozialer wie gesellschaftlicher Entwicklung, den Ersten Weltkrieg und seine Folgen oder auch einen etwas genaueren Blick auf die Zeit der Ersten Republik und jene des Ständestaates im Pinzgau bleibt nur wenig Raum. Gleiches gilt für die nicht zu unterschätzende Bedeutung des neuzeitlichen Bergbaus auch und gerade im Pinzgau. Trotz aller Sorgfalt fand manch erwähnenswerte Literatur keine Berücksichtigung im ansonsten umfangreichen Verzeichnis (z. B. die 1993 erschienene Ortschronik von Hans Hönigschmid zur Geschichte Brambergs am Wildkogel, die sich unter anderem mit dem Bergbau auseinandersetzt und die lediglich indirekt über Koller erwähnt wird, oder in gleicher Weise die Salzburg betreffenden Arbeiten von Ernst Hanisch). Dass Hochhold den Frauen (des Pinzgaus) just das Schlusskapitel widmet und diese Leerstelle in vielen anderen Darstellungen dadurch besonders herausstreicht, ist ihm hingegen hoch anzurechnen, wenngleich es aus Sicht des Rezensenten besser gewesen wäre, auf das doch unnötig begrenzende und in gleicher Weise stereotype Adjektiv *starke* in der Kapitelüberschrift zu verzichten.

Aufpassen wie ein Haftelmacher, das sollte man als Rezensent ebenso wie als Autor, gerade bei historischen Abbildungen. Letztere sind nicht selten ungenau beschriftet oder verleiten zu Annahmen, die gerade ins Bild passen, aber eben falsch sind. Dass es dabei just das Titelbild dieses Bandes trifft, ist bedauerlich. Dieses zeigt, entgegen den Ausführungen des Autors (S. 7), eben nicht das Tauernhaus in Ferleiten, sondern den bis heute zum Prämonstratenserstift Wilten gehörigen Alpengasthof Lüsens im Sellrain bzw. den Lüsener Ferner um 1788 anlässlich des Besuches der Gattin des damaligen Tiroler Landesgouverneurs Wenzel Graf von Sauer. Ein Vergleich mit älteren Aufnahmen wie Postkarten von Ferleiten ließe zwar eine oberflächliche Verwechslung zu, aber eben nur auf den ersten Blick. Der Ortskundige müsste das erkennen, so verdankt der Rezensent diesen Hinweis denn auch Professor Gernot Patzelt und Privatdozent Georg Jäger.

Insgesamt legt Hochhold hier aber eine durchaus eigenständige, eigentümliche und manchmal eigenwillige Geschichte des Pinzgaus vor, die überaus lesbar, anregend und fundiert ist und der es zu wünschen wäre, eine breite Leserschaft auch über den Pinzgau hinaus zu finden!

Kurt Scharr, Innsbruck

Klubprotokolle der Christlichsozialen und Großdeutschen 1918/19, hg. von Lothar Höbelt / Johannes Kalwoda / Johannes Schönner (Schriftenreihe des Forschungsinstituts für politisch-historische Studien der Dr. Wilfried-Haslauer-Bibliothek 80), Vandenhoeck & Ruprecht Verlage, Wien 2022. ISBN 978-3-205-21320-8, 1016 S., 2 Schwarzweißabb.

Die von Lothar Höbelt, Johannes Kalwoda und Johannes Schönner herausgegebene Edition *Klubprotokolle der Christlichsozialen und Großdeutschen 1918/19* ist ein Mammutwerk, das erstmals die Protokolle der christlichsozialen und großdeutschen Parlamentsklubs aus den Jahren des Übergangs von der österreichisch-ungarischen Monarchie zur Ersten Republik am Ende des Ersten Weltkriegs in ihrer Gesamtheit darstellt. Da der sozialdemokratische Klub im behandelten Zeitabschnitt lediglich Beschlussprotokolle anfertigen ließ, wurde er für diese Publikation bedauerlicherweise nicht berücksichtigt.

Lothar Höbelt liefert einleitend einen kursorischen Überblick über die Verhältnisse der Umbruchzeit 1918/19. Die sich den beiden bürgerlichen Lagern stellenden organisatorischen Herausforderungen waren groß. Die letzte Reichsratswahl hatte 1911 stattgefunden und zahlreiche Abgeordnete waren mittlerweile verstorben oder im Krieg gefallen. Höbelt beschreibt anschaulich das Widerstreben, mit dem beide Parteien die Republik begrüßten, obwohl sie mit wenigen Ausnahmen die Monarchie als gescheitert betrachteten. In gewohnt präziser Art und Weise schildert Höbelt, wie äußere Entwicklungen – etwa die kurzlebigen Räterepubliken in Bayern und Ungarn – die Haltung von Großdeutschen und Christlichsozialen zur heimischen Sozialdemokratie beeinflussten, wie die Angst vor einer fortschreitenden Radikalisierung der österreichischen Arbeiterbewegung, der Volkswehr oder der Arbeiter-, Bauern- und Soldatenräte die Bürgerlichen zu Zugeständnissen nötigte – durchaus mit der Absicht, die getroffenen Kompromisse bei nächster Gelegenheit wieder rückgängig zu machen.

Die erstmals vollständig publizierten Protokolle der großdeutschen und christlichsozialen Parlamentsklubs ermöglichen einen tiefen Einblick in die politische und gesellschaftliche Situation jener ereignisreichen Epoche. Sie erlauben, die Lösungsansätze der beiden bürgerlichen Lager für die drängendsten bzw. als am drängendsten empfundenen Problemstellungen nachzuvollziehen: die Verfasstheit der im Entstehen befindlichen Republik, der vielfach geäußerte Wunsch nach Anschluss an die Deutsche Republik, die Ernährungs- und Sozialisierungsfrage, die Möglichkeit der von den Bürgerlichen so gefürchteten bolschewistischen Revolution. Mithilfe umfassender Zusatzinformationen lassen sich die Diskussionen in den beiden Klubs in die größeren Zusammenhänge einordnen.

Die *Klubprotokolle der Christlichsozialen und Großdeutschen 1918/19* gewähren darüber hinaus tiefe Einblicke in die durchaus heterogene Zusammensetzung der beiden bürgerlichen Parteien – auch wenn vor allem bei den Großdeutschen bis 1920 noch nicht von einer Partei im eigentlichen Sinne die Rede sein kann. Sich andeutende inhaltliche und strategische Gegensätze zwischen den mehrheitlich aus dem städtischen Milieu stammenden Großdeutschen und deren agrarischem Flügel um Leopold Stocker, der sich 1922 als Landbund von der GDVP abspalten sollte, werden ebenso sichtbar wie die Meinungsverschiedenheiten der Christlichsozialen aus der ehemaligen Lueger-Hochburg Wien mit den immer selbstbewusster auftretenden Vertretern der Provinz.

Die schiere Menge an Informationen und vor allem der Stil der Protokolle machen die Edition erwartbar schwer zugänglich. Die Lektüre ist mühsam. Aufgrund der vorliegenden Menge an Material war dies aber wohl kaum zu verhindern. Die Edition *Klubprotokolle der Christlichsozialen und Großdeutschen 1918/19* ist ohne Zweifel ein absolutes Muss für jeden Forschenden, der sich mit der österreichischen Zeitgeschichte der ersten Hälfte des 20. Jahrhunderts beschäftigt: ein Nachschlagewerk ersten Ranges.

Severin Holzknecht, Schwarzach (Vorarlberg)

Isabelle Brandauer, **Die Tiroler Ehrenbücher 1914–1956. Ein Monumentalwerk und seine wechselvolle Geschichte** (Veröffentlichungen des Innsbrucker Stadtarchivs, Neue Folge 73), Universitätsverlag Wagner, Innsbruck 2022. ISBN 978-3-7030-6572-9, 203 S., zahlr. Farbabb.

Die Tiroler Historikerin Isabelle Brandauer arbeitet in ihrer 2022 erschienenen Monografie die (Entstehungs-)Geschichte der *Tiroler Ehrenbücher* detailreich auf. Bei diesen Büchern handelt es sich im Kern um eine Tiroler Besonderheit, nämlich eine unter Federführung Karl Böhms (1878–1962) entstandene Sammelarbeit, die rund

24.000 Tiroler Tote des Ersten Weltkriegs erfasste. Dazu sei vorab festgehalten, dass in Brandauers Arbeit die Unterscheidung zwischen dem Tiroler *Ehrenbuch* bzw. den *Ehrenbüchern* unklar bleibt. So wird in Bezug auf das *Ehrenbuch* des Ersten Weltkriegs zwar vor allem der Singular verwendet (wenn dieses auch aus zahlreichen Bänden bestand), gleichzeitig wird aber etwa die im Werk ebenfalls behandelte Sammlung der Todesopfer der NS-Zeit bzw. des Zweiten Weltkriegs als *Gedenkbuch* tituliert, während im Titel des Buchs von *Ehrenbüchern* die Rede ist. Um diese Verwirrung hier nicht fortzuführen, wird in der Folge analog zum Buchtitel die Pluralform gewählt.

Wie bereits die im Untertitel getroffene Formulierung *Monumentalwerk* andeutet, schimmert eine gewisse Bewunderung für Böhm und sein Werk quer durch das Buch immer wieder durch. Nachvollziehbarerweise wendet sich die Autorin zunächst auch im Detail der Biografie des Historikers und Archivars Böhm zu, dessen Lebenswerk die Arbeit an diesem Projekt bildete. 1939 endete Böhms Karriere als langjähriger Direktor des Tiroler Landesarchivs. Mit Blick auf die 1938 in Österreich begonnene NS-Herrschaft weckt solch ein biographischer Bruch durchaus Forschungsinteresse und auch Brandauer setzt sich mit den näheren Umständen dieser Entwicklung auseinander, folgt in ihrer Analyse allerdings vor allem Böhms Nachkriegsargumentation, dass er während der NS-Zeit unfreiwillig in den Ruhestand versetzt worden sei. Die detailreich zitierten zeitgenössischen Quellen deuten hingegen eher auf eine alters- und krankheitsbedingte Pensionierung hin, werden aber Böhms Eigendarstellung nicht kritisch gegenübergestellt. Leider geht die Autorin dann auch nicht näher auf Böhms weiteres Verhalten während der NS-Zeit bzw. seine Positionierung zum NS-Regime ein und auch sein Verhältnis zum Austrofaschismus (er war wohl zumindest Mitglied der Vaterländischen Front) bleibt eine Leerstelle.

Nach Einführung in die Lebensgeschichte des zentralen Initiators der *Ehrenbücher* und einem kurzen Exkurs in die Geschichte des Tiroler Landesarchivs wendet sich Brandauer im Detail der Entstehungsgeschichte dieses groß angelegten Erinnerungsprojekts zu. Sie zeichnet dabei Böhms jahrzehntelange Bemühungen um eine möglichst lückenlose Erfassung „aller Tiroler Kriegstoten" des Ersten Weltkriegs inklusive persönlicher Bildnisse und kurzer Lebensbeschreibungen nach. Bemerkenswert ist nicht nur an dieser Stelle Brandauers intensive Quellenarbeit, die es ihr erlaubt, den Entstehungsprozess der *Ehrenbücher* und die damit verbundene Sammlungstätigkeit (unter anderem auch mit statistischen Auswertungen) detailliert nachzuzeichnen, wobei auch einige ausgiebig diskutierte Details der besseren Lesbarkeit willen ausgespart hätten werden können. Sprachlich bewegt sich Brandauer oft sehr nah am Quellenmaterial, was stellenweise eine wenig treffsichere Sprache zur Folge hat. Zu bedauern ist etwa, dass der für die Arbeit zentrale Begriff der *Ehre* völlig unreflektiert verwendet wird. Ein weiterer wichtiger Begriff, nämlich der des *Heldens* wird in einem Exkurs zu Sterbebildern in Tirol zumindest in Ansätzen kontextualisiert, bleibt aber ebenfalls weitgehend unreflektiert, was gerade mit Blick auf die an späterer Stelle näher behandelten *Heldendenkmäler* irritiert, die weitgehend dokumentarisch und ereignisgeschichtlich behandelt werden. Eine (kritische) Auseinandersetzung mit der textlichen und künstlerischen Gestaltung oder zumindest mit wiederkehrenden Motiven und Inhalten dieser Erinnerungsorte sucht man vergeblich. Die fokussierte Auseinandersetzung mit der dokumentarischen Entstehungsgeschichte von *Ehrenbüchern* und *Heldendenkmälern* scheint in diesem Fall den Blick auf die Zeitgeschichte und ihre relevanten (größeren) Kontexte verstellt zu haben.

Brandauer setzt sich dafür in weiteren Abschnitten des Buches mit der Finanzierung der Bücher und der Rolle der Künstler:innen, die an deren Ausgestaltung beteiligt waren, auseinander. Im Detail geht sie auch dem Konflikt um die tatsächliche Urheberschaft der *Ehrenbücher* nach. Es folgt ein weiterer Exkurs, der sich ausgewählte Einzelschicksale vornimmt und an ihnen beispielhaft nicht nur die Lebensbiografien der Geehrten nachzeichnet, sondern auch den Prozess der Aufnahme der entsprechenden Daten in das jeweilige *Ehrenbuch* und damit das zuvor auf der Metaebene Geschilderte gelungen an Einzelbeispielen greifbar macht.

In einem kürzeren Abschnitt behandelt Brandauer das *Gedenkbuch der Todesopfer Tirols 1938–1945*. Im Gegensatz zu den Ausführungen zu den *Ehrenbüchern* des Ersten Weltkriegs hinterfragt die Autorin hier die Vorgehensweise Böhms durchaus kritisch, vor allem was den pauschalisierenden *Opfer*-Begriff Böhms betrifft. So werden in diesem Gedenkbuch beispielsweise die Namen von SS-Angehörigen unkontextualisiert zusammen mit Widerstandskämpfer:innen angeführt. Ähnlich kritische Anmerkungen zu Böhms Arbeit finden sich im übrigen Buch nur sehr spärlich und vor allem in Bezug auf den Zweiten Weltkrieg, während die zeitgenössisch-unreflektierte Verherrlichung des Soldatentums im Ersten Weltkrieg überwiegend unkommentiert bleibt.

Der „langen Suche" nach einem geeigneten Aufbewahrungsort für die Ergebnisse von Böhms Datensammlung wird hingegen wieder ausgiebig Platz eingeräumt. Zudem geht Brandauer in den letzten kurzen Kapiteln auch noch auf die Nachgeschichte der *Ehrenbücher* bis hin zu ihrer Digitalisierung ein und setzt sich mit der Frage einer etwaigen Vorbildwirkung des Projekts auseinander. Es folgen einige Überlegungen zu den *Ehrenbüchern* als Quellensammlung.

Die knappen Schlussbetrachtungen nützt Brandauer dann endlich zu einer kritischen Reflexion, nicht nur der Herangehensweise Böhms, sondern nun doch auch zur in den *Ehrenbüchern* erfolgenden Heroisierung des *Opfertodes* für das *Vaterland*. Es hätte dem Buch sehr gutgetan, wenn diese zaghaften und versatzstückhaften Ausführungen sowie eine breitere Verortung der *Ehrenbücher* in der kollektiven Gedenkpraxis bzw. Erinnerungskultur in einem ausführlichen eigenen Kapitel im Hauptteil des Buches eingehend behandelt worden wären. Brandauer betont in ihrem Schlusswort zwar noch einmal, dass ihr Forschungsinteresse vor allem auf der Entstehungsgeschichte der *Ehrenbücher* gelegen sei, aber für eine nicht nur quellengeschichtliche, sondern auch zeitgeschichtliche Arbeit wie diese sollte eine entsprechende Kontextualisierung und Verortung dennoch mittlerweile Standard sein.

Das Buch schließt mit einem reichhaltigen Anhang, der eine umfangreiche Auflistung Tiroler Kriegerdenkmäler, ein Verzeichnis der Tiroler *Ehrenbücher* und ein Personenverzeichnis umfasst.

Brandauer hat eine grundsätzlich spannende und wichtige Arbeit zu einer ergiebigen Quelle für die militärhistorische Forschung vorgelegt, die mit zahlreichen großen und treffend ausgewählten (Farb-)Abbildungen auch optisch einiges hergibt. Leider bleibt die Arbeit aber weitgehend deskriptiv und viele durchaus relevante Fragen, wie etwa nach der tatsächlichen Motivation Böhms – der selbst offenbar im Ersten Weltkrieg nicht als Soldat eingerückt war – diese akribische Arbeit auf sich zu nehmen, bleiben unbehandelt.

Robert Obermair, Salzburg

Erika Hubatschek / Irmtraud Hubatschek, **Almzeit. Up on the Alp,** Edition Hubatschek, Innsbruck 2023. ISBN 978-3-900899-40-0, 199 S., zahlr. Abb.

Seit 2010 führt Irmtraud Hubatschek, die Tochter von Erika Hubatschek (1917–2010) nicht nur den Verlag ihrer Mutter weiter, sondern betreut auch ihr umfassendes Bildarchiv, das an die 14.000 Schwarzweißnegative, 2.500 Farbdias sowie ein paar Hundert Farbfotos umfasst und als kleiner Teil digitalisiert online abrufbar ist (https://www.edition-hubatschek.at/fotoarchiv/). Aus diesem Bildmaterial hat nicht nur ihre Mutter zahlreiche Publikationen vorgelegt, wovon der Bildband *Bauernwerk in den Bergen. Bilder und Worte* (Erstauflage 1961 im Universitätsverlag Wagner, Innsbruck) heute in achter Auflage mit mehr als 14.000 verkauften Exemplaren am bekanntesten ist. Auch Irmtraud Hubatschek greift in ihren Publikationen auf den Bildfundus ihrer Mutter zurück. Sie reproduziert ihn aber nicht bloß, sondern stellt ihn in neue Zusammenhänge. Etwa, indem sie Fotografien ihrer Mutter mit eigenen Aufnahmen, die Jahrzehnte später, aber aus derselben Perspektive entstanden sind, konfrontiert (Erika und Irmtraud Hubatschek, Auf den zweiten Blick. Menschen, Höfe und Landschaften im Wandel, Innsbruck 2007).

Für den hier zu besprechenden Band wählt Irmtraud Hubatschek einen anderen Weg der Auseinandersetzung mit dem Bildwerk ihrer Mutter. Diesmal stellt sie den Fotografien zwischen 1999 und 2022 von ihr geführte Interviews gegenüber, um dadurch „Einblicke in andere Aspekte des Almlebens zu geben als diejenigen, die heute im Vordergrund stehen" (Vorwort). Gemeint sind damit rezente Debatten über *große Beutegreifer*, die laut Standesvertreter:innen die Almkultur bedrohen, Debatten über Kuhattacken, über Anzeigen wegen unbetreuter Tierherden oder über emotional aufgeladene mediale Klischees der Bedeutung der Almen für das Klima, aber auch über den Tourismus. Wenig Neues teilt uns Irmtraud Hubatschek zum Kontext der Entstehung der Fotografien mit. Diese seien auf sommerlichen Almwanderungen ab den 1930er-Jahren mit einer einfachen Kodak-Retina-Kamera ohne Belichtung entstanden.

Das Interesse von Erika Hubatschek am Leben der bergbäuerlichen Bevölkerung reicht bis in ihre Jugend zurück und ist mehrfach durch eigene Aussagen sowie in biographischen Beiträgen über sie dokumentiert (etwa Erika Hubatschek, Mein Leben mit den Bergbauern. Eine Biographie im Gespräch mit Anette Köhler, Innsbruck/Wien 2007; Friedrich Walter Merlin / Stefan Hellebart / Michael Machatschek (Hg.), Bergwelt im Wandel. Festschrift Erika Hubatschek zum 90. Geburtstag, Klagenfurt 2007). Erika Hubatschek stammte nicht direkt aus dem bäuerlichen Milieu, ihr Großvater mütterlicherseits war ein weichender Bergbauernsohn aus dem Gailtal. In Klagenfurt geboren, wuchs sie mit ihrer Familie am Stadtrand von Bruck an der Mur auf, woraus sie eine große Affinität zur Natur und „dem Bauernstand" entwickelte. In der Oberschule beteiligte sie sich im Sommer an der Arbeit am Hof ihrer Verwandten, und diese Arbeit hätte sie „das ganze Leben nicht mehr losgelassen" (Gunther Waibl, Erika Hubatschek und ihr Fotoapparat, in: Festschrift, hier 37–38). Nach der Matura 1935 hätte sich ihr Studienwunsch an der Hochschule für Bodenkultur nicht verwirklichen lassen. Stattdessen nahm sie im Wintersemester 1936/37 an der Universität Graz ein Studium der Germanistik auf, wechselte im Wintersemester 1937/38 an die Universität Innsbruck und ins Fach Geographie, sowie im Trimester September bis Dezember 1939 an die naturwissenschaftliche Fakultät der Universität in München. Ihr Geographiestudium schloss sie im März 1940 in Innsbruck mit dem Doktorat ab.

In ihrer Dissertation bearbeitete sie *Die Almen des oberen Lungau*. Diese Erstfassung dürfte verschollen sein, ist sie doch weder in der Universitäts- und Landesbibliothek Tirol noch am ehemaligen Standort am Institut für Geographie auffindbar. Damit lässt sich nicht mehr feststellen, ob und inwiefern Erika Hubatschek diese Arbeit für die Druckfassung, die 1950 in erster Auflage im Buchverlag der Salzburger Landwirtschaftskammer erschienen ist, umge- bzw. überarbeitet hat. Im Gutachten wird die Dissertation vom Erstbetreuer Richard Marek, der den Lehrstuhlinhaber Hans Kinzl während dessen Zeit auf einer Andenexpedition vertreten hatte, als „beispielgebend für eine geographische Arbeit bezeichnet", da sie „mehr als es gewöhnlich bei Dissertationen geschieht, auf eigenen Beobachtungen und Erkundungen im Forschungsraum" beruhe. Zudem wurde auch die geglückte Wahl des Untersuchungsgebiets hervorgehoben, da es „noch heute vom Fremdenverkehr und der neuzeitlichen Entwicklung […] wenig berührt" sei, „weshalb sich hier noch viel wertvolles altes Volkstumsgut unversehrt erhalten" habe. Gelobt wurde auch die „reichliche Ausstattung mit sachgemäß ausgewählten, meist auch technisch guten Lichtbildern, darunter vielfach eigenen Aufnahmen", weshalb sich die Dissertation „eine Verbreitung durch den Druck verdiente" und auch für die „Landesplanung gute Dienste leisten könnte". Hermann Wopfner, Zweitgutachter der Dissertation, schloss sich der Bewertung der Arbeit des Erstgutachters mit *ausgezeichnet* an (Universitätsarchiv Innsbruck = UAI, Reihe Philosophische Dissertationsgutachten 1873–1965, alphabetisch sortiert).

Das Bildwerk der vor dreizehn Jahren verstorbenen Erika Hubatschek und die von ihrer Tochter neu aufgelegten Kompilationen können nicht ohne Kenntnis der Biographie, insbesondere der Beziehung zum Nationalsozialismus, verstanden werden. Dies wurde spätestens seit der Diskussion um Erika Hubatscheks NS-Vergangenheit im letzten Jahr deutlich. Im Februar 2022 wollten die Stadt Innsbruck und die Straßenzeitung 20er erstmalig einen Preis für Dokumentarfotografie ausschreiben, der den Namen *Erika-Hubatschek-Preis* tragen sollte. Grund dafür mag gewesen sein, dass Hubatscheks Bildwerk in der bisherigen Literatur, die sich damit befasste, ein dokumentarischer Charakter der durch schwere körperliche Arbeit geprägten bergbäuerlichen Welt attestiert wurde. Zudem arbeitete Erika Hubatschek vor Ort und schien damit geeignet, als Proponentin für einen Preis für Dokumentarfotografien, die die Lebensrealitäten Geflüchteter in den Blick nehmen sollten, zu fungieren. Dazu sollte es allerdings nicht kommen. Dem ihr bisher zugesprochenen „respektvolle[n], anteilnehmende[n] Menschenbild" wurde von „historisch interessierte[n] Personen" ihre „opportunistische Haltung […] zum NS-Regime" (https://www.ibkinfo.at/korridor-dokumentarfotografiepreis) entgegengehalten. Die Rolle Erika Hubatscheks im Nationalsozialismus war zwar schon 2017 vom Leiter des Innsbrucker Stadtarchivs, Lukas Morscher, in seinem Beitrag im Gedächtnisband zu ihrem 100. Geburtstag beleuchtet worden, schien aber wieder in Vergessenheit geraten zu sein (Lukas Morscher, Erika Hubatschek und das Ungesagte, in: Erika Hubatschek. Ein Portrait im Spiegel, hg. von Irmtraud Hubatschek, Innsbruck 2017, 122–123). In seinem Beitrag thematisierte Morscher auch die Ambivalenz, die Erika Hubatschek ihrer NS-Vergangenheit gegenüber an den Tag gelegt hatte. Sie selbst sprach wenig darüber, wurde aber auch nie nachhaltig damit konfrontiert.

In Interviews wich sie Fragen dazu „immer geschickt aus" (Morscher, Erika Hubatschek, 122) bzw. reagierte darauf ausweichend. Erika Hubatscheks Vater war protestantischer Pastor der Glaubensbewegung der *Deutschen Christen* in Bruck an der Mur und ein früher Anhänger der österreichischen NSDAP gewesen. Damit war sie nicht nur im bäuerlich affinen, sondern auch in einem politisch gefärbten Milieu aufgewachsen. Nach dem *Anschluss* machte sie den Behörden gegenüber ihre Zugehörigkeit zu den *illegalen* Nationalsozialisten sowie zum Bund Deutscher Mädel (BDM) geltend, auch wenn sie rückblickend behauptete, dass sie Politik „damals [1934] nicht so interessiert habe" (Hubatschek, Mein Leben, hier 15). Seit dem 1. Mai 1938 war sie offiziell NSDAP-Mitglied. Morscher führt den 6. November 1933 als Beitrittsdatum an. Da die NSDAP in Österreich ab dem 19. Juni 1933 verboten war, wäre Erika Hubatschek damit ein *illegales* Parteimitglied gewesen. Dies erklärt ihre Mitgliedsnummer 6.302.892, da Sechsmillionen-Nummern an *Illegale* vergeben wurden. Erika Hubatschek war Führerin im BDM. Während des Zweiten Weltkrieges arbeitete sie ab 1940 als Gymnasiallehrerin sowie im Tiroler Volkskunstmuseum und genoss die Unterstützung seiner Leiterin, der *Trachtenerneuerin* Gertrud Pesendorfer, sowie von Gauleiter Franz Hofer. Nach Kriegsende wurde sie zunächst aus politischen Gründen vom Schuldienst suspendiert und als NSDAP-Mitglied registriert, aber als *minderbelastet* eingestuft. Erika Hubatschek hatte nach 1945 mehrere akademische Fürsprecher (Hermann Wopfner, Josef Ringler), die ihr die Wiederaufnahme von Arbeiten für das Tiroler Volkskunstmuseum ermöglichten (Reinhard Bodner / Christine Gamper, Sagbares über das Ungesagte. Erika Hubatschek und der Nationalsozialismus, in: 20er – Die Tiroler Straßenzeitung 239 [November 2022] 40–42). Der Eintritt in eine wissenschaftliche Stellung blieb ihr aber verwehrt, sodass sie in den Schuldienst als Professorin am Gymnasium an der Sillgasse zurückkehrte.

Die Betrachtung der NS-Vergangenheit von Erika Hubatschek erbrachte bislang keine eindeutige Beurteilung. Morscher lässt es offen, ob Hubatscheks Einstellung als „jugendliche Schwärmerei oder ideologische Überzeugung" angesehen werde kann (Morscher, Erika Hubatschek, 122). Erika Hubatschek hat während der NS-Zeit zwar viel fotografiert, aber neben ihren beiden Abschlussarbeiten an der Universität Innsbruck nur zwei Aufsätze mit den Titeln *Auf den Mähdern der Bergbauern* (Zeitschrift des Deutschen Alpenvereins 72 [1941] 76–85, mit fünf Fotos auf Tafel 38) und *Vom Bergheuen im Lungau* (Der Bergsteiger. Deutsche Monatsschrift für Bergsteigen, Wandern und Skilaufen 11 [1940/1941] 273–276 mit vier Abb. 278) veröffentlicht sowie in der Zeitschrift *Das deutsche Volkslied* 1940 und 1943 einen Jodler und zwei Hirtenlieder wiedergegeben. In den Fachbeiträgen referiert Erika Hubatschek nicht nur kenntnis- und detailreich über die Lebensbedingungen und die Arbeiten der Bergbauern, erwähnt den „Mangel an Arbeitskräften" nicht nur seit Kriegsbeginn (S. 80), sondern zollt auch dem NS-Gedankengut Tribut: in ihrem Beitrag im Alpenvereinsjahrbuch mit einer abschließenden Bemerkung zum Kinderreichtum der Bergbauern, die damit „unserem Volk frisches, gesundes Blut zu[führen]" würden (Hubatschek, Mähdern, 85); in ihrem Beitrag im *Bergsteiger* mit dem Hinweis auf den „Blutsquell der Nation", den das Bergbauerntum bilde (Hubatschek, Bergheuen, 276). Auch waren ihr durchaus die politischen Implikationen ihrer Forschungen bewusst, wenn sie einem Bauern, der ihr zunächst keine Auskunft erteilen will, entgegnet, dass ihre Erhebung auch für ihn von Wichtigkeit sei, „wenn er einmal im Zuge eines Neubaues um eine Subvention" ansuche (Joël Jenin, "Vom Leben am Steilhang". Ein Porträt von Erika Hubatschek, in: Bergwelt, hg. von Merlin/Hellebart/Machatschek, 25–31, hier 28).

In ihrer *Turn-Hausarbeit* von 1940 (Körperliche Erziehung im BDM und RAD für die weibliche Jugend, Hausarb. Univ. Innsbruck 1940) beschäftigte sie sich – und darauf haben Reinhard Bodner und Christine Gamper ebenfalls erstmalig hingewiesen – mit der körperlichen Erziehung weiblicher Jugendlicher im Bund Deutscher Mädel und im Reichsarbeitsdienst (Bodner/Gamper, Sagbares, hier 41). Soweit sich dies ohne Möglichkeit der Einsichtnahme in die Originalschrift ihrer Dissertation beurteilen lässt, ist die Hausarbeit wesentlich stärker im Jargon des Nationalsozialismus verfasst. Erika Hubatscheks Arbeit baut unter anderem auf den Ansichten des Psychologen und Erziehungswissenschaftlers Gerhard Pfahler (1897–1976) auf, der ebenfalls den *Deutschen Christen* nahestand. Dieser sah unter anderem „seelische Grundfunktionen" wie Lebensenergie, Willensäußerung, Temperament etc. als „vererbt" an (Gerhard Pfahler, Warum Erziehung trotz Vererbung, Leipzig 1935 u. 1938). Damit seien der Erziehung „in den gegebenen Erbanlagen bestimmte Grenzen gesteckt". Durch „Erziehung und Selbstzucht" könne aber über jeden „Erbcharakter" entschieden werden. Dabei komme der „körperlichen Erziehung ein wesentlicher Anteil zu – eine Tatsache, die seit dem idealen Vorbild bei den Griechen erst im dritten Reich wieder voll erkannt und auch dementsprechend ausgewertet" werde. Auch Erika Hubatschek sah Leibesübungen nicht als Selbstzweck an, sondern „im Dienst der Persönlichkeitserziehung" (Hubatschek, Erziehung, 1–2). Dem Nationalsozialismus konzedierte sie nicht nur eine „allgemeine Höherbewertung der Arbeit", sondern „eine besondere Ehrung der bäuerlichen und handwerklichen Arbeit". Zudem würden „die Maiden" bei ihrem Einsatz im RAD auf verschiedenen Bauernhöfen spüren, „wie sehr der Bauer Gemeinschaft lebt, denn wohl nirgends sonst ist Gemeinschaft so etwas Selbstverständliches, ja so etwas Notwendiges wie gerade im Bauernleben" (ebd. S. 39). Die gemeinsame Arbeit trage viel zur Erziehung bei und helfe mit, „das Verhältnis zwischen Bauerntum und Stadtbewohner so zu gestalten, wie es zum Wohl des Volksganzen notwendig ist: ein gegenseitiges Verstehen, ein richtiges Einschätzen der Arbeit auf beiden Seiten". Durch das Kennenlernen der „Härten, aber auch [der] Schönheit bäuerlicher Arbeit" könnten die Mädchen den Bauern nicht nur beweisen, dass „die Zeit, wo ‚Bauernarbeit' etwas Herabsetzendes war, endgültig vorbei ist", sondern „dass auch ein Nichtbauer auf Feld und Acker tüchtig angreifen und zupacken kann". Damit wäre „wieder ein weiterer Schritt zur Verwirklichung und Vervollkommnung einer wahren Volksgemeinschaft getan" (ebd. 39–40). Erika Hubatschek ging es auch um „Haltung", die sie nicht nur rein körperlich auffasste, sondern als „Wesensausdruck eines Menschen", körperlich, geistig und charakterlich (ebd. 28). Auch hier griff sie wieder auf ihre Erfahrung in der bäuerlichen Welt zurück: „Das Kennen- und Verstehenlernen bäuerlicher Art und bäuerlichen Wesens trägt auch viel zur inneren Haltung der Maiden bei; denn dadurch, dass sie ein halbes Jahr mit den Bauern zusammen arbeiten, spüren sie bestimmt auch die Kraft, die vom Bauerntum ausgeht" (ebd. 32).

Deutlicher als in ihren volkskundlich-ethnographischen Ausführungen, denen ja zumeist ein nüchterner, realistischer sowie dokumentarischer Charakter attestiert wurde und wird, tritt uns das damalige Weltbild von Erika Hubatschek in ihrer als „sehr gediegen" charakterisierten Hausarbeit für das Fach Turnen entgegen. Darin hatte sie ganz im Sinne der völkischen Wissenschaft, „die Ziele der Leibeserziehung tiefer gefasst" (UAI, Reihe Lehramtsprüfungszeugnisse 1918–1945, alphabetisch geordnet].

Die wiederholt geäußerten Stellungnahmen zum Werk und zur Person von Erika Hubatschek blenden ihre NS-Zeit weitgehend aus und reduzieren sie so zu einer „fotografierende[n] Chronistin einer bergbäuerlichen Welt", der „‚ihre' Bergbäuerinnen am Herzen gelegen" seien und die „schon als junge Studentin tatkräftig" und „immer mit ihrem Fotoapparat in der Schürze" mitgearbeitet habe (Edith Schlocker in ihrer Besprechung: Erika Hubatschek: Die Fotografin und ihre Frauen, in: Tiroler Tageszeitung, 20. Dezember 2017, online unter https://www.tt.com/artikel/13788520/erika-hubatschek-die-fotografin-und-ihre-frauen). In Kenntnis der neueren Forschungen und mit Blick auf ihre NS-Sozialisierung muss ihr Bildwerk aber heute anders gelesen werden. Kaum haltbar scheint somit Erika Hubatscheks Verweis, „Ähnlichkeiten in der Bildsprache zu anderen Fotografen und Filmern ihrer Zeit" seien „Zufall" (Morscher, Erika Hubatschek, 123). Versuche, ihr fotografisches Schaffen in die Nähe sozialdokumentarischer Fotografie zu rücken, lenken von einer notwendigen und lohnenswerten Auseinandersetzung damit eher ab, als sie dafür Hilfe leisten, zumal der Autor selbst zugestehen muss, dass diese „wohl unbeabsichtigt" seien (Gunther Waibl, Bergwärts. Die Weite des Blicks, in: Portrait, hg. von Hubatschek, 305–319, hier 308). Letztendlich hat auch Erika Hubatschek die Welt nicht so fotografiert, wie sie ist, sondern wie sie sich diese vorstellte.

Zu hinterfragen ist, ob Erika Hubatschek in ihren Fotografien wirklich mit dem „Mythos" aufgeräumt hat, dass die schweren bäuerlichen Arbeiten „auf einen ersten Blick idyllisch verklärt daherkommen", wie es „die prachtvollen landschaftlichen Kulissen" suggerieren (Schlocker, Die Fotografin). Hubatscheks Bilder zeigen – und das hat Ingo Schneider bereits in seiner Rezension zur Neuauflage des Bandes *Bauernwerk in den Bergen* herausgearbeitet – „nur einen Ausschnitt dieser Wirklichkeit", die „zuallererst das Auge des Photographen" bestimmt. Dieses ist, und auch darauf hat Schneider hingewiesen, bei der Auswahl der Motive geleitet „vom subjektiven Interesse und den Wertvorstellungen desjenigen, der hinter der Kamera steht". Dies ist in diesem Fall Erika Hubatschek, die nicht nur „die Schattenseiten des Lebens am Berg etwas stärker ausleuchten" sowie „technologische Modernisierungen auch in der bergbäuerlichen Welt hätte in den Blick nehmen können" (Ingo Schneider, Literatur der Volkskunde: Erika Hubatschek, Bauernwerk in den Bergen. Arbeit und Leben der Bergbauern in den Bilddokumenten aus einem halben Jahrhundert. 4. Aufl. Innsbruck 1990, in: Österreichische Zeitschrift für Volkskunde 95 [1992] 100–102). Angesichts der heute bekannten Interessen und Wertvorstellungen von Erika Hubatschek ist zu fragen, inwieweit ihre Aufnahmen, die großteils zwischen 1938 und 1950 entstanden sind, nicht auch von ihrem Weltbild, das sie in ihrer Hausarbeit ausgebreitet hat, beeinflusst sind. Sie selbst hat es vermieden, in späterer Zeit dazu auf Distanz zu gehen oder gar Reflexion zu üben. In ihrer Biographie redet sie die NS-Zeit klein („hat man nicht so mitgekriegt"; „Politik hat mich eigentlich nicht sehr interessiert") und rechtfertigt ihr „Nichtwissen" mit ihrer Jugend („22 Jahre jung") und ihren Interessen („fürs Bergsteigen, für die Natur und das einfache Leben") (Hubatschek, Mein Leben, hier 35–36). Auch die Selbsteinschätzung, dass ihre Aufnahmen „eigentlich ohne jegliche Absicht entstanden" seien, ist zu hinterfragen, denn Erika Hubatschek war ja nicht nur physisch „wirklich überall dabei" und hat „selbst mitgearbeitet" und „nicht nur beobachtet und fotografiert". Sie brachte auch ihre Wertvorstellungen mit, die sie bewusst und unbewusst bei der Auswahl ihrer Motive beeinflusst haben. Hubatschek war nicht vom „touristischen Blick" beeinflusst, ihre Bilder sind aber auch nicht bloß „fotografische Zeugnisse der traditionellen bäuerlichen Kulturlandschaften der Alpen", wie uns Werner Bätzing glauben machen will (Werner Bätzing, Das fotografische Werk von Erika Hubatschek. Eine Würdigung, in: Hubatschek, Mein Leben, 173–177 sowie ders., Ein Leben für die Bergbauern. Alpenlandschaften als Produkt bäuerlicher Arbeit. Die Fotos von Erika Hubatschek – mehr als die Dokumentation einer untergegangenen Welt, in: Festschrift, 11–19). Ihre „Fachausbildung im Bereich Geographie und Volkskunde" war kein neutrales Wissen, sondern geprägt von der Zeit ihrer Ausbildung. Inwieweit sie die Fachgeschichte hinterfragt und damit ihr Bild korrigiert hat, muss dahingestellt bleiben. 2007 hält sie fest, dass sie „mit Hermann Wopfner einen hervorragenden Professor" gehabt und von ihm „sehr viel gelernt" habe (Hubatschek, Mein Leben, 30). Ihre „persönlichen Beziehungen zu den abgebildeten Menschen" sind nicht nur dem Wissen um die bergbäuerliche Arbeit und dem Leben geschuldet, sondern auch geprägt von ihrem Bild dieser Menschen, wie sie es in ihrer Hausarbeit herausgearbeitet hatte. Bätzing hat Recht, dass sowohl „nostalgische" als auch „postmoderne", auf „rein sachliche Dokumentation einer vergangenen Lebenswelt" beruhende Interpretationen den Fotografien von Erika Hubatschek nicht gerecht werden (Bätzing, Werk, 176). Wenn er aber von „Würde" spricht, die aus Hubatscheks Bildern den Personen, den Gegenständen, den Gebäuden, den Landschaften und den Lebenswelten der Abgebildeten gegenüber ausstrahle (ebd. 177), ist zu hinterfragen, ob diese „Würde" ideologielos gesehen werden kann. In diesen Bildern nur das Selbstbewusstsein der Protagonist:innen zu sehen, ohne sich zu fragen, wer für solche Aufnahmen ausgewählt wurde und wer nicht, macht uns zu Kompliz:innen einer solchen *Nichtideologie*. Es mag sein, dass die Fotografien von Erika Hubatschek „unserer Gegenwart einen sehr kritischen Spiegel vorhalten" (ebd.), allerdings sollte ob dieser Feststellung nicht außer Acht gelassen werden, dass ihre Fotografien eines mindestens ebenso kritischen Spiegels auf ihr Zustandekommen sowie die Wertvorstellungen und das Weltbild ihrer Fotografin bedürfen.

Wer das Bildwerk von Erika Hubatschek heute publiziert und damit der Öffentlichkeit erneut den „kritischen Spiegel" vorhalten will, sollte die Erzählung um das Entstehen dieser Bilder nicht auf ein paar Anekdoten verkürzen, sondern „Aushalten-Können", wie es war (Bodner/Gamper, Sagbares, 42). Dieses „Aushalten-Können" beinhaltet auch, das an- und auszusprechen, was war. Nicht, um Erika Hubatschek als *Opportunistin* zu verurteilen, sondern um verstehen zu können, wie sie zu ihrem Blick gekommen ist und offensichtlich diesen nicht zu hinterfragen und zu wechseln vermochte.

Wolfgang Meixner, Innsbruck

Zeitgeschichte im Museum. Das 20. und 21. Jahrhundert ausstellen und vermitteln, hg. von RAINER WENRICH / JOSEF KIRMEIER / HENRIKE BÄUERLEIN / HANNES OBERMAIR (Kommunikation, Interaktion, Partizipation. Kunst- und Kulturvermittlung im Museum am Beginn des 21. Jahrhunderts 4), kopaed, München 2021. ISBN 978-3-96848-020-6, 205 S., zahlr. Schwarzweißabb.

Der vorliegende Sammelband versteht sich dezidiert nicht als reine Tagungspublikation, obwohl die meisten Beiträge anlässlich einer von der Bayerischen Museumsakademie im Juni 2019 in Südtirol ausgerichteten Tagung mit dem Titel *Das 20. Jahrhundert ausstellen. Beispiele, Vergleiche, Anregungen* entstanden sind. Die drei Herausgeber rund um Josef Kirmeier, Leiter des Museumspädagogischen Zentrums MPZ in München, haben weitere Stimmen und Expertisen eingeholt, um Museen und Ausstellungen weiter „in der Mitte der Gesellschaft zu verankern, zu Orten des lebendigen Austauschs zu machen" (S. 7).

Die Autor:innen rekrutieren sich dem ausführlichen Verzeichnis zufolge überwiegend aus dem engeren und weiteren Umfeld des MPZ und sind in und für Institutionen von Frankfurt über Franzensfeste (Südtirol), Trient und München bis Wien tätig. Sie stammen aus dem akademischen Bereich und aus der praktischen bzw. freiberuflichen Museums- und Ausstellungsmacherei: Museums-, Kunst-, Sprach- und Literaturpädagog:innen für Erwachsene und Kinder mit und ohne körperliche bzw. soziale Beeinträchtigungen, Public Historians, eine Grundschullehrerin und eine Bibliothekswissenschaftlerin sowie Forschende aus den Bereichen Geschichte, Kunstgeschichte, Kulturwissenschaft, Migrationsforschung, Ausstellungstheorie oder Soziologie setzen sich in diesem Band gemeinsam mit partizipativer Museumsarbeit und zeitgemäßer Vermittlung von Geschichte auseinander.

Obwohl mehrere Beiträger:innen auch zu Themen der Alltags-, Sport- oder Militärgeschichte arbeiten, konzentriert sich diese Publikation dezidiert auf das Ausstellen des 20. und 21. Jahrhunderts. Dabei geht es nicht nur um das *Wie*, damit neue Besucher:innen angesprochen und sensibilisiert werden können, sondern auch um ein selbstreflexives *Warum* sowie um die Rollen und Funktionen, die zeitgeschichtliche Museen und Ausstellungen gesellschaftlich und politisch übernehmen können.

Entstanden ist ein handliches, ansprechend gestaltetes, klar und niederschwellig formuliertes und damit auch leicht zugängliches Softcover mit zahlreichen Fotos aus der konkreten museumspädagogischen Arbeit verschiedener namhafter Institutionen sowie mit Grafiken und Abbildungen didaktischer Materialien, das die Inhalte und Argumentationen gut strukturiert und mit zahlreichen, zum Weiterlesen anregenden Literaturangaben bei jedem Beitrag untermauert.

In einem umfangreichen Einführungsbeitrag führen die Herausgeber:innen in Kontext, Standpunkte, Schlüsselbegriffe und angestrebte Ziele des Buches ein, dessen Beiträge in die drei Teile *Menschen ins Museum bringen. Barrieren abbauen, Das 20. und 21. Jahrhundert ausstellen. Relevanz erzeugen* und *Das Publikum im Blick. Vermittlung und Partizipation* gegliedert sind.

Das Museum ist – zumindest in der Idealvorstellung von RAINER WENRICH, JOSEF KIRMEIER, HENRIKE BÄUERLEIN und HANNES OBERMAIR – ein Ort des Zusammentreffens unterschiedlicher Personen, Lebensgeschichten, Milieus und Bedürfnisse. Es soll durch Themenvielfalt, Multimedialität und Immersion Barrieren abbauen, Dialog und Interaktion mit Objekten und über Objekte fördern, Identifikation ermöglichen und somit zu einem Ort des Austauschs werden. Mit Anke te Heesen bezeichnen sie das Ausstellungsmachen als eigene Wissenskultur bzw. Praxis zur Erzeugung und Überprüfung von Wissen. Konzeption von Ausstellungen ist somit nicht „nur Exponate wissenschaftlich zu erforschen, aufzubereiten und chronologisch zu präsentieren, sondern auch, diese im Hinblick auf Topografie, Inhalt und Dramaturgie, architektonischer und ästhetischer Interventionen zu kontextualisieren" (S. 11). Eine Herausforderung sei hierbei der „hohe ‚Gleichzeitigkeitskoeffizient'" (S. 13) der Zeitgeschichte, welcher der Auseinandersetzung mit dieser Epoche eine besondere Dynamik verleihe und sie damit in besonderem Maße politisch mache. Zeitgeschichte sei somit nicht nur Thema, sondern auch gesellschafts- und demokratiepolitischer Auftrag zum Dialog und zur Reflexion über das Vergangene. Durch die rhetorischen Fragen, imperativischen Infinitive und Thesen wirkt bereits dieser Beitrag stellenweise wie eine Handlungsanleitung oder ein kulturpolitisches Manifest. Der politische Anspruch der Herausgeber:innen, der sich durch den gesamten Sammelband zieht, wird sichtbar, ebenso wie in zahlreichen weiteren Beiträgen, die diese Vision mit ihren Erfahrungen und Thesen stützen und aus ihren jeweiligen Bereichen konkrete Handlungsanleitungen bieten.

Die zwei Beiträge des ersten Teils sind im Folgenden eher allgemeiner Natur: THOMAS RENZ zeigt anhand von Ergebnissen der Nicht-Besucher:innenforschung auf, dass ein Großteil der Bevölkerung trotz des *Kultur für alle!*-Diktums aus verschiedensten Gründen von der aktuellen öffentlich geförderten Museums- und Kulturarbeit nicht erreicht oder nur unzureichend angesprochen wird. CHRISTINE OTT hingegen berichtet, wie sich Bibliotheken, ebenfalls öffentliche Kultureinrichtungen, bereits neu erfunden, den „Bildungsstättenhabitus" (S. 35) erfolgreich abgelegt und ihre Rolle als barrierefreier Wissensraum irgendwo zwischen externem Wohn- und Arbeitszimmer, Diskussionsforum, Kreativbühne und Gedankenlabor neu definiert haben. Anhand von Feldstudien in ausgewählten Leuchtturmbibliotheken Mitteleuropas listet sie dafür hilfreiche Strategien auf, die auch für Museen relevant seien.

Der zweite Abschnitt enthält drei Projektbeschreibungen bzw. Erfahrungsberichte zeitgeschichtlicher Dauerausstellungen. HANNES OBERMAIR verknüpft in seinem Konzept für eine Dauerausstellung zur Südtiroler Geschichte in der Franzensfeste auf vielfältige Weise die Vergangenheit mit der Gegenwart sowie die globale und lokale Dimension, um durch kalkulierte Brüche und Widersprüche den Weg für ein „nichtidentitäres, zukunftsoffenes Südtirol" jenseits affirmativer Großnarrative (S. 57) zu ermöglichen.

Das *Haus der Geschichte Österreich*, dessen Konzept STEFAN BENEDIK, EVA MERAN UND MONIKA SOMMER vorstellen, ist hingegen bereits seit 2018 Realität. Als Hauptverantwortliche reflektieren sie ihre bisherige Erfahrung mit Aufbau und Betrieb. Für sie ist die vielstimmige, partizipative und multiperspektivische, eng mit der Gegenwart verknüpfte und stets als eine mögliche Annäherung von vielen markierte Darstellung der österreichischen Geschichte ab 1918 nicht nur Auftrag, sondern auch gesellschafts- und demokratiepolitische Verpflichtung.

Ebenfalls 2018 eröffnet wurde das *Museo9 (M9)* in Mestre, vorgestellt von LIVIO KARRER, das der Generation Z fast ausschließlich multimedial die sehr unterschiedlichen Lebenswelten des italienischen *Novecento*, also des 20. Jahrhunderts, näherbringt. Mit ähnlichen Mitteln wie das *hdgö* bereitet es jene Ereignisse zur bewussten Aneignung auf, die das heutige ansonsten wenig reflektierte kollektive Gedächtnis formen. Auch das M9 hat sich die „staatsbürgerliche Bildung" (S. 95) und die optimistische Orientierung in Gegenwart und Zukunft „durch den Erwerb von kritischem Wissen über unsere Vergangenheit" (S. 96) auf die Fahnen geschrieben sowie – und diese Formulierung macht stutzig – den „Dienst an der nationalen Gemeinschaft" und die „Vertiefung einer nationalen Identität" (ebd.) bei den Jugendlichen.

Im dritten Abschnitt werden verschiedene Vermittlungsstrategien exemplarisch anhand von Fallbeispielen vorgestellt. SUSANNE GESSER und NINA GORGUS berichten von den neukonzipierten Dauerstellungen *Frankfurt Einst? und Frankfurt Jetzt!* im dortigen Historischen Museum. Geleitet von einem partizipativen und inklusiven Ansatz erarbeiten sie mit den Einwohner:innen die Inhalte der Ausstellungen im Sinne eines Forums bzw. eines Labors immer wieder neu. Auch hier sind Vielstimmigkeit, Diversität und Subjektivität wichtige Werte, um möglichst viele unterschiedliche Menschen anzusprechen, in ihrer jeweiligen Lebensrealität sichtbar zu machen und zu einem Perspektivenwechsel anzuregen.

SUSANNE THEIL und VERENA VON ESSEN hingegen benutzen sog. ActioncARTs, entstanden aus einer Zusammenarbeit des MPZ und des Museums Brandhorst, damit Kinder und Jugendliche leichter Zugang zu zeitgenössischer Kunst finden und sich darüber hinaus mit Demokratie, Politik oder unterschiedlichen Werten und Lebenskonzepten kreativ und interaktiv auseinandersetzen können. VERENA MALFERTHEINER setzt sich in ihrem Bericht mit performativen Elementen in der Museumsvermittlung auseinander und zeigt an konkreten Beispielen, wie Kinder und Jugendliche selbst mit eigenen Ideen und Wissensbeständen zu – in der Regel lückenhaft überlieferten – historischen Begebenheiten ihre eigene Version von der Geschichte entwickeln können, die Bezüge zwischen Vergangenheit und Gegenwart herstellt, all ihr bereits vorhandenes Wissen aktiviert und erweitert sowie gleichzeitig neue, sinnliche Erfahrungen ermöglicht.

SUSANNE RIEPER stellt das transdisziplinäre und inklusive Projekt *Ortsgespräche* im Bezirksmuseum FHXB in Berlin-Kreuzberg vor, wo Migrant:innen und ihre Erlebnisse im Mittelpunkt stehen. Indem diese selbst Migration im Museum *erzählen*, erfahren sie Selbstbestimmung. Gleichzeitig werden nationale *weiße* Geschichtsnarrative dekonstruiert und Migration als historische Konstante, als der eigentliche Normalfall, als Selbstverständlichkeit in der Berliner Stadtgeschichte beleuchtet. In die gleiche Richtung geht das *Iwalewahaus* der Universität Bayreuth, hier vorgestellt von KATHARINA FINK, wo nach dem Ansatz der inklusiven Ästhetik Objekte durch die Verdichtung unterschiedlicher sinnlicher Zugänge ganz neu erfahren und verstanden werden können.

ALESSANDRA VICENTINI dokumentiert Erfahrungen mit „einer inklusiven Museumsreihe für Bewohner:innen einer sozialen Eingliederungseinrichtung" (S. 171). Gemeinsame Museums- und Ausstellungsbesuche verbunden mit museumspädagogischen und kunsttherapeutischen Angeboten ermöglichen dabei gesellschaftliche und kulturelle Teilhabe, Selbstbestätigung und zwischenmenschlichen Dialog. MIRIAM KRAUSS beschäftigt sich schließlich mit der Inklusion von Hörgeschädigten und zeigt auf, welche Bedürfnisse diese Gruppe hat und wie diese in der allgemeinen museumspädagogischen Vermittlungsarbeit optimal berücksichtigt werden können.

Der Titel dieser Veröffentlichung bezieht sich zwar dezidiert auf die Zeitgeschichte, doch hätte dem Band eine zumindest angedeutete Öffnung gegenüber anderen Epochen gutgetan.

Die Mittelalter- und Frühneuzeithistorikerin beschleicht am Ende der Lektüre – insbesondere des einleitenden Beitrags der Herausgeber:innen – nämlich der Eindruck, als würde – bewusst überspitzt – *Geschichte* erst mit dem 20. Jahrhundert beginnen: Der Schwerpunkt von Museumsarbeit – so lese ich zudem zwischen den Zeilen – sei deshalb auf die *Zeitgeschichte* konzentriert, weil die (potenziellen) Besucher:innen dieser Ansicht sind, und sich die Institutionen diesem Bedürfnis folgend vermehrt auf das 20. und 21. Jahrhundert konzentrierten. Eine Auseinandersetzung mit der *Zeitgeschichte* verbessere das demokratische Zusammenleben. Die *Zeitgeschichte* sei weiters das wichtigste und beste Mittel, auf die Besucher:innen einzugehen, da das Interesse an dieser Epoche am größten sei; Kommunikation, Interaktion und Partizipation könnten *nur* mit *zeitgeschichtlichen* Themen erfolgen.

Aber kann/soll ein Museum lediglich auf die (vermeintlichen) Bedürfnisse und Interessen der Besucher:innen eingehen? Oder sollte es Menschen nicht auch an Epochen heranführen, die weniger leicht zugänglich sind? Warum wird den Ereignissen vor dem 20. Jahrhundert so wenig Relevanz zugesprochen? Ist nur die *Zeitgeschichte* geeignet, *gute*, das heißt partizipative und inklusive Museumsarbeit zu machen, weil es für die Zeit davor keine unmittelbaren Zeitzeug:innen mehr gibt bzw. keine Foto-, Ton- und Filmquellen? Können nur Ereignisse aus der jüngsten Vergangenheit Menschen berühren, die sich damit auseinandersetzen?

Zeitgeschichtliche Ausstellungen stellen – insbesondere in Südtirol – in der Tat „in vielerlei Hinsicht eine besondere Herausforderung" (S. 11) dar, da die thematisierten Ereignisse noch weit stärker im öffentlichen Gedächtnis und somit Teil politischer und weltanschaulicher Kontroversen sind. Doch auch die Geschichte anderer Epochen vor den großen Zäsuren des 20. Jahrhunderts, insbesondere des Mittelalters und der Frühen Neuzeit, kann erinnerungsgeschichtlich relevant und politisch sein. Es ist insofern kurzsichtig, die Relevanz von Geschichte von der Nähe zum Heute abzuleiten, da historische Ereignisse immer auch von vorangegangenen historischen Prozessen und unsere Gegenwart nicht nur von Narrativen aus dem 20. Jahrhundert beeinflusst sind. Zudem sollten durch den Versuch, Relevanz zu betonen und darüber gesellschaftliche Aufmerksamkeit zu beanspruchen, nicht andere Epochen argumentativ ins Abseits gedrängt werden.

Ein etwas *inklusiverer* Standpunkt wäre somit wünschenswert gewesen. Ein Absatz in der Einführung hätte den Blick bereits öffnen können, ebenso der Verzicht auf das omnipräsente Wort *Zeitgeschichte* zugunsten von *Geschichte*, zumindest in jenen Abschnitten, wo es allgemein um das Verhältnis zwischen Menschen, Vergangenheit und Vermittlungsinstitutionen geht. Denn der Großteil der gemachten Beobachtungen und Überlegungen, all die hilfreichen Anregungen gelten nicht nur für die Zeitgeschichte. Die gesamte historische Museumsarbeit kann davon profitieren. Es bleibt daher zu hoffen, dass dieses Bemühen um Partizipation sowie lebensalltäglicher und somit politischer Relevanz auch von Museumsarbeiter:innen, die sich mit früheren Epochen beschäftigen, mit gleichem Eifer und mit gleicher Kompetenz aufgegriffen wird wie von den Zeithistoriker:innen in diesem Werk. Die vielen spannenden Fragen, die dieser Band aufwirft, laden jedenfalls zum Nachdenken und zur Reflexion des eigenen Standpunktes als Wissenschaftler:in wie als Vermittler:in, die wir alle stets auch sind, ein.

Barbara Denicolò, Salzburg

Paul Videsott, **Les Ladins des Dolomites** (Peuples en péril 7), Éditions Armeline, Crozon 2023. ISBN 978-2-910878-47-4. 332, XVI S., Abb., Diagr., Karten.

Die vorliegende Publikation von Paul Videsott, Professor für Romanische Philologie an der Freien Universität Bozen, stößt aufgrund ihrer Aktualität und Kompaktheit sowohl bei Wissenschaftler:innen als auch bei einem breiteren Publikum auf große Resonanz. Es handelt sich um eine klare und prägnante Darstellung der bedeutendsten Themen im Zusammenhang mit den Ladiner:innen der Dolomiten. Die allgemeine positive Reaktion ist umso verständlicher, als es sich um die erste Monographie handelt, die in diesem Kontext in französischer Sprache verfasst wurde. Leser:innen, die dieser Sprache mächtig sind, bietet das Buch also die Möglichkeit, sich umfassend über die Dolomitenladiner:innen zu informieren, und schließt gleichzeitig eine wichtige bibliographische Lücke.

Der Band reiht sich nahtlos in die meisten Veröffentlichungen über die Dolomitenladinia und andere Publikationen Videsotts ein. Der Fokus liegt auf der Darstellung der ladinischen Gemeinschaft als Bevölkerung, deren Profil anhand der in den verschiedenen Kapiteln behandelten Aspekte nachgezeichnet wird. Die Ladiner:innen werden nicht nur aufgrund ihrer Sprache als Volksgruppe definiert, sondern vor allem, weil sie sich durch ein gut ausgeprägtes Sprachbewusstsein auszeichnen. Zudem wird die Identität der Ladiner:innen durch Abgrenzung zu benachbarten Volksgruppen, den Italiener:innen und Deutschen (S. 15) definiert. Diese ethnische und linguistische Identität ist ausschließlich auf die fünf Täler *Badia* (Gadertal), *Gherdëina* (Gröden), *Fascia* (Fassatal), *Fodom* (Buchenstein) und *Anpezo* (Hayden) beschränkt, die bis zum Ende des Ersten Weltkriegs Teil der Grafschaft Tirol und der Diözese Brixen waren.

Die Monographie umfasst insgesamt 332 Seiten und ist Teil der Reihe *Peuples en péril* (bedrohte Völker), deren Ziel es ist, das Wissen über Volksgruppen, die in einer Minderheitensituation leben, zu verbreiten. Die meisten Inhalte dieser Veröffentlichung sind nicht neu, werden hier jedoch in Kombination mit aktualisierten Informationen und in einer neuen Struktur präsentiert. Zu diesem Zweck hat der Autor den Inhalt in zwanzig Kapitel gegliedert, denen eine Einleitung vorangestellt sowie ein Fazit, drei Anhänge, ein kurzer Abschnitt mit weiterführenden bibliographischen Angaben und ein Literaturverzeichnis nachgestellt sind.

Die Einleitung und die ersten sechs Kapitel des Buches werden durch folgende Fragen betitelt: *Pourquoi ce livre sur les Ladins?* (Warum dieses Buch über die Ladiner?); *Qui sont les Ladins?* (Wer sind die Ladiner?); *Où vivent les Ladins?* (Wo leben die Ladiner?); *Que signifie leur nom?* (Was bedeutet ihr Name?); *Combien sont-ils?* (Wie viele sind es?); *Qui sont les „Néo-Ladins"?* (Wer sind die „Neo-Ladiner?) und *D'où viennent les Ladins?* (Woher kommen die Ladiner?). Diese Fragen scheinen auf einen Wunsch hinzudeuten, sowohl akademische als auch populärwissenschaftliche Interessen zu berücksichtigen. In diesem ersten Teil werden die Leser:innen in einem klaren und leicht verständlichen Stil zu den grundlegenden Informationen über die ladinische Bevölkerung geführt. Darüber hinaus sorgen mehrere Tabellen für eine Strukturierung der Inhalte.

Es folgen vierzehn weitere Kapitel zu folgenden Themen: *L'origine du plurilinguisme des Ladins* (Der Ursprung der Mehrsprachigkeit der Ladiner); *La langue ladine* (Die ladinische Sprache); *Écriture et littérature ladines* (Ladinische Schrift und Literatur); *L'attrait de la langue et de l'identité ladines* (Die Anziehungskraft der ladinischen Sprache und Identität); *Les médias des Ladins* (Die ladinischen Medien); *L'économie des Ladins* (Die Wirtschaft der Ladiner); *Abrégé de l'histoire des Ladins* (Überblick über die Geschichte der Ladiner); *Les droits des Ladins* (Die Rechte der Ladiner); *L'organisation politique des Ladins* (Die politische Organisation der Ladiner); *Le système scolaire des Ladins* (Das ladinische Schulsystem); *La vie associative des Ladins* (Das Vereinsleben der Ladiner); *Les sentiments religieux des Ladins* (Die religiösen Gefühle der Ladiner); *Les légendes des Ladins* (Die Legenden der Ladiner); *Les chants des Ladins* (Die Lieder der Ladiner).

Der ausführliche thematische Rundgang ermöglicht es, die ladinische Bevölkerung und ihre Eigenheiten näher kennenzulernen. Zwei Aspekte werden dabei besonders betont: Die Mehrsprachigkeit, die die Ladiner:innen kennzeichnet, und das *paritätische* Schulsystem, das zumindest in der Provinz Bozen und (in geringerem Maße) in der Provinz Trient der ladinischen Sprache und Kultur neben der italienischen und der deutschen einen wichtigen Platz einräumt. Interessante Informationen hält auch das Kapitel zur Schreibpraxis und zur Literatur auf Ladinisch bereit: Tabelle 15 (S. 114) ordnet die ladinischen Varietäten nach ihrem schriftlichen Gebrauch und zeigt, dass im Grunde nur die Varietäten aus dem Gadertal, Gröden und dem Fassatal über einen sehr einfachen schriftlichen Gebrauch hinausgehen. Die Sprachvergleiche, die Einbeziehung des ersten ladinischen Textes (S. 126) mit Transkription und Übersetzung sowie Angaben zum Ladinischen in der öffentlichen Verwaltung runden das Kapitel ab. Als Besonderheiten der ladinischen Bevölkerung werden außerdem das Vereinsleben, das vor allem in Südtirol als sehr ausgeprägt gilt (S. 236), und die starke Bindung an die Religion hervorgehoben, die nach wie vor ein sehr wichtiger sozialer Faktor ist. An dieser Stelle würde man vielleicht ein paar weitere exemplifizierende Momente des religiösen Lebens der ladinischen Bevölkerung erwarten, wie beispielsweise die traditionelle Anbetung des Allerheiligsten am Pfingstfest in Colle S. Lucia.

Der letzte Teil des Buches ist den großen Herausforderungen für die Zukunft der Ladiner:innen gewidmet, und zwar dem demographischen Wandel, vor allem in Cortina d'Ampezzo, der politischen Frage der Wiedervereinigung der ladinischen Bevölkerung innerhalb der Provinz Bozen und der Problematik der Lebenshaltungskosten, besonders in Hinblick auf die Wohnungspreise im ganzen ladinischen Gebiet. Eine weitere große Aufgabe wird die schnellstmögliche Eindämmung des Klimawandels sein, eines globalen Problems, das angesichts der jüngsten Ereignisse (Sturm *Vaia* im Jahr 2018, *Mini-Vaia* im Juli 2023, Abbruch des Marmolada-Gletschers im Juli 2022 und verschiedener anderer hydrogeologischer Katastrophen) auch ein zentrales Thema für die Bevölkerung in den Dolomiten werden wird. Videsott widmet sich in einem eigenen Abschnitt auch den berühmtesten Persönlichkeiten der ladinischen Gegenden. Die Kriterien zur Messung der Berühmtheit werden zwar nicht näher definiert, aber es handelt sich meist um Sportler:innen oder Musiker:innen, die international erfolgreich bzw. anerkannt sind. Das Kapitel zum Kino zeigt, dass die ladinischen Täler oft als Kulisse für internationale Filme ausgewählt worden sind.

Dieser Band bietet eine Fülle von Informationen und enthält zahlreiche Anhaltspunkte für weitergehende vertiefende Lektüren. Positiv hervorzuheben sind die Kompaktheit der Publikation und der lesefreundliche Stil, der jedoch streng wissenschaftlich bleibt. Obwohl das Buch einen einführenden Charakter hat und allgemeine Themen behandelt, ermöglicht der Spezifizierungsgrad der Informationen eine Annäherung an die ladinische Realität, ohne sich auf eine oberflächliche Ebene zu beschränken. Lobenswert sind unter anderem die zahlreichen Tabellen, die den Text mit nützlichen Informationen ergänzen, sowie die weiterführenden bibliographischen Angaben. Der Vollständigkeit halber sei an dieser Stelle erwähnt, dass die Qualität einiger Bilder und Grafiken dem Informationswert des Buches nicht gerecht wird, da sie teilweise schlecht lesbar sind (z. B. S. 31) – ein Manko, das wohl dem Verlag und nicht dem Autor zuzuschreiben ist. Mit Ausnahme des zentralen Teils, der Fotos, Karten, didaktisches Material und farbige Fahnen enthält, sind viele Grafiken und Diagramme in Schwarzweiß, obwohl im Text auf eine Wiedergabe in Farbe verwiesen wird (z. B. S. 87).

Mit diesem Band schließt Paul Videsott verschiedene Lücken in der Bibliographie über die ladinische Gemeinschaft. Die überzeugende Monographie enttäuscht die Erwartungen nicht: Insgesamt sind die Kapitel dieses Buches umfassend, aktuell, gut strukturiert und kompakt – Eigenschaften, die es sicherlich zu einem unverzichtbaren Werk in Bibliotheksregalen machen.

BEATRICE COLCUC (Salzburg/München)

Sinneslandschaften der Alpen: Fühlen, Schmecken, Riechen, Hören, Sehen, hg. von NELLY VALSANGIACOMO / JON MATHIEU, Böhlau, Wien 2022. ISBN: 978-3-205-21632-2, 140 S., 10 farb. Abb.

In diesem parallel auch bei *Editions Antipodes* in französischer Sprache erschienenen Sammelband fragen Nelly Valsangiacomo und Jon Mathieu danach, wie sich die europäischen Alpen hautnah anfühlen, welche Geschmäcker und Gerüche mit ihnen verbunden werden und was sich zu visuellen und auditiven Eindrücken dieser großen Landschaft sagen lässt. Das Buch gliedert sich in insgesamt sechs Abschnitte: Auf die Einleitung folgen fünf Artikel, die sich jeweils einem der schon im Titel genannten fünf Sinne widmen. Drei der Aufsätze – jene von Nelly Valsangiacomo, Claude Reichler und Isabelle Raboud-Schüle – wurden von den Autor:innen auf Französisch verfasst und von Jon Mathieu ins Deutsche übersetzt.

Mit dem von Mathieu und Valsangiacomo in der Einführung formulierten Vorhaben einer Darstellung der sinnlichen Wahrnehmung der Alpen in Geschichte und Gegenwart fügt sich dieser Band in das Feld der sich aktuell im Aufschwung befindlichen Sinnesgeschichte (auch *sensory history / sensory anthropology*) ein. Die Erforschung der sinnlichen Perzeption nahm, beginnend in den 1980er-Jahren, mit den Studien Alain Corbins Fahrt auf und manifestiert sich seit den letzten beiden Jahrzehnten durch ein breites Spektrum an Publikationen. Ihre Wurzeln können allerdings bereits früher nachgewiesen werden, wie Mark M. Smith in seinem Essay *A Sensory History Manifesto* in der Auseinandersetzung mit Vergangenheit, Gegenwart und Zukunft der Sinnesgeschichte zeigt (Perspectives on Sensory History 4 [2021] 63–90).

Mit der Betrachtung des Alpenraums wagt sich dieser Sammelband in ein aus dieser Perspektive noch kaum erschlossenes Terrain vor. Da die ländlichen Regionen in der sinnesgeschichtlichen Forschung bislang den urbanen Gebieten nachgeordnet wurden, setzt sich dieser Band das Ziel, diese Forschungslücke zu schließen und auf das weitere Potential der Erforschung dieser Zentraleuropa maßgeblich gestaltenden Landschaft aufmerksam zu machen. Die Reihung der Aufsätze – vom Tastsinn über Riechen und Schmecken hin zum Sehen und Hören – ergibt sich aus einem bewussten Brechen mit der sich auch im Forschungsstand widerspiegelnden Bevorzugung des Visuellen und des Auditiven. In der von Valsangiacomo und Mathieu in der Einleitung skizzierten inhaltlichen Positionierung der Beiträge entsteht bereits der Eindruck, dass der Wandel des alpinen Raums durch Industrialisierung, Urbanisierung sowie Zunahme des Tourismus und analog dazu die sich im Verlauf der Geschichte stetig verändernde Wahrnehmung alpiner Räume thematische Aspekte bilden, die zur Kohärenz des Sammelbandes beitragen.

Den Anfang macht Claude Reichler, der das interdisziplinäre Projekt *Le bon air des Alpes* präsentiert. Ausgehend von der Annahme, dass sich die Ästhetik der Landschaft aus der polysensorischen Perzeption ergibt, führt der Autor hin zur Naturismus-Bewegung des 19. Jahrhunderts, in die er seine die Verbindung von Körper und (Alpen-)Landschaft abbildenden Fallbeispiele einbettet: die von Arnold Rikli gegründete, auf dem Konzept einer heilsamen Atmosphäre (Licht, gute Luft, Wasser) beruhende hydrotherapeutische Einrichtung in Veldes/Bled (Slowenien), die von Auguste Rollier geprägte Heliotherapie in Leysin (Schweiz) sowie die Konzeption von Schweizer Tourismuswerbeplakaten des frühen 20. Jahrhunderts.

Isabelle Raboud-Schüle beginnt ihren Aufsatz zum Geschmack der Alpen mit einer allgemeinen Feststellung über die Veränderung der Ernährungsgewohnheiten – und im Zusammenhang damit auch der regionalen Identität – in der Schweiz vor dem Hintergrund der Globalisierung. Dieser Entwicklung stellt sie zahlreiche Beispiele von Geschmacksrichtungen und traditionellen Gerichten gegenüber, die charakteristisch für den Alpenraum sind, und leitet hin zu Überlegungen, diese als kulinarisches Erbe im Rahmen der UNESCO-Liste des immateriellen Kulturerbes zu schützen.

Beat Gugger behandelt in seinem Beitrag die Geruchsdimensionen der Alpen, die er zunächst gegliedert nach unterschiedlichen Höhenlagen in Abhängigkeit von dort beheimateten Pflanzen und Tieren darstellt. Ebenso gibt er einen Überblick zur olfaktorischen Erschließung der Alpen seit dem 16. Jahrhundert und macht – anhand der Beschreibung der Genese von Kurorten – auf die Verbindung von Bergluft und Gesundheit aufmerksam. Im letzten Abschnitt widmet er sich der Veränderung – konkret der Verschlechterung – der Luft in den Alpen, bedingt durch die Industrialisierung und die Zunahme des Transitverkehrs.

Die akustische Dimension des Alpenraums steht im Zentrum des Aufsatzes von Nelly Valsangiacomo. Sie zeigt anhand eines historischen Überblicks, beginnend mit der Frühen Neuzeit, dass dieser Klangraum unterschiedliche, charakteristische Elemente miteinschließt: natürliche Geräusche, Echo, Musik sowie Störgeräusche. Anhand von Beispielen wie Kuhglocken, Jodeln und Alphornklängen skizziert sie den Bedeutungswandel von Kommunikationsmöglichkeiten hin zu kulturellem Erbe. Abschließend weist sie auf aktuelle Debatten über den Schutz natürlicher Geräuschkulissen und musikalischen Erbes hin.

Bernhard Tschofen beschäftigt sich in seinem Artikel mit dem Sehen im Alpenraum und im Speziellen mit der Idee der visuellen Darstellung dieser Region, die – wie er betont – nicht erst im 19. Jahrhundert entsteht, sich in dieser Zeit jedoch verändert und vor allem verbreitet. Darüber hinaus zeigt er das Spannungsverhältnis zwischen subjektivem Blick und etablierten „Blickregimes" auf und weist darauf hin, dass sich die Medialität des Alpensehens aus einem Zusammenspiel von Wissenschaft, Kunst und Populärkultur ergibt. Die theoretischen Überlegungen illustriert er mit Fallbeispielen, wie visualisierten Alpenpanoramen oder dem Reisen durch Alpenregionen mit verschiedenen Verkehrsmitteln.

Dieser Sammelband – der mit einem Bildregister, einer Autor:innenvorstellung sowie einem Register schließt – bettet sich in ein aktuell viel beforschtes Feld ein und zeigt auf, dass es gewinnbringend ist, einen spezifischen geographischen Raum aus der Perspektive der Sinnesgeschichte zu betrachten. Mit diesem Ansatz leisten die Autor:innen sicherlich Pionierarbeit. Wie in der Einleitung betont, wurde den Beitragenden freie Hand gelassen; dies ist überwiegend gut gelungen. Die Aufsätze bilden – einem groben Raster folgend – einerseits den Forschungsstand ihres Gebiets ab und präsentieren andererseits zahlreiche Fallbeispiele. Die an einigen Stellen noch nicht völlig ausgeschöpfte inhaltliche Tiefe ist jedenfalls ein Hinweis auf eine Fülle von Forschungsdesideraten. Es bleibt zu hoffen, dass dieser Band, seiner Zielsetzung entsprechend, den Anstoß für eine weitere, tiefergehende wissenschaftliche Auseinandersetzung mit der Sinnesgeschichte des Alpenraums gibt.

ELISABETH ANNA TANGERNER, Salzburg

Abstracts

Christina Antenhofer
A Beautiful and Bold Woman. Katharina of Garai, Countess of Görz, Between Family Networks and Conflicts

Katharina of Garai was the mother of the final counts of Görz/Gorizia. She is renowned in history as an exceptional woman primarily because of her conflicts with her husband, count Heinrich IV of Görz. Only few sources exist that allow for the reconstruction of her life and offer insight into her personality. While Enea Silvio Piccolomini praised her beauty and boldness, older historiography predominantly depicted Katharina as a belligerent person. The only fundamental essay dedicated to her is now fifty years old. This contribution aims to reassess Katharina's life and actions especially in light of recent research on noble women in the late Middle Ages. The surviving letters exchanged between Katharina and her immediate family are of particular interest. These letters, which have neither been published nor analyzed to date, provide insights into the family of the Gorizian counts amid the troubled political situation of the county at the end of the Middle Ages. Katharina emerges as an exceptionally active woman, navigating between the houses of Cilli, Garai and Görz, her family networks.

Keywords: Görz/Gorizia; Cilli; Gara/Garai; Habsburg; Princesses; Women's History; Late Middle Ages; Austria.

Wolfgang Strobl
On the Continuity and Importance of Gratsch Hamlet as a Hotspot of the Early Settlement History of the Upper Puster Valley

Archaeological finds in the municipal territory of Toblach/Dobbiaco prove that trade relations with the Paleo-Venetians existed as early as the Iron Age. In the 18th century, three Roman milestones were discovered in Gratsch/Grazze, a hamlet near Toblach/Dobbiaco. In all probability, the Romans built a road station at this strategic point where the road leading south to the Veneto and the Cadore regions met the road through the Puster Valley/Val Pusteria. The *Strada d'Alemagna*, which was of great importance in the Middle Ages linking the southern German commercial towns to Venice, followed the same route as its Roman and pre-Roman predecessor. In terms of settlement history, the hamlet of Gratsch/Grazze did not lose its strategic importance for several centuries. During the so-called Migration of the Peoples, the Slavs who settled in the Drava Valley used the road station as their westernmost outpost.

In the Middle Ages, the Ligöde castle was built there, which served as an "Urbaramt" and was probably connected with the first feudal estate in the area.

Keywords: Romans in the Puster Valley; Gratsch/Grazze; Settlement History of Toblach/Dobbiaco; Roman Road Station; Roman Road through the Cadore Region and the Puster Valley; Slavs in the Puster Valley; *Strada d'Alemagna*; Ligöde Castle; Continuity Antiquity–Late Antiquity–Middle Ages; Research on Ancient Roads.

Christina Antenhofer / Elisabeth Gruber-Tokić / Gerald Hiebel / Ingrid Matschinegg / Claudia Posch / Gerhard Rampl

The Making of Inventories as Social Practice – Deciphering the Semantic Worlds of Castle Inventories in the Historical Tyrol

Castles have long been subjects of immense popularity. However, in terms of research focus, the lens has been on politics and the military, often reflecting a traditionally male-centric and hierarchical perspective on castles. This study introduces an ongoing project that delves into the everyday life within medieval castles located in the historic region of the Tyrol (encompassing Tyrol/South Tyrol/Trentino) by working on castle inventories. Central to our interdisciplinary inquiry are questions such as: How did people go about cataloguing and describing all the objects found in a castle? How did they inspect spaces, and which spaces were not included? Who was involved in these processes and how were the vast arrays of both large and small equipment items captured in words? Previously, inventories were primarily consulted to identify specific, usually high-value, pieces of artwork. Our approach, however, reinterprets inventories as historical texts that tell stories with their detailed listings of objects and spaces. For the castles within the historic bounds of Tyrol, there exists a substantial number of these inventories from as early as the 14th to the 16th century. Our project aims to analyze 130 such inventories, using digital methods to extract insights regarding spaces, their equipment as well as on the people who interacted with them.

Keywords: Castles; Inventories; Material Culture; Digital Humanities; Semantic Modelling; Late Middle Ages; Tyrol.

Walter Brandstätter

Hohensalzburg Fortress Mirrored in a Written Source From the 16th Century During the Reign of Archbishop Matthäus Lang von Wellenburg

The objective of this paper is to shed light on the Hohensalzburg Fortress as depicted in a hitherto unpublished 16th century source. This record, produced during Archbishop Matthäus Lang's tenure, bears the imprints of the Peasants' Revolt of 1525. The document offers insights into proposals for building improvements as well as an upgrade of artillery. It also provides a list of all the people who lived and worked at the castle in 1526 as well as an inventory of food supplies and a code of conduct for the castle staff. This information allows us to gain an impression of everyday life and the provisioning of the early modern castle and to link it to current social and cultural-historical questions, which are increasingly asking about the social dimension of castles.

Keywords: Austria; Salzburg; Early Modern Age; 16th Century; Hohensalzburg; Edition; Inventories.

Magdalena Rufin
The Manuscripts of the Historical Library of the Innsbruck Servite Monastery – An Overview

This article presents the first overview of the approximately 500 manuscripts of the Historical Library of the Innsbruck Servite Monastery. Established in the early 17th century, this collection has been entrusted as a permanent loan to the "Universitäts- und Landesbibliothek Tirol" since 2008. Spanning from the 15th to the early 20th century, these manuscripts were mostly produced at Austrian Servite monasteries. Some of the codices have exquisite artistic bindings and adornments. In terms of content, theological, liturgical and monastic texts dominate, comprising about two thirds of the collection. However, various secular disciplines such as history, literature, natural sciences, geography and ethnography are also represented. Exploring this library may yield valuable insights into the spiritual and monastic culture of writing, the history of books and libraries, as well as different subjects addressed within the individual books.

Keywords: Tyrol; Innsbruck; Middle Ages; Early Modern Period; Library; Monastery; Monastic Library; Manuscripts; Codicology; Paleography; Servite Order.

Wilfried Schabus
Pozuzo. 166 Years of Tyrolean Language History in Peru

The German-speaking Europeans who migrated to Peru in 1857 consisted of approximately 300 individuals. Two-thirds of this population came from various Tyrolean dialect areas, while the remaining third originated from different provinces of the Rhineland. Thus, the German dialects spoken by both groups were inhomogeneous.

The extreme conditions on the trek to the settlement destination altered their language makeup. Families with many children, being less mobile, were forced to align with the Tyrolean priest Josef Egg and reached the colony under his guidance. Meanwhile, almost half of the other settlers left the group.

This migration pattern resulted in two distinct settler groups in Pozuzo: firstly, the Tyroleans, who came mainly from Tyrol's Upper Inn Valley, whose dialects were fairly homogeneous and who had a stronger personal bond with the project's spiritual leader. Secondly, the smaller group of Rhinelanders. They faced increasing pressure to assimilate, a development which favoured the emergence of the Tyrolean settlers' *Tirolés*, as it is called today in Spanish. Tirolés is a new German settler dialect that evolved on the linguistic basis of Pozuzo's specific contact situation.

Currently, the district of Pozuzo (province of Oxapampa, department Pasco, Peru) is home to about 9.000 residents, less than 20 percent of them being of European decent. Among young people fluent Tirolés speakers are exceedingly rare. However, many enroll in German language courses at local schools.

Keywords: Migration; Austrians and Germans; 19th Century; Peru; South America; German Linguistics; Linguistic German Enclave; Language Contact; Phonetic-Phonological Dialect Analysis; Morphological and Syntactical Dialect Analysis.

Hansjörg Rabanser
Portrait Miniatures and the Scent of Roses. Or: How the Tyrolean State Museum Ferdinandeum Celebrated its 100th Anniversary in 1923

In 2023, the Tyrolean State Museum Ferdinandeum celebrates its 200th anniversary. However, given the prevailing global crises and the museum's own transitional phase, the celebratory spirit is notably subdued. Interestingly, this mirrors the situation in 1923 during the centennial commemoration. Back then the museum grappled with reshaping its position within Tyrolean society and cultural life, challenged by the post-First World War political shifts, an economic depression and internal reorientation both in staffing and thematic direction. This article focuses on the 100-year anniversary, with a specific emphasis on the celebratory events, primarily the modest festive assembly and the exhibition of miniature paintings staged in the museum's domed hall. Drawing on the few surviving sources and media reports from that era, this paper aims to describe the exhibition and to verify contributing artists and exhibited works – as a homage to the Ferdinandeum and as a gift for its 200th birthday.

Keywords: Tiroler Landesmuseum Ferdinandeum; 200th Anniversary; 100-Year Anniversary; Festive Event; Exhibition; Miniature Paintings; Museum; Karl Inama (von Sternegg).

Autorinnen und Autoren dieses Bandes

CHRISTINA ANTENHOFER, Univ.-Prof. Mag. Mag. Dr., Universitätsprofessorin für mittelalterliche Geschichte, Fachbereich Geschichte, Interdisziplinäres Zentrum für Mittelalter und Frühneuzeit (IZMF), Universität Salzburg, Rudolfskai 42, 5020 Salzburg, christina.antenhofer@plus.ac.at

WALTER BRANDSTÄTTER, M. Ed., Projektmitarbeiter und Dissertant am Fachbereich Geschichte, Interdisziplinäres Zentrum für Mittelalter und Frühneuzeit (IZMF), Universität Salzburg, Rudolfskai 42, 5020 Salzburg, walter.brandstaetter@plus.ac.at

ELISABETH GRUBER-TOKIĆ, Mag. Dr., Projektmitarbeiterin am Institut für Sprachwissenschaft, Universität Innsbruck, Innrain 52, 6020 Innsbruck, elisabeth.gruber@uibk.ac.at

GERALD HIEBEL, Mag. Dr., Senior Scientist, Institut für Archäologien, Digital Science Center, Universität Innsbruck, Innrain 15, 6020 Innsbruck, gerald.hiebel@uibk.ac.at

INGRID MATSCHINEGG, Mag. Dr., Projektmitarbeiterin am Institut für Realienkunde des Mittelalters und der frühen Neuzeit (IMAREAL), Körnermarkt 13, 3500 Krems an der Donau; Interdisziplinäres Zentrum für Mittelalter und Frühneuzeit (IZMF) / Fachbereich Geschichte der Universität Salzburg, Rudolfskai 42, 5020 Salzburg, ingrid.matschinegg@plus.ac.at

CLAUDIA POSCH, Assoz. Prof. Mag. Dr., assoziierte Professorin für Linguistik, Institut für Sprachwissenschaft, Universität Innsbruck, Innrain 52, 6020 Innsbruck, Claudia.Posch@uibk.ac.at

HANSJÖRG RABANSER, Dr. phil., Bibliothekar im Tiroler Landesmuseum Ferdinandeum, Museumstraße 15, 6020 Innsbruck, h.rabanser@tiroler-landesmuseen.at

GERHARD RAMPL, Mag. Dr., Senior Scientist, Institut für Sprachwissenschaft, Universität Innsbruck, Innrain 52, 6020 Innsbruck, Gerhard.Rampl@uibk.ac.at

MAGDALENA RUFIN, MMag., Ludwig-Boltzmann-Institut für Neulateinische Studien, Innrain 52a, 6020 Innsbruck, rufinmagdalena@gmail.com. Forschungsschwerpunkte: Handschriftenkunde und neulateinische Dichtung

WILFRIED SCHABUS, Prof. Dr., Pensionist; war Linguist am Phonogrammarchiv der Österreichischen Akademie der Wissenschaften, Liebiggasse 5, 1010 Wien, sowie Honorarprofessor für Germanistische Sprachwissenschaft am Institut für Germanistik der Universität Wien, Dr.-Karl-Lueger-Ring 1, 1010 Wien; wilfried.schabus@oeaw.ac.at

WOLFGANG STROBL, Mag. Dr., Gymnasiallehrer in Südtirol; wolfgangstrobl@hotmail.com. Forschungsschwerpunkte: Lateinische Literatur des italienischen Renaissance-Humanismus; Antike-Rezeption und lateinische Literatur im italienischen Faschismus; Frühe Alpin- und Tourismusgeschichte Tirols; Lokalgeschichte